DIE JURISPRUDENZ

des

RHEINISCHEN CASSATIONSHOFES

zu Berlin.

---

1 8 1 9 — 1 8 4 6.

Zusammengestellt

durch

L. Volkmar,

Advocat-Anwalt am rheinischen Revisions- und Cassationshofe.

Berlin,

Verlag von Veit & Comp.

1848.

Dem

HERRN ESSER,

Rath am Revisions- und Cassationshofe.

ehrfurchtsvoll gewidmet.

Die Thätigkeit der hiesigen Richter und Advocaten ist dem Studium und der Praxis des allgemeinen Landrechts ausschliesslich zugewendet. Der rheinische Jurist steht vereinzelt, verlassen da. Und doch hat der Jurist vielleicht noch mehr als der Mediziner das Bedürfniss des lebendigen Gedankenaustausches!

Sie, hochgeehrter Herr, waren mir auch in dieser Beziehung ein stets williger Freund; Sie haben mich durch Ihre eigenthümliche Anschauung und Auffassung des römischen und rheinischen Rechts oft genug gekräftigt und gehoben. Sie haben mich auch bei dieser Arbeit mit Rath und That unterstützt. Nehmen Sie dafür als ein Zeichen meines Dankes die Dedication des Werkes.

Berlin, Mai 1848.

Volkmar.

Vorwort.

Von den Urtheilen des berliner Cassationshofes sind kaum die cassirenden durch den Druck veröffentlicht worden. Es ist nicht zu leugnen, dass auch die verwerfenden Urtheile des Hofes für das Publicum von hoher Bedeutung sind.

Ich habe daher geglaubt, einem erwünschten Werke Zeit und Kraft zu widmen, wenn ich versuchte, die Jurisprudenz des berliner Cassationshofes zusammenzustellen.

Bei der Bearbeitung war ich bemüht, die Rechtssätze treu und vollständig, kurz und präcis zu fixiren. Wer jedoch weiss, wie unendlich schwierig es ist, den vielleicht absichtlich abgeschwächten Rechtssatz eines Urtheils klar und fest hinzustellen, der wird die Mängel der Arbeit nicht nur dem Verfasser, sondern auch der Zähigkeit des Materials zu Gute halten.

Bei der Anordnung des Stoffes habe ich geglaubt, dem Werke eine grössere practische Brauchbarkeit zu sichern, wenn ich die Civil- und Strafsachen abgesondert behandelte. Bei der Zusammenknüpfung der einzelnen Massen war ich dagegen darauf bedacht, die gleichartigen Materien so viel als möglich unter einer Rubrik zu verbinden.*) Ich verweise in dieser Beziehung z. B. auf die Rubriken Handelsrecht, Cassationshof, Competenz, Frevel, Polizeiverordnung etc.

Das Verdienst des Sammlers und Herausgebers ist ebenso gering und untergeordnet, als seine Arbeit mühsam und beschwerlich. Mich wird das jedoch nicht abhalten, das Werk fortzusetzen, wenn es nur sonst dazu beitragen möchte, die noch schwankende Praxis des Cassationshofes zu fixiren und somit die **Einheit** der Jurisprudenz anzubahnen; eine Einheit, die fast ebenso wesentlich ist, als ein gemeines Recht und ein gerichtliches Verfahren für das ganze grosse deutsche Vaterland.

Berlin, Mai 1848.

Volkmar.

---

*) Das *R* oder *K* unter den Urtheilen deutet an, ob das Urtheil ein verwerfendes oder cassirendes ist; die demnächst folgenden Namen bezeichnen den Referenten, den Beamten des öffentlichen Ministeriums und die beiderseitigen Advocaten.

Civilrecht.

Abschrift.

Die producirte Abschrift des Testaments de dato 12. October 1710 ist von einem Notar beglaubigt; ihr kann die Glaubwürdigkeit nicht deshalb abgesprochen werden, weil sie nicht unter Zuziehung der Betheiligten oder solcher Zeugen, die von dem Originale Kenntniss haben, angefertigt. oder weil sie nicht mit dem Notariatssiegel versehen ist. Das Erste ist in der ältern Gesetzgebung nicht angeordnet; das Letztere aber nur für förmliche Notariats-Instumente, nicht für blosse Vidimationen nach der bestehenden gemeinrechtlichen Praxis nothwendig.

R. v. d. Schulenburg-Wolfsburg wider Kirchenvorstand Recklinghausen, 5. October 1840.

Jaehnigen. Eichhorn. Reusche. Sandt.

Abstand.

Das Handelsgericht erklärt sich für incompetent. Kläger stellt darauf die nämliche Klage bei dem Friedensgericht an. Der gegen ihn geltend gemachte Einwand der Litispendenz und des nicht förmlich genommenen Desistements von der bei dem Handelsgerichte angestellten Klage wird in beiden Instanzen für durchgreifend erachtet. Diese Urtheile sind zu cassiren. Die Klage bei dem Friedensgericht enthält eine Beruhigung bei dem Erkenntniss des Handelsgerichts und hat gleiche Kraft mit einem förmlichen Desistement. Dem Kläger stand nicht mehr frei, seiner Beruhigung zuwider, gegen jenes Erkenntniss zu appelliren. Wenn die vorigen Richter die Rechtskraft jenes Erkenntnisses oder ein förmliches Desistement verlangen, so wenden sie die Art. 402 und 403 der B. P. O. falsch an.

K. v. Mallet wider Wolf, 19. Mai 1829.

Scheller. Eichhorn. Budde. Sandt.

Der Cassationsverklagte auf Zahlung von Kaufgeldern belangt, erklärt: dass er selbige an den Vormund der Kläger, den jetzigen Cassationskläger Busch abgetragen habe. Der Friedensrichter giebt ihm dessen Beiladung auf. Der Adcitat erscheint nicht. Der Verklagte, welcher gegen den Adcitaten keinen Antrag nimmt, wird zur Zahlung verurtheilt. Appellation, gerichtet gegen den Adcitaten und die ursprünglichen Kläger. Der zweite Richter verurtheilt den Adcitaten zu Allem, wozu der Verklagte in erster Instanz verurtheilt worden. Der Cassationsrecurs wird darauf gegründet: dass, da der Verklagte gegen den ausgebliebenen Adcitaten Busch keinen Antrag genommen, die Adcitation als nicht geschehen und somit die Appellation als unmöglich zu erachten sei. Mit Unrecht. Der zweite Richter konnte bei dem Nichtvorhandensein einer ausdrücklichen Erklärung des Cassationsverklagten, dass er von der Beiladung des Cassationsklägers Abstand nehme, diese Beiladung nach art. 403 B. P. O. als fortbestanden betrachten. Es hat daher nicht zuerst in der zweiten Instanz Beiladung stattgefunden und ist somit die Frage, ob sie in 2ter Instanz zulässig oder nicht, gegenstandlos.

R. Busch wider Spitze, 26. März 1836.
Esser. Eichhorn. Reinhardt. Sandt.

Die Cass.-Klägerin legt, nachdem sie von dem zuerst eingelegten Cass.-Recurs Abstand genommen, einen zweiten Recurs ein. Diesem Recurse wird, um des früheren Abstandes willen, die Einrede der Unannehmbarkeit entgegengesetzt. Mit Unrecht. Das von dem Gegner angenommene Desistement begreift von Rechtswegen die Einwilligung in sich: dass die Sachen von beiden Seiten in denselben Zustand, in welchem sie sich vor der Klage oder dem eingelegten Rechtsmittel befanden, zurückversetzt werden sollen. Für die Zulässigkeit der Unannehmbarkeitseinrede ist daher entscheidend, ob zu der Zeit, wo der jetzige zweite Recurs eingelegt worden, die Frist bereits abgelaufen gewesen sei oder nicht.

R. Prov.-Steuerdirection Cöln wider Erben Finger, 22. Juni 1840.
v. Oppen. Eichhorn. Reusche. Sandt.

R. Curtius wider Steuerkasse von St. Goar, 1. März 1841.
v. Oppen. Esser. Sandt. Reusche.

Advocaten und Anwälte.

Der Art. 60 B. P. O. spricht von Klagen, welche die Zahlung von Kosten oder Gebühren der sogenannten officiers ministeriels zum Gegenstande haben und ertheilt man denjenigen Gerichten, bei denen die Kosten gemacht worden, die Befugniss, über solche Klagen zu erkennen; indem die Taxe nur von einem hierzu beauftragten Mitgliede jener Gerichte angefertigt werden kann. Unter der Benennung officiers ministeriels sind Anwälte, Notarien und Gerichtsexecutoren zu verstehen, keineswegs blosse Advocaten. Diese üben die Functionen ihres Standes frei aus. Der Art. 43 des Decrets vom 14. December 1810 ermächtigt sie, ihr Honorar selbst zu taxiren, und giebt nur dem Disciplinarrath das Recht der Ermässigung. Hieraus folgt, dass der Beschwerdeführer die Sache vor den Disciplinarrath oder das ihm subrogirte Gericht bringen kann, ohne dass dies auf die Competenz des Gerichts, bei welchem die Klage auf Zahlung des Honorars anzustellen, Einfluss hat. Diese Competenz wird lediglich durch die Summe bestimmt, die den Gegenstand der Klage ausmacht.

K. Schmitz wider Linn, 9. Januar 1828.
Blanchard. Eichhorn. Sandt. Arch. XII. 2. 9.

Durch eine General-Versammlung des Appellationshofes ist ein Advocat-Anwalt auf einen Monat suspendirt worden. Eine assemblée générale ist im Sinne des Art. 103 des Decrets vom 30. März 1808 gesetzlich nur dann vorhanden, wenn sie aus allen Kammern des Hofes zusammengesetzt ist, Art. 11, 52 Gesetz vom 20. April 1810. Zu einem Urtheil einer General-Versammlung des Appell-Hofes sind daher nicht, wie geschehen, 20, sondern 26 Richter nothwendig; das angegriffene Urtheil ist somit nichtig.

Der Art. 103 des Decrets vom 30. März 1808 war, ehe das Decret vom 14. December 1810 über die Advocaten erschienen, in jeder Beziehung sowohl auf Advocaten, als auf Anwälte anwendbar. Dieses Decret hat dem aus Advocaten bestehenden Disciplinar-Rath die Befugniss ertheilt, wider Advocaten, welche gegen die Delicatesse ihres Standes verstossen, die Suspension, überhaupt Disciplinarstrafen auszusprechen, und die Regel der zwei Instanzen in der Art feststellt, dass über Disciplinarfehler der Advocaten der Disciplinar-Rath in erster, und der Appellations-Gerichtshof in zweiter Instanz erkennenen soll. Art. 29.

Hierdurch ist in Ansehung der Advocaten, welche ausserhalb der öffentlichen Sitzung gefehlt, der Art. 103 des Decrets vom 30. März 1808 abgeändert (Art. 25 und 29 des Decrets vom 14. December 1810) und nur in soweit nicht aufgehoben, als auch noch jetzt diejenige Kammer, in deren Sitzung Disciplinarfehler der Advocaten begangen oder entdeckt worden, über dieselben entscheiden kann. Mochten daher die dem Cassationskläger als Advocaten zur Last gelegten Disciplinarfehler in oder ausserhalb der Sitzungen des 3. Senats vorgefallen oder entdeckt sein, so war der Appellhof jedenfalls nicht befugt, von vornherein darüber in einer Plenar-Versammlung in der Rathskammer zu erkennnen. So verschieden die Verrichtungen des

Cassationsklägers als Advocat und Anwalt, so müssen sich auch die Disciplinarfehler unterscheiden, jenachdem sie in der einen oder anderen Eigenschaft begangen sind. Diese Verschiedenheit spricht gegen den vermeintlichen inneren Zusammenhang beider Eigenschaften so anschaulich, dass von dem angegriffenen Urtheile der Recurs des Anwalts nach Art. 103 des Decrets vom 30. März 1808 an den Justizminister und der des Advocaten nach Art. 29 des Decretes vom 14. December 1810 an den Cassationshof geht. Die Competenz des Appellationsgerichtshofes in Ansehung des Advocaten ist auch in dem Art. 365 der Criminal-Ordnung nicht begründet, dieser ist vielmehr der Materie ganz fremd. Der Appellations-Gerichtshof hat daher, indem er sich in seiner General-Versammlung mit der Aburtelung der gegen den Cassationsverklagten als Advocaten vorgebrachten Beschuldigung befasste, die Grenzen seiner Befugnisse überschritten. Die Sache gehört vor die Disciplinarkammer der Advocaten beim Appellhofe.

K. Lützler wider öff. Minist. am Appellationshofe, 29. April 1839.
Esser. Eichhorn. Sandt.

Disciplinarsachen gehören weder zu den einfachen Polizei-, noch zu den correctionellen Sachen. Wenn daher der Art. 29 des Decretes vom 14. December 1810 einem im Disciplinarwege suspendirten Advocaten den Weg der Appellation gestattet, ohne die Frist und Form näher zu bestimmen, so ist auf die gewöhnlichen Formen und Fristen des Civilverfahrens zurückzugehen. Hieraus folgt nicht, dass Disciplinarsachen den Civilsachen völlig zu assimiliren, dass auf sie die Art. 18 bis 39 ibid. vor dem Art. 103 des Decretes vom 30. März 1808 anzuwenden, oder dass sie nach Art. 461 bis 463 B. P. O. in den öffentlichen Audienzen zu verhandeln sind: Sie gehören vielmehr in zweiter Instanz vor die Plenarsitzung der Rathskammer des Appellationsgerichtshofes, Gesetz vom 20. April 1810; während in 1ster Instanz nach demselben Gesetz der Disciplinarrath der Advocaten competent ist.

R. de Bruyn wider öffentl. Minist. am A. H., 3. Januar 1842.
Graun. Jaehnigen. Reusche.

Dem Cassationskläger sind von seiner Parthie Gelder eingehändigt, um den Gegenanwalt zu befriedigen. Das Vorenthalten oder Nichtauszahlen charakterisirt sich nicht als Nichterfüllung eines Mandats, sondern als Verletzung der besonderen Standespflichten.

Die Entscheidung des Landgerichts über ein Disciplinar-Vergehen des Anwaltes ist nur als ein im Wege der Disciplin ergangener Beschluss zu betrachten, wogegen weder Berufung, noch Cassation stattfindet, Decret vom 30. März 1808 Art. 103. Die Vereinigung der Eigenschaften eines Advocaten mit der eines Anwaltes kann in diesen klaren Bestimmungen des Gesetzes nichts ändern.

Es ist dem Landgericht Koblenz, welches statt des dort nicht constituirten Disciplinarrathes eintreten muss, durch kein Gesetz untersagt, die gegen einen Advocat-Anwalt in der Eigenschaft als Anwalt, sowie als Advocat vorgekommenen Beschuldigungen zugleich zu prüfen und über dieselben in dem nämlichen Urtheil zu erkennen. Die Verordnung vom 16. April 1820 §. 8 steht dem nicht entgegen, sie hat die speciellen Verfügungen des Decretes vom 14. December 1810 Art. 2 und 32 keineswegs aufgehoben.

R. Breil wider öff. Minist. am App. H., 11. November 1844.
Brewer. Jaehnigen.

R. Fuchs wider öff. Minist. am App. H., 10. November 1845.
Brewer. Jaehnigen. Deycks.

Nach §. 9 der Verordnung vom 7. Juni 1844 ist die Art der Zeugenvernehmung in den Disciplinarsachen nur auf die Vorschriften berechnet, welche der Untersuchungsrichter als solcher zu befolgen hat. Hieraus folgt, dass die Zeugen ohne Beisein des Beschuldigten abzuhören sind, Art. 73 Crim. P. O.

Der §. 10 deutet nicht entfernt darauf hin, dass die von dem Friedens- oder Untersuchungsrichter abgehörten Zeugen, wie Cassationskläger will, nochmals vor dem Disciplinarrath im Beisein des Beschuldigten vernommen werden müssten.

R. de Bruyn wider öff. Minist. am App. H. 15. Sept. 1845.
Esser. Jaehnigen. Deycks.

Antrag (Klage).

Wenn auch die Art. 1 und 61 sub 3 B. P. O. unter den Erfordernissen eines Vorladungsactes die Angabe des Gegenstandes der Klage aufführen, so enthalten sie doch kein ausdrückliches Verbot, nachher den Klageantrag zu ändern.

R. Sommer wider Conen, 19. Mai 1830.
Steltzer. Eichhorn. Sandt. Kunowski.

Kein Gesetz erklärt eine Klage, welche hinsichtlich der Bestimmung des Streitgegenstandes oder des Klagegrundes unvollständig ist, aus diesem Grunde für unannehmbar.

R. v. Hatzfeldt wider Bleser und Gen., 13. Oct. 1845.
v. Daniels. Jaehnigen. Reusche. Sandt.

Der Art. 54 B. P. O. gestattet die Erweiterung der Klageanträge bei dem Sühneversuch. Schon die Nothwendigkeit dieses Versuches schliesst somit spätere neue Klage-Gegenstände aus, deren Zulassung mit Art. 61 Nr. 3 nicht zu vereinigen sein würde. Wenn daher Art. 464 zulässt, die nach dem Urtel erfallenen Zinsen zu fordern; falls die Klage auf früher erfallene mit gerichtet wird: so ist hierdurch nicht gestattet, den Antrag erweiternd, Zinsen von Zinsen zu fordern. Ihre Aberkennung kann mithin keine Verletzung des Art. 1147—1156, 1378 und 1382 B. G. B. begründen.

R. Königl. Reg. Düsseldorf wider Schless, 25. Januar 1841.
v. Oppen. Eichhorn. Sandt. Reusche.

Apotheke.

Niemand darf das Apothekergewerbe ausüben, der nicht in den gesetzlichen Formen approbirt, und eine nur zur persönlichen Ausübung berechtigende Concession erhalten hat.

Ges. vom 21. Germ. XI., V. O. der Regierung, 29. October 1817., 5. Januar 1819.

Dem nicht qualificirten und nicht concessionirten Cassationskläger ist eine Apotheke verpachtet worden. Ein solcher Vertrag ist gegen das Interesse des Staats und nach Art. 1128 B. G B. kein Gegenstand des freien Privatverkehrs.

R. Claren wider D'hame, 30. September 1837.
Graun. Eichhorn. Kunowski. Sandt.

Arrest.

Durch die Annahme der verspäteten Erklärung des Dritt-Arrestaten werden die Art. 158, 577 und 1029 B. P. O. um so weniger verletzt, als sie eine Präclusion dieser Erklärung gar nicht festsetzen.

R. Spohr wider Delhougue, 26. October 1825.
v. Trützschler. Eichhorn. Reinhardt. Sandt.

Bei einer negativen Erklärung des Dritt-Arrestaten kann von Ursache, Betrag einer Schuld, Abschlagszahlung oder gänzlicher Tilgung nicht die Rede sein; noch weniger von Beweisstücken im Sinne des Art. 573—578 B. P. O.

K. Jung wider Herz, 31. Januar 1835.
Graun. Eichhorn. Sandt. Reinhardt.

Aus dem Art. 1242 B. G. B. kann nicht das Recht des Drittsaisirten hergeleitet werden, die Zahlung an seinen die Execution nachsuchenden ursprünglichen Gläubiger zu verweigern. Weder dieses, noch ein anderes Gesetz giebt dem

Arrest eine solche — die Rechte des Gläubigers so wesentlich alterirende — Wirkung; der Art. 817 B. P. O. bezeichnet dem Drittsaisirten den Weg, wie er seine Pflichten gegen seinen Gläubiger mit denen gegen den Arrestanleger in Einklang bringen kann.

K. Dahl wider Kemmerling, 29. December 1832.
v. Breuning. Eichhorn. Sandt. Kunowski. Arch. XVIII. 2. 12.

Blum, der Gläubiger des Griebel, legt bei zwei Schuldnern desselben Arrest an; Griebel erklärt, der v. Reider habe bereits früher bei ihm auf die Blum'schen Forderungen Arrest angelegt. Die Blum'schen Arreste sind in 2ter Instanz mit Recht für ungültig erklärt worden. Die Ansprüche der beiden Litiganten Blum und v. Reider gehören während der Dauer des Prozesses zu den ungewissen inexigibelen, und mithin zur Einleitung des Executionsverfahrens nicht berechtigten. Bis zur Entscheidung des Streites zwischen Blum und v. Reider musste Griebel nothwendig jene Summen an sich behalten, Art. 1242 B. G. B., zumal dem Dritt-Arrestaten die Hinterlegung des mit Arrest belegten Gegenstandes zur besonderen Pflicht nicht gemacht ist. Tit. 8. Th. II. B. I. B. P. O. Art. 1944, B. G. B.

R. Blum wider Griebel u. v. Reider, 6. März 1843.
Brewer. Jaehnigen. Sandt.

Ein Privatcessionsact giebt keinen schriftlichen Titel für die eingeklagte Forderung. Insofern darin auf den Nichtvergleichsact vor dem Friedensgericht Bezug genommen wird, ist auch dieser Act an den Arrestaten zuzustellen. Da dieses unterblieben, so konnte der Gerichtsvollzieher nicht ohne richterliche Erlaubniss zur Arrestanlegung schreiten, Art. 357—359. B. P. O. Diese Irregularität wird jedoch beseitigt durch den den Arrestschlag selbst billigenden Ausspruch des Richters in der Sache.

R. Graf wider Strauss, 16. Juli 1831.
Busse. Eichhorn. Sandt.

Nach dem Decret vom 18. August 1807 muss den öffentlichen Empfängern, Cassirern oder Verwaltern mit der Abschrift des Arrestanlegungs-Actes sofort auch Abschrift oder förmlicher Auszug (Extrait en forme) des Titels des Arrestimpetranten beigefügt werden. Der Mangel dieser Abschrift macht die Arrestanlage selbst nichtig §. 3. l. c. Diese Nichtigkeit wird weder durch das vom Kreisempfänger ertheilte Visa, noch durch die nachträgliche Zustellung des betreffenden Urtels gehoben; diese können die vorgeschriebene Mittheilung des Titels der Forderung oder des Extraits nicht ersetzen.

R. Haymann et Genossen wider Reg. Trier, 12. Nov. 1838.
Liel. Esser. Kunowski. Reinhardt.

Jede Klage auf Gültigkeit eines Arrestes gehört zwar vor das Forum des Arrestaten Art. 558 und 567 B. P. O. Hierdurch ist jedoch der Art. 14 B. G. B. nicht aufgehoben. Jeder ordentliche inländische Richter kann daher eine Arrestanlegung wider einen Ausländer autorisiren und darüber erkennen. Das Gesetz vom 2. Mai 1823 §. 4. hat hierin nichts geändert.

R. Prinz von Oettingen wider Kirchenfabrik Forst, 25. Dec. 1839.
Heffter. Eichhorn. Sandt.

Sobald der Arrestprozess mittelst Beobachtung der Art. 563 und 564 B. P. O. rechtshängig geworden, darf der Drittarrestat nach Art. 565 und 1242 B. G. B. ohne Gefahr zweimal zahlen zu müssen, weder an den Arrestverklagten, noch an einen Anderen die mit Arrest belegte Forderung auszahlen, bevor der Prozess entweder durch einen von dem Arrestkläger erklärten und in Folge der Art. 402 und 403 B. P. O. von dem Arrestverklagten angenommenen oder durch Urtel wirksam erkannten Abstand, oder durch ein die Gültigkeitserklärung versagendes Urtel aufgehoben worden ist.

R. Strömer wider Bremm, 17. December 1831.
Esser. Oswald. Sandt. Kunowski.

Im ersten Stadium des Dritt-Arrestverfahrens wird zwischen dem Arrestkläger und dem Arrestverklagten über die Frage gestritten, ob Ersterer an Letzteren zu fordern habe. Ist die Forderung begründet, so wird der Drittarrest für gültig erklärt und der Drittarrestat angewiesen, dem Arrestkläger zu zahlen, was er an den Arrestverklagten schulden möchte. Dieses Urtel begründet keine Subrogation, an deren Merkmalen es durchaus gebricht — Art. 1251; B. G. B. keine Novation, da die Schuld des Arrestverklagten dem Arrestkläger gegenüber als erloschen nicht zu betrachten — keine Cession, da der Arrestkläger bei dem Unvermögen des Drittarrestaten seine Forderung gegen den Arrestverklagten ferner geltend machen kann, Art. 1694; sondern es begründet nur eine von der gewöhnlichen Assignation dadurch unterschiedene Anweisung, dass der Drittarrestat nach Zustellung jenes Urtels zur Zahlung an den Arrestkläger verbunden ist. Da nun aber der Drittarrest an sich kein Vorzugsrecht schafft, so folgt, dass vor der wirklichen Zahlung das Eigenthum der mit Arrest belegten Gelder noch nicht auf den Arrestkläger übergegangen, sondern, als ein gemeinsames Pfand der Gläubiger, von ihnen auch nach zugestelltem Gültigkeitserklärungsurtel mit Drittarrest belegt werden kann. Diese Ansicht wird vollständig durch die logische Ordnung der betreffenden Gesetze bestätigt. Die Art. 571—574 B. P. O. setzen das Gültigkeitserklärungsurtel voraus. Spricht mithin der Art. 575 von der Anlegbarkeit neuer Arreste, so ist einleuchtend, dass dies nur die nach der Zustellung des Gültigkeitserklärungsurtels oder nach der von dem Drittarrestaten abgegebenen Erklärung anzulegen sein können; sie sind um deswillen dem Anwalte des ersten Arrestklägers anzuzeigen, weil ja dessen Functionen nach Art. 577 noch fortbestehen. Hat daher das Landgericht einem solchen späteren Drittarrest alle Wirkungen abgesprochen und um deswillen den Einspruch des Drittarrestaten Cassationsklägers gegen die Zahlungsaufforderung des ersten Drittarrestklägers verworfen, so hat es den Art. 575 B. P. O. verletzt und den Art. 1690 des B. G. B. falsch angewendet.

K. Thelen wider Kemperdick et Söhne, 11. November 1844.
Esser. Jaehnigen. Reusche. Sandt. Arch. XXXVIII. 2. 15.

Bannrecht.

Die Bannalität einer im Jahre 1807 von der Domainen-Verwaltung der Stadt Ronsdorf verkauften Zwangsmühle ist durch das Decret vom 13. September 1811 aufgehoben worden. Der Staat oder dessen Oberhaupt ist wie zu dieser Aufhebung berechtigt, so zur Evictionsleistung oder Entschädigung verpflichtet. Die Verbindlichkeit ist, da der Staat als das eigentliche Subject derselben fortbesteht, durch den Regierungswechsel nicht verändert worden. Der Art. 16 des Decretes hat nur die Verhältnisse der Bannberechtigten und Zwangspflichtigen, nicht die des Käufers und des Verkäufers zum Gegenstand. Dies ergiebt sich aus der Absicht des Gesetzes, aus dem Zusammenhange des Ganzen, aus der Vergleichung mit Art. 17 und mit den im 3ten Kapitel 2ten Titels verzeichneten ablöslichen Rechten. Der Art. 17 spricht nur von der Evictionsliberation der Privatpersonen. Diese können für das Factum des Souverain's nicht verantwortlich sein. Grund genug für die Folgerung, dass es hinsichtlich des Staates bei den allgemeinen Grundsätzen über Evictionsleistung habe sollen belassen werden. Bei Kauf- und anderen Rechtsgeschäften der Art kommt es überhaupt keineswegs auf die Eigenschaft des Verkäufers oder auf das verkaufte Object, sondern einzig auf die Natur des Geschäfts an. Dies, ein privatrechtliches, ist um so mehr nach dem B. G. B. zu beurtheilen, da dies die Verbindlichkeit des Staats zur Entschädigung anerkennt, da gerade das Decret hauptsächlich darum gegeben worden, um frühere, von dem B. G. B. abweichende, Verfügungen mit diesem in Einklang zu bringen; und da endlich die Verbindlichkeit des Staates in denjenigen Gesetzen ausdrücklich anerkannt ist, aus denen das Decret eben entlehnt ist; unter andern in den Decreten vom 15. und 28. März 1790 Art. 36; 18. Juni nud 6. Juli 1791 Art. 5; 25. August 1792 Art.

15 und 16; sowie in dem spätern Decret vom 9. December 1811 Art. 27.

K. Ronsdorf wider Essen und R. Düsseldorf, 6. April 1823.
Fischenich. Eichhorn. Sandt. Reinhardt. Arch. V. 2. 30.

Das bergische Gesetz vom 13. September 1811 hat die Bannrechte aufgehoben; es könnte also auch das Recht der ausschliessenden Ueberfahrt von Deutz nach Cöln aufgehoben scheinen. Die Frage, was dieses Gesetz unter Bannrechten versteht, ist jedoch lediglich eine historische und zu beantworten aus dem allgemeinen Sprachgebrauch der Rechtslehrer. Diese belegen die Ueberfahrtsrechte weder mit dem Namen von Bannrechten, noch bringen sie dieselben mit jenen in Verbindung. Das bergische Gesetz hat daher die Ueberfahrtsrechte und somit das von Deutz nach Cöln nicht aufgehoben.

Ein jedes solches Recht gehört seinem Wesen nach demjenigen Ufer an, von welchem die Abfahrt geschieht, d. h. der dort bestehenden Landeshoheit und Gesetzgebung. In Frankreich hat das Gesetz vom 25. Aug. 1792 Art. 9 alle ausschliessenden Ueberfahrtsrechte ohne Entschädigung aufgehoben. Der Auslegung des Gesetzes vom 25. August 1792 steht die Note des Regierungs-Commissars zum Art. 13, Gesetz vom 28. März 1792, nicht entgegen. Diese redet theils nur von Zollgebühren, Passage- und Wegegeldern, nicht aber von Fährgerechtigkeiten; theils würde dadurch nichts weiter bestimmt sein, als dass der Staat sich die Ueberfahrtsgebühren vorbehalte, woraus nicht folgt, dass auch den Privaten die Fährgerechtigkeit unverkürzt gelassen worden. Das Gesetz vom 25. August 1792 ist am 6ten Germinal VI. in den neuen Departements verkündet worden. Durch den Lüneviller Frieden erhielten die früher verkündeten Gesetze eine völkerrechtliche Genehmigung, ohne einer neuen Verkündigung zu bedürfen. Das Ueberfahrtsrecht von Cöln nach Deutz hat daher ohne Entschädigung aufgehört. Hat der Appellhof festgestellt, dass dieses Recht dem rechten Ufer angehöre, so ist dies keine factische Feststellung, sondern ein rechtliches Urtheil. Der Anspruch auf ein nicht ausschliessendes ist kein Theil des ausschliessenden Ueberfahrtsechtes, sondern ein ganz verschiedenes, auf ganz andern Gründen beruhendes, Recht. Hiermit stimmen die Erklärungen des Ministerii der auswärtigen Angelegenheitenvom 29. Juli 1826 überein.

K. Reg. Cöln wider von Monschaw, 3. November 1830.
v. Savigny. Eichhorn. Kunowski. Sandt.

K. Gem. Langel wider Gem. Hittdorff, 22. December 1830.
Scheller. Eichhorn. Kunowski. Sandt.

Die ausschliesslichen Fährgerechtigkeiten, mithin auch die von Cöln nach Deutz sind durch die mittelst Beschlusses des Regierungs-Commissars vom 6. Germinal VI. in den vier Departementen des linken Rheinufers verkündeten Art. 13 Tit. 2. Gesetz vom 15. und 28. März 1790 und Gesetz vom 25. und 28. August 1792 ohne Entschädigung aufgehoben. Der Regierungs-Commissar hatte keine Veranlassung in jenem Beschluss den Art. 15 des Gesetzes vom 15. und 28. März 1790, welcher gewisse Fahrgerechtigkeiten ausnimmt, zu verkünden, weil er an demselben Tage auch den Art. 9 des Gesetzes vom 25. und 28. August 1792 verkündet hat, welcher den Art. 15 aufgehoben hat. Die Beschlüsse des Regierungs-Commissars vom 20. Thermidor VI. sprechen nur von dem Laden und Verfahren der Waaren von einem Hafen nach dem andern und sind daher hier nicht anwendbar. Ebenso hat der Reg.-Commissar durch Beschluss vom 4. Nivose VIII. das Gesetz vom 6. Frimaire VII. mit der Anmerkung verkündet, dass dieses Gesetz auf den Rheinstrom nicht anwendbar ist. Die Art. 545, 546 und 547 B. G. B. und das Gesetz vom 8. März 1810 können auf ein Rechtsverhältniss, welches sich im Jahre 1798 unabänderlich gestaltet hatte, keine Rückanwendung finden.

Das Ministerium hat in einem ähnlichen Falle auf den Grund der Verordnung vom 25. Januar 1833 sein Gutachten abgegeben; es ist daher kein Grund vorhanden, ein nochmaliges Gutachten zu verlangen.

R. v. Wolff-Metternich wider K. Reg. Cöln, 27. April 1840.
Esser. Eichhorn. Sandt. Reusche.

Bau.

Abnahme und Verification des Baues von Seiten des Bestellers schliesst die durch den Art. 1792 B. G. B. festgesetzte, auf 10 Jahre ausgedehnte, Haftbarkeit des Unternehmers nicht aus.

R. v. Amelen wider K. Intendantur zu Münster, 12. Mai 1830.
Scheller. Eichhorn. Sandt. Kunowski.

Bedingung (auflösende).

Der Cassationskläger wird dem Cassationsverklagten gegenüber zur Zahlung für gelieferte Weine rechtskräftig verurtheilt. Beide schliessen, ehe das Urtel gelöst, einen Vergleich über neue Weine ab, und setzen fest, dass die Nichterfüllung des Vergleiches die Hauptsache in statum quo zurückführt und Jedem überlässt, urtheilsmässig und rechtlich zu verfahren.

Der Cassationskläger behauptet mit Unrecht, dass vor Vollstreckung des Urtels auf Aufhebung des Vergleiches geklagt werden müsse. Der Art. 1184 B. G. B. ist unter den obwaltenden Umständen um so weniger anwendbar, als von einem Kauf die Rede ist, bei welchem der Art. 1657 keine Auflösungsklage verlangt.

R. Cron wider Graben, 11. Nov. 1829.
Scheller. Eichhorn. Sandt. Kunowski.

Der Art. 1184 B. G. B. entzieht dem Contrahenten, der die Klage auf Erfüllung des Contracts angestellt hat, für den Fall, dass der andere Contrahent dennoch nicht erfüllt, die Befugniss keineswegs, nunmehr auf Auflösung des Contracts zu klagen.

R. Esser wider Breuer, 3. März 1830.
Scheller. Eichhorn. Kunowski. Sandt.

Die dem Verkäufer gestattete Bedingung, 8 Tage nach einfacher Mahnung die anderweite Versteigerung der verkauften Grundstücke auf Gefahr und Kosten des säumigen Ansteigerers zu bewirken, setzt die im Art. 1184 B. G. B. begründete Auflösbarkeit voraus, und schliesst sie mithin nicht aus.

R. Schmidt wider Heddersdorf, 28. Januar 1837.
Esser. Eichhorn. Kunowski. Sandt.

Der Art. 1184 B. G. B. giebt nur bei gänzlicher Nichterfüllung des Vertrages ein Klagerecht auf Vernichtung und Schadenersatz. Die Nichtaushändigung der Quittungen über gezahlte Hypothekarschulden, zu deren Tilgung die Cassationskläger keine persönliche Verpflichtung übernommen, erscheint nicht, zumal nicht nach verwirkter Löschung, als eine solche Nichterfüllung, dass darauf der Art. 1184 B. G. B. anzuwenden wäre.

R. Nautze wider Harff, 28. April 1845.
v. Daniels. Eichhorn. Sandt.

Dem Cassationsverklagten sollen in zwei Raten Kartoffeln geliefert werden; er verweigert ohne Recht die Annahme der ersten Rate. Diese von ihm verschuldete Nichterfüllung dieses Theiles der zu bewirkenden Lieferung kann ihn nicht berechtigen, die weitere Vertragserfüllung durch Annahme und Bezahlung der Restlieferung zu verweigern. Cassationskläger ist vielmehr berechtigt, auf Grund des Art. 1184 B. G. B. die Auflösung dieses die Restlieferung betreffenden Vertrages in seinem Interesse avec dommages et intérêts zu fordern.

Nur derjenige kann ex art. 1184 B. G. B. auf Auflösung klagen, gegen welchen der andere Theil seine Verpflichtungen gänzlich unerfüllt lässt.

K. Nell wider Schmitz, 22. December 1845.
Graun. Jaehnigen. Sandt. Deycks. Arch. LX. 2. 4.

Die Klage auf Erfüllung ex Art. 1184 B. G. B. setzt voraus, dass Kläger zu erfüllen bereit und im Stande. Ist dem nicht so, so ist der Verklagte berechtigt, die Auflösung des Vertrages in seinem Interesse zu fordern, Art. 1610 B. G. B.

Durch den Art. 1585 B. G. B. ist dem Käufer nicht gestattet, die Abnahme der Waare beliebig zu verzögern. Die blosse Aufforderung genügt, um ihn in Verzug zu setzen. Hieraus ergiebt sich jedoch noch nicht die Lösung der Frage:

Was ist Rechtens, wenn die Waare nicht sofort nach verweigerter Annahme gerichtlich offerirt, und somit die Gefahr auf den Weigernden übertragen worden; während sich in der Folge ergiebt, dass sie wegen ihrer Mängel nicht mehr für lieferbar zu erachten ist?

R. Nell wider Schmitz, 22. December 1845.
Graun. Jaehnigen. Sandt. Deycks.

Bergrecht.

Die Grenzen der Oberfläche eines Bergdistricts bestimmen auch die Grenzen in der Tiefe desselben, Art. 29 Gesetz vom 21. April 1810.

R. Hall wider zur Lippe, 17. Juni 1829.
Scheller. Eichhorn. Kunowski. Sandt.

Die Sachverständigen haben die fraglichen Grundstücke zu dem Werth, den sie zur Zeit der eingeleiteten Expropriation, nicht zu dem, den sie künftig haben könnten, abgeschätzt; dies entspricht dem Art. 44 des Bergwerkgesetzes vom 21sten April 1810.

R. Oberbergamt Bonn wider Kirche zu St. Johann et Genossen, 14. März 1842.
Esser. Eichhorn. Sandt. Reusche.

Weder der Art. 7 des Gesetzes vom 21. April 1810 noch der Art. 815 B. G. B. untersagen den Verkauf eines Bergwerks zum Zweck der Auseinandersetzung.

R. Vereinigungs-Gesellschaft für den Steinkohlenbau im Wurm-Revier wider v. Fisenne, 11. April 1842
v. Oppen. Jaehnigen. Kunowski. Furbach.

Die Verpflichtung, das Eigenthum zum Bergwerksbetrieb abzutreten, Art. 1 Tit. I., Gesetz vom 12. und 28. Juli 1791 umfasst auch die hierzu nöthigen Wege, welche ihrer Natur nach nicht auf das Concessionsfeld zu beschränken sind,

Art. 21 Tit. 1; Art. 25 Tit. 1; Art. 17 Tit. 2 ibid.; Art. 43, 44, 79, 80 des Gesetzes vom 21. April 1810.

Die Entscheidung der technischen Frage: Ob ein Weg zum Bergwerksbetrieb nothwendig? gehört zur Competenz der Verwaltung.

R. v. Fisenne wider Dellbrouck, 25. März 1844.
v. Oppen. Jaehnigen. Furbach. Reusche.

Ein gemeines Bergrecht, wonach blosse Steinbrüche zu den Regalien gehören, existirt nicht. Das Erbieten zu dem Erweise, dass Hausteinbrüche

nach gesetzlichem Herkommen im Alt-Bergischen zu den Regalien gehören,

würde nur dann Berücksichtigung verdient haben, wenn gemäss Art. 252 und 253 B. P. O. die einzelnen Thatsachen, worauf dieses Herkommen zu gründen, articulirt und vom Gericht für erheblich befunden wären. Dies ist nicht geschehen. Gleichgültig ist daher, dass der zweite Richter seine an sich richtige Entscheidung mit einem nicht ganz passenden Motiv, der schlechthin behaupteten Irrelevanz des Herkommens, zu rechtfertigen versucht hat.

R. Oberbergamt Bonn wider Herrmanns, 17. Mai 1826.
Goerdeler. Eichhorn. Kunowski. Sandt.

Dadurch, dass einem örtlichen Gebrauch über die Art der Bezahlung der Arbeiten der Layer in den Steinbrüchen zu Niedermendig, sowie einem in Gemässheit dieses Gebrauches bestandenem stillschweigenden Vertrage der Partheien geltende Kraft beigelegt worden, wird das Gesetz vom 30. Ventôse Jahres XII. nicht verletzt.

R. Breuer wider Ohligschlaeger, 9. September 1829.
Steltzer. Eichhorn. Sandt. Kunowski.

Die Cassationsbeklagten können sich in Rücksicht der Beschaffenheit und Führung des fraglichen Bergstollens als einer in technischer und bergpolizeilicher Hinsicht gleich verwerflichen Anlage, auf keine Verjährung berufen. Der Art. 55 des Gesetzes vom 21. April 1810 rechtfertigt keinesweges einen Localgebrauch, wodurch gegen die Bergpolizei auf das Offenbarste verstossen und nachbarliches Eigenthum in Gefahr und Nachtheil gesetzt wird. Die schlechte Leitung und Beschaffenheit eines Stollens ist keine offenkundige Anlage.

Die Forderung von Schadenersatz ist nach Art. 45 l. c. da vollständig begründet, wo die Zuführung des Wassers auf den Grund des Nachbars durch grobe Vernachlässigung der Stollenanlage geschehen ist. Vergl. Art. 1383 B. G. B.

K. Winkens wider Dahmen, 8. Juni 1831.
Graun. Eichhorn. Kunowski. Sandt.

Der Art. 53 des Gesetzes vom 21. April 1810 ist nach dem

in der Sitzung des gesetzgebenden Körpers erstatteten Bericht, insbesondere auf die Art. 24 und 26 des Gesetzes von 1791 zu beziehen. Die Bergwerksbetreiber, welche nicht diesem Gesetz gemäss die Grenzen ihrer Concession feststellen lassen, müssen daher selbige zur Zeit des Gesetzes bereits gehabt haben, während der blosse Betrieb eines Bergwerkes, wenn er nicht sonst auf Gründen der Rechtmässigkeit ruht, zur Zeit der Verkündung des Gesetzes im Sinne des Art. 53 ein erworbenes Recht nicht begründet.

Der Appellhof hat festgestellt, dass gewisse Flötze nicht hätten veräussert werden können, weil sie schon im Jahre 1767 von der Stadt Aachen eingezogen worden seien. Diese Feststellung verletzt nicht Lib. II. F. 56 in fine, weil nicht feststeht, dass die hierauf bezüglichen früheren Verleihungen von den wesentlichen Merkmalen eines Lehns begleitet gewesen und nicht die l. 10 De jurisd., weil nicht erhellt, dass der Magistrat Behufs der erklärten Einziehung seiner Flötze Seitens der Stadt Aachen im Sinne jenes Gesetzes Recht gesprochen hätte. Wenn auch Art. 7 des Gesetzes von 1810 den Verkauf eines Bergwerkes in Loosen oder die Theilung desselben verbietet, so sollte doch hierdurch nur der Zerstückelung des Betriebs vorgebeugt werden. Wo nur ideelle Theile zum Zweck eines gemeinsamen Betriebs verkauft worden: kann von jenem Verbote die Rede nicht sein.

Seit dem Gesetz von 1810 haben die zu erwerbenden Bergwerke nur durch vom Staat zu ertheilende Concessionen übertragen werden können; von da an war mithin der verjährungsfähige Besitz ausgeschlossen. Ueber die frühere Zeit enthält Art. 3 des Gesetzes von 1791 die nöthige Verfügung. Denn wenn hiernach das Recht anerkannt ist, im eigenen Grund und Boden ein Bergwerk zu betreiben und dieses Recht, als einen Gegenstand in commercio, an einen Anderen mit rechtlicher Wirkung zu übertragen, so folgt, dass auch ein Dritter jenem Eigenthümer gegenüber ein solches Recht durch Verjährung erwerben konnte. Hiermit stimmt Art. 55 des Gesetzes von 1810 überein, wenn er in Fällen, wo Ortsgebräuche oder alte Gesetze bestehen, die Rechte der Partheien auch durch die Verjährung bestimmen lässt. Die Annahme des Gegentheils verletzt den Art. 55 und wendet den Art. 7 falsch an.

K. Leuchter wider Gem. Aachen, 13. Januar 1838.
Esser. Eichhorn. Reinhardt. Sandt.

Es steht fest, dass die Ahrhütte sowohl unter der Regierung des Herzogs von Aremberg als unter der französischen Herrschaft den Bergbau auf den Lommersdorfer Eisensteinbergen für eigene Rechnung betrieben und dass die Vorfahren der Cassationsverklagten am 19. Brumaire Jahres XII bei der von der Domainenverwaltung vorgenommenen Versteigerung die Ahrhütte mit allen Rechten und namentlich mit dem Rechte gekauft haben, gemeinschaftlich mit der Stahlhütte ihren Bedarf an Eisenerzen auf dem Banne von Lommersdorf auszubeuten. Hierdurch wie in Betracht, dass der Herzog von Aremberg Eigenthümer beider Hütten war, dass ihm als Landesherrn von Lommersdorf, das Bergregal daselbst zugestanden, und dass dieses Doppelverhältniss auf den französischen Staat übergegangen war: ist von diesem jenes Recht zum Ausbeuten der Ahrhütte eben so wirksam übertragen worden, als wenn der Staat dasselbe in den durch das Gesetz vom 28. Juli 1791 bestimmten Formen an ein fremdes Hüttenwerk verliehen hätten. Die Cassationsverklagten sind folglich als frühere Concessionarien nach Art. 51 des Bergwerksgesetzes vom 21. April 1810 ohne weiter zu beobachtende Formen unwiderrufliche Eigenthümer des Rechts geblieben, auf dem Banne von Lommersdorf Eisenerz zum Bedarf der Ahrhütte auszubeuten. Der Staat konnte mithin weder durch die Verleihung vom 27. Mai 1822, noch durch den Verkauf vom 15. November 1823 an die Cassationskläger dieses unwiderrufliche Recht der Cassationsverklagten beeinträchtigen.

R. Kraemer wider Hamacher, 9. November 1840.
Esser. Eichhorn. Reusche. Kunowski. Sandt.

Berufung.

Zwei Erkenntnisse sind ergangen, von denen nur das zweite definitiv ist; die ausschliesslich gegen das erste eingelegte Berufung ist trotz dessen auch gegen das zweite inzwischen rechtskräftig gewordene Definitiv-Urtel angenommen worden: hierin liegt eine Verletzung der Art. 443, 444 u. 1029 B. P. O.

K. Wildfoerster wider Jager, 29. October 1819.
v. Savigny. Eichhorn. Molitor.

Die Frist zur Einlegung der Appellation läuft für den Bürgen vom Tage der an ihn bewirkten Zustellung. Die Appellation selbst ist ihm als ein gemeinsames Rechtsmittel nicht zu versagen. Der Bürge kann in der Appellations-Instanz die Vertheidigung des Hauptschuldners in allen Punkten übernehmen.

L. 32 D. fidej, L. 3, 6, 9 D. Judicatum solvi.

Die Art. 2011 B. G. B. und 519 B. P. O. setzen eine rechtlich festgestellte Verbindlichkeit resp. eine rechtskräftige Entscheidung voraus, und finden daher nicht Anwendung auf ein Urtel, wovon der Bürge noch zu appelliren berechtigt ist.

R. Dauzenberg wider Neuhoff, 21. Juli 1820.
Hardung. Eichhorn. Molitor. Sandt.

Die Notariatsordnung vom 25. April 1822 lässt nach Art. 52 die Berufung, von den wegen Dienstvergehen oder Dienstfehlern eines Notars ausgesprochenen Erkenntnissen, zu.

R. Löminist beim L. G. Coblenz wider Diel, 19. Nov. 1823.
Goerdeler. Eichhorn.

Nach Art. 77 Gesetz vom 27. Ventôse Jahres VIII. können friedensgerichtliche in letzter Instanz erlassene Erkenntnisse wegen Incompetenz oder Machtüberschreitung durch die Cassation angefochten werden. Diese Vorschrift ist durch Art. 454 B. P. O. stillschweigend abgeändert.

- *R. Ecker wider Mimm (Krankenlade), 12. October 1831.*
Blanchard. Oswald. Kunowski. Sandt.

Eine zu Unrecht erfolgte Gestattung der provisorischen Vollstreckung eines Urtheils erster Instanz darf ihrer Natur nach nur während des Provisorii also bis zur definitiven Entscheidung in der folgenden Instanz angegriffen werden. Wenn nun der Cassationskläger, ohne den Weg des Art. 458 einzuschlagen, sogleich die Entscheidung der Hauptsache vor dem Appellationsrichter ausbrachte, so hat dieser mit Recht die Frage, ob jene provisorische Vollstreckung des ersten Urtels hätte erfolgen dürfen oder nicht, übergangen, ohne den Art. 135 B. P. O. zu verletzen.

R. Stoffels wider Schenk, 5. März 1828.
Oswald. Eichhorn. Kunowski. Sandt.

Summa appellabilis.

Alle Klagen, welche einen Gegenstand von unbestimmtem Werth betreffen, sind der Berufung offen. Die Besitzklagen sind von diesem allgemeinen Grundsatz nicht ausgeschlossen. Gleichgültig ist, ob die als Folge des gestörten Besitzes eingeklagte Entschädigungsforderung appellabel ist oder nicht. Art. 10 Titel 3, Gesetz vom 24. August 1790.

K. Neu wider Hambelmann, 1. Dec. 1824.
Seyppel. Ruppenthal. Reinhardt. Sandt. Arch. VI. 2. 127.

Der Werth der Laudemialpflichtigkeit an und für sich genommen, lässt sich gar nicht bestimmen, weil derselbe von der unbestimmten Zahl der Veräusserungsfälle und von der ebenfalls unbestimmten Höhe des Kaufpreises abhängt. Ueber diesen Gegenstand von unbestimmtem Werth ist daher nach Art. 29 des Decrets vom 17. December 1811 nur mit Vorbehalt der Appellation in erster Instanz zu erkennen.

Die Ablösungs-Ordnung vom 13. Juli 1829 hat hierin nichts geändert, da sie nicht allgemein, sondern nach §. 68 nur Behufs der wirklichen Ablösung in dem §. 69 Grund sätze zur Schätzung des Werthes der Laudemialpflicht aufstellt und eben hierdurch anerkennt, dass in allen anderen Fällen eine Schätzbarkeit nicht eintritt.

R. v. Carnap wider Ullenberg, 12. März 1836.
Jaehnigen. Eichhorn. Sandt. Reinhardt.

Die einseitige Erklärung des Verklagten und Appellaten kann die Unbestimmtheit des Streitgegenstandes nicht beseitigen. Handelt es sich daher um eine Immobiliarklage, deren Werth weder durch den Rentenertrag, noch durch den Pachtpreis, noch durch den übereinstimmenden Willen der Partheien feststeht, so ist die Appellation annehmbar. Art. 5. Tit. IV Gesetz vom 16. und 24. August 1790.

R. Klein wider Hockelmann, 1. November 1841.
Esser. Eichhorn. Kunowski. Sandt.

Die Klage ist gerichtet alternativ auf 2 Eichenstämme oder Ersatz des Werthes mit 20 Thlr. In diesen 20 Thlr. besteht das höchste Interesse des Streitgegenstandes; die Appellation ist somit unannehmbar. Art. 9 und 10 Tit. 3 des Gesetzes vom 24. August 1790, §. 1 Gesetz vom 7. Juni 1821.

K. Kaufmann wider Boeltes, 27. November 1843.
v. Daniels. Jaehnigen. Sandt.

Die eingeklagten Rückstände einer Rente sind nicht appellabel. Der Verklagte hat die Rente selbst als abgeschafft, angefochten. Hierdurch wird das Recht auf die Rente der richterlichen Entscheidung unterworfen. Ihr Werth ist unbestimmt geblieben; gegen das erste Erkenntniss mithin nur Appellation und nicht Cassation zulässig. Art. 2 des Decrets vom 27. November und 1. December 1790, Art. 5. Tit. 4 Decret vom 24. August 1790.

R. Frowein wider Mellen, 24. November 1820.
Blanchard. Ruppenthal. Sandt.

Die Cassationskläger haben Grundstücke für 680 Thlr. versteigert; der Cassationsbeklagte bleibt als Ansteigerer mit der ersten Rate von 142 Thlr. in Rückstand. Zahlungsbefehl auf 142 Thlr. Opposition und Urtel: dass der auf Auflösung des Kaufvertrages gerichtete Antrag zu verwerfen, im Uebrigen der Zahlungsbefehl zu vernichten sei. Die Berufung der Cassationskläger wird mit Unrecht für unannehmbar erklärt. Der Ausdruck „Streitgegenstand" bezeichnet auch den bestrittenen Titel der Forderung. Gesetz vom 24. August 1790 Titel 4 Art. 5.

K. v. Warsberg wider Hegener, 24. April 1843.
v. Oppen. Eichhorn. Sandt. Deycks. Arch. XXXVI. 2. 42.

Ein Dritter macht gegen den von einem Andern wider dessen Schuldner bewirkten Arrestschlag auf Gelder oder Effecten als Eigenthümer Anspruch. Die Appellabilität hängt ab von dem Werthe dieses Einspruches, nicht von dem Werth der ursprünglichen Klage.

K. Nierstrass wider Batz, 25. Februar 1820.
Goerdeler. Ruppenthal. Reinhardt. Molitor.

Das Subhastationsverfahren stellt einen vom Gläubiger eingeleiteten besonderen Prozess dar, sein specieller Zweck ist die Licitation des unbeweglichen Vermögens des Schuldners. Zu seiner Gültigkeit ist allerdings ein rechtmässiger Anspruch des Subhastanten erforderlich. Dieser Anspruch ist jedoch nur der Grund, nicht das unmittelbare Object des Prozesses. Ueber die Appellabilität entscheidet mithin nicht der Werth der Forderung, sondern der der Immobilien, als des eigentlichen Streitgegenstandes.

R. Dolwet wider v. Sender-Kaufmann, 24. April 1843.
Brewer. Eichhorn. Sandt. Kunowski.

Die eingeklagte Rente beträgt nicht 50 Francs jährlich. Weil die Entscheidung des Landgerichts ein Praejudiz für sehr viele gleiche Rechtsverhältnisse bilde, soll sie trotz dessen durch Appellation und nicht durch Cassation anzugreifen sein. Mit Unrecht. Bei Beurtheilung der Competenz der Gerichte darf der factische Einfluss, welchen eine Entscheidung auf die künftigen Entscheidungen ähnlicher Rechtsverhältnisse anderer Personen haben kann, nicht in Betracht gezogen werden.

R. Wiesels wider Kirchenfabrik Büttgen, 10. Dec. 1831.
Savigny. Oswald. Sandt. Kunowski.

Die seit der Klage erfallenen Zinsen können weder nach dem Gesetz vom 24. August 1790, noch nach dem Gesetz vom 7. Juni 1821 auf die Appellabilität der Summe Einfluss ausüben.

R. Kargens wider Hensgen, 9. März 1840.
Esser. Eichhorn. Strass. Kunowski.

Die Körperhaft stellt nur ein Vollstreckungsmittel, nicht den Gegenstand einer Klage dar, zu dem sie sich nur accessorisch verhält. Die Berufung gegen ein Urtel, gegen welches selbst Appellation unzulässig, ist daher nicht zulässig geworden wegen der ausgesprochenen Körperhaft.

Das Executionsverfahren bewegt sich in dem Umfang der einmal ausgesprochenen Verurtheilung und dehnt sich hierüber hinaus in Ansehung der Partheien unter sich und im Gegensatz zu Dritten, nicht aus, sondern beschränkt sich vielmehr auf die Bezahlung der durch Urtel zuerkannten Summe. Es ist folglich von einem Urtheil, welches über den Einspruch gegen das Executionsverfahren erkennt, die Berufung nur insoweit zulässig, als sie es von dem Urtel sein würde, auf dessen Grund jenes Verfahren eingeleitet worden ist. Das Subhastationsverfahren macht hiervon, insofern nicht Dritte Einspruch erheben, keine Ausnahme. Die entgegenstehende Annahme verletzt den Art. 5 Tit. IV. des Gesetzes vom 16. und 24. August 1790.

K. Haas wider Schmeer, 14. Oct. 1839.
Esser. Eichhorn. Sandt. Reusche. Arch. XXIX. 2. 22.

Appellations-Act.

Unter der Parthei, welcher nach Art. 456 B. P. O. der Appellationsact insinuirt werden soll, ist kein Anderer als derjenige zu verstehen, welcher in der vorhergehenden Instanz im Rechtsstreit befangen war.

Nimmt der zweite Richter an, dass, wenn der Kläger und Appellat nach der Behauptung der Verklagten und Appellanten zur Klage nicht legitimirt sei, auch der Appellact nicht ihm habe insinuirt werden dürfen und erklärt er um deswillen die Berufung für unannehmbar, so ist dies eine offenbar unrichtige Ansicht von der von ihm angeführten Prozessmaxime:

„Nul ne plaide par procureur hors le roi."

Abgesehen von den aus diesem System entspringenden inneren Widersprüchen war gerade mit dem Kläger der Legitimationspunkt zu erörtern und darüber zwischen ihm und den Appellanten zu entscheiden.

K. Neuhaus wider Hollmann, 21. Mai 1823.
Blanchard. Eichhorn. Sandt.

Eine aus dem Appellations-Act etwa entspringende Unannehmbarkeits-Einrede ist, wenn sie nicht in zweiter Instanz bereits vorgebracht, in der Cassationsinstanz nicht mehr geltend zu machen.

R. Heimann wider Heimann, 21. Februar 1827.
Blanchard. Eichhorn. Kunowski. Sandt.

Wenngleich in dem insinuirten Appellact die Bezeichnung des Monats, in welchem das Urtheil ergangen, unterblieben war, so kann dennoch hierüber hinweggegangen werden.

R. Schoetten wider v. Proff, 23. December 1829.
Blanchard. Eichhorn. Sandt. Kunowski.

Die Cassationsverklagten sind in erster Instanz als Geschwister und denselben Geschlechtsnamen führend aufgetreten; der zweite Richter hat angenommen, dass schon nach der gewöhnlichen Art zu reden, der diesen Geschwistern gemeinschaftliche Geschlechtsname Schmitz in der auf den Namen

„des Canonicus Adolph und der Geistlichen Felicitas

Schmitz" eingelegten Berufung auf beide zu beziehen ist. Die Art. 456 und 61 B. P. O. werden hierdurch nicht verletzt.

R. v. Klespe wider v. Hees, 23. December 1829.
Blanchard. Eichhorn. Sandt. Kunowski.

Kein Gesetz bestimmt ausdrücklich und bei Strafe der Nichtigkeit, dass der Berufungsact das Datum des angegriffenen Urtheils enthalten muss.

R. v. Schaesberg-Tannheim wider v. Plettenberg-Lenhausen, 13. October 1832.
Reinhardt. Eichhorn. Sandt.

Der gegen den Cassationskläger gerichtete Berufungsact ist demselben in demjenigen Domicil insinuirt, welches er auf vorgängige Zahlungsaufforderung und Executionsandrohung gewählt hat. Es konnte daher mit Rücksicht auf Art. 584 B. P. O. die Zustellung in diesem Domicil gültig erfolgen, ohne dass die allgemeine Vorschrift des Art. 456 B. P. O. entgegengesetzt werden darf.

R. Krost wider Gem. Branscheid etc., 6. Febr. 1836.
Graun. Eichhorn. Sandt. Kunowski.

Beruhigung.

Der Appellact wird den Appellaten nicht in ihrem wirklichen Domicil zugestellt und deshalb für nichtig erklärt. Der Appellact wird darauf in dem wirklichen Domicil zugestellt. Das erste, den Appellact für nichtig erklärende, Urtel kann jetzt durch den Cass.-Recurs nicht mehr angegriffen werden, die zweite Zustellung des Actes enthält einen Verzicht auf dieses Rechtsmittel.

R. K. Reg. Coblenz wider Driesch, 7. April 1824.
Fischenich. Eichhorn. Reinhardt. Sandt.

Die Zahlung der Kosten des in zweiter Instanz ergangenen Urtels, sowie des als nichtig angegriffenen Insinuationsactes enthält eine freiwillige Vollstreckung dieses Urtheils und deckt jedenfalls die Nichtigkeit des Insinuationsactes.

R. K. Reg. zu Düsseldorf wider Carstanier u. Gen., 17. März 1820.
Goerdeler. Eichhorn. Haas. Sandt.

Anders, wenn sie erst geschehen, nachdem sie der Gerichtsvollzieher unter Androhung von Zwangsmitteln begehrt hat.

R. Mohr wider Hammann, 22. Nov. 1826.
Goerdeler. Eichhorn. Kunowski. Sandt.

Die Cassation hat nur devolutive Wirkung; die freiwillige Vollziehung eines rechtskräftigen Urtheils von Seiten des Verurtheilten unterstellt mithin keinen Verzicht auf den Recurs.

R. Koenigs wider v. Hallberg, 22. Febr. 1834.
Lombard. Eichhorn. Sandt. Kunowski.

R. Fromen wider Linden, 23. April 1835.
Simon. Eichhorn. Reinhardt. Sandt.

Die von dem Cassationskläger ohne Vorbehalt geschehene Zustellung eines angegriffenen Urtheils kann eine Genehmigung desselben nicht darstellen.

R. Kraemer wider Hamacher, 9. Nov. 1840.
Esser. Eichhorn. Reusche. Kunowski. Sandt.

Bei der unaufhaltsamen Vollstreckbarkeit des zweiten Urtels kann die durch den Imploranten geschehene Zahlung der Forderung nebst Zinsen und Kosten eine freiwillige Handlung, wodurch auf die Cassation stillschweigend verzichtet worden, nicht darstellen.

R. Schmitt wider Gem. Ober- u. Nieder-Ingelheim, 18. Dec. 1843.
Esser. Eichhorn. Reusche. Kunowski.

Die gegen den Berufungsact vorgeschützte Nichtigkeitseinrede wird verworfen und die Königl. Regierung für verbunden erklärt, sich auf die Hauptsache einzulassen. Ihr Anwalt trägt in der Audienz darauf an, die schriftliche Verhandlung der Sache zu verordnen. Dieser Incident-Antrag ist der Einlassung auf die Hauptsache gleich; involvirt die Anerkennung des Appell-Urtheils, bewirkt den Verlust des Cass.-Recurses und jeder Einrede, welche gegen die Insinuation des Appelurtels hätte erhoben werden können.

R. Reg. Trier wider Mandern, 18. Mai 1825.
Fischenich. Eichhorn. Reinhardt. Sandt.

Die Befolgung eines Beweisinterlocutes kann schon deshalb nicht als eine die Cassationsklage ausschliessende Anerkennung betrachtet werden, weil die Cassationsklage nach ausgesprochenem Endurtheil allererst möglich ist. Gesetz vom 2. Brumaire Jahres IV. Art. 14.

R. Biesterfeld wider Abels, 4. Mai 1821.
v. Savigny. Eichhorn. Sandt. Haass.

Die Cassationskläger sind in zweiter Instanz zu dem erbotenen Beweis verstattet: dass die Cassationsverklagten sich in die Erbschaft immiscirt haben. Durch diesen ohne allen Vorbehalt und Protest angetretenen Beweis ist jene definitive Entscheidung anerkannt worden. Der spätere, im Beweisverfahren bei Zuschiebung des Eides, gemachte allgemeine Vorbehalt kann, wenn er auch auf das Rechtsmittel der Cassation bezogen wird, diese einmal und durch eine concludente Handlung geschehene Anerkennung nicht wieder aufheben. Die Parthei darf mithin nicht auf ein Rechtsmittel zurückkommen, auf welches sie stillschweigend verzichtet hatte.

R. Linz wider Eschermann, 19. October 1825.
Fischenich. Eichhorn. Kunowski. Sandt.

Das erste Appell-Urtel, das einen die Cassationskläger gravirenden Beweis aufrecht erhalten, ist ohne Weiteres vollzogen worden. Das jetzt durch den Recurs angegriffene Urtel ist nur die Folge jenes ersten Urtels. Dieses erste Urtel ist als ein Vorbescheid zu achten, dessen freiwillige Vollziehung die Zulässigkeit des Recurses zugleich mit dem gegen das spätere Haupturtel nicht ausschliesst.

R. Grossbauer wider Maas, 2. März 1831.
Oswald. Eichhorn. Budde. Sandt.

Der Cassationskläger hat den Vorbescheid dadurch stillschweigend anerkannt, dass er dem vom Cassationsbeklagten ausgebrachten Zeugenverhör ohne Vorbehalt beigewohnt hat. Die stattgefundene Beweisaufnahme muss als eine Vollstreckung des Urtels im Sinne des Art. 159 B. P. O. geachtet werden. Die Beschränkung dieses Artikels auf definitive Urtheile ist im Gesetz nirgend aufzufinden.

R. Schmitt wider v. Wenge, 12. März 1828.
Oswald. Eichhorn. Sandt. Kunowski.

Der Friedensrichter hat gegen die Art. 41 und 42 B. P. O. die Besichtigung (von Webestühlen) nicht selbst mit den Sachverständigen vorgenommen. Durch den Antrag des Cassationsklägers den Beweis für geführt zu erachten, einen Antrag, den er nicht machen konnte, ohne dieses Verfahren als gültig anzuerkennen, ist jeder Mangel gedeckt.

R. Bonten wider Hipp, 24. März 1830.
Blanchard. Eichhorn. Kunowski.

Durch Interlocut ist Cassationsverklagter zum Beweise seiner Forderung durch Urkunden und Zeugen zugelassen. Cassationskläger, sich hierbei beruhigend, trägt nur an, den auferlegten Beweis für nicht erbracht zu erachten. Jenes Urtel ist folglich rechtskräftig geworden und somit die Zulässigkeit des Zeugenbeweises festgestellt.

R. Graf wider Strauss, 6. Juli 1831.
Busse. Eichhorn. Sandt.

Cassationsverklagter erhebt sofort die Einrede der Incompetenz. Er lässt in der Folge die Beweisaufnahme salvis exceptionibus geschehen und versucht selbst den Gegenbeweis zu führen. Hierin liegt kein Verzicht auf jene Einrede, welche in jeder Lage der Sache vorgebracht und zur rechtlichen Beurtheilung des Appellhofes gestellt werden konnte.

R. Bremm wider Gietzen, 6. März 1838.
Graun. Eichhorn. Reinhardt Sandt.

Cassationskläger hat dem Cassationsverklagten die Ableistung des Erfüllungseides erlassen. Er hat hierdurch zu erkennen gegeben, dass er sich bei dem Urtheile beruhige, welches den Eid auferlegt hat. Sein Recurs gegen dieses Urtel ist mithin unzulässig.

R. v. Monschau wider Hoerster, 10. März 1838.
Esser. Eichhorn. Reinhardt. Sandt.

Besitz.

Bona fides.

Der Besitzer in bösem Glauben war in Frankreich von jeher zur Erstattung aller bezogenen und vernachlässigten Früchte verantwortlich. Das B. G. B. hat hierin keine Aenderung gemacht und durch den im Art. 549 enthaltenen allgemeinen Ausdruck „Früchte“ die Percipienda nicht ausgeschlossen. Vergl. Art. 1383.

R. v. Ammon wider Neuber, 2. Nov. 1825.
Fischenich. Eichhorn. Sandt. Reinhardt.

Die Einweisung in den Besitz eines Nachlasses erhält den auf den Grund eines Testamentes Eingewiesenen in dem guten Glauben, als könne er mit Recht die Früchte zu den Seinigen machen; dieser gute Glaube hört erst mit dem Tage der Klage auf. Die Annahme des Gegentheils verletzt die Art. 549 und 550 B. G. B., Lex 48 D. De acq. rer. dom. u. §. 2 J. De offic. jud.

K. v. Stramberger wider Kraemer, 5. März 1836.
Esser. Eichhorn. Sandt. Reinhardt. Arch. XXV. 2. 65.

Artikel 2279.

Der Art. 2279 B. G. B. bezweckt nur den Schutz des redlichen Erwerbers und hat nicht den Sinn, dass es gar nicht weiter darauf ankommen soll, auf welche Art Jemand zum Besitz einer Sache gelangt sei. Der Gegenbeweis, durch Art.

1352 B. G. B. nicht ausgeschlossen, ist mithin auch gegen Art. 2279 zulässig.

R. Schmitz wider Chénal, 23. Nov. 1831.
Graun. Oswald. Budde.

Die gepfändeten Möbel sind bei dem Schuldner der Cassationsverklagten von einer Dritten, der Cassationsklägerin, nur deponirt worden. Der von ihr angestellten Vindicationsklage steht der Art. 2279 B. G. B. nicht entgegen. Die auf contractliche Verbindlichkeiten begründeten persönlichen Ansprüche der Cassationsklägerin an den Besitzer, durch den Art. 2279 keinesweges ausgeschlossen, sind um so gewisser zu respectiren, als die Gläubiger, — die Cassationsverklagten, — nur diejenigen Rechte auszuüben befugt sind, welche ihrem Schuldner selbst zustehen.

K. Ewen wider Koch, 20. Januar 1845.
Brewer. Jaehnigen. Reusche. Deycks. Arch. XXXVIII. 2. 74.

Der Art. 1141 B. P. O. bezieht sich lediglich auf bewegliche Dinge; unter solchen sind nur körperliche zu verstehen, welche von Hand zu Hand übertragen werden; nicht unkörperliche, deren Uebergabe nur mittelst einer Urkunde geschehen kann. Hinsichtlich dieser, wozu auch Renten gehören, bleibt es bei den allgemeinen Regeln der Art. 711, 938, 1138, 1583, 2182.

R. Frings wider Cholin, 25. April 1827.
Blanchard. Eichhorn. Kunowski. Sandt.

Unvordenklicher Besitz.

Nach L. 28 D. De prob. u. l. 2. §. 8 De aqua et aqua pluv. genügt zum Beweise des unvordenklichen Besitzes, dass bejahrte Zeugen denselben als nach ihrer eigenen Erfahrung stets vorhanden, bekunden und zugleich versichern, von ihren Eltern und Vorfahren nie gehört zu haben, dass ein anderer Zustand bestanden habe.

R. v. Coels wider Gem. Forst, 18. Nov. 1839.
Jaehnigen. Esser. Reusche. Sandt.

Possessorium.

Eine possessorische Klage erfordert nach Art. 23 B. P. O. zu ihrer Begründung eine wirkliche Störung im Besitze und ein Besitzrecht in der Person des Klägers.

Die Klage wird darauf gegründet, dass das Wasser des in dem Keller des Sartor befindlichen Brunnens durch das Eindringen der aus dem daneben liegenden von Schmitz als Kuhstall benutzten Keller abfliessenden Jauche ungeniessbar geworden ist. Der Keller ist seit längerer Zeit als dem letzten Jahre vor der Besitzstörung zum Stall umgeschaffen worden. Die Entscheidung der Sache hängt daher von der Frage ab:

Darf Schmitz seinen Keller als Kuhstall benutzen? Muss er die Folgen dieser Benutzung unschädlich machen?

Fragen, die mit dem Besitz durchaus nichts gemein haben und nur in Petitorio entschieden werden können.

Der Friedensrichter kann sonach über diese Klage nicht entscheiden. Gesetz vom 24. August 1790.

Das blosse Trübewerden des Wassers kann als eine Störung im Besitze von reinem Wasser zur Begründung einer possessorischen Klage nicht angesehen werden. Hierzu ist auch der Besitz von Wasser, dessen Masse etwa dadurch vermindert wird, dass ein Nachbar auch in seinem Grund und Boden eine Brunnen-Anlage macht, nicht hinreichend und geeignet.

K. Schmitz wider Sartor, 2. Juni 1824.
Blanchard. Ruppenthal. Reinhardt. Sandt. Arch. VII. 2. 5.

Die Klage, obgleich der Antrag mit dahin gestellt worden, die Cassationsbeklagten in dem Besitz des Gartens zu schützen, ist als eine petitorische zu erachten, weil der Anspruch durch die Ortsgewohnheit begründet werden soll, und zugleich auf Entschädigung nicht blos wegen der Besitzstörung, sondern Rechtsentziehung geht. Der Friedensrichter ist daher nicht competent. Die Annahme des Gegentheils verletzt das Gesetz vom 24. August 1790 Tit. III. Art. 3 B. P. O.

K. Koch wider Heidger, 26. Nov. 1823.
Simon. Ruppenthal. Reinhardt. Arch. VI. 2. 32.

Servitutes discontinuae, sie mögen sichtbar oder unsichtbar sein, können nur mittelst schriftlicher Verstattung erworben werden. Der Besitz, so lange er auch gedauert, reicht dazu nicht hin. Das Gesetz erkennt nur solche Servituten dieser Art an und lässt sie fernerhin bestehen, die zur Zeit seiner Verkündung durch Besitz da, wo sie auf solche Weise erworben werden konnten, bereits erworben waren. Der Friedensrichter ist nicht befugt, über diese Fragen zu entscheiden, er hat nur über Störungen im letztjährigen Besitz zu erkennen.

Der Destination eines früheren Eigenthümers wird nur für die servitutes continuae et apparentes die Wirkung einer schriftlichen Verstattung eingeräumt; hierüber zu erkennen, steht dem Friedensrichter eben wenig zu. Art. 691, 692 B. G. B., Art. 3 und 23 B. P. O.

K. Weber wider Moritz, 5. Nov. 1828.
Blanchard. Eichhorn. Sandt. Kunowski.
K. Brass wider Iserloh, 8. Dec. 1832.
v. Breuning. Eichhorn. Sandt. Arch. XVIII. 2. 35.

Der Besitz des Durchgangsrechtes — einer unterbrochenen Dienstbarkeit — ist unwirksam.

R. Cullmann wider Schaun, 28. Oct. 1844.
Esser. Jaehnigen. Kunowski. Sandt.

Der Cassationsverklagte ist in possessorio zu dem Beweise des unvordenklichen Besitzes zugelassen, wodurch vor Einführung des B. G. B. eine unterbrochene Dienstbarkeit erworben werden konnte. Hierdurch ist der Besitz mit dem Recht vermengt und der Art. 25 B. P. O. verletzt.

Ein Durchgangsrecht ist als eine unterbrochene Dienstbarkeit jetzt nicht einmal durch unvordenklichen Besitz zu erwerben; ein solcher Besitz ist als precär anzusehen, welcher die Besitzklage nicht begründen kann. Art. 691 B. G. B. und 23 B. P. O.

K. Gang wider Herbertz, 4. Januar 1834.
Esser. Eichhorn. Sandt. Kunowski.

Der Antrag, dass Cassationskläger eine Mauer wegnehmen, das Regenwasser auf seinen Grund ableite, und sich aller ferneren Anmaassung enthalte, wird gestützt lediglich auf einen unter den Partheien geschlossenen Vergleich und den Art. 681 B. G. B. Die Klage ist daher rein petitorisch und das Friedensgericht incompetent.

Bei Besitzstreitigkeiten kann auf Urkunden Rücksicht genommen werden, um die Natur des Besitzes zu ermitteln, nicht um die Rechte und Verbindlichkeiten der Partheien definitiv festzustellen.

Art. 3 Nr. 2, 23, 25 B. P. O.

K. Luhn wider Flanhardt, 29. Oct. 1828.
Blanchard. Eichhorn. Sandt. Kunowski.

Der Richter, welcher den Werth einer possessorischen Klage von der Entscheidung der Frage abhängig macht, wer von beiden Theilen einen titulirten Besitz für sich habe, verletzt den Art. 25 B. P. O.

K. Metternich wider Koerfgen, 5. Juni 1840.
Esser. Eichhorn. Sandt.

Das in den Art. 676—678 B. G. B. begründete Verbietungsrecht stellt eine negative Dienstbarkeit dar und zwar eine, durch Besitz nicht zu erwerbende, non apparens, mithin in possessorio nicht zu schützende. Art. 689, 691, Art. 2228—2230 B. G. B. und 23 B. P. O.

K. Grill wider Stüber, 14. Sept. 1840.
Esser. Eichhorn. Sandt. Reusche. Arch. XXX. 2. 53.

Cassationsverklagter hat zum Nachweis des Annalbesitzes

den Besitz der Erben K. als Verkäufer geltend gemacht. Die Frage, ob dies zureichend, hängt von der Frage ab, ob er die fragliche Parcelle wirklich angekauft, diese aber davon: ob durch die blosse Uebergabe des Kaufactes der Besitz jener Parcelle im Sinne des Art. 1604 u. 1605 B. G. B. übergegangen ist. Die Entscheidung beider Fragen gehört, als petitorischer Natur, nicht ins possessorium. Art. 25 B. P. O.

K. Mittelstrass wider Wallmichrath, 15. Febr. 1841.
Esser. Eichhorn. Reusche. Sandt.

In Bezug auf den Erwerb der im Art. 636 B. G. B. angezogenen Nutzungsrechte durch Verjährung bestehen für das rechte Rheinufer (Berg) keine Specialgesetze. Dem Art. 691 untergeben sind sie als nicht ständige Dienstbarkeiten eines wirksamen Besitzes nicht empfänglich.

K. Pohlhaus wider Hagen, 9. Dec. 1844.
Brewer. Jaehnigen. Reusche.

Die auf den Feldern des Moog stehenden Früchte werden gepfändet und vom Cassationsverklagten angekauft. Des Moog Kinder, die Cassationskläger, behaupten: jene Feldstücke seien ihnen schon früher von ihrem Vater abgetreten und verlangen Schutz in possessorio. Mit Unrecht.

Eine Possessorienklage ist nur gegen denjenigen anzubringen, welcher den Besitz des Grundstücks stört. Auch der Verkauf von Früchten auf dem Felde kann eine solche Besitzesstörung enthalten, jedoch nur von Seiten des Verkäufers, nicht des redlichen Käufers. Dieser kommt lediglich als dritter Besitzer einer beweglichen Sache in Betracht, und ist mithin in possessorio nicht zu belangen. Art. 23 B. P. O.

R. Moog wider Wirth, 29. Dec. 1830.
v. Savigny. Eichhorn. Kunowski. Sandt.

Die Frage, ob und inwieweit Cassationsklägerin verbunden sein könne, die aus dem Gebrauch ihres Eigenthumsrechtes — (eines Gemeindeweges) entspringenden Folgen für den Cassationsverklagten unschädlich zu machen, hat mit dem Besitze dieses letzteren nichts gemein und ist rein petitorisch.

K. Gemeinde Kell wider Goukerneur, 2. Mai 1827.
Blanchard. Eichhorn. Sandt. Kunowski. Arch. X. 2. 40.

Der Cassationsverklagte will geschützt sein im Besitze einer Wasser- und Wegegerechtigkeit. Das Letztere ist unzulässig; selbige — als eine servitus discontinua, durch Besitz nicht zu erwerben, Art. 691 — ist kein Gegenstand des Possessoriums.

Bei solchen Servituten vertritt selbst die Bestimmung des Eigenthümers die Stelle einer schriftlichen Verstattung nicht. Der zweite Richter hat nun zwar um deswillen den Cassationsverklagten geschützt, weil das Jus viae als Accessorium der Wasserleitungsgerechtigkeit angesehen werden müsse; sie ist jedoch nicht nothwendig mit jener verbunden; denn höchstens kann derjenige, dem das letztere Recht zusteht, den Zutritt zu dem dienenden Grundstück zur Ausbesserung der Röhre und der Ableitungskanäle verlangen. Die Annahme des Richters stellt mehr ein Raisonnement, als eine factisehe Festsetzung dar, zumal das Besichtigungsprotocoll hierüber keine bestimmte Data enlhält. Es sind somit Art. 23 B. P. O. und 693 B. G. B. verletzt worden.

K. Kewenig wider Reiplinger, 17. März 1830.
Blanchard. Eichhorn. Sandt. Kunowski. Arch. XIV. 2. 15.

Eine Vereinigung der eingeräumten Durchfahrts- und Viehtrifts- mit der prätendirten Durchgangsgerechtigkeit ist rechtlich keine dergestalt absolut nothwendige, dass keine von der anderen bei der Constituirung getrennt werden durfte.

R. Thelen wider Jacob, 28. Juni 1841.
Heffter. Eichhorn. Kunowski. Sandt.

Hat die Verwaltung und Benutzung eines Waldes schon seit undenklichen Zeiten her gegenseitig zu immerwährenden Beschwerden Anlass gegeben, so ist der ruhige Besitz des Art. 23 B. P. O. nicht zu unterstellen.

R. v. Trips wider Schmitz u. Genossen, 8. Oct. 1819.
Krezzer. Ruppenthal. Molitor. Haass.

Die Praesumption eines gegenwärtigen Besitzes aus einem bewiesenen älteren Besitz, in keinem Gesetz ausdrücklich vorgeschrieben, ist jedenfalls zu entkräften.

R. Biesterfeld wider Abels, 4. Mai 1821.
v. Savigny. Eichhorn. Sandt. Haass.

Die Klägerin hat sich auf eine im Jahre 1811 ausgeübte Besitzhandlung bezogen. Hieraus folgt nicht der Besitz des letzten Jahres. Der Art. 2234 B. G. B. abgesehen davon, dass er von dem wirklichen Besitzer spricht, bezieht sich nicht auf die Possessio ad interdicta, sondern auf die ad usucapionem. Die Regel — mutationes non praesumuntur — und die Folgerung, dass die Entsetzung von dem Verklagten zu beweisen, greift nicht durch: wo zum Klagefundament gehört, den letztjährigen Besitz zu erbringen. Die Feststellung des vorigen Richters — dass die Gemeinde in dem Annalbesitz — ist keine factische, denn sie wird lediglich aus dem irrigen, auf possessorische Klagen nicht anwendbaren Rechtssatze mutationes non praesumuntur gefolgert und abstrahirt.

K. Reg. Trier wider Neuenkirchen, 19. Januar 1825.
Blanchard. Eichhorn. Reinhardt. Sandt. Arch. VI. 2. 135.

Der Umstand, dass ein Weg von den Vorbesitzern gepflastert und mit Bäumen bepflanzt worden, reicht zum Beweise des ungestörten Annalbesitzes nicht hin. Der Art. 691 B. G. B. setzt aber als festgestellt voraus, dass der streitige Weg wirklich ein Privatweg und der Klägerin eigenthümlich sei.

R. Fabritius wider Langendorf, 18. Mai 1825.
Blanchard. Eichhorn. Sandt. Reinhardt.

Der blosse Nachweis eines Zustandes, welcher vor 14 Jahren und vor den damaligen Veränderungen statt gehabt, reicht, wo sich der Verklagte bereits in dem mehrjährigen Besitz des veränderten Zustandes befindet, nicht aus, um eine Klage auf Wiederherstellung des ersten Zustandes zu begründen. Hierzu war erforderlich der Nachweis, dass jene Bauanlagen ungesetzlich und dass der Ursprung des Besitzes des Verklagten fehlerhaft sei.

R. Mohr wider Hammann, 22. Nov. 1826.
Goerdeler. Eichhorn. Kunowski. Sandt.

Der Cassationsverklagte ist, weil er sich durch das vor 11 und 18 Jahren geschehene Hauen der Hecke als Besitzer ausgewiesen in possessorio geschützt worden. Mit Recht. Ein einmal rechtmässiger Besitz hört nur auf, wenn entweder der Besitzer sich desselben entäussert, oder die Sache in den Besitz eines Anderen übergeht; er dauert ausser diesen Fällen fort, ohne dass es dazu alljährlicher Handlungen bedarf. Diese in dem früheren gemeinen Rechte unzweifelhaft gegründete Regel ist durch das B. G. B. nicht geändert, sondern ausdrücklich anerkannt worden; Art. 2234 B. G. B. Der Art. 23 B. P. O. erfordert nicht die Nachweisung von Besitzhandlungen in dem Jahr der Störung, sondern nur, dass der Kläger sich in einem, wenigstens 1 Jahr alten, ruhigen, nicht precaeren Besitz befunden habe. Ist aber der Nachweis des Besitzes nicht auf das Jahr vor der Störung beschränkt, besteht der Annalbesitz nur eben darin, dass man wenigstens ein Jahr im Besitz gewesen, leuchtet bei der entgegengesetzten Annahme die Rechtlosigkeit des Besitzers bei allen nur in Jahresperioden zu benutzenden Grundstücken ein: so folgt, dass das Landgericht den Art. 23 B. P. O. richtig angewendet hat.

R. Volkmann wider Schmidt, 28. April 1845.
v. Oppen. Eichhorn. Reusche. Sandt. Arch. XXXIX. 2. 22.

Ein Pächter besitzt nur precario, er ist zur Anstellung einer Possessorienklage nicht legitimirt, Art. 23 B. P. O. Art. 2236, 2239 B. G. B.

K. Müller wider Busch, 9. Juni 1820.
v. Savigny. Eichhorn. Molitor. Sandt.

Die **Bestellung** eines Ackers reicht nicht aus, um die Verfügung eines Anderen über die Feldfrüchte als Spolium im rechtlichen Sinne darstellen zu können.

R. Threes wider Depuis, 16. Juni 1820.
Goerdeler. Ruppenthal. Haass. Reinhardt.

Der Eigenthümer eines Feldstückes ist nach den Art. 2060 Nr. 2, 1725 B. G. B., Art. 23, 24 B. P. O., Art. 328, 329 Str. G. B. nicht verpflichtet, mit der Disposition über die Früchte anzustehen, sobald ein Dritter ihr Eigenthum aus der Handlung des Pflanzens oder Säens reclamirt.

R. Threes wider Depuis, 16. Juni 1820.
Goerdeler. Ruppenthal. Haass. Reinhardt.

Aus dem blossen Fruchtgenuss kann auf das Dasein eines wahren Besitzes niemals geschlossen werden.

R. Jacobs wider Gem. Irsch, 14. Juli 1830.
v. Savigny. Eichhorn. Sandt. Kunowski.

Die Bedeutung der Ausdrücke precarius, précaire steht nach Sprachgebrauch und Abstammung fest, der précaire Besitz ist ein solcher, der bittweise erlangt, auf blosser Vergünstigung beruht und zu jeder Zeit widerrufen werden kann; hiermit stimmen die römischen und die älteren französischen Gesetze überein.

L. 1 princ. D. De precario
Art. 1, Tit. 18, Ord. von 1667.

Zu den precario Besitzenden gehört weder der Nutzniesser, noch der Emphyteut, noch selbst der fermier à longues années. Es ist daher nicht begründet, als precario possidens denjenigen zu betrachten, der nicht animo domini besitzt. Die Bestimmungen der B. P. O., aus dem älteren Rechte entnommen, finden just in diesem ihre Erklärung und stehen dieser Ansicht so wenig entgegen, als die Lehre von dem Verjährungsbesitz. Wie sich die Possessio ad usucap. wesentlich von der ad interdicta unterscheidet, so sind die über die erstere gegebenen Gesetze nicht anwendbar auf die letztere. Das erste Urtel hat sonach den Creditor antichreticus mit Recht in possessorio geschützt.

R. Bauer wider Schleiss, 2. Mai 1842.
Esser. Eichhorn. Sandt.

K. Bartz wider Tholl, 27. Januar 1845.
Esser. Eichhorn. Sandt. Deycks. Arch. XXXIX. 2. 1.

Der Civilbesitz entspringt aus dem blossen einjährigen Annalbesitz, der weder gewaltthätig, noch heimlich, noch bittweise ausgeübt worden ist.

Hierbei kommt es nicht an auf Bestimmungen einer Localgewohnheit, welche jedenfalls durch die B. P. O. aufgehoben worden ist.

Die im administrativen Wege über die Besitzstörung geführte Beschwerde enthält noch keinen Verzicht auf die possessorische Klage.

R. Maas wider Degreef, 8. Januar 1823.
Blanchard. Ruppenthal. Reinhardt. Sandt.

Die Kuh des Cassationsklägers hat durch eine Mauer ein Loch in die Wohnstube des Gegners hineingebrochen. Das Possessorium ist begründet.

R. Auer wider Seibert, 21. Juli 1832.
Graun. Eichhorn. Kunowski. Budde.

Cassationskläger haben eine in dem Damm ihres Weihers befindliche Kalle weggenommen und einen über ihre Wiese sich ziehenden Graben zugeworfen. Der Cassationsverklagte ist hierdurch in dem Besitz, das Wasser aus dem Weiher der Cassationskläger zu seinem Teich zu führen, gestört worden. Das Possessorium ist begründet. Die fragliche Dienstbarkeit ist eine ununterbrochene und sichtbare.

Hierin ändert der Umstand nichts, dass an der Kalle ein Zapfen sich befindet, der herausgezogen werden muss, um die Strömung des Wassers zu bewirken.

R. Kern wider Geulgans, 9. April 1836.
v. Breuning. Eichhorn. Sandt. Reinhardt.

Ein wider den Art. 674 B. G. B. gebauter Abtritt würde durch sein Bestehen nach dreissig Jahren eine Befreiung von der gesetzlichen Dienstbarkeit herbeiführen. Sein Bau wirkt daher auf dieses Servitut besitzstörend ein und begründet die possessorische Klage.

R. Penas wider Bier, 15. April 1844.
Esser. Eichhorn. Sandt. Reusche.

Der Art. 23 B. P. O. und die einjährige Verjährungsfrist kann nur von einer Klage verstanden werden, die bei dem competenten Richter angehoben wird. Die Verjährung der Possessorienklage wird ebensowenig durch die inmittelst gepflogenen Vergleichshandlungen als durch den früheren Mangel einer Autorisation zur Klage gehemmt. Einen Grund der ersten Art kennt das Gesetz nicht. Sache der Klägerin, jetzt Cassationsverklagten aber war, die Autorisation vor Ablauf der Verjährungsfrist zu erwirken oder doch nachzusuchen. 2246 B. G. B.

K. Gemeinde Traben wider die dortige kathol. Kirchenfabrik 8. August 1827.
Blanchard. Eichhorn. Sandt. Kunowski. Arch XI. 2. 1.

Beweis.

Der dem Erkenntniss gemachte Vorwurf einer Verletzung der über den Beweis bestehenden ersten Prozessgrundsätze eignet sich ohne Angabe eines bestimmten Gesetzes zu keinem Cassationsmittel.

R. Scharff wider Scharff, 28. Nov. 1821.
Mühler. Eichhorn.* Reinhardt. Sandt.

Kein Gesetz verpflichtet den Richter, Anträgen auf Beweise zu willfahren, die nach Lage der Sache kein Resultat hervorzubringen vermögen, oder sogar nach seiner aus den Sachverhältnissen geschöpften Ueberzeugung auf Eludirung einer judicatmässigen Verbindlichkeit hinauslaufen.

R. Ensel wider Beckmann, 4. Juli 1827.
Blanchard. Eichhorn. Kunowski. Sandt.

Cassationskläger hat subsidiarisch auf Zulassung zum Beweise durch Zeugen angetragen, mithin in der Sache selbst die Beweislast übernommen. Er hat hierdurch, wie auf den ihm allenfalls nach dem Art. 1356 B. G. B. zugestandenen Einwand der Untheilbarkeit des Geständnisses l. 14 De probat., so auf jeden aus Art. 1315 B. G. B. über die Beweislast herzuleitenden Cassationsgrund stillschweigend verzichtet.

K. Bregenzer wider Holzbacher, 20. Dec. 1834.
Esser. Eichhorn. Reinhardt. Sandt.

Weder nach dem B. G. B., noch nach dem gemeinen Recht kann ein Negatorienkläger von dem Beweise des Eigenthumes an der streitigen Sache entbunden werden, selbst dann nicht, wenn er sich in einem ungestörten und unzweideutigen Besitz der Sache befinden sollte.

R. Engelmann wider Gem. Peterswald u. Gen., 27. Juni 1835.
Heffter. Eichhorn. Sandt. Kunowski.

Zur Führung eines Beweises wird eine peremptorische Frist bis zur nächsten Sitzung bestimmt und in dieser die Sache bis zum ersten Gerichtstag nach den Ferien vertagt. Dies ist keine Circumduction der Beweisfrist. Müsste hierin selbst ein Beweis-Prorogations-Erkenntniss gesehen werden, welches die Richter nicht hätten erlassen dürfen, bevor der Vorbescheid einregistrirt gewesen, so würde es dennoch nicht ungültig sein, da der Art. 47 des Gesetzes vom 22. Frimaire VII. eine solche Nichtigkeit nicht ausspricht. Art. 1030 B. P. O.

Das Beweis-Präclusions-Erkenntniss hat nur die Frage zum

Vorwurf, ob noch fernere Frist zu gestatten. Hierbei braucht das öffentliche Ministerium nicht vernommen zu werden.

R. Maass wider Degreef, 8. Januar 1823.
Blanchard. Ruppenthal. Reinhardt. Sandt.

Die Art. 280 und 279 B. P. O. überlassen es lediglich dem durch die Umstände geleiteten Ermessen des Richters, eine Prorogation zu gestatten.

R. Decker wider Erben von Oven, 25. August 1830.
Scheller. Eichhorn. Kunowski. Sandt.

Der Art. 256 B. P. O. enthebt zwar der Nothwendigkeit, die zum Gegenbeweis dienen sollenden Thatsachen vorher zu articuliren und über deren Zulässigkeit ein richterliches Erkenntniss zu erwirken. Gerade deswegen aber kann und darf sich der Gegenbeweis nur über die in dem Beweisurtheil enthaltenen Thatsachen erstrecken.

Dem Richter steht, wie beim Beweis, so beim Gegenbeweis, die Befugniss zu, Thatsachen als unzulässig zu verwerfen und die Vorlesung der betreffenden Fragen und Antworten zu untersagen. Kein Gesetz verbietet dies; der Art. 291 B. P. O. *ist nicht auf den dort* allein hervorgehobenen Fall des témoin reproché zu beschränken.

R. Uellenberg wider Everz, 4. März 1824.
Blanchard. Eichhorn. Sandt. Kunowski.

Zulässigkeit des Beweises durch Zeugen und Vermuthungen.

Der zweite Richter hat den zum Vortheil des Cassationsverklagten durch Vermuthungen geführten Beweis, welcher nach Art. 1353 B. G. B. auch durch Zeugen geführt werden kann, als thatsächlich erbracht erklärt. Er muss daher nothwendig auch den vom Cassationskläger zur Zerstörung jener Vermuthungen erbotenen directen Gegenbeweis zulassen. Indem er dieses wegen des Art. 1341 nicht gestattet, hat er die Art. 1341 und 1353 verletzt und falsch angewendet.

K. Kustner wider Bracht, 22. Sept. 1832.
Esser. Eichhorn. Kunowski. Sandt.

Wenn ein Richter gegen den klaren Inhalt einer authentischen Urkunde als höchst wahrscheinlich annimmt, dass die Valuta cessionis auf Mobiliar-Gegenstände zur Ersparung der Einregistrirungs-Gebühren, jedoch nur fictiv vertheilt worden, so verletzt diese Vermuthung den Art. 1353, 1319, 1341, 1116 B. G. B.

K. Furth wider Massardo, 7. Juli 1820.
Seyppel. Ruppenthal. Molitor. Haass.

Die Behauptung, dass der Vertrag durch Betrug oder List erschlichen, also nicht durch freie Einwilligung entstanden, ist durch Zeugen und Vermuthungen zu beweisen. Es handelt sich hierbei von einem Gegenstand, worüber unmöglich ist, einen schriftlichen Beweis zu verschaffen, der also, wie die Vergehen überhaupt und was ihnen ähnlich ist, unter die Ausnahme des Art. 1348 B. G. B. fällt; conf. 1109, 1116, 1117, 1341, 1353 B. G. B.

R. Krieger wider Cremer, 17. Sept. 1823.
Fischenich. Ruppenthal. Reinhardt.

Der Art. 1121 B. G. B. setzt voraus, dass die zu Gunsten des Dritten gemachte Stipulation enthalten sein muss in demselben Acte, der über die Hauptverbindlichkeit, als deren Folge sie gilt, errichtet wird, oder wenigstens in einem abgesonderten, in gesetzlicher Form abgefassten Act. Könnte der Dritte zum Zeugenbeweis zugelassen werden, wo über den Hauptgegenstand des Vertrages ein Act errichtet worden, oder wo kein anderer als schriftlicher Beweis zulässig war, so würde er ein Recht haben, das der Stipulant, von dem er doch sein Recht herleitet, nicht einmal gegen den Mitpaciscenten hat. Der Art. 1348 B. G. B. findet daher hierauf keine Anwendung.

R. Lebenz wider Schmitt, 15. Dec. 1830.
Blanchard. Eichhorn. Sandt.

Bei quasi contractlichen Verhältnissen ist der Zeugenbeweis und somit auch der Beweis durch Vermuthungen zulässig. Art. 1348 Nr. 1 und 1353.

R. Boismard wider Fievet, 10. Juni 1839.
Jaehnigen. Eichhorn. Reusche. Kunowski.

Der Art. 1341 B. G. B. unterscheidet nicht zwischen Klagen und Einreden. Unter dem Ausdruck: de toutes choses sind auch Zahlungen zu verstehen. Der Opponent ist in Bezug auf die Opposition als Kläger zu betrachten. Hieraus folgt, dass die einzelnen, nicht durch schriftliche Beweismittel begründeten Zahlungen, welche er in der Opposition geltend macht, zusammen zu rechnen sind. Art. 1345 B. G. B.

K. Mangerich wider Schuh, 3. August 1840.
Simon. Eichhorn. Kunowski.

Der Art. 1326 B. G. B. spricht nur von der Beweisfähigkeit der Privatschriften, er kommt mithin bei der an und für sich nachgegebenen oder festgestellten Verpflichtung nicht in Betracht.

R. v. Hymmen wider Euler, 2. Oct. 1843.
v. Oppen. Jaehnigen. Sandt. Reusche.

Ueber die Pertinenzqualität eines Gegenstandes findet im Allgemeinen die Aufnahme schriftlicher Urkunden nicht statt; dieselbe ist daher aus der Natur und Beschaffenheit des Gegenstandes und sonst ermittelter Thatumstände zu entnehmen; der Einwand, dass in Sachen über 150 Fr. factische Vermuthungen nicht zulässig, ist hier mithin nicht geltend zu machen.

R. Hösch wider Reidt, 29. Sept. 1845.
Brewer. Jaehnigen. Reusche. Kunowski.

Das Eigenthum des Bodens, auf welchem die streitige Mauer, gehört dem Cassationskläger. Es muss ihm also das Eigenthum der Mauer an allen ihren Punkten zugeschrieben werden, bis ein Anderer beweist, dass er dieses Eigenthum erworben habe, Art. 553 B. G. B.

Der Appellhof hat ohne einen solchen Beweis das Eigenthum der Cassationsverklagten auf Grund einer Vermuthung angenommen. Der Art. 1353 setzt aber Zulässigkeit des Zeugenbeweises voraus, welche in Streitigkeiten über unbewegliches Eigenthum in der Regel nicht zu behaupten ist.

K. Kamphausen wider Willmann, 22. Juni 1831.
v. Savigny. Eichhorn. Sandt. Kunowski. Arch. XV. 2. 95.

Die in einem von der Gegenparthei unterschriebenen Nichtvergleichsact enthaltene Erklärung derselben kann als Anfang eines schriftlichen Beweises benutzt werden. Art. 1347 B. G. B.

R. Koenigs wider v. Hallberg, 22. März 1834.
Lombard. Eichhorn. Kunowski. Sandt.

Der Cassationskläger besitzt ein Haus des A. miethsweise. Cassationsverklagter kauft dieses Haus. C. behauptet, mit dem Cassationskläger ebenfalls einen mündlichen Miethsvertrag später abgeschlossen zu haben. Hat nun der Cassationskläger ausdrücklich diesen in Abrede gestellt, so verletzt die Zulassung des Cassationsverklagten zum Zeugenbeweis den Art. 1715 B. G. B.

K. Ackermann wider Dewald, 16. März 1825.
Seyppel. Eichhorn. Sandt.

Wenn auch der Cassationskläger vermöge seines früheren Gewerbes als Kalkbrenner zu den Handelsleuten zu rechnen, so überlässt dennoch Art 109 H. G. B. die Zulässigkeit des Zeugenbeweises dem Ermessen des Richters.

R. Bock wider Cockerill, 24. März 1832.
Reinhardt. Eichhorn. Sandt.

Ob das Gericht einen nicht erbotenen Zeugenbeweis oder eine wirklich beantragte Ortsbesichtigung verfügen will, hängt von seinem Ermessen ab. Art. 254 und 295 B. P. O.

R. Schmitt wider Erben Schweitzer, 28. Januar 1837.
Jaehnigen. Eichhorn. Kunowski. Sandt.

Der Appellhof hat nicht den Beweis durch Notorietät für zulässig, sondern nur die Thatsache der Offenkundigkeit für erheblich erklärt; er hat, indem er aus dieser Thatsache einen Schluss gezogen, kein Gesetz verletzt.

R. Mehl wider Erben v. Beywegh, 13. März 1843.
v. Oppen. Eichhorn. Kunowski. Reusche.

Zeugenbeweis.

Wollte man auch die Vorschriften der Art. 268 und 283 B. P. O. nicht für limitativ halten, so würde dies nicht berechtigen, ein Urtheil zu cassiren, welches im entgegengesetzten Sinne entschieden hat.

R. Koenigs wider v. Hallberg, 22. März 1834.
Lombard. Eichhorn. Kunowski. Sandt.

Kein Gesetz verbietet die Vernehmung von Einwohnern einer Gemeinde oder Eigenthümern in derselben in Prozessen, welche die Gemeinde führt.

R. v. Coels wider Gem. Forst, 18. Nov. 1839.
Jaehnigen. Esser. Reusche. Sandt.

Die Nichtigkeit ex Art. 261 B. P. O. wirkt nur auf die bereits vernommenen Zeugen.

Kein Gesetz verordnet, dass in dem Falle, wo bereits mit Vernehmung einiger Zeugen der Anfang gemacht, oder eine Nichtigkeit wegen mangelhafter Ladung des nicht erschienenen Gegners vorhergegangen, Prorogation unzulässig sei. Art. 279.

Der Art. 267 disponirt nicht über die Prorogation, sondern über die Verschiebung des Zeugenverhörs auf den folgenden Tag.

R. De Bruyn wider Decker, 29. März 1826.
Goerdeler. Eichhorn. Kunowski. Sandt.

Die Ordonnanz, in Folge deren das Zeugenverhör stattgefunden, ist nicht innerhalb der durch das Erkenntniss bestimmten Frist erlassen. Der Art. 1033 ist nur auf die Vorladungen an die Parthei selbst oder in deren Wohnort anwendbar. Das Zeugenverhör ist daher, als nicht in der gehörigen Frist angefangen, nichtig. Art. 259 B. P. O.

R. Schuldentilg-Ausschuss v. Boppard wider Marschall et Brust, 6. Juni 1830.
Scheller. Eichhorn. Kunowski. Sandt.

Die B. P. O. erfordert zur blossen Ernennung eines Richter-Commissars Behufs Vernehmung von Zeugen, welche in Folge eines Beweis-Interlocuts ausser dem Bezirk des erkennenden Gerichts verhört werden sollen, kein Urtheil, ja sie ertheilt in einem einzelnen Fall — Art. 266 — selbst dem Präsidenten die Befugniss, einen Commissar in einem solchen Fall zu ernennen. Um so gewisser kann mithin diese Ernennung auch durch eine Ordonnanz der Rathskammer gültig erfolgen. Auf sie ist der Art. 147 nicht anwendbar. Es genügt, wenn sie mit der im Art. 259 erwähnten Ordonnanz des Richter-Commissars in der durch den Art. 261 bestimmten Frist dem Gegner zugestellt wird.

K. Küster wider Müller, 12. Nov. 1836.
Jaehnigen. Eichhorn. Sandt. Kunowski. Arch. XXIV. 2. 64.

Die Notification eines falschen Wohnorts des Zeugen steht dem gänzlichen Mangel der Angabe des Wohnorts gleich. Die Deposition eines solchen Zeugen ist nichtig. Art. 261 B. P. O.

R. Decker wider v. Oven, 25. Aug. 1830.
Scheller. Eichhorn. Kunowski. Sandt.

Cassationsklägerin hat den Rechtsstreit der Kläger auf Gewährleistung nicht übernommen. Es ist dem Verfahren zwischen den Hauptpartheien der gesetzliche Lauf gelassen. Nur auf dieses Verfahren ist und kann die Frist des Art. 261 B. P. O. berechnet sein. Den Garantieverklagten, welche die Stelle der Hauptverklagten nicht einnehmen, ist, wie dies in den Art. 175 und 176 B. P. O. für die Einleitung der Klage auf Gewährleistung vorgeschrieben, hinsichtlich des Beweisverfahrens eine weitere Frist nicht gestattet.

R. Reg. Düsseldorf wider Erben Vetter, 30. Mai 1835.
Esser. Eichhorn. Sandt.

Aus dem Art. 262 B. P. O. geht nicht hervor, dass ein Zeuge als in Gegenwart eines andern vernommenen anzusehen, wenn jeder einzelne Zeuge in Gegenwart der andern Zeugen eben nur vereidet worden ist.

Die von dem beauftragten Richter zu erwirkende Ordonnanz stellt in summarischen Sachen nur eine nachträgliche Vervollständigung des das Zeugenverhör verordnenden Urtels dar; sie oder die zu ihrer Erwirkung erforderliche Bittschrift ist als eine Vollstreckung oder ein Anfang der Vollstreckung des Urtels nicht anzusehen. Art. 447 und 257 B. P. O.

R. Becker wider Arentz, 11. Nov. 1837.
v. Breuning. Eichhorn. Sandt. Furbach.

Die Beweisfrist in summarischen Sachen ist nicht nach Art. 257, sondern lediglich nach Art. 407 B. P. O. zu beurtheilen. Nach Art. 405 ibid. bedarf es keiner Einladung zu der gedachten Audienz Seitens des Gegentheils. Das Ausbleiben des Beweisführers lässt ihn beweisfällig erscheinen. Dieser Nachtheil wird weder durch das gleichmässige Ausbleiben des Gegners gedeckt, noch abgewendet durch das spätere Anerbieten zu dem Zeugenbeweis.

R. Bredtmann wider Strucker, 6. Juli 1825.
Goerdeler. Eichhorn.

Bei summarischen Zeugenverhören gelten nach Art. 413 B. P. O. für die Zustellung des Dispositivs des Beweisinterlocuts an die Zeugen die Formalien des Tit. XII. B. P. O. und somit auch die in Art. 260 B. P. O. verhängte Nichtigkeit.

Können rite geladene Zeugen in der betreffenden Sitzung nicht abgehört werden: so wird ihre Ladung wirkungslos. Die neue Ladung muss, als eine solche, den gesetzlichen Vorschriften der Art. 413 und 260 an und für sich nicht genügen, diese Förmlichkeiten können durch eine blosse Bezugnahme auf die erloschene Ladung und Zustellung nicht gesetzt werden.

R. Quax wider Petersen, 17. Mai 1841.
Esser. Eichhorn. Sandt. Reusche.

Beweis durch Sachverständige.

Gutachten von jüdischen Gesetzkundigen über ihr Recht sind den Vorschriften der Art. 302 seq. B. P. O. nicht unterworfen. Diese Gesetze beziehen sich nur auf Kunstverständige und auf den Fall, wo es ankommt auf sinnliche Wahrnehmung, die besondere Kunst-Kenntnisse voraussetzt, oder auf kunstgemässe Beurtheilung der Sache.

R. Falk wider Levy, 21. April 1820.
Fischenich. Ruppenthal. Haass. Sandt.

Die Sachverständigen sind weder durch ein Gesetz, noch durch das Wesen ihres Geschäfts verpflichtet, ein Protocoll in Gegenwart der Partheien zu führen. Sie sind berechtigt, ihrem Gutachten auch andere als die von den Partheien erhaltenen Notizen zum Grunde zu legen, ohne dieselben vorher jenen zur Vernehmlassung mitzutheilen. Art. 317.

R. Deusner wider Simonis, 5. Oct. 1821.
v. Savigny. Ruppenthal. Reinhardt. Haass.

Der Art. 106 H. G. B. schreibt die Zahl der Experten nicht vor. Es kann daher nicht darauf ankommen, was die B. P. O. deshalb verordnet hat. Ebensowenig verordnet dieser Artikel die Mittheilung der geschehenen Ernennung an den Verklagten, am wenigsten bei Strafe der Nichtigkeit.

R. Deutz wider Becker, 9. April 1823.
v. Reibnitz. Ruppenthal. Reinhardt. Sandt.

Die Frage, ob eine Expertise erschöpfend oder noch weiter

durch Zeugen und Sachverständige zu ergänzen, beschränkt sich auf das thatsächliche Gebiet des Instanzrichters.

R. Reg. Coblenz wider Frank, 30. Mai 1835.
Esser. Eichhorn. Kunowski. Sandt.

Beweis durch Vermuthungen.

Der Art. 1353 kann als Ergebniss einer neuen Legislation auf frühere Verträge nicht zurückwirken.

R. Stork wider Schmitt, 18. Dec. 1822.
Goerdeler. Ruppenthal. Reinhardt. Sandt.

Bei einer gerichtlichen Deposition streitet bis zum Gegenbeweis die gesetzliche Vermuthung dafür, dass diese gerichtliche Handlung unter den gesetzlichen Bedingungen und Formen stattgefunden.

C. 23 X. De elect. I. 6. C. 6 X. de renunciat. I. 9.
C. 16 X. De sent. et re jud. II. 27.

R. Gem. Ulmen-Meuserich wider Erben Jacoby, 18. Febr. 1839.
Jachnigen. Esser. Sandt. Kunowski.

Beweis durch Geständniss.

Aus dem Zusammenhang der Art. 1322 u. 1323 geht klar hervor, dass Einwendungen gegen den Inhalt der Urkunden mit dem Anerkenntniss derselben nichts gemein haben sollen. Hieraus folgt, dass der Art. 1356 keine Anwendung findet und dass der Beweis der Einreden gegen den Inhalt anerkannter Privaturkunden dem Excipienten obliegt. Art. 1315 B. G. B.

K. Rosellen wider Schlangen, 13. Februar 1838.
Jachnigen. Eichhorn. Reinhardt. Kunowski. Arch. XXVII. 2. 28.

Bei der Inscription en faux lässt Art. 232 B. P. O. ohne Unterschied der Höhe des Objects den Beweis durch Zeugen und folglich durch ein aussergerichtliches Geständniss nach. Art. 1355. B. G. B.

K. Baldes wider Rinck, 3. Oct. 1831 u. 24. März 1832.
Eimbeck. Oswald. Sandt. Kunowski.

Der Beweis des Gegentheils der einen oder andern Position eines an und für sich nicht zu trennenden Bekenntnisses ist vom Richter zu beachten. Art. 1356 B. G. B.

R. Steinbüchel wider Schatzler, 13. Oct. 1820.
Goerdeler. Ruppenthal. Sandt. Reinhardt.

Die Cassationsklägerin gesteht zu, dass ihre Magd bei einem Kaufmann Waaren auf Credit ausgenommen, fügt aber hinzu, sie habe das Geld der Magd bezahlt. Der Richter spricht diesem

Zusatz die rechtliche Wirkung in Bezug auf den Kaufmann ab. Dies ist für eine nach Art. 1356 B. G. B. gesetzwidrige Trennung eines Geständnisses nicht zu achten.

R. Küpper wider Bollmann, 8. Juni 1821.
Goerdeler. Eichhorn. Haass. Sandt.

Gegen Geständnisse, welche ein Anwalt im Prozess abgelegt, ist der Beweis eines dabei vorgefallenen Irrthums ohne Anstellung der Missbilligungsklage zulässig.

R. Verwaltungs-Rath der Probstei Enkirch wider Kirchenfabrik Castellaun, 14. Mai 1836.
Jaehnigen. Eichhorn. Reinhardt. Kunowski.

Wer einer Urkunde, wodurch eine Verzichtleistung der Bürgin auf das Senatus consultum Vellejanum bewiesen werden soll, nur den Mangel der gehörigen Belehrung und der förmlichen Eidesleistung entgegensetzt, giebt dadurch noch nicht die Wirklichkeit des Verzichts und die Beweiskraft der Urkunde zu. Er kann daher in zweiter Instanz die Urkunde noch immer von dieser Seite angreifen, ohne dass ihn der Vorwurf treffen kann, er habe ein Geständniss unter dem Vorwand eines Rechtsirrthums zurückgenommen. Art. 1356 B. G. B.

R. Wülfing wider Breidenbach, 2. Januar 1822.
Fischenich. Ruppenthal. Sandt. Reinhardt.

Cassationsklägerin hat durch Erfüllungseid und nicht durch das gleichfalls abgelegte Geständniss des Cassationsverklagten den Empfang der vom Cassationsverklagten bei einem Dritten erhobenen Gelder nachgewiesen. Cassationsverklagter kann daher durch den Zusatz in seinem Geständniss, „dass er jene Gelder an die Cassationsklägerin abgetragen", den Beweis der Zahlung nicht führen. Art. 1356 B. G. B.

K. Hoerster wider v. Monschau, 10. März 1838.
Esser. Eichhorn. Sandt. Reinhardt.

Das vom Cassationskläger in Anspruch genommene Zugeständniss einer ihm zustehenden Dienstbarkeit der Durchfahrt und Viehtrift kann um deswillen nicht die Stelle eines Titels für die ausserdem behauptete gewöhnliche Durchgangsgerechtigkeit vertreten, weil das Zugeständniss ausdrücklich mit einer Ableugnung der letzteren verbunden ist und nicht getheilt werden darf.

R. Thelen wider Jacob, 28. Juni 1841.
Heffter. Eichhorn. Kunowski. Sandt.

Behauptungen, welche von den streitenden Partheien in ihrem Interesse in einem Rechtsstreit aufgestellt worden und deren Würdigung nach Lage der Sache einzig dem Richteramt zusteht, sind keine Geständnisse, auf welche der Art. 1356 B. G. B. Anwendung finden könnte.

R. v. Arndt wider Franken, 6. Febr. 1828.
Blanchard. Eichhorn. Sandt. Kunowski.

Die vom Gegner nicht bestrittene Thatsache darf für zugestanden angenommen werden. Art. 252 B. P. O.

R. Klaber wider Büscher, 15. Nov. 1841.
v. Oppen. Eichhorn. Reusche. Sandt.

Bei vorgelegtem Urkundenbeweis darüber, dass der Quittung ungeachtet der Kaufpreis gar nicht oder nicht ganz berichtigt sei, kann die Rede nicht sein von einem qualificirten untheilbaren Geständniss des Verklagten (Käufers), welcher die Thatsache des restirenden Kaufpreises selbst nachgiebt, dagegen aber die Nebenabrede behauptet, dass die Abtragung desselben erst nach dem von ihm bewirkten Wiederkauf habe eintreten sollen. Das Zugeständniss ist hier unerheblich, wie seine Modification. Art. 1356. B. G. B.

K. Koettgen wider Krings, 7. Nov. 1842.
v. Oppen. Jaehnigen. Kunowski. Sandt.

Beweis durch Eid.

Die in der Appellations-Urkunde subsidiarisch erwähnte Befugniss der Eideszuschiebung kann die Stelle einer förmlich vor Gericht geschehenen Eidesdelation nicht vertreten. Durch die Nichtberücksichtigung einer solchen unförmlich und am ungehörigen Orte geschehenen Aeusserung wird kein Gesetz verletzt.

R. Schlossmacher wider Schlossmacher, 28. Nov. 1821.
Seyppel. Eichhorn. Haass. Reinhardt.

Eideszuschiebung kann mit wirklichem Erfolge Rechtens nur stattfinden über concludente Thatsachen, nicht über eine einzelne vielleicht ungeäusserte Gesinnung: ob Cassationsverklagte bei Eingehung des Vergleichs nicht die Gesinnung gehabt hätten, über Alles, was ihnen quocunque titulo hereditario et mortis causa von dem Vermögen und der Erbschaft des Grossvaters zufallen könnte, zu transigiren. Art. 1358 seq. B. G. B.

R. Wahlster wider Köhl, 24. Juli 1822.
v. Meusebach. Ruppenthal. Sandt. Reinhardt.

Der Art. 1359 seq. B. G. B. bezieht sich nur auf den deferirten Eid.

R. Kaufmann wider Esselborn, 9. Januar 1836.
Jaehnigen. Eichhorn. Reinhardt. Kunowski.

R. Kgl. Reg. Düsseldorf wider Thyssen, 2. Dec. 1839. (Verwerfung).
Jaehnigen. Eichhorn. Kunowski. Sandt.

R. Bingen wider Dork, 6. April 1840.
Jaehnigen. Esser. Sandt. Reusche.

Der Grundsatz, dass die Nichtigkeit einer Urkunde in der Form jede Eidesdelation über das durch dieselbe festzustellende Factum ausschliesse, kann als richtig nicht angenommen werden.

Die Art. 1358, 1360 B. G. B. setzen unbedenklich voraus, dass das Factum, worüber der Eid zugeschoben, erheblich, das heisst, auf Entscheidung des Rechtsstreites von Einfluss ist.

R. Christians wider Mohr, 10. Nov. 1824.
Simon. Eichhorn. Reinhardt. Sandt.

Der Art. 1358 B. G. B. schliesst und kann die Eidesdelation gegen den Inhalt öffentlicher Acte nicht ausschliessen, weil der öffentliche Act nur ein Beweismittel, das Geständniss aber, dessen Erlangung der Eid eben bezweckt, ein Verzicht auf das Recht ist, einen Eid vom Gegner zu fordern; daher begründen auch Geständniss und Eid die gesetzliche Vermuthung des Art. 1350 Nr. 4 und 1352 B. G. B.

R. Westkott wider Westkott, 16. März 1840.
v. Oppen. Eichhorn. Sandt. Reusche.

Der Cassationskläger hat dem Cassationsverklagten den Entscheidungseid zugeschoben, dieser hat sich darüber nicht erklärt, der zweite Richter aber, ohne diese Eidesdelation zu berücksichtigen, für den Cassationsverklagten erkannt. Dies ist unzulässig. Art. 1357, 1358, 1359, 1360, 1361 B. G. B.

War die Eidesformel doppelsinnig oder unvollständig, so musste ein Interlocut ergehen auf Ergänzung der Formel, jedenfalls auf Erklärung des Cassationsklägers.

K. Charles wider Havers, 14. April 1832.
Oswald. Eichhorn. Budde. Kunowski. Arch. XVI. 2. 46.

Der Richter articulirt die durch Zeugen und Urkunden zu erweisenden Thatsachen. Statt diesen Beweis zu führen, schiebt Verklagter und Implorant dem Kläger und Imploraten später einen Eid zu. Der Richter bildet aber den Schwörsatz nach Maassgabe seines frühern Urtheils. Der Kläger leistet diesen so normirten Eid ab, und der Richter verurtheilt den Verklagten. Dies ist nicht begründet. Es ist richtig, dass der Schwörsatz des Imploranten andere Thatsachen enthält, als worüber er durch das erste Urtel zum Beweis zugelassen worden ist. Das Landgericht hat nun aber die in dem zugeschobenen Eide aufgestellten Thatsachen um deswillen für unerheblich geachtet; und nicht berücksichtigt, weil der jetzige Schwörsatz mit dem früheren Beweissatz nicht gleichlautend übereinstimmt, weil er ganz fremdartige, auf jenen Beweissatz nicht bezügliche Thatsachen enthält, und weil, wenn diese Thatsachen eingestanden wären, sie den Beweis in der Art, wie er dem Imploranten durch das Urtel aufgelegt worden, nicht liefern könnten.

Der Entscheidungseid kann nun aber nach Art. 1360 B. G. B. in jeglicher Sachlage zugeschoben werden, wenn auch zur Begründung der Klage oder Einrede gar kein Beweis vorliegt. Hieraus und in Verbindung mit Art. 324 B. P. O. folgt, dass die zu beschwörende Thatsache selbstständig und ohne Rücksicht, ob bereits ein Beweis aufgegeben, angetreten, geführt oder nicht geführt ist, zur Beurtheilung der Erheblichkeit in ihrem Zusammenhang geprüft werden muss. Der zugeschobene Eid, wenngleich er nicht, wie der in dem ersten Urtel gestellte Beweissatz die nämlichen Thatsachen enthält, schliesst nun die Möglichkeit nicht aus, dass dieselben auch ausserhalb dieses Beweissatzes zur Entscheidung des Rechtsstreites erheblich seien. Der Richter hat daher, indem er in dem spätern Urtheil den zugeschobenen Eid auf den Beweissatz beschränkt, und die Frage über die Erheblichkeit der Thatsachen nicht auf den Umfang der Entscheidung des Rechtsstreites bezogen, vielmehr sich einer desfallsigen Prüfung enthalten hat, die Art. 1358 und 1360 B. G. B. verletzt.

K. Bregenzer wider Holzbacher, 20. Dec. 1834.
Esser. Eichhorn. Reinhardt. Sandt.

Auf ein gerichtliches Geständniss und auf Folgerungen, gezogen aus der Unterlassung einer Edition, kann der Richter den Erfüllungseid gründen. Art. 1367 B. G. B.

R. Küpper wider Bollmann, 8. Juni 1821.
Goerdeler. Eichhorn. Haass. Sandt.

Der Art. 1359 und 1367 B. G. B. nöthigen den Richter nicht, bei nicht vollständigem Beweise dem Beweisführer den Erfüllungseid aufzulegen, sie überlassen dies lediglich seinem Ermessen.

R. Lohmann wider Stryck, 29. Dec. 1824.
Seyppel. Ruppenthal. Reinhardt. Sandt.
R. Tryns wider Haas, 9. Febr. 1825.
Blanchard. Ruppenthal. Reinhardt. Sandt.

Eer Entscheidungseid ist gemäss seiner Natur auf solche persönliche Handlungen zu beschränken, welche die Entscheidung begründen. Art. 1358, 1359. Solches ist nicht zu behaupten von der einseitigen Kenntniss fremder Thatsachen, welche den Vorstehern oder Verwaltern einer moralischen Person beiwohnt. Ihre etwanige Wissenschaft ist nur als ein Zeugniss zu benutzen. Art. 336 B. P. O.

R. v. Radenhausensche Debitmasse wider Wollhausen, 4. März 1834.
Heffter. Eichhorn. Sandt. Reinhardt.

Brand-Assecuranz.

Der Art. 1964 B. G. B. und 332 seq. H. G. B. sprechen nur von Seeversicherungs-Verträgen. Die Erklärung des Wortes réticence, wie es auch im Sinne des Art. 348 H. G. B. erklärt werden mag, kann daher in Ansehung der Brandversicherungs-Verträge gegen dieses Gesetz nicht anstreiten.

R. Thirion wider Daum, 8. März 1834.
Esser. Eichhorn. Kunowski. Sandt.

Bürgschaft.

Die Worte des Art. 2037 B. G. B.

le fait de quelqu'un

werden nicht nur von positiven Handlungen, sondern im Geiste der Sprache auch dort gebraucht, wo irgend ein Ereigniss durch Jemand verursacht, oder herbeigeführt worden ist. Ein solcher Erfolg kann wie auf positiven Handlungen, so auf Unterlassungen beruhen. Wird durch die Letzteren — z. B. durch versäumte Erneuerung eines Privilegiums und die dadurch bewirkte Unmöglichkeit, dem Bürgen dieses Privilegium zu übertragen, Art. 2029 — dieser Bürge in seinen gesetzlichen Rechten gekränkt, so ist dem Unterlassenden allerdings eine Schuld beizumessen, welche unter den Begriff „fait" fällt. Der Art. 1383 B. G. B. und die Worte

par son fait, mais encore etc.

ändern hierin nichts.

K. Riegeler wider v. Gymnich, 6. Februar 1843.
Graun. Jaehnigen. Sandt. Kunowski. Arch. XXXIV. 2. 88.

Cession.

Das Cessionsgeschäft ist sofort durch Zahlung der Valuta und Aushändigung der Schuld-Urkunde abgemacht; diese Urkunde nebst der Cession reicht zur Legitimation des Cessionars gegen den Debitor cessus aus. Aus dem Mangel doppelter Ausfertigung ist daher kein Grund zu entnehmen für die Behauptung der Ungültigkeit der Cession. Art 1325 B. G. B.

Die Art. 4 und 5 des Decrets vom 17. März 1808 finden auf blosse Cessionsgeschäfte keine Anwendung. Ihre ausdehnende Erklärung ist unzulässig.

R. Petry wider Leib, 27. Oct. 1830.
Graun. Eichhorn. Sandt. Kunowski.

Aus Art. 1692 B. G. B. folgt nicht, dass ein Cedent nur für die Verität der Hauptforderung zu haften verbunden und von jeder weiteren Vertretung frei ist, wohl aber aus dem Art. 1693, dass der Cedent auch für die Existenz oder Verität der mitübertragenen Hypothek einzustehen verpflichtet ist.

K. Cohen wider Velder, 24. Nov. 1830.
Graun. Eichhorn. Sandt. Kunowski.

Aus den Art. 1690 und 1691 B. G. B. folgt keineswegs, dass der Schuldner dem Cessionar auch einen vom Cedenten erhaltenen Gegenschein — Contre-lettre — entgegensetzen könne, zumal wenn dieser Schein nicht einmal mit einem sichern Datum versehen ist.

R. Schimmelpfennig wider Pescatore, 29. Dec. 1832.
Reinhardt. Oswald. Sandt.

Der Art. 1699 geht nicht auf übertragenes Eigenthum, sondern nur auf cedirte Schuldforderungen, und zwar nur auf solche, welche zur Zeit der Cession zwischen dem Cedenten und dem Schuldner bereits vor Gericht anhängig gemacht waren.

R. Hamboch wider v. Roth, 16. März 1833.
v. Savigny. Eichhorn. Kunowski. Sandt.

Der Art. 1699 findet nur beim Kauf einer Forderung Anwendung. Dies ergiebt sich daraus, dass er im Titel „vom Kauf" sich findet und dass in den ihm vorgehenden Artikeln überall die Worte „Cession" und „vente d'une créance" gleichbedeutend gebraucht werden.

R. Hegemann wider Pauls, 28. Febr. 1837.
Jaehnigen. Eichhorn. Sandt. Reinhardt.

Zur Perfection der Cession gehört weder die Bekanntmachung des Uebertrages an den cedirten Schuldner, noch Aushändigung der cedirten Urkunden an den Cessionar. Art. 1583 B. G. B. Der Mangel der nur im Interesse dritter Gläubiger vorgeschriebenen Bekanntmachung ist vom Cedenten nicht geltend zu machen, die Aushändigung der cedirten Urkunden dagegen stellt die Ueberlieferung des cedirten Rechtes dar, und kann mithin nach gültig geschlossenem Vertrag vom Cessionar jederzeit verlangt werden. Art 1689.

R. Thomas wider Kgl. Reg. Düsseldorf et Gen., 22. Jan. 1844.
Brewer. Jaehnigen. Sandt. Reusche.

Civilstands-Register.

Nach den legislativen Berathungen knüpft der Art. 52 B. G. B. die Nichtigkeit des Actes selbst keineswegs an das Niederschreiben auf ein fliegendes Blatt.

R. Erben Berg wider Eheleute Kurth, 29. März 1841.
Esser. Eichhorn. Reusche. Sandt.

Condictio indebiti.

Die bei einer öffentlichen Kasse mit Arrest belegte Forderung wird trotz dessen den Cessionarien derselben — Cassationsklägern — ausgezahlt. Die Letzteren sind, da sie nicht als negotiorum gestores des Cedens gehandelt, zur Rückzahlung an die Arrestausbringer — Cassationsverklagten — nicht verpflichtet. Art. 1372 B. G. B. Diese können sich nur an die Kasse halten, Art. 1242, welche ihren Regress an die Cessionarien ex Art. 1376 nehmen mag.

K. Simon und Kahn wider Lippmann 4. Febr. 1829.
Scheller. Eichhorn. Sandt. Kunowski.

Das französische Gouvernement hat als Landesherr das Kapitel Xanten aufgehoben und dessen Schulden, darunter ein Indebitum, bezahlt. Dieses Indebitum steht mit dem jetzt an Preussen abgetretenen Territorium in einem solchen Zusammenhang, dass es als annexum des Staats-Eigenthums anzusehen ist. Die Krone Preussen ist daher als der Successor Frankreichs zur Anstellung der Condictio indebiti berechtigt.

K. Kgl. Reg. Düsseldorf wider Schless, 7. Januar 1837.
v. Breuning. Eichhorn. Sandt. Reinhardt. Arch. XXV. 2. 66.

Von einer condictio indebiti kann die Rede nicht sein, wo Jemand aus einem rechtskräftigen Urtheil Zahlung geleistet hat. Art. 1235 B. G. B.

R. Königl. Reg. Cöln wider Dicht, 1. August 1827.
Friccius. Eichhorn. Kunowski. Sandt.

R. Recking wider Leonardy, 2. März 1833.
Lombard. Eichhorn. Sandt. Kunowski.

Nach dem angefochtenen Urtel ergeben die Verhandlungen keine Spur, dass die Erblasserin der Cassationsverklagten von der Bestimmung des Luxemburger Statutarrechts, zufolge welcher alle zur Zeit des erfolgten Ablebens eines Ehegatten vorhandenen Mobilien dem überlebenden Ehegatten gebühren, Kenntniss gehabt habe.

Das Nichtwissen einer gesetzlichen Bestimmung kann aber nicht schon an und für sich einem Rechtsirrthum gleichgestellt, und darin ein zureichendes Motiv gefunden werden, die freiwillig gemäss des Testaments vollzogene Theilung der Mobilien, als aus einem Irrthum hervorgegangen, anzusehen.

Könnte man auch annehmen, dass eben wegen des Luxemburger Statutarrechts die Wittwe nicht habe gezwungen werden können, jene Theilung vorzunehmen, so mochte doch dieselbe jener Bestimmung ungeachtet, aus andern Gründen sich veranlasst sehen, den letzten Willen ihres Ehemannes in Erfüllung zu setzen. Die Art. 1325 und 1377 B. G. B. gestatten aber nur die Revocirung solcher Leistungen, welche sich weder auf eine juristische, noch moralische Verbindlichkeit gründen.

K. Boedesheim wider Erben Goebel, 18. Januar 1841.
Liel. Eichhorn. Sandt. Kunowski.

Datum.

Die Beweisart eines Vertrages richtet sich zwar im Allgemeinen nach derjenigen Gesetzgebung, unter welcher derselbe abgeschlossen worden. Der Art. 71 §. 20 des Berg-Decrets vom 17. Dec. 1811 hat jedoch die unter dem ältern Rechte entstandenen Privaturkunden nur in dem Fall vom Enregistrement befreit, wenn das ältere Datum entweder nach Art. 1328 B. G. B. constatirt ist, oder durch ein Visa des betreffenden Beamten noch zu gehöriger Zeit supplirt wird, und auf diese Weise also jeden andern Beweis des Datums der Urkunde reprobirt. Es ist daher eine Verletzung der angezogenen Gesetze, wenn die Richter über das Datum einer ältern Urkunde Zeugenbeweis und Ergänzungseid zugelassen haben.

K. Tillmanns wider Lichtenscheidt, 14. Nov. 1827.
Scheller. Eichhorn. Sandt. Kunowski. Arch. XI. 2. 23.

In einem Prozess de filiatione negativa ist mit Rücksicht auf die Privat-Correspondenz der Ehegatten der im Art. 312 B. G. B. vorgeschriebene Beweis für erbracht angenommen worden. Cassationskläger hält dies ex Art. 1328 B. G. B. für unzulässig, da die Briefe kein gewisses Datum und mithin gegen das Kind nichts beweisen. Dem ist nicht so, zumal die Correspondenzen von den Partheien gegenseitig und ohne ihr Datum bei den Verhandlungen in Zweifel zu ziehen, vorgebracht, überdies aber die Vertheidigung der Ehefrau und des Vormundes ihres Kindes durchaus gemeinschaftlich geführt worden ist.

R. Engels wider Fremerey, 27. Mai 1829.
Blanchard. Eichhorn. Kunowski. Sandt.

Ein Urtel, welches einem Act, der durch den Tod eines Zeugen ein gewisses Datum erhalten hat, die Wirkung wegen fehlenden gewissen Datums abspricht, verletzt den Art. 1328 B. G. B. und ist zu cassiren.

K. Bachen wider Spindler, 28. Juni 1841.
v. Oppen. Eichhorn. Sandt. Kunowski.

Es wird behauptet, dass die Forderung des Imploranten gegen den Falliten verjährt sei. Er wendet ein, dass durch Zinsenzahlungen des Falliten jede Verjährung unterbrochen sei und will dies aus den Handlungsbüchern des Falliten nachweisen. Der Implorat bestreitet dagegen und zwar nicht als Rechtsinhaber des Gemeinschuldners, sondern kraft eigenen Rechtes, aus dem Gesetz die Forderung des Imploranten im Rangordnungsverfahren. Der Implorat ist in der That als ein Dritter anzusehen. Die Aufzeichnung von Zinsenzahlungen in den Handlungsbüchern des Gemeinschuldners kann mithin, indem sie vor Ablauf der Verjährungsfrist kein gewisses Datum erlangt hat, gegen den Imploraten um so weniger die Unterbrechung der Verjährung beweisen, als sonst der Schuldner dem Art. 2225 B. G. B. zuwider durch Antedatiren von Zinsenzahlungen zu Gunsten des einen Gläubigers zum Nachtheil der andern auf die Verjährung verzichten und jenen Artikel umgehen könnte.

R. Plümacher wider Oppenheim et Comp., 1. Juli 1837.
Esser. Eichhorn. Kunowski. Sandt.

Ein Gläubiger, welcher, autorisirt durch Art. 1166 B. G. B., eine Forderung seines Debitor gegen dessen Schuldner geltend macht, erscheint diesem gegenüber nicht als ein Dritter, sondern als Stellvertreter des Gläubigers. Art. 557, 573 B. P. O. und 1322 und 1328 B. G. B.

R. Kneip wider Gall, 23. Mai 1842.
Esser. Eichhorn. Kunowski. Sandt.

Deposition.

Das Gebot des schriftlichen Beweises des Depositum Art. 1923 B. G. B. schliesst den Eidesantrag gegen die allgemeine

Regel des Art. 1358 seq. nicht aus. Der Art. 1923 findet seine eigentliche Erklärung durch den Art. 1924 B. G. B.

R. Dahm wider Piep, 1. Sept. 1830.
Oswald. Eichhorn. Sandt.

Die Cassationsklägerin war gesetzlich berechtigt, ihre im Jahre 1794 fällige Schuld ad depositum zu zahlen, sobald sich zur Verfallzeit in der Person des Gläubigers ein Hinderniss fand, die Zahlung zu empfangen. Als ein solches stellen sich Streitigkeiten zwischen den Erben des Gläubigers und dem Fideicommiss-Curator dar.

L. 9 und 19 C. De usur.
L. 2 §. 2 de minor.
L. 18 §. 1 D. De usur.

K. Gem. Ulmen-Meuserich wider Erben Jacobi, 8. Febr. 1839.
Jaehnigen. Eichhorn. Sandt. Kunowski.

Dienstbarkeit.

Nur dann fällt der Entschädigungsanspruch fort, Art. 685 B. G. B., wenn der Nothweg wirklich bereits erworben worden. Dieser Erwerb ist aber nur möglich durch Erkenntniss Art. 682 oder durch Titel Art. 691. Die Folgerung, dass der Nothweg gegen den Art. 691 durch Verjährung zu erwerben, ist demnach unbegründet.

R. Annen wider Brohl, 29. November 1841.
Heffter. Eichhorn. Reusche. Sandt.

Der Art. 682 spricht von einer durch das Gesetz eingeführten Servitut; auf ihn ist der Art. 691 nicht zu beziehen. Der Besitz eines Nothweges ex Art. 682 schliesst den Begriff eines Precariums aus und ist in possessorio zu schützen. Art. 23 B. P. O.

R. Kessel wider Jung, 10. Oct. 1842.
Brewer. Eichhorn. Kunowski. Reusche.

Der Art. 682. B. G. B. beruht im allgemeinen Interesse des Verkehrs und des Ackerbaues.

Das zwischen den Vorbesitzern der Partheien erlassene Erkenntniss vom Jahre 1780 hat dem Vorbesitzer des Imploranten einen Fahrweg zuerkannt, der durch das Grundstück des Imploraten und eines zum Vorprozess gar nicht zugezogenen F. führt.

Cassationskläger verlangt daher mit Recht eine anderweite Festsetzung. Wird statt dessen die Klage aus dem Grunde als voreilig zurückgewiesen, weil durch eine contradictorische Verhandlung zwischen den betheiligten Partheien, wozu auch F. gehöre, zuvörderst festzustellen, ob des Cassationsbeklagten Einrede begründet, der zufolge dem Imploraten eine Fahrgerechtigkeit über des F. Grund zustehen solle, so wird durch ein solches Ablehnen der Klage zu dem Zweck eines problematischen Versuchs darüber, ob diese zerstörende und vom Cassationsbeklagten zu beweisende Einrede gegründet oder nicht, der Art. 682 und 1315 B. G. B. verletzt.

K. Vittenius wider Stöcker, 14. März 1842.
Esser. Eichhorn. Reusche. Sandt. Arch. XXXIII. 2. 3.

Der Art. 674 B. G. B. erwähnt solcher Anlagen, wie die Wand der Waschküche des Imploraten nicht, diese ist mithin einer ortsgebräuchlichen oder herkömmlichen Entfernung nicht unterworfen.

Für die Entfernung des Schornsteins bestimmt weder der §. 12 Tit. 22 des Trierschen Landrechts eine Entfernung, noch existirt darüber in Coblenz ein Ortsgebrauch.

R. Königl. Reg. Coblenz wider Frank, 30. Mai 1835.
Esser. Eichhorn. Kunowski. Sandt.

Der Cassationsverklagte verbietet dem Cassationskläger das Verbauen seiner Fenster, weil er diese 30 Jahre lang besessen. Mit Unrecht.

Die natürliche Freiheit, auf eigenem Grund und Boden zu bauen, ist durch das B. G. B. vorzüglich aus polizeilichen Rücksichten verschiedenen Beschränkungen unterworfen. Durch den Imploranten ist eine Abänderung der bereits vor Verkündung des B. G. B. in der Grenzmauer des Imploraten vorhanden gewesenen Fenster nach den Vorschriften des neuen Gesetzes zu keiner Zeit verlangt worden. Implorat kann daher diese Fenster wegen dieses länger als 30jährigen Nichtgebrauchs in ihrem Zustand beibehalten. Die Befreiung von der durch das neue Gesetzbuch angeführten Passivdienstbarkeit schliesst jedoch keineswegs den Erwerb einer activen Servitut auf das Grundstück des Nachbars als nothwendige Folge in sich. Ebensowenig kann die von dem Cassationsverklagten beanspruchte Servitus altius non tollendi als ein Accessorium jener Befreiung angesehen werden. Das Recht, Licht- und Aussichtsfenster in jeder beliebigen Form und Entfernung anzubringen, ist mit dem Recht des Nachbars, auf dem ihm zugehörigen Boden alle ihm zweckdienlichen Baulichkeiten zu errichten, nicht unvereinbar. Beide Rechte sind ein natürlicher Ausfluss des Eigenthums. Ihr Nebeneinanderbestehen unterlag nach der früheren Gesetzgebung keinem Zweifel. Wenn daher das Grundstück des Cassationsverklagten in Folge der eingetretenen Verjährung in den Zustand der nach den ehemaligen Gesetzen bestandenen natürlichen Freiheit zurückgekehrt ist, so kann hieraus eine Beschränkung derselben Freiheit in Ansehung des Cassationsklägers nicht gefolgert werden.

Die in Frage stehende Servitus altius non tollendi ist eine active, nicht apparente, einzig durch Titel und nicht durch Verjährung erwerbbare Servitut. Art. 691. Implorat hat einen Titel nicht dargelegt, der Appellhof hat daher, indem er den Erwerb der Servitus altius non tollendi durch Verjährung angenommen, und um deswillen dem Cassationskläger das Bauen verboten, den Art. 689 und 691 B. G. B. verletzt.

K. Schmitz wider Mompour, 9. Januar 1843.
Brewer. Jaehnigen. Sandt. Furbach. Arch. XXXIV. 2. 83.

Das Recht, die Erhöhung einer gemeinschaftlichen Mauer zu untersagen, ist als servitus non apparens durch Verjährung nicht zu erwerben. Art. 658, 689, 691 B. G. B.

Nach ältern Gesetzen, insbesondere nach dem Gewohnheitsrecht der Stadt Aachen war die natürliche Freiheit beim Bauen auf eigenem Grund und Boden keiner Beschränkung unterworfen, hiezu war vielmehr ein ausdrückliches Untersagungsrecht erforderlich. Ein solches wird durch den Besitz einer Anlage nicht begründet. Vorhandene Fenster hindern daher den Grenznachbarn am Bauen bis zur Grenzmauer nicht. Die um deswillen erkannte Verwerfung des Antrages, die Grenzmauer zur Scheide oder gemeinschaftlichen Mauer zu machen, verletzt den Art 653 und 661 B. G. B.

K. Leblanc wider Eisenhuth, 19. Juni 1843.
v. Oppen. Eichhorn. Sandt. Kunowski. Arch. XXXVI. 2. 11.

Die Ausübung der einem Gebäude zustehenden Activservituten, unterbrochen durch dessen Abbruch, kann ohne Weiteres fortgesetzt werden, sobald das Gebäude wieder aufgebaut wird. Art. 665 B. G. B. Nach Fassung und Sinn dieses Artikels muss das neue Gebäude nothwendig eine Herstellung des frühern sein, ohne dass Modificationen, die dem dienenden Grundstück nicht zur Beschwerde gereichen, ausgeschlossen wären. Vor allen ist aber nothwendig, dass das wieder hergestellte Gebäude auf dem Grund und Boden stehe, wo das frühere gestanden. L. 20 §. 2. Dig. Serv. Praed. Urbanorum.

R. Meller wider Keller, 13. Juli 1839.
Jaehnigen. Eichhorn. Strass. Kunowski.

Eine Anlage in einer gemeinschaftlichen Mauer, aus der auch nur in der Folge Nachtheile entstehen können, ist verboten. Art. 662 B. G. B.

Der Fall des Art. 703 ist in Betreff des Praedium serviens

so lange nicht vorhanden, als auf diesem die Berechtigung noch ausgeübt werden kann.

R. Dewald wider Menn, 20. Juli 1839.
Jaehnigen. Esser. Sandt. Reinhardt.

Im Allgemeinen können zwar Wegedienstbarkeiten nur einem Grundstück als Berechtigten zustehen. Nach Art. 2 und 3 Tit. 1 Sect. VI Ges. vom 28. Sept. und 6. Oct. 1791, Art. 4. Ges. vom 11. Frimaire VII sind aber die zur Communication in einer Gemeinde oder mit andern Gemeinden dienenden Wege, wenn sie nicht zugleich Staatsstrassen bilden, als der Gemeinde zugehörig zu betrachten, obwohl sie zunächst das Interesse der einzelnen Bewohner und ihrer Grundstücke fördern, und aus den Art. 649 und 650 B. G. B. insbesondere erhellet, dass die Gemeinden solche Vicinalwege auch als Servituten im Interesse der Gesammtheit besitzen können.

Es erscheint daher eine Gemeinde berechtigt, confessorische Klagen zur Geltendmachung von Wegeservituten im Interesse aller ihrer Bewohner und der zum Gemeindeverbande gehörigen Grundstücke anzustellen.

R. v. Coels wider Gem. Forst et Gen., 18. Nov. 1839.
Jaehnigen. Esser. Reusche. Sandt.

Der Richter hat erkannt, es sei eine Servitut auf Benutzung des Regenwassers von fremdem Dache durch 40jährige Verjährung erworben, welche zur Zeit des Römischen Rechts angefangen, zur Zeit des französischen Rechts aber vollendet sein soll. Dieses Erkenntniss ist gerechtfertigt. Die Zulässigkeit einer solchen Servitut ist nach den Grundsätzen beider Gesetzgebungen unzweifelhaft, wenngleich sie in keiner Gesetzstelle namentlich erwähnt sein sollte,

Hoffacker Principia jur. T. 2 §. 1089.
Glück X. S. 125.
Toullier Droit civil Liv. 2 §. 540.

während die Verjährbarkeit der Servitut als einer continua et apparens durch Art. 690, 688, 689 B. G. B. anerkannt ist. Diese Verjährbarkeit ist auch nach römischem Recht gleich der der Servitus aquaeductus nicht zweifelhaft: die Servitus selbst charakterisirt sich nach diesem Recht als eine affirmative. Besitz und Verjährung konnten mithin anfangen, sobald nur die darin enthaltene Handlung ausgeübt war, ohne dass es eines Verbotes oder Widerspruchs gegen den Nachbar bedurft hätte.

R. Sauther wider König, 4. Nov. 1829.
v. Savigny. Eichhorn. Kunowski. Sandt.

Nach den allgemeinen Grundsätzen des B. G. B. und insbesondere nach Art. 637 und 686 kann das Jagdrecht für eine wahre Servitut um deswillen nicht gehalten werden, weil es nicht zum Vortheil eines Grundstücks ausgeübt wird.

In Betreff der Anwendbarkeit der Verjährung und des Besitzes ist es jedoch nach den Grundsätzen zu beurtheilen, welche für die Servitus discontinua gelten. Diese hat die unverkennbarste Aehnlichkeit mit dem Jagdrecht; an andern Rechtsregeln fehlt es gänzlich. Hiermit steht der Art. 2228 B. G. B. nicht im Widerspruch, da er nicht sagt, dass die possessorische Klage auf alle Rechte ohne Unterschied angewendet werden dürfe. Die Bekanntmachung des Königl. Staatsministerii vom 20. Juni 1828 hat hierin nichts geändert. Indem sie den Schutz des rechtlichen Besitzes des Jagdrechts vorschreibt, hat sie die Natur der Rechtsmittel nicht bestimmen und auf den Unterschied possessorischer und petitorischer Klagen nicht eingehen wollen.

R. Breidenbach wider Hoffstadt, 3. Dec. 1831.
v. Savigny. Oswald. Sandt.

Eine Servitus discontinua muss vor dem B. G. B. durch Verjährung erworben oder sie muss begründet sein durch einen Rechtstitel, das ist, durch eine Urkunde über ein zwischen den angeblichen Servitutberechtigten und Verpflichteten vorgegangenes Rechtsgeschäft, wodurch die Servitut entweder errichtet, oder auf rechtsverbindliche Weise anerkannt wird. Dieser Titel kann nicht aus blossen Vermuthungen deducirt werden. Art. 691 und 1351 B. G. B.

K. Burger wider Butz, 24. Dec. 1831.
v. Savigny. Oswald. Sandt. Arch. XVI. 2. 25.

Der Art. 696 B. G. B. räumt keineswegs solche Nebenbefugnisse ein, die nicht sowohl Mittel zur Ausübung der bestehenden Servitut, als vielmehr selbstständige Nebenarten derselben sein würden.

R. Thelen wider Jonas, 28. Juni 1841.
Heffter. Eichhorn. Kunowski. Sandt.

Der Art. 694 B. G. B. spricht von Servituten ganz allgemein und enthält kein Merkmal, dass in ihm ausschliesslich die in den Art. 692, 693 behandelten und also nur servitutes apparentes et continuae simul gemeint seien. Der Art. 694 ist daher als eine in sich geschlossene, in Absicht ihrer Deutung von den Bestimmungen der Art. 692 und 693 ganz unabhängige Verfügung anzusehen, zumal dem Gesetzgeber, wenn er den Art. 694 mit den Art. 692 und 693 bei seiner Anwendung hätte in Beziehung gesetzt wissen wollen, sehr nahe gelegen, eine solche Beziehung anzudeuten.

R. Königl. Reg. Aachen wider Schneiders, 13. Mai 1844.
Leist. Jaehnigen. Reusche. Kunowski. Arch. XXXVIII. 2. 65.

Editions-Verfahren.

Das Editionsverfahren bildet einen Incident, welcher nur während eines durch eine förmliche Klage eingeleiteten Hauptverfahrens gethätigt werden kann.

R. Domainenverwaltung Aachen wider Pütz, 22. Febr. 1834.
Esser. Eichhorn. Sandt.

Ehe.

Wohnsitz.

Die Güterverhältnisse der Ehegatten sind eine gesetzliche Folge der ehelichen Verbindung; sie müssen gleich dieser nach den Gesetzen des Orts beurtheilt werden, wo der Ehemann seinen Wohnsitz hat. Diesen theilt die Frau nothwendig, sobald sie in seine Familie übergeht.

R. Pönsgen wider Füss, 24. Januar 1827.
Fischenich. Eichhorn. Sandt. Kunowski.

Die Rechtsverhältnisse der Eheleute sind im Allgemeinen nach dem Gesetze des ersten gemeinsamen Wohnsitzes zu beurtheilen, die materielle Gültigkeit letztwilliger Dispositionen dagegen, wie überhaupt, so auch hier nach dem Gesetz des letzten Wohnsitzes.

R. Weinhagen wider Gruner, 26. April 1841.
Jaehnigen. Eichhorn. Kunowski. Sandt.

Die Rechtsfähigkeit einer ausländischen Ehefrau ist lediglich nach den Gesetzen ihres eigenen Domicils zu beurtheilen.

R. Harzeck wider Dubigk, 18. Oct. 1841.
Heffter. Jaehnigen. Sandt. Reusche.

Der Art. 1442 B. G. B. findet nur Anwendung auf Gütergemeinschaften, die sich unter seiner Herrschaft durch den Tod Eines der Gesellschafter auflösen.

R. Heimann wider Heimann, 21. Febr. 1827.
Blanchard. Eichhorn. Kunowski. Sandt.

Ehevertrag.

Nach dem Jülich-Bergischen Edict vom 23. März 1757 gelten Ehecontracte gegen Dritte nur insofern sie gerichtlich verlautbart sind. Ist dieser Mangel nicht in den Instanzen gerügt, so hat der Richter den Gesetzen gemäss ihn unbeachtet lassen können, ohne dass ein Cassat.-Gesuch hierauf gestützt werden dürfte.

R. Gormanns wider v. Goldstein, 13. Nov. 1822.
Goerdeler. Ruppenthal. Sandt. Reinhardt.

Ein unter der Herrschaft der ältern Rechte (Jülich-Bergische Rechtsordnung) geschlossener Ehevertrag, der Bestimmungen über die künftige Erbfolge der in einer frühern Ehe erzeugten Kinder Eines der Contrahenten enthält, unterliegt in Beziehung hierauf den Vorschriften der Erbverträge, er muss also mit Zuziehung jener Kinder oder ihrer Vertreter geschlossen werden.

K. Graef et Gen. wider Klophaus et Gen., 28. Juli 1832.
Esser. Eichhorn. Sandt. Kunowski. Arch. XVII. 2. 12. (46).

Der Art. 1180 B. G. B. findet auf Eheverträge nach geschlossener Ehe keine Anwendung, da dieselben alsdann nicht ferner geändert werden dürfen. Art. 1395.

Der Art. 1550 in Verbindung mit 2015 B. G. B. legt nur dann dem Ehemann die Verpflichtung zur Sicherstellung des Brautschatzes auf, wenn er diese Verpflichtung in der Eheberedung übernommen hat.

Bei dieser streng limitirenden Vorschrift ist eine analoge Anwendung des Art. 1613 B. G. B. unstatthaft.

R. Boismard wider Fievet, 10. Juni 1839.
Jaehnigen. Eichhorn. Reusche. Kunowski.

Kirchliche Trauung.

Der Appellationsgerichtshof hat aus der Verbindung der §§. 1 und 3 der Verordnung vom 27. Febr. 1816 die Bestimmung entnommen, dass die gegen den Willen des Andern von Einem der dort bezeichneten Eheleute allein bewirkte Eintragung der blos kirchlich geschlossenen Ehe in die Civilstandsregister nicht hinreiche, um zu seinen Gunsten ihre Rechtsbeständigkeit zu bewirken. Eine ausdrückliche Gesetzverletzung kann hierin nicht gefunden werden.

R. Prömper wider Pastor, 28. April 1832.
Reinhardt. Eichhorn. Kunowski. Sandt.

Marital-Rechte.

Dem Ehemanne, welcher eine als Immobiliarklage zu betrachtende Peremtionsklage anbringt, fehlt hierzu die gesetzliche Qualität. Der Art. 1428 B. G. B. bestärkt gerade durch Erwähnung der Ausnahmefälle die Regel, dass der Mann zur Führung von Immobilklagen der Genehmigung der Frau bedarf.

Der Ausdruck

X. Namens seiner Frau

ist nach dem Wortverstande wohl für synonym mit

für seine Frau

keinesweges mit

im Auftrage seiner Frau

zu nehmen.

Nach eingelegter Berufung ist der von der Ehefrau ausgehende Ratificationsact ohne Wirkung.

Bei dem unleugbaren gesetzlichen Interesse eines Verklagten, wegen des Streitobjects nur von dem geeigneten Kläger in Anspruch genommen zu werden, gehen diejenigen zu weit, welche die Berechtigung zur Rüge der fehlenden Sachlegitimation des Ehemannes und einer daraus — auch für den Gegner — entspringenden Unwirksamkeit seines Verfahrens blos auf die Ehefrau beschränkt wissen wollen.

R. Weyer wider zur Lippe, 22. Januar 1823.
Goerdeler. Ruppenthal. Reinhardt. Sandt.

Die L. 11. C. De pactis conventis ist das specielle Gesetz über die zum Paraphernalvermögen gehörenden Schuldforderungen. Die Gültigkeit der Verfügung des Ehemannes über sie wird hierdurch an 2 Bedingungen geknüpft,

1) an die Uebergabe der Schuldbriefe von Seiten der Frau an den Mann und Erwähnung dieser Uebergabe in einem schriftlichen Dotalvertrag und
2) an die wirkliche Einkassirung der Schuld, wodurch Erlass, Vergleich u. s. w. ausgeschlossen ist.

Die Bentheim'sche Illatenordnung von 1786 hat das Römische Recht nicht abgeändert. Wenngleich sie in den §§. 3 und 4 das Dotal- und Paraphernalvermögen wörtlich einander gleichstellt, so sagt sie doch im Eingang, wie im §. 6 ganz ausdrücklich, dass die ganze Verordnung, mithin auch jede Gleichstellung nur allein das Verhältniss der Ehefrau zu andern Concurs-Creditoren des Ehemannes zum Gegenstande hat. Die Verfügungsrechte des Ehemannes über das Vermögen der Frau in seinen verschiedenen Theilen sind mithin gar nicht berührt worden.

K. Wever wider Koenig, 13. Januar 1830.
v. Savigny. Eichhorn. Sandt.

Das Cap. 94 der Jülich-Berg. Rechtsordnung beschränkt die Maritalrechte des Ehemannes, obgleich er sonst Mann und Monbar (Vormund) seiner Ehefrau und als solcher die Verwaltung der von ihr eingebrachten Güter habe, nur in Ansehung dieser, nicht zur ehelichen Gütergemeinschaft des Erwerbes gehörigen Güter, dahin, dass er solche ohne Einwilligung der Frau und ohne dringende und erheischende Noth zu veräussern oder zu verändern hinführo keine Macht haben solle. Hierin ist umgekehrt das Anerkenntniss enthalten, dass ihm als Vormund seiner Frau und als Vorstand der Gemeinschaft eine solche Dispositionsbefugniss in Ansehung der während der Ehe erworbenen und die gedachte Gemeinschaft bildenden Güter zusteht. Dies ist auch durch Art. 1421 B. G. B. also durch das subsidiarische gemeine Recht anerkannt.

K. Liesendahl wider Willhardt, 15. October 1838.
Esser. Eichhorn. Reusche. Kunowski. Arch. XXVIII. 2. 18.

Der Cassationskläger ist von seiner Ehefrau bevollmächtigt, über ihr Vermögen zu disponiren, vor Gericht zu gehen und zu substituiren etc. In dieser ausgedehnten Ermächtigung ist unzweifelhaft auch die enthalten, eine Gerichtsbarkeit zu prorogiren und auf Rechtsmittel zu verzichten. Der Art. 1989 B. G. B. steht dem nicht entgegen. Er erfordert nur zu Compromissen im gesetzlichen Sinne und nicht zu blossen Prorogationen der Jurisdiction eine ausdrückliche Vollmacht. Die Ermächtigung des Friedensrichters, in letzter Instanz zu entscheiden, war mithin auch in Betreff der Ehefrau bindend.

R. Eversheim wider Mehlem, 22. Febr. 1841.
Jaehnigen. Eichhorn. Reinhard. Sandt.

Die Art. 1421 und 1422 B. G. B. sprechen von der Befugniss des Ehemannes, an Andere, nicht aber an sich selbst aus der Gemeinschaft zu veräussern oder zu verschenken.

K. Clostermann wider Juppen, 15. März 1841.
Esser. Eichhorn. Reusche. Sandt. Arch. XXXI. 2. 9.

Dispositionen auf den Todesfall.

Die Eheleute Georges errichteten im Jahre 1765 ein Testament, in welchem sie sich gegenseitig zu Erben einsetzten. Beide lebten noch, als das Gesetz vom 17. Niv. II. in den Departementen des linken Rheinufers verkündet wurde. Unter diesem Gesetz wurde die kinderlose Ehe durch den Tod der Ehefrau aufgelöst. Der Ehemann behielt den Nachlass seiner Ehefrau. Nachdem aber auch er gestorben (1811), wollen die Intestaterben der Ehefrau deren Nachlass allein in Anspruch nehmen. Mit Unrecht.

Unter den „nachherigen Acten" des Art. 34 der Verordnung des Regierungs-Commissar 17. Floréal VI. (Art. 13 des Gesetzes vom 17. Nivôse II.) sind auch solche zu verstehen, welche eine letzte Willenserklärung oder Dispositionen auf den Todesfall enthalten. Dies folgt

1) aus der Allgemeinheit der Worte: „nachherige Acte" welche nicht zulässt, dispositiones mortis causa auszuschliessen;

2) aus dem Art. 14 des Nivôse-Gesetzes (Art. 35 der Ver-

ordnung), welcher unter den Acten, wodurch Ehegatten sich in der Folge und zwar während der Ehe begünstigen können, wie der Schenkungen unter Lebenden, so der Erbeinsetzungen und Vermächtnisse erwähnt.

3) daraus, dass dergleichen Acte nichts anders als Schenkungen inter vivos und Dispositiones mortis causa enthalten konnten, dass aber selbst Schenkungen unter Eheleuten mit wenigen Ausnahmen nicht anders gültig waren, als wenn der Schenkgeber sie bei Lebzeiten nicht widerrief und dass sie mithin insoweit als Begünstigungen mortis causa angesehen wurden.

Der Ausdruck „Stipulés" widerstreitet dem nicht, er bezieht sich auf alle ein- und gegenseitigen Vortheile, welche Ehegatten sich einander oder einer dem Andern in irgend einem gesetzlich errichteten Acte zugewendet oder für ihn bestimmt haben mögen. In demselben Sinne ist das Wort „stipulés" im Art. 14 l. c. und das Wort Stipulation in der Antwort auf die 10te Frage im Gesetz vom 22. Ventôse II. mit Hinweisung auf eben jenen Art. 14 genommen. Jeder etwanige Zweifel muss vor dem Geist und der ganzen Tendenz des Gesetzes schwinden. Sein Hauptzweck ist, die verschiedenen Gesetze und Hoheitsrechte, nach welchen bei der Intestaterbfolge allerlei Unterschiede nach der Natur und dem Ursprung der Güter, sowie nach der Verschiedenheit des Standes, Alters und Geschlechts der Erben stattfanden, aufzuheben, eine ganz neue Erbfolge einzuführen, und damit diese nicht durch Schenkungen und durch Dispositionen mortis causa gestört oder umgangen werden möchte, dergleichen Dispositionen auf alle mögliche Art zu erschweren und zu beschränken. Eben deswegen hat der Art. 1 die nach der Verkündung der Verordnung etwa gemachten Schenkungen inter vivos, die contractmässigen Erbeinsetzungen und alle, selbst früher, aber auf den Todesfall gemachten Dispositionen, deren Verfasser noch lebte, vernichtet und der Art. 16 (37 der Verordnung) nur in der Zukunft gestattet, über ein Zehntel resp. Sechstel zu verfügen: dieses einschränkende System sollte jedoch unter Ehegatten nicht eintreten; die obwaltenden etwanigen Hindernisse im Gegentheil hier aus dem Wege geräumt.

Gesetz vom 22. Ventôse, Antwort auf die 10te Frage, Art. 13 und 14.

und keine anderen Einschränkungen, als zu Gunsten vorhandener Kinder anerkannt werden. Gerade aus dieser Einschränkung aber ergiebt sich, dass die Acte in jedem anderen Falle, wo die Befugniss zu disponiren keiner Einschränkung unterlag, aufrecht erhalten werden sollten, und dies wird vollends bekräftigt durch die Antwort auf die 35ste Frage in dem Gesetze vom 9. Fructidor II.

R. Marchand wider Georges, 12. October 1821.

Blanchard. Eichhorn. Reinhardt. Sandt.

Autorisation.

Kein Gesetz schreibt eine bestimmte Form vor für die schriftliche Ermächtigung der Ehefrau in ihrer eigenen Sache vor Gericht aufzutreten.

R. Cassel wider v. Kerzelli, 5. April 1834.
Esser. Eichhorn. Sandt. Reinhardt.

Die Autorisation des Ehemannes lautet:

„zu obiger Bürgschaft habe ich meine Ehefrau autorisirt.“

Um hier zu beurtheilen, ob die Autorisation generell oder speciell, ist auf den Inhalt der Bürgschaft einzugehen. Sie ist gerichtet auf jede Summe, wofür der Ehemann dem Cassationskläger aus der Geschäftsverbindung verpflichtet werden würde.

Hat hieraus der Instanzrichter, in den Grenzen der Interpretation des Actes bleibend, gefolgert,

es liege eine allgemeine nach Art. 223 B. G. B. ungültige Autorisation vor,

so ist hierdurch kein Gesetz verletzt.

R. Drucker-Embden wider Bergerhausen, 15. Januar 1844.
Graun. Eichhorn. Sandt. Reusche. Arch. XXXVI. 2. 56.

Gütertrennung.

Vor dem B. G. B. und dem Art. 1443 ibid. waren freiwillige Güterseparationen nicht verboten und hatten unter den Ehegatten selbst ihre volle Wirksamkeit.

Das Mainzer Landrecht Art. 1 Tit. 3 und der Art. 4 §. 3 des Gesetzes vom 20. September 1792 bestimmen nur die Rechte der Ehegatten oder des Ueberlebenden von ihnen, nachdem die Ehe durch Tod oder Scheidung aufgelöst worden.

R. Thuquet wider Mathis, 29. Januar 1823.
Blanchard. Eichhorn. Sandt. Reinhardt.

Durch die Gütertrennung des Art. 1443 B. G. B. sollen nicht nur die schon bisher erwachsenen Ansprüche der Ehefrau, sondern auch die erst noch künftig entstehenden in Schutz genommen werden. Die Annahme des Gegentheils würde eine unerklärliche Härte des Gesetzgebers gegen die Rechte der Frau, besonders im Fall eines Fallissements voraussetzen.

R. Fallitmasse Seydt wider Plümacher, 21. Oct. 1840.
Heffter. Eichhorn. Sandt. Reusche.

Trennung von Tisch und Bett.

Klagen auf persönliche Trennung der Ehegatten sind ganz

in derselben Art zu behandeln und zu beurtheilen, wie jede andere Civilsache.

Art. 307 B. G. B. und 879 B. P. O.

Der Richter kann bei ihnen die Versiegelung und Inventur um so mehr verordnen, als conservatorische Maassregeln nach Art. 896 B. P. O. schon bei Klagen auf Trennung des Vermögens unter den Ehegatten gestattet sind. Art. 311 B. G. B.

R. Uellenberg wider Everz, 4. März 1829.

Blanchard. Eichhorn. Sandt. Kunowski.

Ehescheidung.

Der Gebrauch der im Art. 302 B. G. B. den Richtern eingeräumten Befugniss hängt von ihrer Ueberzeugung ab, und bietet keinen Gegenstand zum Cassations-Recurse dar.

R. Scharff wider Scharff, 28. Nov. 1821.

Mühler. Eichhorn. Reinhardt. Sandt.

Gegen den Cassationskläger, einen rheinischen Beamten, war ausserordentlich und zwar in Gemässheit der Cab. Ordre vom 6. März und 5. Sept. 1821 auf 5jährige Zuchthausstrafe, Amtsentsetzung etc. erkannt. und demnächst die von seiner Ehefrau beantragte Ehescheidung vom Civilrichter ausgesprochen worden. Hierdurch werden die Art. 227 u. 232 B. G. B. §. 34 Tit. 20 Th. II. und §. 704 Tit. 1 Th. II. A. L. R. und die Cab. Ordres vom 6. März und 5. Sept. 1821 nicht verletzt. Die Schwierigkeit der Sache rührt daher, dass hier 2 Gesetzgebungen in Betracht kommen, die in ihren Begriffen über verschiedene Strafarten und deren rechtliche Wirkungen von einander abweichen. Das A. L. R. verbindet nur bei einigen Verbrechen mit der Hauptstrafe den Verlust der bürgerlichen Ehre und versteht hierunter weder die Aufhebung, noch in der Regel die Verminderung der gemeinen bürgerlichen Ehre im Sinne des deutschen Rechts, sondern nur den Verlust der vorzüglichen Standes-, Ranges- und Amtsehre. Wollte man daher nur auf das A. L. R. Rücksicht nehmen, und danach die Frage entscheiden, inwiefern die Freiheitsstrafe in strengerer Bedeutung des Wortes eine entehrende, so würde der Art. 232 B. G. B. äusserst selten zur Anwendung kommen. Eine solche eingreifende Veränderung in eine ganz fremdartige Materie liegt nicht in der Absicht der Cab. Ordre vom 6. März 1821. Sonach kommt es darauf an, eine gemeinschaftliche Grundansicht zu finden, wodurch der Widerstreit, welcher durch die neue Gesetzgebung veranlasst worden, auch durch sie ausgeglichen werde. Es ist diese. Beide Gesetzgebungen stimmen darin überein, dass die Schwere und Schmählichkeit der Strafe Grund zur Ehescheidung giebt. Bei der Frage nach dieser Schwere und Schmählichkeit muss es gleichgültig sein, ob auf eine ordentliche oder ausserordentliche Strafe, ob zugleich auf eine öffentliche Beschimpfung und Ausstellung erkannt worden ist, oder nicht; die letztere ist überdies, wo sie nicht als selbstständige Strafe vorkommt, nur eine Art der Vollziehung, wodurch die der Zuchthaus- oder Zwangsarbeitsstrafe beiwohnende Schmach äusserlich dargestellt wird; sie gehört nicht zum Wesen dieser Strafen, welche als Criminalstrafen unabhängig von allen accessorischen Folgen bestehen, und in ihrem Hauptcharakter unveränderlich bleiben, wenn sie gleich wie die bürgerliche Degradation und die Verbannung nicht mit Ausstellung am Pranger verbunden sind, oder der Richter, wozu er ermächtigt ist, bei der Zwangsarbeits- und Zuchthausstrafe darauf nicht erkannt hat.

R. Götze wider Barten, 28. Februar 1827.

Fischenich. Eichhorn. Sandt. Kunowski.

Eine Ehescheidung ist erst dann vorhanden, wenn die Ehe durch einen gesetzmässigen Ausspruch des competenten Beamten des Personenstandes für aufgelöst erklärt worden ist. Bis dahin besteht die Ehe mit allen ihren Wirkungen fort.

R. Hospitalverwaltung Coblenz wider Brachetti, 26. März 1828.

Blanchard. Eichhorn. Sandt. Kunowski.

Das Gesetz vom 20. Sept. 1792 §. 1 Art. 4 gestattet jedem Ehegatten, im Fall einer 5jährigen Abwesenheit des Andern ohne Nachricht, die Scheidung zu verlangen. Diese ist lediglich an des Civilstandsbeamten Ausspruch geknüpft §. 2 Art. 17 und dieser durch keine andere Thatsache bedingt, als durch die Vorlegung eines Notorietätsactes über 5jährige Abwesenheit ohne Nachricht. Ist also eine solche Scheidung aus der Zeit jenes Gesetzes zu beurtheilen, so hat der Richter lediglich das Dasein jenes Ausspruches zu prüfen, er darf die Veranlassung, — Dauer und Beschaffenheit der Abwesenheit — so wenig prüfen, wie Vorlegung des Notorietätsactes fordern. Dies beruht auf dem allgemeinen Grundsatz, dass der Richter bei der Beurtheilung eines jeden rechtlichen Erfolges nur allein die wahren gesetzlichen Bedingungen desselben zu beachten hat. Diese Auslegung des Gesetzes wird dadurch unterstützt, dass 1) die augenblickliche Wiederverheirathung gleich nach dem Ausspruch erlaubt ist, §. 3 Art. 3. 2) durch das Gesetz vom 26. Germ. XI., wonach alle von den Civilstandsbeamten bis dahin ausgesprochenen Scheidungen für gültig und wirksam erklärt werden; 3) durch das Staatsrathsgutachten vom 11. Prairial XII., nach welchem der Richter nur das Dasein eines seiner Form nach gültigen Scheidungsactes zu prüfen hat. Dieses Gutachten spricht zwar nur von solchen Scheidungen, die von Emigranten und anderen Abwesenden nach ihrer Rückkehr angefochten werden, der Grund dieser Entscheidung liegt aber nicht in der besondern Lage dieser Personen, sondern in den allgemeinen Gesetzen von 1792 und vom 26. Germ. XI.

R. Syberg wider v. Boeselager, 14. Sept. 1831.
v. Savigny. Eichhorn. Kunowski. Sandt.

Die Anbringung der Einrede der Wiederaussöhnung ist weder im Art. 246, noch 272 B. G. B. bis zu dem Urtheil über die Zulassung der Ehescheidungsklage beschränkt. Sie ist nicht dilatorisch, sondern péremtoire à l'action und daher noch in appellatorio vorzubringen. Art. 464, 186 B. P. O. Die allgemeine Erklärung, dass der Klage keine fins de non recevoir entgegenzusetzen seien, durfte der zweite Richter ohne Verletzung des Art. 1356 B. G. B. so deuten, dass darin keine Entsagung des Rechts enthalten gewesen, die behauptete Aussöhnung zur Zurückweisung der Klage geltend zu machen.

R. Salomon wider Hasenclever, 2. April 1835.
Oswald. Eichhorn. Sandt. Reinhardt.

Zweite Ehe.

Der Erblasser hat in 3 Ehen gestanden. Er hat mit den Cassationsverklagten, den Kindern erster Ehe, bei Gelegenheit der zweiten Ehe einen sogenannten Abfindungs-Vertrag geschlossen, der jedoch erst nach seinem Tode seine Vollstreckung erhalten sollte. Diese Kinder sind hierdurch, — selbst nicht nach den älteren Gesetzen, und selbst dann nicht, wenn die Abfindung mit wirklicher Abtheilung oder Verabfolgung des Vermögens verbunden gewesen wäre, — geradezu successionsunfähig geworden, denn kein Gesetz zählt abgefundene Kinder den Todten bei. Unter keinen Umständen hat aber der Erblasser durch jene von den Kindern unter der alten Gesetzgebung abgegebene Erklärung ein Recht erwerben können, bei seinem Uebertritt zur 3. unter dem B. G. B. abgeschlossenen Ehe diesen Kindern gegenüber den Art. 1098 und 1388 B. G. B. zuwider zu handeln.

R. Wolf wider Rennen, 13. Juni 1827.
Blanchard. Eichhorn. Kunowski. Sandt.

Particular-Rechte.

Aus den Art. 12 und 14 der Cölnischen Statuten geht deutlich hervor, dass das Mobiliarvermögen einzig und allein durch wirkliche Theilung, wozu die Kinder den Letztlebenden ihrer Eltern aufzufordern berechtigt, von den Schulden desselben befreit werde. Der blossen Errichtung eines Inventars hat das Statut nirgend diese Wirkung beigelegt.

R. Schieffer wider Hahnenbein, 31. Januar 1827.
Blanchard. Eichhorn. Sandt. Kunowski.

Der Art. 2 der ehemaligen Stadt Cölnischen Statuten erwähnt der Eheverträge nicht ausdrücklich; er setzt aber dennoch im Allgemeinen fest, dass nicht nur Testamente und Vermächtnisse, sondern auch Giften (Schenkungen) und Aufdrachten, welche in der Stadt gelegene Immobilien zum Gegenstand haben, binnen Jahr und Tag bei Strafe der Nichtigkeit dem Schrein, worunter die Güter gehören, eingelegt werden müssen.

Der Richter hat daher, indem er diese Bestimmung auf Schenkungen, die in Eheverträgen auf den Vorabsterbungsfall des Schenkgebers geschehen, für anwendbar erklärt hat, den Art. 2 nicht verletzt.

R. Dédié wider Hamm, 28. Nov. 1827.
Blanchard. Eichhorn. Sandt. Kunowski.

Die Anschreinung eines Hauses zur gesammten ist von der zur letzten Hand zu unterscheiden. Die erste überträgt das Haus nach Stadt Cölnischen Statuten bei dem Tode Eines der Ehegatten zum ausschliesslichen Eigenthum; die andere dem Ueberlebenden. Die Letztere fällt in den allgemeinen Begriff der in C. 3 und 5 de secund. nupt. erwähnten Freigebigkeit. Der Appellhof konnte feststellen, dass diese römischen Gesetze in der Stadt Cöln als Hülfsrecht aufgenommen gewesen, und sonach erklären, dass die Wirksamkeit der Anschreinung zur letzten Hand durch die zweite Ehe zum Vortheil der Kinder erster Ehe aufgehoben worden sei. Es erhellt übrigens nicht, dass das Extensum possessorii summariissimi in Cöln verkündet worden ist.

Die Anschreinung eines Hauses auf beide Eheleute ist als zur gesammten Hand geschehen zu betrachten.

R. Erben Badorff wider Goffarth, 13. Sept. 1834.
Esser. Eichhorn. Sandt. Reinhardt.

Die von der Ehefrau in die Ehe eingebrachten und ihr während derselben durch Erbschaft anerfallenen Immobilien sind ihr Sondergut, sie gehören nicht zu der Mobiliar-Gemeinschaft. Art. 10 des Stadt Cölnischen Rechts.

Diese letztere bildet zwischen Eheleuten eher ein Gesellschaftsverhältniss, als ein Condominium in solidum, wie ein solches für die Immobilien, z. B. für die zur gesammten Hand angeschreinten anerkannt wird. Die Ehefrau stellt rücksichtlich ihres Sondervermögens, der Mobiliargemeinschaft gegenüber, ein von dieser getrenntes Rechtssubject dar, sie kann daher gleich fremden Personen so gut Schuldnerin, wie Gläubigerin der Gemeinschaft werden.

Art. 37 der alten Rechte und Freiheiten der Stadt Cöln. Mag mithin der Erlös ihres während der Ehe veräusserten Sondervermögens in die Mobiliargemeinschaft geflossen sein, oder sich in den Händen eines Dritten befinden, so ist sie sowohl gegen jene als gegen diesen befugt, Anspruch auf Erstattung des Erlöses zu machen. Beide Eheleute stellen in Bezug auf die Mobiliargemeinschaft, jenem Sondervermögen gegenüber, ein selbstständiges Rechtssubject dar. Die Forderung der einen Hälfte des Erlöses muss daher in der Person der Ehefrau durch Confusion erlöschen, während die andere Hälfte von ihren Erben gegen die Erben des Ehemannes in Anspruch genommen werden kann.

R. Fonk wider Schaafhausen, 28. Sept. 1840.
Esser. Eichhorn. Reusche. Sandt.

Eheleute unter Kur-Cölnischer Rechtsordnung können über das während der Ehe errungene Immobiliarvermögen frei verfügen. Den Kindern wird erst bei dem Absterben ihrer Eltern auf eine solche Errungenschaft ein ausschliessliches Recht erworben. §. 4 Tit. 2 und §. 6 Tit. 8.

Ist daher Einer der Eltern erst nach Einführung der Gesetze vom 8. April 1792 18. Vend., 17. Niv. II. gestorben, so müssen diese Gesetze für die Erbfolge der Kinder allein maassgebend sein.

R. Breuer wider Breuer, 20. Juni 1842.
Esser. Eichhorn. Reusche. Kunowski. Arch. XXXVI. 2. 31.

Wo für eine während der Ehe angekaufte unbewegliche Sache der Kaufpreis bei Auflösung der Ehe noch rückständig ist, ist der Rechtssatz

quaestus non intelligitur nisi deducto aere alieno

in der Kur-Cölnischen Rechtsordnung nirgends aufgehoben.

R. Erben Müller wider Erben Nettekoven, 30. Dec. 1844.
Esser. Eichhorn. Reusche. Sandt.

Die unter Kur-Cölnischem Recht geschlossene Ehe führt in Ermangelung eines ausdrücklichen Ehevertrages hinsichtlich des dieser Ehe angehörigen Vermögens die stillschweigende vertragsmässige Unterwerfung unter das Kur-Cölnische Landrecht mit sich.

Dieser stillschweigende Vertrag, eben so wirksam wie ein ausdrücklicher, konnte durch die späteren nicht rückwirkenden Gesetze nicht geändert werden. Der Rheinische Appellations-Gerichtshof hat daher durch die entgegengesetzte Annahme den §. 6 Tit. VIII. und §. 3 Tit. II. des Kur-Cölnischen Landrechts verletzt.

K. Lunebach wider Reutelstertz, 25. Nov. 1839.
Esser. Eichhorn. Reusche. Arch. XXIX. 2. 6.

R. Erben Vaasen wider Erben Brandt, 7. April 1845.
v. Daniels. Jaehnigen. Sandt. Kunowski.

Mosaisches Eherecht.

Im Herzogthum Cleve hat das mosaische Eherecht als ein durch die Religion bedingtes Particularrecht gegolten und die Eigenschaft eines Privilegiums gehabt, auf welches zu verzichten der Jude befugt war.

Revidirtes Privil. und Regl. vom 17. April 1750 §. 39.
Cab. Ordre vom 17. Juni 1804. N. Arch. IV. p. 83.

Die französische Souverainetät und das den Juden bewilligte Staatsbürgerrecht hat dieses Privilegium so lange unberührt gelassen, bis es in dem bei Einführung des B. G. B. allgemeinen Landesgesetze untergegangen ist. Das nicht im Bezirk Cleve publicirte Decret der Nationalversammlung vom 27. Sept. 1791 hat die privatrechtlichen Verhältnisse nicht betroffen. Die Pflicht zur Befolgung der Landesgesetze schliesst keineswegs die Gültigkeit dessen aus, was durch Statut oder Gebrauch Rechtens ist. Durch das Verfassungsgesetz vom 5. Fructidor III. ist an die Stelle eines Particularrechts ein anderes nicht getreten. Durch das Gesetz vom 17. Niv. II. sind neue Vortheile zu Gunsten überlebender Wittwen nicht geschaffen.

R. Gottschalk wider Leo, 20. Nov. 1843.
v. Oppen. Eichhorn. Sandt. Reusche.

Eigenthum.

Wie das Eigenthum des Bodens die aufstehenden Gebäude in sich begreift, so der Besitz der Uferdämme den eines darauf stehenden Häuschens.

K. van Reth wider Wessel, 31. Dec. 1831.
Esser. Oswald. Sandt. Kunowski.

Cassationskläger hat sich vergleichsweise verpflichtet, durch Tücheraufhängen dem Licht des Hinterbaues des Cassationsverklagten nicht zu nahe zu treten. Er ist dadurch nicht beschränkt, sonstige aus dem durch keinen Titel beschränkten Eigenthumsrecht hervorgehende Handlungen — z. B. die Aufführung einer Mauer — vorzunehmen. Art. 544, 2048 B. G. B.

K. Friedrichs wider Fritsch, 30. Juni 1832.
Esser. Eichhorn. Kunowski. Sandt.

Einheirathung.

Das Luxemburger Landrecht hat als ein geschriebenes Gesetz im Fürstenthum Prüm niemals gegolten, sondern nur als ein subsidiarisches Gewohnheitsrecht. Auch als solches ist es in Rücksicht der Schafftherren durch die nachher erfolgte Aufhebung der Feudalgesetze ausser Kraft gesetzt worden.

R. Reg. Trier wider Wallersheim, 5. Mai 1824.
Seyppel. Eichhorn. Reinhardt. Sandt.

Die Einheirathung in ein Schafftgut giebt dem eingeheiratheten Kinde ein unwiderrufliches Recht auf das Gut selbst.

Art. 6 Tit. 2 Luxemb. Landrecht.

In dem Beweise der Einheirathung ist der Beweis der gutsherrlichen Einwilligung enthalten. Jenes unwiderrufliche Recht ist durch das Gesetz vom 17. Nivose II. um so weniger aufgehoben, als die rückwirkende Kraft dieses Gesetzes beseitigt ist durch die Gesetze vom 9. Fructidor III. und 3. Vendém. IV.

Der Schafftherr, und nur er allein, kann dasjenige, was ohne seine Einwilligung geschehen, unwirksam machen.

Art. 3 und 4 Luxemb. Landrecht.

Zu den Einheirathungen waren so wenig, als zur Gültigkeit von Heirathscontracten besondere Förmlichkeiten erforderlich.

R. Boden wider Boden, 16. Sept. 1828.
Blanchard. Eichhorn. Sandt. Kunowski.

K. Theis wider Theis, 29. Sept. 1830.
Blanchard. Eichhorn. Sandt. Budde. Arch. XV. 2. 6.

Einkindschaft.

Das Kapitel 76 der Jülich- und Bergschen Rechtsordnung enthält kein Verbot der Einkindschaft nach bereits erfolgter Eingehung der folgenden Ehe, da es sich nur mit dem Falle, als dem gewöhnlichen, beschäftigt, wo die Eingehung der folgenden Ehe noch bevorsteht. Nach gemeinem Recht unterliegt die Gültigkeit einer erst während der nachfolgenden Ehe errichteten Einkindschaft keinem Bedenken. Das Kapitel 102 l. c., welches Schenkungen unter Eheleuten verbietet, passt nicht auf die Stipulation des onerosen Einkindschafts-Vertrages.

R. Endemann wider Hefelmann, 12. Febr. 1823.
Goerdeler. Eichhorn. Reinhardt. Krause.

Die Einkindschaft stellt einen wahren Vertrag zwischen den Eltern und den Kindern dar. Ohne die Mitwirkung der letztern ist der Vertrag nicht denkbar. Nur gehörig vertretenen Kindern erster Ehe ist gestattet, die Einkindschaft bestehen zu lassen, wenn Einiges an den durch die Statuten vorgeschriebenen Förmlichkeiten mangeln sollte; denn diese sind eben einzig in ihrem Interesse angeordnet. Diese Befugniss kann jedoch nicht auf den Fall erstreckt werden, wo es dem Vertrag an seinen wesentlichen Bestandtheilen mangelt. Die L. 5 §. 9 D. de pec. const. l. 38 §. 20 l. 39, 45, 62, de V. Obl. handeln weder von Geschäften, die ein Vater mit seinen Kindern abschliesst, noch sind sie anwendbar für Verträge, die diesen Gesetzen ganz fremd und sogar zuwider sind.

Dritte Personen können aus einem zu ihren Gunsten geschlossenen Vertrage nur insofern ein Klagerecht haben, als die Paciscenten bei ihrem Willen verblieben sind, und den Vertrag nicht widerrufen haben, bevor der Dritte ihn angenommen, und mit Wirkung hat annehmen können.

Dies gilt auch in Bezug auf die Einkindschaft und die zweite Ehefrau. Dass der Vertrag einen Theil des Ehecontracts ausgemacht, ändert hierin nichts, zumal auf den unter dem alten Recht eingegangenen Ehecontract der Art. 1395 B. G. B. nicht anwendbar ist.

R. Luckhoff wider Brombach, 23. Nov. 1825.
Blanchard. Eichhorn. Sandt. Reinhardt.

Die Unterlassung der im §. 1 und 2 Tit 10 der Erzstift-Cölnischen Rechtsordnung und der Erläuterung vom 12. Mai 1767 vorgeschriebenen Förmlichkeiten begründet nur eine von den Vorkindern geltend zu machende relative Nichtigkeit, denn nur diese Vorkinder sollen vor Schaden geschützt werden.

K. Kiefen wider Flörken, 4. Juni 1828.
Blanchard. Scheller. Sandt. Kunowski. Arch. XII. 2. 4.

Einspruch.

Nach dem Reglement von 1738 Theil II. Tit. II. Art. 9—12, welches für die Sachen beim Cass.-Hofe noch gesetzliche Kraft hat, ist die längste Frist zur Erwirkung und Insinuation eines Restitutions-Erkenntnisses gegen eine Contumacial-Entscheidung eine dreimonatliche. Dies gilt dermalen von der Opposition, obschon jetzt kein besonderes Restitutions-Erkenntniss mehr üblich ist, sondern mit Beseitigung desselben auf die eingelegte Opposition gleich zur Verhandlung der Sache übergegangen wird. Eine Befreiung von dieser Frist ist nirgends gesetzlich ausgesprochen. Es kann und darf nicht in der Willkür des Opponenten liegen, die Opposition auf unbeschränkte Zeit hinauszuschieben, während die Abschaffung des Restitutions-Erkenntnisses just Abkürzung des Verfahrens bezielt.

R. Senft wider Seligmann, 22. Mai 1822.
Goerdeler. Eichhorn. Reinhardt. Sandt.

Die Opposition kann die Vollstreckung der Execution eines

mit der executorischen Clausel versehenen Vertrages und Vergleichs nicht aufheben und nur insofern die Wirkung der Execution vernichten, als sich bei der rechtlichen Erörterung ergiebt, dass die Execution unförmlich vollstreckt oder der Vertrag und Vergleich die Execution nicht begründet.

R. v. Schmackert wider Griesels, 28. Febr. 1827.
Eimbeck. Eichhorn. Sandt. Kunowski.

Der Art. 1033 B. P. O. findet auf den Art. 162 B. P. O. Anwendung.

R. Thibesart wider Hottua, 12. April 1834.
Graun. Eichhorn. Sandt. Reinhardt.

Aus den Art. 458 und 508 II. G. B. ist nicht zu folgern, dass in diesen Fällen das Contumacial-Urtheil als ein contradictorisches anzusehen und dagegen Opposition nicht einzulegen ist. Vergl. Art. 149 seq. 158, 434 seq. B. P. O.

K. Communalkasse zu Ratingen (Braun) wider Thünes, 11. October 1834.
v. Breuning. Eichhorn. Sandt. Kunowski.

Die im Art. 6 des Decrets vom 6. Febr. 1807 bestimmte 3tägige Frist bezieht und beschränkt sich auf den Einspruch gegen ein Executorium von Kosten, welche durch Urtheil zuerkannt worden sind.

K. Reg. Cöln wider Odendahl, Schnitzler, Starr, 17. Oct. 1835.
Esser. Eichhorn. Reinhardt.

Die für den Dritt-Opponenten gebrauchte Bezeichnung „Intervenient“ ändert im Wesen der Sache der Dritt-Opposition nichts.

R. Evelt wider Gossen, 5. April 1826.
Goerdeler. Eichhorn. Sandt. Kunowski.

Der Art. 475 B. P. O. unterscheidet nicht zwischen aufhebenden und bestätigenden Urtheilen. Eine Beziehung des Art. 472 findet daher auf die Drittopposition um so weniger statt, als diese nicht auf Befolgung, sondern auf Zerstörung des bestätigenden Urtheils abzielt.

Das bestätigte Urtheil, dessen Rechtskraft nur durch das vom Appellhof bestätigende Urtel bedingt ist, kann ohne dieses nicht rückgängig gemacht werden. Die nothwendig mit gegen dieses Urtel gerichtete Drittopposition muss daher nach der gerichtlichen Hierarchie auch nur vor den Appellhof gebracht werden. Durch diese Nothwendigkeit beschränkt sich die Regel der 2 Instanzen von selbst.

R. Erben Menn wider Königl. Reg. Coblenz und Erben Renesse, 11. März 1844.
Esser. Jaehnigen. Deycks. Reusche. Kunowski. Arch. XXXVII. 2. 57.

Einstands-Vertrag.

Cassationskläger schliesst im Auftrag eines Dritten einen Remplacement-Vertrag ab, und wird dem Remplaçant gegenüber zur Zahlung des stipulirten Lohnes verurtheilt. Mit Unrecht.

Der Bevollmächtigte ist im Verhältniss zum Machtgeber nur zur Vollziehung der Vollmacht, so lange sie für ihn fortdauert, zur Schadloshaltung aus der Nichtvollziehung, zur Verantwortlichkeit bei der Geschäftsführung, zur Rechnungslegung und zur Berechnung des Empfangenen, nicht aber zur Bezahlung der Schulden des Machtgebers aus eigenen Mitteln verpflichtet. Art. 1165, 1166, 1991, 1992, 1993 B. G. B.

K. Schöne wider Roth, 18. Febr. 1820.
Simon. Eichhorn. Molitor.

Die unter der französischen Herrschaft gesetzlich bestimmte Dienstzeit des Militairs ist mit dieser Herrschaft aufgehoben. Der Remplaçant erhält mithin die volle vertragsmässige Vergütung, wenn er nur vom Regiment angenommen worden und sich in keinem der Ausnahmefälle befindet. Verordnung vom 31. Januar 1817 §. 3, 4, 5.

K. Braun wider Aussem, 27. April 1821.
Friccius. Ruppenthal. Sandt. Haass.

Aus §. 2 der Verordnung vom 31. Januar 1817 kann nicht gefolgert werden, dass die von den Partheien selbst über die Einstandsverträge eingegangenen Vergleiche ihre Wirksamkeit verloren hätten. Aus dem §. 3 ergiebt sich vielmehr das Gegentheil.

R. Micheln wider Teller, 2. März 1831.
Oswald. Eichhorn. Budde. Sandt.

Enregistrement.

Die Unterstellung, es müssten die Beweisarten, welche bei dem Verfahren in Civilsachen statthaben, bei streitigen Contraventionsfällen gegen das Einregistrirungsgesetz ebenmässig gestattet sein, beruhet nicht auf einer klaren gesetzlichen These und ist nicht analogisch zweifelsfrei gegründet.

Gesetz vom 22. Frimaire J. VII.
27. Ventôse J. IX.

R. Königl. Reg. Coblenz wider Fischer, 25. Febr. 1820.
Hardung. Eichhorn. Haass.

Der Gerichtsschreiber Cuppers präsentirte am 3. Januar 1820 für das 4te Quartal 1819 sein Repertorium in dem Einregistrirungs-Bureau und da dasselbe einen am vorigen Tage aufgenommenen Act nicht enthielt, so wurde ihm die Strafe von 10 Francs wegen Zuwiderhandlung gegen Art. 49 Nr. 3. Gesetz vom 22. Frim. VII. angesetzt. Mit Unrecht.

Es ist in keinem Gesetz vorgeschrieben, dass bei der vierteljährlichen Vorlegung des Repertoriums zugleich das seit Beginn des neuen Quartals angefangene Repertorium abgeschlossen vorgelegt werde.

Art. 49 Nr. 3 und 51, Gesetz vom 22. Frimaire VII.

Die Ministerial-Entscheidung vom 9. Sept. 1806 steht mit diesen Gesetzen, auf welche es übrigens allein ankommen kann, in Einklang.

R. Aachen wider Küppers, 4. Dec. 1822.
Simon. Eichhorn.

Der Kreis-Rendant ist nach dem Sinne des Art. 31 Ges. vom 3. Nov. 1798 (13. Brumaire VII.) derjenige Beamte der Einregistrirungs-Verwaltung, welcher über die in seinem Bezirk begangenen Contraventionen das Protokoll aufzunehmen befugt ist.

K. Kgl. Reg. Coblenz wider Seligmann, 17. März 1823.
Blanchard. Eichhorn.

In der Materie von den Einregistrirungsgebühren ist der dem Zahlungspflichtigen insinuirte Zahlungsbefehl dasjenige, was den Anfang des Verfahrens ausmacht; dagegen ein von dem Zahlungspflichtigen ausgehender und mit einer Vorladung an das competente Gericht verknüpfter Einspruch oder eine directe Ladung dasjenige, wodurch eine Instanz angeknüpft wird und ihr Dasein erhält.

Art. 61, 64, Ges. vom 12. Dec. 1798. (22. Frim. VII.)

R. Reg. Trier wider Nell, 15. Dec. 1824.
Blanchard. Ruppenthal. Reinhardt. Sandt.

Die Verordnung über das Enregistrement 7. Fruct. VII. und 19. Ventôse VIII. ist zu beschränken auf authentische Urkunden im Privatbesitz; die in öffentlichen Registraturen verwahrten sind dagegen von ihrer Anwendung ausgeschlossen.

R. Hamboch wider v. Roth, 16. März 1833.
v. Savigny. Eichhorn. Kunowski. Sandt.

Erbpacht.

Wenn der §. 19 des Gesetzes vom 21. April 1825 dem früheren Erbverpächter diejenigen Vorzugsrechte belässt, welche die allgemeinen Gesetze ihm beilegen, so sind hierunter schon nach dem Sprachgebrauch nur solche Vorzugsrechte verstanden, die ihm gegen andere Gläubiger im Concurse über das Vermögen des Schuldners etwa zu stehen oder eingeräumt sein mögen, keineswegs aber das Recht, wegen eines in den abgeschafften Erbpachtrechten bestehenden Caducitäts-Grundes — (versäumte Entrichtung der Abgaben) — das Gut einzuziehen.

K. Weidmann wider Pitthahn, 31. Oct. 1828.
Blanchard. Eichhorn. Sandt. Kunowski.

In Berg sind erbpächtige Güter, wenn nicht das Gegentheil in dem Erbpachtsbrief bestimmt ist, laudemialpflichtig.

Cap. 106 und 108 der Jül. Berg. Rechtsord. und C. 3. Cod. de jure emphyteut.

Nach Cap. 108 der Jül. Berg. Rechtsordnung findet die Ausschliessung des gemeinen Röm. Rechts in Folge des Statuts nur in dem Falle Anwendung, wenn durch dasselbe ausdrücklich ein Anderes vorgesehen und verordnet worden ist. Die Behauptung ist daher unbegründet, dass in allen denjenigen Materien, worin durch das Statut im Einzelnen verfügt worden, das römische Recht im Allgemeinen von keiner Anwendung sei. Die Behandlung der Materien in der Jül. Berg. Rechtsordnung ist überall so dürftig, dass das röm. Recht nicht entbehrt werden kann. Wenn nun das Cap. 106 die Gleichartigkeit der deutschen Erbpacht und der röm. Emphyteuse anerkennt, so folgt, dass das im Grossherzogthum Berg bestehende Erbpachtsverhältniss im Allgemeinen nach den römischen Gesetzen der Emphyteuse zu beurtheilen ist.

R. Platzhoff wider ref. Kirche zu Elberfeld, 21. Febr. 1842.
Brewer. Jaehnigen. Sandt. Reusche.

Erbrecht.

Ausländer.

Seit Trennung der Rheinprovinzen von Frankreich kann in diesen Provinzen von Anwendung der Art. 11 und 726 B. G. B. keine Rede sein. Es ist jetzt eben so vergeblich, sich auf ältere oder neuere zwischen Frankreich und andern Staaten eingegangene Verträge zu berufen, als es für einzelne Provinzen als integrirende Theile eines Staates rechtlich unmöglich ist, neue Verträge mit andern Staaten einzugehen. Wenn man die Erbfähigkeit der Ausländer in den Rheinprovinzen von Verträgen abhängig macht, so würde jedem Bewohner eines Bundesstaats oder einer andern preuss. Provinz der Weg dazu versperrt sein. Die Entscheidungsquelle für die Frage:

ob und inwiefern der Ausländer zur Erbfolge in den Rheinprovinzen zugelassen werde,

ist einzig und allein das allgemeine Landrecht.

Die Frage über die Erbfähigkeit, sowie die über die Rechtsfähigkeit der Fremden überhaupt, betrifft ein rechtliches Verhältniss des Staates zu auswärtigen Staaten, welches in allen Theilen nach denselben Grundsätzen, die keine Verschiedenheit zulassen, beurtheilt werden muss.

R. v. Ammon wider Neuber, 2. Nov. 1825.
Fischenich. Eichhorn. Sandt. Reinhardt.

Der im Art. 726 B. G. B. vorausgesetzte Fall der Retorsion besteht nur darin, dass eine fremde Gesetzgebung die Einheimischen und Fremden als solche ungleich behandelt. Vergl. Art. 3, 11, 110 B. G. B.

R. v. Busche-Ippenburg wider v. Winterfeld, 9. Juli 1823.
v. Savigny. Eichhorn. Sandt. Reinhardt.

Erbschafts-Forum.

Die Rechtshängigkeit ist nach den Gesetzen des Gerichts zu beurtheilen, an welchem die Sache anhängig sein soll. Ein Rheinisches Gericht kann seine eigne Competenz nur nach den Vorschriften der B. P. O. beurtheilen. Der Art. 59 B. P. O. verordnet in 3 Fällen einen besondern Gerichtsstand für Erbschaftsstreitigkeiten:

1) sur les demandes entre héritiers jusqu'au partage inclusivement.

Diese Worte gehen nicht auf den Streit zwischen mehreren Erbprätendenten, sondern zwischen mehreren wirklichen Erben. Dies folgt theils aus der daneben erwähnten und nur zwischen anerkannten Miterben möglichen Erbtheilung, theils aus dem Art. 822 B. G. B.

2) für die Klagen der Gläubiger,

3) für den Streit über die Vollziehung, welcher Streit von dem über die Gültigkeit des letzten Willens wesentlich verschieden ist.

Regel ist, dass entweder der Wohnort des Beklagten, oder

die Lage der in Anspruch genommenen Güter den Gerichtsstand bildet.

R. v. d. Busche-Ippenburg wider v. Winterfeld, 3. April 1822.
v. Savigny. Ruppenthal. Sandt. Reinhardt.

Gesetzliche Verfügungen über Erbfolge-Rechte sind sogenannte Statuta Realia.

R. Lehmann wider v. Hallberg, 12. Juni 1822.
Blanchard. Ruppenthal. Reinhardt. Sandt.

Am 11. Dec. stirbt zu Ehrenbreitenstein unter der Herrschaft des Kurtrierschen Landrechts der etc. Bircke. Der Justiz-Senat erlässt Edictalien, eröffnet in dem Termin das hinterlegte Testament, fasst demnächst Praeclusoria ab und setzt den Testamentserben in die Erbgüter ein. Sein Erbrecht wird später von dem Imploraten angegriffen, und er vor das Gericht seines Domicils, Coblenz, geladen. Diese Klage stellt im Sinne des 3ten Absatzes des Art. 59 B. P. O. eine vermischte dar, welche auch an dem Wohnsitze angestellt werden kann. Const. unica ubi de hereditate agatur.

Das Einweisungsdecret bezweckt nur die Einweisung in den Besitz der Erbschaftssachen, welche der Testator bei seinem Absterben besass. C. ult. de edict. D. Hadriani tollendo. Ein solcher Besitz schliesst das Erbrecht der Intestaterben nicht aus. Der Praeclusiv-Bescheid ist ihnen daher weder als die Res judicata, noch als die Litispendenz begründend, entgegen zu stellen.

R. v. Stramberger wider Kraemer et Gen., 5. März 1836.
Esser. Eichhorn. Sandt. Reinhardt.

Theilung der Erbschaft.

Die c. 6. Fam. ercisc. c. 1. Si unus ex plur. hered, c. 26. de pactis, l. 3. 4. d., l. 25 §. 1. Fam. ercisc. verbieten dem Erblasser nicht, die Wirksamkeit des Rechtssatzes

„nomina ipso jure divisa sunt“

in Bezug auf seine Erben auszuschliessen, dies wird ihm vielmehr geradezu gestattet durch l. 44 §. 6, 69 §. 2, 75 §. 2 de leg. I., c. 25 de Pactis §. 21. J. de leg.

R. v. Hompesch wider v. Hompesch, 19. Jan. 1833.
Esser. Eichhorn. Sandt. Budde.

Der Art. 833 B. G. B. setzt eine in Natur vollendete Theilung voraus.

R. Gem. Morshausen wider Gem. Burgen, 16. Oct. 1843.
Esser. Jaehnigen. Reusche. Sandt.

Nach den Motiven, wie den Worten des Art. 888 B. G. B.

toute acte . . . . . . cohéritiers
muss für unerheblich gehalten werden, ob die Verletzung in Folge einer Theilung unter sämmtlichen oder bloss einigen Erben stattgefunden. Der Appellhof, indem er die Klage nur aus dem Grunde zurückgewiesen, weil durch die Cession erbschaftlicher Rechte die Gemeinschaft nicht unter sämmtlichen Miterben aufgehoben worden, hat den Zweck des Gesetzes verkannt, den Art. 889 falsch angewendet und den Art. 888 verletzt.

K. Bessel wider Schmitz, 17. Nov. 1845.
Brewer. Eichhorn. Reusche. Kunowski. Arch. XXXIX. 2. 70.

Erben sine beneficio.

Die Nichterfüllung der Art. 800 seq. B. G. B. zieht eine Vermischung des persönlichen Vermögens mit der Erbschaftsmasse und die unbedingte Verpflichtung des Erben, die Gläubiger und die Legatare aus eigenem Vermögen zu befriedigen, nach sich. Die in den Art. 870 und 873 erwähnte Verpflichtung mehrerer Erben zur verhältnissmässigen Zahlung der Schulden ist gleichmässig gegen mehrere Erben durch Art. 1017 in Bezug auf die Entrichtung der Vermächtnisse ausgesprochen. Die Art. 870—873 machen keinen Unterschied zwischen Pflicht- und sonstigen Erben. Aus der Verbindung dieser Gesetze mit Art. 802 folgt, dass auch mehrere unbedingte Pflichterben bei Unzulänglichkeit der Erbschaftsmasse, wie überhaupt die Schulden, ebenso die Vermächtnisse aus ihrem persönlichen Vermögen abtragen müssen.

R. Eichhoff wider Bittong, 16. Nov. 1833.
Esser. Eichhorn. Kunowski. Martini.

Die Beneficialerben haben unter den Schulden des Nachlasses die auf sie devolvirte Forderung des Grafen A. v. Hallberg im Inventar aufgeführt, obgleich dieselbe, wie ihnen bekannt, nicht mehr bestanden. Dadurch haben sie ihre Qualität nicht verloren. Der Art. 801 B. G. B. kann so wenig als der Art. 794 die entgegengesetzte Ansicht rechtfertigen, zumal im Art. 794 der Zusatz „des biens de la succession“ zu dem Worte „Inventaire“ klar andeutet, dass der Verlust der Rechtswohlthat nur dadurch bedingt ist, dass das Activvermögen wissentlich und unredlicher Weise ungetreu oder ungenau angegeben wird. Diese Bestimmungen sind, da sie poenaler Natur, einer ausdehnenden Erklärung nicht fähig. Zu einer solchen ist überdies kein Grund vorhanden. Die Gefahr, welche durch bösliche Verschweigung oder Beseitigung von Erbschaftsstücken für die Gläubiger entsteht, kann bei der Aufstellung unrichtiger Schulden nicht eintreten, denn da diese das Fordern des Beweises des Anspruches nicht ausschliesst, so bedarf es hier zur Sicherung der Gläubiger der Pönalbestimmung nicht.

R. Lenders wider v. Hallberg, 11. März 1839.
Jaehnigen. Esser. Kunowski. Sandt.

Collation.

Der Cassationskläger hat seinen Sohn, den Cassationsbeklagten, vom Kriegsdienst losgekauft. Er verlangt von diesem Erstattung und deducirt: „Von der allgemeinen Collationspflicht der Erben mache der Art. 852 B. G. B. einige Ausnahmen, unter denen die Kosten eines Ersatzmannes nicht gerechnet würden. Da nun die Erben den Erblasser repräsentirten, so folge aus dem Anspruch der Miterben auf Collation dies, dass auch der Erblasser bei seinen Lebzeiten ein Klagrecht haben müsse.“ Mit Unrecht.

Die gegenseitige Collationspflicht der Erben beruht auf dem wahrscheinlichen Willen des Erblassers, nicht auf einem Rechte des Erblassers gegen den künftigen Erben, welches, sowie eine Schuldforderung auf die Miterben übergegangen wäre. Von einer Collationspflicht kann niemals auf ein dem Erblasser bei seinem Leben zustehendes Klagerecht gegen den künftigen Erben geschlossen werden.

R. Kiefer wider Kiefer, 23. Januar 1836.
v. Savigny. Eichhorn. Sandt. Reinhardt.

Der Art. 918 B. G. B, verpflichtet lediglich den Erbfolger in gerader Linie, sich auf die partie disponible die ihm vom Erblasser unter der Last einer Leibrente oder des Niessbrauchs oder ähnlicher Bedingungen übereigneten Güter anrechnen zu lassen, und das Ueberschiessende in die Masse einzuwerfen. Die seiner Ehefrau geschehenen Uebereignungen derselben Art sind einer gleichen Anrechnung und Einwerfung nicht unterworfen. Der Art. 911 kann als ein beschränkendes Gesetz nicht auf andere Fälle ausgedehnt werden, namentlich da nicht, wo es insbesondere an der Voraussetzung einer absoluten Unfähigkeit zur Erwerbung von freigebigen Zuwendungen ermangelt. Diese beschränkende Erklärung des Art. 918 findet in der Disposition des Art. 849 B. G. B. ihre Bestätigung.

R. Korsch wider Korsch, 9. Sept. 1837.
Heffter. v. Breuning. Sandt. Reinhardt.

Nach Art. 756 B. G. B. wird der Antheil des anerkannten unehelichen Kindes nicht als Erbtheil, sondern als eine Schuld des Nachlasses gewährt. Das Recht des Kindes ist mithin dem eines jeden andern Nachlassgläubigers gleich gestellt. Dies geht noch deutlicher aus der ersten Redaction und den Discussionen hervor. Hieraus folgt 1) dass wie Schulden des Nachlasses ohne

Rücksicht auf sonstige Dispositionen von Todeswegen aus dem ganzen Nachlass vorweg bezahlt werden müssen,

Art. 724, 870, seq. 922 seq.

so auch diese Dispositionen ohne Einfluss auf den Antheil des anerkannten unehelichen Kindes bleiben. Art. 761.

2) dass, da der Anspruch des Kindes erst mit dem Tode der Eltern entsteht, dasselbe schenkweise Zuwendungen unter Lebenden durch eine Reductionsklage einzuziehen oder bei Berechnung seines Anspruches sich zu Gute zu rechnen nicht befugt ist. Der Art. 921 hat blossen Gläubigern des Nachlasses diese Klage oder nur die Benutzung einer Seitens der Erben etwa veranlassten Reduction entschieden versagt.

Dieser Satz ist klar ausgesprochen in dem Exposé des motifs des 2ten Tit. Buch III. und in dem Bericht an das Tribunat.

K. Lefils wider Wolfs, 9. Juli 1836.
Jaehnigen. Eichhorn. Sandt. Reinhardt.

Irregulare Erbfolge.

Nur die in den Formen des Art. 334 B. G. B. geschehene Anerkennung eines natürlichen Kindes gilt als ein ganz freiwilliges durch keine äussere Einwirkung erzeugtes Geständniss der Vaterschaft.

Nur auf einem solchen Geständniss beruhen die grossen Begünstigungen, die das Gesetz so anerkannten Kindern angedeihen lässt, Begünstigungen, welche hinsichtlich ihrer Wirkung einem wahren Erbrecht sehr nahe kommen, sowie sie denn auch in das Capitel von der irregulairen Erbschaft aufgenommen sind.

Gesetzliche Verfügungen über Erbfolgerechte sind Statuta Realia, deren Wirkung sich auf alle ihrer Herrschaft unterworfenen Güter erstrecken.

Natürliche Kinder, welche ein Erbrecht, oder ein demselben ähnliches Recht an solchen Gütern beanspruchen, müssen mithin mit der vom Gesetze dazu erforderten Eigenschaft versehen sein. Das Gesetz macht keinen Unterschied zwischen Fremden und Einheimischen. Die Vorschriften des Art. 334 seq. müssen in Ansehung der Fremden um so mehr Anwendung finden, als diese sonst, vor den Einheimischen begünstigt, Rechte geniessen würden, die in ihrem eigenen Lande ihnen nicht einmal eingeräumt werden.

Art. 11, 726 B. G. B.

R. Lehmann wider v. Hallberg, 12. Juni 1822.
Blanchard. Ruppenthal. Reinhardt. Sandt.

Erbvertrag.

Das durch das Gesetz vom 17. Nivose II. ausgesprochene Verbot der vertragsmässigen Erbeseinsetzung ist durch das spätere Gesetz vom 4. Germinal J. VIII. nicht aufgehoben, dieses enthält nur in Rücksicht der disponiblen Portion Modificationen des Nivose-Gesetzes.

K. Borgnis wider Bachem, 6. Juli 1821.
Krezzer. Ruppenthal. Haass. Sandt. Arch. III. 2. 53.

Vacante Erbschaft.

Der Begriff einer vacanten Erbschaft schliesst die Nachfolge der Gläubiger in die Rechte des Erblassers von selbst aus. Die Gläubiger und die Schuldner einer solchen Erbschaft stellen ein von ihr durchaus verschiedenes Rechtssubject dar.

Die Schuldner des Erblassers können daher nach Art. 2258 B. G. B. einer, wenn schon mit keinem Curator versehenen vacanten Erbschaft ebenso, wie die Erbschaft den Gläubigern, die Einrede der Verjährung entgegensetzen.

R. Erben Friesheim wider Müller, 23. Dec. 1839.
Esser. Eichhorn. Sandt. Reusche.

Erbschafts-Gebühren.

Die gesetzliche Kraft und Gültigkeit der Gouvernements-Verordnungen ist von dem Landesherrn in der Folge stillschweigend und öfter ausdrücklich anerkannt worden. Es bedurfte mithin eines ausdrücklichen Gesetzes, um die durch das Gouvernement des Mittelrheins am 14. und 26. Februar 1814 aufgehobenen Erbschaftsgebühren wieder herzustellen. Die Entscheidung Eines Königl. Ministeriums reicht hierzu nicht hin. Der Richter hat zu entscheiden, ob ein von einer Parthei angeführtes Gesetz auch wirklich den Charakter eines Gesetzes hat. Art. 4 B. G. B.

R. Königl. Reg. wider Becker, 9. März 1821.
v. Savigny. Ruppenthal. Haass.

Expropriation.

Der Art. 3 des Gesetzes vom 8. März 1810 stellt zwei Fälle neben einander; den einen, wo der Landesherr den Ankauf liegender Gründe zum Zweck des öffentlichen Besten befiehlt, den andern, wo er öffentliche Arbeiten anordnet. Wenn nun in den nachfolgenden Bestimmungen Formen vorgeschrieben sind, welche sich auf angeordnete Arbeiten beziehen, so können diese in ihrem ganzen Umfange nur für den zweiten Fall Anwendung finden; für den ersten Fall müssen sie aber die nothwendige Beschränkung erleiden, welche durch das Nichtvorhandensein einer solchen Anordnung bedingt ist.

K. Reg. Cöln wider Spindler, 20. Dec. 1834.
Oswald. Eichhorn. Reinhardt.

Fälschungs-Klage.

Der Civil-Richter hat das Fälschungsverfahren nur auf den Criminalweg zu verweisen, wo er Anzeigen über die Fälschung gefunden Art. 239 B. P. O. Diese Verbindlichkeit knüpft sich daher an seine Beurtheilung, ob Anzeigen vorhanden. Der Art. 460 Crim. P. O. verfügt zwar, dass das Criminalverfahren eintreten müsse, wenn die Parthei, welche eine Urkunde als falsch angegriffen, behauptet, dass diejenige Parthei, welche die Urkunde vorgebracht, der Urheber oder Theilnehmer der Fälschung sei. Dieser Art., indem er in Verbindung mit Art. 459 ibid. auch von dem Incidentverfahren zu verstehen, setzt aber neben jener Behauptung die Anzeigen des Art. 239 B. P. O. als nothwendig voraus.

R. Dahmen wider Herriger, 4. April 1837.
Esser. Eichhorn. Reinhardt. Sandt.

Fideicommiss und Substitution.

Keine gesetzliche Bestimmung erklärt wörtlich oder im Allgemeinen ein aus Fideicommissgeldern erkauftes Gut als ein hierdurch in das Fideicommissvermögen übergegangenes und mit dem Fideicommiss-Band behaftetes Eigenthum.

R. v. Heermann wider v. Heermann, 5. Nov. 1836.
v. Breuning. Eichhorn. Kunowski. Sandt.

Sind die in dem Fideicommiss begriffenen Mobilien nach dem Gesetze des Wohnsitzes in den Händen des Besitzers freies Eigenthum geworden, so bleiben sie es, ohne Unterschied, wohin er sie später gebracht haben mag.

R. v. Heeremann wider v. Heeremann, 7. Oct. 1839.
Esser. Eichhorn. Kunowski. Sandt.

Die reichsfreien auf dem linken Rheinufer liegenden Herrschaften Füsgenheim und Ruchheim, — v. Hallbergsche

Fideicommisse — sind gegen eine zu gewährende Entschädigung durch den Lüneviller Frieden an Frankreich abgetreten worden. Bis dahin nur sequestrirt, haben sie durch das Gesetz vom 25. October und 14. November 1792, die Fideicommiss-Qualität nicht verloren. Auf die statt ihrer durch den Kreis-Deput.-Hauptschluss von 1803 später angewiesene Rente ist mithin diese Qualität mit übergegangen.

Die Clausel des §. 38 ibid. bezweckt nur, die Verwahrung der französischen Republik gegen jegliche Verpflichtung die auf den abgetretenen Domainen der ehemals Reichsunmittelbaren haftenden Schulden zu übernehmen. §. 45.

R. Lenders wider v. Hallberg, 13. Nov. 1843.
Graun. Eichhorn. Reusche. Sandt.

Der Art. 896 B. G. B. vernichtet nicht nur die Substitution, sondern auch die erste Erbeseinsetzung, und zwar sowohl nach seinen Worten; denn der Ausdruck:

même à l'égard

lässt durchaus keine andere Erklärung zu, als seinem Sinn und Geist nach. Nur auf diesem Wege konnte die vollständige Erreichung des augenscheinlichen Zwecks des Gesetzes gesichert werden.

Das Decret für das Lippedepartement hat hierin nichts geändert. Es spricht nur von solchen Fideicommissen, welche schon vor seiner Bekanntmachung vorhanden waren.

R. v. Busche-Ippenburg wider v. Winterfeld, 9. Juli 1823.
v. Savigny. Eichhorn. Sandt. Reinhardt.

Die ausser der betreffenden Erbeseinsetzung in dem Testament enthaltenen Verordnungen werden dagegen durch Art. 896 B. G. B. nicht mit vernichtet.

R. v. Winterfeld wider Wolters u. Gen., 8. Dec. 1824.
v. Reibnitz. Eichhorn. Reinhardt. Sandt.

Die Ertheilung des unbeschränkten Rechtes, über Eigenthum und Genuss aller Güter zu verfügen, steht der Voraussetzung einer verbotenen Substitution geradezu entgegen. Artikel 896.

R. Gerson wider Delochet, 1. Juli 1839.
Heffter. Eichhorn. Sandt. Reusche.

R. Weinhagen wider Gruner, 26. April 1841.
Jaehnigen. Eichhorn. Kunowski. Sandt.

Fideicommissarische Substitutionen, die vor Einführung des B. G. B. in das Grossherzogthum Berg errichtet worden und deren Stifter zu dieser Zeit bereits verstorben war, haben durch die blosse Einführung dieses Gesetzbuches ihre Wirksamkeit von selbst verloren und sind erloschen.

Dies ergiebt sich aus dem Art. 3 des Decrets vom 12. November 1809, Art. 149 und 155 des für die ehemaligen Hanseatischen Departements erlassenen Decret vom 4. Juli 1811 und Art. 732 und 896 B. G. B. Aus ihren Motiven geht klar hervor, dass die durch die frühere Gesetzgebung, namentlich durch das Gesetz vom 25. October 1792 ausgesprochene Abschaffung der Fideicommisse bestätigt und dass es der besonderen Verkündigung dieses Gesetzes nicht bedurft hat, um der Fortdauer älterer Fideicommisse im Grossherzogthum Berg ihre Wirksamkeit zu nehmen.

R. Dümler wider Wescher, 4. April 1827.
Blanchard. Eichhorn. Sandt. Kunowski.

Die fortdauernde Gültigkeit früherer Fideicommisse ist im Bergischen durch das Gesetz vom 23. März 1828 anerkannt und somit jeder Zweifel beseitigt.

K. Flender wider Piper, 7. Oct. 1829.
v. Savigny. Eichhorn. Sandt. Kunowski. Arch. VIII. 2. 13.

Nach römischem Recht muss als Fideicommiss jeder Ausdruck betrachtet werden, welcher einen bestimmten Willen des Erblassers bezeichnet, selbst wenn ein solcher Ausdruck die Form eines Wunsches, einer Bitte oder einer Erwartung an sich tragen sollte.

L. 115. De leg. I.
L. 2. C. Commun. de legatis.

Die im Testament vorkommenden Ausdrücke:

„Jedoch muss ich . . . . . empfehlen, dass jene, welche ohne Descendenz sterben werden, das, was von mir geerbt, ... meinen alsdann noch lebenden Kindern oder . . . . . Enkeln vorzüglich gönnen, und erblich zukommen lassen werden,“

stellen ein wahres Fideicommiss dar. Die entgegengesetzte Entscheidung des Appellationshofes kann nicht als blosse Feststellung einer Thatsache angesehen werden. Es ist darin nicht sowohl aus allen vorgekommenen Umständen eine gewisse Absicht des Testators geschlossen, als vielmehr bestimmten Ausdrücken die Kraft eines gültigen Fideicommisses abgesprochen, also die gesetzlich feststehende Form desselben überhaupt verkannt worden.

K. Flender wider Piper, 7. Oct. 1829.
v. Savigny. Eichhorn. Sandt. Kunowski. Arch. VIII. 2. 13.

Von dem Fiduciar kann die trebellianische, eigentlich falcidische Quart, als völlig unbeschwertes und unbeschränktes Eigenthum gefordert werden. Dem Notherben muss der gebührende Pflichttheil in gleicher Art zukommen. Ein auf diesen Gegenstand sich beziehendes Recht kann, wenngleich es von dem Fiduciar-Erben selbst nicht vermittelst einer Klage ausgeübt worden, von dessen Erben bei Restitution des Fideicommisses geltend gemacht und entgegengesetzt werden. Die wegen eines Fideicommisses de eo quod superest besonders erlassenen gesetzlichen Verfügungen enthalten keine Bestimmung, wodurch der Abzug der Quart, sowie des Pflichttheils bei solchen Fideicommissen für ausgeschlossen zu halten wäre. Die Früchte dürfen erst vom Tage der Klage an eingerechnet werden. C. 16 X. de testam.

R. Flender wider Piper, 17. Nov. 1832.
v. Savigny. Eichhorn. Sandt. Kunowski.

Nach den israelitischen Gesetzen und Gewohnheiten ist eine fideicommissarische Substitution für rechtsungültig zu halten. Ein in Berg von einem vor Einführung des B. G. B. gestorbenen Juden errichtetes Testament ist nach den besondern israelitischen Gesetzen und Gewohnheiten zu beurtheilen.

R. Falk wider Levy, 21. April 1826.
Fischenich. Ruppenthal. Haass. Sandt.

Förster.

Die Imploraten sind eben als Verpächter Eigenthümer des verpachteten Waldes als eines Gemeine-Waldes geblieben. Hiernach kann ihnen das Recht, zur Beaufsichtigung dieses Waldes, Förster anzustellen, nicht bestritten werden.

Art. 40 des Gesetzes vom 3. Brum. IV. und Gesetz vom 9. Flor. XI. Art. 10 und 13.

R. Schmitt wider Gem. Ober- u. Nieder-Ingelheim, 18. Dec. 1843.
Esser. Eichhorn. Reusche. Kunowski.

Fragestücke.

Die Conclusionen der Berufung sind subsidiarisch auf Vernehmung nach Fragestücken, äusserst subsidiarisch auf Eidesdelation gerichtet. Sollen diese Anträge berücksichtigt werden, so müssen sie nach Erlass des Vorbescheides und vor Abgebung des Definitiv-Erkenntnisses wiederholt werden.

Der Art. 324 B. P. O. schreibt dem Richter die unbedingte Gewährung des Antrages auf articulirte Vernehmung nicht vor, sondern überlässt ihm die Prüfung der Relevanz.

R. Weckbecker wider v. Pappenheim, 11. Febr. 1824.
Goerdeler. Ruppenthal. Sandt. Reinhardt. Ann. V. 1. 169.

Der Art. 324 B. P. O. setzt die Erheblichkeit der Fragestücke voraus. Dadurch, dass der zweite Richter ihre Unerheblichkeit annimmt, wird dieser Artikel so wenig, als der Art. 480 verletzt.

R. Maas wider Thyssen, 25. Nov. 1829.
Oswald. Eichhorn. Kunowski. Sandt.

Der zweite Richter lässt den Garantie-Verklagten als Parthei in der Sache vor sich erscheinen und vernimmt ihn über das Sachverhältniss. Hierzu durch Art. 119 B. G. B. autorisirt, brauchte er nicht die Formen des Art. 325 zu beobachten.

R. Koenigs wider v. Hallberg, 22. März 1834.
Lombard. Eichhorn. Kunowski. Sandt.

Frist.

Der Art. 1033 B. P. O. ist nur auf Prozess-, nicht auf Vertragsfristen anzuwenden.

R. Sinstedten wider franz. Gen.-Verwaltung der Steuern, 1. Septbr. 1830.
Scheller. Eichhorn. Sandt. Kunowski.

Die Vorschrift des Art. 1033 B. P. O., dass nicht der Tag der Insinuation und des Ablaufs der Frist mitzurechnen, findet keine Anwendung, wo durch besondere Gesetze eine Frist bestimmt ist, innerhalb welcher eine Handlung von der Parthei bei Vermeidung eines gesetzlichen Nachtheils vorgenommen werden soll. Dies gilt namentlich von dem §. 30 der Subhastations-Ordnung.

R. Reups wider Bockemühl, 29. Sept. 1832.
Reinhardt. Eichhorn. Kunowski.

Die Art. 63 und 1037 B. P. O. stehen dem Ablauf der Frist des Art. 157 ibid. nicht entgegen.

R. Friedrichs wider Knecht, 13. Juli 1839.
v. Oppen. Eichhorn. Furbach. Sandt.

Jeder muss die Gesetze kennen. Die Aufforderung, in der gesetzlichen Frist zu erscheinen, enthält folglich eine die Absicht des Gesetzes vollständig erschöpfende Bezugnahme. — Art. 61 B. P. O. — Dies wird für die Berufungs-Instanz durch Art. 456 B. P. O. ausdrücklich bestätigt.

K. Schmitt wider Erben Dixius u. Gengoux, 26. Febr. 1844.
v. Daniels. Eichhorn. Sandt. Deycks. Kunowski. Arch. XXXVI. 2. 81.

K. Weller wider Schlink, 13. Mai 1844.
v. Oppen. Eichhorn. Sandt.

Garantieklage.

Wo der Fall eines einfachen Garantie-Verhältnisses vorliegt, darf der Richter, indem er über die Hauptsache Recht spricht, die Garantie-Klage nicht völlig zur neuen Ausführung verweisen, sondern nur auf Trennung erkennen. Art. 184 B. P. O.

K. Kessler wider Kuhn, 27. Mai 1839.
Heffter. Eichhorn. Sandt. Kunowski.

Der Garantie-Verklagte kann, auf Gültigkeit der Gewährleistung des Berufungsactes in Anspruch genommen, Art. 1031 B. P. O. die Gerichtsbarkeit des Appellhofes nach Art. 181 nicht ablehnen. Ihm steht nur zu, für den Fall des für nichtig erklärten Berufungsactes die Verweisung des Entschädigungs-Anspruches zur ersten Instanz zu verlangen, um desswillen, weil die Voraussetzung des Art. 184 B. P. O. erst dann, wenn ein Urtel erster Instanz die Pflicht zur Gewährleistung ausgesprochen, zutrifft. Hat dagegen der zweite Richter nicht diese Zurückweisung der Evictionsklage ausgesprochen, sondern die Beiladung selbst, ungeachtet ihre Bedingungen vorhanden, als unzulässig verworfen, so hat er den Art. 181 B. P. O. verletzt.

K. Schmitt wider Erben Dixius u. Gengoux, 26. Febr. 1844.
v. Daniels. Eichhorn. Sandt. Deycks. Kunowski. Arch. XXXVI. 2. 81.

Geistliche.

Wenn Cap. 93 der Jülich-Bergischen Rechtsordnung verfügt, dass die geistlichen und begebenen Personen von demjenigen, was ihnen von ihren elterlichen Gütern zukommt, nur den Niessbrauch haben sollen, und dass der Erbfall an ihre Blutsverwandte von dem Zeitpunkt der abgelegten Profession oder des empfangenen Subdiaconats gefallen sein soll, so wird hier vorausgesetzt, dass sich entweder vor diesem Zeitpunkt der Profession eine wirkliche Erbfolge in solchen Gütern zu ihren Gunsten eröffnet habe, und dass sie dieselben noch um diese Zeit besitzen, oder dass eine solche Erbfolge erst nach jenem Zeitpunkt zu ihren Gunsten eröffnet wird. Die französischen Gesetze haben übrigens diese Unfähigkeit abgeschafft.

R. v. Klespe wider v. Hees, 23. Dec. 1829.
Blanchard. Eichhorn. Sandt. Kunowski.

§. 6 Inst. de testam. ord. erklärt unfähig zu Testamentszeugen diejenigen, welche keine Testamenti factio haben. Dieser Ausdruck bezeichnet keinesweges alle diejenigen, welche kein Testament machen können. Namentlich können Kinder in väterlicher Gewalt kein Testament machen, pr. I. quibus non est permissum, während sie entschieden die Testamenti factio haben, und daher Testamentszeugen sein können. §. 8. I. de testam. ord. Durch jenen Ausdruck sollen nur von der Zeugenschaft ausgeschlossen sein, theils alle Peregrinen, theils diejenigen, welche wegen leichtsinniger Verschwendung, oder wegen gewisser Verbrechen für unfähig oder für unwürdig erklärt waren, Testamente zu machen. §. 6 Inst. h. t.

Pr. §. 1 D Qui testam.

Diese Gesetze passen weder dem Buchstaben, noch dem Geist nach auf die Ordensgeistlichen. Durch ihre Unfähigkeit, Vermögen zu haben und zu testiren, werden sie nicht unfähige Testamentszeugen.

Die Notariats-Ordnung von 1512 Tit. 1 §. 6 hat durchaus nicht die Absicht, die Eigenschaft der Testamentszeugen neu zu bestimmen, sondern nur an das römische Recht zu erinnern, aus welchem sie zu erklären ist. Dieses gilt namentlich von folgenden Worten des Gesetzes:

> Dann viel seyend in Rechten zu solcher Zeugniss verboten, als gemeinlich alle die, so selbst nicht mögen von Recht Testament machen, oder aus Testament etwas empfahn,

wo überdies dem Worte gemeinlich das Wort regulariter hinzugefügt wird. Die Worte „so selbst nicht etc." müssen daher von solchen Personen verstanden werden, welche von der Fähigkeit zu testiren, oder eingesetzt zu werden, als Verschwender oder Verbrecher, — interdicti, improbi, intestabiles — ausgeschlossen sind. Das Cap. 63 des Jülichschen Landrechts erwähnt der Ordensgeistlichen nur als Beweiszeugen, es begründet oder widerlegt daher ihre Fähigkeit zu Testamentszeugen nicht.

Die hinzugefügten Worte:

> mit Erlaubniss seines Obersten

bedingen aber nicht die Glaubwürdigkeit eines solchen Zeugen, sondern sollen nur ausdrücken, ein Ordensgeistlicher könne nicht, wie jeder Andere, zum Zeugniss gezwungen werden, indem sein Erscheinen von der Erlaubniss des Obern abhänge.

K. Breuers wider Handels, 25. Jan. 1834.

v. Savigny. Eichhorn. Sandt. Kunowski. *Arch* XX. 2. 11.

Es handelt sich nicht davon, ob die allgemein gefasste Verordnung des Cap. 93 der Jülichschen Rechtsordnung über die Unfähigkeit der Geistlichen, an ererbten Gütern mehr als den blossen Niessbrauch zu erwerben oder zu behalten, auf Lehngüter ausgedehnt, sondern vielmehr, ob sie auf Allodial-Güter, gegen ihre buchstäblich allgemeine Fassung eingeschränkt werden soll. Im Cap. 93 werden nun zwar Lehngüter ausdrücklich ausgenommen, jedoch nicht bei der hier einschlagenden Bestimmung, sondern bei einer davon ganz verschiedenen unmittelbar vorhergehenden. In diesem Umstand liegt keine Unterstützung, sondern eine Widerlegung jener Einschränkung. Der Appellhof nimmt zwar an, der Grund des Gesetzes mache jene Einschränkung nöthig, indem dadurch nur die Veräusserung der Güter an die todte Hand habe verhindert werden sollen, welche bei Lehngütern ohnehin nicht möglich gewesen sei. Es ist aber von den bewährtesten Rechtslehrern anerkannt, wie gefährlich jede einschränkende Auslegung ex ratione legis da ist, wo nicht die dringendste Nothwendigkeit und namentlich ein Widerspruch mit andern gesetzlichen Regeln darauf führt. Sehr auffallend würde übrigens sein, wenn Geistliche, die durch ihren Stand zur Erfüllung der Lehnpflichten weniger geeignet sind, dennoch durch dieses Gesetz an Lehngütern ausgedehntere Rechte als an Allodialgütern erhalten haben sollten.

K. Raitz v. Frentz wider v. Calcum, 3. Mai 1836.
v. Savigny. Eichhorn. Sandt. Kunowski. Arch. XXV. 2. 39.

Gemeinde.

Gemeindeschulden.

Das Decret vom 1. October 1804 (9. Vend. XIII.) ist durch §. 1 des Gesetzes vom 7. März 1822 ausser Kraft gesetzt, und können die in jenem Decret für die Liquidation der Gemeindeschulden festgesetzten Formen jetzt nicht mehr ergänzt oder nachgeholt werden.

R. Thomas wider Schell, 11. Juli 1827.
Blanchard. Eichhorn. Kunowski. Sandt.

Nah §. 8, 9 und 11 des Gesetzes vom 17. März 1822 ist eine Gemeindeschuld nur dann keiner neuen Verification unterworfen, wenn das Gemeindeschuldenwesen bereits durch Vergleich oder durch Festsetzung von Seiten der Regierung vollständig regulirt worden. Hat daher eine Forderung nach Art. 19 des Gesetzes vom 9. Vend. XIII. noch der Homologation des Staatsraths bedurft, so kann diese bis dahin als definitiv festgestellt nicht erklärt werden.

K. Schuldentilgungs-Ausschuss Coblenz wider Schreiber, 1. October 1828.
Scheller. Eichhorn. Sandt. Kunowski.

Die einem Staatsrathsbeschluss zu einer Abschlagszahlung ertheilte Genehmigung der Regierung ist der Homologation nicht gleich zu achten.

K. Schuldentilgungs-Ausschuss Coblenz wider Neidhoefer, 3. Januar 1835.
Esser. Eichhorn. Sandt. Reinhardt. Arch. XII. 2. 34.

Aus dem Mangel der Homologation durch den französischen Staatsrath folgt nur, dass die resp. Forderungen bei der Regulirung des Schuldenwesens der Gemeinde einer neuen Prüfung unterliegen und event. eingeklagt werden müssen. Das Gesetz vom 7. März 1822 §. 8, 9, 11 beseitigt eben den Art. 19 des Gesetzes vom 9. Vend. XIII.

R. Gem. Langenlohnsheim wider Albertino, 14. Oct. 1844.
Graun. Jaehnigen. Kunowski. Deycks.

Nach dem Consularbeschluss vom 13. Prair. X. Art. 8 und 12 in Verbindung mit dem Gesetz vom 24. Frim. VI. Art. 16 und 19 hatte nur der Conseil de liquidation générale und wenn dieser nicht einstimmig, der Staatsrath über die Person des Gläubigers und über dessen Eigenthum an der gegen den Staat liquidirten Forderung zu entscheiden.

Der zweite Richter hat daher die Aufnahme des Imploranten als Gläubigers in den Etat des Präfecten mit Recht als ein bloss vorbereitendes Verfahren betrachtet.

R. Berliner wider Gem. Braunweiler und Gen., 6. Juni 1835.
Esser. Eichhorn. Sandt. Reusche.

Der Art. 3 des Gesetzes vom 28. Floréal III. hat die Beurtheilung der Zulänglichkeit der Indicien, aus welchen die Rechtmässigkeit der Forderungen der aufgehobenen Corporationen gefolgert werden könne, offenbar dem Ermessen des Richters anheimgestellt.

R. Reg. Aachen wider v. d. Schulenburg-Wolfsburg, 4. März 1829.
v. Voigts. Eichhorn. — — Sandt.

Durch das Kaiserliche Decret vom 9. Vend. XIII. ist legislativ festgestellt, welche Schulden von der vormaligen Reichsstadt Aachen und welche von dem französischen Staat als Nachfolger in der Souverainetät getragen werden sollen. Die allgemeinen Grundsätze des Art. 1134, 1135, 1165, 1234, 1271, 1273, 1275, 1315 B. G. B. können daher nur insoweit noch zur Anwendung kommen, als sie mit dem Inhalt jenes Decrets vereinbar sind, dessen Erlassung und Verordnung so wenig von einzelnen Gläubigern angefochten, als von ihnen aus ihrer Nichtzuziehung zu dem Act der Gesetzgebung ein Einwand entlehnt werden kann.

R. Tau wider Stadt Aachen, 30. Nov. 1840.
Goerdeler. Eichhorn. Reusche. Sandt.

Der §. 3 des Gesetzes vom 7. März 1822 hebt allen Unterschied zwischen alten und neuen Schulden auf, er bestimmt ausdrücklich, dass alle Gemeindeschulden, denen nicht ein gesetzliches Vorzugsrecht zusteht, sowohl in Ansehung der Capitalzahlung, als der davon gültigen (§. 4) Zinsenrückstände, ohne Rücksicht auf die Art oder die Zeit ihrer Entstehung nach gleichen Grundsätzen zu behandeln seien. Der §. 4 setzt fest, welche Zinsenrückstände als gültig anzusehen, d. h. von welcher Zeit an die rückständigen Zinsen gefordert werden können.

Wenn hier nur der alten Schuld erwähnt wird (sei es um ein bereits erworbenes Recht der Gemeinden ohne dessen Beachtung die Zahlungsunfähigkeit zu befürchten war, aufrecht zu erhalten, — sei es, um nicht die Annahme zu veranlassen, als wenn die im Decrete vom 9. Vend. XIII. ausgesprochene Niederschlagung durch die allgemeinen Bestimmungen des Gesetzes wieder zurückgenommen worden sei), so lässt doch die völlige Gleichstellung beider Arten von Schulden, sowie die Verbindung, worin die §§. 3 und 4 stehen, und in welche sie durch ausdrückliche Bezugnahme wegen der Zinsenrückstände gesetzt worden, keinen Zweifel zu, dass die Zinsen der neuen sowohl als der alten Schuld, welche vor dem 23. September 1799 fällig geworden, niedergeschlagen bleiben sollen. Dieses geht noch insbesondere aus den §§. 19 und 26 hervor, indem im §. 19 die Gemeinden verpflichtet werden, bei Anlegung des Schuldentilgungs-Planes ihre Schulden insgesammt, sowohl was das Capital, als die noch gültigen Zinsenrückstände betrifft, in so viel gleichen Theilzahlungen, als während der ganzen Tilgungsfrist laufende Zinstermine eintreten, binnen 30 Jahren abzutragen, und der §. 26 die Gläubiger befugt erklärt, wegen der gültigen Zinsenrückstände die Ausfertigung unverzinslicher Bekenntnisse, welche die Reihefolge der Zahlungen angeben, zu verlangen, wobei im §. 19 bei den Worten „gültige (§. 4) Zinsenrückstände" geradeso wie im §. 3 geschehen, auf §. 4 Bezug genommen wird — zum deutlichsten Beweis, dass dieses für alle verbriefte zinsbare Schulden der Gemeinden gelten sollte.

Es ist dies um so unbedenklicher, als selbst die Zinsen neuer Schuld, die vor dem 23. September 1799 fällig geworden und rückständig waren, schon nach dem Vend.-Decret als niedergeschlagen zu betrachten waren, da dieses im Art. 19 den Gemeinden hinsichtlich solcher Schulden, die zu einer Verification nicht geeignet waren, zwar gestattete, den Lauf der Zinsen von einem, der definitiven Liquidation und Homologation vorhergehenden Termin ab festzusetzen, ohne dass sich jedoch dieser Termin über den 23. Sept. 1799 hinaus erstrecken durfte. Aus der Fassung des §. 13, wenn sie aus dem Zusammenhang gerissen, kann zwar gefolgert werden, als beziehe sich der dort angegebene Zeitpunkt (1. Januar 1822) auf alle nicht liquidirte und von dem französischen Staatsrath nicht homologirte Forderungen, sie mögen verbrieft und verzinsbar sein oder nicht. Diese Folgerung ist aber unrichtig, und steht im Widerspruch mit dem Hauptgrundsatz des Gesetzes — der Aufhebung des Unterschiedes zwischen alter und neuer Schuld und der Randnote zum §. 13, wo von den noch zu constituirenden Schulden und von dem Zeitpunkt die Rede ist, von welchem die Zinsen dieser Schulden zu laufen anfangen; denn hierunter sind nur die hier erwähnten bis jetzt, d. h. bis zur Verkündung des Gesetzes unverbrieften oder bis dahin unverzinsbar gewesenen Forderungen im Gegensatz solcher verstanden, welche verbrieft und verzinsbar sind, d. h. von welchen Zinsen versprochen worden, und die den Gegenstand des zweiten Theiles des folgenden §. 14 ausmachen. Der §. 13 kann daher der darin befindlichen Rückweisung auf den Art. 19 des Vend.-Decrets ungeachtet, auf Rückstände stipulirter Zinsen keine Anwendung finden. Ebensowenig lässt sich aus dem §. 14 folgern, dass bei verbrieften und an sich verzinsbaren neuen Schulden die versprochenen Zinsen vom Tage des Vertrages zu entrichten seien. Eine solche Folgerung steht dem oft erwähnten Hauptgrundsatz des Gesetzes entgegen, es ist überdies kein Grund denkbar, warum die neuen Gläubiger vor den alten, die doch grössere Verluste erlitten, zu begünstigen; man wäre endlich genöthigt, dem Worte:

„Verfalltermin“

eine ganz ungewöhnliche Deutung zu geben. Der Appellhof hat daher den §. 3 verletzt und den §. 14 unrichtig angewendet, indem er die Stadt Coblenz auch zur Zahlung der vor dem 23. Sept. 1799 erfallenen Zinsen schuldig erklärt hat.

K. Stadt Coblenz wider Mühlens, 4. Juni 1829.
Blanchard. Eichhorn. Sandt. Kunowski.

Sic.

K. Gem. Zell et Gen. wider Gem. Daun et Gen., 22. Apr. 1837.
Jaehnigen. Eichhorn. Kunowski. Sandt. Arch. XXVI. 2. 3.

In der Anwendung dieser Grundsätze kann es keinen Unterschied machen, dass das Capital der Forderung bereits am 12. Januar 1821 zurückgezahlt ist; denn der Implorat hat sich damals ausdrücklich seine Rechte wegen des Zinsrückstandes vorbehalten, das Decret vom 9. Vend. XIII. aber nur das Klagerecht der Gläubiger gehemmt.

R. Gem. Kinnheim wider Franz, 14. Oct. 1844.
Graun. Jaehnigen. Reusche. Deycks. Arch. XXXVIII. 2. 54.

Nach §. 14 des Gesetzes vom 7. März 1822 bewendet es bei versprochenen Zinsen in Betreff des Tages, von welchem an sie zu berichtigen, bei demjenigen, was in der Schuldurkunde festgesetzt ist. Um deswillen und wegen des frühern Verbotes, Schuldforderungen gegen die Gemeinden einzuklagen, kann hier von einer auf Art. 2277 B. G. B. gestützten Einrede der Verjährung nicht die Rede sein.

R. Thomas wider Schell, 11. Juli 1827.
Blanchard. Eichhorn. Kunowski. Sandt.
R. Gem. Raversbeuren wider Fatsch, 23. Febr. 1831.
Graun. Eichhorn. Kunowski. Sandt.

Das Decret vom 9. Vend. XIII. für die 4 Departements des linken Rheinufers ist aufgehoben durch das Decret vom 21. August 1810. Diesem Decret liegt die Absicht zum Grunde, die Gemeindeschulden in der Art festzusetzen, dass die Gläubiger auf nichts weiter, als auf dasjenige Anspruch zu machen haben, was in der angeordneten Art zu ihrer Befriedigung angewiesen werden würde. Auf diese Weise ist auch das Schuldenwesen von Malmedy geordnet worden, und hat sich somit in dem Verhältniss dieser Gemeinde zu ihren Gläubigern ein neuer Rechtszustand gebildet. Auf dessen Fortbestehen hat sie ein Recht erworben, welches ihr durch das Ges. vom 7. März 1822 um so weniger genommen worden, als gerade dieses Gesetz schon im Eingang ausspricht, dass erworbene Rechte unangetastet bleiben sollen und im §. 8 ausdrücklich festsetzt, dass es bei einer frühern Ordnung des Schuldenwesens bewenden solle. Unter „der Regierung" ist in diesem §. die französische und unter „nöthigen Fonds" sind nur solche verstanden, welche zur Befriedigung in der Art, wie sie festgesetzt worden, erforderlich sein mögen.

R. Deco wider Gem. Malmedy, 30. Sept. 1829.
Blanchard. Eichhorn. Sandt. Kunowski.

Der factische Zustand hat den Bestimmungen des Decrets vom 9. Vend. XIII. nicht entsprochen. Die Gemeinden konnten nicht zahlen, so lange der Praefect nicht jene Raten etc. regulirt hatte; der Rechtsweg war vielmehr gänzlich versperrt, da die Zahlungsverfügung ganz in die Hände der Verwaltung gelegt war. Von einem Laufe der Verjährung, oder von einer durch gerichtliche Klage erforderlich gewesenen Unterbrechung kann daher nicht die Rede sein. Das Decret dachte überdies, obgleich schon damals das Gesetz vom 14. Vend. XII. über die Verjährung publicirt war, so wenig an eine Verjährbarkeit der Renten und Zinsenrückstände, dass es eine 10jährige Frist zur Abtragung derselben gestattete, in welchem unerledigten Zustand das Schuldenwesen von dem Decret vom 21. August 1810 erreicht worden ist.

Wenn nun dieses Novations-Decret es den Gläubigern ganz unmöglich machte, irgend eine Forderung geltend zu machen, wenn überdies dermalen das Gesetz vom 7. März 1822 allein maassgebend, und hierdurch den Gläubigern der gesperrt gewesene Rechtsweg geöffnet worden ist, so ist mit Recht die Einrede der Verjährung der Renten von 1804—1822 verworfen worden.

R. Kempen et Gen. wider Armenverwalt. Cöln, 8. Febr. 1841.
Esser. Eichhorn. Kunowski. Sandt.

Weder das im Streit befangene Capital der Messenstiftung Joannes Dassen, noch die Zinsen desselben sind durch Art. 8 des Decrets vom 21. August 1810 amortisirt worden. Die Stiftung ist nicht eine solche, für deren Unterhaltung die Gemeinde Düren aus ihren eigenen Mitteln zu sorgen hat. Wenn dieser Sinn des Art. 8 nach dem Rescript des Ministers des Innern vom 18. September 1810 und der Praefectur-Verfügung vom 3. December 1811 zweifelhaft sein könnte, so wird jeder Zweifel durch §. 6 des Gesetzes vom 7. März 1822 gehoben. Eine solche authentische Declaration muss aber auch auf diejenigen Zinsen und Renten, welche bis Ende 1821 rückständig geblieben, Anwendung finden.

R. Stadt Düren wider Kirchenvorst. St. Columba, 2. Jan. 1828.
Scheller. Eichhorn. Sandt. Kunowski.

Durch das Gesetz vom 7. März 1822 sind die frühern diesen Gegenstand betreffenden französischen Gesetze gänzlich aufgehoben. Der §. 6 l. c. besagt zwar, es erstrecke sich die darin erwähnte Befreiung nicht auf die Forderungen, welche von solchen Kirchenunterrichts- und Wohlthätigkeitsanstalten gemacht worden, deren Unterhaltung der schuldenden Gemeinde nicht obliegt.

Hiraus kann aber nicht gefolgert werden, dass Kirchengemeinden, zu deren Unterstützung unter Umständen die Civilgemeinde verpflichtet ist, eben deshalb ihre Forderungen an Letztere verlieren sollen. Es ist vielmehr in jenem §. von Kirchenanstalten in einer Verbindung die Rede, die deutlich darauf hinweist, dass hier von kirchlichen wohlthätigen oder gemeinnützigen Anstalten die Rede ist, nicht aber von der Kirchengemeinde selbst, und unabhängig von einer solchen Anstalt.

R. Stadt Goch wider Presbyterium Goch, 3. Juni 1839.
Jachnigen. Eichhorn. Reusche. Kunowski. Ann. V. 1. 277.

Die ehemaligen Kur-Trierschen Amtsverwalter waren nach der Verordnung vom 3. Februar 1719 Vorsteher des Amtes auch in administrativer Hinsicht, und namentlich nach §. 13 bei Amtsberathungen. Ohne ihre Concurrenz durfte keine Verschuldung der Gemeinde erfolgen.

Verordn. v. Oct. 1688 und vom 1. März 1760.

Die Mitwirkung des Amtsverwalters K. bei Ertheilung des Schuldscheins Seitens der Gemeinde in versammelter Amtsconvention war daher eine amtliche Handlung und die darüber von ihm unter Zuziehung des Municipal-Secretairs errichtete Urkunde eine authentische. Die nicht erfolgte Beidrückung eines Amtssiegels ändert hierin nichts. Cap. 2. X. De fide instrum.

Die Art. 1317, 1324 B. G. B. und 195 B. P. O. geben dem Richter nur die Befugniss, nicht die Verpflichtung, das Verifications-Verfahren zu gestatten.

Nach §. 13 der Verordnung vom 3. Februar 1719 stand in Nothfällen den Amtsverwaltern die Befugniss zu, nach vorgängiger Communication mit den Amts- und Gemeindevorstehern das Amt ausserordentlich zu belasten.

Eine mit Zuziehung der Amts- und Gemeindeschultheissen erfolgte Contrahirung einer Amtsschuld ist daher als gültig geschehen zu betrachten, ohne dass es, da dies nirgend verordnet, darauf ankömmt, ob auch zwei Drittel der Schultheissen des Amtes wirklich zugegen waren.

Wo es sich von einer Amtsschuld handelt, die zur Zeit des Decrets vom 9. Vend. XIII. noch nicht auf die Amtsgemeinden repartirt worden war, kommen die Art. 34 und 35, welche nur von Schulden einzelner Gemeinden handeln, nicht in Anwendung.

Da die Kur-Trierschen Aemter nicht Körperschaften im Sinne des Decrets vom 21. August 1810 oder des §. 6 des Gesetzes vom 7. März 1822 gebildet haben, sondern vielmehr die dazu gehörigen Gemeinden nur in einem Verwaltungsverbande standen, so sind auch jene Gesetze hier nicht anzuwenden.

R. Gem. Daun u. Gen. wider Gem. Zell u. Gen., 22. Apr. 1837.
Jaehnigen. Eichhorn. Sandt. Reinhardt.

Gemeindegüter.

Der Bürgermeister hat, wissend, dass ein Schieferbruch Privateigenthum, denselben als ein der Gemeinde zugehöriges Gut zum Verkauf ausgesetzt und selbst angesteigert. Weil er seiner Pflicht zuwider gehandelt, kann er die gesetzliche Gewährleistung nicht in Anspruch nehmen.

(Gesetz vom 20. März 1813).

R. Gem. Asbach wider Fuchs, 28. Sept. 1821.
Fischenich. Eichhorn. Reinhardt. Haass.

Bei Gemeindegütern, welche durch Art. 1 des Gesetzes vom 20. März 1813 der Tilgungskasse übertragen worden, und somit aufgehört haben, Eigenthum der Gemeinde zu sein, kann die Soumission von dem Bürgermeister ohne Verletzung des Art. 1596 B. G. B. geschehen.

R. Gem. Asbach wider Fuchs, 13. Febr. 1822,
Blanchard. Eichhorn. Sandt. Reinhardt.

Der Art. 4, Gesetz vom 17. Mai 1790 spricht nur von authentischen und förmlich bekräftigten Pachtcontracten.

R. Gem. Niederemmel wider Schreiber, 25. Sept. 1822.
Fischenich. Eichhorn. Reinhardt. Haass.

Das Gesetz über die Theilung der Gemeindegüter vom 10. Juni 1793 ist in den Rheinlanden nicht publicirt, es können daher hier das Decret vom 9. Brumaire XIII. und die späteren Staatsrathsgutachten keine Anwendung finden.

Das Kaiserliche Decret vom 4ten Ergänzungstage XIII. hält nur unter der Bedingung die vor dem Gesetz von 1793 erfolgten Theilungen aufrecht, als sie erwirkt sind

en vertu d'arrêts de conseil, d'ordonnances des états et autres émanés des autorités compétentes conformément aux usages établis.

R. Linden wider Gem. Steffeln, 25. Febr. 1832.
Oswald. Eichhorn. Sandt. Kunowski.

Die Behauptung des Cassationsklägers, es habe nach älterem Recht keine unfreie Gemeinden mit gemeinsamen Marken und sonstigen Vermögensrechten geben können, widerspricht der Geschichte.

Vergl. Tit. 18 der Coutumes générales de Luxembourg §. 1. 39.

Luxemb. Verordnungen 30. Oct. 1770, 25. Febr. 2. Juni und 15. Oct. 1775, 15. Oct. 1781.

In diesen unfreien Gemeinden haben nur die Vogtei-Gutsbesitzer als angesessene Mitglieder an den Holznutzungen participirt. — Verordnung für Trier, 4. August 1778.

R. Linden wider Gem. Steffeln, 25. Febr. 1832.
Oswald. Eichhorn. Sandt. Kunowski.

Die bestätigten Staatsrathsgutachten vom 20. Juli 1807 und 26. April 1808 bestimmen, dass bei der Theilung von Gütern, die mehreren Gemeinden gemeinschaftlich zugehören, die Zahl der Feuerstellen dieser Gemeinden zur Bestimmung der Antheile dienen solle. Hierdurch wird die Nothwendigkeit der Berücksichtigung der durch Titel oder Verjährung begründeten besondern, mit abgesondertem Besitze verbundenen Anrechte der Gemeinden an diesen Gütern nicht ausgeschlossen. Da aber offenbar in jedem solchen Falle ein Benutzungsmaassstab unter den verschiedenen Gemeinden stattgehabt haben muss, die Gutachten jedoch dessen ungeachtet nicht nach diesem, sondern nach Feuerstellen getheilt wissen wollen, so ist hierdurch von selbst die Berücksichtigung der ohne besondern Eigenthumstitel stattgehabten Art des gemeinschaftlichen Genusses bei der Theilung des Eigenthums ausgeschlossen; die Art des Genusses ist überdies dem Wechsel im administrativen Wege unterworfen und kann keinen sichern Theilungsmaassstab darbieten.

Decr. vom 9. Brum. XIII. und Avis, 29. Mai 1808.

Die oben erwähnten Staatsrathsgutachten, die auch für die Rheinprovinzen publicirt sind, können auf diejenigen Landestheile nicht beschränkt werden, in welchen das für die Rheinprovinz nicht geltende Gesetz vom 10. Juni 1793 Gesetzeskraft hat.

Arrêté des G. R. Commissar vom 29. Niv. IX. Bull. 40 p. 18.

R. Gem. Haaren wider Gem. Würselen, 8. Febr. 1841.
Jaehnigen. Eichhorn. Reusche. Sandt.

Dorfgemeinden.

Wollte man auch den römischen Gesetzen auf die Bedingung der Möglichkeit von Dorfgemeinden, welche mehr dem öffentlichen Recht angehören, einen unbeschränkten Einfluss gestatten, so hat dennoch das angefochtene Urtel die l. 85 D. de verb. sign. nicht verletzt, indem

1) die frühere Geschichte der Irscher Höfe ganz im Dunkeln liegt, also das frühere Dasein von drei und mehreren Grundbesitzern daselbst für möglich gehalten werden kann.

2) Die Vorschrift der l. 85 jedenfalls nur auf Collegia geht, d. h. (nach l. 1. D. quod cujuscunque univ. nom.) auf willkührlich gebildete Vereinigungen, nicht aber auf solche juristische Personen, welche, sowie Dorfgemeinden, in der natürlichen Vereinigung von Grundbesitzern bestehen und worauf jene Benennung nicht anwendbar ist.

R. Jacobs wider Gem. Irsch, 14. Juli 1830.
v. Savigny. Eichhorn. Sandt. Kunowski.

Armenpflege.

Die Gemeinde, in welcher der zu Verpflegende sein gesetzliches Domicil, ist nach dem Bergischen Decret vom 3. Nov. 1809 zur Armenpflege verpflichtet.

Die Verordnung der Kgl. Reg. zu Düsseldorf vom 6. Juni 1822 ist so aufzufassen, dass sie hiermit in keinen Widerspruch geräth.

K. Gem. Hardenberg wider Gem. Werden, 13. Jan. 1840.
Graun. Eichhorn. Reusche. Sandt.

Vertretung im Prozess.

Die Vorschriften über die Ermächtigung der Gemeinden zur Anstellung von Klagen sind absolut und zur öffentlichen Ordnung gehörig. Ihre Nichtbefolgung, durch das Stillschweigen der Partheien nicht zu decken, zieht die Nichtigkeit des ganzen Verfahrens nach sich.

Art. 3 des Gesetzes vom 29. Vendémiaire V.
Art. 4, 15 des Ges. vom 28. Pluviose VIII.
Art. 1032 B. P. O.

K. Herzberg wider Münker, 1. Dec. 1820.
Krezzer. Eichhorn. Haass.

Die dem Imploranten in seiner Eigenschaft als Bürgermeister der Gemeinde Kell ertheilte Autorisation, um sich gegen die Ansprüche des Klägers zu vertheidigen, reicht hin, zur Einlegung des Cassations-Recurses.

K. Gem. Kell wider Goukerneur, 2. Mai 1827.
Blanchard. Eichhorn. Sandt. Kunowski. Arch. X. 2. 40.

Bedarf es gleich zur Verfolgung der Rechtsmittel in der Regel keiner neuen Ermächtigung, da die Vermuthung für die Fortdauer der ersten streitet, so zerfällt doch bei ausdrücklich versagter Autorisation mit dieser Vermuthung die Annehmbarkeit des Recurses.

R. Gem. Simmern wider v. Horn, 24. Juni 1844.
v. Oppen. Eichhorn. Kunowski. Sandt.

Es wird gerügt, dass der Bürgermeister ohne Gutachten des Schöffenraths zur Berufung autorisirt worden und hieraus Verletzung des Art. 1032 B. P. O., des Art. 3 Gesetzes vom 29. Vend. V. und des Edicts von 1764 deducirt. Es kommt auf diese älteren Gesetze nicht mehr an. Die Frage, ob der Schöffenrath zu hören, ist kein Gegenstand der richterlichen Critik.

§. 5 und 19 Ress. Regl. 20. Juli 1818.

R. Linden wider Gem. Steffeln, 25. Febr. 1832.
Oswald. Eichhorn. Sandt. Kunowski.

R. Krost wider Gem. Brandscheit etc., 6. Febr. 1836.
Graun. Eichhorn. Sandt. Kunowski.

Die Kläger nehmen das Besitzrecht nicht als Einzelne und in eigenem Namen, sondern als Mitglieder einer Gemeinde in Anspruch. In diesem Besitz mithin nicht ut singuli, sondern ut universi gestört, können sie nur auf den Namen der Gemeinde klagen. Art. 23 B. P. O.

R. Wamers et Gen. wider Sehlossmacher, 7. Juli 1824.
Blanchard. Eichhorn. Sandt. Reinhardt.

In Bezug auf gemeinheitliche Grundstücke ist nach Art. 28 Nr. 1 der Grossherzogl. Bergischen Verwaltungsordnung vom 18. December 1808 die Gemeindeverwaltung allein zur Vertretung befugt. Dies folgt auch aus dem Art. 21 des Decr. vom 17. Dec. 1811 über die Organisation des öffentlichen Unterrichts. Die als einzelne reformirte Einsassen auftretenden

Cassationskläger haben daher keine Qualität, einen von der Gemeindeverwaltung hinsichtlich des Schulgrundstücks abgeschlossenen Vertrag anzufechten.

R. Berncastel et Gen. wider Schriwer, 17. Juni 1839.
Jaehnigen. Eichhorn. Sandt. Reinhardt.

Gegen einen Steuer- und Gemeinde-Einnehmer wird ein Defect ermittelt, von der Königl. Regierung festgestellt und nach executorisch erklärtem Zwangsbefehl Zahlungsaufforderung erlassen. Der Einspruch wird in zweiter Instanz angenommen, um deswillen, weil die Königl. Regierung, insoweit sie die allein durch den Bürgermeister zu repräsentirende Gemeinde-Kassen-Verwaltung vertrete, nicht legitimirt sei. Dieses Urtel ist nicht gerechtfertigt.

Der Art. 69 Nr. 5 B. P. O. schliesst eine besondere Kassenverwaltung keineswegs aus. Das Ges. vom 29. Vend. V. Art. 1 deutet schon durch seine beschränkende Fassung auf solche Ausnahmen hin. In der That, nicht der Bürgermeister, sondern der Empfänger vertritt die Kasse, er steht unter der Aufsicht des Staats, das Recht der Aufsichtsbehörde, gegen ihn Zwangsbefehle zu erlassen, beruht im Gesetz.

Decret vom 27. Februar 1811 Art. 6 Cons. Beschl. 4. Therm. X. Art. 20.

Diese Befugniss begreift auch diejenige in sich, den Befehlen Folge zu geben, jeder Einspruch muss sich aber gegen den Handelnden richten. Die Theorie des Appellhofes im Widerspruch mit diesen Bestimmungen und das Gesetz vom 24. November 1843 §. 1, Nr. 1, 5, 6 gefährdet das Interesse des Staats wie der Gemeinden, da letztere eine fremde Feststellung vertheidigen müssten, ersterer über die Richtigkeit der eigenen nicht mehr verhandeln dürfte.

K. Reg. Trier wider Hochmuth, 3. März 1845.
v. Oppen. Jaehnigen. Reusche. Deycks.

Gesetz vom 21. April 1825.

Das Gesetz vom 21. April 1825 betrifft keineswegs nur bäuerliche Grundstücke und Feudalverhältnisse, dagegen streitet schon die Ueberschrift und Tit. 3 §. 37.

Der §. 62 unterscheidet nicht, ob der Vertrag vor oder nach Einführung der fremden Gesetze geschlossen worden ist.

R. Wichelhausen wider Schroeder, 8. Dec. 1832.
v. Savigny. Eichhorn. Sandt.

Implorat hat von dem zu entrichtenden Sackzehenten von dem Jahre 1811—1831 stets wegen der Grundsteuer $\frac{1}{6}$ einbehalten. Er ist zur Zahlung des fünften Fünftels für das Jahr 1832 und die folgenden nicht verpflichtet. Die Einbehaltung dieses Fünftels ist anzusehen entweder als Anspruch auf einen Beitrag zur Grundsteuer §. 1 Gesetz vom 18. Dec. 1831, oder als theilweise Verneinung des Zehntrechts §. 1 und 2 l. c. Der factische Zustand der Einbehaltung war bereits am 1. Januar 1815 gegeben. Diesen Zustand will das Gesetz von 1831 berücksichtigt wissen, hierbei kann es keinen Unterschied machen, wenn auch vielleicht der rechtliche Zustand durch das Gesetz von 1825 anders bestimmt worden sein sollte. Die Möglichkeit, die Anwendung dieses Gesetzes zu verlangen, ist eben von jetzt ab durch das Gesetz von 1831 entzogen.

R. Kgl. Reg. Düsseldorf wider Posberg, 5. April 1834.
v. Savigny. Eichhorn. Sandt.

Nach der klaren Bestimmung des §. 61 Gesetz von 1825 ist der Realberechtigte auch in dem Fall von jedem Beitrag frei, wenn es Keinem von beiden Theilen gelingt, irgend etwas über den frühern Rechtszustand zu beweisen.

K. v. Metternich wider Cremer, 12. Nov. 1836.
v. Savigny. Eichhorn. Sandt. Arch. XXIV. 2. 73.

Die Bestimmungen früher ergangener Gesetze, namentlich des Grossherz. Bergischen Decrets vom 22. Juni 1811 über die Verwaltung und Bewirthschaftung der Gemarkenwaldungen sind, insoweit sie mit dem Gesetz vom 21. April 1825 (vergl. §. 45, 46) unvereinbar, für aufgehoben zu halten.

R. Kgl. Reg. Cöln wider v. Proff, 5. Mai 1845.
Brewer. Eichhorn. Sandt. Deycks.

Nach dem Gesetz vom 21. April 1825 kann nur das mit dem Amte eines Markenrichters oder Waldschultheissen unveränderlich verbundene Einkommen, keineswegs können die besondern Emolumente, welche demselben in der Waldordnung für die Verrichtung einzelner genau bezeichneter mit dem Aufhören des Amtes längst fortgefallener Amtshandlungen zugesichert waren, zur Klasse der fortdauernden Rechte gezählt werden.

R. v. Proff wider Kgl. Reg. Cöln, 5. Mai 1845.
Brewer. Eichhorn. Deycks. Sandt.

Geschäftsführung.

Die Geschäftsführung ist für Wahnsinnige, wie für diejenigen, welche unter Umständen selbst zu handeln behindert sind, unbestreitbar von rechtlicher Wirkung.

l. 3. 5 De negot.

R. Stephani wider Pliester, 26. Sept. 1842.

Esser. Eichhorn. Sandt. Reusche.

Gewagtes Geschäft.

Ein Sohn übernimmt den Hof des verstorbenen Vaters gegen eine bestimmte Summe und gegen die Verpflichtung, die Mutter zu erhalten, die Geschwister zu erziehen und auszustatten. Dieser Vertrag ist wegen der Unbestimmtheit der Leistungen als ein gewagter zu betrachten und daher wegen Verletzung über $\frac{7}{12}$ nicht anzufechten.

R. Dongmann wider Laakmann, 19. August 1828.

Blanchard. Eichhorn. Budde. Sandt.

Gewährleistung.

Die Cassationsklägerin hat in den Instanzen zur Beseitigung der wider sie auf Vertretung der Stadt Neuss gerichteten Klage die von der Kirche St. Johann Baptist gegen die Stadt angestellte Klage bestritten und hierzu ein rechtliches Interesse gehabt. Sie hat in demselben zusammenhängenden prozessualischen Verhältniss sämmtlicher Partheien ein solches Interesse gegen die Kirche und die Stadt Neuss im Cassationswege aufzutreten l. 5. De appell. Diese Befugniss wird weder durch die von der Stadt Neuss unterlassene Anmeldung des Recurses noch durch ein bestimmtes Gesetz vereitelt.

R. Armenverwaltung Cöln wider St. Baptist und Stadt Neuss, 20. Mai 1837.

Esser. Eichhorn. Reinhardt. Kunowski. Sandt.

Gläubiger.

Die Creditoren, ohne ihre Forderungen an den durch Subhastation verfolgten Schuldner dem Cassationskläger abzutreten, haben diesem als Käufer bei dem Zwangsverkauf das Recht, einen Miethsvertrag anzufechten, cedirt. Dies ist zulässig.

Die Worte des Art. 1167 B. G. B.: „ils peuvent en leur nom personnel attaquer les actes“ sollen nur den Gegensatz zum

Art. 1166 ibid. ausdrücken, welcher die Gläubiger auch zur Anstellung der Klagen ihres Schuldners ermächtigt.

R. Stoffels wider Schenk, 5. März 1828.
Oswald. Eichhorn. Kunowski. Sandt.

Der Art. 1167 B. G. B. erheischt nicht die Zuziehung des Schuldners zum Prozess, sie ist ebensowenig an und für sich wesentlich nothwendig. Der Zweck der Klage geht nur dahin, Vermögensstücke des Schuldners, die in fraudem creditorum entfernt sind, in das Vermögen zurückzuführen. Nur die dritten Personen, nicht der Schuldner, in dessen Vermögen jene Gegenstände zurückgelangen sollen, haben daher ein Interesse, der Klage zu widersprechen. Die Klage kann folglich wegen mangelnder Zuziehung des Schuldners nicht als angebrachtermaassen unzulässig abgewiesen werden.

K. v. Hallberg wider Lenders, 19. April 1841.
Jaehnigen. Eichhorn. Sandt. Kunowski. Arch. XXXI. 2. 33.

Wenn Gläubiger von dem ihnen in Art. 1167 B. G. B. ertheilten Rechte Gebrauch machen, so liegt in einer die Vernichtung der betreffenden Acte bezweckenden Klage keine gesetzlich unzulässige Provocation.

Das Gesetz enthält nicht die Einschränkung, dass die Gläubiger jenes Recht erst dann gebrauchen dürfen, wenn sie ihre judicatmässigen Forderungen im Wege der Execution geltend machen wollen.

R. Lenders wider v. Hallberg, 13. Nov. 1843.
Graun. Eichhorn. Kunowski. Sandt.

Handelsrecht.

Handelsgericht.

Ein Urtheil, bei dessen Abfassung zu den drei Richtern noch ein Ergänzungsrichter zugezogen worden, ist als von einem gesetzwidrig besetzten Gericht ausgegangen, nichtig. Art. 626 H. G. B.

R. v. d. Heydt wider Wirchelhaus Peters-Sohn, 24. März 1832.
Esser. Eichhorn. Kunowski. Sandt.

Das Gesetz vom 20. April 1810 hat zufolge des Art. 44 in Ansehung der Handelsgerichte keine Abänderung gemacht, der Art. 7, der auf die Nichtbeobachtung der bei den Appellationshöfen zu befolgenden Formen Nichtigkeit verhängt, ist daher nicht anwendbar, wenn die Urtheile des Handelsgerichts von Richtern erlassen worden sind, welche nicht allen Audienzen oder dem Zeugenverhör (Art. 432, 407 B. P. O.) beigewohnt.

R. Tendering wider Mauritz, 6. Jan. 1840.
Esser. Eichhorn. Sandt. Reusche.

R. Bingen wider Dock, 6. April 1840.
Jaehnigen. Esser. Sandt. Reusche.

Die Cab.-Ordre vom 14. Nov. 1825 bewilligt den Advocaten als Bevollmächtigten bei den Handelsgerichten, nur ihren Clienten gegenüber Gebühren. Es besteht kein Gesetz, wonach der unterliegende Theil von den Handelsgerichten auch zu den Kosten verurtheilt werden könnte, welche durch das Auftreten eines Bevollmächtigten verursacht worden sind. Die Gründe der Nothwendigkeit der Vertretung sind dem Gegner fremd. Seine Verurtheilung zur Erstattung der Gebühren enthält eine falsche Anwendung des Art. 1383 B. G. B.

K. Philippi wider Volz (im Interesse d. Gesetzes), 30. Nov. 1840.
Esser. Eichhorn. Arch. XXX. 2. 70.

K. Salomon wider Schmitz (im Interesse des Gesetzes), 6. November 1843.
Esser. Eichhorn. Arch. XXXVI. 2. 47.

Die Beschränkung des Art. 480 B. P. O. auf die Gerichte, welche früher den Titel „Gerichte 1ster Instanz" führten, ist um so weniger haltbar, als bei dieser Ansicht die Zulässigkeit der Restitution von dem Zufall abhängen würde, ob neben dem ordentlichen Civilgericht 1ster Instanz ein besonderes Handelsgericht besteht oder nicht. Unbedenklich ist, dass Restitution gegen die Urtheile des Handelsgerichts an und für sich zulässig ist.

(Vergl. Gesetz vom 27. Vend. VIII. Instr. vom 19. Nov. 1818) Art. 1026 B. P. O.

K. Raves wider Fortemps, 2. Dec. 1844.
v. Oppen. Eichhorn. Sandt. Reusche. Arch. XXXVIII. 2. 43.

Handels-Societät.

Die in den Art. 39—42 H. G. B. und Art. 1322, 1353, 1834 B. G. B. ausgesprochene Nothwendigkeit des Beweises der Societät durch den Contract selbst, bezieht sich ihrer Natur nach nur auf die Rechtsverhältnisse der Theilnehmer unter sich, nicht auf Dritte, die in dem Glauben an die Existenz einer Societät mit dieser contrahiren.

Da diese sich weder im Besitz des Societätscontractes befinden, noch dessen Unterdrückung verhindern können, so muss ihnen jedes allgemein zulässige Beweismittel für die Existenz der Societät gegen die als Theilhaber in Anspruch genommenen Personen zustehen.

R. Mohrenstecher wider Grothaus, 14. Oct. 1829.
Oswald. Eichhorn. Budde. Sandt.

Der im Art. 42 H. G. B. gebrauchte Ausdruck „intéressés" umfasst alle Personen, welche von der Societät Vortheil oder Nachtheil zu erwarten haben. Hierzu gehören vor allen die Gesellschafter. Die auf die versäumte Form angedrohte Nichtigkeit kann daher in jeder möglichen Form entgegengesetzt werden. Nur der einzige Fall ist ausgenommen, wenn ein Dritter die Gültigkeit des Vertrages behauptet, ein Gesellschafter aber sie dem Dritten gegenüber bestreitet.

R. Hoddick wider Hoddick, 25. Juli 1835.
Esser. Eichhorn. Sandt. Kunowski.

Die von einem Einzelnen unter dem simulirten Namen einer Gesellschaft errichtete Handlung kann nicht als moralische, von jenem Individuum verschiedene, Person angesehen werden. Die Schulden des Individuum sind daher auch diejenigen dieser gar nicht bestehenden Gesellschaft.

R. Reg. Aachen wider Cockerill. 4. Januar 1834.
Graun. Eichhorn. Sandt. Kunowski.

Durch die Trennung einer Handelsgesellschaft hört die Solidarverbindlichkeit der einzelnen Socii den Gläubigern gegenüber nicht auf.

R. v. Carnap wider v. Carnap Falliment, 4. Januar 1841.
Esser. Eichhorn. Sandt. Reusche.

Das Fortbestehen des gesellschaftlichen Verhältnisses auch nach dem nicht nach Art. 46 H. G. B. veröffentlichten Aufhebungsvertrage ist vom zweiten Richter als die gesetzliche Strafe der nicht beobachteten Förmlichkeiten mit Recht angenommen worden.

R. Rueb wider Farina, 3. Juni 1844.
Brewer. Eichhorn. Reusche. Sandt.

Handels-Firma.

Wer einer unter einer Firma eingegangenen Handels-Gesellschaft Geld leiht, wird so wenig Gläubiger der einzelnen Gesellschafter, als, wer diesen Geld vorschiesst, Gläubiger der Gesellschaft wird.

R. Steinmetz wider Canen, 5. Januar 1833.
Esser. Eichhorn. Sandt. Kunowski.

Die Firma einer Handelsgesellschaft kann nur aus den Namen der wirklichen Theilnehmer bestehen. Der Austritt eines Gesellschafters hat mithin die Ausscheidung seines Namens aus der Firma zur nothwendigen Folge.

Die den Schiedsrichtern zuständige Befugniss zu entscheiden, ob dieser Austritt stattgefunden, schliesst folglich das Recht in sich, über den Fortgebrauch der den Namen jenes Gesellschafters enthaltenden Firma zu erkennen.

R. Rueb wider Farina, 3. Juni 1844.
Brewer. Eichhorn. Reusche. Sandt.

Wechsel-Agent.

Die Wechsel-Agenten sind allerdings zur Führung eines förmlichen Journals verpflichtet.

Cons.-Beschluss 27. Prair. X. u. Art. 84 H. G. B.

Kein Gesetz beschränkt aber den Beweis des vermittelten Geschäftes auf dieses Journal. Der Art. 109 H. G. B. nennt vielmehr ausser ihm noch andere Beweismittel.

R. Worms wider de Romilly, 11. Febr. 1832.
Klenze. Oswald. Kunowski. Sandt.

Commissionair.

Der Art. 91. H. G. B. regulirt nur die Stellung der Partheien dem Dritten gegenüber anders als bei dem Mandat; zwischen dem Committenten und dem Commissionar selbst tritt kein von dem Mandat abweichendes Rechtsverhältniss ein.

R. Delmar wider Oppenheim, 21. Apr. 1830.
Oswald. Eichhorn. Kunowski. Sandt.

Der Zwischen-Commissionair kann gegen den Empfänger der Waaren aus dem Art. 101 H. G. B. ein Klagerecht nicht herleiten. Dieser Art. verordnet keinesweges, dass jeder Zwischenmann durch den von ihm willkührlich ausgestellten Frachtbrief einen neuen Vertrag mit dem Eigenthümer oder Empfänger der Waare abschliessen könne, durch welchen er die Bedingungen des Transports einseitig festzustellen, die für Rechnung des Versenders übernommenen Sachen für Rechnung des Empfängers zu befördern befugt werde und dass er grössere und stärkere Rechte habe, als der Haupt-Contrahent.

Wie der Art. 100 H. G. B. abweichende Verabredungen in Betreff der Gefahr der Sache gestattet, so sind sie auch in Bezug auf Transportkosten zulässig. Es wäre ungereimt, und gegen die Interessen des Handels, die Vernichtung solcher Verträge in die Willkühr der Zwischencommissionaire zu legen.

Das Privilegium des Art. 2102 Nr. 6. B. G. B. wird durch

Ablieferung und Weitersendung der Waare an und für sich nicht verloren.

K. Steinebach Leroy wider Kayser, 18. Sept. 1844.
v. Oppen. Jaehnigen. Reusche. Kunowski. Arch. XXXVIII. 2. 23.

Handels-Geschäft.

Die von dem Cassationskläger übernommene Politur und Lieferung des Politur-Stoffes ist nicht eine solche Unternehmung von Manufactur oder von Lieferungen im Sinne des Art. 632 H. G. B., wodurch die Competenz der ausserordentlichen auf die im Gesetz ausdrücklich bezeichneten Gegenstände beschränkten Gerichtsbarkeit das Handelsgericht zu begründen wäre.

R. Weinhaus wider Platte, 29. Nov. 1826.
Blanchard. Eichhorn. Kunowski. Sandt.

Eine Strafarbeitsanstalt ist nicht wie eine von einem Unternehmer betriebene Manufactur zu betrachten, Art. 632 H. G. B. Kein Gesetz redet bei Aufzählung der Geschäfte, welche das Gesetz als Handelsgeschäfte erachtet, von Arbeiten, welche bei einem Nichtkaufmann bestellt, und von demselben für einen Kaufmann durch Bearbeitung der dazu übergebenen rohen Stoffe verfertigt worden sind.

K. Blankenburg wider Rolfs, 19. Febr. 1835.
v. Breuning. Eichhorn. Kunowski. Sandt. Arch. XXII. 2. 20.

Wer nur Producte seines eigenthümlichen oder gepachteten Grund und Bodens verkauft, ohne Producte oder Waaren zum Zweck des Wiederverkaufs selbst anzukaufen, ist nach Art. 632 und 638 H. G. B. weder ein Unternehmer von Lieferungen, noch nimmt er ein Handelsgeschäft vor.

R. Bremm wider Gietzen, 6. März 1838.
Graun. Eichhorn. Reinhardt. Sandt.

Wechsel.

Weder die eingetretene Faillite des Ziehers, noch ein etwaiger Arrest beim Bezogenen dispensiren von der Beobachtung der für den Wechselprotest und die Regressklage bestehenden gesetzlichen Vorschriften.

K. Haas wider Fallitmasse von Arnz. 27. Sept. 1826.
Oswald. Eichhorn. Sandt.

Camp zieht 2 Wechsel auf H. und schickt sie dem Cassationsverklagten ein. Weder Camp noch der Trassat lösen die Wechsel ein; welche eben so wenig dem Camp retournirt werden. Wenn nun der Cassationskläger diese Tratten in seinem Conto Courant bloss in Credit aufgeführt verlangt und dies vom Cassationsverklagten bestritten wird, so handelt es sich hier nicht sowohl von einer Seitens des Cassationsverklagten angestellten Regressklage, als vielmehr von einer gegen die Gutschrift und das Contocurrent gemachten Einrede.

Von der Verjährung des Art. 189 H. G. B. kann mithin nicht die Rede sein.

R. Camp wider Oppenheim, 23. Sept. 1829.
Stelzer. Eichhorn. Kunowski. Sandt.

Aus der Acceptation einer Tratte folgt nicht, dass der Aussteller dem Acceptanten die erforderliche Provision verschafft, Art. 117, 121 H. G. B., aus der Acceptation einer Anweisung nicht, dass der Assignant eine Forderung an den Assignaten habe.

R. Marchais wider Guerin, 1. März 1826.
Blanchard. Goerdeler. Reinhardt. Kunowski.

Der Art. 117 H. G. B. hat seinen Grund darin, dass der Aussteller nur dazu angehalten wird, den ursprünglich empfangenen und in seinem Vermögen befindlichen Betrag des Wechsels wieder heraus zu geben, wobei ihm die Verspätung des Protestes weder Verlust noch Gefahr zuziehen kann. Dieser Grund passt eben so auf den Fall, worin der Protest nicht verspätet, sondern ganz unterlassen worden ist; dies um so mehr, da ja der Protest leicht nachzuholen.

R. Coppenhagen wider Kramer, 9. Febr. 1833.
v. Savigny. Eichhorn. Sandt. Kunowski.

Die Provision bei Wechselgeschäften ist eine Entschädigung für Gefahr, Mühwaltung und Auslagen und hat mit den Zinsen nichts gemein; sie kann daher in die Kategorie des Gesetzes vom 3. Sept. 1807 und des Decrets vom 17. März 1808, insoweit darin überhaupt von Zinsen die Rede, nicht gebracht werden. Ihre Höhe ist durch kein Gesetz festgesetzt, folglich nach dem Handelsgebrauch oder vertragsmässig zu bestimmen.

R. Cremer wider Oppenheim, 29. Juni 1833.
Esser. Eichhorn. Kunowski. Sandt.

Der Ausdruck des Art. 167 H. G. B. „dans le même délai“ begreift diejenigen verschiedenen Fristen in sich, welche dem Inhaber des Wechsels in den verschiedenen Fällen der vorhergehenden Artikel zustehen. Dies ergiebt sich durch die Worte des Art. 169: „chacun en ce qui le concerne.“

Der Gesetzgeber, indem er den Anfang der Frist für die Indossanten nach der Zustellung der Klage datirte und des Falles nicht gedachte, wo der Indossant seinen Indossaten freiwillig und ohne eine gerichtliche Ladung gezahlt, hat dem richterlichen Ermessen die Bestimmung des Anfangs der Frist überlassen. Dieser Anfang kann kein anderer sein, als der Tag der erfolgten Zahlung des Wechsels innerhalb der dem Vormann zustehenden Frist.

R. Seligmann wider Funk 2. Nov. 1833.
Lombard. Eichhorn. Sandt. Reinhardt.

Ein Trassat kann, wenn er nicht vollständige Provision erhalten, Acceptation verweigern. Art. 115 und 121 H. G. B. Daraus, dass letztere geschehen, folgt noch nicht, dass dem Acceptanten gegen den Zieher oder gegen den, für dessen Rechnung gezogen worden, die nämlichen Rechte, wie aus einer dem Wechsel-Inhaber wirklich geleisteten Zahlung erwachsen.

R. Gostischa wider Wolf, 7. Juni 1834.
Graun. Eichhorn. Kunowski. Sandt.

Der Schein lautet:
Elberfeld, den 1. December 1831.
Zwei Monate nach heut zahlen Sie für diesen Prima-Wechselbrief an die Verordnung meiner selbst 49 Thlr. Den Werth in Rechnung, stellen solche auf Rechnung ohne Bericht.
Jos. Gully senior.
Herrn Pickard
Angenommen Pickard
Auf dem Rücken steht:
Jos. Gully senior.
Für mich an die Ordre des Noell,
den Werth in Rechnung.
Elberfeld, 18. Februar 1823.
Jos. Gully junior.

Dieser Schein stellt weder einen von einem Platz auf einen anderen gezogenen Wechsel, noch einen trockenen Wechsel, noch ein billet à ordre, noch einen kaufmännischen, noch einen einfachen Schuldschein im Sinne des Art. 1326 B. G. B. dar; der Beweis, dass Pickard Schuldner, kann sonach durch dessen „Angenommen" nicht geführt werden; wie denn überhaupt gegen diesen, als den Mandatar des ältern Gully, nur eine Klage darauf zu gründen ist, dass er den angenommenen Antrag nicht erfüllt und dadurch Schaden verursacht habe. Da nun das Mandat mit dem Tode des Mandans, hier des ältern Gully, erlischt, dieser aber nicht erklärt hat, an wen Pickard Zahlung leisten solle, so kann es auf die nach dem Tode des Vaters erlassene Anweisung des jüngern Gully nicht ankommen, und Pickard hierdurch zur Zahlung nicht verpflichtet werden. Die entgegengesetzte Ansicht verletzt die Art. 1326 und 2003, wie den Art. 112 H. G. B.

K. Pickard wider Noell, 1. Dec. 1838.
Liel. Esser. Sandt. Reusche. Arch. XXVIII. 2. 6.

Die Annahme eines Wechsels schliesst eine directe Verpflichtung in sich, an jeden Inhaber, sei er Aus- oder Inländer,

zu zahlen. Die unbeschränkte Circulation ist gerade das Wesen des Wechsels.

Der Art. 136 H. G. B. unterscheidet nicht, ob das Indossament vor oder nach dem Verfalltage stattgefunden.

R. Tomlins wider Rosenberg, 29. April 1844.
Brewer. Eichhorn. Deycks. Reusche. Arch. XXXVII. 2. 52.

Billet à ordre.

Die im Art. 188 H. G. B. vorgeschriebene Angabe des Werths, der in Geld, Waaren, in Rechnung oder auf eine andere Art gegeben worden, kann durch die im Indossament enthaltene Angabe des baar empfangenen Werthes nicht ersetzt werden. Das Indossament ist ein ganz anderes und neues Geschäft und hat für sich selbst diese Angabe nöthig. Art. 137. Der Art 637 hat hierin nichts geändert und übrigens nur über solche Wechselbriefe disponirt, die aus den besondern Gründen des Art. 112 als einfache Schuldscheine angesehen werden sollen.

R. Schaafhausen wider Sandt, 16. März 1825.
v. Meusebach. Eichhorn. Reinhardt. Sandt. Ann. V. 1. 200.

Actien.

Den Stamm-Actien der Düsseldorf-Elberfelder Eisenbahn-Gesellschaft sind auf jeden Inhaber lautende Zinscoupons beigegeben. Weil das Betriebsjahr Verlust ergeben, ist durch die Generalversammlung die vorläufige Nichtzahlung der am 2. Januar 1843 verfallenen Zinsen beschlossen. Cassationskläger, kein Actionair, sondern nur Besitzer von Zinscoupons, verlangt, als solcher, Zahlung der Zinsen. Seine Abweisung ist gerechtfertigt. Die Cassationsverklagte ist eine anonyme Gesellschaft, Art. 29 H. G. B., die Actie nicht Schulddocument, sondern Titel der Betheiligung; ihr Inhaber nicht Gläubiger, sondern Socius; der Coupon nur Anweisung auf den gehofften Ertrag. Veränderungen in der Person des Inhabers können nun aber das Wesen der Actie und ihres Coupons nicht verändern, einmal, weil beide auf jeden Inhaber lauten, dann, weil der Art. 35 H. G. B. den Grundsatz, dass der Cessionar nur das Recht des Cedenten überkommt, nicht aufhebt.

Von Verletzung des §. 1 und 3 des Gesetzes vom 17 Juni 1833 kann nicht die Frage sein, weil das Klagerecht auf einen Theil des Gewinnes da zerfällt, wo Verlust ist, und ein Socius dritte Personen durch Ueberlieferung der Documente am Unternehmen oder dessen Ertrag da nicht zu Gläubigern der Gesellschaft machen kann, wo ihm selbst diese Eigenschaft mangelt.

R. Ebeling wider Düss.-Elberf. Eisenb.-Gesellsch., 19. Mai 1845.
v. Oppen. Eichhorn. Deycks. Reusche. Arch. XXXIX. 2. 29.

Der Inhaber von Actien einer anonymen Gesellschaft kann bei dem Schiedsrichter nur solche Rechte gegen die Gesellschaft verfolgen, welche ihm als Inhaber der Actie der Gesellschaft gegenüber gegen dieselbe persönlich zustehen, z. B. das Recht auf die Dividende, nicht aber solche Gesellschaftsrechte, welche sich auf die Verwaltung der Gesellschaftsmittel und die richtige Anwendung derselben zur Erreichung der Gesellschaftszwecke beziehen. Art. 29—33 H. G. B. Zu diesen letzteren, den Actionairen durch die Statuten §. 28 und 70 überdies entzogenen Rechten gehört die Frage, wo die Eisenbahn münden soll.

K. Rhein. Eisenbahn-Gesellsch. wider Mülhens, 26. Juni 1843.
Heffter. Jaehnigen. Sandt Kunowski. Arch. XXXV. 2. 73.

Fabrikzeichen.

Die Verordnung vom 19. Dec. 1765 abgesehen von ihrer bestrittenen Geltung erklärt die Fabrikzeichen sub Nr. 2. für verkäuflich.

Das Decret vom 17. Decbr. 1811 Art. 72 entzieht bereits vorhandene Zeichen dem Gebrauchsrecht des Besitzers in keiner Weise. Der fortgesetzte Gebrauch des rechtlich Erworbenen kann niemals eine strafbare Fälschung oder Nachbildung darstellen.

R. Hasenclever wider Stursberg, 26. Mai 1845.
v. Oppen. Jaehnigen. Reusche. Sandt. Arch. XXXIX. 2. 42.

Fallissement.

Ein Handelsmann giebt einem seiner Gläubiger eine Anweisung auf ein Handlungs-Haus, welches dem Assignanten mehrere, theils wirklich, theils noch nicht verfallene Posten verschuldet. Das angewiesene Haus nimmt die Anweisung an, bezahlt dem Assignatar die verfallenen Posten gleich und die übrigen nach einigen Monaten an den resp. Verfalltagen. Etwa 14 Tage nach der letzten Zahlung wird der Assignant fallit erklärt, und die Eröffnung des Falliments auf einen Zeitpunkt gesetzt, welcher den beiden letzten Zahlungen vorhergeht. Diese Zahlungen sind gültig, der Assignatar braucht sie nicht zur Masse zurückzubringen.

Es kommt hier nicht darauf an, ob das Geschäft als eine Delegation oder Cession der Form nach bestehen könne. Es handelt sich nur darum, ob nicht ein Rechtsverhältniss entstanden, welchem man die Wirkungen eines verbindlichen Vertrages beilegen muss, wovon ein Theil ohne die Bewilligung des Andern nicht abgehen konnte. Es liegt aber in der That ein Mandat vor, auf welches das später erfolgte Falliment keine Aenderung hervorbringen konnte, eben so wenig, als dies der Tod des Mandans oder Mandatars vermocht hätte. Die verschiedenen Arten, wie das Mandat aufhört, sind unter der Bedingung re integra zu verstehen, welches nach den vorliegenden Thatumständen keineswegs der Fall ist.

R. Syndicus der Fallitmasse Lynen wider Stein, 7. Jan. 1820.
Friccius. Ruppenthal. Haass. Sandt.

Der Kaufmann, welchem zur Deckung seiner geleisteten Vorschüsse, die Netto-Erträge der an andere Häuser zum Verkaufe gesandten Waaren mit Einwilligung des Assignatars überwiesen worden sind, hat beim Falliment des Assignans für den Betrag seines Guthabens kein ausschliessliches Recht auf die erst nach dem Ausbruch des Falliments sich ergebenden Netto-Erträge. Jene Häuser erscheinen, so lange keine wirkliche Schuld zwischen ihnen und dem Assignanten vorhanden war, als blosse Mandatare, deren Verhältniss zu ihrem Mandanten durch das Falliment aufhört.

R. Koch wider Fallitmasse Diedrichs, 6. Juli 1831.
Blanchard. Eichhorn. Sandt. Kunowski.

Persönliche Gläubiger eines der Handlungs-Gesellschafter können die gemeinschaftliche Masse oder den Antheil ihres Schuldners nicht in Anspruch nehmen, bevor diejenigen, welche an der Societät als einer moralischen Person zu fordern haben, befriedigt sind. Der Antheil eines jeden Socius kann eben nur aus dem nach Abzug der gesellschaftlichen Schulden vorhandenen Vermögen gebildet werden.

Die Art. 2093, 2094 B. G. B. und Art. 558 H. G. B. setzen Gläubiger desselben Schuldners voraus, die persönlichen Gläubiger des Socius sind darum aber keineswegs Massengläubiger.

R. Brink wider Fallitmasse Bäsler, 14. Mai 1823.
Blanchard. Ruppenthal. Sandt. Reinhardt. Ann. V. 1. 87.

Ein gewisser K. ist Inhaber einer Handlung und zugleich Cassirer der Königl. Regierung. Wegen eines in letzter Eigenschaft begangenen Cassen-Defects erwirbt die Regierung gegen ihn eine civilrechtliche, keineswegs aber gegen seine Handlung eine Handelsforderung. Der Antrag, diese Handlung für fallit zu erklären, ist daher unbegründet.

Eine Handlung geräth nur dann in Fallitzustand, wenn sie ihre Handels-Verbindlichkeiten nicht erfüllt. Art. 441 H. G. B.

R. Reg. Aachen wider Handlung Zentiss et Comp., 28. Jan. 1838.
Esser. Jaehnigen. Sandt.

Ende 1825 fallirte v. Rappard; Anfangs 1826 Gompertz; v. Rappard hatte Wechsel auf Gompertz gezogen, die dieser acceptirt hat und die zahlbar waren Anfangs 1826.

Gompertz verlangt von der Masse des Rappard die Dividende, welche er diesen Wechsel-Gläubigern im Wege des Concordats gezahlt hat. Mit Unrecht. Wechsel-Gläubiger, welche mehrere im Fallimentszustand sich befindende solidarische Schuldner haben, sind berechtigt, in jeder Masse ihre ganze Forderung geltend zu machen. Art. 534 H. G. B. Schon wegen dieses Art. 534 H. G. B. und wegen der auf jeder Masse haftenden solidarischen Verpflichtung erscheint der Regress der einen Masse, hier des Cassationsklägers als Acceptanten wegen der einem Wechsel-Gläubiger gezahlten Dividende an die andere Masse ausgeschlossen, da eine und dieselbe Forderung nicht doppelt in derselben Masse aufgestellt und liquidirt werden kann. Von solchem Regress könnte nur dann Frage sein, wenn die Summe, die der Wechsel-Inhaber aus der einen und der andern Fallitmasse zu beziehen hat, zusammen den Betrag seiner Forderung überstiegen hat.

R. Gompertz wider Rappard, 19. Nov. 1828.
Blanchard. Eichhorn. Sandt. Kunowski.

Der Art. 521 H. G. B. ist nicht nur im öffentlichen, sondern vorzüglich im Interesse der Gläubiger gegeben und schliesst die Praesumption auch den wirklichen Bankerut in sich.

R. Wittwe Friederici wider Menn, 22. Juni 1831.
Klenze. Eichhorn. Kunowski. Sandt.

Das nach dem Tage der Falliments-Eröffnung bewirkte Indossament eines Wechsels ist den Gläubigern gegenüber nichtig. Art. 442 H. G. B.

Der Indossatar des Falliten konnte somit den resp. Wechsel gültig nicht weiter indossiren. Die Art. 145 und 149 H. G. B. setzen aber voraus, dass der Praesentant rechtmässiger Eigenthümer des Wechsels sei.

K. Schaafhausen wider Moses, 13. Dec. 1841.
Esser. Eichhorn. Sandt. Reusche. Arch. XXXII. 2. 22.

Auf Wechselforderungen findet der Art. 2279 B. G. B. nicht statt, sie sind nur durch Indossament zu übertragen. Art. 136 H. G. B.

K. Ditges wider Moses, 13. Dec. 1841.
Esser. Eichhorn. Sandt. Reusche. Arch. XXXII. 2. 22.

Aus dem Zusammenhang der Art. 441 und 444 H. G. B. ergiebt sich klar, dass unter dem „Tage des Falliments“ nicht der Tag des Falliments-Urtheils, sondern derjenige zu verstehen ist, welchen das Handels-Gericht als den des Ausbruchs des Falliments bezeichnet. Nach Art. 442 verliert, von diesem Tage an gerechnet, also mit Einschluss dieses Tages, der Schuldner von Rechtswegen die Verwaltung und die Dispositionsbefugniss über sein Vermögen. Hieraus folgt, dass von diesem Tage an alle Vermögensverfügungen den Gläubigern gegenüber unbedingt selbst dann wirkungslos sind, wenn der, zu dessen Gunsten sie geschehen, in gutem Glauben war. Dies ist um so unzweifelhafter, als der Zweck des Art. 441 und 454 H. G. B. sonst ganz vereitelt würde und wird auf das Bestimmteste durch die Art. 443 in ihrer Verbindung mit Art. 442 und dadurch bestätigt, dass sie gewisse vor dem Falliments-Ausbruch vorgenommene Rechtsgeschäfte des Cridars den Gläubigern gegenüber unbedingt für nichtig erklären. Denn wäre le jour de l'ouverture de la faillite (441, 443—447, 454) verschieden von dem jour de la faillite des Art. 443, so müsste man, was ungereimt, annehmen, dass Acte vor dem Fallimentsausbruch unbedingt nichtig, dass aber unter Umständen Acte nach demselben gültig sein können. Der Art. 447 verliert übrigens durch diese Auslegung des Art. 442 keineswegs seine Bedeutung, er begründet die Nichtigkeit aller vor dem Fallimentsausbruch absichtlich zur Verkürzung der Gläubiger vorgenommenen Geschäfte des Cridars, die nicht schon unter die Art. 443 seq. fallen.

K. Neumann (Syndicus v. Bremekamp) wider Mayer, 20. Jan. 1845.
Esser. Jaehnigen. Sandt. Reusche. Arch. XXXVIII. 2. 59.

Sic.

R. v. d. Heydt-Kersten wider Schoeler, 11. Mai 1840.
Jaehnigen. Eichhorn. Reusche. Sandt.

Es würde willkührlich sein, zwischen dem Zeitpunkte des gerichtlich eröffneten und materiellen Falliments zu unterscheiden. Art. 441, 443—447, 454 H. G. B.

Die Rechtskraft eines Urtels wird nicht beeinträchtigt, der Art. 1350 Nr. 3. 1351 B. G. B. nicht verletzt, wenn durch die Dazwischenkunft eines Falliments-Ausbruches in der Zulässigkeit der anwendbaren Executionsmittel eine Aenderung eintritt.

R. Thomas wider Kalkhof, 20. Mai 1844.
v. Daniels. Jaehnigen. Kunowski. Reusche.

Opposition.

Das Gesetz gestattet die Opposition nur gegen das im Art. 457 H. G. B. bezeichnete Urtel. Es enthält keine Bestimmungen in Betreff der gegen dasjenige Urtel zu ergreifenden Rechtsmittel, wodurch das Handelsgericht, sei es von Amtswegen oder auf Anstehen der Syndicen, späterhin jenes erste Erkenntniss abändert und den Zeitpunkt des Ausbruches des Falliments weiter hinaus erstreckt, ohne dass diejenigen, die hierbei interessirt, vorher vernommen oder vorgeladen worden wären. Die einfache Opposition dieser Interessenten ist nicht zulässig, eine solche setzt ein Contumacial-Erkenntniss voraus, gegen sie ist aber keine Ladung ergangen. Berufung ist eben so wenig zulässig, sie sind nicht Parthei in dem Processe gewesen. Es bleibt ihnen daher nur die Dritt-Opposition des Art. 474 B. P. O.

K. Dünweg wider Mühlinghans, 17. Oct. 1827.
Blanchard. Eichhorn. Sandt. Kunowski.
R. Dilthey wider Croon, 15. Juni 1831.
Blanchard. Eichhorn. Kunowski. Sandt.

Im Art. 457 H. G. B. sind unter
sonstige Interessenten
nur solche zu verstehen, die entweder als Erben des Falliten oder wegen der Geschäfte, die zwischen ihnen und dem Falliten, z. B. wegen Ankaufs von Immobilien, wegen erhaltener Zahlung etc. vor Ausbruch des Falliments stattgefunden, ein directes Interesse dabei haben, die Existenz oder den Zeitpunkt des Ausbruches zu bestreiten. Die Syndicen haben in dieser Eigenschaft kein solches Interesse, und sind unter dem Ausdruck „Gläubiger" nicht begriffen, da das Gesetz die Oppositionsbefugniss den Gläubigern einzeln gestattet. Das Urtel des Art. 457 ist als ein Contumacial-Urtel im vorzüglichen Sinne zu bezeichnen.

R. Dünweg wider Mühlinghans, 20. Oct. 1830.
Blanchard. Eichhorn. Sandt. Kunowski.
R. Dilthey wider Croon, 15. Juni 1831.
Blanchard. Eichhorn. Kunowski. Sandt.

Concordat.

Die Nachtheile, die der Gläubiger einer Fallitmasse sich dadurch zuzieht, dass er in den vorbestimmten Fristen seine Forderung nicht zur Admission qualificirt, dürfen nicht über die gesetzlichen Grenzen hinaus, d. h. nicht über das ausgedehnt werden, was als natürliche Folge jener Unterlassung angesehen werden kann. Kein Gesetz verpflichtet einen solchen Gläubiger, Verträge anzuerkennen, die durch Collusion zwischen andern Gläubigern und dem Gemeinschuldner entstanden sind. Wenn das Gesetz einem Concordat die Kraft beilegt, dass auch die Minderzahl der Gläubiger sich gegen ihren Willen die Bestimmung desselben gefallen lassen muss, sobald die Homologation desselben erfolgt ist, so unterstellt es, dass aufrichtig und ohne Simulation dabei zu Werke gegangen und die Mehrheit nicht durch Verheissungen grösserer Vortheile, als in dem Vertrage festgesetzt ist, erschlichen und herbeigeführt worden sei. Es muss daher auch einem, obgleich noch nicht admittirten und deswegen auch zur Verhandlung nicht berufenen Gläubiger der Masse, gegen welchen aber doch das Concordat verbindlich werden soll, gestattet sein, sich der Homologation desselben zu widersetzen. Er ist in dieser Beziehung unter der allgemeinen Benennung „opponirender Gläubiger“ — Art. 523 H. G. B., um so mehr begriffen, als ihm selbst nach Ablauf der dort bestimmten Oppositionsfrist und sogar nach erfolgter Homologation nicht versagt werden könnte, das Concordat aus allgemeinen, die Gültigkeit der Verträge hindernden Gründen als gegen sich nicht obligatorisch anzufechten. Die Art. 521 und 526 H. G. B. handeln von den Fällen, in welchen die Schliessung eines Concordats verboten ist, oder die Homologation desselben verweigert werden kann. Diese Fälle haben mit dem, wo der Vertrag selbst wegen ihm anklebender Mängel angegriffen wird, nichts gemein. Die auf sie sich beziehenden Bestimmungen sind daher zur Ausschliessung jenes Gläubigers nicht geeignet.

R. Gomperz wider Marx, 14. Febr. 1827.
Blanchard. Eichhorn. Sandt.

Das zweite Urtel wird angegriffen, weil darin bei Berechnung der zur Majorität der Creditoren erforderlichen $\frac{3}{4}$ der Passiv-Masse auch der Betrag der durch Pfand gedeckten Forderungen mitgezählt worden ist. Mit Unrecht. Der Art. 519 H. G. B., indem er diese $\frac{3}{4}$ von der Totalitaet der Passiv-Masse berechnet wissen will, macht keine Ausnahme in Ansehung dieser Forderungen, sondern verweiset auf den Status, wie er nach der vorhergehenden Sectio 4 angelegt werden muss. Hier aber — Art. 501 — 513 werden alle Gläubiger ohne Ausnahme zur Verification angewiesen, und die Pfandgläubiger um so gewisser, als sie unter den Bedingungen des Art. 537 späterhin, bei Vertheilung der Masse concurrirend, bei unterlassener Anmeldung von der künftigen Vertheilung nach Art. 513 praecludirt werden würden. Es ist kein Grund vorhanden, diese durch Art. 519 nicht gerechtfertigte Ausnahme aus dem im Art. 535 für einen ganz andern Fall — für den des Fortgangs des Concurs-Prozesses in Entstehung eines Concordats vorgeschriebenen Status — herzuleiten. Der Art. 520 ändert hierin nichts. Wenn der Gesetzgeber den Pfandgläubigern wegen ihres entfernten Interesses die Theilnahme an den Deliberationen über das Concordat Art. 520 versagte, so ist hieraus um so weniger ein nothwendiger Schluss auf deren Ausscheiden bei der Berechnung der $\frac{3}{4}$ laut Art. 519 zu ziehen, als sich ja die Wirkungen des Concordats nach Art. 524 auf alle Gläubiger erstrecken.

R. Offermanns wider v. Eys, 22. Sept. 1830.
Oswald. Eichhorn. Sandt.

Im Art. 519 H. G. B. sind unter den
„hier oben vorgeschriebenen Förmlichkeiten“
die in den Art. 510—518 und solche Förmlichkeiten und Ope-

rationen zu verstehen, deren Erfüllung den Syndiken zur besondern Pflicht gemacht ist, also Bilanz, Inventarium, Untersuchung und Affirmation der Forderungen. Kein Gesetz schreibt dagegen vor, dass mit der Abschliessung eines Vertrages einzuhalten sei, bis über die Epoche des Falliments und die streitigen Forderungen rechtskräftig erkannt worden ist. Das Gegentheil ergeben vielmehr die Art. 457 und 512.

Es ist den Gläubigern nicht vorgeschrieben, wie sie sich mit dem Falliten vergleichen sollen und dürfen. Solche Vergleiche sind, wo das Gesetz selbst sie nicht missbilligt, keiner Critik unterworfen.

Es ist daher den Gläubigern erlaubt, das ganze Vermögen des Schuldners mit dessen Bewilligung einem beliebigen Dritten gegen Zahlung von Procenten und vollständige Liberation des Falliten abzutreten.

K. vom Rath wider Ernst, 1. Dec. 1830.
Blanchard. Eichhorn. Sandt. Kunowski.

Syndicus.

Die Bestimmungen des H. G. B. hinsichtlich der Ernennung und der Befugnisse der provisorischen und definitiven Syndiken finden nur bei Fallimenten der Kaufleute Anwendung.

R. G. Depos. Commiss. des Grossherzogth. Berg wider Dewies, 17. März 1824.
Blanchard. Ruppenthal. Reinhardt. Sandt.

Das Syndicat ist zweien Personen gemeinschaftlich und ungetheilt übertragen worden. Hieraus und aus der Gemeinsamkeit der Verpflichtungen der Syndiken (vergl. Art. 527, 528, 533, 562 H. G. B.) folgt, dass auch ihre Verantwortlichkeit eine gemeinsame sein muss, zumal ihre Verpflichtung als eine untheilbare schon an und für sich die Solidarität bedingt. Die von ihnen beliebig vorgenommene Theilung der Geschäfte erscheint mithin den Gläubigern gegenüber als eine willkührliche und ändert nichts in ihrer solidarischen Verhaftung. Art. 1218, 1222 B. G. B.

R. Dubyen wider Wilhelmy, 21. Jan. 1839.
Graun. Eichhorn. Sandt.

Der Syndik eines Falliments steht in keinem conventionellen Mandatsverhältniss zu den Gläubigern, er vertritt die Masse kraft des Gesetzes. Auf ihn ist daher nicht der Art. 1995 B. G. B. sondern Art. 528. H. G. B. anzuwenden (vergl. 1198).

R. Wülfing wider Gen.-Direct. d. Seehandlung, 15. Juni 1840.
v. Oppen. Eichhorn. Kunowski. Reusche.

Hüter.

Der Hüter ist dem Sequester gleichzustellen.
Art. 596, 597, 508 B. P. O., Art. 1961 Nr. 1. B. G. B. er hat die im Art. 1962 B. G. B. bezeichneten Rechte gegen den die Execution nachsuchenden Gläubiger. Er ist in keiner Weise als ministerieller Beamter zu betrachten.

R. Blancard wider Fleck, 15. Juni 1831.
Oswald. Eichhorn — Sandt.

Der bestellte Verwahrer kann nach Art. 605 B. P. O. seine Entlassung fordern:

1) wenn die Versteigerung an dem bestimmten Tage, ohne dass ein Hinderniss in den Weg getreten, nicht stattgefunden, und
2) wenn ein solches zwei Monate nach der Beschlagnahme eingetreten.

In beiden Fällen bleibt es dem pfändenden Gläubiger vorbehalten, einen neuen Verwahrer zu bestellen. Der Art. 606 B. P. O. bestimmt, dass, wenn die Entlassung ertheilt, vorläufig das Récolement aufgenommen werden soll. Sobald dies geschehen, muss in beiden Fällen des Art. 605, eben weil die Beschlagnahme fortdauert, die Bestellung eines neuen Verwahrers nach Art. 597 B. P. O. und Art. 35 des Decrets vom 16. Februar 1811 auf Antrag des Gläubigers, des Schuldners oder des Gerichtsvollziehers erfolgen.

Wenn nun Art. 605 von der Befugniss des Verwahrers zur Entbindung von seinem Auftrage spricht, und Art. 606 in Verbindung mit Art. 35 des Decrets als Folge einer solchen Entlassung und zum Zweck der Ueberlieferung der gepfändeten Gegenstände an den neuen Verwahrer die Revision derselben vorschreibt, so folgt, dass der Art. 606 in Ansehung dieser Revision, indem er mit deren Zweck die Fortdauer der Beschlagnahme nothwendig voraussetzt, auf den Fall nicht anwendbar ist, wo die Beschlagnahme selbst zur Zeit des Gesuchs um Entlassung rechtskräftig vernichtet war und es sich um die Bestellung eines neuen Verwahrers nicht handeln konnte. Dem stehen die Art. 611, 612, 616 nicht entgegen. Die Art. 611 und 612 setzen gerade voraus, dass die Beschlagnahme fortdauere und dass die Gläubiger des schon gepfändeten Schuldners sich ihr anschliessen, während der Art. 616 von der Versteigerung selbst ausgeht. Ist daher der Verwahrer nach Aufhebung der Beschlagnahme von dem gepfändeten Schuldner und von denjenigen, denen auf Grund ihrer Opposition das Eigenthum an dem Pfandstück zugesprochen worden, entlassen, so kann der pfändende Gläubiger mit Rücksicht auf Art. 606 B.

P. O. und Art. 1962 B. G. B. sich nicht entbrechen, dem Verwahrer seine Gebühren zu entrichten, ohne weiter die Aufnahme des Recolement fordern zu dürfen.

K. Heib wider Lichtendahl, 14. Mai 1838.
Esser. Eichhorn. Sandt. Kunowski. Arch. XXVII. 2. 33.

Die Aufhebung des auf Vieh etc. angelegten Sequesters und der Verkauf ist durch den Friedensrichter oder Inquirenten zu verordnen.

Der Feldhüter ist daher nicht berechtigt, die von ihm gepfändeten Schafe dem Eigenthümer ohne Weiteres zu verabfolgen. Die entgegengesetzte Entscheidung verletzt den Art. 39 und 40 des Kaiserlichen Decrets vom 18. Juni 1811 und enthält eine Ueberschreitung der friedensrichterlichen Amtsgewalt, weil nicht allein die dem Friedensrichter zugewiesenen Functionen, als auf den Feldhüter übergegangen, unterstellt, sondern auch auf Unterlassung einer ausserhalb der Amtsbefugnisse des Feldhüters liegenden Handlung eine Verurtheilung desselben zum Schadensersatz gegründet worden ist.

K. Schuh wider Schnur, 27. Juni 1842.
Esser. Jaehnigen. Reusche.

Hypothek.

Die Anwendung des Art. 2146 a. l. 2. B. G. B. auf ausgeschlagene und vacante Erbschaften und zwar insbesondere auf solche, die erst nach der hypothekarischen Eintragung ausgeschlagen worden sind, ist dem Geiste dieses Gesetzes völlig angemessen.

R. v. Strauch wider Gormans, 4. Dec. 1822.
v. Savigny. Ruppenthal. Reinhardt. Sandt.
R. Ark wider Gormans, 7. Mai 1823.
v. Meusebach. Eichhorn. Reinhardt. Sandt.

Das von einem Gläubiger auf einen Dritten übertragene Privilegium der Kaufgelder-Rückstände ist vor dem gerichtlichen Zuschlage des subhastirten Hauses durch Inscription nicht conservirt worden. Eine nachträgliche Inscription ist für die Erhaltung dieses Privilegiums ohne Wirkung.

Die Art. 2103 und 2108 B. G. B. setzen zwar über den Zeitpunkt einer solchen Inscription nichts fest; aus der Natur der Sache folgt aber, dass sie alsdann nicht mehr gültig geschehen könne, wenn das Eigenthum des Immobile auf einen andern Eigenthümer bereits übergegangen ist.

Der Art. 2166 steht dem nicht entgegen, er gilt nur von solchen Privilegien und Hypotheken, die durch Einschreibung gehörig conservirt sind. Ebensowenig der Art. 834 B. P. O., er handelt nur von aussergerichtlichen Käufen und kann bei Zwangsversteigerungen schon um deswillen nicht Anwendung finden, weil hier schon der Zuschlag das Eigenthum überträgt, und es mithin an dem in jenem Artikel bestimmten Terminus a quo und dem davon abhängigen Terminus ad quem fehlen würde.

R. Schallenberg wider Schmitz, 18. Mai 1825.
v. Reibnitz. Eichhorn. Sandt. Reinhardt.

Die Inscription der Hypotheken in die Register dient gesetzlich nur dazu, um das Hypothekenrecht zu ergänzen und wirksam zu machen, nicht aber, um dasselbe ursprünglich zu begründen.

R. Farina wider Gormans, 21. Sept. 1825.
Goerdeler. Eichhorn. Reinhardt. Sandt.

Kein Gesetz untersagt den todten Händen Hypothek zu nehmen, oder spricht ausdrücklich die Nichtigkeit eines in Folge dessen geschehenen Zuschlages aus.

R. v. Cloudt wider Franken, 6. Febr. 1828.
Blanchard. Eichhorn. Sandt. Kunowski.

Der Art. 2167 B. G. B. verpflichtet den Hypothekgläubiger nicht, dem dritten Besitzer eines verpfändeten Grundstücks eine Kündigung zu machen, falls die Forderung auf Kündigung lautet; er bestimmt nur, dass gegen diesen nicht früher zu verfahren ist, als bis die Schuldforderung gegen den ursprünglichen Debitor fällig, bis also ihm gekündigt worden.

R. Walter wider Andrae, 9. März 1833.
Reinhardt. Eichhorn. Sandt. Kunowski.

Die durch den ersten Käufer bewirkte Trennung des ganzen Immobile in mehrere Theile kann auf das Recht des Verkäufers, als eines privilegirten Pfandgläubigers, von keinem Einfluss sein.

Der Anspruch des zweiten Käufers, tiers détenteur, auf Rückerstattung der auf einen Theil des Unterpfandes gemachten Verwendungen ist mithin nur insoweit begründet, als hierdurch zugleich das Unterpfand, als ein Ganzes betrachtet, im Werth erhöht sein möchte. Art. 2175.

R. Bock II. wider Erben et Gen. 3. April 1843.
Brewer. Eichhorn. Sandt. Reusche.

Titel.

Der Sitz der Materie für die Frage, wie Hypotheken rechtlich entstehen, ist das Bürgerliche Gesetz-Buch.

Die frühere Gesetzgebung, namentlich das Decret vom 5. November 1790 Tit. 2, Art. 14; die Gesetze vom 9. Thermidor III. Art. 17; 16. Brumaire VII. Art. 15; 26. Vendém. VII. Art. 16 seq. hatten die über ein Schuldbekenntniss laufenden Acte der Verwaltungsbehörden schon für hinreichend erklärt, dem Staat Hypothekenrechte zu gewähren. Das Gesetz vom 11. Brumaire VII. Art. 3, Nummer 2 und 3 hat jedoch jene frühern Bestimmungen nicht aufgenommen.

Die Bescheidung des Finanz-Ministers an die Domainen-Regie vom 26. Messidor VII. ist gleichgültig, sie muss den approbirten Staatsrechts-Gutachten vom 16. Thermidor XII. und 29. October 1811, dem Art. 3 des Brumaire-Gesetzes, sowie dem Art. 2123 des B. G. B. weichen.

Die Staatsraths-Gutachten, indem sie den richterlichen Verurtheilungen und den Erkenntnissen, welche nach Art. 3 des Brumaire-Gesetzes, sowie nach Art. 2133 B. G. B. gerichtliche Hypotheken begründen, auch die Condemnationen und die Zwangsbefehle der Verwaltungsbehörden innerhalb ihrer Competenz subsumiren, geben deutlich zu erkennen, dass die frühern Special-Gesetze durch diese gesetzlichen Bestimmungen aufgehoben sind. Die Meinung, als ob der Ausdruck „Urtheil" auch die Versteigerungs-Protokolle als Acte der Verwaltungsbehörden in sich begreife, lässt sich sonach hiermit sowie mit dem Wortverstande, nicht verbinden.

R. Königl. Reg. Cöln wider Jesse, 28. Dec. 1825.
Goerdeler. Eichhorn. Reinhardt. Sandt.

Der Art. 2148 B. G. B. schreibt nicht vor, dass ausser dem ursprünglichen Titel — Natur und Datum — auch die Uebertrags-Acte in das Hypothekenbuch eingetragen werden müssen. Gleichgültig ist daher, dass bei diesem Uebertrags-Acte die Natur des Primordialtitels nicht genugsam bei der genommenen Inscription bezeichnet ist.

K. Reg. Cöln wider Sugg, 14. April 1832.
Esser. Eichhorn. Kunowski. Sandt.

Ein nicht mit der executorischen Form versehenes Erkenntniss des Reichskammer-Gerichts giebt keinen Titel zur Hypothek. Art. 2117, 2123 B. G. B.; 545 B. P. O.

R. Erben Cravatte wider Erben v. Lommessen, 28. Febr. 1842.
Brewer. Eichhorn. Reusche. Sandt.

Der Art. 2123 B. G. B. bezieht sich bloss auf solche Erkenntnisse, die eine Verurtheilung zur Erfüllung einer Verbindlichkeit aussprechen.

Die Veurtheilung zur Rechnungslegung ist eine definitive, auf die Erfüllung einer gegenwärtigen Verbindlichkeit gerichtete, welche die Pflicht herbeiführt, die nicht verrechneten Summen zu zahlen, oder Schadensersatz zu leisten. Art. 1142. Somit ist aus ihr eine gerichtliche Hypothek gesetzlich zu begründen. An und für sich aber kann die Natur der Rechnungs-Pflicht — einer sowohl durch conventionelle Hypothek zu sichernden, als durch Legalhypothek gesicherten Verbindlichkeit, Art. 2121, die Hypothek nicht ausschliessen. — Aus dem Art. 530 B. P. O. folgt nicht, dass erst nach Ablauf der Frist die Hypothek umgeschrieben werden darf. Das Urtheil, welches die Rechnungspflicht ausspricht, verurtheilt, ungeachtet der in demselben dem Schuldner nachzulassenden Frist, dennoch zur Erfüllung einer gegenwärtigen Pflicht und giebt mithin unzweifelhaft einen Titel zur Hypothek.

R. Zerres wider v. Heeremann, 26. October 1840.
Simon. Eichhorn. Reusche. Sandt.

Hypothek des Mündels.

Die Verpflichtung aus dem Art. 22 §. 2, Gesetz vom 1. November 1798 (11. Brumaire VII.) zur Nehmung einer Hypotheken-Inscription ist für den Gegenvormund eine ganz unbedingte, sie ist weder einem von Seiten des Vormundes errichteten Inventar, noch der Mittheilung eines solchen an den Gegenvormund untergeordnet.

K. Fechler wider v. d. Westen, 21. Juni 1826.
Blanchard. Eichhorn. — Sandt. Kunowski. Arch. IX. 2. 1.

Der Art. 2135 B. G. B. setzt voraus, dass ein einländischer Vormund nach einländischen Gesetzen verwaltet. Wenn das Ausland die Legal-Hypothek anerkennt, jedoch selbige nur auf sein Territorium beschränkt, so ist sie nicht über diese Grenzen auszudehnen.

K. Lang wider Kellermaun, 20. Febr. 1843.
v. Oppen. Jaehnigen. Sandt. Kunowski. Arch. XXXV. 2. 62.

Der Art. 2135 B. G. B. setzt eine gesetzlich übertragene und von dem Vormund angenommene Vormundschaft voraus.

R. Seligmann wider Kgl. Reg. Cöln, 21. April 1832.
Reinhardt. Eichhorn. Kunowski. Budde. Sandt.

Die den Vater überlebende Mutter überkömmt nach §. 2 und 3, Tit. 11 Trierschen Landrechts von Rechtswegen die Vormundschaft über ihre minderjährigen Kinder und diese das gesetzliche Pfandrecht an dem Vermögen ihrer Mutter L. 20, C. de admin. tutor. Dieses Pfandrecht war zwar nach Art. 2, 3, 22, 39 des im Jahre 1799 geltenden Gesetzes vom 11. Brumaire VII., um seine Rangordnung zu bestimmen, der Inscription unterworfen; der Mangel der Inscription hat aber das Hypothekenrecht selbst nicht aufgehoben. Dasselbe hat mithin bei Publication des Bürg. Gesetz-Buches rechtlich bestanden. Denjenigen Hypotheken Minderjähriger, welche vor Publication des

Art. 2135 B. G. B. entstanden, jedoch nicht inscribirt waren, soll aber der dort bestimmte Rang nur insoweit zu Theil werden, als dadurch nicht Rechten Dritter, die vor der Publication bestanden, praejudicirt wird.

R. Minham wider Klein, 9. Sept. 1837.
Jaehnigen. v. Breuning. Reinhardt. Sandt.

Hypothek der Ehefrau.

Die Ehefrau hat ihre gesetzliche Hypothek cedirt. Die Gültigkeit einer solchen Cession ist in Ermangelung eines verbietenden Gesetzes um so unzweifelhafter, als der Art. 2112 B. G. B. sogar die Cession von Privilegien gestattet.

Der Cessionar kann nicht der Nothwendigkeit einer eigenen Inscription dieser Hypothek und dem Datum einer solchen Inscription unterworfen werden. Er würde sonst in der That nicht das Recht der Cedentin, sondern ein ganz anderes und weit geringeres erwerben. Diese Ansicht wird durch die Staatsraths-Gutachten vom 9. Mai 1807 und 5. Mai 1812 bestätigt, welche überall dem Recht der Ehefrau das ihrer Repräsentanten gleichstellen. Unter diesen sind aber in Ermangelung einer näheren Begrenzung nicht nur die Erben, sondern auch die Cessionarien zu verstehen. Diese Erklärung wird gegen jeden möglichen Einwurf durch den im Gutachten vom 5. Mai 1812 mehrmals wiederholten Ausdruck

„leurs héritiers ou autres représentans“

gesichert.

Die Verfolgung solcher Hypothekenrechte ist den Creditoren der Frau bei noch fortdauernder Ehe im Fall des zerrütteten Vermögens des Mannes durch Art. 1446 B. G. B. gestattet.

Die cedirte Hypothek umfasst das während der Ehe erworbene Grundstück, da es stets von der Frau abgehangen, ob ein solches bei Trennung der Ehe als gemeinschaftlich oder als ausschliessend dem Ehemanne gehörend, angesehen werden solle, und Art 1495 deshalb der Frau dieselben Rechte und Klagen gegen die gemeinschaftlichen, wie gegen die ausschliesslichen Güter des Mannes eingeräumt hat. Vergl. Art. 2121, 2122, 2135, 1358, 1554 B. G. B.

R. Schmidtborn wider Reiss, 28. Oct. 1829.
v. Savigny. Eichhorn. Sandt. Kunowski.

Der Grossmutter des Imploranten hat nach Art. 6. Tit. 17, Th. II. des Kurpfälz'schen Landrechts zur Sicherheit ihrer Illata ein gesetzliches Pfandrecht zugestanden, welches (nach ihrem Tode im Jahre 1796) auf ihre Erben übergegangen ist. Das Gesetz vom 11. Brum. VII. Art. 3, 21 hat ein Recht der Ehefrauen zur Hypothek, jus ad hypothecam, auf dem Vermögen ihrer Männer anerkannt, jedoch zur Begründung des Hypothekenrechts, jus hypothecae, die Eintragung der Forderung in das Hypothekenbuch erfordert. Implorant hat die Eintragung verabsäumt und somit ein wirkliches Hypothekenrecht so wenig, gemäss dem Brumaire-Gesetz, erworben, als seine Erblasserin. Hätte diese freilich das Gesetz vom 28. Vent. XII. erlebt, so würde ihr dadurch auch ohne Eintragung ein Hypothekenrecht erworben und sie während der Ehe der Eintragung enthoben worden sein. Art. 2135 B. G. B. Hieraus folgt, dass der Implorant zur Zeit der Verkündigung des B. G. B. als Erbe seiner schon im Jahre 1796 verstorbenen Grossmutter auf das Vermögen seines Grossvaters ohne Eintragung eben nur ein jus ad hypothecam und kein jus hypothecae erworben hat, und dass daher mit Rücksicht auf Art. 2134 die vor ihm eingetragenen Gläubiger auch vor ihm locirt werden müssen.

R. Guttenberger wider Erben Fuchs, 8. Dec. 1838.
Esser. Eichhorn. Sandt. Reinhardt.

Credit-Hypothek.

Kaufmännische Creditverträge sind zweiseitige Verträge, durch welche Jeder der Contrahenten Rechte erwirbt, und Pflichten übernimmt. Dies gilt namentlich für den Fall, wo die Creditnehmer das Recht erworben, über einen bestimmten Theil des Vermögens des Creditgebers vom Tage des Abschlusses an ganz nach Gutbefinden zu verfügen und die gegebene Sicherheit nur einen Theil der vertragsmässigen Gegenleistung darstellt. Art. 1130, 1134 B. G. B. Die Aufrechthaltung eines solchen Vertrages verletzt den Art. 1168 nicht; die Partheien haben gar nicht unter einer Bedingung contrahirt, sondern das vertragsmässige Recht sofort erworben; die Pflicht, Sicherheit zu geben, ist sofort erfüllt, es gehört aber zum Wesen jedes Rechtes, dass dessen Ausübung von dem Willen des Berechtigten abhängt. Ebenso wenig wird hierdurch der Art. 1170 verletzt; die Creditgeber konnten sich ihrer Verpflichtung während der Dauer des Creditvertrages nicht mehr entziehen, die Creditnehmer waren der ihrigen in Bezug auf die Gegenleistung bereits nachgekommen. Die Vollziehung des Vertrages hing mithin nicht mehr von der Willkühr einer der Partheien ab. Der Art. 1174 giebt aber demjenigen, der sein Recht ausgeübt, und über das Vermögen des Creditgebers verfügt hat, nicht die Befugniss die vertragsmässige Gegenleistung um deswillen zurückzunehmen, weil es ja doch vor Ausübung des Rechts von seiner Willkühr abgehangen, ob er es ausüben wolle oder nicht. Bei abgeschlossenen blossen Nebenverträgen, wie dem der Hypothek, steht das Potestative der Gültigkeit nicht entgegen, vielmehr kommt es hier nur darauf an, ob

wegen einer künftigen und eventuellen Obligation wie bei den Römern — l. 5. D. de pignor. et hyp. l. 9. D. pr.

qui potiores, — so auch noch jetzt eine sofort gültige Hypothek bestellt werden könne, und ob insbesondere eine hypothekarische Caution, wie solche bei der Vollmacht, der Bürgschaft, der Eviction, dem Geldverkehr etc. vorkommen kann, gesetzlich erlaubt sei oder nicht.

Die Art. 2114, 2127, 2129, 2132, 2148 B. G. B., weit entfernt, solche Cautionen zu verbieten, erlauben sie ausdrücklich. Auch das noch geltende Gesetz vom 6. Messid. J. VII. erklärt für zulässig, die Inscription eines simple droit d'hypothèque eventuel sans créance existante. Der Art. 2148 bestimmt, hiermit im Einklang, die Form der Eintragung von droits conditionels, eventuels und indéterminés. Zu dieser Kategorie gehören aber alle Hypothekar-Cautionen, bei denen die inscribirte Summe nur die Grenzen der Obligation, das Ergebniss der künftigen Rechnung über denjenigen Betrag bestimmt, für welchen wegen der créance existante das Pfand demnächst verfallen ist. Wird dies bei der für den eigenen Geldverkehr gestellten Hypothek wegen angeblicher, rücksichtlich des Hauptvertrages nicht bestehender, rücksichtlich des Nebenvertrages überdem einflussloser Potestativ-Bedingung in Abrede gestellt, so wird übersehen, dass unter den Worten des Art. 2148:

acte qui donne naissance à l'hypothèque

nur der Inscriptionstitel zu verstehen ist.

Die nicht für einzelne Empfangsposten, sondern den Geldverkehr überhaupt und das künftige Saldo bestellte Hypothek, kann nach Art. 2180 B. G. B. erst mit dem Creditvertrage selbst und mit Berichtigung des Saldo nach beendigtem Credit-Geschäft erlöschen.

R. Dittges wider Oppenheim, 6. Dec. 1841.
Esser. Jaehnigen. Reusche. Sandt.

K. Drucker-Embden wider Clever, 6. Dec. 1841.
Esser. Jaehnigen. Sandt. Reusche.

K. Schaafhausen wider Carnap, 21. März 1842.
v. Oppen. Jaehnigen. Sandt. Reusche. Arch. XXXII 2. 17.

Lautet dagegen der Act und die Inscription:

Für das gegenwärtige und künftige Guthaben des L. wegen gelieferter und noch zu liefernder Waare, bis zum Betrage von 1500 Thlr., welcher Betrag bei der jedesmaligen Liquidation den Gegenstand der bewilligten hypothekarischen Sicherheit bilden soll,

ist ferner der Betrag der Forderung zur Zeit der Inscription nicht festgestellt, so ist sie, insoweit sie auf jene nicht bestimmte zur Zeit des Vertrages bereits bestandene Forderung Bezug hatte, nach Art. 2132 B. G. B. ohne rechtliche Wirkung. Im Betreff der nachher geschehenen Waarenlieferung fehlt es aber an einem vorhergegangenen verpflichtenden Versprechen.

Die Lieferungen von einer und die Annahme von der andern Seite waren daher bloss möglich und somit die erforderliche Grundlage eines auch nur bedingten obligatorischen Verhältnisses in keiner Weise vorhanden.

K. Drucker-Embden wider Lüttringhausen, 16. Dec. 1844.
Brewer. Jachnigen. Sandt. Reusche. Arch. XXXVIII. 2. 33.

Die frühere Gesetzgebung.

Ein unter der Herrschaft des B. G. B. genommene Inscription hat nicht die Erwerbung, sondern die Bekanntmachung einer unter der frühern Gesetzgebung bereits erworbenen Hypothek zum Zweck. Es finden daher auf diese Hypothek die Art. 37, 38, 39 Gesetz vom 11. Brumaire VII. Anwendung. Die Nichtbeobachtung der in diesem Gesetz bestimmten Fristen hat keinen weitern Nachtheil, als dass die erst später eingetragene Hypothek nur von dem Tage der Inscription wirksam sein solle. Auf sie findet daher der Art. 2146 B. G. B. keine Anwendung.

K. Reg. Cöln wider Kramer, 8. Oct. 1828.
Blanchard. Eichhorn. — — Sandt. Arch. VIII. 2. 8.

In dem Kaiserl. Decret vom 3. November 1809 für Berg ist zwar unter den als transitorisch bezeichneten Verfügungen im Tit. *III.* bestimmt, dass die zur Zeit dieses Decrets bestehenden Privilegien und Hypotheken innerhalb 6 Monaten nach dieser Publication eingetragen werden sollten; der Tag dieser Publication ist aber aus dem Gesetzbülletin nicht zu entnehmen. Dagegen ergiebt sich aus dem Ministerialbeschluss vom 22. Mai 1810 (Praefecturacten p. 203), dass Druck und Vertheilung der Nr. 2, worin jenes Decret sich befindet, erst Ende Januar 1810 hat geschehen können. Die Minister der Finanzen und des Innern haben sich um deswillen veranlasst gefunden zu der Bestimmung, dass jene Frist erst mit dem 1. Februar 1810 zu laufen anfange; ja sie haben sogar am 24. Juli 1810 in der Voraussetzung, dem Kaiserlichen Willen zu entsprechen, die Frist bis zum 1. October 1810 verlängert. Diese Voraussetzung war keine willkührliche, die Prolongation durch die Umstände und die Vorstellung des Gen. Domainen Stempel- und Hypotheken-Directors vielmehr geboten.

Ueberdies ist der Beschluss gesetzlich wirksam, da 1) der Finanzminister zugleih Kaiserl. Commissarius und es sich hier nur um Ausführung des Kaiserl. Willens handelte; da 2) kein bestimmtes Datum gesetzlich ausgesprochen war, und überhaupt unmöglich erschien, den Gläubigern da eine Säumniss beizumessen, wo die Hypotheken-Bewahrer nicht genügen zu können erklärt hatten.

Die Nichtbeachtung des Beschlusses vom 24. Juli 1810 ist sonach ein zureichender Cassationsgrund.

K. Königl. Reg. Düsseldorf wider Erben Mauritz, 30. Sept. 1839.
Graun. Eichhorn. Kunowski. Sandt. Arch. XXIX. 2. 12.

Erneuerung der Hypothek.

Die Erneuerung jeder geschehenen Inscription, sei es einer Hypothek oder eines Privilegiums, ist im Art. 2154 B. G. B. allgemein vorgeschrieben. Der etwanige Zweifel, wer die ex officio gemachten Inscriptionen zu erneuern habe, ist durch das vom Kaiser genehmigte Staatsrathsgutachten vom 15. Dec. 1807 dahin gelöset, dass jene Erneuerung Sache des dabei Interessirten ist.

Ein Verkäufer, dessen Privilegium gesichert — Art. 2108 B. G. B. — kann daher mit einer verspäteten Erneuerung nur nach Art. 2113 B. G. B. berücksichtigt und demnach locirt werden.

R. Stündeck wider Brugmann, 8. Febr. 1825.
v. Meusebach. Goerdeler. Sandt. Reinhardt.

Die Nothwendigkeit, die Hypothekareinschreibungen bei dem Ablauf der 10jährigen Frist zu erneuern, dauert nach eingetretener Zwangsveräusserung fort. Kein Gesetz legt der Adjudicatoria diese Wirkung der Erneuerung bei. Der Art. 2180 erwähnt des Zwangs-Verkaufes nicht. Der Art. 2154 enthält dagegen ein allgemeines auf die öffentliche Ordnung gegründetes Gebot. Mit ihm stimmt der Art. 752 B. P. O. und 2169 B. G. B. überein, welche einen Extract erfordern über die existirenden Hypotheken, ebenso die Art. 773, 774 B. P. O. Der Art. 2146 B. G. B. a lin. 2, nur im Interesse der zu jener Zeit vorhandenen Gläubiger des Verstorbenen gegeben, steht dem in keiner Weise entgegen.

K. Campille wider Beving, 3. Jan. 1835.
v. Breuning. Eichhorn. Sandt. Reinhardt. Arch. XLI. 2. 92.
Ann. V. 1. 3.

K. Walter wider Steuerdirection Cöln, 4. Mai 1840.
Esser. Eichhorn. Sandt. Arch. XLI. 2. 94.

Der Ausbruch des Falliments befreiet nicht von der Nothwendigkeit der Erneuerung der Hypothek. Art. 2154 B. G. B. Die Art. 442—448 seq. H. G. B. berechtigen nicht zu der Annahme des Gegentheils; sie wollen willkührliche Handlungen des Cridars, nicht aber die Erhaltung bestehender Rechte, wie die im Interesse der öffentlichen Ordnung vorgeschriebene Erneuerung der Hypotheken — hindern. Die Inscription des Art. 500 H. G. B. Seitens der Syndiken hat einen ganz andern

Zweck, als die Sicherung der Vorzugsrechte einzelner Gläubiger, und dispensirt diese von ihren Obliegenheiten nicht.

R. Bollmann wider Gläubiger der Ebermayerschen Masse, 9. Nov. 1840.
Graun. Eichhorn. Reusche. Sandt. Kunowski.

Reduction und Tilgung der Hypothek.

Durch Confusion wird die Hypothek von selbst getilgt, Art. 1300. Der Richter aber, der um deswillen ihre Löschung als überflüssig ansieht, und ohne Berücksichtigung des betreffenden Antrages verweigert, verletzt den Art. 2160 B. G. B.

K. Fürth wider Massardo, 7. Juli 1820.
Seyppel. Ruppenthal. Molitor. Haass.

Der Richter handelt den Art. 2160 und 2180 B. G. B. nicht entgegen, wenn er auf eine nicht in Antrag gebrachte Reduction nicht erkennt.

R. Stork wider Schmitt, 18. Dec. 1822.
Goerdeler. Ruppenthal. Reinhardt. Sandt.

Die Art. 2161— 2165 B. G. B. stellen die Reduction lediglich in das Ermessen des Richters und sind somit dem Cassations-Recurs entzogen.

R. Zerres wider v. Heeremann, 26. Oct. 1840.
Simon. Eichhorn. Reusche. Sandt.

Zur Ersitzung der Freiheit eines Immobile von Hypotheken binnen 10 Jahren ist ein reelles Domicil des Gläubigers im Bezirk des Appellations-Gerichtshofes erforderlich.

K. Lang wider Kellermann, 20. Febr. 1843.
v. Oppen. Jaehnigen. Sandt. Kunowski. Arch. XXXV. 2. 62.

Die Behauptung, dass eine ex officio bei Gelegenheit einer Transscription gethätigte Inscription erst dann zu löschen sei, wenn auf das Privilegium verzichtet oder Zahlung des Kaufpreises dem Hypothekenbewahrer nachgewiesen ist, wird durch kein Gesetz gerechtfertigt und beruht auf einer dem Art. 2157 B. G. B. fremden Unterscheidung. Vergl. 2158, 2108 B. G. B.

R. v. Solemacher wider Alken, 27. Nov. 1843.
Graun. Jaehnigen. Reusche. Arch. XXXVI. 2. 60.

Interlocut.

Erkenntnisse, wodurch die Gerichte die schriftliche Instruction verordnen, sind rein praeparatorisch. Dies kann jedoch von dem Fall nicht gelten, wo die Königl. Regierung in einem den Staat betreffenden Rechtsstreit auf Grund der hierüber ergangenen Vorschriften die schriftliche Verhandlung beantragt und das Gericht diesen Antrag um deswillen zurückweist, weil es denselben für ungesetzlich hält, denn hier handelt es sich von der Ausübung eines eigenen Rechts.

R. Reg. Trier wider Gem. Mandern, 18. Mai 1825.
Fischenich. Eichhorn. Reinhardt. Sandt.

Ein Erkenntniss, welches zur Inscription en faux verweist, ist ein definitives im Sinn des Art. 452 B. P. O.

K. Baldes wider Rink, 3. Dec. 1831.
Eimbeck. Oswald. Sandt. Kunowski.

Durch Rathskammerbeschluss wird bestimmt, dass ein Notar zur Sitzung zu laden, um sich wegen Dienstwidrigkeiten und wegen in einem an den Landgerichtspräsidenten gesandten Brief enthaltenen Injurien nach Art. 50 Not. Ord. zu vertheidigen. Dieser Beschluss stellt ein definitives Erkenntniss im Sinne des Art. 14 Ges. vom 2. Brumaire IV. nicht dar. Die vom öffentl. Ministerium eingelegte Cassation ist daher unzulässig.

R. Oeff. Minist. am L. G. Cöln wider Dubyen, 5. Nov. 1838.
Esser. Eichhorn. — — Reusche.

Es liegt nicht im Wesen eines Beweis-Interlocuts, die für den Beweis erheblichen Thatsachen schon im Voraus bis in ihr kleinstes Detail zu bestimmen, zumal wenn die beweispflichtige Parthei die einzelnen Thatsachen nicht schon selbst articulirt hat; die Auswahl der Thatsachen muss dem eigenen rechtlichen Ermessen der Parthei anheimgestellt bleiben.

R. Schmitt wider Schmitt, 9. Dec. 1839.
Heffter. Eichhorn. Reusche. Sandt.

Der zweite Richter hat, bevor er über die Berufung Recht sprechen wollte, dem Imploranten den angetragenen Eid auferlegt. Dieser Vorbehalt schliesst die Eigenschaft einer definitiven Entscheidung aus. Gesetz vom 2. Brumaire IV.

Aus dem Umstande, dass der Cassationsverklagte die Eidesleistung ohne Vorbehalt vor sich gehen liess, kann mithin ein Verzicht auf die Befugniss, gegen jenes Urtel mit dem Endurtel den Recurs einzulegen, nicht gefolgert werden.

R. Schönmann wider Pasterts, 7. Nov. 1842.
Esser. Eichhorn. Sandt. Kunowski.

Es sind zwei Urtheile in den Instanzen ergangen. Der gegen das frühere eingelegte Recurs wird für unannehmbar erklärt. Die beantragte Vernichtung des spätern Urtels wird vom Imploranten allein und ausschliesslich begründet auf dieses für unannehmbar erklärte Gesuch. Dieser Recurs ist unzulässig; weil besondere in dem angefochtenen Urtheil selbst liegende Gründe nicht beigebracht sind.

R. Neuhaus wider v. d. Heydt. 15. Juni 1821.
v. Meusebach. Ruppenthal. Sandt. Haass.

Gegen einen Vorbescheid, wider welchen der Recurs nicht mitgerichtet ist, kann der Cassationskläger keine Ausstellung machen.

R. Weckbecker wider v. Pappenheim. 11. Februar 1824.
Goerdeler. Ruppenthal. Sandt. Reinhardt. Arch. V. 1. 169.

Der Implorant hat den Recurs nur gegen einen Incidentpunkt, die Gültigkeit des Zeugenverhörs eingelegt, nicht gegen das definitive, inzwischen rechtskräftig gewordene Urtel. Es könnte mithin nur das Incidenturtel cassirt werden. Aus dessen Vernichtung folgt in keiner Weise die Unwirksamkeit des Hauptturtels; da dieses rechtskräftig, so ist der Recurs gegen den Incident unannehmbar. Die Art. 20. seq. des Gesetzes vom 27. November und 1. December 1790 stehen dem nicht entgegen; sie setzen voraus, dass mit dem cassirten Urtel die Verhandlung vor den Instanzrichtern schloss, oder dass auch die später erlassenenen Instanzurtheile durch den Recurs angefochten und cassirt worden sind. Hätte der Grundsatz aufgehoben werden sollen, dass ein nicht angegriffenes Urtel post fatale unwiderrufliches Recht wird, so würde dieses ausdrücklich ausgesprochen sein.

R. Stinshof wider Vorst. d. Rathskirche zu Homberg, 22. Juli 1837.
Jaehnigen. Eichhorn. Reusche. Sandt.

Der Art. 451. B. P. O. ertheilt den Partheien zwar die Befugniss, nirgend aber die Pflicht, gegen interlocutorische Vorbescheide zu appelliren, oder sich die Berufung ausdrücklich vorzubehalten.

R. Gladbach wider Schubach, 4. Februar 1832.
Lombard. Eichhorn. Kunowski. Sandt.

Der Einfluss, qui préjuge le fond gehört zur Wesenheit eines Interlocuts, ohne welche dieses kein Interlocut, sondern ein rein präparatorisches Urtel sein würde. Ein Interlocut trägt hinwiederum in dem Umfange jenes Einflusses die definitive Entscheidung nicht nothwendig in sich, denn sonst gäbe es kein Interlocut, welches nicht die definitive Entscheidung in sich trüge —, keins, welches, wenn es der Parthei selbst zugestellt worden, und hiernach die dreimonatliche Frist verstrichen wäre, erst mit dem Endurtel durch die Berufung oder den Cassationsrecurs angegriffen werden könnte. Das angegriffene Urtel, indem es dem Imploraten den Beweis in der geschehenen Art nachlässt, stellt nach Art. 452 B. P. O. gerade ein solches dar, welches Art. 14, Gesetz vom 2. Brumaire IV. im Gegensatz zu dem Endurtel unter den Instructionsurtheilen versteht, die erst mit jenem im Cassationswege angegriffen werden können.

Die Einrede der Unannehmbarkeit ist daher nicht begründet.

K. Krieger wider Goerts, 17. December 1836.
Esser. Eichhorn. Sandt. Reusche. Arch. XXV. 2. 33.

Es hat sich die Praxis gebildet, dass interlocutorische Urtheile, — den Recurs anlangend — in die Klasse der präparatorischen gehören, und dass der Art. 450 B. P. O. nur für die zweite Instanz Geltung habe.

Art. 14, Gesetz vom 2. Brumaire IV.

Dieser Praxis liegt jedoch die Voraussetzung zum Grunde, dass das angegriffene Erkenntniss wirklich keine definitive und dem Fond der Sache präjudicirliche Entscheidung enthält.

R. Godderz wider Gossen, 9. Juni 1832.
Graun. Eichhorn. Sandt. Kunowski.

Der zweite Richter hat das erste Urtheil reformirt, und über die Beweislast definitiv entscheidend den Ausgang des Rechtsstreits von der Erbringung des auferlegten Beweises abhängig gemacht. Dies Interlocut ist als ein bloss vorbereitendes Urtheil, gegen welches nach dem Art. 14, Gesetz vom 2. Brumaire IV. der Cassationsrecurs vor dem Endurtheil unzulässig, nicht anzusehen.

R. Reg. Coblenz wider Hein, 4. Juni 1823.
Seyppel. Eichhorn. Reinhardt. Sandt.

Auch ein in zweiter Instanz bestätigtes Interlocut kann erst mit dem Endurtel im Cassationswege angegriffen werden.

R. Reg. Düsseldorf wider Kayser, 9. Mai 1842.
Esser. Jaehnigen. Sandt. Reusche.

Das ein Interlocut bestätigende zweite Erkenntniss hat selbst nur die Natur eines Interlocuts. Ein Interlocut ist nach dem Gesetz vom 2. Brumaire IV, Art. 14, erst nach dem Erlass des in letzter Instanz ergangenen Endurtheils Gegenstand der Cassation.

R. Generalpostamt wider Fier, 31. Mai 1826.
Goerdeler. Eichhorn. Sandt. Kunowski.

R. Schieffer wider Hahnenbein, 31. Januar 1827.
Blanchard. Eichhorn. Sandt. Kunowski.

Die Beschwerde, dass der Richter die Beweisauflage auf Vieh, statt dem Antrage zufolge auf Rindvieh gerichtet, ist, als gegen ein Instructionsurtel gerichtet, vor Erlass des Endurtheils nach dem Gesetz vom 2. Brumaire IV., unannehmbar.

R. v. Hatzfeld wider Bleser u. Gen., 13. October 1845.
v. Daniels. Jaehnigen. Reusche. Sandt.

Ein Urtheil, welches über die Zulässigkeit des Zeugenbeweises entscheidet, spricht im Sinne des Art. 1341 seq. B. G. B. über ein materielles Recht ab, und ist daher ein definitives. Wird es durch die Antretung des Beweises vollzogen, so wird es rechtskräftig, und hierdurch die Möglichkeit der Berufung ausgeschlossen. Art. 1350. 1351.

K. Bellut wider Vogts, 24. Mai 1841.
Jachnigen. Eichhorn. Sandt. Reusche. Arch. XXXII. 2. 10.

Kein Gesetz verbindet den Richter, bei Strafe der Nichtigkeit, einen nothwendig entscheidenden Ausspruch auf seinen endlichen Ausspruch einem Sachverhältniss einzuräumen, dessen nähere Erörterung er durch einen Bescheid verfügt hatte, ohne darin über den Einfluss der zu ermittelnden Thatumstände auf die künftige Hauptentscheidung, etwas definitiv festzusetzen. Art. 14. Gesetz vom 2. Brumaire IV. Das wirkliche Dasein des Widerspruches des Zwischen- und Haupturtels begründet übrigens die Restitution des Art. 480 B. P. O.

R. Henkels wider Voss, 12. Mai 1820.
Goerdeler. Eichhorn. Molitor. Sandt.

R. Thuquet wider Matthis, 29. Januar 1823.
Blanchard. Eichhorn. Sandt. Reinhardt.

Interlocutorische Erkenntnisse gehen dadurch, dass sie von den Partheien vollstreckt worden, nicht in Rechtskraft über, sie binden und verpflichten nicht den Richter, der sie erlassen, das Resultat der darin enthaltenen Vorschriften seinem Endurtheil zur Basis zu legen. Von Erkenntnissen dieser Art kann zwar, aber muss nicht sofort appellirt werden. Art. 451. B. P. O. Hat sich die Parthei Berufung von dem Interlocut vorbehalten und demnächst Appell mit dem Endurtheil wirklich eingelegt, so kann der zweite Richter ohne Rücksicht auf den etwa geführten Beweis in der Hauptsache erkennen, die angebliche Rechtskraft des Interlocuts wird hierdurch nicht verletzt.

R. Lehmann wider v. Hallberg, 12. Juni 1822.
Blanchard. Ruppenthal. Reinhardt. Sandt.

Wenn die Parthei von der Befugniss des Art. 451 B. P. O. vor dem Endurtheil zu appelliren, keinen Gebrauch macht, sei es, dass sie dies förmlich erklärt, oder das Interlocut vollzieht, oder die Frist verstreichen lässt, so ist jene Befugniss ausgeschlossen; es bleibt nach dem Wahlprincip nur noch die Befugniss, mit dem Endurtheil zu appelliren. Von diesem Gesichtspunkt aus ruht der Grundsatz:

Interlocute binden den Richter nicht,

eben nach Art. 451 auf der Bestimmung, dass mit dem Endurtel von dem Interlocut appellirt werden kann. Wäre der

Richter trotz seiner späteren Ueberzeugung von der Unerheblichkeit der auf Beweis gestellten Thatsachen, dem Interlocut gemäss zu urtheilen verbunden, so würde er in die sonderbare Lage kommen, schon zum Voraus mit dem durch die Berufung angreifbaren Interlocut auch sein Endurtel fallen zu sehen; wird dagegen das Interlocut vorläufig in der Berufungsinstanz bestätigt, und somit rechtskräftig, so ist einmal aus diesem Grunde, und dann, weil durch diese Wahl die Befugniss, mit dem Endurtheil von dem Interlocut zu appelliren, ausgeschlossen ist, jede Gefahr, das Endurtel als Folge jenes Interlocuts reformiren zu sehen, völlig ausgeschlossen. Widrigenfalls würde der Art. 451 unnütz und zwecklos sein.

R. Knecht wider Tönnies, 1. October 1838.
Esser. Graun. Reinhardt. Sandt. Ann. V. 1. 315.

Jagd.

Die Jagdgerechtsame sind im Grossherzogthum Berg, so wie sie ehemals bestanden, beibehalten. Der Richter, indem er den Umfang der aus solchen unter dem deutschen Privatrecht entstandenen Rechtsverhältnissen sich ergebenden Folgen zur Verbindlichkeit, irgend einen durch das Wild innerhalb des Jagdreviere verursachten Schaden zu ersetzen, nach jenem Privatrecht beurtheilte, hat hierdurch weder den Art. 3 der Berg-Decr. vom 12. Nov. 1809 noch sonst ein Gesetz verletzt.

R. v. Fürstenberg wider Abstoss, 24. December 1831.
Esser. Oswald. Sandt.

Der Jagdberechtigte ist zur Erstattung des im Jagdreviere durch das Wild angerichteten Schadens um so mehr verpflichtet, als dem Grundeigenthümer gesetzlich nicht einmal gestattet ist, den Genuss der Früchte, wozu er ein unbestrittenes Recht hat, durch Beschränkung des Wildstandes sicher zu stellen.

R. v. Elz-Rübenach wider Lippers, 2. December 1844.
Brewer. Eichhorn. Sandt. Kunowski.

Judendecret.

Der Art. 4 des Decrets vom 17. März 1808 findet auch auf Vergleiche statt, da sie im Falle eines Betruges an und für sich der Rescission unterworfen sind.

R. Reinack wider v. Schmittburg, 28. Dec. 1820.
Mühler. Eichhorn. Sandt. Reinhardt.

Sic.

Cahn wider v. Schmittburg, 3. November 1820.
Mühler. Eichhorn. Kunowski. Reinhardt.

Der Art. 4, l. c. knüpft die dem Schuldner gestattete Einrede an die Eigenschaft des nicht handeltreibenden Unterthans. Mit ihr geht das Recht selbst verloren.

K. Seligmann wider Senft, 17. August 1821.
Goerdeler. Eichhorn. Sandt.

Ebenso:

R. v. Cohausen wider Zons, 29. Aug. 1827.
Blanchard. Eichhorn. Kunowski. Sandt.

Nach Art. 4, l. c. ist der Beweis des Umstandes, dass überhaupt gezahlt worden, für die Entscheidung ohne Einfluss, wenn die Summe nicht erwiesen ist.

R. Kaufmann wider Esselborn, 29. Januar 1836.
Jaehnigen. Eichhorn. Reinhardt. Kunowski.

Der Art. 5, l. c. ist in seinem ersten Theile auf jüdische Kaufleute nicht anwendbar.

R. Cremer wider Oppenheim, 29. Juni 1833.
Esser. Eichhorn. Kunowski. Sandt.

Kassation.

Frist.

Der Art. 147 B. P. O. untersagt die Vollstreckung eines Urtheils, wenn es nicht vor allem dem Anwalt zugestellt worden ist. Zum Beginnen der Nothfristen erfordert das Gesetz eine solche Zustellung nicht. Es genügt die Insinuation an die Parthei oder an ihrem Wohnorte.

R. Calcar wider Louisendorff, 7. Mai 1823.
Blanchard. Eichhorn. Reinhardt. Sandt. Ann. V. 1. 84.

Bei Ausländern ist innerhalb der durch Art. 13. Tit. 4. Theil I, Reglement vom 28. Juni 1738 bestimmten und durch kein späteres Gesetz aufgehobenen Frist von 6 Monaten das Cassationsgesuch niederzulegen.

R. Lehmann wider v. Hallberg, 12. Juni 1822.
Blanchard. Ruppenthal. Reinhardt. Sandt.

R. Tascher de Lapagerie wider v. Loë, 24. December 1836.
Esser. Eichhorn. Reusche. Sandt.

Das Armenrechtsgesuch, welches zugleich den Erfordernissen einer Anmeldung des Recurses entspricht, ist rechtszeitig präsentirt und somit der Recurs selbst trotz der erst nach Ablauf der Frist ertheilten Zulassung nicht verspätet.

R. Flügel wider Ernst, 7. November 1842.
v. Oppen. Jaehnigen. Furbach. Deycks.

Nicht der Tag der Zulassung zum Armenrecht, oder der Einreichung des von einem Anwalt unterschriebenen Cassationsgesuches, sondern der Tag der Präsentation des Gesuches und seiner Anlagen ist entscheidend.

Das angegriffene Urtheil ist am 2. Mai 1826 zugestellt. Am 25. Juli wird die Bitte um Zulassung zum Cassationsgesuch im Armenrecht nebst Anlagen präsentirt. Am 9. August Zulassung zum Armenrecht, am 21. Einreichung eines von einem Anwalt unterzeichneten Cassationsgesuches, am 22. Präsidialordonnanz. — Der Einwand der Unannehmbarkeit greift mithin nicht durch.

R. Boden wider Boden, 6. Februar 1828.
Blanchardt. Eichhorn. Sandt. Kunowski.

Nach Art. 30. Tit. 4. Thl. I des Reglements vom 28. Juni 1738 und Art. 8 Verordnung des Generalgouvernements vom 6. Mai 1814 muss die eingereichte Cassationsschrift spätestens 3 Monate nach ihrer Einreichung bei Verlust des Rechtsmittels dem Gegner insinuirt werden.

R. Gem. Niederemmel wider Karricht, 24. Februar 1830.
Blanchard. Eichhorn. Kunowski. Sandt.

Wo der Recurs gehörig eingelegt worden, steht der Annehmbarkeit eines nachträglichen Cassationsmittels nichts entgegen.

R. Heimann wider Heimann, 21. Febr. 1827.
Blanchard. Eichhorn. Kunowski. Sandt.

In die Cassationsfrist wird weder der Tag der Insinuation, noch der Tag, an welchem die Frist zu Ende läuft, eingerechnet.

R. Hasselkurs wider Thomas, 12. December 1827.
Blanchard. Eichhorn. Kunowski. Sandt.

Förmlichkeiten.

Die Cassation ist annehmbar, wenn gleich nicht das Gesuch vor der Zustellung an die Cassationsverkl. auf dem Secretariat des Cassationshofes niedergelegt, und die Präsidialordonnanz erwirkt worden ist.

R. Königl. Reg. zu Coblenz wider Becker, 9. März 1821.
v. Savigny. Ruppenthal. Haass.

Wenn in dem **Acte** über die Zustellung des Cassationsgesuches die betreffenden Erben namentlich genannt sind, so bedarf es dessen in dem Gesuch nicht.

K. Braun wider Aussem, 27. April 1821.
Friccius. Ruppenthal. Sandt. Haass.

Wenngleich Einer der Cassations-Verkl. in dem Rubrum des Cassationsgesuches unter den übrigen Streitgenossen nicht ausdrücklich genannt ist, so ist dieser Mangel dadurch hinlänglich ersetzt, dass sein Name in dem angefochtenen Urtheil enthalten, dieses mit dem Cassationsgesuch übergeben, und der Cassations-Beklagte gehörig geladen worden ist. Jedenfalls hätte eine hieraus entnommene Einrede sofort in der Exceptionsschrift vorgebracht werden müssen.

K. Friederichs wider Bremer, 5. September 1827.
Fischenich. Eichhorn. Sandt. Kunowski.

Der Mangel des Vornamens des Cassationsklägers im Gesuch und der Zustellung ist kein Unannehmbarkeitsgrund, zumal wenn sich dieser Vorname aus dem beigefügten Appellationsurtel ergiebt.

R. v. Liemont wider Verwaltungsrath der Stiftungen zu Cöln, 16. Januar 1843.
Graun. Eichhorn. Reusche. Sandt.

Die Königl. Regierung kann als Stellvertreterin der Verwaltung der Einregistrirungsgebühren ohne Beistand eines Anwaltes die Cassation gültig einlegen.

Art. 17. Gesetz vom 27. Ventôse IX,
- 94. - - - - VIII.

Der in der Denkschrift enthaltene Antrag um einen Admissionsbeschluss begründet, zumal, wenn in der Hauptsache der Mangel eines Antrages gehoben worden, keine Nichtigkeit.

R. Regierung zu Trier wider Coupette, 18. Aug. 1820.
Seyppel. Eichhorn. Molitor. Haass.

Abschrift des angegriffenen Urtels muss der Cassationsschrift beigefügt, oder doch wenigstens nachträglich bei Strafe der Nichtigkeit übergeben werden.

K. Braunfels wider v. Weichs, 7. Juni 1821.
v. Savigny. Eichhorn. Sandt. Haass.

Die Nichtvorlegung des angefochtenen Urtels in zugestellter Abschrift oder sonst beglaubter Form begründet die Einrede der Unannehmbarkeit. Art. 4. Tit. 4. Reglement v. 28. Juni 1738. Art. 25. Ges. v. 2. Brumaire IV.

R. Schelhaass wider Stork, 9. März 1831.
Oswald. Eichhorn. Sandt. Kunowski.

Der nicht mit den gehörigen Belägen eingeführte Cassationsrecurs ist unannehmbar. Verordnung des Gen.-Gouvernements vom 3. Juli 1814. §. 4 und 5, und Decret vom 17. Dec. 1811. Art. 131.

R. Büchel wider Goergens, 25. Febr. 1820.
Hardung. Ruppenthal. Haass.

Der Cassationskläger erklärt in dem Gesuch, die Klage sei nicht possessorisch, der Friedensrichter nicht competent, der Art. 23 B. P. O. somit verletzt. Es ist kein wesentlicher Mangel, dass er nicht zugleich das Gesetz vom 24. August 1790 ausdrücklich angezogen hat.

R. Auer wider Siebert, 21. Juli 1832.
Graun. Eichhorn. Kunowski. Budde.

Der Recurs ist unannehmbar und unförmlich, wenn die verletzten Gesetze nicht namhaft gemacht werden.

R. Bisenius wider Richardt, 23. Nov. 1831.
Graun. Oswald. Kunowski. Sandt.

Hinsichtlich der festzustellenden rechtzeitigen Einlegung und des substantiellen Inhalts des Cassationsgesuches kommt es lediglich auf das im Secretariat des Gerichshofes deponirte Original an.

R. Gerson wider Detochet, 1. Juli 1839.
Heffter. Eichhorn. Sandt. Reusche.

Der Recurs ist den Erben des ursprünglichen Verklagten Müller zugestellt, das Cassationsverfahren ist daher mit ihnen anhängig, die Bezeichnung des Cassationsgesuches als in Sachen des Klägers und des Müller eingelegt, macht den Recurs nicht unannehmbar.

K. Küster wider Müller, 12. Nov. 1836.
Jaehnigen. Eichhorn. Sandt. Kunowski. Arch. XXIV. 2. 64.

Die Vorschriften wegen der Contrasignatur der Cassationsschriften durch einen Advocaten finden auf die pro fisco übergebenen Schriften keine Anwendung.

Arrêté du directoire exécutif 10. Therm. IV. Art. 89.
Gesetz vom 27. Vent. VIII.

Dadurch, dass die Ausfertigung des Appellationserkenntnisses als ein Auszug aus den Urschriften des Secretariats qualificirt worden, wird sie noch nicht zu einer unförmlichen Expedition, zumal nicht erwiesen ist, dass die Urschrift besondere factische Darstellungen enthalte.

R. Karbach wider Steuerdirection Cöln, 18. Nov. 1820.
Steltzer. Eichhorn. Kunowski.

Geldbusse.

Es ist nirgend vorgeschrieben, dass in dem Recursgesuch zu erwähnen, dass die Succumbenzgelder und die angegriffenen Urtheile hinterlegt sind.

R. Aldringer wider Limburg, 20. Nov. 1822.
v. Reibnitz. Eichhorn. Reinhardt. Sandt.

Ist die Geldbusse nicht hinterlegt, so ist der Recurs unannehmbar. Gesetz v. 2. Brum. IV. Art. 17 und 14. Brum. V.

R. Brüning wider Hermes, 2. März 1840.
Graun. Esser. — — Kunowski.

Ist der zweite Recurs nur ein Annexum des ersten, so bedarf es keiner zweiten Deposition der Succumbenzgelder.

R. Godderz wider Gossen, 9. Juni 1832.
Graun. Eichhorn. Sandt. Kunowski.

Ladung.

Die nach der Bekanntmachung von dem Absterben einer Parthei geschehene Anmeldung des Cassationsrecurses ist von keiner Wirkung.

Die Präsidialordonnanz zur Mittheilung ist an die Stelle des Admissionsurtheils getreten. Verord. v. 21. Juni 1819; §. 6 des Regl. von 1738; Art. 334 B. G. B.

R. v. Gymnich wider Weber, 22. Sept. 1820.
Hardung. Eichorn. Sandt. Molitor.

R. Pütz wider Pangh, 13. Oct. 1820.
v. Meusebach. Ruppenthal. Reinhardt. Sandt.

R. Fürstenberg wider Fürstenberg, 1. Juni 1821.
v. Reibnitz. Ruppenthal. Haass. Sandt.

Die Verordnung von 1738 findet nur Anwendung, wo ein Admissionsurtheil erlassen worden ist.

R. Botz wider v. Harff, 28. Januar 1820.
Blanchard. Eichhorn. Molitor. Haass.

Nach dem Reglement von 1738. Th. II. Tit. I. Art. 6 enthält die Signification des Erkenntnisses zur Mittheilung zugleich von Rechtswegen die Aufforderung, in der durch das Gesetz bestimmten Frist zu erscheinen. Es reicht daher vollkommen hin, dass die Bekanntmachung gehörig geschehen, gleichviel, ob eine Vorladung damit verbunden, und ob die für letztere besonders vorgeschriebenen Förmlichkeiten beobachtet worden oder nicht. Alles dies gilt jetzt von der Notification der Denkschrift.

R. Salm-Reiferscheidt-Dyck wider Püllen, 24. April 1822.
Fischenich. Eichhorn. Sandt. Haass.

Die in §. 4 der Verordnung des Gen.-Gouvernements vom Nieder- und Mittelrhein 20. Juli 1814 enthaltene Bestimmung setzt eine in gesetzlicher Form geschehene Bekanntmachung voraus. Diese muss, da sie zugleich mit einer Vorladung verbunden, auf die in den Art. 68 und 69 B. P. O. vorgeschriebene Weise, und folglich in Betreff der Ausländer bei Strafe der Nichtigkeit — Art. 70 das. — an den Generalprocurator des Revisions- und Cassationshofes geschehen. Sie ist in dem zur Insinuation des angegriffenen Urtheils bei dem Anwalte der Cassationsverkl. gewählten Domicil um so weniger zu bewirken, als diese Wahl eines Domicils nur bei der durch das Cassationsgesuch nicht gehemmten Vollstreckung des Urtheils von Wirkung hätte sein können. Vergl. Art. 30 Tit. 4. Th. I. des Reglements von 1738 — §. 6 der Verordnung des Gen.-Gouvernements vom Niederrhein vom 28. April 1814.

R. Einreg. Verwalt. wider Chiron-Sarassin, 17. Sept. 1823.
Blanchard. Ruppenthal. Sandt. Ann. V. 1. 95.
R. Kober wider Schnepper, 29. Jan. 1844.
Esser. Eichhorn. Kunowski. Sandt.

Cassationsgründe.

Der Mangel der Qualitäten giebt keinen Grund zur Nichtigkeit des Urtels. Ihre Abfassung ist Sache der Partheien. Art. 142 B. P. O. Der Art. 7 des Ges. vom 20. April 1810, welcher die aus der mindern Aufmerksamkeit der Richter hervorgehenden Mängel, um derentwillen ein Urtel als nichtig erklärt werden soll, namentlich aufgezählt, begreift diesen durch die Parthei selbst entstandenen Mangel nicht unter sich.

R. Dahl wider Müller, 15. October 1819.
v. Meusebach. Eichhorn. Haass.
K. Fürth wider Massardo, 7. Juli 1820.
Seyppel. Ruppenthal. Molitor. Haass.

Die Nichtbeobachtung des Art. 141 B. P. O. ist mit keinem Rechtsnachtheil verknüpft.

R. Barthelemy wider Geremont, 8. Nov. 1826.
Fischenich. Eichhorn. Sandt. Kunowski.

Es ist bei Strafe der Nichtigkeit nothwendig, dass diejenigen 3 resp. 5 Richter, welche das Urtel erlassen, den Vorverhandlungen beiwohnen, worauf das Urtel ergangen ist.
Art. 7 des Gesetzes vom 20. April 1810.

K. Müller wider Busch, 9. Juni 1820.
v. Savigny. Eichhorn. Molitor. Sandt.

Sic.

K. Erben Kaiser wider Mai, 20. Sept. 1834.
v. Breuning. Eichhorn. Sandt. Reinhardt.

Diejenigen Richter, welche den Vorbescheid, haben das Endurtel nicht abgefasst. Dies ist dann keine Verletzung des Art. 7. Gesetz vom 20. April 1810, wenn alle Richter an den zwischen dem Vorbescheid und dem Endurtel in der Sache stattgefundenen Sitzungen Theil genommen haben.

R. Weckbecker wider v. Pappenheim, 11. Febr. 1824.
Goerdeler. Ruppenthal. Sandt. Reinhardt. Ann. V. 1. 169.

Der Umstand:

1) dass ein Richter, welcher allen Verhandlungen beigewohnt, bei dem Urtheil nicht zugegen gewesen,

2) dass eine Veränderung in dem Personal des öffentlichen Ministeriums vor sich gegangen,

3) dass die Gegenwart des Procurators nicht vermerkt,

4) dass das öffentliche Ministerium in seinen Anträgen nicht gehört, obgleich es hätte gehört werden müssen,

5) dass ein im Urtheil angeführtes Schreiben nicht wörtlich eingerückt worden ist,

giebt keinen Grund zur Cassation. Die Anwesenheit eines Procurators ist nicht bei Strafe der Nichtigkeit vorgeschrieben, und seines Namens nur zu erwähnen, wenn er gehört worden ist. Art. 141 B. P. O.

K. Fürth wider Massardo, 7. Juli 1820.
Seyppel. Ruppenthal. Molitor. Haass.

Ein Urtheil, aus dem sich nicht ergiebt, dass die Verhand lung und Verkündigung öffentlich, ist nichtig.
Art. 7. Gesetz vom 20. April 1810.

K. Sebastian wider Dittges, 28. Juli 1820.
Simon. Ruppenthal. Sandt. Molitor.

Bemerkt wird, dass die Cassation hier nur im Interesse des Gesetzes ausgesprochen worden ist.

Ein Erkenntniss ohne Gründe muss vernichtet werden. Art. 141. 470 B. P. O. Art. 7. Ges. v. 20. April 1810.

K. Theis wider Theis, 29. Sept. 1830.
Blanchard. Eichhorn. Sandt. Budde. Arch. XV. 2. 6.

Der Art. 116 B. P. O. belegt es mit keiner Nichtigkeit, wenn der Tag, an welchem der Ausspruch des Urtels erfolgen soll, nicht vorher bestimmt wird. Zur Gültigkeit dieses Ausspruches bedarf es keiner vorläufigen Mittheilung des über das frühere Erscheinen der Partheien etwan abgehaltenen Protokolls, da dasselbe nicht zu den im Art. 188 ibid. erwähnten Urkunden gehört.

Kein Gesetz verlangt die Anwesenheit der Partheien oder ihrer Anwälte bei Verkündung eines Urtheils zu dessen Gültigkeit.

R. Beaumont wider Regnier, 7. Aug. 1822.
Blanchard. Ruppenthal. Reinhardt. Sandt.

Der Richter hat in den Motiven seines Urtheils das Recht des Imploranten auf Ersatz des von dem Bezogenen nicht verschuldeten Betrages der Wechsel dem Gegner gegenüber anerkannt, im Dispositiv aber verworfen. Das Urtel muss in so weit der Vernichtung unterliegen.

K. Haas wider Hagemann, 27. Sept. 1826.
Oswald. Eichhorn. Sandt.

Die irrige Anslegung eines Vertrages ist kein Cassationsgrund, zumal die Art. 1134, 1135, 1156, 1163, 1175 B. G. B. nur allgemeine Interpretationsregeln enthalten, deren Anwendung auf einzelne Fälle der individuellen Ueberzeugung des Richters überlassen ist.

R. Kuss wider Keuper, 12. Mai 1820.
Simon. Eichhorn. Molitor. Haass.

Ebenso:

R. Sebastian wider Dittges, 28. Juli 1820.
Simon. Ruppenthal. Sandt. Molitor.

Die Art. 1156, 1158, 1159, 1161 B. G. B. können insofern ein Cassationsmittel bieten, als der Richter gegen die nach diesen Auslegungsregeln ermittelten Umstände dennoch erkannt hat.

R. Hall wider zur Lippe, 17. Juni 1829.
Scheller. Eichhorn. Kunowski. Sandt.

Es steht dem Cassationshof nicht zu, die irrigen Ansichten der Instanzgerichte bei der lediglich von ihrem Ermessen abhängigen Feststellung der factischen Resultate der Beweisthümer und des Umfangs der Wirkungen davon, wo diese durch ausdrückliche Gesetze nicht bestimmt sind, zu emendiren, somit selbst in eine factische Untersuchung einzugehen, und hierbei eine ganz neue Darstellung factischer Verhältnisse zu beachten.

R. Kleudgen wider Erben Fritsch u. Hayn, 28. Jan. 1820.
Goerdeler. Eichhorn. Reinhardt. Haass. Molitor.

Die Prüfung der Frage, ob eine Verzichtleistung auf das eine oder andere Grundstück zu beziehen, steht nicht dem Cassationshof zu.

R. Threes wider Depuis, 16. Juni 1820.
Goerdeler. Ruppenthal. Haass. Reinhardt.

Die Entscheidung, ob der Fall des Art. 682 B. G. B. vorhanden, ist wesentlich factischer Natur.

R. Langendorff wider Zurhelle, 22. Febr. 1841.
Heffter. Eichhorn. Reusche. Sandt.

Die Feststellung, dass ein Besitz für precär gelten kann, ist rein factischer Natur.

R. Wagener wider Peschges, 20. Dec. 1826.
Goerdeler. Eichhorn. — — Sandt.

Der Instanzrichter hat festgesetzt, es sei nach den mitgetheilten Unterhandlungen kein Abschluss des Geschäfts erfolgt. Er hat hierdurch nur über Thatsachen geurtheilt; die Unrichtigkeit seines Urtheils giebt keinen Cassationsgrund.

R. Fürstenberg wider Fürstenberg, 1. Juni 1821.
v. Reibnitz. Ruppenthal. Haass. Sandt.

Der Richter hat aus verschiedenen Clauseln eines Vertrages die Absicht und den Sinn der Contrahenten dahin gedeutet, dass die gesetzliche Erbfolge der nächsten Anverwandten der Stiefmutter zu Gunsten der Cassationsverklagten ausgeschlossen sein soll. Ein etwaniger Irrthum würde hier auf bloss factischen Fragen und Prämissen beruhen und kein geeignetes Cassationsmittel bilden.

K. Borgnis wider Bachem, 6. Juli 1821.
Krezzer. Ruppenthal. Haass. Sandt. Arch. III. 2. 53.

Der zweite Richter hat einen Kaufact so ausgelegt, dass er nicht verkaufte Theile eines Grundstücks als verkauft bezeichnet hat. Sein Irrthum unterliegt der Censur des Cassationshofes nicht.

R. Kgl. Reg. zu Düsseldorf wider Hülser, 27. Febr. 1822.
Fischenich. Eichhorn. Reinhardt. Haass.

Die Frage, ob nach den Umständen ein Kaufact für einen simulirten Vertrag zu achten, eignet sich nicht zur Erörterung vor dem Cassationshof.

R. Fritz wider Stephany, 7. März 1827.
Oswald. Eichhorn. Kunowski. Sandt.

Bei Beurtheilung der Frage, ob und inwiefern ein Geschäft in blossen Tractaten bestanden, oder sich zu einem wirklichen Vertrage qualificire, kommt es hauptsächlich auf Sachverhältnisse an.

R. Frings wider Cholin, 25. April 1827.
Blanchard. Eichhorn. Kunowski. Sandt.

Der Instanzrichter hat erklärt, „die Schlussformel des Testaments beurkunde nicht, dass es in Gegenwart der Zeugen errichtet worden, es liege in dieser Formlosigkeit eine Unachtsamkeit des Notars, in dieser Unachtsamkeit ein zurechenbares Verschulden. Diese Erklärnng ist als eine thatsächliche, der Censur des Cassationshofes nicht unterworfen.

R. Rüttgens wider Schorn u. Schmülgen, 11. April 1837.
Esser. Eichhorn. Sandt. Reinhardt.

Dem Cassationshof ist die Beurtheilung der Frage nicht entzogen, ob eine Convention den guten Sitten zuwider sei; denn hierbei handelt es sich nicht von zufälligen Vorstellungen, sondern von feststehenden Begriffen, die, wo sie das Gesetz berücksichtigt, auch als Theil von diesem anzusehen sind.

R. v. Nyssen wider Heyen, 25. Mai 1840.
Heffter. Eichhorn. Sandt. Kunowski.

Die Ansicht des Instanzrichters, der Notar habe sich, indem er den Sinn der gesetzlichen Vorschrift unrichtig auffasste, und demselben genügt zu haben glaubte, in einem zu entschuldigenden Irrthum befunden, schliesst keine Gesetzesverletzung in sich.

R. Oeffentl. Minist. am Appell.-Hof wider Reinertz, 7. Sept. 1840.
v. Oppen. Esser.

Es handelt sich von Arbeiten, die angeblich auf dem Eigenthum des Cassationsklägers in Gemässheit des Ressort-Regl. §. 18. No. 1. bewirkt sein sollen. Die Kosten derselben werden durch die Cassations-Verklagten executorisch beigetrieben, der Cassationskläger macht Opposition und bestreitet, dass überhaupt auf seinem Eigenthum Arbeiten bewirkt worden sind. Das Landgericht, indem es diese Erklärung mit Unrecht für eine Entsagung auf das Eigenthum angesehen, hat hierdurch nur eine factisch unrichtige und somit durch Cassation nicht angreifbare Feststellung erlassen.

R. Curtius wider Steuerkasse zu St. Goar, 1. März 1841.
v. Oppen. Esser. Sandt. Reusche

Die Feststellung des Instanzrichters, dass die Schiedsrichter nur über dasjenige erkannt, was die Partheien begehrt, und dass sie die Grenzen des Compromisses nicht überschritten, kann als eine thatsächliche den Art. 1028 B. P. O. nicht verletzen.

R. Tont wider Tont, 7. Juni 1841.
Esser. Eichhorn. Kunowski. Sandt.

Die Frage, ob eine Vertragsbedingung erfüllt worden, ist factischer Natur.

R. Mentzen wider Bodden, 13. Sept. 1843.
v. Oppen. Jaehnigen. Reusche. Sandt.

Wo die Entscheidung des zweiten Richters mit den Gesetzen übereinstimmt, ist Cassation selbst dann unzulässig, wenn diese Entscheidung auf ein nicht passendes Gesetz gestützt worden.

R. v. Maison wider Gem. Hülchrath, 15. Aug. 1827.
Fischenich. Eichhorn. Sandt. Kunowski.

Es ist möglich, dass obgleich die Motive eines Urtheils nicht zu billigen, und in einem und anderen Punkte mit den Gesetzen unvereinbar sind, die Entscheidung selbst dennoch keine Verletzung des Gesetzes enthält.

R. Frowein wider Bethmann & Comp., 31. Dec. 1819.
Goerdeler. Ruppenthal. Sandt. Molitor.

Insofern vom Instanzrichter der Beweis zur Annahme des in Frage seienden Verhältnisses für geführt erachtet ist, kommt nichts darauf an, ob das Gericht bei Beurtheilung der Beweisführung nebenher ein irriges Motiv aufgestellt hat. Nur der dispositive Theil, nicht die Entscheidungsgründe machen den Gegenstand des Cassationsrecurses aus.

R. Steinbüchel wider Schatzler, 13. Oct. 1820.
Goerdeler. Ruppenthal. Sandt. Reinhardt.

Die Entscheidungsgründe eines Urtheils, zumal die nur adminiculirenden, können gesetzlich keinen Gegenstand eines Cassationsmittels abgeben.

R. Küppen wider Bollmann, 8. Juni 1821.
Goerdeler. Eichhorn. Haass. Sandt.
R. Reg. Düsseldorff wider Thyssen, 2. Dec. 1839.
Jaehnigen. Eichhorn. Kunowski. Sandt.

Nur ausdrückliche Verletzung der Gesetze ist der Censur des Cassationshofes unterworfen, nicht die Verletzung eines noch so ungezweifelten aber durch kein Gesetz sanctionirten Gebrauchs.

R. Obertz wider Govaertz, 11. Sept. 1822.
Fischenich. Eichhorn. Sandt. Haass.

Ein auf Erstreckung der Gerichtsbarkeit erlassenes friedens gerichtliches Urtheil behält diese seine Natur bei. Es ist mithin gegen dasselbe ein Cassationsgesuch nur wegen Incompetenz und Machtüberschreitung, nicht wegen falscher Anwendung der Gesetze zulässig.

Art. 77. Gesetz vom 27. Vent. VIII.
R. Krüger wider Schneegans, 5. Apr. 1841.
Esser. Eichhorn. Reusche. Sandt.

Verweigerung eines Fristgesuchs ist weder Justizverweigerung noch ein Cassationsgrund.

R. Hecker wider Meyer, 12. Mai 1832.
Reinhardt. Eichhorn. Kunowski. Sandt.

Dass der Cassationsverklagte in zweiter Instanz von Niemand vertreten war, ist kein Cassationsgrund.

R. Evelt wider Gossen, 5. April 1826.
Goerdeler. Eichhorn. Sandt. Kunowski.

Der Cassationsrecurs ist für Armenrechtsgesuche nicht gestattet. Der unmittelbar höhere Richter der Nr. 3. Verordnung vom 25. Mai 1831 ist der Richter des Factums, der Instanzrichter.

R. Willeins wider Kinzer, 26. Oct. 1844.
Esser. Eichhorn.

Kauf.

Verträge sind nach den Gesetzen des Orts zu beurtheilen, an welchem sie geschlossen worden sind. Ein Kauf unter Abwesenden durch Briefwechsel, kommt in demjenigen Orte zu Stande, wo der Brief, welcher den Antrag enthält, empfangen und der Antrag angenommen wird.

K. Meinhardt wider Nickel, 29. März 1834.
v. Savigny. Eichhorn. Sandt. Reinhardt. Arch. XX. 2. 17.
K. Hausmann wider Boesinghaus, 31. Jan. 1835.
v. Savigny. Eichhorn. Kunowski. Reinhardt. Arch. XXI. 2. 88.

Ueber die Frage, ob bei den brieflich in Territorien verschiedenen Rechts abgeschlossenen Contracten nach dem Allg. Landrecht oder nach dem Rhein. Recht der Streit zu schlichten, entscheidet kein bestimmtes Gesetz. Aus allgemeinen Gründen ist in der Regel Jeder seinem zuständigen Forum unterworfen, und nach dem Rechte dieses Fori nur zu verpflichten, insofern er vor ihm verklagt wird.

R. Stotko wider Hasenclever 21. Sept. 1831.
Klenze. Oswald. Sandt. Kunowski.

Der Verkäufer kann sich trotz des Art. 1619 B. G. B. eine gänzliche Befreiung von aller Garantie rücksichtlich des Maasses stipuliren; denn Jeder kann, wo es sich nur von Privatinteressen handelt, auf seine Rechte verzichten. Dies gilt auch von nothwendigen Verkäufen.

R. Massel wider Gormanns, 22. Juni 1821.
Krezzer. Eichhorn. Reinhardt. Sandt.

Der Schlussartikel 1653 B. G. B. ist nur auf solche Gefahr zu beziehen, welche dem Käufer beim Abschluss des Geschäfts schon bekannt war, und welche er freiwillig übernommen hat.

R. Schmitt wider Weckbecker, 27. April 1833.
Lambardt. Eichhorn. Kunowski. Sandt.

Das B. G. B. schweigt von einer aus der mora accipiendi entspringenden Entschädigungs - Verpflichtung. Ein Verkauf nach Zahl erhält erst durch Ueberzählung Perfection. Erst mit der Lieferung geht das Eigenthum und die Gefahr der ge-

gelieferten Sache auf den Käufer über. Art. 1585 B. G. B. Bis dahin bleibt dieselbe im Eigenthum und auf Gefahr des Lieferanten, es sei denn, dass er sie der Vorschrift der Art. 1257. seq. 1961 B. G. B. 812—818 B. P. O. gemäss deponirt hat.

K Festungsbau-Commiss. Cöln wider Evers, 10. Mai 1826.
Friccius. Eichhorn. Kunowski. Sandt. Arch. X. 2. 49.

Implorat war verpflichtet, dem Imploranten im Oct. 1841 Oel zu liefern; er wird durch Gerichtsvollzieheract vergeblich aufgefordert, in Verzug gesetzt und der Kaufpreis realiter offerirt. Art. 1139 B. G. B. Der Verzug bedingt die Pflicht zum Schadenersatz. Art. 1146, 1147. Implorant kann somit auf dessen Leistung, wie auf Aufhebung des Vertrages klagen. Art. 1610, 1611. Consignation des Kaufpreises wird vom Gesetze nur gefordert, wo auf Erfüllung des Vertrages geklagt werden soll, Art. 1257, und die Absicht dahin geht, die Gefahr der consignirten Summe auf den Gegner zu übertragen. Der Appellhof hat die Klage auf Schadensersatz abgewiesen, wei Implorant nicht den Kaufpreis bezahlt, resp. deponirt habe, und somit die angezogenen Artikel verletzt.

K. Bremenkamp wider Schröder, 10. Juli 1843.
Graun. Jaehnigen. Sandt. Reusche. Arch. XXXV. 2. 78.

Die Perfection eines nach Mustern geschlossenen Kaufs hängt keinesweges von der Vergleichung der bei dem Besteller angelangten Waare mit den Mustern, sondern lediglich von der Annahme ab. War nicht die augenblickliche und gleichzeitige Lieferung der ganzen bestellten Quantität bedungen, so darf eine solche Bedingung bei Geschäften der vorliegenden Art nicht vermuthet werden.

Der §. 131, Tit. I. 11 A. L. R., verglichen mit dem von ihm angezogenen §. 129 stellt lediglich eine Thatsache fest, wodurch jeder Zweifel wegen einer stillschweigenden Ueberlassung und überhaupt jede Einwendung gegen die Uebergabe durch Absendung vermittelst nachfolgender Genehmigung ausgeschlossen sein soll. Diese stillschweigende Genehmigung ist von der im §. 129 für wirksam erklärten stillschweigenden Ueberlassung gar wohl zu scheiden, welche, wenn sie vorhanden, die nachfolgende Genehmigung überflüssig und deren Versagung wirkungslos macht.

Bei einer Waarenbestellung unter Kaufleuten, ist die Art des Transports, wenn sie der Besteller unbestimmt lässt, dem Absender im Sinne des §. 129 als stillschweigend überlassen anzusehen; theils weil die Natur solcher Geschäfte schleunige Ausführung nöthig macht, theils weil dazu die Gelegenheit vorhandener Fuhrleute benutzt werden muss, wodurch eine vorgängige Rückfrage bei dem Besteller meist unmöglich wird.

Die Uebergabe der Waaren, mithin der Uebergang der Gefahr auf den Käufer hat also stattgefunden, sobald der Verkäufer die Waaren durch einen von ihm ausgewählten Fuhrmann abgesendet hat.

K. Meinhardt wider Nickel, 29. März 1834.
v. Savigny. Eichhorn. Sandt. Reinhardt. Arch. XX. 2. 17.

Der Art. 1602 B. G. B. erhebt nicht schon blosse Möglichkeiten im Interesse des Käufers oder Cessionars zur Wahrheit. Der Richter ist nicht gehindert, noch auf andere Weise die wahre Absicht der Contrahenten zu ermitteln. Art. 1156 B. G. B.

R. Traut wider Lichtenthal, 16. April 1836.
v. Savigny. Eichhorn. Kunowski. Sandt.

Kein Gesetz berechtigt den Verkäufer, die Herausgabe der verkauften und bezahlten Waare wegen behaupteter anderer Forderungen an den Käufer zu verweigern.

R. Hagen wider Kaufmann, 31. Jan. 1842.
v. Oppen. Eichhorn. Kunowski. Sandt.

Der Verkäufer muss dem Käufer possessionem vacuam überliefern. Dies ist nicht geschehen, so lange weder die Schlüssel des verkauften Hauses noch der Erwerbstitel des Verkäufers ausgehändigt ist. Art. 1605 B. G. B.

R. Mentzen wider Bodden, 13. Sept. 1843.
v. Oppen. Jaehnigen. Reusche. Sandt.

Der rückständige Kaufpreis wird mit Recht verweigert, wenn das verkaufte Thier an einem — wenn gleich nach dem Ortsgebrauch nicht redhibitorischen Fehler gestorben ist. Der Art. 1648 in Verbindung mit 1641 B. G. B. stellt zweifelsfrei, dass auch Fehler, über welche keine Ortsgewohnheit besteht, zur Gewährleistung berechtigen, indem ausgesprochen ist, dass gerade für solche Fehler die Klage in einer der Beschaffenheit der Fehler entsprechenden kurzen Frist angestellt werden müsse.

K. Kalt wider Süssmann, 29. Dec. 1845.
v. Daniels. Eichhorn. Reusche. Volkmar. Arch. XXXIX. 2. 85.
Ann. V. 1. 136.

Wiederkauf.

Das Pactum de retro vendendo giebt keinen Anspruch gegen einen dritten Besitzer.

L. 12. D. De praescr. verb; L. 2. Cod. de pact. inter emt. et vend.

Der Art. 1166 B. G. B. hat hierin nichts geändert; er verstattet nur den Creditoren zahlungsunfähiger Schuldner sich an die Activforderungen derselben unmittelbar zu halten.

R. Langerfeld wider v. Carnap, 10. Dec. 1819.
v. Savigny. Ruppenthal. Sandt. Molitor.

Die Cassationskläger verkaufen im Jahre 1820 mehrere Grundstücke an die Cassationsverklagten und stipuliren sich das Wiederkaufsrecht bis zum Jahre 1824. Sie bleiben im **Besitz** und excipiren, im Jahre 1823 auf Räumung verklagt, der Wiederverkauf habe Seitens ihrer nicht geschehen können, weil sie fortwährend im **Besitz** geblieben, und somit nicht in dem gesetzlichen Fall gewesen wären, die Grundstücke zurückzunehmen. Dieser Einwand ist nicht begründet.

Das Gesetz hat die Ausübung des Verkaufsrechts in dem Fall, wo der Wiederkäufer sich noch in dem Besitz des verkauften Gegenstandes befindet, expresse im Art. 1659 B. G. B. nicht ausgeschlossen. Diese Ausschliessung ergiebt sich keineswegs von selbst. Da nach Art. 1583 B. G. B. das Eigenthum auch ohne Uebergabe auf den Käufer übergeht, so giebt es allerdings ein Object für die Ausübung des Wiederverkaufsrechts, und dieses besteht eben in dem zurück zu erlangenden Eigenthum.

R. Fritz wider Stephany, 7. März 1827.
Oswald. Eichhorn. Kunowski. Sandt.

Ansteigerer.

Der Verkäufer behält sich die Genehmigung der Versteigerung dergestalt vor, dass diese null und nichtig, wenn jene nicht in 24 Stunden erfolgen würde. Es ist keine Veräusserung vorhanden. Art. 69. §. VII, Nr. 3 des Ges. vom 22. Frimaire VII. Art. 19. Gesetz vom 11. Brumaire VII. Art. 1583. B. G. B.

R. Kgl. Reg. zu Trier wider Coupette, 4. Aug. 1820.
Seyppel. Eichhorn. Molitor. Haass.

Das Gesetz vom 15. Floréal X. ist durch den Art. 13 des für Berg erlassenen Decrets vom 21. Februar 1813, obgleich ihm zufolge nur die Klöster und sonstigen Domanialgebäude zum Verkauf gebracht werden sollten, selbst mit Anwendbarkeit auf die Veräusserung anderer Staatsgüter um so gewisser für verkündet zu halten, als in Ansehung letzterer keine besonderen entgegengesetzten Verordnungen bis heran ergangen sind.

R. Kgl. Reg. Düsseldorf wider Schmitz, 30. Juni 1830.
Blanchard. Eichhorn. Kunowski. Sandt.

Der Art. 15 der vertragsmässigen Kaufbedingungen ist mit dem Art. 8, Gesetz vom 15. Floréal X. **wörtlich** gleichlautend. Die Auslegung des Art. 15 ist sonach keine des Vertrages, sondern des Gesetzes. Der Art. 8 des Ges. vom 15. Floréal X. bestimmt ganz klar, dass der Ansteigerer gegen Leistung der Busse, vorbehaltlich der Restitution der etwanigen Nutzungen von dem Contract abgehen kann, und gestattet dem Verkäufer nicht, ihn zur Erfüllung zu zwingen.

Daraus, dass der Art. 7 fordert, dass mit einem Zwangsbefehl angefangen werde, wird dieses Recht, auf Erfüllung zu klagen, nicht begründet. Es kommt übrigens da, wo es sich um den Verkauf von Staatsgütern handelt, auf die Bestimmungen des gemeinen Rechts nicht an.

K. Menzen wider Gem. Noervenich, 12. Sept. 1827.
Blanchard. Eichhorn. Kunowski. Sandt.

Der Ansteigerer ist verbunden, über seinen Steigpreis hinaus, dem entsetzten Ankäufer die Kosten des Vertrages, les frais et loyaux coûts de son contrat, zurückzuerstatten. Art. 2188 B. G. B. Diese Kosten können unmöglich einen Theil des Kaufgeldes ausmachen, wenn nicht, was ungereimt, der Ansteigerer dieselben doppelt, einmal an den entsetzten Erwerber, und dann zugleich an den Verkäufer oder dessen Gläubiger entrichten sollte; sie sind mithin in dem Preise des Art. 2185 nicht einbegriffen. Hierin ändert es nichts, dass der Ankäufer ein Pauschquantum zur Bestreitung der Kosten zu zahlen sich verpflichtet, und solches auf gewisse Procente des Kaufpreises festgestellt hat; dasselbe stellt immer ein von dem Kaufpreise verschiedenes, die Kosten repräsentirendes Aversionalquantum dar, dessen Natur sich dadurch nicht ändert, dass ein etwaniger Ueberschuss dieses Quantums über die wirklich aufgegangenen Kosten dem Verkäufer zu Gute gekommen wäre.

R. Erben Kihn wider v. Loë, 30. Dec. 1839.
Esser. Eichhorn. Reusche. Sandt. Ann. V. 1. 284.

Kaution.

Der Verklagte, wenn er Ausländer, braucht in seiner Eigenschaft als Cassationskläger für Kosten und Entschädigung Bürgschaft nicht zu stellen. Art. 16 B. G. B. Art. 166 B. P. O.

Der Art. 16 B. G. B. und 166 B. P. O. ist nur auf die ordentlichen Instanzen anzuwenden.

Zufällige, von dem Willen der Parthei unabhängige, Regierungsveränderungen, welche sich während der Anhängigkeit des Rechtsmittels in der Regierung des von ihr bewohnten Gebietes ereignet haben, können an ihren ursprünglichen Rechtsverhältnissen nichts ändern.

Das Reglement vom 28. Juli 1738 schreibt über eine von Fremden zu leistende Bürgschaft nichts vor.

R. Cahn wider v. Schmittburg, 14. Apr. 1820.
Mühler. Eichhorn. Kunowski. Reinhardt.

Ebenso in Sachen:

Reinach wider Schmittburg.

Ebenso in Sachen:

Thuquet wider Mathis, 18. Sept. 1822.
Blanchard. Eichhorn. Haass. Reinhardt.

Der Cassationskläger, zugleich Kläger in der Hauptsache, hat nach Erlass des von ihm angefochtenen Urtheils seinen Wohnsitz in Preussen aufgegeben. Er ist nach Art. 16 B. G. B. und Art. 166 B. P. O. zur Caution verpflichtet.

R. Coenen wider Hallensleben, 6. Juni 1827.
Fischenich. Eichhorn. Sandt. Kunowski.

Kind.

Die väterliche Erbschaftstheilung wird um deswillen als nichtig angegriffen, weil ein längst verschollener, jedoch erst im Jahre 1840 todt erklärter Sohn nicht berücksicht worden ist. Mit Unrecht.

Unter dem Worte „Kinder" sind nur diejenigen zu verstehen, deren Existenz keinem Zweifel unterliegt, und welche demzufolge zu einem Antheil an dem elterlichen Nachlass unstreitig berechtigt sind. Das Decret vom 11. Ventôse II. enthält in Ansehung der Militairpersonen, deren Leben oder Tod ungewiss, keine Verfügung, und ist, wo die Existenz des abwesenden Kindes ungewiss, nicht anzuwenden.

R. Weyers wider Reiners, 3. Juli 1843.
Brewer. Jaehnigen. Reusche. Sandt. Arch XXXVII. 2. 30

Die Beobachtung der Förmlichkeiten der Art. 34, 56, 57 B. G. B. ist nicht bei Strafe der Nichtigkeit vorgeschrieben.

Führt Cassationsbeklagter den Beweis, dass er der Sohn der Ehefrau Schrod und von ihr während der Ehe geboren ist, so kommt ihm die Präsumption des Art. 312 B. G. B. zu statten. Der zweite Richter hat dadurch, dass er den Cassationsverklagten zu den Identitätsbeweisen zuliess, und ihm nicht noch überdies den Beweis des Besitzstandes auferlegt hat, die Art. 319—323 ibid. nicht verletzt.

R. Schrod wider Zangerle, 7. April 1832.
Lombard. Eichhorn. Sandt.

Der Art. 203 B. G. B. erklärt die von ihm aufgestellten Pflichten der Eltern gegen die Kinder nicht für ausschliessend. Der Richter verletzt durch die Annahme anderer Pflichten, z. B. Loskauf des Sohnes vom Kriegsdienst, wenigstens den Art. 203 in keiner Weise.

R. Kiefer wider Kiefer, 23. Jan. 1836.
v. Savigny. Eichhorn. Sandt. Reinhardt.

Ein natürliches Kind kann nach der alten Gesetzgebung nur dann seine Rechte an dem Nachlass seines Vaters geltend machen, wenn der Vater unter dieser Gesetzgebung gestorben oder für todt erklärt worden ist. Art. 756 B. G. B.

R. Ringk wider Lorenz. 6. April 1825.
Blanchard. Eichhorn. Sandt. Reinhardt.

Die Anwendbarkeit des Art. 340 B. G. B. auf Paternitätsklagen, die zur Zeit der Verkündigung jenes Gesetzes noch schwebend und noch nicht rechskräftig abgeurtelt waren, ergiebt sich deutlich aus der Bestimmung des Art. 40 des Decrets vom 12. November 1809 für das Grossherzogthum Berg.

R. Borsbach wider Schweppe, 16. Sept. 1829.
Blanchard. Eichhorn. Buddee. Sandt.

Ein Vertrag ist zwar auch ohne Angabe der causa gültig; eine wahre und erlaubte muss jedoch zu Grunde liegen. Dafür kann die Vaterschaft, da sie nicht ausgemittelt werden darf, Art. 340 B. G. B. — nicht gelten.

R. Baumgarten wider Kirdorf, 23. Juni 1830.
Scheller. Eichhorn. Sandt.

Der von dem jetzt zu Cöln garnisonirenden Cassationsverklagten zu Rostock angeblich geschwängerten Cassationsklägerin wird bei jedem Rheinischen Gericht mit Erfolg der Art. 340 B. G. B. entgegengesetzt, denn diese Gerichte haben nur auf die bei ihnen verkündeten Gesetze zu rücksichtigen.

R. Osterbrügge & Maehling wider Scheibel, 29. Dec. 1830.
v. Savigny. Eichhorn. Kunowski.

Nach Art. 312 B. G. B. kommt es nicht auf die physische Unmöglichkeit eines Zusammentreffens der Eheleute während der Conceptionszeit, sondern nur darauf an, ob der Ehegatte wirklich während derselben, sei es auch nur augenblicklich von seiner Gattin entfernt gewesen und geblieben, und sich wegen dieser Entfernung in der physischen Unmöglichkeit befunden hat, seiner Gattin ehelich beizuwohnen. Diese rein factische Frage ist der Beurtheilung der Instanzrichter anheimgestellt.

R. Engels wider Fremercy, 27. Mai 1829.
Blanchard. Eichhorn. Kunowski. Sandt.

Es gilt für eine gesetzliche Anerkennung des Kindes von Seiten der Mutter, wenn der Vater im Geburtsact in ihrem Namen die Erklärung abgiebt, vorausgesetzt, dass sie ihr hinterher nicht widerspricht. Diese so sehr erleichterte Form erklärt sich daraus, dass die Maternität, wie niemals zweifelhaft, so höchst selten bezweifelt wird. Art. 331, 334, 56, 57 B. G. B.

K. Hausmann wider Boesinghaus, 31. Jan. 1835.
v. Savigny. Eichhorn. Kunowski. Reinhardt. Arch. XXI. 2. 88.

Eltern sind den von ihnen anerkannten natürlichen Kindern im Fall des Bedürfnisses Alimente schuldig. Art. 338 und 762 B. G. B. Diese kann das Kind von einem Jeden der Eltern fordern und somit ist ihre Verbindlichkeit eine solidarische. Art. 1202. Die Mutter kann daher von dem Vater, falls sie das Kind allein ernährt, die Hälfte der Kosten nach Art. 1214 fordern. Die Art. 2271 und 2277 B. G. B. beziehen sich nicht auf solche Alimentenforderungen.

K. Hasselbeck wider Roelen, 23. Febr. 1833.
Simon. Eichhorn. Sandt. Kunowski. Arch. XVIII. 2. 17.

Auch die im Ehebruch erzeugten Kinder haben Anspruch auf Alimente. Es ist so wenig verboten, ihnen dieselben durch ein Capital zuzusichern, dass das Gegentheil sich aus Art. 764 B. G. B. ergiebt. Die Würdigung und Ermässigung der Höhe dieser Alimente und des betreffenden Capitals ist als rein factischer Natur — Art. 763 — der Censur des Cassationshofes nicht unterworfen.

R. v. Hallberg wider Bitz, 21. Juni 1841.
v. Oppen. Jaehnigen. Sandt. Reusche.

Kirche.

Durch das Decret vom 7. März 1806 sind das Gesetz vom 18. Germinal, das Arrêté vom 20. Prair. X., das Staatsrathsgutachten vom 20. December 1806 und 25. Januar 1807 insofern abgeändert worden, als die Pfarrer der Diöcese Aachen in dem bis dahin unerlaubten Besitz der nicht veräusserten Güter (biens), welche ehemals zur Dotation der Pfarreien gehörten, gehandhabt worden sind. Unter dem Ausdruck „biens“ sind, wenn er, wie im Decret, ohne nähere Bezeichnung gebraucht wird, auch die Renten zu verstehen. Art. 527, 529 B. G. B. Dies ist hier um so unbedenklicher, als der Zweck des Decrets der war, die bis dahin dem Staat nicht bekannt gewesenen und ihm vorenthaltenen Pfarreieinkünfte besser zu ermitteln, und wenigstens bis zum Betrage des Pfarrergehalts dem Staate zu Gute kommen zu lassen; ein Zweck, der die Ausschliessung der Renten von den Dispositionen des Decrets nicht zulässt. Dieser Auslegung steht der Ausdruck „revenu de ces biens“ nicht entgegen, weil er auch von Renten gebraucht werden kann. Ebenso wenig ist aus der zweiten Disposition des Art. 3 des Decrets eine andere Auslegung zu entnehmen, weil dieselbe, indem sie von propriétés spricht, zwar nur auf diese anwendbar ist, keineswegs aber die generellen vorausgehenden Vorschriften aufhebt. Noch weniger kann diese Auslegung aus dem Staatsrathsgutachten vom 23. December 1806 gefolgert werden, da gerade von biens et revenus disponirt wird:

dont les fabriques, ainsi que les curés et desservans jouissent.

Der Art. 1 des Decrets hat den fortgesetzten Besitz der Pfarrer unbedingt ratihabirt. Der Art. 2 hat zwar die Anrechnung des Ertrages auf das Staatsgehalt der Geistlichen bestimmt, keineswegs aber die im Art. 1 ausgesprochene Ratihabition davon abhängig gemacht, dass die Güter oder Renten der Pfarreien selbst angezeigt würden. Wenn daher Geistliche neben dem Besitz der Güter oder Renten auch das volle Staatsgehalt bezogen haben, so ist davon nicht die Unrechtlichkeit des Besitzes, sondern nur die Verpflichtung zur Rückzahlung des zuviel empfangenen Gehaltes die Folge.

R. Verwalt.-Rath der Probstei Enkirch wider Kirchenfabrik Castellaun, 14. Mai 1836.
Jaehnigen. Eichhorn. Reinhardt. Kunowski.

Die Cabinetsordre vom 23. Mai 1818 versteht unter den darin begünstigten Kirchen und Anstalten nicht etwa bloss Pfarrkirchen des linken Rheinufers. Es ist kein Grund ersichtlich, aus welchem die von dem französischen Staat nach den Grundsätzen des Reichsdeputations-Hauptschlusses von 1803 §. 37 acquirirten Capitalien von rechtsrheinischen Anstalten der gedachten Art ausgeschlossen werden müssten.

Die Dotation eines beneficium non curatum bei einer Kirche ist nach der wohlthätigen Absicht des Gesetzgebers für etwas derselben Gehöriges anzusehen.

Nach den Worten des Art. 2 der Cabinetsordre vom 23. Mai 1818 bedarf es keiner förmlichen speciellen Wiederabtretung der dem Staate anheimgefallenen Rechte; sie sind von Rechtswegen und mit dem Factum der Entdeckung in den Besitz der vorigen Eigenthümer zurückgekehrt.

K. Stiftung Affeln wider Linden, 21. Mai 1836.
Heffter. Eichhorn. Sandt. Kunowski. Arch. XXIV. 2. 9.

Das Gesetz vom 4. Ventôse IX (23. Februar 1801), durch Beschluss vom 9. Fructidor IX. (27. August 1801) ausgedehnt auf die Wohlthätigkeitsanstalten, hat den Hospitälern alle dem Staate zuständige Renten, deren Recognition und Zahlung unterbrochen worden, und die von Privatpersonen usurpirten Domainengüter zugeeignet, ohne an diese Ueberweisung irgend eine Bedingung zu knüpfen, oder sie abhängig zu machen von einer besondern Uebertragung und Einweisung in den Besitz. Das Gesetz hat vielmehr jenen Anstalten überlassen, diese Realitäten zu ermitteln, und sich den Besitz derselben zu verschaffen. (Staatsrathsgutachten vom 30. April 1807. Antwort auf die zweite Frage.) Die Präfecte, Maire, Notarien etc. sollen daher, wenn sie von dem Dasein solcher Realitäten Nachricht erlangen, die Hospitäler davon in Kenntniss setzen; die Procuratoren sollen auf die erste Aufforderung die Restitution betreiben. Dies ist noch deutlicher anerkannt im Consularbeschluss vom 7. Messidor IX. (26. Juni 1801) Art. 1,6. Die Besitzergreifung ist aber auch hier nicht aufgestellt als Bedingung des Erwerbs. Der Art. 15 handelt vielmehr nur von der bei allen Vergleichen öffentlicher Anstalten erforderlichen Bestätigung des Gouvernements (Decret v. 21. Jan. 1812). Das Decret vom 30. Vent. XIII. und seine Verordnung: „dass die Güter, in deren provisorischen Genuss die Hospitäler etc. durch Administrativbehörden gesetzt worden, falls dieser Besitz nicht binnen Frist durch Kaiserliches Decret bestätigt, dem Staate anheimfallen," kann eben wegen dieses Schlusses in Verbindung mit dem Arrêté vom 7. Thermidor XI. auf kirchliche Güter überhaupt und auf andere Güter überall dann nicht angewendet werden, wenn die Hospitäler etc. nicht durch eine Verfügung der Administrativbehörden einen nur provisorischen Besitz erlangt, sondern selbstständig auf Grund der vorher angeführten Gesetze verheimlichtes Staatsgut definitiv in Besitz genommen haben. Das bestätigte Staatsraths-Gutachten vom 30. April und 31. Mai 1807 disponirt ebenfalls nicht abweichend. Die erste Frage und Antwort behandeln nur den Fall, wo die Hospitäler lediglich das Fait seul de couverte ohne einen wirklich schon ergriffenen Besitz und ohne einen envoi en possession in Bezug auf verheimlichte ursprüngliche Kirchengüter für sich hatten; nur für diesen Fall entscheidet das Gutachten, dass in Folge des Beschlusses vom 7. Thermidor XI. etc. jene Güter an die Kirche zurückgefallen seien, und ihnen von demjenigen, der sie inne habe, zurückgegeben werden müssten, und zwar um deswillen; weil alsdann die in den angeführten Gesetzen vom Jahre 1809 ausgesprochene Alimentation, wie das Gutachten sich ausdrückt, nicht consumirt war, sondern nur Demarchen „pour obtenir la jouissance" geschehen sein könnten. Die Voraussetzung des Appellhofs, dass es einer förmlichen Besitzeinweisung der implorantischen Wohlthätigkeitsanstalt bedurft, und die Folgerung, dass bei deren Mangel ihr Besitz nur provisorisch und precär, verstösst daher gegen die angezogenen Gesetze.

K. Wohlthätigkeitsbureau zu Vaels wider Pfarrkirche St. Foilan zu Aachen, 13. Juli 1839.

Esser. Eichhorn. Sandt. Reusche. Arch. XXIX. 2. 34.

Die Cassationsklägerin ist gemäss des Gesetzes vom 4. Ventôse und 9. Fruct. IX. im Nivose XI. in den rechtmässigen Besitz der fraglichen Grundstücke gelangt.

Die Gesetze vem 20. Prair. X., 7. Thermidor XI. Consularbeschluss vom 28. Frimaire XII. und das bestätigte Staatsrathsgutachten vom 2. und 21. Frimaire XIV. haben die in solchen Besitz getretenen Wohlthätigkeitsanstalten zur Entrichtung von Abgaben aus dem ihnen zum Eigenthum gewordenen geistlichen Stiftungsvermögen für Messenstiftungen nicht verpflichtet. Dies ist erst durch das Decret vom 19. Juni 1806 geschehen und erst von da an die Klage auf Bezahlung der Messenstipendien erwachsen.

R. Wohlthätigkeitsbureau zu Vaels wider St. Foilan-Kirche, 20. October 1845.
Esser. Eichhorn. Deycks. Sandt.

Der §. 5 des Gesetzes vom 18. December 1831 findet auch auf den Fall der Vindication eines verheimlichten Staatsgutes Anwendung. Die ganze Tendenz des Gesetzes geht auf eine allgemeine Sicherstellung des Besitzstandes vom 1. Januar 1815. (Vgl. Landtagsabschied vom 15. Juni 1819. Nr. 11.) Es kommt auch nicht darauf an, ob das Staatsgut vor oder nach dem Jahre 1829 entdeckt, ob es in Folge des Gesetzes von 1818 oder auf den Grund specieller landesherrlicher Anordnung verliehen worden ist.

R. Gemeinde Heinsberg wider Huppertz, 18. Dec. 1834.
Oswald. Eichhorn. Sandt. Reinhardt.

Veräusserung von Kirchengütern.

Die veräusserten Aecker waren untragbar und nur von sehr geringem Werth, ja selbst dem Vermögen des Klosters nachtheilig. Die Veräusserung so beschaffener geistlicher Grundstücke ist an sich erlaubt, und der Bischof ermächtigt, den Verkauf für sich allein, ohne Berathung mit dem Capitel abzuschliessen.

Causa 12. qu. 2. canon 53.

Wenngleich hinsichtlich der Klostergrundstücke ähnlicher Art dem Abt nicht dieselbe Ermächtigung ausdrücklich verliehen worden, so kommt doch nirgend eine gesetzliche Bestimmung vor, welche in solchen Fällen die beabsichtigte Veräusserung von der Approbation der Bischöfe abhängig machte.

R. Reg. Cöln wider Pfeil, 23. Nov. 1825.
Goerdeler. Eichhorn. Reinhardt. Sandt.

Nach dem im Jahre 1792 geltenden canonischen Rechte — insbesondere nach Can. 52. XII. qu. 2, Cap. 12. X. de reb. eccles. non alien., so wie des Cap. 1, eodem in 6, ist jede ohne Genehmigung der geistlichen Obrigkeit und nach vorläufiger Prüfung der Ursachen vorgenommene Veräusserung unbeweglicher, den Kirchen oder Klöstern zugehörige Güter nichtig.

Dieselben Förmlichkeiten sind nach Cap. 2, 3 und 5, X. de transact. auch bei **Vergleichen** erforderlich.

K. Reg. Aachen wider v. Cloudt, 25. Dec. 1827.
Blanchard. Eichhorn. Sandt. Arch. XI. 2. 33.

Nach der ausdrücklichen Bestimmung des canonischen Rechts Canon. 41. caus. XII. qu. 2.
sind zum kirchlichen Gottesdienst bestimmte Sachen — res sacro ministerio deditae — (und insbesondere extravagans ambitiosa de Rel. Eccl. non alien. int. comm., die unter der allgemeinen Einführung des Corpus juris canonici, insofern nicht das Gegentheil dargethan wird, einbegriffen ist —) kostbare zum kirchlichen Gottesdienst und dessen Verherrlichung bestimmte Mobilien — mobilia pretiosa deo dicata, nicht ohne rechtmässige Ursache und ohne Beobachtung der gesetzlich vorgeschriebenen Form, d. h. ohne Genehmigung der geistlichen Oberbehörde zu veräussern. Hiermit stimmen die statuta synodalia Maximiliani Henrici überein. Wenn gleich es an einer genauen Bestimmung mangelt, **welche** Sachen als kostbare dem Verbot der Veräusserung unterworfen seien, so lässt sich doch nicht annehmen, dass deswegen die gesetzliche Vorschrift nicht zu beobachten sei. Die Annahme des Appellationsgerichtshofes, dass, wo es sich um Tilgung einer Schuld handle, die Einwilligung der geistlichen Oberbehörde zur Veräusserung **nicht** erforderlich, verletzt die angezogenen Gesetze.

R. Kirchenfabrik St. Alban wider Claren, 8. April 1839.
Blanchard. Eichhorn. Kunowski. Budde. Sandt.

Die Verfügungen des gemeinen und canonischen Rechts über die Veräusserung des Vermögens geistlicher Anstalten und Kirchen enthalten kein Verbot, wodurch der Uebertrag einer zu dem Klostervermögen gehörigen verzinslichen Forderung, besonders wenn dieser Uebertrag zur Abmachung einer Rechnungschuld für gelieferte Victualien stattgefunden, untersagt wäre.

R. Gem. Niederburg wider Davis, 20. Febr. 1836.
v. Breuning. Eichhorn. Sandt. Reinhardt.

In einigen Gesetzen des canonischen Rechts, namentlich in der Extrav. communis unica de rebus ecclesiasticis sind die Veräusserungsbeschränkungen des Kirchenvermögens so allgemein gefasst, dass davon auch die **Cession** ausstehender Capitalien nicht gerade ausgeschlossen werden kann.

In gewöhnlichen Zeiten genügt hinsichtlich der Form die beschlossene Einwilligung. War für eine solche weder die regelmässige bischöfliche Behörde selbst, noch irgend ein anerkannter Stellvertreter erreichbar, so kann der Mangel der sonach unmöglich gewordenen Form, der Handlung die Gültigkeit **nicht** entziehen.

Die L. 21. cod. de SS. ecclesiis, Nov. 7 Cap. 8 u. Nov. 120 Cap. 10 haben nur das Eigenthum der unbeweglichen und der zum Gottesdienst bestimmten beweglichen Sachen der Kirchen zum Gegenstand, sie sind auf die Cession von Forderungen nicht anwendbar.

R. Meckenheim wider Berswordt, 5. Juli 1834.
v. Savigny. Eichhorn. Kunowski. Sandt.

Verwaltung der Kirchengüter.

Die Kirche, als den Minderjährigen gleich gestellt, kann von dem Abschluss der ihr gelegten Rechnung an, von dem zur Last gelegten Rückstande gegen den Rechner die Zinsen fordern; nicht umgekehrt die Rechner die Zinsen von dem ihnen herausscheinenden Guthaben gegen die Kirche. L. 7. §. fin., 46. §. 3 de adm. tut. l. ult. De adm. rer. ad curt. pert. l. 17. §. 7 de usur. Art. 474 B. P. O.

K. Claren wider Kirchenfabrik St. Alban, 23. Juni 1832.
Oswald. Kunowski. Budde. Arch. XIII. 2. 8.

Die Verwalter des Vermögens einzelner Kirchen haben nach der vormaligen gemeinen deutschen Kirchenverfassung ganz in dem Verhältniss der Vormünder gestanden.

Clem. 2. §. 1 de religios. domib.
Reichspol. Ord. Tit. 22. §. 4.

Sie konnten der Regel nach das Kirchenvermögen nur erhalten und vergrössern, nicht vermindern. Die von ihnen vertretene Kirche wurde aus Geschäften, welche eine Restitution zur Folge haben, namentlich bei Darlehnsverträgen, ohne die Genehmigung der competenten kirchlichen Behörde nur verpflichtet, wenn eine nützliche Verwendung des Empfangenen nachgewiesen werden konnte.

Authent. hoc jus C. de sacros. eccles. c. 1. X. de deposito.

R. v. Radenhausensche Debitmasse wider Wallhausen, 4 März 1839.
Heffter. Eichhorn. Sandt Reinhardt. Ann. V. 1. 223.

Nach Art. 1 des Consularbeschlusses vom 20. Prairial X. sind alle kirchlichen Titel und Anstalten mit Ausnahme der Bisthümer, Pfarren, Domcapitel und Seminarien aufgehoben worden. Die fragliche von der kirchlichen Oberbehörde ermächtigte und für ewige Zeiten geltende Stiftung von Vierwochenmessen in der Kapelle zu Firmenich, selbst als ein einfaches Beneficium betrachtet, ist in der Aufhebung begriffen, indem sie weder zu obiger Ausnahme gehörte, noch in die Ausnahme des Art. 20 l. c. gestellt war, welcher diejenigen Anstalten ausnahm, welche einzig den öffentlichen Unterricht oder die Krankenpflege zum Gegenstande haben. Das Vermögen jener Stiftung ist folglich, zumal auch der Art. 1 zwischen einfachen und doppelten Beneficien nicht unterscheidet, nach Art. 2 dem Staat anheimgefallen. Das dem Staat angefallene Fabrikvermögen ist durch Art. 1 des Consularbeschlusses vom 7. Thermidor XI. seiner Bestimmung zurückgegeben, und das Vermögen der aufgehobenen Kirchen nach Art. 2 den in dem belegenen Bezirk beibehaltenen Kirchen zugetheilt worden. Das Vermögen einer Kapelle ist wie der ihr zugehörige Stiftungsfonds ursprünglich als Fabrikvermögen zu betrachten.

Die Kirchengüter sind nach Art. 3 in der den Gemeindegütern eigenen Form durch 3 vom Maire oder dem Succursalpfarrer vorgeschlagene und von dem Präfecten ernannte Fabrikmitglieder zu verwalten. Nach Art. 13, Decret vom 30. September 1807 sind die Kapellen von den Pfarrkirchen, in deren Bezirk sie sich befinden, abhängig, und daher ebenfalls durch drei Fabrikmitglieder der betreffenden Succursalkirche zu verwalten.

K. Kirchenverw. zu Satzfeg wider Doetsch, 7. Mai 1836.
Esser. Eichhorn. Kunowski. Sandt.

Prästationen der Pfarrgenossen.

Die jährlichen von Pfarrer und Küster beanspruchten $7\frac{1}{2}$ Pfund Brod werden nicht als eine den einzelnen Häusern aufliegende Grundrente, als eine constituirte auf die Erben eines Hausbewohners als Schuld übergehende Rente, als eine der ganzen Gemeinde aufliegende, auf die Hausbewohner vertheilte Rente, sondern um deswillen gefordert, weil

1) Pfarrer und Küster sie seit unvordenklicher Zeit bezogen, und
2) weil sie eine Abgabe darstellen, welche von jedem Hausbewohner kraft einer an diese seine Eigenschaft sich anknüpfenden und damit wieder aufhörenden Abgabepflicht zu entrichten ist.

Das Erste ist bei dem Mangel eines Forderungsgrundes nach Art. 1131 B. G. B. unzulässig.

Das Zweite verletzt das Gesetz vom 30. Mai 1820 §. 13. Art. XIV. Concordat. de 1801. Gesetz vom 18. Germinal X.

K. Reiners & Genossen wider Kirchenverw. zu Beek, 1. Juli 1837.
v. Breuning. Eichhorn. Sandt. Kunowski. Arch. XXVI. 2. 17.

Alle Prästationen der Pfarrgenossen für kirchliche Dienstverrichtungen sind insoweit aufgehoben, als ihre Forterhebung nicht durch besondere Reglements gestattet ist.

Art. 5 der organischen Art des Concordats von 1801. Gesetz vom 18. Germ. X.

Reglements, wodurch Prästationen der Pfarrgenossen zur Remuneration des Küsters sanctionirt sind, bestehen nicht. Es haben daher alle bis dahin herkömmlich oder in Folge der Uebereinkunft der Pfarrgenossen zu dem Ende geleisteten Abgaben rechtlich zu bestehen aufgehört. Aus diesem Grunde stellt der Art. 37 Nr. 1 des Decrets vom 30. Sept. 1809 die Besoldung der Küster lediglich als eine Last der Kirchenfabriken auf; der Art. 36 zählt um deswillen zu deren Revenuen nicht Abgaben der gedachten Art, während die Nr. 11 und der Art. 92 seq. in Verbindung mit dem Gesetz vom 14. Februar 1810 die Civilgemeinden verpflichtet, aus den Communalrevenuen oder durch Steueraufschläge dasjenige zu beschaffen, was zur Bestreitung der Ausgaben der Fabrik erforderlich ist, soweit es nicht durch die in den Nummern 1 — 10, Art. 36 des Decrets von 1809 bezeichneten ordentlichen Revenuen derselben gedeckt werden kann. Die Fortdauer der Verpflichtung der Imploranten kann somit dadurch nicht begründet werden, dass die betreffenden Naturalprästationen seit unvordenklicher Zeit von ihnen als Beitrag zum Unterhalt des Küsters und als Vergeltung der von ihm der Kirchengemeinde zu leistenden Dienste als Schuldigkeit gefordert und geleistet sind.

K. Court & Genoss. wider Kirche zu Vettweis, 8. Apr. 1839.
Jaehnigen. Eichhorn. Sandt. Reusche. Arch. XXIX. 2. 29.

Sustentation der Geistlichen.

Die Regel streitet so lange für den Unterhalt der Geistlichen aus dem Vermögen der Kirche, bis das Dasein bestimmter Pfründen oder Sustentationsmittel erhellet. Ihre Existenz muss mithin derjenige beweisen, welcher sich darauf beruft.

R. Kgl. Reg. Cöln wider Pfarre Neustadt, 7. Sept. 1843.
Heffter. Eichhorn. Reusche. Sandt.

Der Reichsdeputationshauptschluss legt den Landesherren den Vorbehalt von Pensionen (Sustentation, Unterhalt) für die aufgehobene Geistlichkeit auf. §. 35.

Diese Pensionen sind nur auf einen lebenslänglichen Genuss berechnet, §. 76, 53, 54, 58, 50, 52. Ist in einigen §§. z. B. §. 53 die Rede von den Pfründen der aufgehobenen Geistlichkeit, als von etwas Fortbestehendem, so können hierunter nur die bisherigen kirchlichen Stellen gemeint sein. Mit ihnen ist jedenfalls eine so wesentliche Veränderung vorgegangen, dass darüber nicht mehr das ursprüngliche Pfründrecht, sondern die lex saecularisationis entscheiden muss. Nach dieser aber kann nur Sustentation des Pfründners, nicht Entschädigung der Erben (Nach- oder Gnadenjahr) gefordert werden.

R. Erben Bracht wider Kgl. Reg Düsseldorf, 14. April 1845.
Heffter. Eichhorn. Sandt. Reusche.

Armenfonds.

Die Ermächtigung, auf gerichtliche Auseinandersetzung des Armenfonds zweier Kirchengemeinden anzutragen, umfasst nothwendig als Mittel zum Zweck die Befugniss, die Frage zu erörtern, ob ein Recht an jenem Fonds zustehe?

Es besteht kein Gesetz, wonach an einem gemeinschaftlichen Armenfond erworbene Rechte durch später veränderte Einrichtung der Pfarreien sowohl als der Gemeinden beschränkt oder aufgelöst worden wären.

Die l. 6. §. 1. de rer. divis. und 7, §. 1. quod cujusc. univ. nom. ist nicht anwendbar, wo nicht ein Einzelner gegen eine Körperschaft, sondern Armenverwaltung gegen Armenverwaltung klagt.

R. Armenverw. Anrath wider Armenverw. Neersen, 17 Oct. 1835.
Esser. Eichhorn. Sandt. Reinhardt.

Ein Fonds, gestiftet zur Hülfeleistung für Nothleidende, ist seiner Bestimmung und Natur nach vom Kirchenvermögen verschieden. Wenn auch nach canonischem Recht die Verwaltung der Armenmittel der kirchlichen Autorität unterworfen ist, so folgt hieraus nicht, dass diese Armenmittel ein Theil des Kirchenvermögens sind. Der Unterschied zwischen Armenmittel und Kirchenvermögen, Rechnungen und Meister ist in den ältern Verordnungen des Herzogthums Berg klar ausgesprochen und anerkannt. Hieraus ergiebt sich, dass nur die Armen desjenigen geographischen Bezirks, welcher zur Zeit der Stiftung den Bezirk der Pfarre bildete, die Berechtigten sind und bleiben, dass mithin die in den kirchlichen Beziehungen später eingetretenen Veränderungen auf die in der Stiftung begründeten Berechtigungen einflusslos sind. Diese Armen stellen jedoch keineswegs eine Corporation dar, auf sie sind daher die betreffenden Bestimmungen und namentlich der §. 6.: Inst de Rer. divisione und die L. 7, §. 3.: D. quod cujusc. universitatis nomine (wonach der Austritt eines einzelnen Mitglieds aus der Corporation den Verlust der Rechte an dieselbe zur Folge hat) nicht anwendbar. Es kommt hinzu, dass das Ausscheiden einer ganzen Gemeinde aus dem Pfarrverbande oder die gemäss Anordnung der competenten Behörde geschehene Trennung des Pfarrbezirks dem Austritt eines einzelnen Mitglieds aus der Körperschaft nicht gleich zu stellen, und dass nach Cap. 3, X. de ecclesiis aedificandis und concilio Tridentio sessio 21, Cap. 4 bei Trennung eines Parochialbezirks eine Theilung des der Parochie zustehenden Vermögens nach Bewandtniss der Umstände und insofern solches der obern kirchlichen Behörde angemessen erscheint, wirklich stattfinden kann.

K. Kirch.- u. Armenvorst. Grossenbaum wider Wittlar, 7. März 1842.
Esser. Jaehnigen. Sandt. Kunowski.

Secularisation.

Wenngleich alle Güter der Geistlichkeit durch den Beschluss der Volksvertreter vom 9. Frim. III. schon für Nationaleigenthum erklärt, und unter die Verwaltung der Domainen gestellt wurden, so hat dies doch nur die Güter betroffen, welche der vormaligen französischen Geistlichkeit oder solchen geistlichen Stiftungen zugehörten, die den Hauptort ihrer Pfründen ausser den eroberten Landen hatten. Die letztere Maassregel sollte durch Beschluss vom 9. Ventôse III. auf diejenigen geistlichen Corporationen ausgedehnt werden, von denen mehrere Mitglieder ausgewandert sein möchten. Nach Art. 3 des Beschlusses des Volksrepräsentanten Meynard 13. Therm. III. sollte sodann die Domainenverwaltung die Administration der Güter derjenigen geistlichen Corporationen, von deren Mitgliedern mehr als die Hälfte abwesend oder ausgewandert, fortsetzen; dieser Beschluss setzt jedoch voraus, dass die Domainenverwaltung wegen des Vorhandenseins eines solchen Falles sich wirklich in den Besitz der Administration gesetzt habe, oder sich auch noch darin setzen könne. In Gefolge des Beschlusses des vollziehenden Directoriums vom 28. Floréal IV. (verkündet am 14. Fructidor IV) ist nun zwar ein allgemeiner Beschlag auf die Einkünfte der geistlichen Güter gelegt worden, aber selbst diese Maassregel, deren Vollstreckung nothwendig war, um den Druck der Einwohner zu vermindern, war nur eine vorübergehende, sie ist durch Beschluss des General Hoche vom 16. Prairial V. wieder eingezogen, und die Geistlichkeit in den Genuss Alles dessen, was ihr eigenthümlich oder auch nur der Nutzniessung nach zusteht, wieder eingesetzt worden. Der Beschluss der intermediären Commission zu Bonn vom 4. Frimaire VI. hat hierin nichts geändert; er hat nur die Veräusserung und Hypothesirung der Immobilien zum Gegenstande. Erst durch den Consular-Beschluss vom 20. Prairial X. ist den geistlichen Corporationen nebst dem Eigenthum auch die Verwaltung der ihnen zugehörigen Güter, nachdem das Land durch den Frieden von Luneville und das Gesetz vom 8. Ventôse IX. mit Frankreich vereinigt worden, wahrhaft entzogen worden. Erst mit diesem Zeitpunkt ist die Einziehung ihres ganzen Vermögens erfolgt. Dies ergiebt sich:

1) aus den Worten des Art. 2: — „Sont mis sous la main de la nation,“
2) aus der im Art. 3 verordneten, noch vor der Verkündigung des Beschlusses zu vollstreckenden Anlage der Siegel auf ihre Effecten, Urkunden und Papiere,
3) aus den Worten des Art. 7. —
„dès ce moment,“ und
„réunis par le présent arrêté.“

4) aus den Bestimmungen des Art. 9.

R. Reg. Aachen wider Bardenhauer, 13. Juli 1831.
Blanchard. Eichhorn. — — Sandt.

Das Decret vom 13. und 14. Brumaire II., welches das Kirchenfabrikvermögen zum Staatsvermögen erklärt, geht der zufolge des Gesetzes vom 9. Vendém. IV. stattgehabten Vereinigung der neun belgischen Departemente mit Frankreich vorher. Nach Art. 1 des Gesetzes vom 18. Pluviose IV. konnten die vor jener Vereinigung mit Frankreich erlassenen Gesetze nur auf besondere Ermächtigung durch ein Decret oder Gesetz, oder einen Act der gesetzgebenden Gewalt in jenen Departementen zur bindenden Macht verkündigt werden. Das Gesetz v. 17. Vent. VI., welches die Verkündigung des Art. 1, Tit. 1 des Gesetzes vom 5. Nov. 1790 in jenen Departementen verordnete, spricht nur von Gütern der Geistlichkeit (du clergé), nimmt dagegen die Kirchenfabrikgüter aus, und erwähnt des Decrets vom 13. und 14. Brumaire II. nicht. Die blosse Bezugnahme in dem Decret vom 11. Mai 1807 auf das Decret vom Brumaire führt eine Verkündung dieses Gesetzes in dem Niedermaasdepartement nicht mit sich. Der Consularbeschluss vom 7. Thermidor XI und das Gutachten des Staatsraths vom 30. November 1801, indem sie nur von Kirchenfabrikgütern sprechen, sind für dieses Departements wegen Nichtverkündigung des Decrets vom 13. und 14. Brumaire nicht anwendbar.

In jenen Departementen ist somit das Kirchenfabrikvermögen nicht als Staatsvermögen anzusehen.

R. Niedercrüchten wider Beckers, 26. März 1835.
Esser. Eichhorn. Sandt. Reinhardt.

Eine Stiftung fällt nicht in die Ausnahme des Consularbeschlusses vom 20. Prairial X. Art. 20; sie gehört zu den aufgehobenen, und das damit zusammenhängende Patronat kann mithin von der Familie der Stifter nicht mehr beansprucht werden.

R. v. Geyr wider v. Geyr, 22. Oct. 1836.
Esser. Eichhorn. Kunowski. Sandt.

Der Stifter hat für den Fall, dass kein Beneficiat vorhanden, hinsichtlich der Verwaltung des Stiftungsvermögens, sowie der Rechnungslegung keine vorsorgliche Bestimmung getroffen. Hieraus folgt nicht, dass dieser Fonds als Kirchenfabrikvermögen zu verwalten ist, zumal weder erhellt, dass derselbe gesetzlich der Kirchenfabrik zu Mainz überwiesen, noch, dass diese mit Genehmigung des Gouvernements die Stiftung angenommen habe. —

Art. 36, Nr. 1 und 2, Decr. 30. Dec. 1809.

Dieses Decret ist daher auf den vorliegenden Fall mit Unrecht angewendet worden.

K. Degive wider Isenkrahe (Juniorsches Beneficium), 7. Januar 1839.
Esser. Eichhorn. Sandt. Kunowski. Arch. XXVIII. 2. 35.

Kirchenbau.

Nach den Jülich-Bergischen Verordnungen vom 10. September 1711 und 7. October 1751, wie nach §. 3. Cap. 2. Tit. VII. der Synodialstatuten und der churcölnischen Verordnungen vom 28. August 1715 und 15. Februar 1740 sind alle Inhaber des grossen Zehnten in dem ganzen Umfange des Kirchspiels zum Kirchenbau beizutragen verbunden. Jene Verordnungen unterscheiden nicht zwischen weltlichen und Kirchenzehnten.

K. Reg. Cöln wider Kirchenvorstand Menden und Willems, 27. März 1843.
Esser. Jaehnigen. Reusche. Sandt. Kunowski. Arch. XXXV. 2. 17.

K. Kirchenvorst. Menden wider Willems, 27. März 1843.
Esser. Jaehnigen. Sandt. Kunowski.

Kirchhof.

Nach canonischem Recht bedurften die Kirchhöfe der priesterlichen Einsegnung, und gehörten hierdurch zu den geistlichen Sachen. Sie wurden insbesondere, wenn in der Umgebung der Kirche angelegt, als ein Theil oder Zubehör derselben betrachtet. Der Art. 49 der Verwaltungsverordnung vom 13. October 1807, wonach die Kirchhöfe ein Eigenthum der Gemeinden, geht von der Unterstellung aus, dass die Gemeinden schon in Gemässheit der früheren Verordnungen vom 1784 und 1803, neue Kirchhöfe ausserhalb der bewohnten Ortschaften angelegt hatten. —

Die aus dem Decret vom 23. Prairial XII. entnommene Verordnung vom 30. August 1809 bestätigt diese Bedingung dadurch, dass die alten Kirchhöfe erst 5 Jahre nach Anlegung der neuen zum Vortheil der Gemeinden verpachtet, oder auf sonstige Weise benutzt werden könnten.

R. Gemeinde Neunkirchen wider katholische Pfarrkirche daselbst, 15. November 1841.
Esser. Eichhorn. Reusche. Kunowski.

Liquidation.

Durch den Art. 2, 7, 19, Beschluss vom 20. Prairial X. Art. 1239 B. G. B. ist das Verhältniss der Schuldner gegen die geistlichen Corporationen als Gläubiger in der Art geändert worden, dass die Schuldner, sowie sie nicht mehr mit Sicherheit und mit der Wirkung ihrer Befreiung den geistlichen Corporationen als ihren ursprünglichen Gläubigern zahlen, ebenso auch durch Zahlung an andere Gläubiger solcher Corporationen sich von ihrer Schuld nicht befreien konnten. Alle Forderungen an aufgehobene Corporationen sind vielmehr einer vorläufigen Liquidation unterworfen worden.

K. Königl. Reg. Coblenz wider Franken, 28. Jan. 1824.
Blanchard. Ruppenthal. Reinhardt. Sandt. Arch. VI. 2. 65.

Kollocation.

Kein Gesetz verbietet, dass der Curator einer in Concurs gerathenen Erbschaft Appellation wegen der ausgesprochenen Priorität einlege.

R. v. Strauch wider Gormans, 4. Dec. 1822.
v. Savigny. Ruppenthal. Reinhardt. Sandt.

Ebenso:

R. Ark wider Gormans, 7. Mai 1823.
v. Meusebach. Eichhorn. Reinhardt. Sandt.

Der Curator einer vacanten Erbschaft vertritt die Stelle des Erblassers und der Erben. In dieser Eigenschaft ist er gleich dem Schuldner ermächtigt, wider die Collocation der Gläubiger Einwendungen vorzubringen. Art. 755 B. P. O.; ja er hat gemäss Art. 813 B. G. B. darauf zu sehen, dass sich zum Schaden der übrigen Creditoren kein Ungeeigneter unter die wirklichen Hypothengläubiger mische.

R. Farina wider Gormans, 21. Sept. 1825.
Goerdeler. Eichhorn. Reinhardt. Sandt.

Die, wenngleich nur stillschweigende Annahme des Richters, dass die Gläubiger auch ohne Mitwirkung des Schuldners sich über die Vertheilung des Kaufpreises vereinigen könnten, verletzt den Art. 749 B. P. O.

K. Becker wider Straten, 7. April 1824.
Blanchard. Ruppenthal. Reinhardt. Arch. VI. 2. 59.

Der das Rangordnungsverfahren leitende und betreibende Theil kann nach Art. 763 B. G. B. das Collocationsurtel einer der darin aufgeführten Partheien mit der Wirksamkeit zustellen, dass die in jenem Artikel bestimmte Berufungsfrist auch zum Vortheil der übrigen Partheien zu laufen beginnt. Jene Parthei wird in der That hierdurch in die rechtliche Möglichkeit versetzt, gegen sämmtliche Partheien das Urtel im Wege der Berufung anzugreifen, die dem ganzen Verfahren zum Grunde liegende Absicht des Gesetzgebers geht aber gerade dahin, dieses Verfahren zu vereinfachen und zu beschleunigen.

R. Reichenbach wider Brinck & Comp., 7. Januar 1832.
Esser. Oswald. Kunowski. Sandt.

Zur Erledigung der in Distributions- und Collocationssachen gegen den provisorischen Status erhobenen Contestationen ist durch die bürgerliche Processordnung im Allgemeinen ein abgekürztes Verfahren vorgeschrieben; die Art. 666 und 761 B. P. O. verordnen insbesondere, dass die Förderung der Sache zur Audienz mittelst eines einfachen, von Anwalt zu Anwalt zu insinuirenden Actes ohne weitere Processform stattfinden soll. Hiernach kann der betreibende Anwalt keineswegs für verpflichtet gehalten werden, eine Ausfertigung des vom Richtercommissar über die erhobenen Contestationen aufgenommenen Protocolles, sowie des von demselben entworfenen Status dem Gegner mitzutheilen oder dem Berichterstatter resp. dem Gericht zur Einsicht vorzulegen. Es kommt hinzu, dass die Art. 99 und 134 des Gesetzes vom 16. Februar 1807 bestimmen, dass eine Ausfertigung des Protocolls weder gehoben noch ertheilt werden soll. Allerdings könnte nach den zur Seite jener Bestimmung bemerkten Artikeln der B. P. O. angenommen werden, dass dieselbe ihre nächste unmittelbare Beziehung auf diejenigen Aufforderungen habe, welche von dem betreibenden Theile an die Gläubiger zur Einsichtnahme des provisorischen Status zu erlassen sind; die Absicht des Gesetzes, dahin gerichtet, im Allgemeinen während des Verfahrens die Ausfertigung des Protocolles zu untersagen, ist jedoch um so weniger zweifelhaft, als durch eben diese Artikel 99 und 134 bestimmt ist, dass die Einregistrirung des besagten Protocolls vor Aushändigung der Zahlungsbefehle, mithin vor Erledigung sämmtlicher gegen den provisorischen Status erhobenen Contestationen nicht erfolgen soll, während nach Art. 41 des Gesetzes vom 22. Frimaire VII. die Einregistrirung der gerichtlichen Acte der Ausfertigung derselben nothwendig vorhergehen muss.

Hiernach enthält ein Urtheil, welches aufgiebt, eine Ausfertigung des contestirten provisorischen Status und der resp. Verhandlungen zu den Acten zu bringen, eine Verletzung der Art. 666, 761 B. P. O.

K. Grabener und Faber wider Scheer (Cassation im Interesse des Gesetzes), 23. Mai 1842.
Brewer. Eichhorn.

Kompensation.

Nach Art. 1220 B. G. B. sind erbschaftliche Forderungen unter sämmtlichen Miterben theilbar. Jeder von ihnen kann seinen Antheil daran fordern, mithin auch gegen seinen Miterben, der solchen Antheil in Empfang genommen, compensiren. Die Compensation gehört zu den gesetzlichen Acten, wodurch eine Verbindlichkeit erlöschen, eine Schuld getilgt werden kann; sie tritt durch die blosse Kraft des Gesetzes ein, Art. 1290, sie geschieht ohne Wissen des gegenseitigen Schuldners; es bedarf folglich der Ermächtigung oder Einwilligung der Ehefrau des Cassationsverklagten und ursprünglichen Klägers, der eigentlichen Miterbin, keineswegs, um die Wirkung der Compensation eintreten zu lassen.

K. Faber wider Keucker, 2. April 1823.
Blanchard. Eichhorn. Reinhardt. Sandt.

Das Gesetz hat nirgends einem Schuldner, der sich im Fall einer Compensation befindet, aufgelegt, die dazu geeignete Gegenforderung wider die Gläubiger in irgend einer Weise geltend zu machen, oder Zahlung mittelst Compensation anzubieten. Art. 1289 seq. B. G. B. Es lässt die Compensation sogar bei einer Nichtkenntniss der Partheien eintreten. Die Forderungen des Imploranten sind nicht um deswillen für inexigibel zu halten, weil er unterlassen hat, diese noch ungekündigten Forderungen wegen angelaufener Zinsenrückstände oder wegen Vermögensverfalles oder verminderter Sicherheit ausdrücklich zurückzufordern. Nach den Art. 1183 und 1188 B. G. B. tritt in diesen Fällen vielmehr ein früherer Zahlungstermin schon von Rechtswegen ein, dessen Eintritt nicht, wie die Clausel des Art. 1184, von einer gerichtlichen oder sonstigen Beanspruchung abhängig ist.

K. Fink wider Bartels, 17. Juni 1837.
Heffter. Eichhorn. Reinhardt. Sandt. Arch. XXVII. 2. 3.

Die Cassationsverklagten machen gegen ihren Vormund, den Cassationskläger, eine annoch liquid zu stellende Forderung geltend. Während diese Forderung durch Expertise liquide gestellt werden soll, erhebt Cassationskläger die exceptio compensationis. Er wird damit abgewiesen, weil der Art. 1291 B. G. B. eingeschränkt sei auf das Vorhandensein von beiden Seiten gleich fälliger liquider Forderungen. Hierin liegt eine Verletzung dieses Artikels und eine Rechtsverweigerung.

Für die Zulässigkeit der Compensation wird erfordert, gleichmässige Einforderbarkeit und Liquidität der gegenseitigen Forderungen oder Schulden. Hier sind beide Forderungen einforderbar, während liquid nur die des Cassationsklägers ist. Lässt nun die ins bürgerliche Gesetz-Buch übergegangene römische Compensationslehre die Compensation von Fordrungen, die nicht leicht liquid gestellt werden können, gegen liquide nicht zu, c. 4. De comp., damit die Verurtheilung des eine illiquide Fordrung vorschützenden Cassationsverklagten nicht zur Ungebühr aufgeschoben würde, so wird hier umgekehrt durch die liquide Gegenforderung die über die illiquide Hauptforderung schwebende Instanz gar nicht gehemmt. Wenn daher der Art. 1291 nur von gleichmässiger Liquidität, und nicht davon spricht, dass schon gleich bei Anbringung der Compensationseinrede die gegenseitigen Forderungen liquid sein müssten, so erklärt sich hieraus von selbst, dass dem Festhalten dieser Einrede in jener Instanz kein gesetzlicher Grund entgegenstehen konnte. So oft die liquide Gegenforderung die noch im Lauf begriffene Feststellung der illiquiden Hauptforderung nicht im Mindesten aufhält, würde es gegen die ersten Grundsätze des Processes streiten, wollte man die liquide, festgestellte Gegenforderung zu einem besonderen Verfahren verweisen. Sobald die Hauptforderung liquid gestellt sein wird, kann und muss man vielmehr mit dem Art. 1291 sagen, beide Forderungen seien gleichmässig liquid.

Während des gegenseitigen Bestehens beider Forderungen hebt die von Rechtswegen eintretende Compensation als eine gesetzlich fingirte Zahlung den Begriff einer Verjährung der zu compensirenden Forderung — also auch der Zinsenforderung auf.

K. Mengen wider Mengen, 29. September 1845.

Esser. Jaehnigen. Kunowski. Deycks. Arch. XXXIX. 2. 66.

Kompetenz.

Allgemeine Sätze.

Incompetenz in Ansehung des Gegenstandes kann durch das Erscheinen und Stillschweigen der Partheieen nicht gedeckt werden. Der Richter ist verbunden, eine zu seiner Competenz nicht gehörige Sache von Amtswegen von sich abzuweisen.

K. Schmitz wider Sartor, 2. Juni 1824.

Blanchard. Ruppenthal. Reinhardt. Sandt. Arch. VII. 2. 5.

Eine öffentliche Klage wegen widerrechtlicher Zueignung der Handesfirma Farina ist nicht eingeleitet. Das Landgericht war daher nach Art. 3 der Criminal-Ordnung competent, den Imploranten den Gebrauch dieser Firma zu untersagen.

Durch die Aufhebung dieser Urtheile hat der zweite Richter die von ihm angeführten Gesetze, — Gesetz vom 23. Juni 1790,

Art. 1. des Gesetzes vom 6. Fructidor II. Art. 34 B. G. B., 57, Art. 4—9 Gesetz vom 11. Germinal XI. Art. 21. H. G. B., Verordnung vom 30. October 1816, Verordnung vom 15. April 1822, — falsch angewendet, und die Gesetze über die Competenz verletzt.

K. Farina wider Mühlens, 2. April 1835.
Esser. Eichhorn. Sandt.

Die Verletzung des Art. 3 Crim.-Ord. und die richterliche Entscheidung über eine Civilklage in einem Falle, wo sie bis nach der Entscheidung über die öffentliche Klage auszusezzen, kann als Machtüberschreitung betrachtet werden. Die Civilklage ist aber nur dann auszusetzen, wenn vor ihrer Entscheidung die öffentliche Klage bereits anhängig war. Die vor dem Friedensrichter ausgesprochene Absicht, den Imploraten wegen Jagdfrevel verfolgen zu wollen, macht die öffentliche Klage noch nicht anhängig.

R. Fromm wider Linden, 23. April 1835.
Esser. Eichhorn. Reinhardt. Sandt.

Competenzeinreden ratione materiae bezwecken die Vernichtung des Verfahrens; das Recht letztere zu erlangen, wird weder durch die erzwungene Einlassung zur Hauptsache, noch durch den späteren Ausspruch des incompetenten exceptionellen Richters vernichtet und verloren. Der Cassationsrecurs ist daher annehmbar.

K. v. Rigal wider Diergardt, 10. April 1843.
v. Oppen. Jaehnigen. Sandt. Reusche. Arch. XXXV. 2. 37.

Rathskammer.

Eine Parthei beschwert sich darüber, dass ein Notar Remisengelder in Rechnung gebracht hat. Die Rathskammer spricht sie ihm durch Urtel ab, ohne ihn geladen oder gehört zu haben.

Dieses Verfahren ist nichtig. Art. 124 des bergischen Justiz-Organisationsdecrets vom 17. December 1812, Nr. 2, Art. 9 des Decrets über die Liquidation der Gebühren vom 16. Februar 1807. Art. 61 B. P. O.

Die Sache gehört gar nicht zur Competenz der Rathskammer, sondern in die öffentliche Sitzung.

K. Monten wider Birken, 26. Nov. 1819.
v. Meusebach. Eichhorn. Molitor.

Ein Rathskammerbeschluss bestimmt, dass ein Notar zur Sitzung zu laden, um sich wegen Injurien zu vertheidigen, die in einem von ihm an den Landgerichts-Präsidenten gesendeten Brief enthalten sein sollen. Dies ist gesetzwidrig. Die öffentliche Klage steht nur dem öffentlichen Ministerium zu. Art. 1

Crim. Proc. Ord. Dieser Regel unterliegt auch das Disciplinarverfahren. Il est de l'essence même du ministère public, d'être absolument indépendant dans l'exercice de ses fonctions; ainsi les tribunaux ne peuvent lui prescrire de faire des poursuites que dans les cas, qui dérogeant au principe générale, sont spécialement déterminés par la loi. Urtel des Pariser Cassationshofs, 27. November 1828.

Diese Fälle sind nur gegeben in den Art. 235 Cr. P. O. und Art. 11 des Gesetzes vom 20. April 1810.

Es kommt hinzu, dass gegen den Art. 88 des Decrets vom 30. März 1808 das öffentliche Ministerium nicht einmal zur Berathung berufen worden, und dass der Art. 51 Not.-Ord. vorschreibt, dass die Einleitung des Verfahrens von dem öffentlichen Ministerium ausgehen müsse.

K. Dubyen (Cassation im Interesse des Gesetzes), 28. Jan. 1839.
Esser. Eichhorn.

Gerichtsvollzieher.

Die bei den Appellationshöfen angestellten Gerichtsvollzieher haben keine Qualität über den Umfang des Tribunals erster Instanz hinaus zu instrumentiren; die betreffenden Acte (hier die Ladung vor den Cassationshof) sind nichtig, wenn auch ein besonderes Gesetz diese Nichtigkeit nicht ausgesprochen hat.

Beschluss der Consuln vom 22. Thermidor VIII.
Art. 116 des Decrets vom 6. Juli 1810.
Art. 1, 2, 24 des Decrets vom 14. Juni 1813.

R. Pütz wider Pangh, 13. October 1820.
v. Meusebach. Ruppenthal. Reinhardt. Sandt.

Ein Gerichtsvollzieher hat ein Urtheil des Friedensgerichts durch Pfändung vollstreckt. Das Friedensgericht hat ihn auf Grund des Art. 13 Gesetz vom 27. März 1791 und der Verordnung vom 11. Mai 1843 zu einer Geldbusse verurtheilt, weil er, da er nicht Gerichtsvollzieher des betreffenden Friedensgerichts, hierzu nicht befugt gewesen.

Hierdurch sind diese Gesetze verletzt. Während einerseits der Art. 13 durch Nr. 1, 2 und 10 der Cabinetsordre vom 21. Juli 1826 aufgehoben, würde er mit Rücksicht auf Art. 4, 16, 20, 52 B. P. O. und §. 4 der Verordnung vom 11. Mai 1843 im vorliegenden Fall nicht einmal anwendbar sein.

K. Welfonder wider Schöneborn (Cassation im Interesse des Gesetzes), 13. Mai 1844.
Graun. Eichhorn. Arch. XXXVII. 2. 23.

Fabrikgericht.

Jeder, auch nicht in einem Abhängigkeitsverhältnisse

zu einer Fabrik stehende oder fabrikmässig arbeitende Handwerker ist der Jurisdiction der Fabrikgerichte, soweit sie der **Sache nach** überhaupt sich erstreckt, unterworfen.

Der Vertrag zwischen einem Handwerker und seinem Gesellen über den Dienst des Letzteren im Gewerb des Ersteren und die daraus enstehenden Streitigkeiten gehören um so gewisser vor das Fabrikengericht, als dieses nicht bloss wegen der technischen Fragen, sondern auch um deswillen aus Gewerbeverständigen gebildet wird, damit der Gewerks**gebrauch** gehandhabt werde. Art. 1160 B. G. B.

Die entgegengesetzte Ansicht wendet den Art. 11 des Decrets vom 11. Juni 1809 und das Decret vom 19. Januar 1811 unrichtig an, und verletzt den Art. 10 jenes Decrets, den Art. 1 des Decrets vom 3. August 1810, den Art. 6 des Gesetzes vom 18. März 1806 und den §. 2 der Cabinetsordre v. 29. Nov. 1841.

K. Toewen wider Zillessen (Cassation im Interesse des Gesetzes), 13. Februar 1843.

v. Oppen. Eichhorn. Arch. XXXV. 2. 3.

1542. Das Gesetz vom 18. März 1806 ist durch das Decret vom 11. Juni 1809 nicht aufgehoben; ebenso wenig sind durch das Decret vom 3. August 1810 die Attributionen der Gewerbverständigen überhaupt geändert. Nach Art. 6 des Gesetzes von 1806 und dem Decret vom 11. Juni 1809 Art. 10, 11 hat aber das Fabrikengericht nicht über Streitigkeiten zu entscheiden, welche zwischen zwei von einander unabhängigen, der Jurisdiction eines und desselben Fabrikengerichts nicht unterworfenen Fabrikinhabern über angebliche Benachtheiligung, die Einer dem Andern zugefügt haben soll, entstehen.

K. v. Rigal wider Diergardt, 10. April 1843.

v. Oppen. Jaehnigen. Sandt. Reusche. Arch. XXXV. 2. 37.

Friedensgericht.

Die vor den Friedensrichter gebrachte Klage ist gerichtet auf das unbestimmte Miethgeld, auf Räumung des Hauses, event. im Fall der Zögerung, auf eine Entschädigung von funfzig Thalern. Diese Klage ist eine rein persönliche. Der Friedensrichter ist in Betreff ihrer zwar nicht absolut incompetent; jede etwanige Prorogation konnte jedoch nicht stillschweigend, sondern musste ausdrücklich zu Protocoll erfolgen.

Art. 7 B. P. O. —

Dies ist nicht geschehen. Die Gerichtsbarkeit des Friedensrichters kann mithin durch die vor ihm fortgesetzten Verhandlungen als rechtlich prorogirt nicht angesehen werden.

K. Ackermann wider Dewald, 16. März 1825.

Seyppel. Eichhorn. Sandt. Ann. V. 1. 193.

Die Klage ist dahin gerichtet, dass Implorant als Miteigenthümer und Meistbegüterter des Saxeler Weihers verurtheilt werde, die eingestürzte Brücke herzustellen oder 299 Thaler Entschädigung zu zahlen. Diese Klage ist weder eine mobiliare, noch possessorische, noch rein persönliche. Es handelt sich von einer dinglichen Last. — Der Friedensrichter ist incompetent. —

Art. 9, 10, Tit. 3 Gesetz vom 24. August 1790.

K. Schneider wider Zillgen, 3. Mai 1826.
Blanchard. Eichhorn. Sandt. Kunowski.

Der Antrag ist gerichtet alternativ auf die Errichtung einer Mauer oder auf Rückerstattung der gezahlten 91 Thaler. — Das Friedensgericht ist competent.

K. Bregenzer wider Holzbacher, 20. Dec. 1834.
Esser. Eichhorn. Sandt. Reinhardt.

Die auf Räumung eines Gutes gerichtete Klage ist eine Immobiliarklage. Der Friedensrichter ist nur befugt, über solche petitorische Klagen zu erkennen, welche auf bewegliche Gegenstände abzielen.

§. 1 Gesetz vom 7. Juni 1821. Art. 16. Cap. II. Berg. Decr. 17. December 1811.

In Betreff der Immobiliarklagen ist seine Incompetenz durch Einlassung nicht zu decken.

K. Cremer wider Cremer, 7. Mai 1835.
Esser. Eichhorn. Kunowski. Sandt. Arch. XXII. 2. 29.

Die subhastirten Güter werden dem Cassationskläger zugeschlagen für 1200 Thaler. In dem provisorischen Status werden locirt:

1) der Cassationskläger mit 800 Thalern,

2) die Cassationsbeklagten Preyer und Hausels, Preyer mit 105 Thalern, zufolge Inscription vom 28. November 1831, auf den Grund eines zu W.... gegen den Schuldner Zulauf erwirkten friedensgerichtlichen Erkenntnisses, und Hausels mit 89 Thalern aus demselben Grunde.

3) der Cassationskläger mit 67 Thalern,

4) der Cassationskläger auf den Rest des Kaufpreises mit 200 Thalern.

Einspruch des Cassationsklägers, weil er nicht vor den Cassationsverklagten locirt worden. Grund des Einspruchs: — die friedensrichterlichen Urtheile seien nicht gültig, indem weder eine Ladung ihnen vorhergegangen, weder das Gesuch der Partheien, dass sie Urtheil verlangten, von diesen unterschrieben, noch der Unfähigkeit, zu unterschreiben, erwähnt sei. — Der Einspruch ist mit Recht verworfen.

Der Friedensrichter kann durch freiwilliges Erscheinen der

Partheien vor ihm auf deren protocollirte und von ihnen unter schriebene, oder durch die Meldung der Ursache des Nichtunterschreibens befestigte Erklärung, dass sie Urtheil verlangen, ohne vorherige Ladung befasst werden. Art. 7 B. P. O.

Diese Förmlichkeit dient hinsichts des an sich competenten Friedensrichters nur gleich einer gültigen Ladung dazu, ihn gehörig zu befassen, nicht aber zur Begründung seiner Competenz, die ihm als solchem ohne Prorogation zusteht. Für solchen Fall handelt es sich eigentlich nicht von einer Incompetenz-Einrede, sondern nur von einer zerstörlichen Einrede erster Klasse, die, wenn sie auch durch die blosse Einlassung der Partheien vor dem an sich competenten Friedensrichter nicht, wie vor dem gewöhnlichen Richter als gedeckt angesehen werden dürfte, dennoch zur Aufhebung des friedensrichterlichen Urtheils wenigstens durch ein geeignetes Rechtsmittel geltend gemacht werden müsste. Der Friedensrichter war hier übrigens der competente Richter. Seine nicht durch Appell angegriffenen Urtheile sind mithin längst in Rechtskraft übergegangen und können von dem Cassationskläger als dem rechtsvertretenden Gläubiger des Zulauf nicht angefochten werden. —

R. Magdeburg wider Preyer, 28. November 1835.
Esser. Eichhorn. Sandt. Reinhardt.

Der Friedensrichter ist nach Art. 1 der Verordnung vom 7. Juni 1821 competent über einen Streitgegenstand von 180 Thalern zu erkennen. Die vorgeschützte Gegenforderung von 446 Thalern zielt als Compensationseinrede nur auf Zerstörung der Klage ab. Sie ist selbst als Widerklage auf die Competenz von keinem Einfluss. Es würde sonst von dem Verklagten abhängen, nicht nur die Zuständigkeit des Friedensrichters, sondern auch die des gewöhnlichen Richters zu vereiteln, wenn er gegen die später bei diesem letzteren eingeleitete Klage keine Widerklage erhöbe. —

L. 11. §. 1 de jurisdict.

K. Sieben wider Sassen, 4. Februar 1832.
Esser. Eichhorn. Sandt. Arch. XVI. 2. 43.

Der Friedensrichter ist nach Art. 1 der Verordnung vom 7. Juni 1821 competent über die persönliche Forderung von 175 Thalern zu erkennen; eine auf denselben Gegenstand bezogene Einrede der Anhängigkeit der Arrestsache, kann nach Art. 168 und 171 B. P. O. im Gegensatz zu 170 nur eine relative, keine absolute Unzuständigkeit herbeiführen. Demgemäss kann die Verweisung wegen früherer Rechtshängigkeit einer Klage bei einem anderen Gericht nicht von Amtswegen ausgesprochen, die betreffende Einrede muss vielmehr nach Art. 169 und 173 vor Einlassung in die Hauptsache vorgeschützt, und darf die Verhandlung darüber nicht mit der Hauptsache verbunden werden. — Art. 172. — Die auf die Rechtshängigkeit der Arrestsache gestützte relative Unzuständigkeit des Friedensgerichts, durch die wirkliche Einlassung in die Hauptsache gedeckt, kann mithin später nicht mehr gerügt werden.

K. Jansen wider Nieland, 10. Nov. 1832.
Esser. Eichhorn. — — Sandt. Arch. XVIII. 2. 13.

Die Friedensgerichte erkennen in allen persönlichen Sachen bis zum gesetzlich bestimmten Betrage, —

Art. 9. Tit. 3 Gesetz vom 16. und 24. August 1790.

es können daher auch Handelssachen ihrer Competenz unterworfen werden. Den Partheien steht nur frei, die Jurisdiction des gewöhnlichen Richters zu decliniren und die Verweisung an das Handelsgericht zu verlangen. Eine absolute Incompetenz besteht jedoch nicht, und somit keine Verletzung des Art. 7 B. P. O., des Gesetzes von 1790; — Art. 9, 10. Tit. 3; Art. 4. Tit. 4, oder des Art. 631, 632 H. G. B.

R. Eversheim wider Mehlem, 22. Febr. 1841.
Jaehnigen. Eichhorn. Reusche. Sandt.

R. Krieger wider Schneegans, 5. April 1841.
Esser. Eichhorn. Reusche. Sandt.

Die präjudicielle Einrede des Verklagten ist darauf gegründet, dass er dem Kläger als Jagdcontravenienten das Gewehr abgenommen, und als Confiscat mit der Anzeige abgeliefert habe. Diese Contravention gehört vor das Polizeigericht, und ist der Competenz des Friedensgerichts als eines solchen entzogen.

Dieses hat daher, indem es erkannt, der Beweis der Contravention sei nicht geführt, seine Macht überschritten. —

Art. 125, Decret vom 17. Dec. 1811.

K. Stemmler wider Schmitz, 1. März 1841.
v. Oppen. Esser. — — Sandt.

Kein Gesetz schliesst die Friedensrichter von der Cognition der gegen den Staat gerichteten Klagen aus.

Das Gesetz vom 28. October und 5. November 1790, Art. 13. Tit. 3 giebt keine das Processverfahren allgemein regulirende Bestimmungen, sondern schreibt, wie die Worte des Art. 12.

„de la manière ci-après réglée." —

ergeben, nur das Verfahren für die mit der Verwaltung und Veräusserung der Nationalgüter beauftragten Behörden vor.

Ebensowenig das Gesetz vom 19. Nivose IV., der Beschluss des directoire exécutif vom 10. Thermidor IV., oder der Art. 60 des Decrets vom 30. März 1808, welcher den Fall voraussetzt, dass der Rechtsstreit bei einem Tribunal verhandelt wird. —

Das Ressort-Reglement hat die fiscalischen Sachen nicht

unbedingt den Landgerichten zugewiesen. Eine solche Folgerung wird durch §. 23 in keiner Weise unterstützt.

R. Reg. Cöln wider Cöllen, 25. Juni 1836.
Eimbeck. Eichhorn. Reinhardt. Sandt.

K. Reg. Cöln wider Derichs, 3. Dec. 1836.
Esser. Eichhorn. Reinhardt. Sandt. Arch. XXV. 2. 19.

Die Administrativ-Behörden.

Die Entscheidung der Frage, wer von zwei Ansteigerern der rechtmässige Acquirent und Eigenthümer einer Domanial-Erbpachtrente geworden, gehörte früher in erster Instanz vor den Präfecturrath, in zweiter und letzter vor den Staatsrath. An die Stelle des Staatsraths war der Appellationshof zu Trier gesetzt worden. Hieraus folgt nicht, dass der Unterschied zwischen der judiciaren und administrativen Rechtspflege habe aufgehoben werden sollen.

Das betreffende Cassationsgesuch ist daher unannehmbar.

Gesetz vom 28. Pluviose VIII., vom 11. Juni 1806, Verordnung des Staatskanzlers vom 17. Mai 1816.

R. Heid wider Engelmann, 27. October 1820.
Hardung. Eichhorn. — — Sandt.

Das Ressort-Reglement vom 18. Juli 1818 hat einige, früher dem Präfectur- resp. Staatsrath zuständigen Sachen den Gerichten zugetheilt. Es findet daher jetzt, wie der gewöhnliche Rechtsgang, so auch der gesetzliche Instanzenzug statt. Die Einrede der Unannehmbarkeit des Recurses ist mithin unbegründet.

R. Frings wider Cholin, 25. April 1827.
Blanchard. Eichhorn. Kunowski. Sandt.

Es handelt sich darum, ob das von den Eigenthümern der Ahrhütte angeblich früher erworbene Recht, den nöthigen Eisenstein auf dem Lommersdorfer Boden zu graben und zu beziehen, durch die den Eigenthümern der Stahlhütte später ertheilte Concession habe geschmälert werden können. Die Gerichte sind hier ausschliesslich competent.

Art. 28, Gesetz vom 21. April 1810; — Verordnung vom 26. December 1808, §. 35, 36, 41; — Ressort-Reglement vom 20. Juli 1818, §. 15.

R. Ober-Bergamt Bonn wider Kraemer, 23. März 1831.
Blanchard. Eichhorn. Sandt. Kunowski.

Die Befugniss, die Amtscaution nach dem Gesetze vom 21. Ventôse VII. festzusetzen, ist nach §. 14 Ressort-Reglement den Gerichten nicht entzogen.

Provincialschuldscheine sind nach der Cabinetsordre vom 3. Mai 1821 zur Amtscaution ungenügend.

R. v. Solemacher wider öffentl. Minist. am Appellhof, 26. Jan. 1833.
Esser. Eichhorn. Sandt.

Die Frage, ob Implorat zur Schuldentilgung der jüdischen Körperschaft beitragspflichtig sei, ist als eine rein civilrechtliche Frage der Entscheidung des gewöhnlichen Richters so lange unterworfen, bis sie ihm durch ein förmliches Ausnahme-Gesetz entzogen wird. War gleich der Präfecturrath nach Art. 7 des Kaiserlichen Decrets vom 20. November 1809 für jene Frage competent, so ist doch seine Ausnahmegerichtsbarkeit aufgehoben, und nach dem Ressort-Reglement an die gewöhnlichen Gerichte zurückgegeben. Der §. 8 des Reglements bezieht sich, wie aus §. 9, 10 und 11 erhellt, auf gemeine Lasten und Abgaben, und findet daher hier keine Anwendung, wo von der Verpflichtung zur Abtragung der Schuld einer ehemaligen Körperschaft die Rede ist.

R. Juden-Schuldentilgungscommission Windeck wider Gompertz, 15. Nov. 1834.
Esser. Eichhorn. Kunowski. Sandt.

Die Gerichte sind verpflichtet, gleich nach Abfassung des Erkenntnisses den Stempel festzusetzen. — §. 19 Stempel-Gesetz. Ist dies geschehen, so erscheint die Prävention der Gerichte der Steuerbehörde gegenüber so begründet, dass, wenn diese den Stempel als zu niedrig angesetzt behauptet, der betreffende Theil des Urtels nur auf gerichtlichem Wege rückgängig gemacht werden kann. Umgekehrt aber eröffnet die nur von der Steuerbehörde ausgegangene Festsetzung des Stempels in Ansehung der hiergegen vorzubringenden Beschwerde auch nur den (finanziellen) Weg der verfassungsmässigen Instanzen.

Nur in diesem Sinne ist die Cabinetsordre vom 18. November 1828 zu verstehen.

R. Steuerverw. d. Rheinprov. wider Waller, 26. März 1836.
Esser. Eichhorn.

K. Steuerverw. d. Rheinprov. wider Sandt, 25. Juni 1836.
Esser. Eichhorn. — Sandt. Arch. XXIV. 2. 68.

Ein Rechtsstreit zwischen Gemeinden und Privaten, über die Frage, ob ein Gegenstand zum Vermögen jener oder dieser gehöre, ist privatrechtlicher Natur und der gewöhnlichen Gerichtsbarkeit unterworfen.

Der Präfect konnte hierüber nicht entscheiden; durch die Erklärung, dass die Waldungen als Gemeindewaldungen zu betrachten, und als solche unter die Verwaltung der Forstbehörde zu setzen, hat er nur eine Oberaufsichtsmaassregel im Interesse der Gemeinde erlassen. Dieser sich mit dem Municipal-

Interesse der Gemeinde gleichsam identificirende Beschluss des Präfecten ist mithin als ein eigentlicher Act der öffentlichen Verwaltung im Sinne der Gesetze vom 24. August 1790, 16. Fructidor III. und 28. Pluviose VIII. nicht anzusehen. Der Fall des Recurses gegen ihn liegt daher im Sinne des Decrets vom 22. Juli 1809 eben wenig vor. Der §. 17 des Ressort-Reglements vom 20. Juli 1818 ist hier nicht anwendbar, da keiner der Fälle des §. 16 vorliegt. — Der Präfecturbeschuss steht somit der Zulässigkeit der Possessorienklage nicht entgegen, die entgegengesetzte Annahme verletzt den Art. 23 B. P. O. und das Decret vom 22. Juli 1809.

K. Loehr et Gen. wider Gem. Oedesheim, 11. Nov. 1839.
Esser. Eichhorn. Reusche. Sandt. Arch. XXIX. 2. 11.

Die Berufung auf den Rechtsweg ist gegen die von den Verwaltungsbehörden wider den Erben eines Rechnungsführers erlassenen Zwangsbefehle durch kein Gesetz untersagt, vielmehr gestattet durch §. 15 des Ressort-Reglements vom 20. Juli 1818.

An und für sich sind dergleichen Zwangsbefehle zulässig. — Art. 2 des Gesetzes vom 13. Frimaire VIII. und das Decret vom 12. Januar 1811.

Sie dürfen aus dem Grunde, weil Königl. Regierung keine der gesetzlichen Bestimmungen erfüllt habe, um eine Liquidation gegen den Erben vorzubereiten, nicht vernichtet werden. Den Gerichten steht keine Censur darüber zu, ob die Verwaltungsbehörde hinlängliche Veranlassung zu einem Zwangsbefehl gehabt hat oder nicht.

K. Königl. Reg. Aachen wider Rheinbach, 2. Dec. 1829.
Scheller. Eichhorn. — — Sandt. Arch. XIII. 2. 54.

Die Gerichte erkennen über die Beschwerden eines rechnungspflichtigen Beamten, dass ihm Summen aus Einnahmezweigen, mit deren Erhebung er nicht beauftragt gewesen, zur Last gelegt worden. Sie erkennen ferner darüber, ob eine nochmalige Revision und anderweitige Abschliessung der schon abgeschlossenen Rechnungen eines Communalempfängers statthaft, ob das Reliquat aus einem Recesse bereits eingezogen worden sei.

R. Gem. Altenahr & Gen. wider Naeckel, 29. Juni 1831.
Graun. Eichhorn. Kunowski. Sandt.

Durch das Ressort-Reglement sind die früheren französischen Verfassungsgrundsätze und Ressort-Bestimmungen ausgeschlossen. Wenngleich daher den Regierungen die Befugniss zusteht, Rechnungsabschlüsse über die Verwaltung der ihr untergeordneten Rechnungspflichtigen für executorisch zu erklären, so steht ebenso jedem Rechnungspflichtigen das Recht zu, in gerichtlichem Wege nachzuweisen, dass, und inwiefern er dadurch in privatrechtlicher Beziehung verletzt worden ist.

Die Incompetenzerklärung des Gerichts verletzt daher und wendet resp. falsch an, den §. 41, 42, 35, 36 Verordnung vom 26. December 1808, §. 15 Ressort-Reglement.

K. Kerpen wider Gemeinde Trierweiler, 20. Jan. 1838.
Graun. Eichhorn. Sandt. Kunowski. An. V. 1. 301.

Der durch die Schuld des ihm vorgesetzten Landrathes suspendirte Steuereinnehmer bedarf zur Anstellung der Entschädigungsklage der Ermächtigung der Regierung nicht.

§. 36—39 Ressort-Reglement.
§. 47 Verordnung vom 26. December 1808.

R. Moritz wider Maas, 15. Sept. 1832.
Oswald. Eichhorn. Sandt. Kunowski.

Ein Steuerbote hat wegen schuldiger Weinsteuer einen Zahlungsbefehl zugestellt. Hiergegen ist die Opposition mit Recht angenommen worden.

Das Gesetz vom 16. Thermidor VIII. bezieht sich nur auf directe Steuern, und findet daher keine Anwendung bei der indirecten Weinsteuer. Das Ressort-Reglement — §. 19 — hat hierin nichts geändert. Das Wort „hierbei“ geht nur auf das Wort „Verfügung.“ — Muss der Richter über den Einspruch erkennen, so hat er auch auf die Form des Zahlungsbefehls zu rücksichtigen. Das Recht, den Einspruch sofort gegen den unter dem Präjudiz der Pfändung zugestellten Zahlungsbefehl zu erheben, unterliegt keinem Bedenken.

R. Untersteueramt Berncastel wider Dünweg, 19. Juni 1843.
v. Oppen. Eichhorn. — — Sandt.

Zwangsbefehl Seitens der Regierung gegen einen Steuereinnehmer auf mehrere rückständige Posten — Opposition um deswillen, weil die Posten vom Vorgänger herrühren. Die Competenz der Gerichte ist,

§. 15 des Ressort-Reglements im Vergleich mit §. 35 und 36 Verordnung vom 26. December 1808,

nicht anzufechten.

Unter den im §. 36 bezogenen „besonderen Gesetzen“ sind nur die preussischen zu verstehen. Die Aufhebung der Präfecturräthe und administrativen Gerichte hat die Aufhebung der früheren Gesetze zur nothwendigen Folge.

Die von Seiten der Verwaltungsbehörde nach Anhörung beider Theile erfolgte Entscheidung der Sache, wiewohl nach den früheren Gesetzen die Cognition der Gerichte ausschliessend, ist mithin dermalen von keinem Betracht.

K. Herhahn wider Commun.-Casse Gymnich, 5. Febr. 1844.
Brewer. Jaehnigen. Reusche. Sandt. Arch. XXXVI. 2. 71.

Der Schullehrer fordert von der ihn anstellenden Gemeinde

sein Gehalt. — Die Gerichte sind competent. Die Cabinetsordre vom 7. Juli 1830 kann nur von solchen Beamten verstanden werden, welche dem daselbst bezeichneten Ressortwege unbedingt angehören. Hierzu dürfen vertragsmässig angestellte Communalbeamte nicht gerechnet werden.

Cabinetsordre vom 9. Juni 1819 §. 1 und 15.

K. Gladbach wider Gem. Odenthal, 14. Nov. 1842.
Heffter. Jaehnigen. Strass. Kunowski. Arch. XXXV. 2. 53.

Die Verordnung vom 25. Januar 1823, zwar erst nach der Verkündigung des angegriffenen Urtheils erschienen, findet, da sie kein neues Recht enthält, auch auf frühere Urtheile Anwendung. — Das angefochtene Urtheil kann daher, indem es den Art. 25 der Pariser Convention vom 20. November 1815 ausgelegt, um so weniger bestehen, als es mit der lang vorher erschienenen durch ein Circularschreiben des ersten Generaladvocaten beim Rheinischen Appellhofe vom 22. April 1820 den Gerichten zur Nachachtung bekannt gemachten Ministerialverfügung in Wiperspruch steht, nach welcher die Einrede: die Regierung habe ihr Klagerecht in jedem Falle durch Vorlegung der Wechsel zu begründen, als eine Exceptio de jure tertii, zu beseitigen war, und das Gericht sich nur auf die Entscheidung der Frage zu beschränken hatte, ob eine Schuld an sich noch vorhanden sei.

K. Reg. Coblenz wider Eich, 21. April 1824.
Fischenich. Eichhorn. — — Reinhardt.

Die Art. 13 und 14, Tit. 1 des Gesetzes vom 22. October und 5. November 1790 bestimmen klar, dass die Kirchenfabrikrechnungen auf administrativem Wege abgelegt und untersucht werden sollen. Der Art. 90 des Decrets v. 30. December 1809 hat hieran nichts geändert, und den Gerichten nicht die Befugniss beigelegt, über die streitigen Posten selbst zu erkennen. — Dies involvirt geradezu eine Machtüberschreitung.

K. Oberprocur. zu Aachen wider Franzen, 22. Juni 1825.
Blanchard. Eichhorn. Ann. V. 1. 215.

Die von der Verwaltungsbehörde gut befundene Anordnung über die Richtung des Gemeindeweges, um dem Wasser einen bequemen und gleichförmigen Abfluss zu verschaffen, hat Anlass gegeben zur Streitigkeit.

Da hierbei über das Eigenthum nicht gestritten wird, so hat nur die Provinzial-Regierung zu erkennen.

Gesetz vom 22. December 1789 und Januar 1790, 1. und 3. Juni, 11, 18 und 24. August 1790, §. 2, 13 Ressort-Regulativ vom 20. Juli 1818.

K. Gem. Kell wider Goukerneur, 2. Mai 1827.
Blanchard. Eichhorn. Sandt. Kunowski. Arch. X. 2. 40.

Eine Cabinetsordre hat die Grundstücke nicht speciell bezeichnet, welche zum Zweck des betreffenden Strassenbaues angekauft werden müssen: dieselben sind daher ausschliesslich durch die resp. Verwaltungsbehörde zu bestimmen.

Art. 3 Gesetz vom 8. März 1810.

Die Entscheidung der Frage, ob und welche Strassen neu anzulegen, gehört zur ausschliesslichen Competenz der Verwaltungsbehörden, welche nur verpflichtet sind, bei der eigentlichen Expropriation nach dem Gesetz von 1810 zu verfahren.

Verordnung vom 20. Juli 1818, §. 13.

Den Gerichtsbehörden steht einzig und allein in dieser letzten Beziehung eine Cognition zu.

Der Appellhof hat, indem er das gegen den Imploraten eingeleitete Zwangsverfahren um deswillen aufgehoben, weil es an einer Königlichen Bestimmung der anzukaufenden Grundstücke fehle, und diese als wesentliches Erforderniss der zu bewirkenden Expropriation vorhergehen müsse, die angezogenen Gesetze verletzt.

K. Reg. Düsseldorf wider Moll, 27. Mai 1837.
Liel. Eichhorn. Kunowski. Arch. XXV. 2. 86.

Die vorläufige Execution der von den Regierungen in Polizeisachen ihres Ressorts erlassenen Verfügungen kann in den Fällen, da der Weg Rechtens an sich über das streitige Recht zulässig ist, bis zur rechtskräftigen Entscheidung nicht durch Verfügungen der Gerichte aufgehalten, und muss bis dahin folglich jede Opposition für unannehmbar erklärt werden.

Ressort-Reglement §. 19, 26. — Reg.-Instr. vom 23. October 1817, Verordnung vom 26. December 1808, §. 38, 39. —

K. Reg. Düsseldorf wider Fischer, 28. Nov. 1835.
Graun. Eichhorn. Sandt. Reinhardt.

Die Königliche Regierung ist wohl befugt, Arbeiten, die dem Imploranten im allgemeinen Interesse obgelegen, nach fruchtloser Aufforderung für dessen Rechnung bewirken, und den Kostenbeitrag executorisch beitreiben zu lassen.

§. 18, Nr. 1 Ressort-Reglement.

R. Curtius wider Steuercasse St. Goar, 1. März 1841.
v. Oppen. Esser. Sandt. Reusche.

Sic.

K. Reg. Cöln wider Derichs, 3. Dec. 1836.
Esser. Eichhorn. Reinhardt. Sandt. Arch. XXV. 2. 19.

Sic.

R. Claumann & Kratz wider Stadt Coblenz, 14. März 1837.
Esser. Eichhorn. Reinhardt.

Die von den Verklagten erhobene Possessorienklage ist gegen solche Anordnungen der Verwaltung gerichtet, welche von ihr im öffentlichen Interesse getroffen sind. Das Gesetz vom 16. und 24. August 1790 Tit. 2, Art. 13 — und Gesetz vom 16. Fructidor III. verbietet den Gerichten jede Störung solcher Anordnungen.

Hierin hat das Ressort-Reglement §. 19 nichts geändert. Es sind nach §. 2, Nr. 2, insofern überhaupt der Weg Rechtens geöffnet, nur petitorische, nicht possessorische Klagen statthaft. Vgl. Art. 42, Tit. 27, Art. 7, Tit. 28, Ord. 1669 Decret vom 22. Januar 1808.

K. Stadt Geldern wider Coninx, 16. April 1836.
Esser. Eichhorn. Sandt.

Kompromiss.

Ein Compromiss, welches die Entscheidung über Streitigkeiten auch für die Erben den ordentlichen Gerichten entzieht, legt die Absicht an den Tag, das Ende des Compromisses von der definitiven Beilegung der Streitigkeiten abhängig zu machen. Die römischen Gesetze legen dem Compromissact:

— Actionem perpetuam —

bei. — L 7. §. 7. De pactis.

L. 13, §. ult. D. De acceptio, qui arbitrium receperunt. —

Die Art. 1007, 1028, Nr. 2 B. P. O. haben nach Art. 2 B. G. B. auf einen vor Einführung der B. P. O. geschlossenen Compromissvertrag keine rückwirkende Kraft. Die Regel, dass Ordinatoria litis auf alle vorkommenden Acte sogleich Anwendung findet, greift hier nicht durch, sondern lediglich der Art. 2281 B. G. B. — Der Art. 116 des Bergischen Organisations-Decrets trifft nur diejenigen Processe, welche bei wirklichen Gerichten anhängig sind.

R. Henkels wider Voss, 12. Mai 1820.
Goerdeler. Eichhorn. Molitor. Sandt.

Wenn auch in der Regel die Bestimmung des Art. 1012, Nr. 2 der B. P. O. bei Schiedsrichtern und Handlungsgesellschaften ihre Anwendung findet, so ist es doch unzweifelhaft, dass die diesen Schiedsrichtern zur Entscheidung bestimmte Frist von den Partheien selbst stillschweigend prorogirt werden kann. —

Wenn dies geschehen und der Appellationsrichter entschieden hat, dass keine stillschweigende Prorogation stattgefunden, so ist dies ganz dasselbe, als wenn er entschieden hätte, dass eine stillschweigende Prorogation nicht geschehen könne.

Der zweite Richter hat hierdurch seine Macht überschritten. Art. 51, 53, 59 H. G. B.

K. Mierop wider Heubes, 12. Oct. 1825.
Blanchard. Eichhorn. Reinhardt. Sandt. Arch. VIII. 2. 11.

Die Partheien schliessen ein an keine Frist gebundenes Compromiss und verzichten auf Appell. Die Schiedsrichter erkennen im Jahre 1844; ihr Urtel wird durch Präsidial-Ordonnanz für executorisch erklärt. Die dagegen ergriffene Opposition ist mit Recht in erster und zweiter Instanz verworfen worden. Bei freiwilligem Schiedsspruche wird die richterliche Thätigkeit **nur** durch Uebereinkunft, bei nothwendigem auch durch Gesetze bestimmt. Hier hängt die Eigenschaft, dort nur die Gültigkeit des Urtels von Bedingungen ab. — Die Frage, ob erkannt sei, ist Gegenstand einer Klage — Opposition en nullité, — die Frage, ob gültig erkannt worden sei, ist nur Gegenstand eines Rechtsmittels gegen das Urtel. Der Art. 1028 B. P. O. hat auf den Spruch nothwendiger Schiedsgerichte keinen Bezug, weil das Handelsgericht dessen Gültigkeit zu beurtheilen nicht competent ist. Der Art. 52 H. G. B. giebt vielmehr die dagegen gültigen Rechtsmittel.

Ueber die Frage, ob Uebereinkunft eine gesetzliche Fristbestimmung ausdehnen könne, war daher nicht Berufung, sondern sofort Cassationsrecurs einzulegen.

R. Bodewig wider Wolff, 1. Dec. 1845.
v. Oppen. Eichhorn. Sandt. Reusche. Arch. XL. 2. 33.

In dem Compromissact erkennt der Cassationsverklagte seine Schuld dem Cassationskläger gegenüber an; der Schiedsrichter soll daher eben nur die Termine der Rückzahlung bestimmt. Dies geschieht. Der Schiedsspruch wird vernichtet, „weil es an einem zu einem gültigen Schiedsurtheil erforderlichen Streitgegenstand fehle." Mit Recht.

Ohne gültigen Compromissact kann das Schiedsurtheil formell gültig nicht bestehen; mithin kann diesem wie jenem als einem Vertrage die Einrede der Nichtigkeit mit Erfolg entgegengesetzt werden.

R. Reinach wider v. Salis-Soglio, 7. Mai 1836.
Esser. Eichhorn. Sandt. Reinhardt.

Die Partheien compromittiren Behufs Theilung des väterlichen Nachlasses auf Schiedsrichter; die Cassationskläger sagen sich stark für den interessirenden abwesenden Minor. Dieser war daher bei jenem Vertrage gar nicht berührt. Der Vertrag fällt mithin so wenig in das Verbot des Art. 1004 B. P. O., als er die Art. 1131 und 1133 B. G. B. tangirt. Es liegt nicht einmal der Fall vor, wo Grossjährige mit Minderjährigen contrahiren, also zu entscheiden wäre, ob sie nach

Art. 1125 und 480 B. G. B. für sich deren Minderjährigkeit vorschützen können.

R. Tont wider Tont, 7. Juni 1841.
Esser. Eichhorn. Kunowski. Sandt.

Koncurs.

Das Decretum de aperiundo concursu, der offene Arrest, oder die Bestellung des Curators durch die Gläubiger bedingen die Existenz des Concurses und die Qualität des Curators keineswegs,

§. 1, 2 Churtriersche Conc.-Ord.
§. 17, Tit. 13 Churtriersches Landrecht.
L. 6, §. 7 D. quae in fraud. cred.
L. 12. D. De rebus auct. jud. possidendis.
L. 15 ibid., l. 12 D. De curat. bonis dando.

K. Meurers wider Seligmann, 31. März 1832.
Lombard. Eichhorn. Kunowski. Sandt. Arch. XVII. 2. 1.

Kontumacialverfahren.

Der wegen Benutzung von Grundstücken auf Entschädigung Verklagte giebt vor dem Friedensgerichte an, dass er dieselben gepachtet, und dass er um deswillen die Beiladung des Verpächters verlange. Diese Erklärung enthält keine Einlassung auf die Sache, sondern nur den Antrag auf Vertagung, um den Gewährsmann beiladen zu können. Erscheint daher Verklagter in dem neuen Termine nicht, und hat er eben wenig die Beiladung bewirkt, so kann das abzufassende Erkenntniss als ein contradictorisches nicht angesehen werden.

Art. 19, 20 B. P. O.

K. Schulte wider Klein, 14. Jan. 1824.
Blanchard. Ruppenthal. Sandt.

Die auf ein Cassationsgesuch erfolgte Entscheidung, ist in Ansehung des Imploranten nie eine Contumacialentscheidung.

R. Deuster wider Oberprocurator Trier, 12. April 1826.
v. Reibnitz. Eichhorn.

Die blosse Bestellung eines Anwaltes, ohne schriftliche Exceptionalhandlung kann nichts in der Contumacialeigenschaft des Verfahrens ändern.

Regl. 1738 und Gesetz vom 27. Ventôse VIII.

K. Meurers wider Seligmann, 31. März 1832.
Lombard. Eichhorn. Kunowski. Sandt. Arch. XVII. 2. 1.

Die Art. 158 und 1033 B. P. O. finden auf Contumacialurtheile gegen den Anwalt und auf Zustellungen von Anwalt zu Anwalt nicht Anwendung.

R. Friedrichs wider Knecht, 13. Juli 1839.
v. Oppen. Eichhorn. Furbach. Sandt.

Wenn die Parthei einen Anwalt bestellt, dieser aber nicht erscheint, oder erklärt, nicht für sie auftreten zu wollen, so ist das hierauf erfolgende Contumacialurtel anzusehen als gesprochen gegen eine mit einem Anwalt versehene Parthei, und daher der Einspruch nur binnen 8 Tagen nach Zustellung an den Anwalt zulässig.

Art. 157 B. P. O.

K. Kirche zu Sindorff wider Lenzen, 10. December 1828.
v. Reibnitz. Eichhorn. Sandt.

Es gehört zu den gesetzlichen Wirkungen eines Contumacialurtheils in Criminalsachen —

Art. 28 B. G. B. Art. 465, 471 B. P. O.

dass der Verurtheilte der Civilrechte, namentlich des Rechts, als Parthei vor Gericht aufzutreten, verlustig geht. —

Die Imploranten sind wegen betrüglichen Bankerutts zu 8 Jahren Zwangsarbeit verurtheilt. Bei dem nichtgeführten Nachweis ihrer Gestellung als Gefangene muss ihnen das rechtliche Gehör als Cassationskläger versagt werden.

R. Jürgans wider Tester, 22. Nov. 1826.
Oswald. Eichhorn. Sandt. Kunowski.

Alle Partheien des früheren Theilungsprocesses waren nach Art. 354, 356 und 360 B. P. O. auch bei dem Verfahren über die Missbilligungsklage betheiligt. — Einige von ihnen haben in der Appellinstanz keinen Anwalt bestellt. Es lag mithin der Fall vor, nach der kategorischen Vorschrift des Art. 153 und 470 B. P. O. im öffentlichen Interesse, — Vervielfältigung von Processen und Urtheilen in einer und derselben Sache zu verhüten, — von Amtswegen und ohne besondern Antrag der erschienenen Partheien gegen die nicht Erschienenen ein Verbindungsurtheil zu erlassen.

K. Marx wider Klein und Genossen, 23. Sept. 1837.
Esser. Eichhorn. Sandt. Reinhardt. Arch. XXVI. 2. 42.

Konventionalstrafe.

Cassationsverklagter soll das Kaufgeld in Terminen abtragen. Werden diese nicht regelmässig abgetragen, so ist der Verkäufer zwar befugt, von dem Vertrage zurückzutreten, oder ihn bestehen zu lassen, Käufer jedoch in jedem Falle zu einer Conventionalstrafe verpflichtet.

Die Fristen werden nicht regelmässig eingehalten. Nachdem bereits das Capital und die betreffenden Zinsen getilgt, kann Verkäufer die Conventionalstrafe nicht ferner verlangen.

Diese soll nach Art. 1229 B. G. B. im Gleichwerth stehen, mit dem zu ersetzenden Schaden, sie muss sich daher nach Art. 1153 für bestimmte Summen auf das gesetzliche Zinsenmaass beschränken. Der Gesetzgeber unterscheidet in seiner unzweideutigen Absicht nicht zwischen gesetzlichen, vertragsmässigen und Verzugszinsen. Dadurch, dass nun der Cassationsverklagte den Kaufpreis sammt Zinsen ganz abgeführt, hat er dasjenige geleistet, wodurch die stipulirte Conventionalstrafe als aufgewogen zu betrachten ist.

Der Art. 8 des Gesetzes vom 15. Floréal X. und das Bergische Decret vom 21. Februar 1813 ist dem nicht entgegen; denn diese Gesetze sprechen von dem hier nicht vorliegenden Fall eines aufgelösten Kaufvertrages.

R. Reg. Düsseldorf wider Flügel, 21. Jan. 1832.
Esser. Oswald. Sandt.

Der Art. 1152 B. G. B. gestattet den Partheien für den Fall eines nicht erfüllten Vertrages die Leistung des Schuldners durch Uebereinkunft willkührlich zu bestimmen. Eine solche vertragsmässige Bestimmung ist von keiner Seite durch das Gesetz eingeschränkt. Der Art. 1229 will nicht die Willkühr der Partheien einschränken, sondern nur den Vertrag für denjenigen Fall erklären, in welchem die Partheien eine Conventionalstrafe festsetzen, ohne ausdrücklich zu sagen, ob daneben auch noch eine Entschädigung gezahlt werden soll, oder nicht.

K. Landau wider Honnef, 17. Dec. 1836.
Esser. Eichhorn. Reinhardt. Kunowski. Arch. XXIV. 2. 81.

Die Conventionalstrafe darf mit Einschluss der Zinsen das gesetzliche Maass der letzteren nie übersteigen.

Art. 1153, 1226—1230 B. G. B.

R. Erben Müller wider Doetsch, 14. Jan. 1837.
Jaehnigen. Eichhorn. Sandt. Reinhardt.

Kosten.

Die Regulirung des Kostenpunkts ist in den Fällen, wo die Partheien wechselseitig in einem Theile ihrer Anträge succumbiren, dem richterlichen Ermessen anheimgegeben, und begründet somit kein Mittel zur Cassation.

R. Weichs-Glan wider Mayer, 1. Sept. 1820.
Krezzer. Eichhorn. Sandt. Haass.
R. Rothschild wider Faus, 9. April 1835.
Esser. Eichhorn. Sandt. Reinhardt.

Von Verletzung des Art. 130 B. P. O. kann nur dann die Rede sein, wenn die obsiegende Parthei in sämmtliche Kosten verurtheilt wäre. Ob Grund vorhanden, die Kosten ganz oder zum Theil zu compensiren, hängt lediglich von dem Ermessen des Richters ab, Art. 131, und bietet keinen Stoff zur Cassation dar.

R. Reg. Coblenz wider Frank, 30. Mai 1835.
Esser. Eichhorn. Kunowski. Sandt.
R. K. Reg. Coblenz wider Hospitalverw. Coblenz, 13. Dec. 1826.
Blanchard. Eichhorn. Kunowski. Sandt.

Die Cassationsklägerin ist deswegen aus dem Rechtsstreit gesetzt, weil an ihrer Stelle die Massen selbst in der Person ihrer Curatoren aufgetreten, und sie somit kein Interesse, mithin auch kein Recht hat, die Klage fortzusetzen. Die von ihr verwendeten Kosten sind vorbehalten.

Angemessener wäre gewesen, Erstattung zu verordnen. Diese Unterlassung verletzt jedoch nicht den Art. 130 B. P. O. und giebt keinen Grund zur Cassation.

R. G. D. Com. des Grossherz. Berg wider Dewies, 17. März 1824.
Blanchard. Ruppenthal. Reinhardt. Sandt.

Das Cassationsverfahren hat einen in sich abgeschlossenen Rechtsgang; die Kosten desselben sind daher dem Unterliegenden zur Last zu legen, und nicht von der künftigen Entscheidung in der Sache abhängig. Die Kosten der zweiten Instanz, auch insofern sie das cassirte Urtheil betreffen, können dagegen, als bei Verhandlung der Sache selbst ergangen, der Entscheidung über die Hauptsache vorbehalten bleiben.

K. Erben Kaiser wider Mai, 20. Sept. 1834.
v. Breuning. Eichhorn. Sandt. Reinhardt.

Die Gerichtskosten für Contumacialerkenntnisse sind von dem Kläger oder demjenigen, welcher das Erkenntniss einlöset, zu entrichten; sie können im Fall der unterbliebenen Auslösung und Vollziehung von dem Verklagten niemals eingezogen werden. Ebendasselbe gilt von dem Stempel § 19. Ges. vom 7. März 1822.

R. Hauptsteueramt Cöln wider Dubbelmann, 10. Oct. 1835.
Graun. Eichhorn. Sandt.

Der erste Richter hat über einen Incidentpunkt — die Ungültigkeit des Zeugenverhörs — gegen die Cassationsverklagte entschieden, und sie in die Kosten verurtheilt; sie hat appellirt, ohne jedoch eine besondere Beschwerde zu formiren. — Der Appellhof hat das erste Urtheil ohne weitere Motive reformirt, und die Cassationsklägerin in alle Kosten beider Instanzen verurtheilt. Hierdurch sind der Art. 130 B. P. O. und die Grundsätze über die Tragung der Kosten für sich bestehender Incidente verletzt.

K. Gem. Hardenberg wider Gem. Werden, 13. Jan. 1840.
Graun. Eichhorn. Reusche. Sandt.

Das Verfahren ist auf den Grund einer Entsagung des Opponenten auf sein Eigenthum für beendigt erklärt worden. Bis zu dieser Entsagung hat daher ein Anspruch der Oppositin bestanden, es sind folglich mit Recht dem Opponenten, welcher die Kosten veranlasst, selbige zur Last gelegt worden.

R. Curtius wider Steuercasse von St. Goar, 1. März 1841.
v. Oppen. Esser. Sandt. Reusche.

Ladung.

Laut der Originalacte, welche der Gerichtsvollzieher dem Cassationskläger über die Insinuation des Appellationsurtels zurückgelassen, ist die Zustellung am 1. December geschehen. Dieser Originalact ist entscheidend. Gleichgültig ist, dass der vom Gerichtsvollzieher dem Cassationsverklagten ausgestellte Act das Datum jener Insinuation früher bezeichnet.

R. Evelt wider Gossen, 5. April 1826.
Goerdeler. Eichhorn. Sandt. Kunowski.

Die bürgerliche Process-Ordnung enthält für die Form der Zustellung der Anwaltsacte keine besonderen Vorschriften; die Art. 61, 68, 70, 157, 158, 470 B. P. O., 89 Tax-Ord. beziehen sich auf diese Acte nicht; es kommt also lediglich darauf an zu prüfen, ob ein solcher Act das, was er beweisen soll, beweist.

R. Fabricius wider Keune, 1. Februar 1834.
Lombard. Eichhorn. Sandt. Reinhardt.

Die Präfecturrathsbeschlüsse müssen als gerichtliche Entscheidungen durch Gerichtsvollzieher zugestellt werden, um die für den Recurs an den Staatsrath bestimmte dreimonatliche Frist laufend zu machen.

Decret vom 22. Juli 1806 und 17. April 1812.

Früher war zwar keine Recursfrist bestimmt, ihr Anfang ist aber in dem Juli-Decret an die Bedingung der gehörigen Zustellung geknüpft, ohne zu unterscheiden, ob an Gemeinden oder Privatpersonen solche Zustellungen zu machen seien.

R. Reg. Trier wider Gem. Hetzerath, 16. April 1835.
Esser. Eichhorn. Reinhardt. Sandt.

Die §§. 22 und 23 Ressort-Reglement gelten auch für die Friedensgerichte. Dass bei ihnen kein Staatsanwalt, ist unerheblich, zumal die Amtswirksamkeit des Procurators bei den Landgerichten sich auch auf die Friedensgerichte erstreckt.

R. Reg. Cöln wider Felten, 23. April 1838.
Jaehnigen. Eichhorn. Reusche. Sandt.

Alle an Partheien selbst, namentlich die dem Parket durch Gerichtsvollzieheracte zu machende Zustellungen, sind den für die Ladungen vorgeschriebenen allgemeinen Förmlichkeiten unterworfen.

Art. 65 B. P. O. seq.

Der §. 23 des Ressort-Reglements gilt aber für alle dem Staat durch Gerichtsvollzieheract zu machende Zustellungen, also auch für die des Urtels und für die des Friedensgerichts.

R. Reg. Cöln wider Cöllen, 23. April 1838.
Jaehnigen. Eichhorn. Sandt. Reusche.

Unter den nach Art. 69, Nr. 9 B. P. O. Vorzuladenden, sind die Bewohner der alten Provinzen nicht begriffen. Für ihre Ladung sind die allgemeinen Vorschriften der B. P. O. maassgebend.

Die Verordnung der Immediat-Justizcommission vom 15. Februar 1817 hat nur den Weg bezeichnen wollen, wie durch Vermittelung des öffentlichen Ministeriums die altländischen Gerichte um Bewirkung der Zustellung zu ersuchen sind; sie hat dagegen den Art. 445 B. P. O. nicht aufgehoben. Die Behauptung des Appellhofs, dass die Zustellung des Berufungsactes bei dem Generalprocurator des Appellhofes, gemäss Art. 69, Nr. 9 und 70 B. P. O. und nicht dem Appellaten in Person hätte geschehen dürfen, verletzt mithin diese Artikel.

K. Schellekes u. Gen. wider Festungscommandantur Wesel, 30. Sept. 1844.
v. Daniels. Jaehnigen. Reusche. Kunowski. Arch. XXXVIII. 2. 11.

Die Richter beider Instanzen finden in der Klage die Verfolgung eines von allen Klägern gemeinschaftlich erworbenen Rechtes, und haben daher eine einzige Vorladung des Verklagten für zureichend erachtet. Hierdurch sind weder die Art. 69, Nr. 5 und 6 B. P. O. noch die Art. 1832, 1834 B. G. B. noch die Bestimmungen über Beweislast und Vermuthungen verletzt.

R. v. Hatzfeld wider Bleser u. Gen., 13. Oct. 1845.
v. Daniels. Jaehnigen. Reusche. Sandt.

Eine natürliche Tochter, welche als solche durch Urtheil anerkannt, öffentlich den Namen ihres Vaters trägt, kann eine ihr gemachte Zustellung um deswillen nicht als nichtig angreifen, weil sie darin mit dem Geschlechtsnamen ihrer Mutter bezeichnet ist.

K. v. Hallberg wider Lehmann, 29. Dec. 1820.
Blanchard. Ruppenthal. Sandt. Reinhardt. Arch. II. 2. 129.

Wenn der Mangel des Vornamens in der Ladung vor den Instanzrichtern nicht gerügt worden, so kann das Urtheil von dieser Seite auf dem Cassationswege nicht angefochten werden.

Die in den Instanzen geschehene Berufung auf den Art. 61 B. P. O. ist zu allgemein, um der Berücksichtigung werth zu sein, zumal wo nicht behauptet wird, es seien alle in dem Artikel enthaltenen Vorschriften verletzt.

R. Salm-Reiferscheidt-Dyck wider Püllen, 24. April 1822.
Fischenich. Eichhorn. Sandt. Haass.

Das Gesetz, welches die Gemeinden ermächtigt, sich durch ihren Bürgermeister vertreten zu lassen, erfordert keineswegs, dass dieser Beamte durch seinen Namen und seinen Wohnort besonders bezeichnet werde. Er ist durch sein Amt und die Gemeinde, der er vorsteht, hinreichend unterschieden.

R. v. Maison wider Gem. Hülchrath, 15. August 1827.
Fischenich. Eichhorn. Sandt. Kunowski.

Die Klägerin wird im Urtel erster Instanz als Vormünderin ihrer minorennen Kinder, für welche sie aufgetreten, bezeichnet. Die Berufung wird mit ausdrücklicher Bezugnahme auf dieses bereits zugestellte Urtel eingelegt und Klägerin geladen. Hierin liegt deutlich ausgesprochen, dass Klägerin als Vormünderin der im Urtel angegebenen Minorennen geladen werde. Es ist somit dem Art. 456 und 61 B. P. O. ein Genüge geschehen.

R. Pickartz wider Krieger, 29. April 1839.
Jaehnigen. Eichhorn. Reinhardt. Sandt. Ann. V. 1. 239.

Das angefochtene Urtheil ist dem Präsidenten der Regierung zugestellt, und von ihm angenommen. Wenn nun nach dem Ressort-Reglement vom 20. Juli 1818 die Ladung, welche immer an die Regierung in der Person des Präsidenten geschieht, dem Staatsanwalt insinuirt wird, so ist dies nur eine besondere Art, dieselbe nicht durch unmittelbare Zustellung des Gerichtsexecutors, sondern durch schriftliche Mittheilung eines höheren Justizbeamten dem Präsidenten zukommen zu lassen. Diese Vorschrift findet auch auf Urtheile Anwendung; ihre Beobachtung ist gleichwohl unter keinem rechtlichen Nachtheile vorgeschrieben.

R. Reg. Coblenz wider Driesch, 7. April 1824.
Fischenich. Eichhorn. Reinhardt. Sandt.

Zu dem Zeugenverhör ist die Parthei unter Strafe der Nichtigkeit im Wohnsitz ihres Anwalts zu laden.

Art. 261 B. P. O.

Diese Ladung ist kein Act von Anwalt zu Anwalt, sondern eine nach dem Art. 61 gefertigte Ladung für jede zu ladende Person. Das Gesetz, wenn es die Zustellung eines Acts vorschreibt, erfordert nun nothwendig, dass eine Abschrift von dem Zustellungsact zurückgelassen werde. Hieraus folgt, dass keine Zustellung vorhanden, wenn nicht jeder interessirten Person eine Abschrift zurückgelassen worden ist. Eine einzige Abschrift für mehrere, wenn sie nicht eine moralische Person, setzt nicht Jeden in Kenntniss und kann für Keinen dienen, da sie sich weder auf den Einen noch den Andern besonders bezieht. Die Constituirung eines gemeinschaftlichen Anwalts, die Einheit der Klage und der Interessen kann gesetzlich hierin nichts ändern.

R. Frank wider Foehr, 28. April 1824.

Seyppel. Ruppenthal. Kunowski. Sandt. Ann. V. 1. 181.

Eine dem Beigeordneten des Bürgermeisters geschehene Zustellung des zweiten Erkenntnisses ist nicht dem Art. 69, Nr. 5 B. P. O. gemäss.

R. Langel wider Hittorf, 21. April 1830.

Scheller. Eichhorn. Sandt. Kunowski.

Die dem Beigeordneten in der Wohnung des Bürgermeisters geschehene Zustellung kann als solche nicht bestehen, weil die an die Stelle der Zustellung in Person tretende Insinuation in der Wohnung nach Art. 68 B. P. O. an die Hausgenossen, nämlich an die Verwandten und das Gesinde geschehen muss. Die Beigeordneten sind in Betreff der Empfangnahme und der Visirung der an die Gemeinde zu bewirkenden gerichtlichen Zustellungen in dem Art. 69, Nr. 5, wie dieses bei den anderen Zustellungen geschehen, — 68, 601, 673, 676, nicht erwähnt, und somit ihre Concurrenz hierbei ausgeschlossen.

R. Gem. Müllenbach wider Fabrik St. Paulin, 6 Dec. 1834.

v. Breuning. Eichhorn. Sandt. Reinhardt.

Der Hauswirth ist nicht der Diener des Miethers, ihm liegt daher, selbst wenn der Miether ohne eigene Bedienung und Hauswesen, nur einzelne Zimmer bewohnt, nicht ob, die für jenen bestimmte Insinuationsacte in Empfang zu nehmen.

Art. 68 B. P. O.

R. v. Fürth wider v. Thimus, 18. April 1842.

Brewer. Eichhorn. Reusche. Sandt.

Der Schreiber eines Notars ist als Serviteur im Sinne des Art. 68 B. P. O. zu betrachten, und daher die der Zustellung entgegengesetzte Nichtigkeitseinrede unhaltbar. In Distributions-

sachen ist die auf Anstehen des betreibenden Gläubigers erfolgte Zustellung auch in Bezug auf die übrigen Gläubiger wirksam.
Art. 667—669 B. P. O.

R. Deuster wider Gläubiger der Simons'schen Masse, 27. Jan. 1838.
Jaehnigen. v. Breuning. Reinhardt. Ann. V. 1. 309.

Der Art. 4. B. P. O., hat bei den friedensgerichtlichen Ladungen die ausdrückliche Bemerkung, dass sich in der Wohnung des Zuladenden Niemand zur Empfangnahme der Ladung vorgefunden, bei Strafe der Nichtigkeit nicht vorgeschrieben.

R. Luckhard wider Zapp, 3 Mai 1841.
Heffter. Eichhorn. Reusche. Sandt.

Ein Hauptzollamt kann nur in der Person des Provincialsteuerdirectors —
(§. 22 Ressort-Reglement, §. 1 Cabinetsordre vom 5. Juli 1823, Staatsministerialbeschluss vom 30. November 1838, —)
und nicht durch einen auf dem Locale des Amtes zugestellten Act geladen werden.
Art. 69, Nr. 3, 70 B. P. O.

K. Hauptzollamt Weissenburg wider Peter, 3. Juni 1842.
v. Oppen. Jaehnigen. Sandt. Arch. XXXIII. 2. 56.

Anders dagegen, wo es sich um einen Einspruch gegen eine Pfändung handelt, bei welcher das Amt die betreibende Parthei ist. Denn unzweifelhaft ist, dass die Vorschrift des Art. 584 B. P. O. um ihres Zweckes willen, neben jenen allgemeinen Gesetzen wegen der Ladungen in Kraft ist.

R. Hauptsteueramt Kreuznach wider Seligmann, 27. Jan. 1845.
v. Oppen. Eichhorn. Sandt. Reusche.

Litis-Consortium.

Die dreimonatliche Frist zur Einlegung des Cassations-Recurses ist für Eine der Recurrentin abgelaufen. Es besteht kein eigentliches Consortium zwischen ihr und den beiden Coimploranten, sie ist daher des Recurses verlustig.

R. Franken wider Comans, 23. Juni 1824.
Goerdeler. Eichhorn. Sandt. Reinhardt.

Machtüberschreitung.

Wengleich die Namen der Klagen gegenwärtig als gleichgültig betrachtet werden können, so ist dennoch der Richter gebunden, über die wirklich geltend gemachten Rechtsansprüche zu erkennen, ohne denselben andere aus den von den Partheien vorgetragenenen Thatsachen substituiren zu dürfen. Im vorliegenden Falle, wo ex negot. gestione geklagt war, würde also der Richter durch ein Erkenntniss über irgend einen anderen denkbaren Klageanspruch seine Macht überschritten haben.

R. Kiefer wider Kiefer, 23. Jan. 1836.
v. Savigny. Eichhorn. Sandt. Reinhardt.

Die Beklagte hat in erster Instanz auf Erklärung der Unannehmbarkeit der Ehescheidungsklage angetragen, und in zweiter Instanz diesen Antrag wiederholt, mithin nur gegen den Theil des Erkenntnisses erster Instanz, welcher die Zulässigkeit der Klage zugesprochen, die Berufung erhoben. Nur hiermit war daher der Appellhof gesetzlich befasst. Er hat trotz dessen vor stattgefundener Beweisführung und vor dem Erkenntnisse des Landgerichts über die Erheblichkeit der in der Klage articulirten Thatsachen hierüber erkannt.

Dies ist eine Verletzung des Art. 247 B. G. B. und eine Ueberschreitung der Grenzen der Gewalt.

K. Spitzer wider Schumacher, 22. Sept. 1824.
v. Meusebach. Ruppenthal. Sandt. Arch. VII. 2. 58.

Die Verurtheilung des Cassationsverklagten zur Auszahlung dessen, was die überwiesenen Wechselschuldner zur Masse gezahlt haben, ist laut dessen eigener Erklärung erfolgt, und in seinen Anträgen zur zweiten Instanz wiederholt. Der zweite Richter hat diesen Theil des Dispositivs aufgehoben, gegen den Willen beider Theile entschieden, und somit seine Amtsbefugnisse überschritten.

K. Haas wider Hagemann, 27. Sept. 1826.
Oswald. Eichhorn. — — Sandt.

Ein Verweisungsurtheil des Revisions- und Cassationshofes ist attributiver Natur. Der Appellationsgerichtshof darf daher ohne Machtüberschreitung und Rechtsverweigerung so wenig in die Entscheidung der Frage, ob jenes Urtheil gesetzlich begründet sei oder nicht, eingehen, als die Aburtheilung der Sache selbst, oder die Erledigung jenes Urtheil von sich ablehnen.

K. Graef wider Klophaus, 19. März 1835.
Esser. Eichhorn. Sandt. Kunowski.

Die Erhaltung der zwischen der richterlichen und administrativen Gewalt gesetzlich gezogenen Scheidewand gehört zur öffentlichen Ordnung. Jedes Gericht ist daher von Amtswegen verpflichtet, sich innerhalb der Grenzen seiner richterlichen

Gewalt zu halten. Jeder Eingriff in das Gebiet der andern Gewalt stellt eine Machtüberschreitung dar.

Gesetz vom 27. Ventôse VIII.

K. Reg. Cöln wider Derichs, 3. Dec. 1836.

Esser. Eichhorn. Reinhardt. Sandt. Arch. XXV. 2. 19.

Der Friedensrichter zu Bensberg hat durch eine reglementarische Verordnung die Fälle bestimmt, in welchen die Partheien persönlich erscheinen müssen. Diese Verordnung ist zu cassiren. — Schon der Art. 10 des Gesetzes vom 24. August 1790 hat den Gerichten jede mittelbare und unmittelbare Einmischung in die gesetzgebende Gewalt verboten; der Art. 12 versagt ihnen insbesondere die Befugniss zu reglementarischen Verordnungen. Wenn auch der Art. 16 des Gesetzes vom 27. Ventôse VIII. ihnen erlaubt hat, Reglements für die Ordnung des Dienstes zu machen, so sind doch auch diese, wie das Decret vom 30. März 1808 wiederholt anerkennt, den Bestimmungen der Regierung unterworfen. Von diesem Grundsatze, der hier, wo der Art. 9 B. P. O. überdies verletzt wird, um so mehr aufrecht zu erhalten, geht auch der Art. 5 B. G. B. aus.

K. Cassation eines Beschlusses des Friedensgerichts zu Bensberg im Interesse des Gesetzes, 3. Februar 1840.

Esser. Eichhorn.

Mandat.

Der Richter hat zur Unterstützung seiner Ausführung, dass die Implorantin zur Vertretung der durch ihren Bruder veranlassten Passiven verpflichtet sei, sich auf Art. 1859 B. G. B. berufen. Dieser Artikel unterstellt einen hier nicht stattgefundenen, im Art. 1834 vorgeschriebenen schriftlichen Societätsvertrag. Da dieses Gesetz die Entscheidung jedoch nicht allein begründet hat, so kann hierdurch der Cassationsrecurs nicht gerechtfertigt werden.

R. Weydenfeld wider Uhles, 12. Juli 1826.

Oswald. Eichhorn.

Zur Ertheilung eines Mandats wird eine ausdrückliche Willenserklärung erfordert. Art. 1985, 1372 B. G. B. — Ein stillschweigender Auftrag, der nämlich aus andern Umständen erst gefolgert werden soll, ist hier, wo ohnehin der Zeugenbeweis, mithin auch eine simple Vermuthung, unzulässig ist, von keiner rechtlichen Wirkung. Was für die Form des Mandats, das muss auch Rechtens sein für die der Substitution, zumal diese Seitens des dazu nicht speciell ermächtigten Mandatars noch kein Mandatsverhältniss Seitens des Proprietars gegen den Substituten begründen kann. Art. 1994.

Der Art. 1998 findet keineswegs Anwendung auf die noch erst vorzunehmenden Acte, sondern ist zu beschränken auf die bereits zu Stande gebrachten, welche die Genehmigung des Machtgebers erhalten haben. Dies um deswillen, weil eben das Mandat einer ausdrücklichen Willenserklärung bedarf. Art. 1985.

K. Ritterhaus wider Schoene, 1. Nov. 1826.
Goerdeler. Eichhorn. Kunowski. Sandt.

Implorant als substituirter Bevollmächtigter seines Sohnes kann von der Imploratin, der ursprünglichen Machtgeberin, unmittelbar auf Rechnungslegung belangt werden. Art. 1994 B. G. B. Wenn er auch an den Sohn gültig zahlen konnte, so musste er der Imploratin gegenüber beweisen, dass dieses zu einer Zeit geschehen, wo noch das Mandat des Sohnes bestanden. Art. 1239. Dieser Beweis kann nicht ersetzt werden durch die blosse Erklärung des Sohnes ohne anderweitige Beläge.

R. v. Monschau wider Hoerster, 10. März 1838.
Esser. Eichhorn. Reinhardt. Sandt.

Der Mandant ist gesetzlich nicht verhindert, die von dem Mandatar eingezogenen Summen gegen ihn direct einzuklagen, so weit sie nicht durch Gegenrechnung gemindert, ohne dass deshalb nothwendig ein Rechnungsverfahren einzuleiten ist.

R. Luckard wider Zapp, 3. Mai 1841.
Heffter. Eichhorn. Reusche. Sandt.

Auf die nicht vom Staat zur Besorgung der gerichtlichen Angelegenheiten angestellten Vertreter der Partheien ist weder der Art. 1597 B. G. B., noch der Art. 36 des Decrets vom 14. December 1810 anwendbar. Als Bevollmächtigte einer Parthei haben sie vielmehr gerechten Anspruch auf die ihnen für ihre Bemühungen zugesicherten Belohnungen.
Art. 1999 B. G. B.

R. Sommer wider Conen, 19. Mai 1830.
Steltzer. Eichhorn. Sandt. Kunowski.

Miethsvertrag.

Das Privilegium des Vermiethers geht, wenn der Vertrag kein sicheres Datum, nur auf das laufende Jahr, nicht auf den für die vorhergehenden Jahre schuldigen Miethszins.
Art. 2102, Nr. 1 B. G. B.

K. Bier wider Stenger, 6. Sept. 1834.
v. Breuning. Eichhorn. Sandt. Arch. XX. 2. 6.

Aus dem im Art. 1752 B. G. B. gegebenen Recht auf Sicherstellung folgt, dass sie, einmal durch Einbringung hinlänglicher Meubles geschehen, dem Vermiether vom Miether einseitig und ohne Bestellung anderweitiger Caution nicht darf entzogen werden. Vgl. Art 2102, Nr. 1. Der Art. 544 steht dem nicht entgegen. — Die gewährte freie Disposition ist nur unter den gesetzlich oder vertragsmässig eintretenden Beschränkungen zu verstehen.

R. Maritz wider v. Hilgers, 5. März 1835.
Graun. Eichhorn. Kunowski. Reinhardt.

Die Verbindlichkeiten des Aftermiethers zu dem Aftervermiether verhalten sich, wie die des Letztern, des Miethers, zu dem Vermiether. Art. 1717 B. G. B.

Bei dem Mangel einer für die Aftermiethe abweichenden gesetzlichen Bestimmung, haftet der Aftermiether dem Aftervermiether, wie dieser als Miether dem Vermiether für den Brandschaden, er wird Schuldner des Aftervermiethers und ist mit Rücksicht auf Art. 1166 B. G. B. von dem Hauptvermiether in Anspruch zu nehmen; ohne dass es einer vorläufigen Klage gegen den Hauptvermiether bedarf. Das auf eine Klage zu erlassende Urtel würde nämlich das Recht nicht erst begründen, sondern es bloss als vor der Klage vorhanden gewesen, erklären:

L. 8, §. 4. Si servitus vindicetur.

Der Art. 1733 steht mit Art. 1383 B. G. B. in gar keinem Zusammenhange.

K. Assecuranz-Gesellschaft wider Geswein, 14. Oct. 1837.
Esser. Eichhorn. Reusche. Sandt. Arch. XXVI. 2. 33.

Militair.

Unter einem von der X in der Form eines Schuldscheins ausgestellten trockenen Wechsel, steht:

„Obigen Wechsel acceptire ich.
Luxemburg .... Schimmelpfennig, Major.“

Acceptant behauptet — dem Cassationsverklagten als Cessionar gegenüber — er müsse nach den Vorschriften des preussischen Landrechts über Wechselfähigkeit, Bürgschaft und Cession beurtheilt werden. — Mit Unrecht.

Die Verordnung vom 14. März 1797, durch welche das Allgemeine Landrecht bei den Militairgerichten eingeführt worden, hat demselben jedoch keine verbindliche Kraft ausserhalb der Grenzen des Landes beigelegt, noch den Grundsätzen derogirt, welche in dem Allgemeinen Landrecht selbst über seine Anwendbarkeit aufgestellt sind. Das Landgericht zu Trier hat daher den Gesetzen gemäss verfahren, indem es die Bestimmungen des Allgemeinen Landrechts nur auf die persönliche Fähigkeit des Cassationsklägers, eines Majors, nicht auf das von demselben zu Luxemburg mit einem dortigen Unterthan abgeschlossene Rechtsgeschäft selbst angewendet hat.

R. Schimmelpfennig wider Pescatore, 29. Dec. 1832.
Reinhardt. Oswald. Sandt.

Minderjährige.

Die Art. 457, 461—477 B. G. B. sind weder im Interesse der öffentlichen Ordnung, noch des anderen Contrahenten, sondern nur in dem der Minorennen gegeben. Der fähige Contrahent kann daher den mit dem Minor oder dem Vormund ohne gerichtlichen Consens geschlossenen Vertrag nicht anfechten. Art. 1125.

R. Schmitt wider Weckbecker, 27. April 1833.
Lombard. Eichhorn. Kunowski. Reinhardt.

Die Unfähigkeit der Minderjährigen ist in Betreff der Verträge nur eine relative. Der Art. 1125 B. G. B. findet auch auf die Schenkung als auf einen Vertrag Anwendung. Art. 1105; die Art. 463, 935, 450, 464, 467, 484, 502 B. G. B. stehen dem nicht entgegen. Es folgt, dass wenn die Acceptation von dem Minor nicht in der Art der Art. 463 und 935, namentlich nicht im Beistande des gesetzlichen Vertreters stattgefunden, hierauf von den nicht Minorennen Ungültigkeit des Actes nicht gegründet werden kann.

R. Weyers wider Rainers, 3. Juli 1843.
Brewer. Jaehnigen. Reusche. Sandt. Arch. XXXVII. 2. 30.

Nach Stellung und Eingang des Art. 466 B. G. B. ist anzunehmen, dass das Gesetz nur den Pflegebefohlenen gegen die möglichen Nachtheile formloser Theilungen habe schützen wollen, ohne die Freiheit der betheiligten Volljährigen, auf aussergerichtlichem Wege sich auseinander zu setzen, einschränken zu wollen.

Der Art. 840 ist nur anzusehen als Ergänzung des Art. 466 und als eine Ausdehnung des Grundsatzes auf Emancipirte und Abwesende. Der Appellhof hat dagegen auch dem Volljährigen das Recht zuerkannt, von dem vertragsmässig erklärten Willen abzugehen und eine neue gerichtliche Endauseinandersetzung zu verlangen; er hat hierdurch den Art. 1134 und 1125 verletzt, und Art. 466 und 840 falsch angewendet.

K. Conzen wider Conzen, 13. Nov. 1843.
v. Daniels. Jaehnigen. Sandt. Kunowski. Arch. XXXVI. 2. 49.

Das Königl. Landgericht hat einen Familienrathsbeschluss homologirt und den Vormund ermächtigt, dem abgeschlossenen Vertrag beizutreten

weil von dem Familienrath einstimmig anerkannt sei, dass der Verkauf des Hauses für sämmtliche Interessenten, mithin auch für die minorennen Z. ein sehr vortheilhafter sei, und weil dieses genüge, um dem Antrage der Vormundschaft stattzugeben.

Dieser Beschluss verletzt die Art. 457—459 B. G. B. und 954, 955 B. P. O. und die Cabinetsordre vom 4. Juli 1834. Die Vorschrift des Art. 458, der L. 11 D. De rebus eorum, qui sub tutela entnommen, stellt keine blosse Förmlichkeit, sondern das causa cognita zu erlassende Decretum alienandi dar. Dieses gehörte nicht zu denjenigen Acten richterlicher Confirmation, von denen Merlin Voce Homologation sagt: „nihil de novo dat, nihil novi juris confert," sondern zu denen, welche in Folge der causae cognitio eine selbstständige Existenz und Wirksamkeit äussern. Um deswillen erfolgt die Homologation kraft eines Urtheils. Art. 955 B. P. O., gegen welches Rechtsmittel gestattet sind, während bei der blossen Confirmation nur gegen den Act selbst, nicht gegen die Homologation angegangen werden konnte. Das Gericht darf sich daher niemals mit der von dem Familienrath vorgenommenen Prüfung begnügen und der eigenen Prüfung sich überheben, will es anders nicht seine Stellung verkennen. Es kommt hinzu, dass die Veräusserung eines Mündelgutes nur durch öffentlichen Verkauf zu bewirken ist. Niemand kann dem Vormund gestatten, einem bereits abgeschlossenen Privatverkauf beizutreten.

Sirey VII. 438 seq.

K. Zeller (Cassation im Interesse des Gesetzes), 14. April 1845.
v. Oppen. Eichhorn. Arch. XXXIX. 2. 17.

Missbilligungsklage.

Es war in zweiter Instanz angetragen, die Sache Behufs Anstellung der Desaveux-Klage zu vertagen. — Die Missbilligungsklage stellt eine ganz andere Klage als die Dritt-Opposition dar; sie führt selbstständig wie diese zum Zweck, Art. 352, 360 B. P. O. und kann folglich nicht erst in der Berufungsinstanz angebracht werden.

R. Reg. Coblenz wider Nonninger, 27. Mai 1839.
Esser. Jaehnigen. Sandt. Kunowski.

Mosaisches Recht.

Das Werk Schulchan Aruch hat an und für sich keine eigentlich gesetzliche Autorität. Nach jüdischem Recht ist ein dubium juris wie ein dubium facti anzusehen.

R. Falk wider Levy, 21. April 1820.
Fischenich. Ruppenthal. Haass. Sandt.

Mora.

Die Art und Form, wie das im Art. 1146 B. G. B. bezeichnete Setzen in mora zu bewirken, ist vorgeschrieben im Art. 1138 und 1139 B. G. B. — Rücksichts der Verbindlichkeit Etwas zu thun oder nicht zu thun, ist keine von den bei den zum Geben einer Sache verschiedene Form vorgeschrieben. Der Art. 1142 steht dem nicht entgegen, er will nur die executio ad faciendum ausschliessen; ebenso wenig die Art. 1719 und 1721 B. G. B.

R. Gross wider Royer, 26. Jan. 1831.
Graun. Eichhorn. Sandt. Kunowski.

Die Art. 1139 und 1146 B. G. B. bestimmen zwar im Allgemeinen die Merkmale der Mora und deren Folgen. Der Art. 1153 beschränkt aber diese Regeln für den Fall, wo es sich von einer bestimmten Summe handelt, und lässt die Verzugszinsen erst vom Tage der Klage laufen.

K. Quint wider Kirchenfabrik Winteri h, 28. Jan. 1837.
Graun. Eichhorn. Sandt. Kunowski. Arch. XXV. 2. 51.

Mutationsgebühren.

Wenn die Forderung der Mutationsgebühren sich auf die im Art. 12 des Gesetzes vom 22. Frimaire VII. vorgesehenen Thatsachen gründet (z. B. Eintragung des Namens des neuen Besitzers n der Grundsteuerrolle oder Zahlung der in Gemässheit dieser Eintragung auf die Immobilien gelegten Grundsteuern), so ist sie hinreichend gerechtfertigt, und der Richter kann der Einregistrirungs-, jetzt Stempelsteuerverwaltung den Beweis nicht auflegen, dass der Verklagte im Besitz der Immobilien gewesen sei.

Das Gesetz vom 27. Ventôse IX. hat hierin nichts geändert.

K. Einregistrirungsverwalt. zu Aachen wider Cavens, 10. September 1823.
Seyppel. Eichhorn. Arch. V. 2. 105.

Niessbrauch.

Der Art. 600 B. G. B. bezieht sich, was die Aufnahme des Etats betrifft, nur auf Immobilien, wozu Schiffe nach Art. 531 nicht zu rechnen sind. Die Art. 607 und 624 passen mithin nicht auf den Fall, wo es sich um eine Hauptreparatur eines Schiffes handelt, wenngleich dieses bis dahin zum Fahren unbrauchbar gewesen sein sollte.

R. Morass wider Evers, 19. Dec. 1827.
v. Voigts-Koenig. Eichhorn. Kunowski.

Notar.

Der Art. 97 der bergischen Notariatsordnung und der Art. 1318 B. G. B. gelten auch bei einer von dem requirirten Notarius bewirkten freiwilligen Veräusserung eines Grundstücks. Der Eigenthümer ist hier als Parthei anzusehen.

R. Evelt wider Gossen, 5. April 1826.
Goerdeler. Eichhorn. Kunowski. Sandt.

Der Appellhof hat aus der Zusammenstellung der §§. 2, 4, 6—10 der Notariatsordnung den im Gesetz selbst nicht ausdrücklich ausgesprochenen Satz hergeleitet, dass neben den mit fixirten Gebühren tarifirten Acten keine besonderen Conferenzgebühren angesetzt werden dürfen. Er hat hierdurch keine ausdrückliche Vorschrift des Gesetzes verletzt.

R. Lenz wider öffentl. Minist. am Appellhof, 16. Juni 1830.
Oswald. Eichhorn. Sandt.

Der Cassationskläger, der Ansteigerer, ist gegen Art. 25 und 58 Not.-Ord. nur bezeichnet als

„Herr Nicolaus Pelin von der Motten."

Da jedoch die Identität der Person ausser Zweifel, auch nicht behauptet ist, dass ihm ein besonderer Stand im gesetzlichen Sinne beigelegt werden könne, so kann dieser Mangel die Nichtigkeit des Actes nicht nach sich ziehen.

R. Pelin wider Albert, 19. Januar 1831.
Graun. Eichhorn. Sandt. Buddee.

Die Befugniss des öffentlichen Ministeriums, gegen einen Notar einzuschreiten, beschränkt sich nicht auf die Art. 47 und 50 Not.-Ord. gesetzten Fälle; sie ist vielmehr allgemein dahin gerichtet den Gesetzesübertretungen, nachzuforschen.

Die Behauptung, dass ausser dem Fall einer Suspension oder Dienstensetzung von Notarien eine Berufung gegen die, in deren Disciplinarsachen ergangenen, Urtheile nicht zulässig, lässt sich aus Art. 50 ibid. um so weniger rechtfertigen, als die allgemeine Zulässigkeit der Berufung gegen alle in Disciplinarsachen der Notarien ergangenen Urtheile durch die Verordnung vom 21. Juli 1826 Nr. 4 ausser Zweifel gestellt ist.

Es ist ungegründet, die Art. 18, 43 und 44 der Not.-Ord. als Gegensätze des Art. 40 aufzustellen und daraus den Schluss herzuleiten, dass in dem letzten die angeordnete Strafe von zehn Thalern nicht für jede einzelne Zuwiderhandlung gegen dessen zweiten Absatz, sondern nur allgemein gegen die Nichtbeachtung dieser Vorschrift festgesetzt worden ist. Ebenso ist die in der dreizehnten allgemeinen Bemerkung der Taxordnung auf das Unterlassen der Specification der Gebühren und Auslagen gesetzte Strafe von fünf Thalern, an jeden einzelnen Fall geknüpft. Dasselbe gilt vom Art. 31 und 32 Not.-Ord. Der Art. 365 Crim.-Ord. findet auf gleichzeitig auszusprechende Geldbussen keine analoge Anwendung.

K. Generalprocurator am Appellhof wider Neesen, 23. April 1828.

Oswald. Eichhorn.

Die Beobachtung der Nr. 13 der Not.-Ord. ist nicht von der Ertheilung einer Ausfertigung oder der Zahlung der Kosten abhängig; sie muss vielmehr unmittelbar nach Vollendung des Actes erfolgen. Bei der Festsetzung der Ordnungsstrafe kommt es auf die böse Absicht des Contravenienten nicht an.

K. Generalproc. am Appellhof wider Stoppenbach, 1. Febr. 1834.

Lombard. Eichhorn.

Durch die Aufbewahrung der Urschriften der Wechselproteste wird die der Abschrift in einem besondern Register zwecklos. Die Unterlassung des Zwecklosen kann dem Notar nicht zum Vorwurf gereichen. Der Notar hält für betheiligt im Sinne des Art. 43 Not.-Ord. nur die erschienenen Personen, das öffentliche Ministerium alle diejenigen, welche Ausfertigung fordern dürfen, und namentlich bei einseitigen Acten diejenigen, zu deren Vortheil verfügt worden.

Die Ansicht des Notars ist zu billigen, vgl. Art. 17, 27, 28, 29, 35, 40, 41, 119 Not.-Ord. und Art. 839, 846 B. P. O.

R. Oeffentliches Ministerium am Appellhof wider Reicherz, 7. September 1840.

v. Oppen. Esser.

Die Frage, ob ein Notar sich einer Fahrlässigkeit und Verletzung der Amtsdelicatesse schuldig gemacht, unterliegt insofern der Beurtheilung des Cassationshofes, als der Vorwurf nicht nur durch einen thatsächlichen Nachweis, sondern zugleich durch eine aus der Vorschriftswidrigkeit seines Verfahrens gezogene Folgerung begründet werden soll: eine Folgerung, die, wenn er gesetzlich handelte, von selbst wegfallen muss.

Implorant hat, indem er die empfangenen Zeugengebühren den Instrumentszeugen vorenthalten, gesetzwidrig gehandelt. Ein ein für allemal mit den Zeugen getroffenes Abkommen, wonach ihnen statt dieser Gebühren ein vertragsmässiger Lohn gezahlt wird, ist reprobirt, und hebt sogar die Fähigkeit der Zeugen auf. Ebenso wenig ist der Umstand erheblich, dass dieser Missbrauch ein allgemeiner ist.

Der Tarif verbo Aufsuchung bewilligt nur in dem Falle Gebühren, wo eine zweite Ausfertigung verlangt wird; die erste verändert aber diesen ihren Charakter der ersten dadurch nicht, dass Eine der Partheien sie später als die andere verlangt. Bei der Nichtbeobachtung der Nr. 13 der allgemeinen Bemerkungen zur Notariatsordnung kommt es nicht auf die böse Absicht an.

R. Euler wider öffentliches Ministerium am Appellhof, 28. Nov. 1842.

v. Oppen. Jaehnigen. — — Sandt.

Am Schlusse eines Notarialactes vom Jahre 1828 erklären Partheien, des Schreibens und Unterzeichnens unwissend zu sein. Unterzeichnen, als dem Schreiben entgegengesetzt, bedeutet das Beisetzen irgend eines Handzeichens oder Kreuzes etc. Der Notar hat somit, da er zugleich die Ursache angegeben, den Vorschriften der Not.-Ord. §. 28, 29 genügt.

R. Weyers wider Reiners, 3. Juli 1843.

Brewer. Eichhorn. Reusche. Sandt. Arch. XXXVII. 2. 30.

Die Ausdrücke — „bei den Verhandlungen erscheinende Personen, Comparenten, Interessenten, Betheiligte und Partheien" — bezeichnen diejenigen Personen, welche vor dem Notar zum Zweck einer Verhandlung erscheinen, im Gegensatze derer, welche der Verhandlung die Authenticität geben und sichern, nämlich des Notars und der mit ihm erscheinenden oder von ihm zuzuziehenden Zeugen. Art. 25, 28, 29, 21, 34, 35, 37, 24 Not. Ord. — Der Art. 24 und 27 ist somit auf die Zeugen, da sie nicht Interessenten, unanwendbar.

Der Art. 60 straft nicht jeden Ansatz, der noch zu erläutern ist.

R. Oeffentliches Ministerium am Appellhof wider Reicherz, 26. Mai 1845.

v. Oppen. Jaehnigen.

Der Cassationskläger, Notar, soll über Gelder, die er als negotiorum gestor des B, des Bevollmächtigten der Eheleute L. in Empfang genommen, Rechnung legen. — Unter den Ausgaben finden sich vier Posten, zu deren Justification er die Expedition dreier, von ihm selbst als Notar aufgenommen, von den Eheleuten L. wegen Schreibensunerfahrenheit unterzeichneter Quittungen producirt. Der Cassationsverklagte, Vormund, erkennt diese Quittungen nicht an. Cassationskläger ist bei ihrer Ausstellung betheiligt, die Quittungen haben daher als authentische Urkunden keine Gültigkeit.

§. 19, 28, 58 Not.-Ord.

R. Busch wider Loewenich, 27. Oct. 1845.
Graun. Jaehnigen. Kunowski. Furbach.

Notorietätsact.

Die Art. 68, 69, 70, 73, 76 B. G. B. erwähnen der Sterbeurkunden nicht. Die Urkunden über den Tod der Eltern sind jedoch um so mehr durch Notorietätsact zu ersetzen, als dies in Betreff des Geburtsactes des künftigen Ehegatten zulässig ist. Art. 70. Durch kein Gesetz verboten, erscheint diese Ergänzung der Absicht des Gesetzgebers durchaus angemessen.

Gutachten des Staatsraths vom 4. Thermidor XIII.

Die im Art. 46 B. G. B. den Gerichten überlassene Entscheidung ist ihrem pflichtmässigen Ermessen anheimgegeben, und an keine bestimmte Normen gebunden.

R. Mertens, (der Antrag auf Cassation war im Interesse des Gesetzes genommen), 24. April 1822.
Blanchard. Eichhorn.

Oeffentliches Ministerium.

Das öffentliche Ministerium ist berufen als Anwalt für den Staat in Streitsachen, die diesen betreffen, also auch für den Forstfiscus als Anwalt vor Gericht aufzutreten.

Direct.-Beschluss vom 10. Thermidor IV.

R. Reg. Coblenz wider Nonninger, 27. Mai 1839.
Esser. Jaehnigen. Sandt. Kunowski.

Ordre public.

Mehrere Besitzer von Alaunhütten, darunter die Cassationsverklagten haben sich durch Punktation vereinigt zu einem gemeinschaftlichen Debit ihres Alauns unter der Direction des Cassationsklägers. Der Cassationsverklagte rechtfertigt seinen Austritt durch Art. 419 Str. G. B. Dieser Grund ist ausreichend.

Zu einer Unverbindlichkeit des Contracts ex Art. 1131 seq. B. G. B. genügt, wenn nur die Vollziehung des Vertrags eine strafbare Handlung enthalten würde, selbst wenn der blosse Abschluss eines Vertrages an sich noch nicht strafbar sein würde. Aus der entgegengesetzten Annahme würde die rechtswidrige Folge hervorgehen, als müsse der Civilrichter einen solchen Contrahenten zu einer Handlung zwingen, die nach ihrer Vollendung vom Strafrichter geahndet werden müsste.

R. Köhler Bockmühl wider Bleibtreu, 26. Sept. 1835.
v. Savigny. Eichhorn. Sandt. Reinhardt.

Der Begriff des sittlich Erlaubten kann nicht bloss auf das Gebiet eines einzelnen Staates beschränkt, und damit abgeschlossen werden. Die Sittlichkeit des Willens, diese Grundlage der guten Sitten besteht wesentlich darin, überhaupt Niemand zu verletzen und sich nicht mit dem Schaden der Andern zu bereichern.

Jeder Einzelstaat hat das unbestrittene Recht, von den aus dem Auslande einzuführenden Waaren Nachweisungen zu fordern und Abgaben zu erheben. Andere Staaten haben zwar die Ausübung dieses Rechts nicht zu erleichtern oder zu unterstützen, eine Beeinträchtigung desselben bleibt aber immer ein Unrecht, und stellt folglich auf Seiten desjenigen, der sie vorsätzlich, besonders aus Eigennutz unternimmt oder vertragsmässig veranlasst, eine unleugbare Unsittlichkeit dar. Der Appellationshof hat daher mit Recht die Convention wegen Einschmuggelung von Waaren in ein fremdes befreundetes Land als gegen Art. 5 B. G. B. verstossend, erklärt.

R. Nyssen wider Heyen und Genossen, 25. Mai 1840.
Heffter. Eichhorn. Sandt. Kunowski.

Bei Ermangelung eines gesetzlichen Verbotes verstösst die Steigbedingung:

> „Ansteigerer ist gehalten, das Versteigerungsurtel innerhalb zwanzig Tagen den Schuldnern und Hypothekengläubigern insinuiren zu lassen, widrigenfalls dies auf seine Kosten von jedwedem Interessenten zu bewirken,“

nicht gegen die öffentliche Ordnung; sie erscheint nicht als eine neue Processform, sondern als eine im Allgemeinen gesetzlich bestehende, im Privatinteresse vertragsmässig gewählte Form. Art. 6 B. G. B.

K. Erben Baldauf wider Erben Cahn, 10. Juni 1844.
Esser. Jaehnigen. Sandt. Reusche.

Pactum commissorium.

M. hat durch Vertrag seine Gläubiger ermächtigt, nach dreimonatlicher Aufforderung im Nichtzahlungsfall die gepfändeten Grundstücke durch einen selbst gewählten Notar in Folge geschehener Publication veräussern zu lassen. Diese Ermächtigung stellt sich als ein in beiderseitigem Interesse ertheilter, einseitig nicht widerrufbarer Auftrag dar. An ihrer Zulässigkeit ist so wenig zu zweifeln, als es gewiss ist, dass sie nicht gegen die öffentliche Ordnung, oder die guten Sitten verstösst. — Es ist ebenso wenig durch gesetzliche Bestimmung dem Eigenthümer untersagt, seinen Gläubiger im Fall nicht erfolgender Befriedigung zu beauftragen, resp. zu ermächtigen, die zur Hypothek bestellten Immobilien unter besonderen vertragsmässig festgestellten Förmlichkeiten zum Verkauf zu bringen. Die Subhastationsordnung steht dem nicht entgegen, ebenso wenig die auf die speciell hervorgehobenen Fälle zu beschränkenden Art. 2078, 2088 B. G. B., zumal die Schlussworte des Art. 2088 nur das in Ermangelung einer Convention zu beobachtende Verfahren andeuten. Der Art. 746 B. P. O. ist nur im Interesse der Notare gegeben und kommt daher hier nicht in Betracht. Art. 747 B. P. O. aber beruht auf der Voraussetzung, dass die gerichtliche Beschlagnahme bereits ihren Anfang genommen, und lässt eine weitere Ausdehnung nicht zu. — Die entgegengesetzte Ansicht verletzt ausser den angezogenen die Art. 534 und 1134 B. G. B.

K. Ewen wider Münigs, 23. Oct. 1843.
Brewer. Eichhorn. Furbach. Sandt. Arch. XXXVI. 2. 24.

Pacht.

Die Verfügung im Art. 1778 B. G. B. wegen des Strohes und Düngers darf nur insofern zur Anwendung gebracht werden, als die Partheien vertragsmässig nicht ein anderes bestimmt haben. —

Jedenfalls muss der Eigenthümer durch einen vorgängigen Antrag diese seine Befugniss geltend machen, bevor er die richterliche Entscheidung über eine solche Facultät erwarten darf.

R. Neuhof wider Neuhöfer, 19. Mai 1823.
Goerdeler. Ruppenthal. Reinhardt. Sandt.

Das Vorrecht des Verpächters auf den Ertrag der Ernte des laufenden Jahres rstreckt sich nur auf diejenigen Früchte, welche auf den ver pachteten Grundstücken gewachsen sind, keineswegs auf solche, die der Pächter auf anderen, z. B. ihm eigenthümlichen Aeckern gezogen hat. Art. 2102 B. G. B.

K. Cahen wider Sugg, 28. Juli 1824.
Goerdeler. Ruppenthal. Reinhardt. Sandt. Arch. VII. 2. 39.
Ann. V. 1. 187.

Papiergeld.

Es ist zur französischen Zeit ausdrücklich verabredet, dass die Pacht in klingender Münze, mit Ausschluss alles Papiergeldes entrichtet werde. Der Verpächter braucht somit Cassenanweisungen nicht anzunehmen. Dass statt des französischen jetzt preussisches Geld eingeführt worden, ändert hierin nichts. Die Annahme des Gegentheils verletzt den Art. 1243 B. G. B. und die Verordnung vom 28. Februar 1816. — In Beziehung auf die Geldwährung sind die Decrete vom 18. August und 12. September 1810 ausser, und nur die Verordnung vom 28. Februar 1816 in Kraft.

K. Breuer wider Erben Neuhoff, 13. Februar 1836.
Graun. Eichhorn. Sandt. Kunowski. Arch. XXIV. 2. 32.

Partage.

Der Art. 468 B. P. O. und die Worte:
„et toujours en nombre impair“ —
schreibt keine unter Strafe der Nichtigkeit zu beobachtende Form, sondern nur eine auf Verhütung einer abermaligen Stimmengleichheit abzweckende Vorsichtsmaassregel vor.

R. Hamboch wider v. Roth, 16. März 1833.
v. Savigny. Eichhorn. Kunowski. Sandt.

Passivlegitimation.

Der Art. 174 B. P. O. versteht unter verzögerlichen Einreden nur solche, welche lediglich den Zweck haben, dem Verklagten eine längere Frist zur Einlassung zu gewähren. Die Einrede der mangelnden Passivlegitimation ist dagegen, obwohl sie indirect eine solche Befristung zur Folge haben kann, wesentlich darauf gerichtet, das Klagerecht ganz oder theilweise zu beseitigen; sie ist daher zu den dilatorischen nicht zu rechnen. Die Einrede der Verklagten, die Klage könne hinsichtlich der Forderung nicht gegen sie, sondern nur gegen den Schuldner resp. dessen Masse gerichtet werden, ist aber ein Exceptio der fehlenden Passivlegitimation, und ihre Vorbringung somit bis zum Schluss der Sache zulässig. Art. 464 B. P. O. Hierin können die ergangenen, die Einlassung der Verklagten auf die Hauptsache verordnenden Urtheile nichts ändern, da jene Einrede eben eine Vertheidigung auf die Hauptsache mit ist. Ihre Zulassung in zweiter Instanz bedingt daher weder eine Verletzung des Art. 1351 B. G. B. und des Art. 474 B. P. O. noch eine Machtüberschreitung.

K. v. Hallberg wider Lenders, 19. April 1841.
Jaehnigen. Eichhorn. Sandt. Kunowski. Arch. XXXI. 2. 33.

Peremption.

Die Peremption des Verfahrens ist im Art. 397 B. P. O. nur für die Instanzgerichte vorgeschrieben, sie findet für das Cassationsverfahren keine Anwendung.

R. Biesterfeld wider Abels, 4. Mai 1821.
v. Savigny. Eichhorn. Sandt. Haass.

Ein Urtheil, welches den Entscheidungseid aufgiebt, trägt die definitive Entscheidung in sich und schliesst die Erlöschung der Instanz aus.

Art. 397 B. P. O.

K. Hansen wider Hansen, 30. August 1834.
Esser. Eichhorn. Sandt. Kunowski.

In Gegenden, worin früher die Peremption unbekannt, ist ihre Anwendung auf früher angefangene und nicht reassumirte Processe ausgeschlossen. Art. 397—401, 469, 1041 B. P. O. Staatsrathsgutachten vom 16. Februar 1807. Die Peremption findet nur auf wirklich anhängige Instanzen Anwendung.

Die früher bei dem Reichskammergericht anhängig gewesenen Sachen sind nicht ohne Weiteres und von selbst in der Appellationsinstanz vor dem Appellationshofe anhängig; sie stehen zu diesem in einem ähnlichen Verhältniss, wie im früheren gemeinen deutschen Process eine bloss eingelegte und nicht eingeführte Appellation.

K. v. Braunfeld wider v. Weichs, 7. Juli 1821.
v. Savigny. Eichhorn. Sandt. Haass.

K. Küller wider Kayser, 28. Juli 1824.
Fischenich. Ruppenthal. Reinhardt. Kunowski. Arch. VII. 2. 38.

Die Frage, ob eine Instanz erloschen, setzt das Dasein derselben voraus. Unter der früheren Gesetzgebung war eine weder eingeführte noch vom Appellaten anticipirte Berufung, da sie keine Anhängigkeit der Sache bewirken konnte, der Peremption nicht unterworfen. Durch eine Vorladung von der einen oder anderen Seite wurde dagegen das Appellationsgericht mit der Sache befasst, die Instanz angeknüpft und somit wenigstens in Bezug auf die Erlöschung des Processes die Wirkungen der Rechtshängigkeit gegeben.

R. von der Schulenburg-Wolfsburg wider Ternau, 8. Juni 1825.
Fischenich. Eichhorn. Sandt. Reinhardt.

Der Art. 452 B. P. O. unterscheidet nicht, ob ein Interlocut mit oder ohne Widerspruch ergangen, der Art. 15 findet auf beide Anwendung.

K. Hasenclever wider Gemeine Remscheid, 18 März 1844.
Brewer. Jaehnigen. — — Reusche. Arch. XXXVII. 2. 10.

Die Berufung gegen die von den Friedensgerichten erlassenen Zwischensprüche hat eine Interruption der bei denselben anhängigen Instanz, mithin auch der bereits begonnenen Peremptionsfrist zur nothwendigen Folge. Da die Execution eines Urtels vor seiner Signification nicht gestattet ist, Art. 147 B. P. O. so beginnt erst mit Signification des in zweiter Instanz erfolgenden Urtheils die Wiederaufnahme des Verfahrens, und somit ein neuer Lauf der Peremption.

Art. 15 B. P. O.

R. Rener wider Wallée, 22. April 1844.
Brewer. Jaehnigen. Sandt. Kunowski.

Den Partheien ist die Befugniss nich genommen, ausdrückdrücklich oder — durch ohne Widerspruch fortgesetztes Verfahren auf die Peremption des Art. 15. B. P. O. zu verzichten.

R. v. Elz-Rübenach wider Lippert, 2. Dec. 1844.
Brewer. Eichhorn. Sandt. Kunowski.

Die Regierung hat in einer an den Appelhof gerichteten, dem Appellanten mit Vorladung durch einen Gerichtsexecutor zugestellten Denkschrift — Peremption der Berufung beantragt. Der Appellhof hat diese Ladung, weil sie keine Anwaltsbestellung enthält, auf Grund der Art. 400 und 61 der B. P. O. für nichtig erklärt. Durch diese Entscheidung sind diese Artikel falsch angewendet, und verletzt das Gesetz vom 19. Nivose IV.; der Beschluss des Vollziehungsdirectoriums vom 10. Thermidor IV. das Gesetz vom 17. Frimaire VI. Art. 2; der Consularbeschluss vom 7. Messidor IX; das Gesetz vom 14. Nivose VII. Art. 27; das Gesetz vom 27. Ventôse IX. und das Gutachten des Staatsraths vom 1. Juni 1807. Der Art. 400 B. P. O. kann nur auf solche Fälle bezogen werden, worin der Kläger überhaupt einen Anwalt zu bestellen verbunden ist. Wenn die dem Artikel hinzugefügte Ausnahme nur den Peremptionsbeklagten betrifft, und der Grund derselben auf den Peremptionskläger nicht passt, so kann hieraus der Schluss nicht hergeleitet werden, dass der Kläger

> „immer, selbst dann, wenn er in dem ursprünglichen Rechtsstreit auch ohne Anwalt auftreten konnte, doch zur gültigen Einleitung dieser neuen Instanz einen Anwalt bestellen müsse."

Es ist nicht abzusehen, warum bei dieser Klage eher als bei der ursprünglichen oder bei jeder anderen eine Anwaltsbestellung nothwendig sein sollte, warum das in Domainen und ähnlichen Sachen ausgeschlossene mündliche Verfahren, gerade hier eintreten muss. Der Art. 61 B. P. O. rechtfertigt eine solche Singularität in keiner Weise.

K. Reg. Trier wider Müller, 7. Januar 1824.
Fischenich. Eichhorn. Reinhardt. Sandt.

Die Peremptionsklage ist zwar an und für sich als eine neue Klage zu betrachten. — Hierin liegt aber kein Grund, um den Art. 61 B. P. O. anwendbar zu erklären, sobald diese Klage durch eine von Anwalt zu Anwalt zugestellte Bittschrift erhoben und eingeleitet wird.

R. Gillesen wider Laurs, 27. Dec. 1834.
v. Breuning. Eichhorn. Reinhardt. Sandt.

Die Art. 397 und 399 B. P. O. enthalten so wenig, wie der nicht einmal analogisch anwendbare Art. 1865 B. G. B. Bestimmungen über die Frage wegen Untheilbarkeit der Instanz und insbesondere über die Wirkung einer nicht von sämmtlichen Streitgenossen angestellten Peremptionsklage. Von einer Zuwiderhandlung gegen diese Gesetze kann daher nicht die Rede sein. — Die Peremptionsklage bezweckte durch Hinwegräumung der Appellation die Rechtskräftigkeit des Haupturtheils der ersten Instanz — und somit die Vindication des darin den Peremptionsklägern zuerkannten Bergbaues — eines unbestrittenen Immobilis. — Keine Peremptionsklage lässt sich selbstständig und ohne Beziehung auf einen Hauptprocess denken, sie ist ihrem Wesen nach nur für eine Exception zu achten, welche nicht getrennt von dem betreffenden Rechtsstreit beurtheilt werden darf. Bei dem Mangel einer gesetzlichen Vorschrift, welche speciell alle Peremptionsklagen ohne Unterschied unter die Mobiliarklagen classificirte, hat daher der Richter den Art. 526 B. G. B. nicht verletzt, wenn er in diesem Falle die Peremptionsklage als eine Immobiliarklage bezeichnet hat.

R. Weyer wider zur Lippe, 22. Januar 1823.
Goerdeler. Ruppenthal. Reinhardt. Sandt.

Die von der Cassationsbeklagten der Peremptionsklage entgegengesetzte, aus der Verordnung vom 4. Februar 1823*) entnommene Einrede, berührt jene Klage nicht, sondern nur die Competenz des Gerichts in der Hauptsache. Der Appellhof hat durch Zulassung dieser Einrede, und indem er um deswillen Anstand genommen, auf die Peremptionsklage zu erkennen, diese Verordnung irrig angewendet und den Gesetzen über die Peremption zuwider gehandelt.

Die Klage auf Peremption ist, wenngleich in gewissem Betracht ein Incidentstreit, der sich auf eine andere Sache bezieht, nichts desto weniger eine neue, von dieser unabhängige Klage, welche weder denselben Gegenstand betrifft, noch auf demselben Grunde ruht. Es kommt bei ihr einzig darauf an, ob die Bedingungen, unter welchen just **sie** stattfindet, vorhanden sind. Jede andere Untersuchung, insbesondere die Erörterung einer die Hauptsache betreffenden Einrede, ist dieser Klage fremd, eben weil sie mit jener nichts gemein hat, als dass sie in Folge derselben angestellt wird. Ist die Peremptionsklage begründet, so muss der Richter die Peremption mit allen ihren Wirkungen aussprechen, ohne die Folgen zu untersuchen, welche daraus für die Hauptsache entstehen könnten; hierüber steht ihm, zur Zeit wenigstens, keine Erkenntniss zu.

Art. 397 seq. B. P. O.

K. Gadé wider Reg. Trier, 15. Februar 1826.

Fischenich. Goerdeler. Sandt. Reinhardt.

Die Einrede wegen nicht gehörig **eingeleiteter** Peremptionsklage kann auf dem Wege der Cassation nicht geltend gemacht werden. Die im Art. 399 B. P. O. vorkommenden Worte: — „**Gültige Acte**" — deuten hinlänglich an, dass darunter nur Proceduracte zu verstehen sind. Auch unter der früheren Gesetzgebung konnte die Peremption nur durch dergleichen Acte unterbrochen werden. Der Art. 399 steht somit in Einklang mit dem Art. 397 ibid., der nur von Unterbrechung des **gerichtlichen** Verfahrens spricht. Ein Schreiben, worin — „der Wunsch einen freundschaftlichen Vergleich anzubieten" — ausgedrückt wird, ist nicht geeignet, den Lauf der Peremption zu unterbrechen, oder nach verflossener Zeit die Klage zu hindern. Die Peremptionsklage ist lediglich als ein Incidentpunkt in einem **vorhandenen Process** zu betrachten. Diese Ansicht liegt dem Art. 400 B. P. O. zu Grunde, sie wird bestätigt durch die Veranlassung dieses Gesetzes, — die früher schwankende Praxis. — Sind nun Incidentklagen der Peremption nicht unterworfen, so muss dasselbe von der Peremptions-

---

*) Diese Cabinetsordre untersagt den Gerichten jede Einmischung in Forderungen, hergeleitet aus der Verwaltungszeit vor dem Antritt der gegenwärtigen Regierung.

klage gelten; sie würde sonst, ihrem Zwecke zuwider, dazu angewendet werden, einen Process, zu dessen Vernichtung bereits die Einleitung getroffen, durch eine neue Peremptionsklage wieder aufzuwecken.

Wenngleich die Peremption nicht mehr von Rechtswegen eintritt, so liegt dennoch im Art. 399 der Beweis, dass sie durch die eingeleitete Klage unwiderruflich erworben wird. Dieses Recht kann dem Peremptionskläger ebenso wenig durch ein auf Vernichtung der Peremptionsklage gerichtetes Gesuch als durch eine nachfolgende processualische Handlung genommen werden.

R.- Zamboni wider v. Salis-Soglio, 1. März 1826.
Fischenich. Goerdeler. Reinhardt. Sandt.

Die Solidarität einer Verbindlichkeit begründet, wenn ihr Gegenstand theilbar, keine Untheilbarkeit des gegen solidarisch Verpflichtete eingeleiteten Verfahrens.

Ein Streitgenosse hat weder das Recht, noch die Pflicht, den Anderen zu zwingen, gemeinsam mit ihm gegen ihren gemeinschaftlichen Gegner auf Peremption zu klagen. Kein Gesetz macht die Ausübung seines desfalsigen Rechtes von der Mitwirkung seines Streitgenossen abhängig. Durch die Anstellung der Peremptionsklage wird nichts geändert, weder in den Rechtsverhältnissen der ursprünglichen Kläger zu denjenigen, die an der Klage auf Peremption keinen Antheil genommen, noch in jenen, die sich zwischen diesen Letzteren und ihrem Streitgenossen, der sich seines Rechtes bedient hat, gebildet haben mögen.

R. Schoetten wider v. Proff, 23. Dec. 1829.
Blanchard. Eichhorn. Sandt. Kunowski.

Person.

Der Jesuitenfonds stellte eine selbstständige juristische Person mit einem eigenen Vermögen dar, welche eben nur unter der obrigkeitlichen Aufsicht des Magistrats von Cölln stand. Durch den Luneviller Frieden ist kein Einfluss ausgeübt auf die activen und passiven Schuldverhältnisse dieses Fonds, oder auf seine juristische Persönlichkeit. Diese ist auch unter französischer Herrschaft durch das Decret vom 22. Brumaire XIV. Art. 3 gesetzlich anerkannt, und dort ausgesprochen, dass der damalige Schulfonds zu Cölln das vormalige Jesuitenvermögen im Ganzen, und namentlich mit Einschluss der Capitalien wirklich besitze. Hieraus folgt, dass die Schulden des ehemaligen Jesuiten- auf dem gegenwärtigen Schulfonds haften müssen. Der Appellhof hat dem klaren Sinne des Decrets entgegen in dem Schulfonds bloss eine Verwandschaft des entfernten Zweckes beider Anstalten gesehen.

K. Kgl. Reg. Cölln wider Schulstiftungsfonds Cöln, 25. Mai 1831.
v. Savigny. Eichhorn. Kunowski. Sandt. Arch. XVI. 2. 6.

Präfect.

Weder der Regierungsbeschluss vom 17. Ventôse VIII. Art. 6, noch der vom 17. Nivose IX. Art. 2 schreibt unter Strafe der Nichtigkeit vor, dass der Präfect, besonders, wenn er sich für einen einzelnen Act vertreten lässt, einen Beschluss über die Delegation fassen und den Minister des Inneren davon in Kenntniss setzen, oder dass der Delegirte von dem ihm gewordenen Auftrag bei der Unterschrift Erwähnung thun muss. Die Verletzung der diese Form vorschreibenden Ministerialverfügung giebt keinen Grund zur Cassation.

R. Mehring wider Zell, 9. Februar 1821.
Fischenich. Eichhorn. Reinhardt. Sandt.

Hat ein vormaliger Präfecturrath in einer zu seiner Competenz gehörenden Streitsache einen Beschluss erlassen, und ist mit dem gegen denselben gerichteten Recurse der Appellhof befasst worden, so unterliegt dessen Erkenntniss, welches jenen Beschluss um deswillen beseitigt hat, weil er ein blosses Gutachten gewesen und nicht contradictorisch erlassen worden sei, der Cassation.

K. Krieger wider Cholin, 9. Juni 1824.
Fischenich. Eichhorn. Sandt. Reinhardt. Arch. VII. 2. 45.

Das Versteigerungsprotocoll ist vom Generalsecretair der Präfectur unterzeichnet. Es ist bis zum Beweis des Gegentheils anzunehmen, dass er den Präfecten bei der Versteigerung vertreten habe.

R. Gemeinde Clüsserath wider Gebert, 15. Nov. 1826.
Blanchard. Eichhorn. Sandt. Kunowski.

Kein Gesetz legt den, nur als Ausnahmegerichte zu betrachtenden Präfecturräthen, die Befugniss bei, über streitige Eigenthumsfragen zu erkennen.

R. Reg. Trier wider Gem. Hetzerath u. Erlenbach, 16. April 1835.
Esser. Eichhorn. Reinhardt. Sandt.

Der zweite Richter, indem er einem Präfecturrathsbeschluss, dessen Eigenschaft als eines blossen Gutachtens der Verwaltungsbehörde feststeht, die Eigenschaft eines justus titulus im Sinne des Art. 2265 B. G. B. abgesprochen, hat diesen Artikel nicht verletzt. Ein solches Gutachten einer Behörde stellt keinen das Eigenthum von Seiten eines früheren Besitzers übertragenden Act dar.

R. Engelmann wider Gemeine Peterswald, 27. Juni 1835.
Heffter. Eichhorn. Sandt. Kunowski.

Die Verletzung eines präfecturrathlichen Beschlusses würde an und für sich nie der ausdrücklichen Verletzung eines Gesetzes gleichzustellen sein.

R. Gemeinde Müllenbach wider Fabrik St. Paulin, 6. Dec. 1834.
v. Breuning. Eichhorn. Sandt. Reinhardt.

Der Präfecturrath war competent, Kaufverträge über Domanialgüter auszulegen und zu entscheiden, was hiervon als mitverkauft zu betrachten sei.

Gesetz vom 16. und 24. August 1790, Tit. 2, Art. 13, — 16. Fructidor III. und 28. Pluviose VIII.

Der §. 20 des Ressort-Reglements ist auf frühere Entscheidungen des Präfecturrathes nicht zu beziehen.

R. Bianchi wider Andernach, 18. März 1839.
Esser. Eichhorn. Sandt. Reusche. Ann. V. 1. 232.

Präsident.

Nicht der Präsident, sondern nur das Gericht ist befugt, dem von ihm ernannten, nnd somit mit einer mandata jurisdictio bekleideten Richtercommissar im Falle der Verhinderung einen Substituten zu geben. Art. 823 B. G. B. und 969 B. P. O. Dies wird durch die Ausnahme des Art. 110 B. P. O. ausdrücklich anerkannt. Ist dem aber so, und darf keine Behörde sich ihrer Amtsrechte und Pflichten begeben, so kann das Gericht den Präsidenten zur Substitution in Betreff sämmtlicher Commissorien bei allenfalsigem Personenwechsel und sonstiger gesetzlicher Verhinderung nicht ermächtigen.

K. Schmitz wider Schmitz,
K. Haas wider Haas, } *26. Februar 1844.*
K. König wider König,

K. Waldhausen wider Dahlen (Cassation im Interesse des Gesetzes), 9. Sept. 1844.
Brewer. Eichhorn. Arch. XXXVII. 2. 91.

Privilegium.

Dem Fiscus steht in Ansehung seiner Rechnungspflichtigen ein allgemeines Privilegium im Verhältniss zu allen anderen

Gläubigern zu, sofern nicht besondere Ausnahmen eintreten. Bei der Geltendmachung dieses Privilegiums, — Art. 2098 B. G. B., Gesetz vom 5. September 1807, — kann von dem Satz des Art. 2119 B. G. B.:

les meubles n'ont pas de suite par hypothèque" — die Rede nicht sein. Das Privilegium ist vielmehr so weit zu verfolgen, als ein Dritter nicht ein bereits früher auf die beanspruchte Sache erworbenes Recht nachzuweisen vermag. Ein blosser Arrest gewährt kein Vorzugsrecht.

K. Reg. Aachen wider Cockerill, 4. Januar 1834.
Graun. Eichhorn. Sandt. Kunowski. Arch. XIX. 2. 20.

Das Privilegium des Art. 2101, Nr. 5 B. G. B. findet seine natürliche Grenze in dem, was zur Befriedigung solcher Lebensbedürfnisse wirklich erforderlich war. Die Natur dieses Privilegiums lässt keine Ausdehnung nach Maassgabe der Gattung der Sachen zu. Hat der Instanzrichter erkannt, dass die gelieferten kostspieligen Kleider nicht als nothwendige Bedürfnisse, sondern als Luxusgegenstände anzusehen, so hat es hierbei sein Bewenden.

R. Beckers wider Ditges, 20. Sept. 1834.
Graun. Eichhorn. Reinhardt. Sandt.

Dasselbe gilt vom Branntwein. Wenn das Handelsgericht die Knechte und Arbeiter einer Fabrik zur Familie nicht gerechnet, so hat es eben nur den Art. 2101, Nr. 5 B. G. B. und 529 H. G. B. richtig angewendet.

R. Klingholz wider Reinhold, 8. August 1835.
Graun. Eichhorn. Kunowski. Sandt.

Processverjährung.

Nach L. 19. C. De praescr. 30 vel 40 ann. und l. 1. §. 1 C. De ann. exc. wird zum Eintritt der vierzigjährigen Processverjährung nichts erfordert, als ein unterbrochenes Schweigen oder Ruhen seit der letzten gerichtlichen Verhandlung der Sache, ohne dass es erst noch einer besondern Veranlassung zu einem ferneren Handeln der Partheien bedarf.

R. Wültgens wider Gem. Haaren u. Genossen, 17. Februar 1840.
Heffter. Eichhorn. Sandt. Reusche.

Quittung.

Wenn derjenige, welcher mit einer Quittung versehen ist, in der Folge erklärt, wie die Zahlung geschehen, so kann ihm dies zum Nachtheil nicht gereichen. Es muss vielmehr vermöge der Quittung und des darin liegenden eigenen Geständnisses des Ausstellers angenommen werden, dass der Besitzer der Quittung sich von seiner Schuld auf eine gesetzliche Weise befreit habe, bis zum Gegenbeweis, dass er durch unerlaubte Mittel zum Besitz der Quittung gekommen.

Art. 1322 B. G. B.

K. Faber wider Keucker, 2. April 1823.
Blanchard. Eichhorn. Reinhardt. Sandt.

Rechnungslegung.

Wenn auch der Rechnungsnehmer sich auf die von dem Rechnungsleger aufgestellte Rechnung gar nicht erklärt hätte, so konnte dennoch der Richter nach dem Schlusssatz des Art. 524 B. P. O. die Grösse der Entschädigungsforderung feststellen, ohne die Art. 523—525 ibid. zu verletzen.

R. Herrig wider Pauly, 15. September 1845.
v. Oppen. Jaehnigen. Deycks. Reusche.

Zu einer gehörigen Rechnung ist erforderlich, dass die Ausgabeposten gehörig justificirt werden. Art. 536, 537, 542 B. P. O. —

Die Verpflichtung des Rechnungslegers zum Erweise dieser Posten wird dadurch, dass der Rechnungsnehmer, den Betrag der Einnahmeposten für richtig annimmt, nicht aufgehoben. Aus dem Art. 533 folgt nicht, dass auf die Balance die Grundsätze vom Geständnisse anzuwenden sind. Art. 1356. B. G. B.

R. Busch wider Loewenich, 27. October 1845.
Graun. Jaehnigen. Kunowski. Furbach.

Rechtskraft.

Fiscus nimmt gegen Busch Hypothek auf 150 Florin, und cedirt diese Forderung an Marx. Marx klagt gegen die Erben Busch auf einen Zinsenrückstand, und lässt Fiscus zur Vertretung beiladen. Das Friedensgericht nimmt die Schuld als unerwiesen an, weist den Cessionar ab, und verurtheilt den Fiscus zur Rückzahlung der Valuta. Die Erben Busch klagen hierauf auf Löschung der Hypothek. Auf diese Löschung wird in contumaciam erkannt. Später findet Fiscus die verlorne Schuldurkunde und klagt auf Zahlung der ganzen Schuld gegen die Erben Busch. Diese setzen mit Erfolg die Exceptio rei judicatae entgegen, denn die gefundene Urkunde ist kein neuer

Klagegrund, sondern ein neues Beweismittel, und Fiscus war stets der persönliche Gläubiger der Erben Busch, mag er nun nebenher als Adcitat oder Hypothekengläubiger aufgetreten sein.

Bei der im Art. 1351 B. G. B. geforderten Identität des Gegenstandes kommt es überhaupt nicht auf die gänzliche Uebereinstimmung des materiellen Objects, sondern vielmehr auf die Identität der jedesmal vorliegenden und bestrittenen Rechtsfrage an. Die Absicht des Gesetzes geht dahin, Urtheile zu verhindern, die nach ihrem wesentlichen Inhalt einander widersprechen. Bei Beurtheilung eines solchen Widerspruchs ist nicht nur auf den Theil des Urtheils zu sehen, welcher als Entscheidung unmittelbar bezeichnet ist, sondern auch auf die Gründe, insofern sie zur Erklärung und Ergänzung der Entscheidung wesentlich gehören, wie denn überhaupt mehr auf das Wesen der Sache zu achten ist, als auf die äussere Form, worin ein Urtheil abgefasst und angeordnet ist.

R. Kgl. Reg. Trier wider Stein und Erben Busch, 27. Oct. 1830.
v. Savigny. Eichhorn. Kunowski. Sandt.

Die Cassationsbeklagten haben in einem Arrestprocesse die Einrede der Excussion vorgebracht, sie ist in dem früheren Urtheil nicht berücksichtigt worden. Jetzt, wo es sich um Zahlung handelt, ist diese Einrede geltend zu machen, ohne dass ihr res judicata entgegensteht. Art. 1351 B. G. B.

R. Grossbauer wider Maas, 2. März 1831.
Oswald. Eichhorn. Buddee. Sandt.

Die der Peremptionsklage entgegengesetzte Exceptio praescr. wird durch ein Zwischenurtheil verworfen, und später durch Urtheil des Cassationshofes die Peremptionsklage selbst, nicht aber die Exceptio praescr., definitiv abgewiesen. Durch diese Entscheidung wird die Wirkung des Zwischenurtheils nicht aufgehoben; die Exceptio praescr. ist vielmehr durch Res judicata verworfen.

K. v. Keverberg wider Braunfeld, 1. Dec. 1832.
Klenze. Eichhorn. Kunowski. Sandt.

Die Imploraten haben im Vorprocess in Waldungen, welche Imploranten als Eigenthum in Anspruch nehmen, Servitutenrechte ausgeübt. Die gegen sie angestellte Negatorienklage hat den Erfolg, dass der Beweis des Eigenthums an den fraglichen Waldungen für nicht erbracht, und die negatorische Klage abgewiesen wird. Trotz dessen klagen die Imploranten jetzt in possessorio. Die Besitzklage ist jedoch unannehmbar; — Art. 26 B. P. O.; — denn da sie auf den abgesprochenen Eigenthumsbesitz gestützt wird, so würde somit dieselbe Eigenthumsfrage unter denselben Partheien gegen alle Rechtsbegriffe wiederum zur Sprache gebracht werden müssen.

R. Engelmann wider Gem. Peterswald u. Löffelscheid, 10. Jan. 1835.
Esser. Eichhorn. Sandt. Reinhardt.

Eine negatorische Klage gegen angemaasste Servituten ist nichts anderes, als ein Ausfluss des Eigenthumsrechts und eine Anwendung der Eigenthumsklage gegen dergleichen Anmaassungen. Sie beruht wie die Letztere auf der Behauptung des Eigenthumsrechtes, welches in seiner Freiheit — la chose demandée — bildet. Ist daher die negatorische Klage wegen mangelnden Eigenthumsrechts rechtskräftig verworfen, so steht hierdurch unter den Partheien rechtskräftig fest, dass der Kläger das Eigenthum an der Sache nicht habe; es kann mithin auch die Vindication nicht weiter stattfinden, sonst würde dieselbe Frage und über dasselbe Object, nämlich über das Eigenthumsrecht von Neuem gerichtshängig werden.
Art. 1350, 1351 B. G. B.

K. Gemeinde Peterswald und Löffelscheid wider Engelmann, 8. November 1841.
Heffter. Jaehnigen. Reusche. Sandt. Arch. XXIX. 2. 3.

Das Urtel erkennt, durch die vorgebrachten Beweismittel sei der Beweis nicht geführt, und legt bessere Beweisführung auf. Hierdurch ist in dem eröffneten Beweisverfahren die Prüfung der Frage nicht ausgeschlossen, ob nicht durch das spätere Hinzutreten des erbotenen Erfüllungseides der Beweis als ergänzt und zureichend geführt angesehen werden müsse. Hat also das spätere Urtel auf diesen Eid erkannt, so wird hierdurch die Rechtskraft des früheren Urtels nicht verletzt.

R. Rossellen wider Jansen, 27. Dec. 1841.
Liel. Eichhorn. Sandt. Reusche.

Die Verwerfung einer Klage wegen nicht nachgewiesenen Verzugs schliesst einen späteren Verzug nicht aus; der auf diesen gestützten zweiten Klage steht Exceptio rei judicatae nicht entgegen. Art. 1351 B. G. B.

R. Mentzen wider Bodden, 13. Sept. 1843.
v. Oppen. Jaehnigen. Reusche. Sandt.

Rechtsverweigerung.

Die blosse Actertheilung über das Zugeständniss der Richtigkeit eines Theils der Schuld stellt eine Rechtsverweigerung dar. Dieser Theil musste zuerkannt werden.

K. Marschal & Brust wider Stadt Boppard, 30. Januar 1828.
Scheller. Eichhorn. Kunowski. Sandt.

Implorant hat den vom Richter für erheblich erachteten Beweis der seinerseits gelieferten Arbeiten ausdrücklich anerboten. Der Richter, indem er die Klage wegen nicht geführten Beweises abgewiesen, hat sich einer Rechtsverweigerung schuldig gemacht.

K. Louen wider Ritz, 3. Februar 1840.
v. Oppen. Eichhorn. — — Reusche.

Es handelt sich in zweiter Instanz um die beiden Fragen:
1) ob dem Imploraten die Wegegerechtigkeit als Servitut seines Grundstücks,
2) ob sie ihm als Gemeindemitglied zustehe?
Der Appellhof hat, indem er nur die zweite Frage entschieden, sich eine Rechtsverweigerung zu Schulden kommen lassen.

Art. 175, 186, 401, 405, 452, 464, 474 B. P. O.
K. Friederichs wider Riepert, 19. December 1835.
Esser. Eichhorn. Sandt. Reinhardt.

Récolte.

Die nicht vom Boden getrennte Frucht und das noch aufstehende Holz hat nur durch den Zusammenhang mit dem Grund und Boden die ihnen im Art. 520 und 521 B. G. B. beigelegte Natur unbeweglicher Sachen erhalten. Vom Boden getrennt, verlieren sie diese Eigenschaft, und können mithin als unbewegliche Sachen nur in dem Zusammenhange mit dem Grund und Boden oder mit demselben zugleich verkauft werden. Werden sie dagegen zu dem Zweck und mit der Bedingung, dass sie vom Boden getrennt werden sollen, verkauft, so nehmen sie schon im Voraus die Natur beweglicher Sachen an. Als solche werden sie bei der saisi-brandon angesehen, und darum nicht in die Kategorie der Beschlagnahme unbeweglicher Sachen gestellt, sondern als bewegliche Sachen durch den Gerichtsvollzieher verkauft. Wenn daher der Art. 1 des Gesetzes vom 22. Pluviose VII. in der Reihe der beweglichen Sachen, welche nur durch die dazu berufenen Beamten versteigert werden dürfen, namentlich Holz, Früchte und Ernten (bois, fruits, récoltes) aufzählt, so können darunter nur aufstehende Früchte und Holz gemeint sein, und nicht geschlagenes Holz und bereits geerntete Früchte; denn überflüssig wäre, diese ganz unzweifelhaft beweglichen Sachen so sorgfältig besonders zu benennen. Es war aber gerade dem Hauptzweck des Gesetzes, die Einregistrirungsgefälle zu sichern, entsprechend, diese Verkäufe ebenso wie die anderer beweglicher Sachen öffentlichen Beamten zu übertragen. Jeder Zweifel über die Bedeutung des Wortes

„Récolte“ schwindet übrigens durch das Haupt-Enregistrement. Gesetz vom 22. Frimaire VII., dessen Art. 69, §. 5, Nr. 1 ausdrücklich die récoltes sur pied uud die coupes de bois als Mobiliargegenstände bezeichnet, und sie der Gebühr von 2 Francs unterwirft. Sie sind daher durch den Gerichtsschreiber zu verkaufen.

K. Bewer wider öffentl. Ministerium am Landgericht Düsseldorf, 11. November 1837.
Esser. Eichhorn. Sandt. Arch. XXVI. 2. 49.

Recusation.

Konnte gleich ein Handelsrichter wegen der Verwandtschaft mit einer der Partheien recusirt werden, — Art. 378 B. P. O. — so kann doch Cassationskläger, da er von dieser im Interesse der Partheien gestatteten Befugniss keinen Gebrauch gemacht, hierauf kein Cassationsmittel begründen.

R. v. Carnap wider Servaes (Agent des Falliments v. Carnap), 4. Januar 1841.
Esser. Eichhorn. Sandt. Reusche.

Référé.

Die in der Executionsinstanz en référé vorgebrachten Einreden dürfen sich nicht auf Verträge und Urtheile gründen, welche früher vorhanden sind, als das zu vollstreckende Urtheil.

R. Wiedenfeld wider Gribius, 12. Oct. 1821.
Seyppel. Eichhorn. Haass. Sandt.

Rente.

Es ist kein Grund vorhanden, warum der Art. 1912 B. G. B., indem er so wenig wie Art. 1911 zwischen alten und neuen Rentverträgen unterscheidet, nicht auf beide anwendbar sein sollte.

Der Rentvertrag stellt, wie das verzinsliche Darlehn einen einseitigen Realvertrag dar, worauf der nur für zweiseitige Verträge gegebene Art. 1184 B. G. B. daher nicht anwendbar ist. Der Art. 1912, indem er das Zwangsrecht auf Rückzahlung und sofort auch in correlatem Verhältniss die Verbindlichkeit zur Rückzahlung an den blossen Ablauf der Zahlungsfrist knüpft, muss nothwendig aus eigener Kraft durch diesen Umstand eine Versetzung in Verzug begründen, wie sie nur auf irgend eine andere Weise im Sinne der Art. 1139 und 1230 B. G. B. möglich ist. War aber dieses Zwangsrecht einmal erworben, so kann es durch ein späteres Zahlungsanerbieten nicht mehr rückgängig gemacht werden.

K. Armenverw. Cöln wider Seyfried, 6. Mai 1839.
Esser. Eichhorn. Reinhardt. Sandt. Arch. XXVIII. 2. 89.

Der Art. 1912 B. G. B. ist auf ältere Rentverträge anwendbar, weil er dieselben nicht ausnimmt, und ganz allgemein die Folgen der Nichterfüllung bestimmt. Der Art. 1139 seq. findet auf Art. 1912 nicht Anwendung, weil hierdurch an die Stelle seiner Zeitbestimmung eine andere Frist treten würde, die das Gesetz nicht bewilligt hat, und ohne Zerstörung seines Zweckes nicht bewilligen konnte. — Ebenso wenig ist der Art. 1184 entscheidend, da der Rentvertrag kein zwei-, sondern ein einseitiger Vertrag ist. Auch der Unterschied zwischen Bring- und Holrenten kommt nicht in Betracht. Wo es keiner Constitutio in moram bedarf, muss der Schuldner sich nothwendig binnen einer bestimmten Frist liberiren, wenn er der an den Ablauf derselben geknüpften Folge vorbeugen will. — Art. 1258, Nr. 6. —

K. Kirchenvorst. St. Ursula zu Cöln wider Dahlen, 1. Mai 1843.
v. Oppen.. Jaehnigen. Reusche. Sandt.
K. Ritter wider Dahlen, 23. Sept. 1844.
v. Oppen. Jaehnigen. Reusche.

Der Irrthum über den Werth der verkauften Sache ist überhaupt, und somit auch bei dem Leibrentenvertrag nur im Falle des Art. 1674 wesentlich. Die Annahme des Rheinischen Appellhofes, als widerstreite die Stipulation von kaum 4 Procent dem Wesen aleatorischer Verträge, verletzt den Art. 1976.

K. Lünenschloss wider Colin, 12. Juni 1843.
Esser. Jaehnigen. Reusche. Sandt. Arch. XXXV. 2. 82.

Der deutsche Orden hat ehemals in Temmels die Grund- und niedere Gerichtsbarkeit ausgeübt; diese lässt auf ein wahres Unterthänigkeitsverhältniss schliessen. Hiernach muss das in den Urkunden gebrauchte Wort — „Zins“ — erklärt, und die betreffende Rente für abgeschafft erachtet werden.

Art. 1, 2 des Gesetzes vom 17. Juli 1793.
Decret vom 7. Ventôse II.
Gutachten des Staatsraths vom 30. Pluviose XI.

R. Königl. Reg. zu Trier wider Ladler u. Gen., 28. April 1820.
Blanchard. Eichhorn. — — Haass.

Der Leibgewinnpacht hat die Vermuthung einer reinen Grundrente für sich. Der Gegenbeweis, dass sie sich gründe auf einen wahren Lehnsnexus, oder ein anderes oberherrliches Verhältniss ist nicht geführt; die Allodialität der Leibgewinnsgüter im Gegentheil nicht bestritten. Die zuweilen vorkommende Benennung dieser Güter — „Lehen,“ — ist in Deutschland kein Merkmal wahrer Feudalität. Ebenso wenig die Eigenschaft eines Lathenguthes und die Unterwerfung unter die Lathengerichtsbarkeit. Die Lathengerichte waren nur Fora specialia causae; ursprünglich hatten sie freilich auch über die diese Güter betreffenden Streitsachen zu erkennen, später jedoch hat sich ihr Wirkungskreis beschränkt auf die Obsorge über die Einziehung der von jenen Gütern zu entrichtenden Gefälle, auf Ertheilung der Behandigungsbriefe und einige Handlungen der freiwilligen Gerichtsbarkeit.

Verordnung vom 20. Mai 1681 / 20. Decbr. 1779 für Meurs.

Selbst die Eigenschaft eines Gerichts- oder Grundherrn reicht, besonders wo die Vermuthung für das Allode, nicht hin, um eine Rente deshalb für feudal zu halten. Die Behandigungen waren überdies nichts als die Annahme eines neuen Leibgewinnsträgers; die nicht gerade beim Tode, sondern bei jeder Veränderung der Leibgewinnshände zu entrichtenden Gebühren waren ein wahres laudemium minus, keineswegs ein mortuarium. Laudemien haben aber gerade die Vermuthung einer Grundrente für sich.

Art. 1, No. 2. Decret vom 9. Vendém. XIII.

Die in den Behandigungsbriefen den Ertheilern gegebene Benennung „Herrschaft und Leibgewinnsherr,“ reicht zur Bezeichnung eines domini directi censualis ebenso wenig hin, als das Wort — „Census“ — zur Bezeichnung eines herrschaftlichen Census. Dominium directum kommt auch bei der blossen Emphyteuse und Census bei bonis censiticis vor.

Art. 1, Nr. 4 und 5 ibid.
Art. 1. Staatsrathsgutachten v. 14. u. 18. August 1807.
Art. 1, 3, 5, 6. Decret vom 9. Vendémiaire XIII.
Art. 17. Gesetz vom 23. August 1792.

K. Dreutgen-Leulfeld wider Boschmann, 20. April 1831.
Blanchard. Eichhorn. Kunowski. Sandt.

Die Gerichtsbarkeit der Hof- und Latbänke war begründet, wenn auf Zahlung eines Zinses, eines Canons und anderer Abgaben geklagt wurde, welche jährlich von dem Besitzer des Grund und Bodens oder nach dessen Tode von den Erben entrichtet zu werden pflegten, oder wenn der Hofs- und Latherr wegen unterlassener Entrichtung solcher Abgaben, wegen vernachlässigter Anerkennung — Recognitio —, unerlaubter Veräusserung etc. die Caducitätsklage anstellte. Melch. Voets hist. jur. Jul. 265.

Diesemnach wurden auch die Erbpachtsgüter, wovon jährlich ein Canon, — Erbpacht, — zu entrichten, und welche nach Cap. 106 der Jülich-Bergischen Rechtsordnung ohne Einwilligung des Erbpachtsherrn nicht veräussert werden durften, in der Verordnung vom 26. März 1558 im Gegensatz von gemeinen und Lehngütern unter der allgemeinen Benennung von Hofs- oder Latgütern verstanden. Daraus also, dass die Uebertragung erbpachtspflichtiger Grundstücke am Latengerichte befestigt und hierfür gewisse Gebühren entrichtet werden mussten, folgt eine Aenderung in der Natur der Erbpachtspflichtigkeit um so weniger, als solche Erbbefestigungen dem Erbpachtsverhältniss eigenthümlich waren. Das Landgericht hat daher, indem es die eingeklagte Rente für abgeschafft erklärte, den Art. 1, Nr. 1 des Decrets vom 9. Vendémiaire XIII. verletzt und die Verordnung vom 26. März 1558 falsch angewendet.

K. v. Wenge wider Jansen, 11. Februar 1839.
Esser. Eichhorn. — — Sandt.

Die Erbhaberpachtrente hat die Eigenschaft einer reinen Grundrente für sich. Diese Vermuthung kann nicht durch die grössere oder geringere Wahrscheinlichkeit der Feudalität oder der Mischung, sondern einzig und allein durch vollständigen Beweis entkräftet werden.

K. v. Spee wider Graf und Genossen, 2. März 1831.
Blanchard. Eichhorn. Sandt. Kunowski. Arch. XV. 2. 56.

Die Kurmuth gehört unter diejenigen Leistungen, wider welche das Decret vom 9. Vendémiaire XIII. die nur durch Gegenbeweis zu elidirende Präsumtion der Feudalität aufstellt.

Ihr Aufhören zieht die Abolition aller damit verbundenen Abgaben insofern nach sich, als deren Verbindung in gesetzlicher Art und Form nachgewiesen wird. Von keinem Einfluss ist daher, dass der Rentegläubiger seinem Interesse gemäss befunden, die Kurmuth nicht mit einzuklagen.

R. v. Trips wider Bourtscheid, 24. Juli 1822.
Goerdeler. Eichhorn. Sandt. Haass.

Die Ausstellungen wider die gesetzliche Zulässigkeit des vom Appellrichter berücksichtigten Beweises der Vermischung einer Rente mit der Kurmuth, ist nur in dem Falle zu beachten, wo das Gesetz dem Richter bei Strafe der Nichtigkeit geboten, in der Redaction des Urtels der einzelnen Titel und Urkunden speciell zu gedenken, oder wo der absolute Mangel gesetzlich qualificirter Titel unzweifelhaft feststeht.

R. v. Trips wider Bourtscheid, 24. Juli 1822.
Goerdeler. Eichhorn. Sandt. Haass.

Die Partheien haben in zwei Notarialacten vom Jahre 1830 bestimmt, dass Imploraten die unter dem Namen Hunds- oder Herrenpacht schuldige Rente, in fünf Terminen ablösen sollen. Gegen den Zahlungsbefehl erheben sie Einspruch, weil das Vendémiairedecret jene Rente ganz aufgehoben habe. Mit Unrecht. Es kommt dermalen nicht auf die Frage an, ob die ursprüngliche Rente gesetzlich abgeschafft sei, sondern nur darauf, ob bei Abschliessung jener Acte eine hinreichende rechtliche Begründung derselben hinsichtlich des darin übereingekommenen Ablösungspreises bestanden habe. Diese Frage ist zu bejahen, zumal die ursprüngliche als eine natürliche Verbindlichkeit bei allenfalsiger Aufhebung der Rente fortgedauert haben würde. Die angefochtenen Urtheile haben somit die Art. 3 des Decrets vom 9. Vendémiaire XIII., Art. 1131, 1234, 1271, Nr. 1 B. G. B. verletzt.

K. Iven wider Coenen, 30. August 1834.
Esser. Eichhorn. Kunowski. Sandt. Arch. XXI. 2. 17.

Durch das Bergische Decret vom 13. September 1811, Art. 7, 8, 11, Nr. 1 sind die früher bestandenen Erbpachtsverhältnisse aufgelöset; der Erbverpächter ist durch die Art. 9, 39 und 40 in einen blossen Rentgläubiger verwandelt, und ihm nur zur Sicherheit der Rente das Privilegium des Art. 2103 B. G. B. gegeben, mit der Verpflichtung, solches binnen sechs Monaten vom Tage der Publication des Decrets eintragen zu lassen. Er kann folglich gegen einen dritten Erwerber nur die Rechte eines Hypothekargläubers geltend machen, und sich im Fall der Versteigerung nur gleich jedem Hypothekargläubiger an den Kaufschilling halten. Art. 42 des Decrets. Das Gesetz vom 21. April 1825 hat dies ausdrücklich bestätigt. — §. 15, 35, 19.

R. v. Wendt wider de Werth, 24 Sept. 1836.
Esser. Eichhorn. Reinhardt. Kunowski.

Erbpachtrenten können gegen den Drittinhaber des Grund- und Bodens, worauf sie haften, nur beansprucht werden, wenn sie eingetragen waren. Art. 39, 40, 42, 44, 45, Bergisches Decret vom 13. September 1811.

Die Gouvernementsverordnungen vom 18. Januar und 28. Februar 1814 und die Cabinetsordre vom 5. Mai 1815, nur auf die durch die französischen Gesetze aufgehobenen Rechte, Gefälle und Leistungen gehend, finden auf eine nicht abgeschaffte Rente keine Anwendung.

Das Gesetz vom 21. April 1825 hat hierin nichts geändert, sondern vielmehr im §. 19 auf die allgemeinen Gesetze, mithin auf die Art. 530 und 2108 B. G. B. Bezug genommen.

R. v. Carnap wider Uellenberg, 4. Februar 1838.
Esser. Eichhorn. Sandt. Reinhardt.

Die Bedingung der Nr. 4, Art. 1 des Decrets vom 9. Vendémiaire XIII, kann auf die übrigen, in diesem Artikel verzeichneten Renten nicht ausgedehnt werden; insbesondere nicht auf den Leibgewinn; ihm wird vielmehr Aehnlickeit beigelegt mit den unter der Ziffer 1 vorkommenden Renten. Gutachten des Staatsraths vom 18. August 1807.

R. Botz wider v. Harff und Gen., 28. Januar 1820.
Blanchard. Eichhorn. Molitor. Haass.

— Empfangsbücher und Rechnungen einer Kellnerei sind für solche Recognitivtitel zu halten, über welche Art. 4 des Decrets vom 9. Vendémiaire XVII. disponirt. — Bei dem Mangel besonderer Vorschriften über die Art der Production dieser Titel ist auf die allgemeinen Bestimmungen zurückzugehen. — Hiernach ist die Vorlegung eines blossen Extracts einer Urkunde, sowie die Production einer Copie nicht ausgeschlossen, vielmehr Sache des Gegentheils, die Offenlegung des Originals zu verlangen. Von dem Cassationshof kann dieser erst hier gestellte Antrag nicht berücksichtigt werden.

R. v. Drost wider Oeppen, 31. Juli 1822.
Goerdeler. Eichhorn. Reinhardt. Sandt.

Der Besitz ist die Bedingung, unter welcher den Recognitiv- oder declaratorischen Urkunden Beweiskraft in Ansehung der Beschaffenheit der Rente beigelegt wird.

Art. 4, Decret vom 9. Vendémiaire XIII.

Ein von dem Rentegläubiger selbst, oder von einem andern auf dessen Namen ohne Mitwirkung des angeblichen Rentpflichtigen geführtes Heberegister kann aber zum Beweise jenes Besitzes, wenn der Pflichtige ihn in Abrede stellt, um so weniger dienen, als blosse Heberegister an und für sich nicht einmal als Recognitiv- oder declatorische Urkunden angesehen werden können.

R. Regierung Cöln wider Wrede, 5. Oct. 1825.
Blanchard. Eichhorn. Reinhardt. Sandt.

Die Eigenthümer solcher Renten, welche die Vermuthung der Grundeigenschaft für sich haben, sind, wenn sie zur Zeit der Occupation oder noch später im Besitz gewesen, freilich von der Vorlegung des Constitutivstitels befreit, und nur zur Production recognitiver oder declaratorischer Titel gehalten.

Art. 1, 2, 4. Decret vom 9. Vendém. XIII.

Findet aber der Richter, dass sich gerade aus diesen Titeln die feudale Natur der Rechte ergiebt, so kann sich Implorant darüber nicht beschweren, dass sie als abgeschafft erklärt worden ist.

R. Weckbecker wider Ackermann, 21. März 1827.
Blanchard. Eichhorn. Sandt. Kunowski.

Die Klage auf Anstellung eines neuen Rentetitels setzt das Dasein eines früheren Titels voraus, sei dieser der ursprüngliche oder ein Anerkennungstitel. Es würde sonst an einer selbstständigen, die Rentverbindlichkeit feststellenden Urkunde, welche zu erneuern und an einem bestimmten Datum, von welchem die 28 Jahr zu zählen, mangeln. Die Voraussetzung steht um so fester, als nach den legislativen Berathungen über den Art. 2263 B. G. B. die 28 Jahr schon vom Tage der Ausstellung des zu erneuernden Titels, nicht aber erst von dem **ersten** Verfalltag der Rente zu laufen anfangen. Hebe- und Lagerbücher können daher, da sie nur Rentlieferungeu beurkunden, in dieser beschränkten Abgeschlossenheit weder einen Rechtsgrund noch ein bestimmtes Datum zur Ausstellung eines neuen Titels darbieten. Der §. 19 des Gesetzes vom 21. April 1825 hat hierin nichts geändert.

R. Königl. Reg. Düsseldorf wider Hugenpoth, 30. August 1841.
Esser. Eichhorn. Sandt. Kunowski.

Am 22. Nivôse IX. hat die Verklagte eine mit einem jährlichen Canon behaftete Oelmühle veräussert. Im Jahre 1828 wird sie auf Zahlung des seit dem Jahre 1798 rückständigen Erbpachtcanons und auf Ablösung der Erbpacht verklagt. Die Klage ist unbegründet. Die Verklagte hat zur Veräusserung der Einwilligung des Obereigenthümers nicht bedurft, da das getheilte Eigenthum durch das Gesetz vom 4. August 1789 aufgehoben worden ist. Zur Zeit der Verkündigung der Art. 529 und 530 B. G. B. war aber die Mühle gar nicht mehr in ihrem Besitz, so dass es nicht einmal einer Erörterung der Frage bedarf, ob der Besitzer eines mit einer Grundrente belasteten Grundstücks vermöge der Mobiliarisirung der Rente persönlicher Schuldner derselben, sowie des Rentcapitals geworden ist.

R. Reg. Aachen wider v. Quadt, 29. April 1829.
Blanchard. Eichhorn. — — Sandt.

Nachdem die Renten für ablösbar erklärt, — Art. 530 B. G. B., Art. 1 und 2, Titel 1 des Gesetzes vom 18. und 29. December 1790, hat die, diesen Gesetzen vorausgehende Stipulation, wodurch der Erbverpächter in der Voraussetzung seines alleinigen Eigenthumsrechtes die Uebernahme der gewöhnlichen Steuern übernommen, ihre Wirksamkeit verloren. Es ist jetzt nur noch der Fünftel-Abzug von der Rente gestattet.

Gesetz vom 1. December 1790, und
- - 3. Frimaire VII.
Staatsrathsgutachten vom 2. Februar 1809.

K. Goffart wider Hunckes, 23. Februar 1821.
Blanchard. Eichhorn.

K. Regierung Düsseldorf wider Mandewirth, 3. September 1823.
Blanchard. Ruppenthal. Kunowski. Sandt. Arch. V. 2. 81.

Der Erbpächter einer Mühle verspricht einen jährlichen Canon, der Erbverpächter dagegen das nöthige Bauholz. Durch die Art. 529 und 530 B. G. B. und den Art. 1 und 2 des Gesetzes vom 18. und 29. December 1790 ist dieses Rechtsverhältniss gänzlich zerstört worden. Hiermit hat zugleich eine bloss auf einem solchen Verhältniss beruhende Verbindlichkeit zur Verabreichung des Bauholzes, die nur auf dem dominio directo haften konnte, ihr Fortbestehen verloren, und ist mit dem dominio directo auf das nunmehr vereinigte dominium übergangen

K. Poensgen wider Caspari, 1. Juli 1829.
Blanchard. Eichhorn. Kunowski. Sandt.

Die Grundrenten, worunter nach dem Gesetz vom 29. December 1790, welches sie alle für loskäuflich erklärt, auch der Erbpacht gehört, sind mobiliarisirt durch — Art. 7. Gesetz vom 11. Brumaire VII. und Art. 529, 530 B. G. B.

Hierdurch haben die Bestimmungen im Tit. 5, Art. 1 und 3 des Gesetzes vom 29. December 1790, ihre Kraft verloren, und mag dies der Grund sein, warum nur die drei ersten Titel dieses Gesetzes durch das Decret vom 17. Thermidor XII. (5. August 1804), zu welcher Zeit die Art. 529, 530 bereits Gesetzeskraft — in den Departements des linken Rheinufers verkündet worden sind. Vermöge der Mobiliarisation haben die Grundrenten aufgehört, Gerechtsame an dem Grund und Boden zu sein, sie sind in Forderungen umgeschaffen gegen die Person, in deren Eigenthum das Grundstück kraft des Erbpachtcontracts übergegangen ist. Der Art. 530, welcher erst nach dem Tit. 18, Buch III. des Civilcodex Gesetzeskraft erhalten, hat nun Renten dieser Art, d. h. solche, die als Bedingung der Uebertragung eines Grundstücks, diese mag mittelst eines lästigen, oder eines wohlthätigen Titels geschehen sein, creirt worden, und solche Renten, die für den Kaufpreis eines unbeweglichen Gutes errichtet worden, einander gleichgestellt. Die Ersteren bilden daher für den Eigenthümer oder Rentgläubiger eine ebenso privilegirte Forderung wie jene ist, welche dem Verkäufer wegen des Kaufpreises zusteht. Die Eigenthümer jener Renten konnten aber von da ihre desfalsigen Rechte gegen dritte Erwerber nur mittelst Eintragung ihrer Forderung in die Hypothekenregister aufrecht erhalten. Auf dieser Ansicht beruht der Art. 11 des Decrets für das ehemalige Grossherzogthum Berg vom 12. December 1808, dessen es um deswillen bedurft haben mag, weil damals das bürgerliche Gesetzbuch in Berg noch nicht eingeführt war.

K. Courts wider Schloer, 23. November 1825.
Blanchard. Eichhorn. Sandt. Reinhardt.

R. Fürst zu Bentheim wider Schmitz, 6. Januar 1840.
Esser. Eichhorn. Kunowski. Sandt.

Die Grundrenten sind für lösbar und für bewegliches Gut erklärt worden. Dadurch hat die Natur dieser Renten eine gänzliche Veränderung erlitten; sie haben aufgehört Proprietätstheile des Grundstücks zu sein, worauf sie hafteten; es ist nicht mehr der Grund und Boden als Schuldner der Rente anzusehen. Der Proprietätstheil, den der Rentberechtigte früherhin an dem rentpflichtigen Grundstück hatte, ist jetzt durch die blosse Kraft des Gesetzes auf jeden Besitzer des Grundstücks übergegangen, dieser hat den Proprietätstheil erworben, den der Rentberechtigte verloren, und ist somit Proprietar des ganzen Grundstücks geworden. Das Gesetz hat aber, indem es die Rente für lösbar erklärt, deutlich zu erkennen gegeben, dass diese Erwerbung nicht unentgeldlich sein, dass vielmehr der nunmehrige Rentschuldner ein Aequivalent dessen geben sollte, was er erworben hatte. Dieses konnte nur in der Verbindlichkeit bestehen, die Rente bis zur wirklichen Ablösung zu entrichten. Der Rentberechtigte erhielt so auf der einen Seite, was er auf der anderen verloren hatte. Diese Verbindlichkeit, die den Preis der von dem Rentschuldner erworbenen Proprietät bildet, ist aber eine rein persönliche, denn da das Gesetz nicht verfügt hat, dass jene Erwerbung bloss eine Verpflichtung des Grundstücks nach sich ziehe, so muss es bei der Regel verbleiben, nach welcher Verbindlichkeiten persönlich sind. Es ist sonach unzweifelhaft, dass derjenige, welcher zur Zeit der Verkündung jener neuen Gesetze Besitzer des mit Grundrenten belasteten Gutes war, zur fortwährenden Entrichtung der Rente freilich nicht mehr aus dem früheren, sondern aus einem neuen Rechtsgrunde, und zwar persönlich verpflichtet worden, — eine Verpflichtung, der er sich durch Veräusserung des belasteten Grundstücks nicht entziehen kann. Der rheinische Appellationshof hat daher, indem er die Cassationskläger mit ihrer Klage gegen den früheren Besitzer des mit einer Weinrente belasteten Grundstücks abgewiesen, den Art. 6 des Gesetzes vom 4. August 1789, Art. 8 des Gesetzes vom 25. August 1792, verkündet 6. Germinal VI. — Art. 7 des Gesetzes vom 11. Brumaire VII.; — Art. 529 und 530 B. G. B.; — Art. 1, Tit. 1 des Gesetzes vom 29. December 1790 — verletzt.

K. v. Kloschinsky wider Davis, 15. Dec. 1830.
v. Kloschinsky wider Klöckner.
Blanchard. Eichhorn. Sandt. Arch. XV. 2. 61.

K. Hospital Andernach wider von der Leyen, 20. Dec. 1834.
Oswald. Eichhorn. Sandt. Reinhardt.

Der Art. 42 des Gesetzes vom 11. Brumaire VII., bestimmt weiter nichts, als den Ort, wo die vor der Promulgation desselben auf Grundrenten schon erworbenen Hypothekenrechte in die Hypothekenregister einzutragen, keineswegs, dass die Grundrenten zu den dinglichen Rechten gehörig seien.

R. Königl. Reg. Aachen wider Blanke, 7. März 1827.
Blanchard. Eichhorn. — — Sandt.

Kein Gesetz verpflichtet den Erbverpächter zu den Reparaturen des in Erbpacht gegebenen Gutes, oder zu einem Beitrage. Solche Verbindlichkeit kann nur begründet werden durch einen Vertrag. Das Rechtsverhältniss der Erbpacht ist gänzlich aufgehoben durch die Art. 529 und 530 B. G. B., sowie durch die Art. 1 und 2, Tit. 1, Gesetz vom 18. und 29. December 1790, somit ist zugleich die vertragsmässige Verbindlichkeit des früheren Obereigenthümers, — Holz zu liefern, — erloschen. Von einer Verletzung des Art. 1134 B. G. B., oder des Gesetzes vom 4. August 1789 kann daher die Rede nicht sein. Ebenso wenig von einer Verletzung der Gesetze vom 28. Ventôse XI. (19. März 1803) und 14. Ventôse XII. (5. März 1804.)

Die Befolgung der Vorschrift, die Beweise für das Nutzungsrecht an einer Staatswaldung in bestimmter Frist vorzubringen, hat weder dem angeblich Berechtigten Rechte verliehen, die er früher nicht gehabt, noch wirklich erloschene wieder in Kraft gesetzt, sondern den Grund und die Existenz des Rechts selbst ganz unberührt gelassen. Selbst der Beschluss der ehemaligen Centralverwaltung des Wälderdepartements vom 22. Ventôse VIII. (13. März 1800) ist nicht geeignet die Ansprüche des Cassationsklägers unwiderruflich festzusetzen, da eine Anerkennung von Seiten einer Verwaltungsbehörde dem Staate nicht zum Nachtheil gereichen kann. — Der zweite Richter war berechtigt, über die Wirksamkeit des Beschlusses vom Ventôse zu erkennen, ohne seine Gewalt zu missbrauchen.

R. Servatius wider Kgl. Reg. Trier, 18. Juni 1828.
Blanchard. Eichhorn. Sandt. Kunowski.

Die Abgabe des Voigthafers im Bergischen ist durch Art. 3, Nr. 10 des Decrets vom 13. September 1811 und §. 42 des Gesetzes vom 21. April 1825 ohne Entschädigung aufgehoben. Mit dem Untergang der Abgabe hat auch derjenige Theil zu bestehen aufgehört, mit welchem die Familie des Cassationsklägers beliehen war. Wie jedes Lehnsverhältniss durch Untergang des Objects aufhört,

Arg. II. Feud. 28. §. 2 und 58 princ.

so haben auch die wechselseitigen Rechte und Pflichten mit dem Untergang der Voigthaberabgabe aufgehört, insoweit sie mit Rücksicht auf das Decret vom 11. Januar 1809 noch bestanden.

Die Frage, ob nach allgemeinen Gesetzen und insbesondere nach II. Feud. 8. pr. 25, 46 und Art. 1234, 1302, 1136, 1149

B. G B. dem Cassationskläger ein Ersatz wegen der aufgehobenen Rente gebühre? — kommt nicht in Betracht, da specielle Gesetze vorliegen. — §. 77—81, Gesetz vom 21. April 1825.

R. v. Hatzfeld wider Reg. Cöln, 28. März 1837.
Jaehnigen. Eichhorn. Sandt. Kunowski.

Renten gehören nach Nr. 1, §. 4, Tit. 2, Thl. I. und Nr. 1, Tit. 1. Thl. II. des Geldrischen Landrechts zu dem unbeweglichen Vermögen, und verjähren mit 33⅓ Jahren:

Nr. 1 und 6, §. 1, Tit. 4, Thl. III.

In Bezug auf Erwerb und Verlust des unbeweglichen Vermögens entscheiden die Gesetze der gelegenen Sache. Die unter dem Geldrischen Landrecht im Jahre 1798 anfangende Verjährung einer Rente ist nach diesem zu beurtheilen. — Art. 2281 B. G. B. Die im Februar 1799 eingetretene Mobilisirung der Renten, kann an dem früher begonnenen Rechtsverhältniss nichts ändern. Der Art. 2281 gestattet nur dann eine Ausnahme, wenn seit der Verkündung des Art. 2281 30 Jahre abgelaufen sind.

K. D'Haultpenné wider v. Nesselrode-Ehreshoven, 28. Oct. 1837.
Heffter. Eichhorn. Kunowski. Sandt. Arch. XXV. 2. 37.

Für den Fall der jährlichen Fortlieferung der Rente, ist dem Schuldner ein Abzug für die Grundsteuer gestattet, wenn dieser Rückbehalt nicht vertragsmässig ausgeschlossen ist.

Art. 6, Tit. 2 des Decrets vom 20., 22., 23. November und 1. December 1791.
Art. 98 des Gesetzes vom 7. Frimaire VII.
Staatsrathsgutachten vom 2. Februar 1809.

Das Gesetz vom 18. und 20. December 1790, Tit. 3, welches von der Ablösung der Grundrenten handelt, erwähnt dagegen eines solchen Abzugs bei dem Loskauf nicht, vielmehr bestimmt der Art. 2 l. c. nur für den Fall eines bedungenen Nichtrückbehalts, dass dem fünfundzwanzigfach veranschlagten jährlichen Früchteertrage noch ein Zehntel (Zwanzigtel) für die königlichen Auflagen zugesetzt, also hierbei dem Rentgläubiger noch ausser dem veranschlagten ganzen Kapitalwerth eine Vergütung zu Theil werden soll. Zwischen dem Fall, wo die Rente fortgeliefert und dem, wo sie abgelöst wird, besteht der Unterschied, dass in dem ersten Falle der Rückbehalt zu einem Abzuge, und der Nichtrückbehalt den Gläubiger zu gar keiner zusätzlichen Entschädigung für die Grundsteuer berechtigt, wohingegen in dem letzteren Falle, nämlich bei Ablösung der Rente, dem Gläubiger vermöge des Nichtrückbehaltes neben dem veranschlagten Capitalwerth ein Zusatz für die Grundsteuer zu statten kommt. Jener Unterschied hat seinen Grund wohl darin, dass der Gesetzgeber im Gesetz vom 18. und 29. December 1790 Tit. 3 bei Feststellung der Art der

Abschätzung des Capitalwerthes den dem Rentschuldner nach der Regel des Rückbehalts für die Grundsteuer zu gestattenden Abzug mit in Anschlag gebracht, und daher folgerecht für den Ausnahmsfall des Nichtrückbehalts dem Rentgläubiger zu jenem veranschlagten Capitalwerth einen Zusatz für die Grundsteuer bewilligt hat. Will man nicht dieses, so müsste man gegen die Fassung des Gesetzes annehmen, dass der Gesetzgeber den Gläubiger im Falle des Nichtrückbehaltes für die Grundsteuer habe doppelt entschädigen wollen.

Der Consularbeschluss vom 18. Ventôse VIII. ist zu beschränken auf die nach dem Gesetz vom 21. Nivose VIII. dem Staate zustehenden Grundrenten; denn dieses Gesetz ist als abweichend von dem Gesetz vom 29. December 1790 auf andere als jene besonders erwähnten Renten nicht auszudehnen.

Die Mistungskosten gehören zu den Culturkosten, sie sind vom Rentschuldner zu tragen, und in Betreff ihrer ist kein Abzug gestattet.

R. Saigey wider v. Masson, 27. Sept. 1834.
Esser. Eichhorn. Kunowski. Sandt.

Renvoi.

Der Art. 171 B. P. O. überlässt die Entscheidung über die Verweisungsanträge dem richterlichen Ermessen.

R. Dahm wider Piep, 1. Sept. 1830.
Oswald. Eichhorn. Sandt.

Restitutionsklage.

Seit der Ordonnanz von 1667 Tit. 35, Art. 35, wo dieselben Worte, wie im Art. 481 B. P. O. vorkommen, sind Minderjährige, Gemeinden u. s. w. für nicht gültig vertheidigt erachtet worden, wenn man unterlassen hatte, die hauptsächlichsten factischen oder gesetzlichen Vertheidigungsgründe vorzubringen, und ohne diese Unterlassung das Erkenntniss anders ausgefallen wäre. In dem Art. 481 B. P. O. ist mit den Worten der Ordonnanz auch der ältere Begriff beibehalten worden. Dies geht aus den betreffenden Verhandlungen hervor, worin auf die frühere Gesetzgebung und Praxis ausdrücklich Bezug genommen wird.

R. Berndgen wider Reg. Cöln, 12. April 1826.
Fischenich. Eichhorn. Sandt. Kunowski.

Rückwirkende Kraft.

Der Cabinetsordre vom 9. September 1822 ist ausdrücklich rückwirkende Kraft verliehen. Das erste Urtel ist vor ihr — nämlich am 3. April 1821 — ergangen. Sie findet aber ihrer rüchwirkenden Kraft willen in den weiteren Instanzen, und auch auf dieses erste Urtel Anwendung.

R. *Königl. Fiscus zu Cöln wider Mades, 20. Sept. 1826.*
Fischenich. Eichhorn. Sandt.

Die Wirksamkeit eines neuen Gesetzes erstreckt sich auf alle Fälle, welche nach gehörig geschehener Publication vorkommen.

Die Verordnung vom 7. Juni 1844 muss, insoweit hierdurch die Form des Gerichts und die Art des Verfahrens bestimmt worden, in zweiter Instanz auf eine im September eingelegte Berufung, Anwendung finden. Dies ist für die Civilprocesse nach dem Art. 1041 B. P. O. und dem Gutachten des Staatsraths vom 1. Januar 1807 die gesetzlich feststehende Regel.

R. *Fuchs wider öffentliches Ministerium am Appellationshof, 10. November 1845.*
Brewer. Jaehnigen. Deycks.

Schaden.

Es ist thatsächlich ein zwischen den Partheien bestehendes Vertragsverhältniss und eine vertragsmässige Besitzergreifung festgestellt. Dem Imploranten steht daher kein auf ein angebliches Quasidelict gestützter Anspruch, sondern zunächst nur die vertragsmässige Entschädigung zu. Die Zurückweisung der auf ein Quasidelict begründeten Forderung verletzt sonach kein Gesetz.

R. *Bongard wider Düsseldorfer Eisenbahngesellschaft, 12. December 1842.*
v. Oppen. Eichhorn. Sandt. Reusche.

Die Art. 1583, 1606, 1650, 1271, Nr. 2, 1328, 1341 und 2279 B. G. B. setzen die Existenz redlicher und aufrichtig geschlossener Verträge voraus, nicht blosser Scheingeschäfte. Ein solches in fraudem der Cassationsverklagten geschlossenes Scheinkaufsgeschäft gehört zu den unerlaubten Handlungen, aus welchen Ersatz für den durch das Verschulden des Cassationsklägers entstandenen Schaden zu leisten ist, — Art. 1382 B. G. B.

— Hierzu gehört auch, und ist namentlich derjenige Schaden zu ersetzen, den die Cassationsverklagten dadurch erlitten, dass die angeblich verkauften Weine in Folge ihrer Versendung verschlimmert, im Preise gefallen, oder von sonstigen Unglücksfällen betroffen sind.

R. Seligmann wider Jeidel, 20. Januar 1830.
Steltzer. Eichhorn. Sandt. Kunowski.

Der Art. 544 B. G. B. setzt voraus, dass man von seinem Eigenthum keinen durch Gesetze oder Verordnungen untersagten Gebrauch mache, und gestattet diesen nur soweit, als dadurch nicht zum Nachtheil des Nachbars auf dessen Grundstück eingewirkt wird. Der Cassationsbeklagte, der durch die Kamine der Schmiede seines Nachbars, des Cassationsklägers, Schaden leidet, verlangt daher mit Recht, dass hiergegen Vorkehrungen getroffen werden.

R. Oberpostamt Düsseldorf wider Stein, 21. April 1830.
Scheller. Eichhorn. Sandt. Kunowski.

Der Art. 1382 B. G. B. sieht nicht jede materielle Handlung an sich, welche einem Anderen schädlich ist, als Grund einer Verpflichtung zur Entschädigung an, sondern nur eine solche, welche mindestens einen culposen Charakter an sich trägt.

K. Theobald wider Krapp, 3. December 1836.
v. Savigny. v. Breuning. Sandt. Reinhardt.

Das Verhehlen gestohlener Sachen stellt eine von dem Diebstahl selbst verschiedene strafbare Handlung dar. Zur Bestimmung dessen, was der Hehler den Bestohlenen zu ersetzen, ist auf den Umfang des Verhehlten, nicht des Gestohlenen Rücksicht zu nehmen.

R. v. Kothen wider Weyermann, 9. Dec. 1839.
Esser. Eichhorn. Sandt. Kunowski.

Die Mauer des Cassationsklägers hat an dem Rech des Cassationsverklagten ihre Widerlage. Die Abtragung des Rechs veranlasst den Einsturz der Mauer. Eine Entschädigungsklage ist nicht begründet. Der Cassationsverklagte war nach Art. 544 B. G. B. befugt, den ihm eigenthümlichen Rech abzutragen. Ein der Mauer zu Nahetreten, oder die Absicht zu schaden ist nicht festgestellt. Der Art. 674 ist streng zu interpretiren; der Art. 662 nicht anwendbar; die Art. 1382 seq. bei dem Mangel jedes Delicts nicht zureichend.

R. Schaefer wider Pitthan, 10. Februar 1845.
Brewer. Jaehnigen. Sandt. Reusche. Arch. XXXIX. 2. 7.

Der Fiscus, für die Handlungen seiner Schiffleute verantwortlich, gleich jedem Anderen, muss für den Verlust und Schaden, der einem von jenen Schiffern zur Ueberfahrt übernommenen Wagen durch den Sturz in den Rhein zugefügt worden, haften.

Art. 1384, 1783, 1784 B. G. B.

R. Kgl. Reg. Düsseldorf wider Kayser, 9. Mai 1842.
Esser. Jaehnigen. Sandt. Reusche.

Die Verantwortlichkeit des Art. 1384 B. G. B. beschränkt sich für die Commettans darauf, dass der angeordnete Geschäftsführer bei Vollstreckung der von seinem Machtgeber erhaltenen Befehle Schaden angerichtet hat.

Wenngleich ein Gehülfe öfter zur Abnahme von Geldern gegen Schein beauftragt worden, so folgt hieraus nicht, dass er auch in ähnlichen Fällen, wo ein Auftrag des Cassationsklägers nicht nachgewiesen, hierzu gebraucht sei. Die Verurtheilung des Commettant verletzt daher den Art. 1384.

K. Jung wider Koehler-Bockmühl, 9. December 1844.
v. Oppen. Jaehnigen. Sandt. Reusche. Arch. XXXVIII. 2. 39.

Die Verantwortlichkeit des Frachtführers in Ansehung des durch eigenes Verschulden herbeigeführten Schadens, kann als zur öffentlichen Ordnung gehörig mittelst besonderer Stipulation der Contrahenten nicht aufgehoben werden. Hat daher der Appellationshof die Clausel: — „jeder Schaden ist als durch force majeure herrührend anzusehen,“ dahin ausgelegt, dass hierdurch bloss dem allgemeinen Grundsatz, wonach dem Frachtführer der Beweis der force majeure aufliegt, derogirt worden, so hat er hierdurch die Art. 1134 und 6 nicht verletzt. — Wenngleich auf den der Grossh. Hessischen Regierung zustehenden Flussstrecken des Rheines ein Dampfschiff untergegangen, so sind doch die Rechte und Verbindlichkeiten der Belader und Frachtführer nicht nach den Gesetzen des Landes zu beurtheilen, wo der Unfall sich ereignet, sondern nach dem Gesetze des Ortes, wo der Vertrag perfect geworden, und die Contrahenten zugleich ihren Wohnsitz hatten.

R. Rheindampfschiffgesellschaft zu Cöln wider Sadé, 10. März 1845.
Brewer. Eichhorn. Sandt. Reusche. Arch. XXXVIII. 2. 87.

Ein durch unüberwindliche Hindernisse ohne Verschulden des Verpflichteten verursachte Rückgängigkeit des Vertrages, ist im Sinne Rechtens, wenn nicht für ein durch höhere Gewalt verursachtes, doch für ein zufälliges Hinderniss zu erachten.

Art. 1147, 1148 B. G. B.

R. Weckbecker wider v. Pappenheim, 11. Februar 1824.
Goerdeler. Ruppenthal. Reinhardt. Sandt. Ann. V. 1. 169.

Bei der Annahme, dass der Cassationskläger durch Anwendung der ihm in dem Art. 106 H. G. B. gestatteten Mittel einem grösseren Schaden hätte vorbeugen können, konnte der

Appellationshof, ohne ein Gesetz zu verletzen, erklären, dass der aus dieser Nichtanwendung entstandene grössere Schaden als eine unmittelbare und directe Folge der Nichterfüllung der Verbindlichkeit von Seiten des Cassationsverklagten nicht zu betrachten sei.

R. Herrig wider Pauly, 15. September 1845.
v. Oppen. Jaehnigen. Deycks. Reusche.

Der Art. 1142 B. G. B. spricht nur von derjenigen Entschädigung, welche an die Stelle einer überhaupt unerfüllt gebliebenen Verbindlichkeit, Etwas zu thun, oder nicht zu thun, tritt. Wo mit der Erfüllung der Verbindlichkeit bereits der Anfang gemacht worden, kann nur noch die Rede sein von Schadensersatz wegen nicht vollständig genügter oder verzögerter Erfüllung. Jede solche Entschädigungsverpflichtung setzt nach Art. 1146 B. G. B. voraus, dass der Schuldner durch einen Act juridisch in mora versetzt sei.
Art. 1142 B. G. B.

R. Harff wider Gemeine Süchteln, 3. Februar 1840.
Graun. Eichhorn. Reusche. Sandt.

Schenkung.

Der Art. 948 B. G. B. ist nicht anwendbar auf eine Schenkung von Erbschaftsrechten.

R. Clarenbach wider Schade, 26. April 1834.
Esser. Eichhorn. Reinhardt. Sandt.

Eine Schenkung ist um deswillen, weil die äusseren in den Gesetzen vorgeschriebenen Förmlichkeiten fehlen und sie in einem Kaufvertrag eingekleidet worden, für ungültig nicht zu erklären.

Zur Aufrechthaltung des in einem Scheingeschäft enthaltenen wahren Geschäfts, gehört zwar, dass letzteres an und für sich gültig sei. Diese Gültigkeit bezieht jedoch sich nur auf die materiellen Bedingungen in Ansehung der Contrahenten und des Gegenstandes. Kein allgemeines Gesetz erfordert die Beobachtung der Förmlichkeiten des wahren Geschäfts. Es existirt kein unbedingtes Verbot der Verkleidung jedes an besondere Formen geknüpften Geschäftes in ein anderes; namentlich nicht im Art. 931 seq. Das Römische Recht hält im Gegentheil die in Kaufverträgen eingekleideten Schenkungen ausdrücklich aufrecht.
L. 36, 38 D. D. contr. emt., L. 6 D. Pro Donato,
L. 9 C. D. contr. empt.

Ebenso stellen die Art. 843, 853 und besonders 918 B. G. B. das Princip heraus, dass die in anderen Geschäften eingekleideten Schenkungen, — welche unschädlich zu machen nach den

Discussionen die Absicht war, nicht an sich und durchaus ungültig seien. Dieses Princip gewinnt an Unterstützung durch die speciellen Verbote des Art. 911 und 1099.

K. Rosauer wider Balensiefer, 25. Oct. 1834.
Graun. Eichhorn. Sandt. Reinhardt. Arch. XXI. 2. 51.

Der Art. 853 B. G. B. ist nicht anwendbar, wo eine indirecte Schenkung feststeht.

R. Kütscher wider Boos, 29. August 1842.
Esser. Eichhorn. Sandt. Reusche.

Es gehört zum Wesen einer gültigen Schenkung, sich gegenwärtig des Eigenthums der geschenkten Sache zu entschlagen. Art. 894. Die Art. 943, 947 und 1094 gestatten jedoch den Ehegatten ausdrücklich, sich einander künftige Sachen, ja den ganzen verfügbaren Nachlass, mithin selbst solche Sachen zu schenken, woran dem Schenker zur Zeit der wohlthätigen Verfügung noch gar kein Recht zusteht, wobei also ein sofortiges gegenwärtiges Aufgeben des Eigenthums undenkbar ist.

Bei einer Schenkung unter Eheleuten ist die Beifügung des nach Art. 948 B. G. B. erforderlichen Mobiliarverzeichnisses nebst Taxe nicht zu verlangen; der Gesetzgeber würde sonst bei Zulassung einer Schenkung künftigen Vermögens etwas Unmögliches fordern.

Die in den Art. 939 seq. vorgeschriebene Transscription der Schenkungsurkunde gehört nicht zu den wesentlichen Förmlichkeiten der Schenkung.

R. Weyler wider v. Calenberg, 24. Nov. 1838.
Heffter. Eichhorn. Sandt. Reusche.

Der Art. 1076 B. G. B. schliesst eine Handschenkung einzelner beweglicher Sachen an die Kinder nicht aus (vergl. 931, 948, 2279). Vermuthungen für die Existenz dieser Schenkung können an den Zusammenhang der Thatsachen geknüpft werden, ohne Verstoss wider Art. 1353 B. G. B. — Der Art. 2279 spricht nur von beweglichen Sachen, derenwegen nach Römischem Recht das interdictum utrubi gestattet war, d. h. von solchen, die ihrer Natur nach beweglich, — Art. 528 — und einer eigentlichen Uebergabe, wie eines eigentlichen Besitzes empfänglich sind. Art. 1606. Unkörperliche Sachen dagegen, wie Buchforderungen, die nach Art. 529 nur für beweglich gehalten werden, sind nach den legislativen Berathungen über den Art. 1689, den beweglichen körperlichen Sachen gegenüber, nur auf eine besondere Art, sei es durch Schenkung oder unter lästigem Titel zu übertragen, und können, da die tradition réelle ihnen fremd, — Art. 1607 — nicht im Sinne des Art. 2279 durch blosse Uebergabe der Schuldurkunde in den ausschliesslichen Eigenthumsbesitz übergehen, sind daher nicht geeignet, den Gegenstand eines Handgeschenkes (don manuel) zu bilden.

K. Clostermann wider Juppen, 15. März 1841.
Esser. Eichhorn. Reusche. Sandt. Arch. XXXI. 2. 9.

Schriftliches Verfahren.

Von der Befugniss der Regierung ohne Anwalt zu erscheinen, gilt kein Schluss auf die Nothwendigkeit schriftlicher Verhandlung.

R. Kgl. Reg. Trier wider Gem. Mandern, 18. Mai 1825.
Fischenich. Eichhorn. Reinhardt. Sandt.

Staatspapiere.

Der §. 47. I. 15 A. L. R., gültig für die Rheinprovinz durch das Gesetz vom 16. Juni 1819 hat durch die Bezugnahme der §§. 45 und 46 auch diese §§. für die Rheinprovinzen zum Gesetz erhoben, insoweit als es sich von zu vindicirenden Staatspapieren handelt.

In dieser Beziehung, nicht aber in Ansehung des baaren coursirenden Geldes ist daher der Art. 2279 B. G. B. aufgehoben. Das Gesetz vom 16. Juni 1835 hat hierin nichts geändert.

R. Königl. Postverwaltung wider Costmann, 22. Sept. 1838.
Esser. Jaehnigen. Reinhardt. Sandt.

Stempel.

Frachtbriefe sind stempelpflichtig, ebenso ihre dem Empfänger zugesandte Copie. Die Nachweisung eines besonderen von der Urkunde gemachten Gebrauchs gehört nach keinem Gesetz zum Wesen der Stempeldefraudation.

Gesetz vom 6. Prairial VII. Art. 4, 5.
13. Brumaire VII. Art. 12.
Art. 101 H. G. B.

K. Stempelverwaltung Coblenz wider Kehrmann, 21. Nov. 1821.
v. Meusebach. Ruppenthal. Reinhardt. Sandt. Arch. III. 2. 143.

Das Gesetz vom 13. Brumaire VII. Art. 24, 25, Nr. 5 macht keinen Unterschied, ob der Voract vor Verkündigung des Gesetzes oder nachher, ob er im Aus- oder Inlande, unter Privatunterschrift oder in authentischer Form abgefasst worden war, da eben für die ersten Fälle dieser Alternativen die Visirung statt Stempels eingeführt ist.

Eine Rückwirkung des Gesetzes auf ältere Handlungen oder Fälle ist hierin um so weniger zu erkennen, als jene älteren Acte ja nur dann erst dem Visa für Stempel unterworfen sind, wenn auf ihren Grund oder auf ihre Vorlage instrumentirt oder richterlich erkannt werden soll.

K. Reg. Aachen wider Schmitz, 6. Februar 1822.
v. Reibnitz. Ruppenthal.

Strassenpflaster.

Der Generalgouverneur des Niederrheins, befugt, die vorgefundenen Gesetze zu suspendiren, hatte somit auch das Recht, für die Zwischenzeit solche Anordnungen zu treffen, welche die Zwecke und das Bedürfniss der Verwaltung mit sich führten. Die Verordnung vom 29. Juli 1814 wegen des Strassenpflasters hat daher bindende Kraft. Hiernach muss die Gemeindeverwaltung die Anlage neuer Strassenpflaster besorgen; die Grundeigenthümer sind erst dann zur Erstattung schuldig, wenn die anstossenden Grundstücke in städtischer Weise bebaut werden. Unter diesen Eigenthümern können diejenigen Eigenthümer nicht gemeint sein, denen noch unbebaute Grundstücke zur Zeit der von der Gemeinde vorgenommenen Pflasterung zufällig gehörten; die Verordnung beabsichtigte eben die Schonung dieser. — Diejenigen sind vielmehr gemeint, welche die bisherigen Feldgrundstücke in städtische verwandeln und dadurch in diejenigen Verbindlichkeiten eintreten, welche dem städtischen Grundbesitz in Betreff des Strassenpflasters gesetzlich oder herkömmlich ankleben.

R. Gemeindeverwaltung Barmen wider Wittenstein, 18. Oct. 1841.
Heffter. Jaehnigen. Kunowski. Sandt.

Subhastation.

Die Einreden, welche dem Expropriationsverfahren vor dem präparatorischen Zuschlag entgegengesetzt worden, sind in den Instanzen verworfen. Man darf bei der Berufung gegen die Adjudicationserkenntnisse weder auf diese Einreden zurückkommen, noch neue vorbringen; das Erste nicht wegen des rechtskräftigen Urtels, das Zweite nicht wegen der Art. 733, 735, 736 B. P. O.

R. Lungstrass wider Deycks, 31. Juli 1822.
Blanchard, Eichhorn, Reinhardt, Sandt.

Die Cassationsbeklagten haben ihren Einspruch gegen die vom Cassationskläger eingeleitete Subhastation darauf gegründet, dass sie durch einen mit dem Schuldner geschlossenen Kauf das Eigenthum der in Beschlag genommenen Immobilien erworben hatten. Dieser Einspruch betrifft nicht die Zulässigkeit oder Regelmässigkeit des Verfahrens, sondern das Recht selbst, und Eigenthumsansprüche, welche ein Dritter gegen den Schuldner, den Gläubiger und den Ansteigerer geltend macht. Ein Einspruch dieser Art gehört unter den §§. 20 und 30 der Subhastationsordnung vom 1. August 1822. Wenn trotz dessen die Cassationsverklagten nur die Gläubiger und Ansteigerer, nicht aber den Schuldner vor das Landgericht geladen haben, um die Annahme des Einspruchs erkennen zu hören, so war diese Ladung mangelhaft. Wenn daher der Appellationsrichter um deswillen, weil die Cassationsbeklagten nicht als Dritte, welche Ansprüche auf das Gut machen, betrachtet werden könnten, diese Ladung für überflüssig erachtete, und den gegen die Ladung erhobenen Einspruch verwarf, so hat er hierdurch die §§. 19 und 27 der Subhastationsordnung irrig angewendet und die §§. 20 und 30 verletzt. Jeder, welcher bei dem Subhastationsverfahren ausser dem Schuldner, dem Gläubiger und dem Ansteigerer auftritt, ist im Sinne des Gesetzes ein Dritter.

K. Friedrichs wider Bremer, 5. Sept. 1827.
Fischenich. Eichhorn. Sandt. Kunowski.

Nach §. 19. Subhastations-Ordnung steht dem Extrahenten frei, auf der Fortsetzung der Licitation der dagegen vorgebrachten Einreden ungeachtet, zu bestehen. Dasselbe gilt auch in Ansehnng der gegen den Zahlungsbefehl gemachten Einreden, da mit ihm das Verfahren beginnt. — §. 2. —

R. Kleintz wider Schraut, 18. Nov. 1829.
Blanchard. Eichhorn. Kunowski. Sandt.

Die §§. 13, 15 und 16 der Subh.-Ord. stehen miteinander in genauester Verbindung: §. 13 bestimmt die in jeder Subhastation zu belassende Frist, deren Endpunkt eben jener Termin sein soll; der §. 15 setzt den Anfangspunkt dieser Nothfrist für den Fall fest, dass nur sie in Betracht kommt; der §. 16 ordnet für einen gleichen Fall die Zustellung des Subhastationspatentes innerhalb vierzehn Tagen an. Wird dagegen der Termin mit Gewährung einer längeren, als der nothwendigen Frist festgesetzt, so muss die Berechnung dieser, in der längeren Frist enthaltenen und dem Schuldner sowie den Gläubigern allein gebührenden Nothfrist eine andere sein, als die der §§. 13 und 15, indem in einem solchen Falle entweder der Termin nicht, — wie §. 13 will —, den Endpunkt oder aber der Tag der letzten Anheftung resp. der ersten Einrückung des Patents in den Anzeiger, nicht — wie der §. 15 will — den Anfangspunkt der Nothfrist bilden kann. Es fehlt zwar für die Berechnung der Nothfrist in einem solchen Falle an einer ausdrücklichen Bestimmung, der Zweck der in den §§. 13, 15, 16 enthaltenen Fristbestimmungen giebt sie aber von selbst an die Hand. Dieser Zweck ist kein anderer, als der, dem Schuldner und den eingetragenen Gläubigern vor dem Licitationstermin eine angemessene Zeit zur Wahrung ihres Interesses gegen das Subhastationsverfahren oder bei demselben zu sichern. Hiernach kann es nur darauf ankommen, dass vor dem Licitationstermin dem Schuldner und den Gläubigern die Nothfrist gewährt wird, welche eben deshalb von diesem Termine rückwärts zu berechnen ist. Hierdurch wird der Anfangspunkt der Frist, und durch diesen wiederum die Berechnung der vierzehn Tage von selbst bestimmt, innerhalb welcher nach §. 16 das Patent zugestellt werden muss. Es ist gegen den Zweck des §. 16 und gegen die Worte des §. 13 die Gewährung der längeren Frist mit Nichtigkeitsstrafe zu bedrohen. Man kann daher die Worte des §. 16:

„In den ersten vierzehn Tagen der nach den Bestimmungen des vorigen §. zu berechnenden Frist,“ —

für den Fall einer längeren Frist, nur dahin verstehen, dass spätestens innerhalb dieser vierzehn Tage der nach dem Obigen in einem solchen Falle zu berechnenden Nothfrist die Zustellung geschehen müsse, so dass auch eine vor diesen vierzehn Tagen erfolgte Zustellung gültig bleibt.

K. Erben Pauels wider van Laack, 27. Juli 1839.
Jaehnigen. Esser. Reinhardt. Kunowski. Arch. XXIX. 2. 17.

Die unterlassene Angabe der einzelnen Theilpächter der subhastirten Güter lässt sich als ein nothwendiger Bestandtheil des Subhastationspatents aus dem §. 12, Nr. 2 in Verbindung mit §. 4, Nr. 2 der Subhastationsordnung nicht herleiten. Die entgegengesetzte Ansicht bedingt eine unrichtige Anwendung dieser Gesetze und des §. 32.

K. Dewerth wider Loewen, 14. Mai 1828.
Oswald. Eichhorn. Kunowski. Sandt. Arch. XII. 2. 1.

In der unterlassenen besonderen Angabe des an dem subhastirten Hause befindlichen Anbaues ist eine Verletzung der im §. 4, Nr. 2 Subh.-Ord. vorgeschriebenen äusseren Beschreibung nicht zu finden. Die Bezeichnung der zu subhastirenden Aecker als besäet oder unbesäet, ist in der Subhastationsordnung nicht vorgeschrieben

R. Echternach wider Cullmann, 3. März 1830.
Oswald. Eichhorn. Kunowski. Sandt.

Die willkührliche Verbindung der Zwangsversteigerungen verschiedener Grundstücke zu einem Subhastationsverfahren hindert nicht die gesonderte Beurtheilung jeder einzelnen. Es ist an und für sich kein Grund vorhanden, die Mängel der einen auf die Gültigkeit der anderen einwirken zu lassen. — Der Satz des §. 32: —

> „Die Nichtbeobachtung oder Zuwiderhandlung gegen die Vorschriften der §§. 12 seq. zieht die Nichtigkeit des Subhastationspatentes und des ganzen darauf erfolgten Verfahrens nach sich,“ —

muss so verstanden werden, dass, wenn nur in Bezug auf **ein** Grundstück die Zuwiderhandlung fiel, nur in Bezug auf dieses Patent und Verfahren, d. h. die ganze Reihe der darauf bezüglichen Acte nichtig sein soll.

R. Schmitt wider Erben Schweitzer, 28. Januar 1837.
Jaehnigen. Eichhorn. Kunowski. Sandt.

Die von dem Appellationshof ausgesprochene Verwerfung des auf den Mangel der bei Anraumung eines neuen Licitationstermins bewirkten neuen Beschlagnahme gestützten Einspruchs ist vollkommen begründet.

Der Zusatz im §. 17 der Subh.-Ord.:

> „Geschieht dies nicht, so wird das Verfahren aufgehoben,“ —

sagt nichts mehr, als dass das Verfahren im Licitationstermin keinen Fortgang erhält. Die Folge dieser Aufhebung rücksichtlich der Gültigkeit der bis dahin vorgenommenen Acte wird aber dadurch nicht bestimmt, vielmehr sind die Bestimmungen über die Nichtigkeit der im Subhastationsverfahren vorkommenden Acte im §. 32 der Subh.-Ord. zusammengetragen. Hiernach zieht die Nichtbeobachtung des §. 17 nur die Nichtigkeit des Subhastationspatents und dessen, was darauf gefolgt ist, nach sich; diese Folge tritt daher insbesondere dann ein, wenn der Betreibende die ihm im §. 17 auferlegte Pflicht nicht erfüllt. Wollte man die Worte:

> — „das Verfahren aufgehoben,“ —

so verstehen, dass dadurch alle bis zum Licitationstermin vorgenommenen Acte des Subhastationsverfahrens für wirkungslos erklärt seien, und dann dem §. 32 in Beziehung auf den §. 17 die Deutung geben, dass er nur, wenn der Friedensrichter von Amtswegen die Licitation fortgesetzt, und nur auf die Fortsetzung des Verfahrens Anwendung findet, so wäre dies dem §. 32 entgegen, welcher die zwischen dem Patent und dem Licitationstermin liegenden Handlungen umfasst, ja der §. 32 wäre unerklärlich, weil schon der §. 17 diese Handlungen für wirkungslos erklärt. Abstrahirt man aber von der Fortsetzung, so käme man zu dem sich widersprechenden Resultat, dass, wenn der Friedensrichter dem §. 17 genügte, dadurch das ganze Subhastationsverfahren zerfiele; wenn er aber der Zuwiderhandlung des Gläubigers durch Nichtbeantragung der Licitation, noch die eigene Uebertretung des §. 17 durch Nichteinstellung des Verfahrens fügte, alsdann in Gemässheit des §. 32 dadurch Alles an sich nach §. 17 Nichtige rückwärts gültig würde, was bis zum Subhastationspatent geschehen war, und nur das nichtig bliebe, was von diesem ab erfolgte.

R. Sohn wider Wirth, 5. Juli 1841.
Jaehnigen. Eichhorn. Furbach. Sandt.

Der Appellationshof hat um deswillen das Licitationsverfahren vernichtet, weil ein zum Kaufen nicht speciell Bevollmächtigter vom Mitbieten ausgeschlossen worden ist. Hierdurch wird der §. 22 der Subh.-Ord. und der Art. 1988 B. G. B. verletzt.

K. Englert & Cünzer wider Lehnartz, 24. Januar 1842.
v. Oppen. Jaehnigen. Sandt. Kunowski. Arch. XXXII. 2. 38.

Testament.

Der Art. 504 B. G. B. spricht von Willenserklärungen im Allgemeinen. Der Art. 901 ist dagegen als ein specielles für Testamente und Schenkungen erlassenes Gesetz zu betrachten. Der zweite Richter hat, indem er auf sie den Art. 504 angewendet und die gewöhnliche Beweisführung für ungültig erklärt hat, den Art. 901 verletzt.

K. Baumgarten wider Braun, 23. Juni 1820.
v. Savigny. Eichhorn. Sandt. Molitor. Arch. II. 2. 33.

Die Gültigkeit eines Testaments ist aus sehr verschiedenartigen Gründen und Gesetzen zu beurtheilen. Insbesondere können, wenn von einem, den Gegenstand der Verfügung betreffenden Verbot die Rede ist und dieser Gegenstand in unbeweglichen Sachen besteht, nur diejenigen Gesetze zur Anwendnng kommen, unter welchen die Sachen gelegen sind. Unter diese Classe von Gesetzen gehört das Verbot der Fideicommisse.

R. v. Busche-Ippenburg wider v. Winterfeld, 9. Juli 1823.
v. Savigny. Eichhorn. Reinhardt. Sandt. Ann. V. 1. 91.

Die Reiss hat durch ihr zweites Testament ihr erstes, und durch Notarialact ihr zweites Testament widerrufen, und als — „nicht geschehen" — erklärt. Das bei ihrem Absterben widerrufen vorgefundene zweite Testament ist als nie vorhanden gewesen zu betrachten. Der Art. 1037 B. G. B. setzt voraus, dass das Testament durch den Testirer selbst nicht rückgängig gemacht worden, daher bei dessen Absterben in seiner rechtsgültigen Gestalt und nicht widerrufen vorgefunden worden, und nur durch zufällige, von dem Willen des Testirers unabhängige Umstände seine Wirkung verfehle. Es folgt, dass das widerrufende und widerrufene Testament auf das frühere Testament die Wirkung des Widerrufs nicht äussern kann, indem jenes, wenn auch der darin eingesetzte Erbe die Erbschaft antreten wollte, als von dem Testirer selbst beseitigt, ihn dazu nicht berechtigen würde.

Vergl. 1035 und 1036.

R. Reiss wider Reiss, 7. December 1833.
Esser. Eichhorn. Reinhardt. Sandt.

Dem älteren Rechte zufolge — L. 7 Cod. de testamentis — ist dem Richter gestattet, auf den Grund einer vorhergegangenen genaueren Prüfung aus erheblichen Gründen einen bei Niederschreibung einer testamentarischen Disposition offenbar eingeschlichenen Schreibfehler zu rectificiren.

R. Weyler wider v. Calenberg, 30. Oct. 1843.
Brewer. Jaehnigen. Sandt. Reusche.

Der Regierungsbeschluss vom 24. Prairial XI., welcher in den vier Departementen des linken Rheinufers die Abfassung öffentlicher Urkunden in französischer Sprache vorschrieb, umfasst auch öffentliche Testamente. Aus dieser durch das Bürgerliche Gesetzbuch nicht beseitigten Nothwendigkeit folgt, dass der Notar das in deutscher Sprache Dictirte in französischer niederzuschreiben, und dem nur deutsch verstehenden Testirer wiederum in deutscher vorzulesen verpflichtet war. Eine beigefügte schriftliche Uebersetzung kann als unwesentlich keinen Einfluss auf die Urschrift ausüben, nach welcher allein die Gültigkeit des Testaments zu beurtheilen ist.

R. Schneider wider Weiskopf, 15. Jan. 1844.
v. Oppen. Jaehnigen. Sandt. Reusche.

Die Meldung, dass das Testament in Gegenwart der Eingangs benannten vier Zeugen dem Testator vorgelesen worden, und dieser demnach erklärt habe, dass dieses sein letzter Wille, bekundet hinreichend, dass die Verhandlung den Interessenten vorgelesen worden, und ist sonach keine Rede von Verletzung des Art. 27 Not.-Ord.

R. Goldmann wider Rosenthal, 9. Nov. 1833.
Esser. Eichhorn. Kunowski. Sandt.

Der Zweck der Unterschrift — Art. 970 B. G. B. — ist zur Bekräftigung der ganzen letztwilligen Verordnung zu dienen; sie muss folglich am Ende derjenigen Willenserklärung stehen, welche der Erblasser gleichzeitig neben einander treffen wollte und niedergeschrieben hat. Der Mangel einer solchen Endunterschrift kann durch die Unterzeichnung der einzelnen Seiten eines Testaments nicht ergänzt werden. Diese stellen Theile eines zusammenhängenden Ganzen, nicht einzelne Testamente dar.

R. Universität Bonn wider Erben Reéke, 19. März 1838.
Heffter. Eichhorn. Sandt. Kunowski.

Die von dem Testirer unterschriebene Verfügung ist weder vor versammeltem Gericht präsentirt, weder von diesem bis nach des Testirers Tode aufbewahrt, noch von dem Testirer die Auslieferung derselben gefordert, und die Verfügung mit dem darauf geschriebenen Act ausgeführt worden. Jene Verfügung erscheint sonach als gerichtliches Testament nicht rechtsgültig. §. 7 und 9, Tit. 1 Triersches Landrecht.

Der §. 10 bestimmt ausdrücklich, dass der graduirte Rechtsgelehrte auf die offene oder verschlossene Schrift den Act schreiben, und die zwei Schöffen denselben unterschreiben sollen. Der in Rede stehende Act der zwei Schöffen und des Gerichtschreibers ist aber nicht auf die von dem Testirer offen eingereichte Schrift geschrieben und von ihnen unterschrieben, sondern hat sich auf einem anderen, von jener Schrift ganz getrennten Stempelbogen befunden. Die Vorschrift des §. 10 ist daher um so weniger beobachtet, als neben einem solchen Act eine andere letztwillige Verfügung untergeschoben werden konnte.

Das fragliche Testament kann daher auch als ein aussergerichtliches nicht bestehen.

R. v. Stramberger wider Kraemer, 5. März 1836.
Esser. Eichhorn. Sandt. Reinhardt.

Der Art. 972 schreibt nicht vor, dass bei einem von zwei Notarien aufgenommenen Testamente ausgedrückt werde, wer von ihnen das Testament geschrieben habe. Erwähnen die Notare ausdrücklich, dass sie es sind, die es geschrieben, so ist hierdurch dem Gesetz, welches verhüten will, dass ein Testament von einer anderen Hand als jener der Notare geschrieben ist, Genüge geschehen.

R. Heymann wider Heymann, 21. Februar 1827.
Blanchard. Eichhorn. Sandt. Kunowski.

Dem Art. 972 B. G. B. wird vollständig genügt, wenn die zu bekundende Thatsache, gleichviel durch welche Ausdrücke, aus dem Act selbst auf eine unzweifelhafte Weise hervorgeht.

K. Grimberg wider Grimberg, 7. April 1832.
Oswald. Eichhorn. Kunowski. Sandt. Arch. XVII. 2. 29.

Der Art. 972 B. G. B. schreibt darüber eine Beurkundung in dem Testamente nicht vor, dass der Testirer das Vorgelesene wirklich gehört und wohl verstanden habe.

R. Dahmen wider Herriger, 4. April 1837.
Esser. Eichhorn. Sandt. Reinhardt

Der Anh. §. 33 zum Allgemeinen Landrecht wird durch das Wort — „Errichtung“ — ausdrücklich auf gerichtlich aufgenommene Testamente bezogen. Hieraus folgt, dass selbige nicht nichtig, wenn sie mit dem Gerichtssiegel nicht versiegelt, wenn sie auf dem Umschlage mit dem Vermerk der Zeit der Errichtung in der vorgeschriebenen Form nicht versehen, und wenn die Vorschriften wegen sofortiger Uebergabe ad depositum und Ertheilung des Recognitionsscheins nicht beobachtet sind. Die Bedingung, dass die Identiät des Aufsatzes nicht zweifelhaft, bezieht sich, da diese Identität bei gerichtlich aufgenommenen Urkunden durch die Form selbst schon constatirt wird, hauptsächlich nur auf gerichtlich übergebene Testamente.

R. Weinhagen wider Gruner, 26. April 1841.
Jaehnigen. Eichhorn. Kunowski. Sandt.

Die Erklärung der Testatrix, sie sei des Schreibens unkundig (ne savoire écrire), bezieht sich auf die Aufforderung zu unterzeichnen, und schliesst also die Antwort und Ursache in sich, dass, und warum sie nicht unterzeichnen könne. Es ist somit dem Art. 973 B. G. B. genügt.

K. Meyer wider Freudenberg 3. Dec. 1823.
Fischenich. Eichhorn. Sandt. Reinhardt. Ann. V. 1, 99.

In einem Testament von 1821 sagen die Notare:

— „der Testator erklärte sich des Schreibens unkundig." —

Der zweite Richter sagt, — diese Worte enthielten zugleich die Erklärung seiner Unfähigkeit zum Unterschreiben, folglich die gesetzlich vorgeschriebene Angabe der Ursache der fehlenden Unterschrift. Hierdurch ist der Cassationsrecurs ausgeschlossen. Art. 972, 973 B. G. B.

R. Kümpel wider Hagen, 14. Juli 1832.
v. Savigny. Eichhorn. Kunowski. Sandt.

Der Art. 973 in Verbindung mit 1001 B. G. B. verlangt zur Gültigkeit eines öffentlichen, nicht vom Testator unterschriebenen Testamentes, die ausdrückliche Erwähnung der Erklärung:

— „qu'il ne sait ou ne peut signer," —

und wenn der Testator das Letztere erklärt, auch die Angabe der Ursache, welche ihn an der Unterschrift gehindert.

Der Ausdruck, der Testator habe erklärt:

— „nicht unterschreiben zu können," —

schliesst sowohl das savoir als das pouvoir signer in sich. Es fehlt daher an der gesetzlich vorgeschriebenen bestimmten und unzweideutigen Erklärung des Testators, durch welche die Möglichkeit eines Gegenbeweises und die Sicherheit gewährt wird, dass der Testator nicht, dem Wesen nach, die Unterschrift verweigert, und mithin den aufgenommenen Act als sein Testament nicht anerkannt habe. Diese Mangelhaftigkeit des Ausdrucks lässt sich um deswillen auch nicht mittelst Anwendung der in den Art. 1156—1159 B. G. B. gegebenen Auslegungsregeln beseitigen, weil eben der Art. 973 eine bestimmte und unzweideutige Erklärung bei Strafe der Nichtigkeit vorschreibt.

R. Pickartz wider Krieger, 29. April 1839.
Jaehnigen. Eichhorn. Sandt. Reinhardt. Ann. V. 1. 239.

Die Notariatsordnung, Art. 28 und 29 derogirt dem Art. 973 B. G. B. — Dies folgt aus den Art. 64, 21, 20 der Not.-Ord. Das Handzeichen ist somit bei Strafe der Nichtigkeit beizufügen, oder zu registriren, dass, und warum Testator auch hieran verhindert gewesen ist.

R. Marson wider Pabst, 23. Sept. 1828.
Oswald. Eichhorn. Sandt.

Die Not.-Ord. Art. 29 will in Beziehung auf Testamente eine Nichtigkeit nicht schaffen, welche im Bürgerlichen Gesetzbuch, wo der Sitz der Materie, Art. 973, sich nicht findet. Wenn also der Testator bei seiner Erklärung, — nicht schreiben zu können, — zugleich, wie es gewöhnlich der Fall sein wird, die Ursache des Hindernisses anführt, so ist zwar der Notariatsordnung gemäss von dieser Ursache als einer — „angeführten" — Erwähnung zu thun, in Ermangelung dessen ist aber nicht zu folgern, dass die von dem Notar aus eigener Sinneswahrnehmung geschehene Constatirung des Hindernisses dem Art. 973 entgegen, nicht mehr genügen solle.

K. Armenverwaltung Aachen wider v. Bianco, 23. Nov. 1833.
Graun. Eichhorn. Kunowski. Sandt. Arch. XXIII. 2. 22.

Die Bestimmung des Art. 974:
— „dans les campagnes," —
lässt in Vergleichung mit der früheren Gesetzgebung keinen anderen Sinn zu, als dass nur in jenen Orten, wo schreibkundige Zeugen nicht füglich zu haben, die Vorschrift des Gesetzes nicht beobachtet zu werden brauche. In diesem Sinne allein, nach der Schwierigkeit oder Leichtigkeit, die erforderliche Zahl tüchtiger Zeugen zu beschaffen, ist die Frage, ob ein Ort als Campagne anzusehen, von dem Richter — je nach den Localumständen — zu entscheiden.

Das Gesetz vom 4. März 1790, Art. 2 kommt bei dieser Frage aus zwei Gründen nicht in Betracht:

1) weil dasselbe nur die Grenzen der Städte und Landgemeinden in Beziehung auf die Grenzen der Departemente und Districte bestimmt, um danach zu beurtheilen, was innerhalb dieser Grenzen zu diesem oder jenem Departement oder Districte gehört;

2) weil der Art. 45 der Ordonnanz von 1735 ungeachtet des Gesetzes von 1790 bis zur Erscheinung des Bürgerlichen Gesetzbuchs in Kraft geblieben war, wonach gerade in geschlossenen Flecken, die in dieser Ordonnanz den Städten gleichgestellt

sind, nach wie vor die strengste Form der Testamente beobachtet werden musste, wenn sie gleich keine eigene Municipalverfassung hatten, und ihre Einwohner in die Steuerrollen eines anderen Hauptortes eingetragen waren.

K. Meyer wider Freudenberg, 3. Dec. 1823.
Fischenich. Eichhorn. Sandt. Reinhardt. Ann. V. 1. 99.

Die L. 31 C. De testam. belastet den Testamentserben nicht mit dem fast unmöglichen Beweis, es seien schreibkundige Zeugen in hinreichender Anzahl am Orte des Testaments nicht aufzufinden gewesen; diese Unmöglichkeit kann vielmehr bei einem auf dem Lande gemachten Testamente bis zum Beweise des Gegentheils angenommen werden.

Die Beifügung des Namens des Zeugen durch den Notar genügt der L. 31 C. De test. gewiss ebenso, wie die durch einen Mitzeugen. Das Capitel 69 des Jülichschen Landrechts hat überdies eine ganz neue dem römischen Recht fremde Testamentsform zugelassen. Es ist unpassend, auf diese einzelne Vorschriften des römischen Rechts zu übertragen, und somit kein Mangel, dass nicht nach L. 31 l. c. den einzelnen Zeugen der Inhalt des Testaments erweislich bekannt gemacht worden ist.

K. Breuers wider Handels, 26. Januar 1834.
v. Savigny. Eichhorn. Sandt. Kunowski.

Die einzelnen Mitglieder einer Gemeinde sind von derselben als juristischen Person so wesentlich verschieden, dass ihnen die Rechte der Gemeinde auch nicht einmal theilweise zugeschrieben werden können. Ein Legat an eine Gemeinde kann mithin vor Einwohnern dieser Gemeinde als Zeugen gemacht werden, ohne den Art. 975 B. G. B. zu verletzen.

R. Schüller wider Gemeine Werth, 7. Juli 1830.
v. Savigny. Eichhorn. Sandt. Kunowski.

Der Oberbürgermeister hat als Notar ein Testament aufgenommen, worin den Armen der Stadt ein Legat bestimmt wird. Die Verwaltung der Armenanstalten bildet einen Theil der städtischen Administration, insbesondere sind die Maires als Chefs der Municipaladministration zugleich von Gesetzeswegen die Präsidenten der Armenverwaltungscommission.

Gesetz vom 16. Vendémiaire V, 16. Messidor VII, Kaiserliches Decret vom 7. Floréal XIII. und Instruction des Ministers des Innern.

Der Oberbürgermeister ist daher als betheiligt bei dem Testament anzusehen, und selbiges nichtig. Art. 19 und 58 der Not.-Ord.

Die Behauptung, dass nur persönliche Betheiligung Nichtigkeit bewirkte, bringt eine Unterscheidung in das Gesetz, welche darin nicht gemacht worden ist.

K. v. Bianco wider Armenverwaltungscommission Aachen, 21. November 1833.
Graun. Eichhorn. Sandt. Kunowski.

Der Art. 19 der Notarordnung verlangt eine persönliche Betheiligung. Dies ergiebt sich deutlich aus dem Art. 5, da sonst viele Notariatsacte der Gefahr ausgesetzt sein würden, um eines, den eigentlich und hauptsächlich Betheiligten sehr unwichtigen Nebenpunctes willen, für nichtig erklärt zu werden. Hat daher ein Notar, der zugleich Bürgermeister, ein Testament aufgenommen, in welchem den Armen seines Ortes ein Legat ausgesetzt worden, so ist Testament und Legat nicht nichtig.

R. Lohner wider Schneider und Queckenberg, 1. Dec. 1845.
Graun. Jaehnigen. Sandt. Reusche. Kunowski.
Arch. XL. 1. 23.

Der in dem Aufschriftsact zu einem mystischen Testament gebrauchte Ausdruck: — „verschlossen," — giebt nach dem Sprachgebrauch keine Gewissheit darüber, dass der Verschluss mittelst eines Siegels geschehen ist. Gerade dies ist eine wesentliche Förmlichkeit.

Art. 976 und 1001 B. G. B.

Der Aufschriftsact hat keine andere Bestimmung, als, dass eben durch ihn die Beobachtung der gesetzlichen Förmlichkeiten zweifelfrei gestellt werde. Es kommt daher auf den sonstigen Nachweis nicht an, dass das Testament späterhin wirklich versiegelt vorgefunden, zumal hieraus noch nicht folgt, dass es schon bei der Präsentation an den Notar und die Zeugen versiegelt gewesen oder worden.

R. Kirche Kreuznach wider Bernus, 18. April 1827.
Steltzer. Eichhorn. Kunowski. Sandt.

Die im Aufschriftsact niedergeschriebene Erklärung des Testirers: — „dass das von ihm verschlossen übergebene Papier sein Testament enthalte" — schliesst den Satz nothwendig in sich: — „dass der Inhalt des Papiers sein Testament sei." —

Hierdurch wird der Art. 976 B. G. B. vollkommen befolgt, da er eine bestimmte Verfügung als unerlässlich nicht vorschreibt.

Vergl. Art. 979.

Das von fremder Hand geschriebene und von dem Testirer unterschriebene Testament bildet vorläufig nur einen einfachen Entwurf, und erlangt erst durch den Aufschriftsact den rechtlichen Bestand eines mystischen Testaments. Der Zustand, so wie er bei Eröffnung des Testaments auf dem, in jenem authentischen Aufschriftsacte verschlossenen Papier vorgefunden wurde, ist als von dem Testirer zuletzt gewollt, ebenso authentisch bewahrheitet. Diese Wahrheit gilt sowohl der auf diesem Papier befindlichen Durchstreichung, und dem nur hierauf zu beziehenden, an sich überflüssigen Zusatz:

— „fällt weg — v. Beywegh,“ —

als auch den nicht durchstrichenen Verfügungen.

Die Durchstreichung eines Vermächtnisses hebt die nicht durchstrichenen Bestimmungen eines Testaments nicht auf.

R. v. Mylius wider v. Klenze, 5. Dec. 1835.
Esser. Eichhorn. Reinhardt. Kunowski.

Todeserklärung.

Die in Folge des Gesetzes vom 2. August 1828 zu erkennenden Todeserklärungen sind mit Rücksicht auf Art. 14, Tit. 2 des Gesetzes vom 24. August 1790 und Art. 116 B. P. O., in öffentlicher Sitzung zu erlassen. Die Bürgerliche Processordnung hat nirgends zum Grundsatz angenommen, dass alle Verfügungen des Gerichts auf eine Requête in der Rathskammer ergehen sollen.

K. Arens wider Anschütz (Cassation im Interesse des Gesetzes), 24. März 1830.
Oswald. Eichhorn.

Verfangenschaftsrecht.

Nach §. 3, Tit. 2 und §. 6, Tit. 8 der ehemaligen Erzstifts Cöllnischen Rechtsordnung und der Erläuterung, verbleiben die während der Ehe erworbenen unbeweglichen Güter nach aufgelöster Ehe bei den darin erzeugten Kindern. Diese können vermöge der Devolution unbeschadet des dem Letztlebenden der Eltern zustehenden Niessbrauchrechtes inter vivos et mortis causa disponiren. Diese Devolution hat mit einer Freigebigkeit des Letztlebenden gegen seine Kinder nichts gemein, sondern darin ihren Grund, dass das Erzstift-Cöllnische Statut gegen die Regeln der während der Ehe bestandenen Gütergemeinschaft die Erbfolge anordnete. Der Art. 2 und 12 der späterhin in den Rheinprovinzen mittelst der Verordnung vom 17. Floréal VI. auszugsweise verkündeten Gesetze hat hierin nichts geändert. Diese Gesetze haben nur diejenigen Devolutionsrechte abgeschafft, nach welchen das Eigenthum unbeweglicher Güter bloss zu Gunsten der in der aufgelösten Ehe gezeugten Kinder in der Hand des Ueberlebenden der Eltern vinculirt war, das wahre Eigenthum aber erst dann auf sie überging, wenn sie letzteren überlebten.

K. Küpper wider Eckendorf, 24. März 1820.
Blanchard. Ruppenthal. Haass. Sandt.

Das Cap. 74 der Jülich-Bergischen Rechtsordnung bestimmt, wie aus Ueberschrift und Inhalt hervorgeht, die Art und Weise, wie die Kinder der verschiedenen Ehen den gemeinsamen parens beerben, und bezeichnet die Güter, welche die Kinder erster Ehe haben sollen. Diese Erbfolge beruht auf altem Herkommen. Um sie zu sichern hatte das Gewohnheitsrecht das Eigenthum der Güter, welche die Kinder erster Ehe haben sollten, in der Hand des Ueberlebenden in der Art vinculirt, dass er dieselben zu ihrem Nachtheil weder veräussern noch verpfänden konnte. Nichts desto weniger enthielt jene gesetzliche Bestimmung der künftigen Erbfolge für gesagte Kinder kein wahres Erbrecht, so wie denn auch das Eigenthum jener Güter bei dem Ueberlebenden verblieb, und auf die Kinder erster Ehe erst **dann** überging, **wenn** sie ihn überlebten. Diese Devolution, wie sie einzig im Gewohnheitsrecht ihren Grund, musste verschwinden, sobald das Gesetz sie ausdrücklich oder als Folge einer neuen, damit unverträglichen Successionsordnung abschaffte. Das Gesetz, indem es dies thut, kränkt kein, durch einen Vertrag oder sonst unwiderruflich erworbenes Recht, sondern benimmt bloss eventuelle, lediglich **seiner Gewalt** unterworfene Vortheile, und wirkt mithin nicht zurück.

Das Decret vom 12. November 1809 hat nun den Gewohnheitsrechten alle Gesetzkraft in jeder im Bürgerlichen Gesetzbuch abgehandelten Materie benommen. Schon hierdurch ist diese eigenthümliche Erbfolge für abgeschafft zu erachten.

Art. 745 B. G. B.

Bei Gütererwerbungen kann überhaupt nur das zur Zeit, wo diese bewirkt worden, d. h. zur Zeit, wo die Erbschaft eröffnet wird, geltende Gesetz zur Richtschnur dienen.

K. Koch wider Rings, 15. Februar 1826.
Blanchard. Goerdeler. Reinhardt. Sandt. Arch. VIII. 2. 45.

K. Wegen wider Wegen, 11. Dec. 1843.
Liel. Jaehnigen. Sandt. Arch. XXXVII. 2. 3.

Das Cap. 74 der Jülich-Bergischen Rechtsordnung setzt fest, dass der wirkliche Erbanfall der vinculirten Güter erst mit dem Tode des Ueberlebenden auf die Kinder erster Ehe, eintritt.

R. v. Klespe wider v. Hees, 23. Dec. 1829.
Blanchard. Eichhorn. Sandt. Kunowski.

Philipp v. Franken erzeugt in erster Ehe eine Tochter, die Mutter der Cassationsverklagten. Er schreitet im Jahre 1782 zur zweiten Ehe, zeugt die Cassationskläger und stirbt im Jahre 1815. Die Cassationsverklagten, gestützt auf die Jülich-Bergische Rechtsordnung, weigern die Theilung der ihrem Grossvater eigenthümlichen Immobilien. Der Appellationshof weist die von den Cassationsklägern angestellte, hierauf gerichtete Theilungsklage zurück. Mit Unrecht.

Nach Cap. 70 der Jülich-Bergischen Rechtsordnung sollen

die Kinder — Vater und Mutter, wenn diese ohne letzte Willensordnung mit Tode abgehen, beerben; sie beerben folglich in dem Falle, wo nur Einer derselben verstorben, auch nur diesen, keineswegs aber den Anderen bei dessen Lebzeiten. Bei Auflösung der Ehe behält also der Ueberlebende die von ihm in die Ehe eingebrachten Güter und die ihm während derselben anerfallenen Erbgüter, sowie die Hälfte der gemeinschaftlich erworbenen liegenden Güter zum Eigenthum; er kann hierüber, wenn er eine zweite Ehe nicht eingeht, jedenfalls unter lästigem Titel verfügen. Die sogenannte Verfangenschaft (Devolution) solcher Güter, kann mithin als ein den Kindern aus einem stillschweigenden Ehevertrage erworbenes Recht nicht betrachtet werden, weil sie ohne Weiteres nicht mit der Auflösung der Ehe anhebt, sondern vermöge der in dem Cap. 74 bestimmten Erbfolge erst durch die zweite Ehe des Ueberlebenden und zugleich durch den Umstand, dass die aus dieser zweiten Ehe zu erzeugenden Kinder ihn überleben, rückwärts bedingt wird. Es tritt also im Fall, wo der Ueberlebende aus der zweiten Ehe keine Kinder hinterlässt, die durch Cap. 74 vorgesehene Erbfolge von mancherlei Kindern nicht ein, vielmehr sind die Kinder erster Ehe nach Cap. 70 ebenso ihn zu beerben berufen, als wenn er gar keine zweite Ehe abgeschlossen hätte. Es kann sich also hiernach nur beim Absterben des zur zweiten Ehe geschrittenen Ehemannes, bestimmen lassen, ob einerlei oder mancherlei Kinder, je nach dem Vorhandensein, ihn nach dem Cap. 70 oder 74 beerben sollen. Mit dieser Ansicht stimmen völlig überein:

1) die Ueberschrift des Cap. 74. „Wie mancherlei Kinder erben sollen.
2) die Worte im Cap. 76: — „die sie von dem abgestorbenen Ehegemahl ererbt." —
3) der §. 1, Cap. 82: — „so ihren Kindt von väterlicher Seithen anerbet und zukommen." —
4) die Verfügung des Cap. 46: — „sie (die Mutter und die Anfrau) müssen alle ihre Haab und Güter darvor (nämlich vor Zulassung zur Vormundschaft) verpflichten," —

indem eine solche Gesetzessprache unmöglich hätte geführt werden können, wenn die Kinder ausser dem Vermögen des einen Ehegatten bei dessen Ableben auch gleichzeitig das des anderen noch lebenden Ehegatten geerbt hätten. Ueberdies bezweckt Cap. 74, wie der Eingang besagt, weiter nichts, als an die Stelle der gemeinschaftlichen Erbfolge, nach welcher die Kinder von verschiedenen Ehen den gemeinschaftlichen parens gleich beerben, für den Fall, wo mancherlei Kinder denselben erben, wenn nicht anderweite Vorsehung getroffen eine abweichende in dem Herkommen begründete, auf den Ursprung und die Natur der Güter berechnete ungleiche Erbfolge eintreten zu lassen. Der im Cap. 74 vorkommende Ausdruck: — „allein haben" — ist wenigstens in seiner Wirkung mit

„allein erben“ gleich bedeutend, und bezeichnet in seinem ganzen Umfange eigentlich die Wirkung einer theils schon eröffneten, und theils noch zu eröffnenden Erbfolge. In erster Beziehung sollen nämlich die Kinder erster Ehe schon nach Cap. 70 gleich bei dem Tode eines der Ehegatten das von diesem in die Ehe eingebrachte liegende Vermögen und die Hälfte des während derselben errungenen liegenden Vermögens erben oder haben; in letzter Beziehung konnten und sollten aber dieselben das von dem Ueberlebenden in die Ehe eingebrachte liegende Vermögen und auch die andere Hälfte der Immobiliarerrungenschaft ebenso erst bei dessen Ableben erben oder haben, wie auch nur alsdann die Kinder zweiter Ehe dessen in dieser ihm von der Seitenlinie her anerfallenes liegendes Vermögen und die Hälfte der Immobiliarerrungenschaft erben oder haben konnten und sollten.

Der Ausdruck „allein haben“ ist in der That in Ansehung des dem gemeinschaftlichen Parens zustehenden Vermögens beiderlei Kindern gemein; die Kinder zweiter Ehe konnten ihn doch aber nun unmöglich schon vor seinem Tode beerben, oder sein nach dem Cap. 74 angewiesenes Vermögen haben. Der für beiderlei Kinder gleichgestellte Ausdruck — „allein haben“ — und der allgemein durchgreifende und bei der im Cap. 74 bestimmten Erbfolge nicht abberufene Rechtssatz — „viventis non datur hereditas“ — spricht daher der Ansicht:

> dass die Kinder erster Ehe auf das liegende Vermögen des überlebenden gemeinschaftlichen Parens erst bei dessen Ableben ein erworbenes Recht erlangten, —

so entscheidend das Wort, dass jene Kinder sogar an erwähnter Stelle auch die von aufsteigender Linie herfliessenden elterlichen Erbgüter ohne Unterschied, in welche Ehe sie fielen, allein haben sollen, da doch diese Güter, wenn sie nicht schon bei Auflösung der Ehe dem überlebenden Ehegatten anerfallen waren, z. B. zuerst durch den Tod des Grossvaters, wofern dieser dieselben nicht bei seiner Lebzeit veräussert gehabt hätte, und dann durch das Absterben des gemeinschaftlichen Vaters, so zu sagen, einen doppelten Erbgang haben mussten, um auf dessen Kinder zu kommen, dass sofort, wenn der Vater mit Hinterlassung von Kindern aus zweiter Ehe vor dem Grossvater mit Tode abging, dessen Kinder erster Ehe nicht ihn, nach Cap. 74, sondern vielmehr mit ihren Stiefgeschwistern nach Cap. 70, §. „Wo aber Söhne“ etc. unmittelbar den gemeinschaftlichen Grossvater in den, in keine Ehe gefallenen von aufsteigender Linie herrührenden Erbgütern zu gleichen Theilen beerbt haben würden.

Es kann hiernach nicht zweifelhaft sein, dass der Ausdruck „haben sollen“ in Bezug auf die von dem überlebenden Ehegatten herrührenden liegenden Güter jedenfalls nur durch dessen Ableben bedingt war, sowie eigentlich das: allein haben sollen von Seiten der Kinder erster Ehe nur durch gleichzeitiges Vorhandensein mancherlei Kinder bei dem Absterben des gemeinschaftlichen Parens in dem gesetzlichen Sinne seine Wirkung äussern konnte. Der Gesetzgeber hat für diesen erst alsdann die Erbfolge bestimmenden Fall den Kindern erster Ehe das bei deren Auflösung vorhandene unbewegliche Vermögen des Ueberlebenden, wie auch das demselben erst nach dieser Auflösung, jedoch vor dessen Tode von aufsteigender Linie her anzuerfallende Erbvermögen, aber auch nur den Kindern zweiter Ehe gegenüber, gleichsam als unverletzbaren Pflichttheil zusichern wollen, wohingegen der ausser dem Falle des Cap. 74 übliche Pflichttheil des gemeinen Rechts wegfiel, und dasjenige, was der Ueberlebende in seinem Wittwenstande durch Seitenanfall erwarb, dem Pflichttheile der ersten Kinder nicht unterworfen war, vielmehr in die zweite Ehe gebracht werden konnte.

Wenn umgekehrt die Kinder zweiter Ehe vor dem gemeinschaftlichen Vater (oder Mutter) starben, so konnte das Erben von Seite mancherlei Kinder oder die nach dem Cap. 74 vorhergesehene Erbfolge nicht eintreten, sondern es waren die Kinder erster Ehe nach dem Cap. 17 zu erben berufen, und es lebte alsdann der Pflichttheil des gemeinen Rechts, jedoch auch nur in der Hoffnung von Neuem auf. Die Ungewissheit über die Frage, ob nach dem Cap. 70 oder nachdem Cap. 74 geerbt, ob der Pflichttheil des gemeinen Rechts oder der des Cap. 74 belassen werden musste, konnte sich dagegen erst durch den Tod des gemeinschaftlichen Vaters (oder Mutter) in Gewissheit auflösen und die Erbfolge nur solchergestalt mit ihrer ganzen gesetzlichen Begleitung auf die eine oder andere Art das bestimmte Dasein eines erworbenen Rechts herbeiführen.

Gleichwie nun der Pflichttheil des gemeinen Rechts durch Veräusserung unter unentgeltlichem Titel nicht geschmälert werden durfte, ebenso ist eine Verletzung des nach dem Cap. 74 den Kindern erster Ehe in den liegenden Gütern des Ueberlebenden zugesicherten Pflichttheils oder des nur durch das Vorhandensein mancherlei Kinder bei dem Absterben des gemeinschaftlichen Vaters (oder Mutter) bedingten ausschliesslichen Erbrechts an diesen bestimmten Gütern durch Veräusserung unter unentgeltlichem und lästigem Titel nicht erlaubt, während jedoch die Frage, wie geerbt, ob ein Pflichttheil, und in welchem Umfange er hinterlassen werden müsse, und in wie weit er verletzt worden sei? sich immer nach derjenigen Erbfolgegesetzgebung beantwortet, unter welcher der Erblasser mit Tode abgegangen.

Wenn nun aber Philipp von Franken im Jahre 1815, also unter der Herrschaft des Bürgerlichen Gesetzbuchs, verstorben, welches, dem Cap. 74 entgegengesetzt, nach dem Art. 745 die Kinder von verschiedenen Ehen den gemeinschaftlichen Vater (oder Mutter) ohne Unterschied der Güter gleichmässig beerben lässt, und überhaupt auf eine ganz andere Art den Pflichttheil bestimmt, so durften demnach die Cassationskläger als Kinder zweiter Ehe des **Philipp von Franken** nicht auf den Grund des Cap. 74 der Jülich- und Bergischen Rechtsordnung von der Theilung der von demselben herrührenden, und in der Klage begriffenen Erbgüter (mit dem Cassationsverklagten als Enkel erster Ehe) ausgeschlossen werden. Die entgegengesetzte Ansicht wendet das Cap. 74 falsch an, und verletzt den Art. 3 des Decrets vom 12. Nov. 1809 und den Art. 745 B. G. B.

K. v. Franken wider de la Valette St. George, 28. Februar 1832.
Esser. Eichhorn. Reinhardt. Sandt. Arch. XIII. 1. 36. Ann. XVI. 2. 9.

Vergleich.

Der Art. 2044 B. G. B. verordnet die schriftliche Abfassung des Vergleiches nur des **Beweises**, nicht der **Gültigkeit** willen.

R. Michaut wider Maassen, 7. Juni 1826.
v. Reibnitz. Eichhorn. Kunowski.

Verification.

Die Art. 195 B. P. O. und 1324 B. G. B. überlassen die Anordnung der Verification einer Unterschrift im Falle der Ableugnung lediglich dem Ermessen des Richters.

R. Decker wider v. Oven, 28. April 1830.
Scheller. Eichhorn. Kunowski. Sandt.

Der Richter kann mit Uebergehung des Verificationsverfahrens aus den vorhandenen Beweismitteln und Vermuthungen, und selbst aus eigener Vergleichung der Handschriften die Echtheit der betreffenden Urkunden als feststehend annehmen.

Die erfolgte Zahlung von Zinsen kann als eine solche Vermuthung gelten. Der Umstand, dass einzelne Zinszahlungen an sich noch keine Verbindlichkeit zur Fortsetzung derselben begründen, schliesst eine solche Berücksichtigung nicht aus. Ein Gleiches gilt hinsichtlich der für die Echtheit der Schulddocumente aus den die Schuldforderungen betreffenden lehnsherrlichen Consensen entnommenen Vermuthung.

R. von der Schulenburg-Wolfsburg wider Kirchenvorstand Reddinghausen, 5. Oct. 1840.
Jaehnigen. Eichhorn. Sandt. Reusche.

Verjährung.

Der Art. 64 H. G. B. setzt zum Beginnen der Verjährung die Beobachtung der für die Aufhebung der Gesellschaft vorgeschriebenen Förmlichkeiten voraus.

R. Schimmelbusch wider Simonis, 12. April 1834.
Oswald. Eichhorn. Reinhardt. Sandt.

Nach dem Inhalt des Schuldscheins war der Gläubiger befugt, jederzeit vom Tage der Ausstellung über die geliehene Summe zu disponiren; er hat in seinem Testament ein Fideicommis errichtet, und darunter jene Forderung begriffen. Diese seine Befugniss ist daher auf die Fideicommis-Erben von selbst übergangen. L. 3. Pr. de bonor. poss. Die Verjährung der Schuld hat aber begonnen mit dem Tage des ausgestellten Schuldscheins und nicht erst mit dem Tage der Contestation. L. 1, §. ult. C. de annali except. Das Dasein eines Rechtsirrthums schliesst die nach §. 2, Tit. 21 Trierschen Landrechts erforderliche bona fides nicht aus. l. 25, §. 6 de hered. petitione. Die fideicommissarische Eigenschaft eines Gegenstandes kann zwar unter gewissen Umständen die Usucapion desselben hindern, und selbst die Präscription der Klage auf Rückgabe, im Fall er von dem Beschwerten veräussert wurde, ausschliessen;

l. 3, §. 3 C. Commun de leg. l. 2 C. De usuc. pro empt.

in allen sonstigen Fällen hat aber diese Präscription statt, zumal wo sie beim Todestage des Testators schon begonnen hatte.

L. 16. De fundo dotali.

R. v. Breidbach-Burresheim wider v. Renesse-Breidbach, 8. Juli 1837.
Jaehnigen. Eichhorn. Kunowski. Sandt.

Das Cap. 20 X. De Praescript. macht die bona fides für alle Verjährungen, die sich auf ein Besitzverhältniss beziehen, nothwendig; also auch für die dreissigjährige. Das Cap. 60 der Jülichschen Rechtsordnung hat hierin nichts geändert; dieses Gesetz ist nicht dazu bestimmt, neue und ausschliesslich gültige Regeln über die Verjährung aufzustellen, sondern nur die Vorschriften des gemeinen Rechts kurz zusammenzufassen und einzuschärfen. Ganz unrichtig würde sein, irgend eine gemeinrechtliche Regel deswegen für aufgehoben zu halten, weil sie in jenem Gesetz mit Stillschweigen übergangen wird.

K. Raitz v. Frentz wider v. Calcum, 3. Mai 1836.
v. Savigny. Eichhorn. Sandt. Kunowski. Arch. XXV. 2. 39.

Der Art. 2180 B. G. B. bezieht sich nur auf die Verjährungsfrist der zum Erwerb des Eigenthums erforderlichen Verjährung; er schreibt keineswegs den guten Glauben als Bedingung der Hypothekenverjährung vor. Diese Verjährung setzt das Bekanntsein einer Hypothek durch die öffentlichen Hypothekenbücher nothwendig voraus, sie wäre mithin unbedingt unmöglich, wenn sie zugleich durch den guten Glauben bedingt wäre.

R. v. Carnap wider Uellenberg, 4. Februar 1838.
Esser. Eichhorn. Sandt. Reinhardt.

Ein blosser Mangel in den persönlichen Eigenschaften des Veräussernden — der fehlende Consens des Ehemannes in die Veräusserung der Frau — ist nach den römischen Gesetzen — L. 2, §. 15, 16; L. 14 D. pro emto — nicht als ein solcher Mangel zu betrachten, welcher von Seiten des Titels allein, und abgesehen von dem guten Glauben, die Ersitzung zu verhindern vermöchte.

R. Lieser wider Seikery, 29. Juni 1831.
v. Savigny. Eichhorn. Sandt. Kunowski.

Die blosse Vermuthung eines vorhandenen Rechtes oder die Unterstellung einer Möglichkeit desselben, reicht zur Begründung der Acquisitivverjährung nicht hin.

R. Erben Hedfeld wider Erben v. Manger, 13. Januar 1845.
Brewer. Eichhorn. Reusche. Sandt.

Die Klageverjährung hängt mit den materiellen Rechtsverhältnissen, worauf sie Anwendung findet, zusammen, indem sofort bei Eingehung derselben das Forderungsrecht des einen oder anderen Theiles gesetzlich von der Beobachtung der Verjährungsfrist abhängig gemacht wird.

Das einmal an dem Orte, wo die Handlung begangen wurde, begründete, und nach der dortigen Gesetzgebung in seinen materiellen Folgen zu beurtheilende Rechtsverhältniss, kann mithin durch einseitige Verlegung des Wohnsitzes nicht geändert werden. Es folgt zugleich, dass nicht diejenigen Fristen, welche tempore contractus daselbst gegolten, maassgebend sind — sie, als aus dem Gesetz fliessend, bleiben bis zum wirklichen Ablauf der Verjährung, einer gesetzlichen Aenderung unterworfen, — sondern, dass diese Abänderung von entschiedenem Einflusse sein muss.

R. Freistühler wider Servaes, 8. October 1838.
Heffter. Eichhorn. Kunowski. Reinhardt.
K. Waisenhaus zu Steele wider Brockhoff, 6. März 1843.
Heffter. Jaehnigen. Reusche. Kunowski. Arch. XXXV. 2. 33.

Der Art. 2281 B. G. B. will nicht nur auf die Zeitbestimmungen der älteren Gesetze hinweisen, sondern ganz allgemein, dass die älteren Gesetze das Regulativ für die betreffenden Verjährungen abgeben, ohne dass daneben noch ein Anderes ausdrücklich zugelassen wird. Die Ueberschrift des Capitels ändert, als eine ungenügende, hierin nichts. Die Absicht des Gesetzes ist, so wenig als möglich in einmal vorhandene, oder in der Entwickelung begriffene Zustände einzugreifen. Es folgt, dass das Gesetz des Anfangs in allen Stücken auch für die Bedingungen des Ablaufes das der Rechtsvollendung bleiben muss.

R. Reppert wider Wentzel, 6. Juni 1842.
Heffter. Eichhorn. Reusche. Sandt. Arch. XXXV. 2. 70.

Der Art. 2181 B. G. B. wird durch den Art. 691 B. G. B. beschränkt, wonach die gemäss dem früheren Rechte zulässige Verjährung der nicht fortwährenden und in die Augen fallenden Servituten schon vor Emanirung der desfalsigen Vorschriften des Bürgerlichen Gesetzbuchs vollendet sein muss.

R. Wagener wider Peschges, 20. Dec. 1826.
Goerdeler. Eichhorn. Sandt.

Klagen wegen nichtiger Veräusserung geistlicher Güter verjähren erst in vierzig Jahren.
Cap. 8. X. De praescr.

K. Königl. Reg. Aachen wider v. Cloudt, 4. Juni 1828.
Blanchard. Eichhorn. Sandt.

Die zu Gunsten der Kirchen eingeführte vierzigjährige Verjährung ist gegen gleich privilegirte Anstalten nicht beschränkt.
Cap. 6 und 8 X. De praescr.

R. Armenverwaltung Cöln wider St. J. Baptist und Stadt Neuss, 20. Mai 1837.
Esser. Eichhorn. Reinhardt. Kunowski. Sandt.

In Correctionellsachen erkannte Geldbussen sind von den darin aufgegangenen Kosten scharf zu scheiden.
Art. 53, 54, 55 Str. G. B., Gesetz vom 5. Sept. 1807.
Geldbussen sind Strafen, Gerichtskosten, sind Vorschüsse, erlegt um eine Bestrafung und ihre Vollstreckung zu bewirken. Die Verurtheilung in solche Kosten ist daher nicht als Strafe, sondern nur als Erstattung anzusehen. Wenngleich nun Beide durch persönliche Haft beizutreiben, so sind dennoch die Kosten kein Zubehör der Geldbussen in der Art, und mit der Wirkung, dass beide derselben Verjährung unterliegen. Verjährungen dürfen vielmehr als bloss auf dem positiven Rechte ruhend nicht über die gesetzlichen Bestimmungen ausgedehnt werden; die Gerichtskosten sind somit nicht der Verjährung des Art. 636 Cr. P. O., sondern der des 2262 B. G. B. unterworfen.

K. Reg. Trier wider Grevelling, 9. März 1831.
Blanchard. Eichhorn. Kunowski.

Die gesetzlichen Zinsen, welche der Gesellschafter nach Art. 1846 B. G. B. zu zahlen hat, sind nicht jährlich und überhaupt nicht in regelmässig wiederkehrenden Fristen zu entrichten. Der berechtigte Socius kann von dem Tage an, wo der verpflichtete die Societätsgelder zu seinem besondern Vortheil erhoben hat, in jedem Moment die bis dahin rückständigen Zinsen mit der Hauptforderung verlangen, ohne dass er den Ablauf von Fristen abzuwarten hat. Der Art. 2277 ist auf diese Zinsen, ohne eine sehr gesuchte, den Worten und dem Geist des Gesetzes nicht entsprechende Erklärung, nicht anzuwenden.

R. Schwenzer wider Moritz, 28. Juni 1834.
Simon. Eichhorn. Sandt. Kunowski.

Cassationskläger hat als Schultheiss eines Gemarkenwaldes jährlich eine genauere bestimmte Quantität Holz zu fordern. Unter dem Ausdruck „Zahlung“ ist die Befriedigung des Gläubigers ohne Rücksicht auf den Gegenstand seiner Forderung zu verstehen. Auch diese auf zu lieferndes Holz gerichtete Forderung unterliegt daher der generellen Bestimmung des Art. 2277 B. G. B.

R. v. Proff wider Königl. Reg. Cöln, 5. Mai 1845.
Brewer. Eichhorn. Deycks. Sandt.

Aus der Verbindung der l. 1 Cod. De bon mat. Nov. 22. Cap. 24 und l. 1, §. 2 de annal. except. geht hervor, dass die Klagen der unter väterlicher Gewalt befindlichen Kinder in Ansehung ihres dem väterlichen Niessbrauch unterworfenen Vermögens, während der Dauer desselben ruhen und die Verjährungsfrist derselben, erst mit der Aufhebung der väterlichen Gewalt zu laufen anfängt. Dieser Grundsatz kann nicht beschränkt werden auf die Veräusserung von Muttergut und resp. auf die Klagen, welche einer kürzeren als dreissigjährigen Verjährung unterliegen. Der Einwand, als sei kein ausdrückliches Gesetz verletzt, indem jene Gesetze nur der Veräusserung der Adventitien erwähnen, kann das angefochtene Erkenntniss vor dem Vorwurf der Gesetzesverletzung nicht schützen; theils weil die l. 1 und 2 Cod. de bon mat. die Pflicht der Eltern für die Erhaltung der Adventitien zu sorgen, nur ganz besonders hervorheben, und in sehr allgemeinen Ausdrücken abgefasst sind, theils, weil die römischen Gesetze, unter anderen l. 10, 11, 12 D. De L. L. dem Richter ausdrücklich zur Pflicht machen, gesetzliche Bestimmungen wegen Identität der Gründe und wegen Analogie, die selbst ein Gesetz ist, auch auf andere übergangene Fälle anzuwenden. Die Jülich- und Bergische Rechtsordnung Cap. 60 hat hierüber nichts Abweichendes bestimmt, und enthält nach dem Schlusssatz überhaupt nichts

Anderes als Andeutungen aus dem römischen Rechte mit Verweisung auf dieses, als den eigentlichen Sitz der Materie.

K. Breuer wider Gierlach, 20. Juni 1827.
Oswald. Eichhorn. Sandt. Kunowski.

Das römische Recht unterwirft die Hypothekarklage einer zweifachen Verjährung:

a. einer zehn- oder zwanzigjährigen (Longi temporis Praescr.) im Fall des titulirten und zugleich redlichen Besitzes;

l. 1, 2 C. S. adv. creditorem.
L. 8 pr. C. De praescr. XXX.

b. einer dreissig- oder vierzigjährigen, bei jedem mit jenen Eigenschaften nicht versehenen Besitz.

l 3, l. 7, l. 8, §. 1 C. De praescr. XXX.
l. 1, §. 1 C. De annal. except.
Unterholzner Verjährungslehre §. 249.

Dieser Behauptung widerspricht die l. 44, §. 5 D. de usurp. nicht, welche den Einfluss der Usucapion auf das Pfandrecht schlechthin negirt, indem der Erwerber des Eigenthums durch Usucapion sehr wohl von dem Dasein des Pfandrechts unterrichtet sein kann, in welchem Falle sein Besitz in Beziehung auf das Pfandrecht ein unredlicher, folglich zur kürzeren Verjährung der Hypothekarklage nicht geeigneter ist. Dadurch, dass gegen den Vorbesitzer auf die Früchte des Pfandstückes Arrest ausgebracht worden, ist die mala fides des jetzigen Besitzers nicht zu folgern; ebenso wenig, dass um dieses Arrestes willen die Hypothekarklage erst in vierzig Jahren verjähren könne. Die behauptete Nothwendigkeit einer Eintragung des Besitztitels in die Hypothekenbücher als Bedingung des Anfangs der Verjährung — Art. 2180 B. G. B. — liegt da nicht vor, wo die Verjährung unter der Herrschaft der früheren Gesetze, also unabhängig von jener Nothwendigkeit angefangen hat.

R. Erben Bollig wider Reg. Cöln, 27. Mai 1829.
v. Savigny. Eichhorn. Sandt. Kunowski.

Servitutes discontinuae, zu welchen auch die Beholzigungsrechte gehören, können nach §. 15—20, Cap. I. und §. 6, 8, 9, Cap. II. Thl. 6 der Nassau-Katzenellenbogener Landesordnung in der Regel nur mittelst unvordenklicher Verjährung in Ermangelung eines Titels erworben werden. Das Gesetz lässt ausnahmsweise die zehn- oder zwanzigjährige Verjährung zu, wenn der Verjährende einen Titel a domino zu haben vorgiebt, d. h. wie sich aus der Vergleichung der §§. 9 und 12 ergiebt, wenn der Verjährende mit einem, a domino, qui talis esse credebatur et tamen non erat, herrührenden Titel versehen war.

Da, wo es sich von Verjährung handelt, ist alles streng zu nehmen. Es reicht nicht aus, bloss im Allgemeinen, wie der Appellhof gethan, zu sagen, dass aus den Zeugenaussagen hervorgehe, dass die Gemeinde Hungeroth sich in dem Genusse des fraglichen Rechts während eines viel längeren Zeitraumes, als wovon die Zeugen aus persönlicher Wahrnehmung Auskunft geben, befunden habe.

K. Reg. Coblenz wider Gemeinde Hungeroth, 13. Oct. 1830.
Blanchard. Eichhorn. Sandt. Buddee. Arch. XV. 2. 14.

Die Verfolgung des Zehntrechtes wie die der übrigen Reallasten kann nach den allgemeinen Rechtsregeln über die Klageverjährung verloren werden. Zu diesem Verlust wird erfordert:

1) die Begründung der Realklage durch unterlassene Ausübung des Zehntrechtes,

2) der Ablauf von dreissig oder vierzig Jahren, wenn das Zehntrecht einer Kirche zusteht.

Nov. 131, C. 6, L. 4 C. De praescr. 30.
Cap. 60 der Bergischen Landesordnung.

R. Reg. Düsseldorf wider Deycks, 19. Mai 1832.
v. Savigny. Eichhorn. Kunowski. Sandt.

Der Appellhof hat, indem er die kurze Verjährungsfrist des Art. 1648 B. G. B. auf die an keine Verjährung gebundene Einrede bezogen, — diesen Artikel verletzt.

K. Kgl. Intendantur wider Zimmer, 8. Oct. 1836.
Esser. Eichhorn. Reinhardt. Sandt.

Der Art. 816 B. G. B. schliesst die Verjährung bei Theilungsklagen keineswegs aus; er macht sie nur von solchen Umständen abhängig, durch welche ausser Zweifel gestellt wird, dass nicht der Besitz des einen Erben für alle stattgefunden, und dadurch die Möglichkeit der Verjährung genommen worden ist; er verlangt daher zum Erlöschen der Theilungsklage durch Verjährung einen dreissigjährigen abgesonderten Besitz im eignen Namen an den zu theilenden Gegenständen. Art. 2262.

R. v. Klaber wider Büscher, 15. Nov. 1841.
v. Oppen. Eichhorn. Reusche. Sandt.

Das Gesetz vom 31. März 1838 hat für die Rheinprovinz keine Gesetzeskraft, mithin auch der §. 2 nicht Anwendung auf Stempel- und Portogefälle. Eben so wenig der §. 13 des Gesetzes vom 18. Juni 1840.

K. Hauptzollamt Trier wider Blath, 11. April 1842.
Tellemann. Jaehnigen. Sandt.

Vermächtniss.

In dem an die Erben gemachten Auftrag, eine Stiftung zu Gunsten von Kirchen oder geistlichen Personen zu machen, ist ein wahres Legat enthalten, welches nach dem Art. 17 des Niederländischen Edicts vom 15. September 1753 absolut nichtig ist, wenn es nicht bei Lebzeiten des Testators landesherrliche Bestätigung erhalten hat.

K. v. Saitignon wider Osweiler, 22. Dec. 1820.
v. Savigny. Eichhorn. Reinhardt. Haass.

Es ist testirt, dass, wenn beim Absterben der Testatrix einige ihrer nächsten Verwandten bedürftig sein oder werden möchten, dieselben ein Legat fordern dürften. Dieses Legat ist ein legatum purum, indem die Verwandtschaft und Armuth nur als Bezeichnung gewisser Individuen aufgestellt ist. Das Legat ist daher est an dem Tage zu verlangen, wo jene Bezeichnung eingetroffen.

Art. 1014 B. G. B.

Der Richter hat diesen Artikel verletzt, indem er das Legat allererst nur von dem Tage an, wo die Verwandtschaft nachgewiesen sei, zugesprochen hat.

K. Bohnen wider Armenverwaltung Wülfrath, 5. Dec. 1827.
Scheller. Eichhorn. Sandt. Kunowski. Arch. XI. 2. 1.

Versatzverkauf.

Die Frage, ob unter den sogenannten Versatzverkäufen ein Verkauf mit dem Vorbehalt des Wiederkaufes oder eine Verpfändung habe abgeschlossen werden sollen, ist im Allgemeinen gesetzlich nicht entschieden. Ihre Lösung enthält eine durch den Cassationsrecurs nicht angreifbare factische Feststellung.

R. Gemeinde Mühlheim wider Levy, 14. Juli 1830.
Klenze. Eichhorn. Kunowski. Sandt.

Nach den Gewohnheiten der Länder Jülich und Berg stellt der Versatzverkauf ein Rechtsgeschäft besonderer Gattung dar, welches, wenn auch verschieden von dem Verkauf mit Vorbehalt des Wiederkaufs, dennoch den in Ansehung der Verpfändung geltenden Bestimmungen im Allgemeinen und unbedingt nicht unterworfen war. Zu seinen Naturalien gehört der Genuss der Früchte gegen die Zinsen des sogenannten Versatzschillings.

R. Vonrieth wider Bennewitz, 31. März 1845.
Brewer. Eichhorn. Sandt. Reusche. Arch. XXXIX. 2. 25.

Die Versatzgüter gehören nach §. 3, 5, 7, Tit. VIII. der Churcölnischen Rechtsordnung und der Erläuterung vom 12. Mai 1767 ad §. 3 zu dem unbeweglichen Vermögen. Der blosse

Mobiliareigenthümer ist somit nicht berechtigt, die Räumungsklage anzustellen.

R. Erben Vaasen wider Erben Brandt, 7. April 1845.
v. Daniels. Jaehnigen. Sandt. Kunowski. Arch. XXXIX. 2. 51.

Vertrag.

Das Vorgeben der Trunkenheit zur Zeit eines abgeschlossenen Vertrages ist im Allgemeinen ohne rechtlichen Erfolg; es sei denn, dass der Trunkene gehindert worden, die Folgen seiner Handlungen zu übersehen, und der andere Contrahent diesen Zustand in betrüglicher oder arglistiger Absicht zu seinem Vortheil benutzt hat. — Art. 1108, 1109.

R. Petry wider Leib, 27. Oct. 1830.
Graun. Eichhorn. Sandt. Kunowski.

Ein authentischer Act liefert zwar unter den Contrahenten vollen Beweis, dass der darin bekundete Vertrag der Partheien wirklich geschlossen worden, — Art. 1319 B. G. B. — beseitigt aber nicht von Seiten Dritter die Einrede des Betruges und der List. — Diese können auch durch Vermuthungen bewiesen werden. — Art. 1353.

R. Cohen wider Herstadt, 22. Dec. 1830.
Scheller. Eichhorn. Sandt. Kunowski.

Dem Imploranten sind am 28. December 1831 diejenigen Waaren aus dem städtischen Lagerhause zu Cöln angeboten worden, deren Verabfolgung ihm vorher verweigert war. Er hat dieselben trotz dessen in dem Lagerhause freiwillig belassen, und zu ihrer Uebernahme nur unter der Voraussetzung sich erboten, dass ihm entweder Lager- und Arbeitsgelder ganz erlassen würden, oder vorher eine contradictorische Expertise über den Zustand der Waaren stattfinde. Implorant muss die vor und nach der Weigerung der Imploratin entstandenen Lagergelder trotz jener Weigerung entrichten. Zu den vor der Vorenthaltung entstandenen Liegegeldern war auch schon vorher das Forderungsrecht erworben, die Versagung kann auf dieses Recht keinen Einfluss ausüben; zu den nachherigen aber ist der Implorant, weil er den Vertrag fortgesetzt, auf Grund dieses früheren vertragsmässigen Verhältnisses verbunden. Zur Aufnahme einer contradictorischen Expertise war die Imploratin durch kein Gesetz verpflichtet.

R. Bürgers wider Stadtgemeinde Cöln, 13. Mai 1837.
Jaehnigen. Eichhorn. Kunowski. Sandt.

Die schriftliche Stipulation, einen Hof vor Ablauf der Pachtzeit zu räumen, macht, wenn sie dem Abschluss des Pachtvertrages folgt, den Gegenstand eines zweiseitigen Vertrages aus, — Art. 1134 B. G. B. — und unterliegt somit der Form des Art. 1325 ibid. bei Strafe der Nichtigkeit.

R. Charlier wider Heep, 10. Dec. 1819.
Mühler. Ruppenthal. Haass. Molitor.

Es handelt sich ad von keiner synallagmatischen Verpflichtung, wo nur Verzichtleistung auf die in einem schriftlichen Contract festgesetzte Dauer der Miethzeit vorliegt. Der Art. 1325 B. G. B. gestattet der von ihm vorgeschriebenen Form keinen Einfluss auf die Gültigkeit der Vereinbarung selbst. Diese, wenn sie sonst nur gesetzlich erwiesen, verliert nichts von ihrer Kraft, zumal Verträge selbst mündlich oder durch Briefwechsel geschlossen werden können, insofern das Gesetz nicht ausdrücklich einen schriftlichen Aufsatz zur Gültigkeit erfordert.

R. Ludwigs wider Broecking, 21. Dec. 1825.
Blanchard. Eichhorn. Sandt. Reinhardt.

R. Heck wider Schmitz, 30. Juni 1830.
Graun. Eichhorn. Buddee. Sandt.

Durch Anerkennung des Reliquats aus einem Rechnungsabschluss wird kein synallagmatischer Vertrag constituirt; es bedarf somit ihrer doppelten Ausfertigung nicht. — Art. 1325. B. G. B.

R. Godderz wider Gossen, 9. Juni 1832.
Graun. Eichhorn. Sandt. Kunowski.

Dem Art. 1325 B. G. B. ist genügt, sobald auch ohne die dort vorgeschriebene Meldung das Dasein der in gesetzlicher Zahl angefertigten Urschriften durch Zugeständniss der Partheien feststeht, oder diese Schriften vorgelegt werden.

R. Boismard wider Scherer, 26. Januar 1833.
Esser. Eichhorn. Sandt. Kunowski.

Der Art. 1326 bezieht sich ausschliesslich auf solche Schuldurkunden, welche einseitige Verpflichtungen enthalten.

Die Vollziehung eines zweiseitigen Vertrages hat die Folge, dass der Vollziehende die Einrede der nicht geschehenen mehrfachen Ausfertigung nicht weiter entgegensetzen kann.

R. van Vleuten wider Dubyen, 21. Oct. 1844.
Brewer. Eichhorn. Deycks. Sandt.

Die Art. 1325 und 1582 B. G. B. haben zur Gültigkeit eines Uebertrages von Rechten keine bestimmte schriftliche Form vorgeschrieben, sondern im Allgemeinen nur die Erfordernisse eines gültigen schriftlichen Beweises bei zweiseitigen und namentlich Kaufverträgen augegeben, ohne andere zulässige Beweismittel auszuschliessen.

R. Rauen wider Rauen, 29. Nov. 1841.
Heffter. Eichhorn. Kunowski. Sandt.

Ein Gesellschaftsvertrag, bei dem die Meldung des Art. 1325 B. G. B. nicht geschehen, ist ungültig.

R. Grieffgens wider Neuss, 12. Oct. 1840.
Esser. Eichhorn. Reusche. Sandt.

Wenn auch die über einen Vertrag vom Jahre X. gefertigten Schriften als beweisend nicht anzusehen, so ist doch dadurch der Vertrag selbst nicht entkräftet, sondern bleibt als mündlicher Vertrag für alle Contrahenten bindend.

L. 4. D. De fid. instr.,
L. 28 C. De transact.,
L. 2. pr. D. De pactis,
§. 2, 3, Inst. De obl. ex consensu. —

Der Art. 376 des Arrêté vom 6. Floréal VI. bestimmt nichts dem Entgegengesetztes; er schliesst nur den Zeugenbeweis bei Gegenständen über 100 Livres aus.

R. Erben Linz wider Fickeisen, 28. März 1837.
Jaehnigen. Eichhorn. Reinhardt. Sandt.

Verzicht.

Die Renunciation auf Aushändigung der nicht zu beschaffen gewesenen Obligation mag eine Verzichtleistung auf die Letztere als eine Beweisesart enthalten; keinesweges eine Verzichtleistung auf die Gewähr der Existenz des Anspruchs selbst.

R. Reg. Trier wider Marx, 1. Dec. 1824.
Goerdeler. Ruppenthal. Reinhardt. Sandt.

Der Erlass kann sowohl stillschweigend als ausdrücklich stattfinden; seine Gültigkeit ist an eine besondere Form nicht gebunden.

Art. 1282 seq. 1234 B. G. B.

R. Kamphausen wider Kamphausen, 25. April 1842.
Brewer. Jaehnigen. Kunowski. Sandt.

Der majorenn gewordene Mündel entlässt in einem dem Nebenvormund behändigten Schein diesen der Verantwortlichkeit für die verspätete Inscription der ihm gesetzlich zustehenden Hypothek. Dieser Schein bindet ihn auch ohne weitere Acceptation des Verzichtes Seitens des Nebenvormunds. Jeder Vertrag geht zwar aus dem Consens des Willens hervor, die **Beweislast** beschränkt sich aber auf die Verpflichtung des Gegners. Demgemäss genügt bei einseitigen Verträgen die verpflichtende Erklärung des Promittenten. Nur der Promissar bedarf eines Beweises gegen jenen. Der Promittent ist nicht befugt, noch einen besonderen Beweis der Einwilligung zu fordern.

Selbst wenn der Verzichtsact als indirecte Schenkung zu betrachten, unterliegt er nicht den Formen der Art. 894 und 932. Die Unanwendbarkeit dieser Formen auf Verzichte geht aus den Art. 1234 und 1282 hervor.

R. Mannes wider de Werth und Hoesch, 23. Dec. 1844.
Esser. Jachnigen. Reusche. Kunowski. Sandt.
Arch. XL. 2. 17.

Vollstreckbarkeit.

Implorant ist schuldig, ein Haus in den vorigen Zustand wiederherzustellen; Implorat ermächtigt, dies im Unterlassungsfall selbst zu thun, Zur Ausübung dieser Befugniss bedarf es keiner eigenen Klage; die dem Judicat etwan entgegenstehenden Schwierigkeiten sind vom Imploranten nach Art. 806 B. P. O. zur Erörterung zu bringen. Bei der Prüfung einer von ihm angestellten Schadenklage kommt es allein auf die Frage an, ob der Implorat die Grenzen seiner Befugniss überschritten habe. Die Antwort kann nur von dem **Instanzrichter** aus den Sachverhältnissen geschöpft werden.

R. Ensel wider Beckmann, 4. Juli 1827.
Blanchard. Eichhorn. Kunowski. Sandt.

Mit dem Commandement ist Abschrift des Titels, — eines Steigprotocolles — gegeben, hierbei aber die Unterschrift des **Ansteigerers** ausgelassen. Da auf einen Mangel der gedachten Art die Nichtigkeit nicht gesetzt und unter der Urschrift der Name sich wirklich befindet, so ist der Zahlungsbefehl nicht aufzuheben. Art. 583 B. P. O.

R. Pelin wider Albert, 19. Januar 1830.
Graun. Eichhorn. Sandt. Buddee.

Die Arten der Execution des Art. 159 B. P. O. beziehen sich nur auf die vorhergehenden Artikel, namentlich Art. 156. Hierhin ist die genommene Inscription, da sie nicht nothwendig zur Kenntniss des Debitors gelangen muss, nicht zu rechnen.

Die agnoscirte Zahlung der Kosten gehört in die Kategorie der Privatacte, die gegen Dritte nicht eher beweisen, als bis sie ein bestimmtes Datum haben. Art. 1328 B. G. B.

R. Rolffs & Pönsgen wider Diederichs, 4. Mai 1831.
Klenze. Eichhorn. Kunowski. Sandt.

Zwischen einer natürlichen Tochter und den Erben ihres angeblichen Vaters wurde in zwei verschiedenen Ländern, wo der Erblasser Güter hinterlassen, in entgegengesetztem Sinne rechtskräftig gesprochen. In dem einen Lande wurden ihr die Rechte eines natürlichen Kindes zu-, in dem andern aberkannt.

Beide Länder werden jetzt zu einem Staate vereinigt. In dem Bezirk, wo sie anerkannt, und in Folge des über ihren Personen*stand* entschiedenen Urtheils wird ihr durch ein späteres Urtheil gegen die Erben eine bestimmte Summe zugesprochen.

Dieses Urtheil ist vollstreckbar auch in demjenigen Bezirk, wo ihr die Rechte eines natürlichen Kindes aberkannt sind.

K. v. Hallberg wider Lehmann, 29. December 1820.
Blanchard. Ruppenthal. Reinhardt. Sandt. Arch. II. 2. 129.

Der Art. 2123 B. G. B. und 546 B. P. O. gewährt den im Auslande ergangenen Urtheilen insofern Vollstreckung, als sie von einem inländischen Gericht, nicht bloss von dem Präsidenten eines solchen, für vollstreckbar erklärt worden sind. Hieraus folgt, dass es Fälle geben muss, worin dergleichen Urtheile vollstreckbar erklärt werden können, ohne dass es einer neuen Verhandlung und Entscheidung der Hauptsache bedarf; denn vollstreckbar ist nur zu erklären, was an und für sich den Charakter und die Kraft eines Urtheils hat. Es lässt sich nicht annehmen, dass diese Artikel die Vollstreckbarkeit mehr hätten beschränken wollen, als es die Ordonnanz von 1629 — (Art. 121) gethan hat. Hieraus folgt, dass im Auslande zwischen Ausländern ergangenen Urtheile für vollstreckbar erklärt werden dürfen.

R. Stevens wider Laruelle, 11. Januar 1826.
Blanchard. Eichhorn. Reinhardt. Sandt.

Ein im Ausland erlassenes Erkenntniss kann im Inlande nur insofern für executorisch erklärt werden, als es im Lande, wo es erlassen worden, executorisch ist.

Von der Regel des Art. 156 B. P. O. sind die gegen Ausländer erlassenen Urtheile nicht ausgenommen. Eine blosse Urtheilszustellung und eine Ladung mit Vollziehbarerklärung stehen, da sie keine Acte wirklicher Vollstreckung, der Peremption nicht entgegen. Art. 159.

K. Kaul wider Class, 19. Oct. 1840.
Jaehnigen. Esser. Reusche. Sandt. Arch. XXX. 2. 63.

Das Gesetz vom 15. Germinal VI., aufrecht erhalten durch Art. 2070 B. G. B. hat durch Art. 800, Nr. 5 B. P. O. keine Abänderung erlitten.

R. Stevens wider Laruelle, 11. Jan. 1826.
Blanchard. Eichhorn. Reinhardt. Sandt.

Der Implorat hat seit der Verhaftung des Imploranten vom 29. September 1823 bis zum 29. August 1825 incl., an jedem 29sten — 20 Francs hinterlegt. Diese Alimente sind seiner, — des Cassationsklägers, — Behauptung nach, insofern zu gering gewesen, als die Monate mehr als dreissig Tage enthalten haben. Hierdurch kann jedoch die am 23. September 1825 angestellte auf Art. 803, Nr. 2 B. P. O. begründete Klage nicht gerechtfertigt werden; durch jede der früheren ohne Beschwerde erfolgte Consignation ist der Anspruch auf Befreiung erloschen; vom 29. August aber, dem Tage der letzten Consignation bis zur Anstellung der Klage noch kein Monat verflossen. In der Sache selbst könnte übrigens der zweite Richter, indem er bei Berechnung der nach Art. 791 B. P. O. monatlich zu pränumerirenden Alimentationsgelder auf den Art. 14, Tit. 3, Gesetz vom 15. Germinal VI. recurrirte, dieses Gesetz um so weniger verletzen, als dieses, ohne einer Berechnung der Alimente auf einzelne Tage zu erwähnen, die Alimente bloss wörtlich auf den Monat fixirte. Ebenso wenig sind durch Annahme des Begriffes eines gregorianischen Monats, die Art. 791, 800, Nr. 4, 803, der nach der Wiedereinführung der älteren Zeitrechnung publicirten Bürgerlichen Processordnung verletzt.

R. Dotzler wider Knapp, 22. Nov. 1826.
Oswald. Eichhorn. Kunowki. Sandt.

Der in Folge rechtskräftigen Urtheils auf Betreiben einer Gläubigerin zur Körperhaft gebrachte Schuldner erklärt sich für insolvent. Das Handelsgericht setzt ihn deshalb in den Zustand der Faillite und ertheilt ihm provisorisch ohne Bürgschaft sicheres Geleit. Mit Recht opponirt die Gläubigerin durch Gerichtsvollzieheract, und macht den Inspector der Anstalt verantwortlich. Für diesen Act sind keine bestimmte Formen vorgeschrieben. Es kann somit von Verletzung der Art. 474, 475, 548 Cr.-O. die Rede nicht sein. Der Art. 455 H. G. B. verbietet nur neue Verhaftungen uud Recommandements aus handelsgerichtlichen Urtheilen, nicht das Fortbestehen einer früheren Haft.

Vergl. 466 und 490.

R. Dotzler wider Knapp, 11. Oct. 1826.
Oswald. Eichhorn. Kunowski. Sandt.

Das aus dem Desaisissement des Falliten Art. 442. H. G. B. hervorgegangene Centralisationsprincip beruht nach den legislativen Berathungen, dem Art. 455, 466, 467 und 494, auf dem Interesse sämmtlicher Gläubiger. Kann nun der Fallit nicht mehr gültig an die einzelnen Gläubiger zahlen, so muss auch die Körperhaft, mag sie früher vollzogen sein oder nicht, sich als ein Einzelzwangsmittel in die in aller Interesse verordnete Verwahrung verlieren und nothwendig wirkungslos erscheinen. — Wäre dem nicht so, so hätte das Gesetz von jenem

Centralisationsprincip einen Unterschied zwischen der voll- und nicht vollzogenen Körperhaft in den Art. 466 und 467 machen müssen. Dadurch, dass dies nicht geschehen, ist klar ausgedrückt, dass kein Unterschied zu machen.

Der Art. 800, Nr. 2 und 3 B. P. O. steht dem nicht entgegen; er geht von der Voraussetzung aus, der Schuldner sei noch freier Verwalter seines ganzen Vermögens. Wenngleich nun nach Art. 437 H. G. B. jeder Handelsmann, welcher seine Zahlungen einstellt, sich in dem Zustand des Falliments befindet, und es hiernach scheinen möchte, als wenn ihm schon die Verwaltung seines Vermögens entzogen wäre, so ist hierbei doch Folgendes zu erwägen: Der Art. 437 geht mehreren der Titel des Bd. III. als dispositum generale voran, der erste Titel handelt von der Fallimentserklärung und deren Folgen, wovon die Entsetzung des Falliten aus der Verwaltung die nächste; — der zweite Titel handelt von der Güterabtretung. Diese beiden Titel schliessen sich unmittelbar der allgemeinen Satzung des Art. 437 an. Der zweite Titel kann daher nicht mehr zur Anwendung kommen, sobald der Fallit durch das Verfahren des ersten Titels der Verwaltung entsetzt, somit sein Vermögen nicht mehr freiwillig abtreten kann. Umgekehrt darf aber auch der Fallit, wenn er durch die Güterabtretung der Fallimentserklärung vorspringt, nicht für Fallit erklärt werden, obgleich er sich nach Art. 437 in dem Zustand des Falliments befand. Gleichwie nun der Fallit nach Art. 568 sich durch die Güterabtretung der voll- wie der nicht vollzogenen Körperhaft entzieht, ebenso fällt, wenn er durch die Fallimentserklärung der Verwaltung seines Vermögens von Rechtswegen verlustig geworden, gegen ihn die Körperhaft von selbst als zwecklos fort; er kann eben in beiden Fällen, als der Verwaltung des Vermögens entsetzt, hieraus nicht mehr gültig an einzelne Gläubiger zahlen.

R. Herf wider Hoenes, 15. Nov. 1841.
Esser. Eichhorn. Kunowski. Sandt.

Aus den Gesetzen vom 30. März 1793, 15. Germinal VI., 23. Pluviose XII., 4. März 1808, Staatsrathsgutachten vom 28. Thermidor und 7. Fructidor XII. geht hervor, dass der dem Fiscus in einem Vertrag zustehende Pachtpreis zur Kategorie solcher öffentlichen Gelder nicht gehört, derenwegen die Körperhaft gegen den Schuldner ausgesprochen werden könnte.

Der §. 12 der Cabinetsorder vom 31. December 1825 enthält, indem er nur von den Befugnissen der Regierungen spricht, für die Gerichte keine von den genannten Gesetzen abweichende Bestimmung.

R. Königl. Reg. Coblenz wider Schauss, 6. Sept. 1834.
Esser. Eichhorn. Sandt. Kunowski.

Vormund.

Der Art. 407 B. G. B. spricht nur von einem Vormund, der sowohl mit der Obsorge für die **Person** des Mündels, als auch mit der Verwaltung des **Vermögens** betraut ist, d. h. von einem Vormund im vollen Sinne des Art. 450.

Eine blosse Theilungscuratel des ältern Rechtes kann so wenig, wie die Führung einzelner Geschäfte einer Tutel im Sinne des Bürgerlichen Gesetzbuches gleichgestellt werden. Daraus, dass nach dem älteren Rechte der quasi- oder protutor dem wirklichen Vormund ganz gleich zu achten war, ist für die entgegengesetzte Ansicht um deswillen nichts zu folgern, weil in dem Bürgerlichen Gesetzbuch keine Bestimmung vorkommt, welche schon den blossen Besorger einzelner vormundschaftlicher Angelegenheiten für einen Vormund erklärt.

R. v. Graven wider Spicker, 6. März 1822.
Goerdeler. Ruppenthal. Sandt. Reinhardt.

Waldcantonirung.

Kein Gesetz setzt das in Waldcantonirungsfällen bei Bestimmung des den Berechtigten anzuweisenden Aequivalents zu beobachtende Verhältniss fest. Hierbei hängt Alles von Umständen und dem Ermessen der Sachverständigen ab; das sogenannte Nachhaltigkeitssystem ist oft nicht auszuführen.

R. Krümpen & Gen. wider von Gymnich, 16. Februar 1831.
Blanchard. Eichhorn. Kunowski. Sandt.

Weg.

Die von Privatpersonen angelegten Wege können nur alsdann als öffentlich zum Gebrauch eines Jeden bestimmte und der Privatdisposition entzogene betrachtet werden, wenn sie vom Staat dafür erklärt worden sind. Bis dahin können dem Publicum selbst bereits geöffnete Strassen wiederum geschlossen werden.

Cabinetsordre vom 21. Juli 1809.
(Public. des Finanzministers vom 3. Mai 1816.)

R. Dünweg wider Beckmann, 7. Oct. 1837.
Jaehnigen. Eichhorn. Kunowski. Sandt.

Weide.

Aus dem Umstand, dass veräusserte Ländereien jährlich nur zu einem Achtel benutzt werden konnten, und die Brache inzwischen zur Viehweide diente, folgt, — nicht, dass der ganze Inbegriff dieser Ländereien als Weide zu betrachten sei, und unter die im Art. 2 des Gesetzes vom 20. März 1813 von der Veräusserung ausgenommenen Güter gehört, — sondern dass weder dass Ganze noch ein bestimmter Theil die Bestimmung zur Weide gehabt hat.

R. Mehring wider Zell, 9. Februar 1821.
Fischenich. Eichhorn. Reinhardt. Sandt.

Durch die Art. 3 und 13, Abschnitt 4, Tit. 1 des Gesetzes vom 28. September 1791 ist jedes hinsichtlich einer grösseren Anzahl des zur Stoppelweide aufzutreibenden Viehes früher in der Gemeinde und unter den Mitgliedern derselben bestandene Verhältniss aufgehoben und demselben die Wirkung einer unwiderruflichen Gerechtsame benommen worden. Es kann sich mithin kein Mitglied der Gemeinde auf den früheren Zustand der Dinge oder auf den unvordenklichen Besitz — Art. 691 B. G. B. beziehen, um eine jenen gesetzlichen Verfügungen zuwiderlaufende Berechtigung dadurch zu begründen.

K. Gemeinde Pleidt wider Armbrüster, 21. September 1825.
Blanchard. Eichhorn. Sandt. Reinhardt. Arch. VIII. 2. 10.

Das Gesetz vom 28. September und 6. October 1791, Art. 1, 2, Abschnitt I.; Art. 1, Abschnitt IV., Tit. 1 hat im Interesse des Ackerbaues die Freiheit des Grundeigenthums in seiner ganzen Ausdehnung proclamirt, und als Folge hiervon ausdrücklich festgesetzt, dass alles Grundeigenthum nur solchen Lasten unterworfen werden könne, deren Verwilligung von dem Gesetz nicht verboten ist. Insbesondere ist hinsichts des Weidganges bestimmt, dass jeder Eigenthümer so viel Vieh, und solche Gattung von Vieh, als er zum Bau und zur Benutzung seiner Ländereien für nützlich erachtet, halten, und dasselbe ausschliesslich auf sein Eigenthum weiden lassen könne. Dadurch wird deutlich zu erkennen gegeben, dass früher bestandene Beschränkungen der Freiheit des Grundeigenthums aufhören sollen, und dass diese Freiheit nur durch den Willen des Grundeigenthümers sollte beschränkt werden dürfen. Der blosse Besitz eines Weidganges bekundet diesen Willen nicht; derselbe muss vielmehr aus einer Urkunde hervorgehen, die eine Verleihung des Weiderechts, oder überhaupt eine solche Verhandlung enthält, wie sie bei privatrechtlichen Verhältnissen vorkommen kann. Hierzu sind solche Urkunden, die nur das Dasein einer früheren Ausübung des Weidganges berühren, nicht geeignet. Von einer Verletzung des Art. 688 bis 699 und des Art. 1337 B. G. B. kann hier die Rede nicht sein.

Das Gesetz von 1791 ist früher als jene Artikel in den Rheinlanden publicirt, während das Bürgerliche Gesetzbuch die hinsichtlich des Weidganges einmal zerstörten Rechtsverhältnisse nicht wieder hergestellt hat.

R. Kgl. Reg. Coblenz wider Gem. Cochem, 9. April 1831.
Blanchard. Eichhorn. Kunowski. Sandt.

Das Gesetz vom 28. September 1791, Abschnitt IV., Art. 2 und 3 hat die Weidegerechtigkeiten auf Gemeindeländereien nicht dann aufgehoben, wenn sie auf besonderm Rechtstitel und auf einem durch Gesetz begründeten Landesgebrauch beruhen. Der Art. 3 hat durch die Worte: — „in einer Gemeinde" — nicht verordnet, dass das dienende und zugleich das herrschende Gut in dem Gebiet einer und derselben Gemeinde belegen sein müsse.

R. Gemeinde Bremm wider Gemeinde Beuren etc., 21. Jan. 1832.
Klenze. Eichhorn. Kunowski. Sandt.

Die churfürstliche Verordnung vom 17. März 1778 und Art. 3, Sect. II. des Ruralgesetzes vom 28. September 1791 reden von der üblichen, auf einige Monate beschränkten Benutzung der Stoppel- und Brachfelder, nicht von Wildländereien, die alle acht Jahre einmal bebaut werden.

R. Mehring wider Otto, 21. Jan. 1832.
Lombard. Eichhorn. Kunowski. Sandt.

Die Rechtsvorgänger des Cassationsklägers haben vor der Forstordnung von 1669 das Recht gehabt, in die Lohhecken der Cassationsverklagten Schafe zu treiben. Dies Recht wird ihm jetzt abgesprochen, weil auch die zu den Waldungen gehörenden Lohhecken nach der noch bestehenden Ordonnanz von 1669 und dem Decret vom 17. Nivôse XIII. mit Schafen nicht geweidet werden dürfen. Der Cassationshof cassirt, erklärt den Cassationskläger für berechtigt, mit der Maassgabe:

> dass die Schafhude in den Lohhecken so lange ruhen müsse, als das forstpolizeiliche gesetzliche Verbot des Eintreibens und Hütens der Schafe in Holzungen besteht.

Der Art. 13. Tit. 19, Ordonnanz vom August 1669 und das Decret vom 17. Nivôse XIII. sind, heisst es, durch die Oesterr.-Bair. Forstordnung vom 30. Juli 1814, und durch das Ruralgesetz vom 28. September 1791, nicht aufgehoben. Lohhecken gehören unzweifelhaft zu den Holzungen. Die Ordonnanz und das Decret enthalten jedoch nur ein forstpolizeiliches Verbot des Eintreibens der Schafe in Holzungen; sie beschränken mithin nur in dieser Beziehung die Ausübung des Rechts, ohne das Weiderecht selbst aufzuheben.

Die Zurücknahme jenes polizeilichen Verbots kann mithin dem Weideberechtigten die freie Ausübung seines Weiderechtes mit Schafen auch in Holzungen zurückgeben.

K. Kleutgen wider Gem. Wiltingen, 14. Mai 1835.
Esser. Eichhorn. Sandt. Kunowski.

Eine Berechtigung zur Eichelmast kann an und für sich nicht zu jenen Weidbefugnissen gezählt werden, welche Art. 8, Tit. 1, Sect. 4 des Gesetzes vom 28. September 1791 mit dem Namen „vaine pature“ — bezeichnet.

R. Brück wider Gem. Sponheim, 12. März 1836.
v. Breuning. Eichhorn. Reinhardt. Kunowski.

Die Beschränkung des Weiderechtes auf die unbestellten Ländereien steht fest. Da nun die Bestellung des Landes ein nur auf unbestellte Ländereien beschränktes Weiderecht nicht schmälert, und letzteres das Recht, die Cultur zu verbieten, nicht in sich schliesst, so kann die Annahme dieser Principien den Art. 701 B. G. B. nicht verletzen. Dasselbe gilt von den geschmälerten und zur Trift nach belasteten Grundstücken unbrauchbar gemachten Wegen.

R. v. Heister wider Monheim, 16. November 1840.
v. Oppen. Esser. Sandt. Kunowski.

Widerklage.

Widerklagen sind auch nach französischem Recht selbst dann zulässig, wenn sie mit dem der Hauptklage zum Grunde liegenden Rechtsverhältniss in keiner Verbindung stehen.

L. 11, §. 1. De jurisd.; l. 22. De jud.
Nov. 53, Cap. 3, §. 1; 96 Cap. 2; 123 Cap. 15.

K. Claren wider Kirchenfabrik St. Alban, 23. Juni 1832.
Oswald. Kunowski. Buddee. Arch. XIII. 2. 8.

Wohnsitz.

Die Frage, wo Jemand sein Domicil, ist rein factisch.

R. Guérin wider v. Dahlberg, 24. Oct. 1827.
v. Reibnitz. Eichhorn. Kunowski. Sandt.

Es schliesst allerdings einen Widerspruch in sich, an zwei verschiedenen Orten gleichzeitig einen gesetzlichen Wohnsitz zu haben. Wenn diese Annahme auch nach dem römischen Recht gegründet, so ist es doch unzulässig nach der französischen Gesetzgebung. Abgesehen von allen übrigen Gründen spricht der Art. 102 B. G. B. die Einheit des Domicils so bestimmt aus, dass man die in dem Entwurfe des Gesetzbuches enthaltene Verfügung:

„das Gesetz erkenne nur ein Domicil," —

für überflüssig hielt. Es ist zwar gesetzlich zulässig, mehrere Aufenthaltsorte zugleich zu haben, man hat aber nur einen Wohnsitz, und zwar da, wo die Person als juristisch fixirt zu betrachten ist. Wenn daher der Cassationskläger seinen staatsbürgerlichen Wohnsitz in Paris hat, so kann er kein anderes Domicil in Frankreich oder im Auslande haben.

Der Art. 1033 B. G. B., indem er unter gewissen Bedingungen eine Fristverlängerung verordnet, spricht nur von solchen Ladungen, die der Person oder in ihrem Domicil zugestellt werden. Domicil hat wenigstens in dieser Verbindung nur eine beschränkte Bedeutung; darunter ist einzig und allein der wirkliche, nicht der gesetzliche oder gewählte Wohnort der Parthei zu verstehen. Es sind daher alle Ladungen, welche im Domicil des Anwaltes geschehen, durch die Worte des Artikels ausgeschlossen von einer zusätzlichen Frist. — Bei ihnen kann mithin von einer Berechnung nach dem Wohnort der Parthei die Rede nicht sein. Art. 261 B. P. O.

R. v. Maison wider Gemeinde Hülchrath, 15. August 1827.
Fischenich. Eichhorn. Sandt. Kunowski.

Für den Art. 261 B. P. O. ist der Wohnort des Anwaltes nicht nur der gesetzliche, sondern auch der wirkliche Wohnort der Parthei; er kommt somit, insofern es sich um den Art. 1033 handelt, einzig und allein in Betracht.

R. Paffrath wider Erben Heykamp, 16. März 1831.
Blanchard. Eichhorn. Kunowski.

Die Frist des Art. 763 ist nicht nach Art. 1033 B. P. O. zu berechnen, denn dieser spricht nur von Zustellungen, welche der Parthei in Person oder in deren Wohnsitz geschehen. Der Zusatztag im Art. 763 ist auf die Entfernung des wirklichen Wohnsitzes einer jeden Parthei berechnet; es kann daher nur die Entfernung des Ortes, wo das Urtel zugestellt worden, von demjenigen, wo der Berufungsact zuzustellen, in Betracht kommen; die appellirende Parthei wird in Bezug auf das Rangordnungsverfahren als bei ihrem Anwalte gleichsam ihren wirklichen Wohnsitz nehmend, angesehen.

R. Reichenbach wider Brinck & Comp., 7. Januar 1832.
Esser. Oswald. Kunowski. Sandt.

Die Instanzrichter waren nicht verhindert, aus dem Umstande des noch mangelnden Auswanderungsconsenses zu folgern, dass der Cassationskläger seinen Hauptsitz in der That noch nicht in das Ausland verlegt habe, und den erbotenen Beweis des Gegentheils für unerheblich, mithin unzulässig zu erklären.

R. Luckhard wider Zapp, 3. Mai 1841.
Heffter. Eichhorn. Reusche. Sandt.

Der Art. 103 B. G. B. verlangt ausser der nach Vorschrift des Art. 104 gemachten Erklärung die wirkliche Verlegung der Hauptniederlassung.

R. v. Carnap wider Carnap Falliment, 4. Jan. 1841.
Esser. Eichhorn. Reusche. Sandt.
R. Luckhard wider Zapp, 3. Mai 1841.
Heffter. Eichhorn. Reusche. Sandt.

Zahlung.

Der Cassationsverklagte macht dem Cassationskläger das Realanerbieten, und rechnet auf die schuldige Forderung eine Summe ein, auf welche bei ihm gegen den Cassationskläger Arrest ausgebracht ist. Das Realanerbieten ist nicht für vollständig zu erachten; der Arrest an sich kann den Schuldner von seiner Schuld nicht befreien. Cassationsbeklagter musste, um dem Art. 1257 B. G. B. vollständig nachzukommen, auch die mit Arrest bestrickte Summe gegen Aufhebung des Arrestes anbieten, und sie consigniren, wenn Cassationskläger diese Aufhebung nicht bewirken konnte. — Art. 1259 B. G. B. und 814 seq. B. P. O. — Die Annahme des Gegentheils verletzt die Art. 1244, 1258, Nr. 3, 1257 B. G. B. und 814, 817 B. P. O.

K. Maass wider Thissen, 2. Sept. 1828.
Oswald. Eichhorn. Kunowski. Sandt. Arch. XII. 2. 23.

Zehntrecht.

Dem Eigenthümer des zehntpflichtigen Grundstücks steht das Recht zu, solches nach Gutdünken zu bewirthschaften; er ist hierin weder durch die Ortsgebräuche, noch durch die Möglichkeit eines für den Berechtigten hervorgehenden Nachtheils beschränkt. Weder nach gemeinem Rechte, noch nach den besonderen Gewohnheiten des Herzogthums Berg ist der zufällige, im Allgemeinen wenig erhebliche Ertrag eines wegen erschöpfter Fruchtbarkeit brach liegenden Ackers, oder der hierauf sich natürlich erzeugende Grasgrummet als ein der Ausübung des Zehntrechts unterworfener Gegenstand anzusehen. Hiermit stimmt das Allg. Landr. II. 11, §§. 880, 889 überein.

R. Stommel wider Bernsau, 26. Juni 1843.
Brewer. Jachnigen. Reusche. Sandt.

Zinsen.

Das römische Verbot der das alterum tantum übersteigenden Zinsen hat keinen anderen Sinn, als dass von der Zeit an, in welcher die Summe der Zinsen der Capitalsumme gleich kommt, keine neue Zinsen entstehen sollen.

L. 27, §. 1 C. De usuris.

Die Möglichkeit dieser Entstehung neuer Zinsen ist nur nach dem Rechte der Zeit, in welcher sie entstehen sollen, nicht nach dem Rechte der Zeit, worin der ganze Zinsenlauf seinen Anfang genommen hat, zu beurtheilen. —

Art 2 B. G. B. —

Nach allgemeinen Rechtsgrundsätzen können Verzugszinsen, wenn sie einmal zu laufen angefangen, nicht anders sistirt werden, als durch Zahlung oder Deposition, keineswegs aber durch die blosse Nachlässigkeit des Berechtigten in der Betreibung des Processes.

Art. 2277 B. G. B.

R. Deusner wider Simonis, 5. December 1821.
v. Savigny. Ruppenthal. Reinhardt. Haass.

Die Erhebung übermässiger Zinsen begründet an sich nur einen den gewöhnlichen Regeln des Civilprocesses unterworfenen Anspruch auf Restitution; sie kann nur unter besondern, von dem Strafrichter zu würdigenden Umständen, nach dem Gesetz vom 3. September 1807 den Charakter eines correctionellen Vergehens annehmen. Im Allgemeinen ist sie als ein Delict im Sinne des Art. 1348 und 1382 seq. B. G. B. nicht aufzufassen.

R. Backes wider Gores, 29. December 1830.
Oswald. Eichhorn. Kunowski. Sandt.

Der Streit über die Verjährung vorbedungener Zinsen ist nach dem Gesetz des abgeschlossenen Vertrages zu beurtheilen.

Der §. 849, I. Tit. 11 A. L. R. gilt auch für vorbedungene Zinsen. — §. 868, 861, 224 ibid. und I. 15, §. 453.

R. v. Königsmark wider Senfft v. Pilsach, 28. Februar 1837.
Heffter. Eichhorn. Sandt. Kunowski.

Die actio ex judicato, auf das ganze Zuerkannte gerichtet, verjährt nicht mehr in einzelnen Posten, z. B. in den seit dem Judicat erwachsenen Zinsen, sondern nur im Ganzen mit der

Klage. Auf diese Zinsen ist daher der Art. 2277 B. G. B. nicht anzuwenden.

Die Bestimmungen der Allg. Ger.-Ord. I. 51, §. 8, 9, 45, — berühren nur das Rechtsverhältniss der Gläubiger untereinander, und zu der unter ihnen zu vertheilenden Masse, ohne die Rechte des Gläubigers dem Schuldner gegenüber zu verändern. Diesem gegenüber ist daher jede aus der Vermögensmasse des Schuldners geleistete Zahlung nach Art. 1, Tit. 16, §. 153 A. L. R. zuvörderst auf die Zinsen zu imputiren.

K. Depke wider v. Wurmb, 2. Dec. 1845.
v. Oppen. Jaehnigen. Volkmar. Reusche. Ann. V. 1. 141.

Der Art. 1133 B. G. B. lässt, wo es sich von einer bestimmten Summe handelt, die Zinsen ex mora erst von der Klage an laufen.

K. Quint wider Kirchenfabrik Winterich, 28. Januar 1837.
Graun. Eichhorn. Sandt. Kunowski

Für die Anwendung des Art. 2277 B. G. B. macht es nach Art. 652 keinen Unterschied, ob die Zinsen von dem Preise einer gekauften Sache, welche Früchte trägt, oder von einem verzinslichen Darlehn, welches in den Händen des Schuldners ähnliche Vortheile abwirft, jährlich zu zahlen sind.

Das in den Sitzungen der gesetzgebenden Versammlung vom 8. und 15. März 1804 zu dem Art. 2277 aufgestellte Motiv, dass der Schuldner durch Anhäufung von mehr als fünfjährigen Zinsen nicht zu Grunde zu richten, trifft in beiden Fällen gleichmässig zu.

R. Weckbecker wider Krings, 24. Februar 1840.
Esser. Eichhorn. Sandt. Kunowski.

Die Verpflichtung eines Miterben, die von einem gemeinschaftlichen Erbstück gezogenen besonderen Nutzungen bei der Erbtheilung zu ersetzen, unterliegt nicht der Verjährung des Art. 2277., da, wenn auch die Erhebung nur in periodisch-wiederkehrenden Fristen stattgefunden, doch Erstattung allererst bei der vorzunehmenden Erbtheilung gefordert werden konnte.

R. Weyler wider v. Calenberg, 30. Oct. 1843.
Brewer. Jaehnigen. Sandt. Reusche.

Die Erben Miltz cediren zwei Capitalien nebst Zinsen seit dem Jahre 1794 dem Seligmann am 13. Februar 1825; er subrogirt am 13. Februar 1828 den Helff in seine Rechte; dieser cedirt am 1. Januar 1831 die bis zum 1. Januar 1814 erfallenen Zinsen zurück an den Seligmann. Die Krone Nassau übernimmt im Jahre 1838 die Capitalien nebst den Zinsen, erklärt jedoch mit Consens der Gläubiger, nur die Zinsen bis zur Höhe des Capitals zu zahlen. Wie sind die Zinsen zwischen

Helff und Seligmann zu vertheilen? Das Landgericht erkennt dem Seligmann die zurückcedirten Zinsen von 1794 bis 1813 incl. zu, der Appellationshof theilt zwischen beiden Partheien im Verhältniss zu der Zeit, für welche eine jede Parthei nach Maassgabe ihrer früheren Verträge, die Zinsen zu ziehen berechtigt sein sollte.

Hierdurch ist kein Gesetz, und namentlich nicht:

L. 26, §. 1. De condict. indeb. —
L. 9. Pr. D. De usuris,
L. 4, §. 1. De naut. foenore,
C. 10, 27, 29, 30. C. De usuris,
Nov. 121 und 138, —

verletzt.

R. Seligmann wider Helff, 10. Nov. 1845.
v. Oppen. Jaehnigen. Reusche. Sandt.

Zollordnung.

Wenn zur Behandlung der in Beschlag genommenen Weine besondere Kenntnisse erforderlich, so liegt dem Zoll- und Steuerbeamten die Verpflichtung ob, entweder einen Sachverständigen zuzuziehen, oder den Verkauf zu veranlassen,

Art. 1962 B. G. B. §. 154 der Zollordnung vom 26. Mai 1818.

Die §§. 35 und 48 ibid. finden auf sequestrirte, in einem Privatkeller verbliebene Weine nicht Anwendung.

R. Steueramt Aachen wider Prinz, 29. Jan. 1823.
Friccius. Eichhorn. Sandt. Ann. V. 1, 81.

Criminalrecht.

Abfluss des Wassers.

(Vergleiche Polizeiverordnung.)

Das Abfliessenlassen des Farbewassers in einen Bach, ist durch kein Gesetz untersagt. Die dadurch bewirkte Beschädigung giebt mit Rücksicht auf den Art. 479, Nr. 1 Str. G. B. höchstens Grund zur Schadenklage.

K. Oeffentl. Minist. Aachen wider Hermans, 5. Mai 1822.
Blanchard. Ruppenthal.

Abus de confiance.

X hat eingestanden, 300 Thaler, welche ihm von der General-Depositencasse zur Auszahlung an verschiedene bestimmte Personen zugesandt worden, an diese nicht ausgezahlt, sondern in eigenen Nutzen verwendet zu haben. Er hat hierdurch, mag man das Anvertrauen der Gelder als Depositum oder Mandat ansehen, die Strafe des Art. 408 Str. G. B. verwirkt.

K. Oeffentl. Minist. am Appellationsh. wider Meder, 14. Oct. 1829.
Scheller. Eichhorn.

Die X erhält neun Hemden zu nähen; sie versetzt deren drei und schickt dem Besteller den Pfandzettel. Ohne, dass es von dessen Seite einer Aufforderung zur Einlösung bedarf, liegt das Vergehen des Art. 408 Str. G. B. vor.

K. Oeffentl. Minist. Cleve wider Baumgarten, 14. Sept. 1831.
Graun. Oswald.

Altländische Gesetze.

(Vergleiche Amt und Amtsvergehen.)

Die Worte des §. 2 der Cabinetsordre vom 6. März 1821:
— „in den Fällen," —
fassen nur Umtriebe in sich, wodurch die Majestät des Souve-

rains, oder die innere Ruhe des Staates gefährdet wird, nicht aber den Fall, wo Polizeisergeanten, die einer Schlägerei steuern wollten, verwundet worden sind.

K. Oeffentl. Minist. zu Düsseldorf wider Droben, 13. Juli 1821.
v. Savigny. Ruppenthal.

X sagt in öffentlicher Sitzung:
„der Minister v. Kamptz habe ihm die Befugniss zur Praxis frevelhaft abgesprochen."

Dieses Vergehen ist in Form und Materie nach altpreussischen Gesetzen zu verfolgen. Cabinetsordre vom 6. März 1822 Nr. 3, §. 207, II. 20 A. L. R.

Kohl (Competenzconflict), 11. Januar 1834.
Oswald. Eichhorn.

In den nach der preussischen Criminalordnung zu verhandelnden Sachen vertritt die Rathskammer den Decernenten, dessen Decrete die Natur von Urtheilen nicht haben.

Biergans (Competenzconflict), 6. April 1840.
v. Oppen. Esser.

Die Cabinetsordre vom 2. August 1834 findet auf alle noch unentschiedene Fälle, also auch da Anwendung, wo ein Urtel des Anklagesenats erst die Verweisung verordnet hat.

Spier (Competenzconflict), 22. Nov. 1834.
Oswald. Eichhorn.

Die Cabinetsordre vom 31. December 1836 bestimmt, dass alle Vergehen der Bonner Studenten, die nicht Disciplinarvergehen, nach der preussischen Criminalordnung zu bestrafen. Hierin hat die Verordnung vom 18. Februar 1842 nichts geändert.

Kropf (Competenzconflict), 5. Sept. 1842.
Tellemann. Eichhorn.

Amt und Amtsvergehen.

(Vergleiche Beleidigung.)

Die Annahme ist irrig, dass eine in dem Straf-Gesetzbuch als ein gemeines Vergehen charakterisirte Handlung eines öffentlichen Beamten gegen die ihm vorgesetzte Behörde, wie die der strafbaren Beleidigung, sich zur Verfolgung durch den gewöhnlichen Richter nicht eigene, sobald sie zugleich die Qualität eines Dienstvergehens in sich enthalte. Das Gegentheil ergiebt sich aus dem §. 39 der Instruction für die Regierungen, und der Verord. des Staatsministeriums vom 20. Juli 1818 §. 35 u. 36.

K. Oeffentl. Minist. Düsseldorf wider Melzer, 4. August 1820.
Goerdeler. Eichhorn. Sandt.

Die Cabinetsordre vom 6. März 1821 hat auf die Dienstvergehen der Justizbeamten keine Anwendung.

Competenzconflict in Sachen wider v. Frohreich, 26. Juni 1822.
v. Savigny. Ruppenthal.

Da gerichtliche Untersuchungen über Dienstvergehen der Verwaltungsbeamten nur auf Anstehen der Administrativbehörden einzuleiten, — §. 36 Ressort-Regl. vom 20. Juli 1818, — so kann das Resultat der vorangehenden Prüfung, insofern die Einleitung der Untersuchung für nicht angemessen erachtet wird, einer ferneren Prüfung von Seiten der Gerichte nicht unterworfen werden.

R. Roepke, 3. November 1845.
Brewer. Eichhorn.

Erlass der Königl. Regierung, dass der Polizei-Inspector mit den Geschäften der gerichtlichen, dass dagegen die beiden Commissarien zu Elberfeld mit denen der administativen Polizei zu beschäftigen sind. Der Oberprocurator zeigt an, dass trotz dessen die Polizeicommissarien als Hülfsbeamten der gerichtlichen Polizei verpflichtet blieben.

X zeigt dem Polizeicommissarius einen Diebstahl an, dieser wird, weil er die Anzeige verweigert, wegen Verletzung seines Amtes aus Unwissenheit mit Recht bestraft. — §. 334, Th. II. Tit. 20 A. L. R.

Die Polizeicommissarien sind Hülfsbeamte der gerichtlichen Polizei, 9, 11, 12, 49, 50, 144, 229, 280 Str. P. O. Die Königl. Regierung kann hieran nichts ändern; der §. 40 Ressort-Regl. ist auf die Beamten der gerichtlichen Polizei nicht anwendbar, der §. 41 aber durch die Bekanntmachung des Oberprocurators ausgeschlossen.

R. v. Kreyfeld, 30. September 1844.
Esser. Jaehnigen.

Schon vor der Cabinetsordre vom 11. August 1832 war der Satz unrichtig, dass die Eigenschaft eines öffentlichen Beamten von der Eidesleistung und nicht von der Amtsverleihung oder Anstellung abhänge.

K. Oeff. Minist. Düsseldorf wider Porthmann, 5. April 1834.
Oswald. Eichhorn.

Die Art. 196 und 197 Str. G. B. sind nur auf öffentliche Beamte anwendbar, denen eine weltliche Autorität, ein Theil der Staatsgewalt anvertraut ist; nicht auf die Diener der Religion. Dies ergiebt sich theils aus der Zusammenstellung dieser mit den vorhergehenden Verfügungen, theils daraus, dass in dem folgenden Abschnitt von jenen Dienern besonders gehandelt wird.

Kein späteres Gesetz, namentlich nicht die Cabinetsordre

vom 6. März 1821 und 12. April 1822 hat hierin das Mindeste geändert.

R. Generalprocurator am Appellationshof wider Tillmanns, 12. Mai 1832.
Reinhardt. Eichhorn.

Auf die von einem Beamten angenommenen Privatgehülfen sind die Art. 169—172 Str. G. B. nicht anwendbar, und finden die Art. 173 und 174 auf andere, als die dort hervorgehobenen Fälle nicht Anwendung.

R. Oeffentl. Minist. Cleve wider Staedel, 27. Jan. 1838.
v. Meusebach. Eichhorn.

Zum Dasein eines Dienstvergehens gehört nothwendig eine Amtspflicht und deren Verletzung, oder sonst eine bis zu einer strafbaren That missbräuchlich ausgedehnte Amtshandlung.

Der Cassationsverklagte ist bei Aufstellung seiner Versetzungskosten-Liquidation als Parthei zur Geltendmachung einer Entschädigungsforderung, also eines Privatinteresses, dem Staate gegenüber aufgetreten, und hat die Prüfung derselben, sowie die Entscheidung darüber der zur Festsetzung befugten Behörde unterworfen. Die Aufstellung einer solchen Liquidation ist eben deshalb keine Amtshandlung, noch eine Amtspflicht, da überhaupt eine Verpflichtung dazu keinem Beamten gesetzlich auferlegt ist.

Eine absichtliche Unrichtigkeit bei Aufstellung oder Justificirung derartiger Liquidationen, wenngleich unmoralisch und unter Umständen strafbar, kann mithin keine Verletzung einer Amtspflicht, oder die Ausdehnung einer Amtshandlung bis zur strafbaren That, und somit kein Dienstvergehen, darstellen.

Die entgegengesetzte Entscheidung des angefochtenen Urtheils und die wegen vermeinten Vorhandenseins eines Dienstvergehens erfolgte Verweisung der Sache zur Verhandlung und Entscheidung nach Maassgabe der Cabinetsordre vom 6. März 1821 und 2. August 1834, enthält daher eine unrichtige Anwendung dieser gesetzlichen Bestimmungen.

K. Oeff. Minist. Cleve wider Eicke, 8. April 1839.
Jaehnigen. Eichhorn.

Hat ein Lehrer nicht während der Schulstunden, sondern in seinem Zimmer sich einen Angriff auf die Schamhaftigkeit einer Schülerin erlaubt, so ist dies ein gemeines und kein Amtsverbrechen.

Art. 333 Str. G. B.; §. 338, II. 20 A. L. R.; Cabinetsordre vom 18. April 1837.

K. Oeffent. Minist. Cöln wider Walther, 24. Januar 1842.
v. Oppen. Jaehnigen. Arch. XXX. 2. 13.

Ein Gefangenwärter macht gegen weibliche Gefangene gewaltsame Angriffe auf deren Schamhaftigkeit. Dies ist ein gemeines, vor den Assisenhof zu verweisendes Verbrechen.

Art. 333 Str. G. B., Cabinetsordre vom 18. Februar 1842, §. 3.

R. Schmitt, 6. Mai 1844.

v. Oppen. Jaehnigen.

Der Bürgermeister X stört den Gottesdienst durch ungebührlichen Lärm. Es ist dies kein Dienst-, sondern ein gemeines Vergehen, dessen Qualification dadurch, dass X es bei Anderen zu unterdrücken verpflichtet, nicht geändert werden kann. Die Grundsätze der Rheinischen Straf-Processordnung finden daher hier Anwendung. Ressort-Reglement und Cabinetsordre vom 6. März 1821.

R. Ludwigh, 22. December 1832.

v. Meusebach. Eichhorn.

Der Cassationskläger, ein Bürgermeister, hat durch unrichtige Datirung mehrerer von ihm als Hülfsbeamten der gerichtlichen Polizei aufgenommenen Protocolle, eine grobe Nachlässigkeit begangen, ohne jedoch irgend einen Schaden zu veranlassen.

Solche unschädliche Unrichtigkeiten sind nach §. 401, II. 20 A. L. R., nach Vorschrift der Processordnung zu ahnden. Die Anwendung der in dem Art. 279 seq. der rheinischen Criminalordnung enthaltenen speciellen Bestimmungen, ist daher hier um so weniger bedenklich, als die Aufnahme der Protocolle in einer nach rheinischen Gesetzen geführten Untersuchung stattgefunden hat.

Es ist sonach nicht der Appellationshof, sondern der Generalprocurator am Appellationshofe diejenige Behörde, die hier einwirken muss.

K. Wetter, 14. November 1842.

Liel. Reusche.

Die Privatfeldschützen sind in dem Bergischen, sowie in den übrigen Landestheilen, wo die französische Criminal-Processordnung gilt, wenn auch nicht als Staatsbeamte, doch als Hülfsbeamte der gerichtlichen Polizei im Sinne der Art. 9 und 16 der Cr. P. O. zu betrachten, und hat hierin die Präfectural-Verfügung vom 10. December 1812 nichts geändert. Decret vom 17. December 1811 Gesetz vom 20. Messidor III.

K. Oeff. Minist. am Appellationshof wider Siefen, 25. März 1839.

Graun. Eichhorn.

Der Waldhüter, der das ihm anvertraute Revier bestiehlt, ist gegen den Vorwurf der verletzten Diensttreue, nicht mit der Einrede zu hören, dass seine Dienstpflicht sich nur darauf beschränke, die Eingriffe Dritter zu verhindern, und nicht die Aufsicht über ihn selbst umfasse.

R. Oeffentl. Minist. Trier wider Herres, 18. April 1842.
v. Oppen. Eichhorn.

X, ein Privatfeld- und Waldhüter von mehreren Privaten, jagt auf dem Grundstück eines seiner Contrahenten. Durch Verletzung seines Contracts hat er ein Amtsvergehen nicht begangen, und sind daher die §§. 333, Th. II. Tit. 20 A. L. R. und das Gesetz vom 29. März 1844 §. 4, 11, 14, 15 nicht auf ihn anwendbar.

K. Oeffentl. Minist. Trier wider Molitor, 7. April 1845.
v. Oppen. Jaehnigen.

Ein Gerichtsvollzieher, oder ein Notar, oder ein Feldhüter als Beamter der gerichtlichen Polizei, ist im Sinne der Cabinetsordre vom 6. Mai 1821 kein Verwaltungsbeamter.

Competenzconflict, öffentl. Minist. am Appellationshof wider Daber, 4. September 1822.
Goerdeler. Eichhorn.

Der Gerichtsvollzieher X pfändet einen Ofen, aus dem bei dem Fortbringen noch glühende Kohlen herausfallen. Bestraft, verzichtet er mündlich auf die Berufung. Das öffentliche Ministerium legt den Cassationsrecurs ein:

1) weil der mündliche Verzicht unstatthaft. Art. 173 Cr.-O. Dasselbe hat jedoch kein Recht, die formelle Gültigkeit der vom Verklagten abgegebenen Erklärungen zu bemängeln.

2) weil nicht ein Polizei-, sondern ein Amtsvergehen vorliegt. §. 338, II. 20 A. L. R. Mit Unrecht. Die Pfändung, nicht die spätere Unachtsamkeit auf die Kohlen charakterisiren sich als Amtshandlung.

R. Oeffentl. Minist. Trier wider Weisenahl, 3. August 1839.
v. Oppen. Esser.

Der Gerichtsvollzieher X, beauftragt für den Unterstützungsverein in seiner Eigenschaft als Cassirer, Gelder einzuziehen, unterschlägt selbige. Als Cassirer jenes Vereins ist er als solcher weder als un-, noch als mittelbarer Cassenbeamter des Staates anzusehen, und daher nicht der §. 419, II. 20 A. L. R., sondern nur der Art. 408 Str. G. B. auf ihn anwendbar.

K. Cörrens, 29. April 1844.
Graun. Eichhorn.

Der Gerichtsschreiber, der die von den Partheien zu den zu verwendenden Stempeln, oder die zur Bestreitung der Schreibgebühren beim Enregistrement geleisteten Vorschüsse zu seinen

Privatzwecken verwendet, ist nach Art. 169 Str. G. B. zu bestrafen.

K. Stein, 12. Juli 1826.
Goerdeler. Eichhorn.

Gegen einen Kirchenrendanten ist festgestellt, dass er neun Thaler der Kirche nicht in Rechnung gebracht, vielmehr in seinen Nutzen verwendet hat. Er hat hierdurch die Cassation verwirkt. §. 419, II. 20 A. L. R.; da jedoch eine Cassenveruntreuung im engeren Sinne durch Entziehung der schon zu ihr gehörigen Gelder, nicht vorliegt, so ist nicht zugleich auf Unfähigkeitserklärung zu erkennen.

K. Hüllen, 28. November 1842.
Graun. Jaehnigen. Sandt.

Der suspendirte Zollaufseher X ist wegen zweier Diebstähle zur Gefängnissstrafe und zum Verlust der Nationalcocarde verurtheilt.

Gegen dieses Urtheil legte das öffentliche Ministerium insofern den Cassationsrecurs ein, als dasselbe nicht die Entsetzung des Angeschuldigten als Zollaufseher ausgesprochen.

Ein derartiger Ausspruch ist mit Recht unterblieben. Denn wenn auch durch die Cabinetsordre vom 16. März 1821 und 2. August 1834 die Bestimmungen des §. 339, Th. II. Tit. 20 und der Cabinetsordre vom 11. Januar 1813 in der Rheinprovinz eingeführt worden sind, und es daher an sich feststeht, dass ein Beamter, der wegen gemeinen Verbrechens mit Zuchthaus oder einer schweren Freiheitsstrafe, oder mit Festungsarrest über ein Jahr bestraft wird, gleichzeitig zur Cassation verurtheilt werden muss, so kann, da das Gesetz nur diese Strafarten nennt, dasselbe auf andere und geringere Strafarten, namentlich auf blosse Gefängnissstrafen nicht angewendet werden, und ebenso, da die festgesetzte Folge an das wirkliche Erkennen einer jener Strafarten geknüpft ist, kann es in der Rheinprovinz nicht darauf ankommen, ob, wenn die strafbare That nach altländischen Gesetzen zu beurtheilen wäre, auf eine jener Strafarten erkannt werden könnte, sondern nur darauf, ob auf eine jener Strafarten nach dem wirklich zur Anwendung kommenden Gesetze erkannt wird.

R. Oeffentl. Minist. Cleve wider Heckrath, 8. April 1839.
Jaehnigen. Eichhorn.

Angriff auf die Schamhaftigkeit.

X ist des gewaltsamen Angriffs auf die Schamhaftigkeit angeschuldigt. Die Frage:

Hat X der Y die Kleider aufgerollt, und sie auf die entblössten Theile geschlagen?
vergisst das wesentliche Factum: nämlich
ob er auf diese Weise einen gewaltthätigen Angriff auf ihre Schamhaftigkeit gemacht?

Hierdurch hat sich der Assisenhof einer Machtüberschreitung schuldig gemacht. Art. 337 Cr. O.

K. Jansen, 28. Mai 1823.
v. Meusebach. Ruppenthal. Arch. VI. 2. 9.

X hat der zwölfjährigen Y unter schmutzigen Reden unter die Röcke gegriffen, sie aber auf ihr Geschrei losgelassen, nachdem er mit dem Finger soweit in die Schamtheile gegriffen, dass ihr dies Schmerz verursacht. — Gewaltthätigkeiten sind an ihr nicht verübt. Der Art. 330 und nicht der Art. 331 Str. G. B. ist daher das zureichende Gesetz.

R. Oeffentl. Minist. am Appell.-Hof wider Hoelzer, 29. April 1829.
Blanchard. Eichhorn.

Die Dienstboten des Hausvaters sind als solche auch in Bezug auf die Ehefrau und die Kinder anzusehen. Hat daher ein bei ihm wohnender Dienstbote einen Angriff auf die Schamhaftigkeit eines bei dem Vater wohnenden Kindes verübt, so greift nicht nur der Art. 332 und 331, sondern auch der Art. 333 Str. G. B. durch.

K. Oeffentl. Minist. Aachen wider Roelkes, 4. Mai 1840.
Jaehnigen. Eichhorn. Arch. XXX. 2. 6.

Das Verbrechen der Nothzucht ist von dem des gewaltsamen Angriffs auf die Schamhaftigkeit zu unterscheiden. Art. 331 Str. G. B. Jede mittelst physischer Gewalt an dem Körper einer Person verübte, das natürliche Schamgefühl derselben in hohem Grade verletzende Thathandlung, ist als ein Verbrechen der letzteren Art anzusehen, ohne dass hierbei der Zweck des Angreifers, und ob dieser namentlich auf eine Befriedigung des Geschlechtstriebes gerichtet gewesen, nach den Worten und dem Sinne in Betracht kommt. Die Anklagekammer, die Absicht des Angreifers auf Schändung, als zum Wesen des Verbrechens gehörig, unterstellend, hat daher die Art. 330 und 331 Str. G. B. verletzt.

K. Oeffentl. Minist. am Appell.-Hof wider Klein, 27. Juni 1842.
Brewer. Jaehnigen. Arch. XXXIII. 2. 72.

Anklageact.

(Vergleiche Assisen.)

Die irrige Angabe des Vornamens in dem Anklageact erscheint nicht als Verletzung einer wesentlichen Processvorschrift, da Cassationskläger vor dem Assisenhof ausdrücklich anerkannt hat, der Angeklagte zu sein.

R. v. d. Steinen, 2. Juni 1842.
v. Daniels. Eichhorn.

Anmeldung der Fremden.

(Vergleiche Polizeiverordnung.)

Die Verordnung der Oberbürgermeisterei Coblenz vom 14. März 1821 verpflichtet zur Anmeldung aller Personen, ohne in Betreff der Verwandten eine Ausnahme zu machen.

K. Oeffentl. Minist. Coblenz wider Geswein, 7. Sept. 1821.
v. Reibnitz. Eichhorn.

Hat X seinen Schwiegersohn in sein Haus aufgenommen, ohne ihn anzumelden, so verfällt er dem §. 9 des Gesetzes vom 31. December 1842.

K. Oeffentl. Minist. Wipperfürth wider Schumacher, 15. April 1844.
Brewer. Eichhorn.

Die Nr. 7 der Verfügung des Polizei-Präsidii zu Coblenz vom 13. Mai 1818, die Anmeldung der Miether etc. betreffend, unterscheidet nicht, ob Jemand unentgeltlich oder gegen Entgelt aufgenommen wird.

K. Oeffentl. Minist. Cöln wider Brandenburg, 25. Mai 1840.
Jaehnigen. Eichhorn. Arch. XXXI. 2. 41.

Die Nr. 4 der Verordnung vom 28. Januar 1838 ergiebt in Verbindung mit dem Eingang, dass die Meister nur solche Gesellen anzumelden, welche nicht vorübergehend bei ihnen arbeiten, sondern zu ihnen in ein dauerndes Verhältniss treten, womit in der Regel Kost und Wohnung verbunden zu sein pflegt.

R. Oeffentl. Minist. Barmen wider Freiberger, 20. Sept. 1843.
Graun. Eichhorn.

Anmeldung des Kaufs von Immobilien.

Wer den Kauf eines Hauses der Polizei nicht anzeigt, ist, ehe ihm selbiges wirklich überliefert, nicht strafbar.

Polizeiverordnung vom 13. Mai 1818.

R. Oeffentl. Minist. Cöln wider Wahlen, 3. März 1845.
Brewer. Jaehnigen.

Die administrative Behörde ist übrigens nach Art. 1, Nr. 3 Gesetz vom 24. August 1790, zur Erlassung dieser Verordnung befugt gewesen.

R. Oeffentl. Minist. Cöln wider Wahlen, 3. März 1845.
Brewer. Jaehnigen.

Appellationsgerichtsrath.

Die Art. 481 und 482 Cr. O. sind durch das Gesetz vom 20. April 1810 Art. 10 in Hinsicht der eines correctionellen Vergehens beschuldigten Appellationsgerichtsräthe aufgehoben. Letztere sind mithin nach Art. 479 ohne Weiteres vor den Appellationshof zu laden.

K. Oeffentl. Minist. am Appell.-Hof wider v. Mylius, 23. Jan. 1828.
Scheller. Eichhorn. Arch. XII. 2. s.

Armuthsattest.

Ist dem Cassationskläger das Armuthsattest nicht von der Obrigkeit seines Wohn-, sondern seines davon verschiedenen Geburtsortes ertheilt. so ist der Recurs unannehmbar.
Art. 420 Cr. O.

R. Roeder, 2. Januar 1836.
Jaehnigen. Eichhorn.

Da das von dem Bürgermeister und dem Steuereinnehmer ausgestellte Zeugniss über die Unvermögenheit des Cassationsklägers, sowie darüber, dass derselbe in keinen Steuern veranschlagt ist, weder von dem betreffenden Landrathe visirt, noch von der Königl. Regierung genehmigt ist, so ist der Vorschrift des Art. 420 der Cr. P. O. nicht Genüge geschehen.

R. Gladbach, 28. April 1845.
Brewer. Eichhorn.

Das Armuthsattest des Art. 420 Str. P. O. muss vom Bürgermeister ausgestellt, vom Landrath visirt, und von der Regierung genehmigt sein.

R. Lichtschlag, 30. Juni 1845.
Brewer. Jaehnigen.

Arzt (Wundarzt, Gesundheitsbeamte).

Die Gesundheitsbeamten sind nicht den Chirurgen gleichgestellt, sondern zur medicinischen Praxis berechtigt.
Gesetz vom 9. Ventôse XI. Art. 15, 17.

R. v. Dauen, 19. Juli 1826.
v. Meusebach. Eichhorn.

Ein Wundarzt erster Classe, der, wo promovirte Aerzte, innere Kranke behandelt, ist nach Art. 35 und 36 Gesetz vom 9. Ventôse XI. zu bestrafen.

K. Oeffentl. Minist. Trier wider Knoefel, 28. Nov. 1835.
Graun. Eichhorn.

Ein Chirurg zweiter Classe, welcher ärztliche Kuren vornimmt, ohne das vorgeschriebene Diplom als Arzt erlangt zu haben, ist ebenso als Contravenient anzusehen, wie jeder Dritte, der die besondere Zulassung zur ärztlichen Praxis nicht erlangt hat.
Art. 1 Gesetz vom 9. Ventôse XI.

R. Schaller, 6. December 1841.
Liel. Jaehnigen.

Wer das Setzen der Schröpfköpfe gegen Vergütigung bei Jedem, der ihn dazu auffordert, besorgt, treibt ein zur Chirurgie gehöriges Geschäft als Gewerbe.
Gesetz vom 9. Ventôse XI. Art. 1, 35 und 36, Regierungsverordnung vom 27. September 1819,
und verfällt einer Strafe von fünf Thalern.

K. Oeffentl. Minist. Cöln wider Marx, 15. Sept. 1838.
Eimbeck. Esser.

Auf die einem Wundarzt zur Last fallende Versäumniss, nach der Bekanntmachung der Königl. Regierung zu Cöln vom 29. September 1821 seine Approbation bei dem Physikus nicht nochmals nachgewiesen zu haben, ist in den Gesetzen eine Strafe nicht angedroht.

R. Oeffentl. Minist. Cöln wider Guthnick, 26. April 1826.
v. Meusebach. Eichhorn.

Die auf den Grund der Cabinetsordre vom 28. Juni 1825 erlassene Verfügung des Cultusministerii vom 20. März 1825 (Amtsblatt der Regierung Düsseldorf) verbietet den Wundärzten zweiter Classe die Verordnung innerer Heilmittel. Wer dem entgegen handelt, verfällt unter allen Umständen in eine Geldstrafe von 1—5 Thalern. — §. 33 Ressort-Reglement.

K. Oeffentl. Minist. Cleve wider Schellenberg, 30. Sept. 1829.
Blanchard. Eichhorn.

Ein Armenwundarzt ist beschuldigt, innere Krankheiten zu curiren. Dies ist kein Amts-, und ebenso wenig, da Medicinalpersonen nicht Staatsbeamte, ein Disciplinarvergehen. II. 20, §. 505—508, Instruction vom 20. Juli 1818, §. 35 und 36.

Der Art. 35 und 36 des Gesetzes vom 9. Ventôse XI. verpönt die Handlung des X nicht; es ist selbige daher nach diesem Gesetze straflos, und nur nach der Bekanntmachung der Königl. Regierung vom 20. September 1825 und dem §. 33 Ressort-Reglement zu bestrafen.

K. Baudouin, 16. December 1837.
Eimbeck. Eichhorn. Reinhardt. Arch. XXVI. 2. 36.

Ein ausländischer Arzt, der seine Praxis über die seiner Hülfe bedürftigen und ihm bezeichneten Grenzorte hinaus erstreckt, macht sich strafbar.

Art. 1, 35, 36, Tit. 6 Gesetz vom 9. Ventôse XI.
Rescript des Min. des Cultus vom 9. Januar 1826.

K. Oeffentl. Minist. Trier wider Mayrisch, 23. Nov. 1840.
Jaehnigen. Esser. Kunowski.

Arzneimittel (geheime).

In Erwägung, dass der Art. 36 des Gesetzes vom 21. Germinal XI. jede gedruckte Ankündigung, und jeden gedruckten Anschlag, welche geheime Arzneimittel bezeichnen, verbietet; — der competente Physikus aber dem Rueb das auch im Gebrauchszettel abgedruckte, und von der Regierung der Unterschrift nach beglaubte Zeugniss ertheilt hat, dass besagtes Destillat mit Sachkenntniss zusammengesetzt, und sich durch sein feines Aroma auszeichne.

Dass hiernach der im Gebrauchszettel angekündigte, auch als Heilmittel bezeichnete doppelte Melissengeist nicht als ein geheimes Arzneimittel im Sinne des Gesetzes vom J. XI. und des Gesetzes vom 29. Pluviose XIII. anzusehen. —

verwirft der Hof den Antrag seines Generalprocurators um Cassation des Beschlusses der Cölner Rathskammer vom 24. October 1831.

R. Generalproc. am Cassationshof wider Rueb, 4. Oct. 1834.
Simon. Eichhorn.

Die X, angeschuldigt des unbefugten Verkaufs von s. g. Carmelitergeist, wird von der Rathskammer ausser Verfolgung gesetzt. — Mit Recht. — Der Art. 36, Gesetz vom 21. Germinal XI. in Verbindung mit Art. 1, Decret vom 25. Prairial XIII., und dem Eingang in den Art. 1 und 8, Decret vom 18. August 1810, bezeichnet nur solche Mittel als Geheimmittel, deren

Bestandtheile etc. nur dem Erfinder bekannt. Im vorliegenden Fall ist aber das Gegentheil ermittelt.

Die Umwickelung eines gedruckten Gebrauchszettels beim jedesmaligen Verkauf, stellt keine Ankündigung im Sinne des Art. 36 dar.

R. Generalproc. am Cassationshof wider Sturm, 14. Mai 1838.
Simon. Eichhorn.

Assessor.

Die gegenwärtig bei den Landgerichten angestellten Assessoren und deren Verhältniss, ist nicht mit den ehemaligen Rathsauditoren der Appellationshöfe zu vergleichen. In ihrer Ernennung ist die Dispensation von dem Alter (27 Jahre) enthalten.

Cabinetsordre vom 19. November 1818.

R. Weidenbach, 19. Juni 1822.
v. Meusebach. Eichhorn.

Dadurch, dass ein ausseretatsmässiger Assessor Referent in einer correctionellen Appellationssache, wird nicht bedingt, dass das jüngste etatmässige Mitglied ausscheide. Aus der im §. 27 der Instruction vom 19. November 1818 angeordneten Zahl von fünf Richtern folgt nicht, dass eine Nichtigkeit vorliegt, wenn die Kammer durch sechs Mitglieder gebildet ist.

R. Oeffentl. Minist. Trier wider Bovy, 7. Sept. 1840.
Graun. Esser.

Assisen.

(Vergl. Zeuge, Verlagung und die einzelnen Verbrechen, z. B. Fälschung, Diebstahl etc.)

Qualität der Geschwornen.

Da der Geschworene X von der Verwaltung auf die Liste gebracht worden, so ist die gesetzliche Vermuthung vorhanden, dass er zu den Classen des Art. 382 Cr. O. wirklich gehört.

K. Goetze, 9. Februar 1821.
v. Meusebach. Ruppenthal. Haass.

Schreibt gleich der Art. 381 Cr. O. unter Nichtigkeit vor, dass jeder Geschworne im Genuss der politischen und bürgerlichen Rechte, so ist doch durch die wegen begangener Entwendung von einem correctionellen Gericht erfolgte Verurtheilung Eines der Geschwornen zu achttägigem Gefängniss, jener

Verlust nicht schon an und für sich eingetreten, zumal selbiger im Urtel nicht ausdrücklich ausgesprochen ist.
Art. 401 und 42, Nr. 3 Str. G. B.

R. Broicher, 21. Februar 1837.
Liel. Eichhorn.

Gehört Einer von den Geschwornen nicht zu den höchst Besteuerten, so bietet dieser Umstand, da für ein solches Versehen nicht der Assisen-, sondern der Regierungspräsident verantwortlich, keinen Cassationsgrund.
Art. 382 und 387 Cr. O.

R. Huver, 1. Juli 1839.
v. Meusebach. Eichhorn.

Die Vorschrift des Art. 384 Cr. O., nach welcher die Amtsverrichtungen eines Geschwornen mit denen eines Richters unvereinbar, findet auf die juges suppléants bei Friedensgerichten nicht Anwendung.

R. Klinker, 10. Juni 1837.
Eimbeck. Eichhorn.

Der Geschworne Degreiff hat auf die Anrede des Präsidenten geantwortet:
„mein Ja ist Ja, mein Nein ist Nein," —
und folglich die bei Strafe der Nichtigkeit vorgeschriebene Antwort nicht gegeben. — Art. 312 Cr. O.

K. Elsen, 17. August 1821.
Blanchard. Ruppenthal. Arch. III. 2. 132.

Kein Gesetz verbietet, dass zwei Brüder in derselben Sache als Geschworne richten.

R. Heiermann, 26. Juni 1822.
Fischenich. Ruppenthal.

Haben auf der Liste der Geschwornen liquidirende Gläubiger gestanden, so ist dadurch der Art. 383 Cr. O. nicht verletzt; er bezieht sich nur auf die Urtheilsgeschwornen.

R. Steiner, 16. Juli 1836.
Jaehnigen. Eichhorn. Sandt.

Ziehung der Geschwornen.

Wenngleich durch den Widerspruch des Datums des Audienzprotocolls und der den Geschwornen gestellten Fragen mit dem Datum des über die Ziehung der Geschwornen aufgenommenen Separatprotocolls und mit dem in der Ausfertigung des Urtels angegebenen Datum eben dieses Urtels wider alle Ordnung völlig ungewiss gemacht worden ist, ob die Ziehung der

Geschwornen und die Untersuchung der Sache am 5ten oder 6ten stattgefunden, so ergiebt sich doch aus den Urkunden über die Zeugenladungen, dass der 5te zum Sitzungstage für diese Sache vorbestimmt war. Dies genügt zu der Annahme, dass durch die am 4ten geschehene Zustellung der Geschwornenliste dem Art. 394 Cr. O. ein Genüge geschehen.

R. Lasch, 10. October 1835.
v. Meusebach. Eichhorn.

Der Art. 399 Cr. O. verbietet dem Assisenpräsidenten nicht, vor Eröffnung der Sitzung ohne Beisein der übrigen vier Mitglieder die Geschwornen zu ziehen.

R. Cajetan, 1. Juni 1833.
Esser. Eichhorn.

Bei dem Aufruf der Geschwornen haben sich 31 von den 36 gemeldet; trotz dessen und gegen den Art. 395 Cr. O. sind noch drei von der Liste der Supplementargeschwornen aufgerufen worden, von denen zwei dem Geschwornengerichte beigesessen. Dies ist ungesetzlich.

K. Hoevel, 9. Juui 1820.
Friccius. Ruppenthal. Arch. II. 2. 48.

Ist den Angeklagten das Vorhaben zwei Supplementargeschworne zu ziehen, vorher bekannt gemacht, haben sie dagegen nichts zu erinnern gehabt, so haben sie mit dieser Einwilligung auf ihr Recusationsrecht verzichtet, und kann um so weniger von einer Rechtskränkung die Rede sein, als hier das Tableau aus 32 gebildet worden.

R. Leydemann.
v. Meusebach. Eichhorn.

Die Ziehung von Supplementargeschwornen ist durch kein Gesetz verboten. Art. 393, 399 Cr. O., und erscheint daher die Einwilligung des Angeklagten in diese Ziehung gleichgültig.

Der Art. 400 schreibt nicht vor, dass bis auf die Zahl zwölf recusirt werden müsse, sondern nur dass bis dahin recusirt werden könne. Der missliche Zustand seines Vaters oder der Ehefrau kann die Entfernung eines Geschwornen rechtfertigen.

R. Fonk, 7. August 1822.
v. Meusebach. Eichhorn. Reinhardt.

Wenngleich der in der zugestellten Liste ausgebliebene Name des 36ten Geschwornen in die Urne gelegt worden, so ist dies keine Nichtigkeit, da ausser ihm noch 33 Namen in der Urne, und er nicht gezogen worden.

R. Nagel, 4. Januar 1841.
Jaehnigen. Eichhorn.

Zustellung der Liste.

Die Zustellung der Geschwornenliste am Tage der Bildung des Tableau, begründet die Nichtigkeit des Verfahrens. Art. 394 Str. P. O.

K. Peegels, 9. Juni 1830.
Oswald. Eichhorn.

Wird das Sitzungsprotocoll aus einer zusammenhängenden Reihe von Verhandlungen gebildet, so folgt aus dem Art. 372 Cr. P. O. nicht, dass jede dieser Verhandlungen einer besondern Unterzeichnung bedürfe. Es genügt, wenn diese am Schlusse ordnungsmässig erfolgt.

Das Wort la veille im Art. 394 beweist nicht, dass dem Angeklagten 24 Stunden frei bleiben müssen.

K. Jenners, 8. December 1830.
Graun. Eichhorn.

Der Art. 341 Cr. O. bestimmt genau, zu welchem Zeitpunkt den Geschwornen der Anklageact von dem Assisenpräsidenten übergeben werden soll; der Angeklagte hat also ein Recht zu widersprechen, wenn der Königl. Oberprocurator vor jenem gesetzlich vorgeschriebenen Zeitpunkte und gleich beim Anfang der Untersuchung einseitig gefertigte Abschriften des Anklageactes unter die Geschwornen vertheilen liess. Hat der Assisenhof ausdrücklich verweigert, die zwischen dem öffentlichen Ministerium und dem Angeklagten streitige Frage zu entscheiden, so ist das Strafurtel nach Art. 341 und 408 a linea der Cr. O. nichtig.

K. Meynen, 20. September 1834.
v. Meusebach. Eichhorn. Arch. XXI. 2. 21.

Berathschlagungszimmer.

Wäre es richtig, dass die Geschwornen vor Abgabe ihres Ausspruches sich aus dem Berathschlagungszimmer entfernt, und dass der Assisenpräsident sich zu ihnen verfügt, so würde dies dennoch nicht die Cassation des Urtheils rechtfertigen.

Der Schlusssatz des Art. 343 belegt das dort genannte Zuwiderhandeln nur mit Ordnungsstrafe; die Nichtbeachtung des a linea 1, zieht aber ebenso wenig Nichtigkeit nach sich; die Bürgschaft für die Gewissenhaftigkeit der Geschwornen liegt vielmehr in ihrem Eid.

Da aber die mit falschen Indossamenten versehenen Papiere unter der Herrschaft des Allgemeinen Landrechts ausgestellt, da sonach ihre Qualität als Handelsbillets von der Person des Ausstellers abhängt, so muss, da hierüber den Geschwornen eine Frage nicht vorgelegt worden, statt des Art. 147 der Art. 150 Str. G. B. angewendet worden.

K. Nöthen, 29. September 1845.
v. Daniels. Jaehnigen.

Die Geschwornen verlassen, bevor sie ihre Erklärung gefasst, ihr Berathschlagungszimmer, und kehren, nachdem zwei derselben bereits in den Audienzsaal wieder eingetreten, die übrigen aber zurückbleiben, sämmtlich in das Berathungszimmer zurück.

Die Uebertretung des Art. 343 Cr. O. giebt zwar Grund zur Bestrafung der Geschwornen, ist jedoch nicht mit Nichtigkeit belegt.

R. Arnou, 30. Juli 1824.
Blanchard. Ruppenthal. Arch. VII. 2. 29.

Es wird behauptet, den Geschwornen seien in den Acten auch die durch einen Papierstreifen geschlossenen Zeugenvernehmungen mitgetheilt worden, und hätten sie den Streifen gelöst, und die Aussagen gelesen.

Die Geschwornen sind hierüber durch den Präsidenten zu vernehmen, denn die Wahrheit dieses Umstandes wirkt eine Vernichtung des Verdicts, auf welche in der That später erkannt worden. Art. 341 Cr. O.

K. Schilling, 21. October und 16. December 1844.
Brewer. Eichhorn.

Erklärung der Geschwornen.

War die erste Antwort der Geschwornen undeutlich, so bedarf es zu ihrer Rückverweisung keines förmlichen Urtheils, zumalen ein contradictorisches Verfahren schon um deswillen nicht wohl möglich, weil der Angeklagte nicht mehr im Audienzsaal.

Wählen die Geschwornen für die neue Berathung einen anderen ersten Geschwornen durch's Loos, so ist hierdurch kein Recht des Angeklagten und kein Gesetz verletzt. Art. 342.

R. Appenzeller, 21. Juli 1832.
v. Meusebach. Eichhorn. Sandt.

Die Formalität des Art. 315 Cr. O. ist nicht bei Strafe der Nichtigkeit vorgeschrieben.

Das Gesetz hat für die Erklärung der Geschwornen keine bei Strafe der Nichtigkeit zu gebrauchende Formel vorgeschrieben.

R. Erbach, 14. September 1821.
Blanchard. Ruppenthal.

Sagen die Geschwornen statt „die Erklärung,“ — „die Meinung,“ — so wird ihre Erklärung hierdurch nicht nichtig.

R. Moehn, 8. September 1832.
v. Breuning. Eichhorn.

Dass die Geschwornen, statt zu erklären:

„Schuldig mit absoluter Stimmenmehrheit,“ —

antworten:

„Schuldig mit Einstimmigkeit“ —

ist kein Cassationsgrund.

Cabinetsordre vom 31. März 1833.

R. Gauser, 25. März 1839.

v. Meusebach. Eichhorn.

Die Geschwornen erklären:

„X ist schuldig, den Y ohne Vorbedacht und ohne zwanzigtägige Arbeitsunfähigkeit misshandelt zu haben.“

Sie setzen ungefragt hinzu:

„X ist provocirt worden.“

Zurückgewiesen, um sich über die eigentliche Frage, und nur über sie zu erklären, antworten sie:

„X ist nicht schuldig.“

Der Präsident spricht X frei. Hierauf nimmt das öffentliche Ministerium den Antrag, ihn zu drei Monate Gefängniss zu verurtheilen. Der Assisenhof berücksichtigt diesen Antrag nicht; mit Recht. Denn die erste Erklärung ist in der spätern untergegangen.

Dagegen ist das Urtel im Interesse des Gesetzes zu cassiren.

Haben die Geschwornen ungefragt erklärt:

„sie fänden sich bewogen, zu erklären, dass für X noch der besondere Milderungsgrund, nämlich Provocation, in Betracht käme,“

so durfte hierauf der Hof so wenig rücksichtigen, dass er die Geschwornen nicht wieder in ihr Berathungszimmer zurückweisen durfte, um auf die ihnen vorgelegten Fragen eine nicht über deren Inhalt hinausgehende Erklärung abzugeben.

Art. 365, 345, 359, 342 und 346 Cr. O.

K. Generalproc. am Cassationshof wider Heeck, 11. Nov. 1837.

Jachnigen. Eichhorn.

Frage:

„Ist X schuldig, seine leibliche Mutter freiwillig durch Schläge so misshandelt zu haben, dass sie geblutet.“

Antwort:

„Ja; es ist jedoch nicht erwiesen, dass er es freiwillig begangen habe.“

Der Assisenpräsident weist sie auf den Widerspruch in ihrer Erklärung; sie ziehen sich zurück, und erklären: „Ja!“

Der Angeklagte behauptet, dass die erste Erklärung ihm ein unwiderrufliches Recht auf Freisprechung gebe. Mit Unrecht. Jene Aeusserung enthält in der That einen Widerspruch. Kein Gesetz schreibt die geforderte Vervollständigung vor; ihre Nothwendigkeit folgt aus der wesentlichen Bestimmung der Geschwornen; diese ist nicht eher erfüllt, als bis sie sich verständlich geäussert. Der Art. 350 Cr. O. greift nicht durch; er setzt eine hier nicht vorliegende, mit allen Förmlichkeiten versehene Erklärung voraus.

R. Vilmont, 4. Juni 1823.
Goerdeler. Ruppenthal. Arch. V. 2. 49.

Sic.

Josten, 23. Juli 1823.
v. Reibnitz. Eichhorn.

Die Geschwornen erklären:
„X ist der Misshandlung schuldig; er hat aber nicht freiwillig gehandelt."
Die Richter schliessen hieraus:
„X sei der unfreiwilligen Misshandlung schuldig, und erkennen auf die Strafe der Art. 319 u. 230 Str. G. B."
Mit Unrecht. Nach der Erklärung der Geschwornen bleibt sehr wohl möglich, dass seine Handlung völlig entschuldigt werden könne.

K. Generalproc. am Cassationshof wider Klein, 30 August 1826.
Blanchard.

Frage:
„Ist X schuldig, die Y freiwillig dergestalt mit einer Schaufel geworfen zu haben, dass sie an den Folgen der Verletzung am 3ten etc. gestorben ist?" —
Antwort:
„Ja; — jedoch nicht in der Art, dass sie an den Folgen der Verletzung sterben musste."
Urtel: Correctionsstrafe von $1\frac{1}{2}$ Jahren.
Die Erklärung der Geschwornen ist nichtig; sie ist dem Art. 345 Cr. O. zuwider; ihre Antwort liegt ausser dem Kreise der Frage und ihrer Berechtigung.

K. Generalproc. am Cassationshof wider Elfgen, 28. April 1833.
v. Meusebach. Eichhorn.

Antwort der Geschwornen:
„X ist schuldig erkannt, die Y getödtet zu haben, jedoch nicht freiwillig."
Hierin ist kein Widerspruch. X ist schuldig, heisst nur so viel, als: „X ist der Urheber der materiellen That." (Art. 364 Str. P. O.) Auf diesen Ausspruch hin war also seine Absolution gerechtfertigt.

R. Oeffentl. Minist. Cleve wider Klute, 6. September 1834.
v. Meusebach. Eichhorn.

Antwort der Geschwornen:
„Ja, der X ist schuldig, den Y freiwillig so verwundet zu haben, dass er daran gestorben."
Zusatz: „jedoch im Scherz."

Die Antwort ist durch den Zusatz nicht undeutlich geworden; Scherz und Freiwilligkeit bilden keinen Gegensatz und Widerspruch.

Der Assisenpräsident hatte daher keine Veranlassung eine bestimmtere Erklärung zu fordern. Wurde ihm diese dahin zu Theil:

„im Scherz, d. h. X hat nicht die böse Absicht gehabt, den Y zu tödten," —

so war hierdurch die Freiwilligkeit nur noch entschiedener angenommen. Nahm nun der Assisenhof an, dass die fehlende böse Absicht die Freiwilligkeit ausschliesse, und sprach er um deswillen frei, so hat er den Art. 304 Str. G. B. verletzt.

K. Oeffentl. Minist. Düsseldorf wider Seibert, 13. Dec. 1834.
v. Meusebach. Eichhorn.

Die Geschwornen erklären:

„X ist nicht schuldig, den Y freiwillig verwundet zu haben etc." —

Es ist daher weder dem Assisenhof gestattet, ihnen noch die Frage vorzulegen:

„ob X die That unfreiwillig begangen;"

Cabinetsordre vom 7. Februar 1835; noch dem öffentlichen Ministerio, die Frage der unfreiwilligen Verwundung vor das Zuchtpolizeigericht zu bringen. Art. 360.

R. Oeffentl. Minist. Elberfeld wider Schmitz, 13. Februar 1838.
Esser. Eichhorn.

Erste Frage:

„Ist X schuldig, den Y freiwillig durch Schläge dergestalt misshandelt zu haben, dass er über 20 Tage arbeitsunfähig gewesen?"

Die Antwort verneint die Frage, das dergestalt unterstreichend.

Zweite Frage: — „Ist X provocirt?" —

Antwort: — „Nein." —

Man findet zwischen beiden Antworten einen Widerspruch, und verweist die Geschwornen in ihr Berathungszimmer.

Sie erklären:

„X ist schuldig, den Y durch Schläge gemisshandelt zu haben, jedoch nicht dergestalt, dass er mehr als 20 Tage arbeitsunfähig."

Urtel: auf 3 Monate Gefängniss ex Art. 311.

Dieses Urtel ist zu cassiren. Die ersten Antworten waren klar und ausreichend, und hiernach X sofort freizusprechen.

Art. 350 Cr. O.

K. Müller, 4. Mai 1840.
v. Meusebach. Eichhorn. Reusche. Arch. XXXIII. 2. 77.

Frage: — „Ist X schuldig, den Y freiwillig und mit Vorbedacht und mit Auflauern dergestalt geschlagen zu haben, dass er länger als 20 Tage arbeitsunfähig?" —

Antwort: — „Ja; aber nicht unter den Umständen, die That freiwillig und mit Vorbedacht und Auflauern verübt zu haben." —

Die Rückweisung der Geschwornen ist hier begründet. Die Art, wie die Geschwornen die Freiwilligkeit, nicht als ein, die That nur zum Verbrechen machendes Stück und Merkmal derselben, sondern als einen besondern, das Verbrechen erschwerenden Umstand, verneinten, beweist, dass sie den Sinn des Wortes „freiwillig" falsch aufgefasst, und dadurch einen Widerspruch ihrer Antwort veranlasst, welcher der Lösung bedurft.

R. Böttgen, 18. Mai 1840.

v. Meusebach. Eichhorn.

In Erwägung, dass die Geschwornen auf die Frage: „Ist die Magdalena Schröders schuldig, am 28. Mai 1844 zu W. ihr neugebornes Kind freiwillig getödtet zu haben?" — erklärt haben:

„Nein, die Angeklagte ist nicht schuldig." —

Dass die Cabinetsordre vom 7. Februar 1835 nur für den Fall, wo die Geschwornen auf jene Frage erklärt hätten, dass die Angeklagte zwar getödtet, aber nicht freiwillig getödtet habe, dem Assisenhof auf den Antrag des öffentlichen Ministerii gestattet, den Geschwornen die anderweite Frage:

„ob die Angeklagte unfreiwillig getödtet habe?" — zu stellen.

Dass aber, indem die Geschwornen die ihnen gestellte Frage ganz und gar ohne irgend eine Beschränkung verneint hatten, der Fall, wo der Assisenhof nach jener Cabinetsordre diese anderweite Frage hätte stellen dürfen, nicht vorlag.

Dass aus gleichem Grunde der abgeurtheilten Sache, auch von dem öffentlichen Ministerio die Frage der unfreiwilligen Tödtung in zuchtpolizeigerichtlicher Untersuchung nicht gestellt werden durfte.

Dass folglich die correctionelle Appellationskammer, indem sie die Berufung von dem verurtheilenden Erkenntniss der Zuchtpolizeikammer verwarf, gegen die Rechtskraft verstossen, sofort den Art. 360 Cr. G. O. verletzt hat, — cassirt etc.

K. Schröders, 7. April 1845.

v. Oppen. Jaehnigen.

Frage: — „Ist X des Hausdiebstahls schuldig?"

Antwort: — „Ja, aber vor ihrem sechzehnten Jahre."

Die Geschwornen sind zu dieser Bemerkung nach den Art. 336, 338, 340, 342, 344, 345 Cr. O. nicht befugt.

Hat der Gerichtshof, anstatt diese Anmaassung zurückzuweisen, nunmehr die zusätzliche Frage gestellt:

„Hat die X mit Beurtheilungsvermögen gehandelt?"

so hat er jenen Gesetzen und dem Art. 350 zuwider gehandelt, wie er durch ihre Freisprechung und die Verordnung, sie während sechs Monate in einem Besserungshause zu erziehen, den Art. 66 Str. G. B. verletzt hat.

K. Oeffentl. Minist. Düsseldorf wider Wülfrath, 17. Nov. 1820.
Fischenich. Ruppenthal. Arch. II. 2. 101.

Die zweite Frage an die Geschwornen geht dahin:

„Ist der X schuldig, einige von diesem unter erschwerenden Umständen begangenen Diebstahl, herrührende Sachen, wissend, dass sie gestohlen waren, verheimlicht zu haben?" —

Antwort:

„X ist schuldig, die aus dem Diebstahl herrührenden Sachen verheimlicht zu haben."

Die Frage ist in Bezug auf die erschwerenden Umstände, die Antwort in Bezug auf diese und auf die Kenntniss, dass die verheimlichten Sachen gestohlen waren, unvollständig.

Die von dem Assisenpräsidenten an die Geschwornen gestellten Fragen müssen die in dem Résumé des Anklageactes angeführten Umstände des Verbrechens enthalten, und solche von den Geschwornen vollständig und kategorisch beantwortet werden, widrigenfalls Frage und Antwort, und das darauf gegründete Urtel des Assisenhofs nichtig sind.

Art. 241, 337, 345 Cr. O.

K. Frankforth, 12. März 1823.
Seyppel. Ruppenthal.

Zweite Frage:

„Ist X nicht wenigstens schuldig, sich an dem in der ersten Frage bezeichneten Diebstahl durch wissentliche Verheimlichung der gestohlenen Uhr, und zwar mit der ihm zur Zeit der Verheimlichung beiwohnenden Kenntniss, dass diese Uhr auf der öffentlichen Landstrasse entwendet worden, betheiligt zu haben?"

Antwort:

„Schuldig erkannt, die gestohlene Uhr verhehlt zu haben, wissend, dass solche gestohlen, aber nicht wissend, dass solche von einem Strassenraub herrühre."

Hierauf war kein Strafurtel zu gründen, sondern es hätten die Geschwornen zuvörderst zu einer bestimmteren Erklärung aufgefordert werden müssen. Einerseits haben die Geschwornen nicht deutlich ausgesprochen, ob die Uhr von dem in der ersten Frage bezeichneten, also durch die Umstände der Gewaltthätigkeit und der öffentlichen Landstrasse qualificirten Diebstahl herrühre; andererseits haben sie mit ihrer Antwort, „X habe nicht gewusst, dass die Uhr vom Strassenraub herrühre,“ — zuviel beantwortet, indem sie nur über den Umstand der öffentlichen Landstrasse, nicht über den Umstand der Gewaltthätigkeit, die Kenntniss des Verheimlichers festzusetzen hatten.

K. Rütters, 31. October 1835.

v. Meusebach. Eichhorn.

Sind die Verurtheilten der Hauptthatsache von den Geschwornen unbeschränkt, und nur über den Umstand des Einsteigens und Einbruchs mit sieben gegen fünf für schuldig erachtet worden, so liegt der Fall des Art. 351 Cr. O. nicht vor.

R. Arnz, 24. März 1830.

v. Meusebach. Eichhorn.

Der Art. 352 Str. P. O. ist unmöglich bloss auf einen die Wirklichkeit der That betreffenden Irrthum einzuschränken, indem die Frage über die Strafzurechnung ebenso wesentlich ist.

R. Oeffentl. Minist. Düsseldorf wider Schoenen, 6. Juli 1821.

Fischenich. Eichhorn.

X ist durch Urtheil des Assisenhofes von der Anklage losgesprochen, weil die Geschwornen die ihnen gestellte Frage:

„Ist der Angeklagte schuldig, dem Handelsmanne C. mittelst Anwendung von Gewalt gegen dessen Person, welche Spuren von Quetschungen und Verwundungen zurückgelassen hat, Geld gestohlen zu haben?“

dahin beantwortet haben:

„Nein, der Angeklagte ist nicht schuldig.“

Cassationskläger behauptet:

„X sei zwar wegen des qualificirten Diebstahls freigesprochen, nicht aber wegen der ihm zur Last gelegten Misshandlung mit Auflauern.“

Dies ist unrichtig. Das quaest. Verbrechen umfasst wesentlich zwei Momente, nämlich Gewalt gegen die Person auf öffentlicher Landstrasse, und Diebstahl, und zwar jene zum Zweck des letztern. Der Ausspruch der Geschwornen muss nothwendig auf beide Momente der That bezogen werden, und es kann ohne unstatthafte Willkühr nicht angenommen werden, die Geschwornen hätten nur den Diebstahl auf öffentlicher Landstrasse verneinen, die verübte Gewalt aber, als einen nur erschwerenden Umstand gar nicht zum Gegenstand ihres Ausspruchs machen wollen.

R. Oeffentl. Minist. Saarbrück wider Hauck, 28. Jan. 1839.

Graun. Esser.

Assisenhof und Assisenpräsident.

Die Verordnung vom 31. December 1833 verordnet nur über die Fälle, wo ein Ausspruch wider den Angeklagten erfolgt ist; in Ansehung der Erklärungen von Nichtschuld bleibt aber der Art. 347 Cr. O. unabgeändert stehen.

R. Oeffentl. Minist. Cöln wider Casalette, 20. Sept. 1837.
v. Meusebach. Eichhorn.

Im Fall des Art. 351 Cr. O. urtheilen die Richter gleich den Geschwornen als Richter der That, und haben mithin die Beweggründe ihrer Erklärungen nicht abzugeben.

R. de la Vigne, 18. Juni 1836.
Esser. Eichhorn.

Die im Art. 351 Str. P. O. erwähnte Declaration der Richter bedarf nicht der Unterzeichnung des Gerichtschreibers.

R. Daum, 23. August 1826.
Goerdeler. Eichhorn.

Der Assisenhof ist nach Verordnung vom 31. December 1833 nur berufen, über die Hauptthat und die erschwerenden, keineswegs bei einfacher Stimmenmehrheit auch über die mildernden Umstände zu entscheiden.

K. Holl, 23. December 1837.
Heffter. Eichhorn.

Wird die Berathschlagung des Assisenhofes über das „Schuldig" nothwendig, so ist bestimmt auszudrücken, dass entweder sämmtliche, oder doch vier Richter der Minorität der Geschwornen beigetreten sind. Art. 409 B. P. O.

K. Oeffentl. Minist. Cöln wider Klee, 13. April 1825.
Blanchard. Eichhorn.

Es ist nicht bei Nichtigkeitsstrafe verboten, auch aus den jüngeren Mitgliedern des Gerichts Richter zum Assisenhof zu nehmen.

R. Weber, 29. November 1826.
v. Meusebach. Eichhorn.

Im Art. 257 Cr. O. sind unter den von der Besetzung des Assisenhofes ausgeschlossenen Richtern diejenigen, welche in einer öffentlichen Gerichtssitzung die Verhaftung eines, des eben vor ihnen abgelegten Zeugnisses verdächtigen Zeugen, verordnet haben, nicht genannt.

R. Gilbers, 3. August 1840.
v. Meusebach. Eichhorn.

Die Assisenhöfe sind mit Rücksicht auf Art. 365 Cr. O. an die Verweisungsurtheile des Anklagesenats, welche im gesetzlichen Wege nicht angegriffen, und auf diese Weise rechtskräftig geworden, — unwiderruflich gebunden; — sie dürfen sich nicht weigern, über die Anklage rechtlich zu verfahren; im vorliegenden Falle über die im Anklageact als Diebsthal am Abend qualificirte That. Art. 386, Nr. 1.

K. Oberprocurator zu Düsseldorf, 2. Juli 1823.
Blanchard. Ruppenthal. Arch. V. 2. 45.

Wenn nach erfolgter Cassation die Sache vor einen andern Assisenhof verwiesen wird, so kann der Angeklagte nochmalige Abschrift der Protocolle fordern. — Art. 305 Cr. O., — ein Artikel, der aber keineswegs bei Nichtigkeit die ungeforderte Mittheilung jener Abschrift befiehlt.

R. Schwenger, 6. Mai 1839.
Jaehnigen. Eichhorn.

Die Angeklagten protestiren gegen die Verlesung zweier amtlicher, zur Constatirung des Thatbestandes gehörigen Berichte, weil ihnen nicht zuvor Abschrift mitgetheilt worden. — Der Assisenhof giebt dem nach. Dies involvirt eine irrige Ausdehnung des Art. 305 Cr. P. O. Unter Procès verbaux sind solche Berichte nicht zu verstehen. Art. 320 des Code du Brumaire IV.; Gesetz vom 5. Pluviose XIII.

Aeusserstenfalls hätte der Assisenhof Abschrift ertheilen, und die Sache zu einer anderen Sitzung verweisen müssen.

K. Generalproc. am Cassationshof wider Cohen, 13. April 1840.
Liel. Eichhorn.

Die in dem Art. 268 und 269 Cr. O. dem Präsidenten verliehene discretionaire Gewalt schliesst den Beirath des Hofes nicht aus.

R. Fonk, 7. August 1822.
v. Meusebach. Eichhorn. Reinhardt.

Frage: „Ist X schuldig einen an ihn als Handelsmann ausgestellten Wechsel mit falschen Bürgschaftsvermerken in betrügerischer Absicht versehen, und davon wissend Gebrauch gemacht zu haben."

Antwort: „Ja, aber nicht in betrügerischer Absicht."

Der Assisenpräsident hat sofort eine Freisprechungsordonnanz erlassen. Dies ist unrichtig. Haben die Geschwornen einmal das „Schuldig" ausgesprochen, so muss der Assisenhof selbst dann erkennen, dass die That gesetzlich nicht strafbar.

Art. 358, 364 Cr. O.

K. Generalproc. wider Linnartz, 23. Mai 1842.
v. Meusebach. Eichhorn. Arch. XXXIII. 2. 54.

Entstehen Contestationen über die Fragestellung. so gebührt nicht dem Präsidenten, sondern dem Assisenhof die Entscheidung. Art. 336 und 276 Cr. P. O. Die Art. 337, 338, 339 geben nur Beispiele für die Fragestellung, ohne diese zu beschränken.

Ist daher die Anklage auf die materielle Autorschaft gerichtet, ergiebt sich aber aus den Verhandlungen eine Complicität im Sinne des Art 60, so muss hierauf eine zusätzliche Frage gerichtet werden.

K. Generalproc. am Cassationshof wider Peters, 21. März 1827.
Sethe. Eichhorn.

Der Assisenpräsident, den Antrag des Vertheidigers auf Stellung einer zusätzlichen Frage, — Provocation, — unberücksichtigt lassend, hat hierdurch den Art. 339 Cr. O., und das Recht der Vertheidigung auf eine Weise verletzt, die die Nichtigkeit des Verfahrens nach sich ziehen muss.

K. Mathes, 24. Mai 1834.
v. Meusebach. Eichhorn. Arch. XX. 2. 39.

Opponirt der Vertheidiger gegen eine zusätzlich zu stellende Frage, so hat hierüber nicht der Assisenpräsident, sondern der Hof zu entscheiden.

Art. 408, Nr. 2; Art. 276 Cr. O.

K. Clever, 26. März 1838.
Jaehnigen. Eichhorn. Arch. XXVII. 2. 24.

Darüber, ob eine zusätzliche Frage den Geschwornen zu stellen, hat, sobald zwischen dem Angeklagten und dem öffentlichen Ministerio gestritten wird, der Assisenhof zu entscheiden. Art. 408 Cr. O. — Die entgegengesetzte Behauptung, als müssten dergleichen zusätzliche Fragen, weil sie factische Umstände berühren, auf Verlangen des Angeklagten, ohne Urtheil des Assisenhofes über ihre gesetzliche Zulässigkeit immer den Geschwornen vorgelegt werden, ist auf kein Gesetz gegründet, und würde unter dem Vorwande wichtiger Rechts- und Vertheidigungsmittel nur der Willkühr dienen, und den Geschwornen Functionen beilegen, die ihnen das Gesetz nicht gegeben hat.

R. Schwarz, 1. Februar 1841.
v. Meusebach. Eichhorn.

Es ist nicht mit Nichtigkeit bedroht, auch noch nach Erklärung des Schlusses der Debatten, noch einen zur Sache gehörigen Antrag zuzulassen.

Art. 355 Str. P. O.

R. Oeffentl. Minist. Düsseldorf wider Weck, 9. Januar 1828.
v. Meusebach. Eichhorn.

Oeffentliche Verkündung des Strafurtels ist in den Cabinetsordren vom 31. Januar 1822 und 14. April 1830 nirgend vorgeschrieben.

R. Kail, 4. October 1834.
v. Meusebach. Eichhorn.

Ein Assisenpräsident, der auf den Antrag des öffentlichen Ministerii einen Arrestbefehl gegen einen falschen Zeugen erlässt, kann der späteren, über diesen abzuhaltenden Assise vorsitzen. Art. 257 Cr. O.

R. Rübhausen, 2. Juni 1838.
v. Meusebach. Eichhorn.

Eine besondere vorgängige Bekanntmachung der durch Art. 263 Cr. O. für den eintretenden Fall vorgezeichneten Aenderung des Präsidiums, ist in keinem Gesetze vorgeschrieben.

R. Flatten, 16. April 1835.
v. Meusebach Eichhorn.

Die Assisensitzung ist auf den 18. November anberaumt; am 17ten wird die Geschwornenliste zugestellt. Es ist kein Nichtigkeitsgrund, dass die Sitzung auf den 19ten verlegt worden ist. Art. 394.

R. Aflenbach, 19. Mai 1832.
v. Meusebach. Eichhorn.

Wenn der Assisenpräsident die Fortsetzung der Verhandlungen vom 7. Juni bei einfallendem Sonntag auf den 9. Juni verlegt hat, so ist dies keine Ueberschreitung seiner Gewalt, — Art. 353 Cr. O., — noch eine Gesetzesverletzung.

R. Kail, 4. October 1834.
v. Meusebach. Eichhorn.

Aus einem amtlichen Schreiben kann der Assisenpräsident, ohne den Art. 341 Cr. O. zu verletzen, dem Angeklagten Vor haltungen machen, und selbiges den Geschwornen mittheilen; denn es stellt kein Privatzeugniss dar.

R. Finken, 25. Juni 1836.
v. Meusebach. Eichhorn.

Der Assisenpräsident verlegt die Sitzung von 2 Uhr Nachmittags bis zum anderen Morgen um 8 Uhr. Dies ist keine Ueberschreitung seiner Gewalt. Art. 416 Cr. O.

Die am 25ten nur im Interesse des Angeklagten vom Assisenpräsidenten verordnete Mittheilung einiger Papiere des Angeklagten an die Sachverständigen, um darüber am 26ten vor dem Assisenhof ihr Gutachten abzugeben, fasst keinen eigentlichen Untersuchungsact in sich, und genügt, dass das Gutachten selbst in öffentlicher Sitzung abgegeben worden.

R. Heymann, 18. October 1834.

v. Meusebach. v. Breuning.

Die vorgängige Mittheilung des Obductionsprotokolles und des ärztlichen Gutachtens ist bei Nichtigkeit nicht vorgeschrieben.

R. Holstein, 17. Mai 1841.

v. Meusebach. Eichhorn.

Kein Gesetz verbietet die Mittheilung der Untersuchungsacten an die Obducenten zum Zweck der Abgabe ihres Gutachtens.

R. Birrenbach, 26. Mai 1845.

v. Daniels. Jaehnigen.

Dem Assisenpräsidenten liegt ob, die sich herausstellenden, wenngleich im Anklageact nicht beregten, erschwerenden Umstände, mittelst zusätzlicher Frage der Jury vorzulegen. Art. 338.

R. Schütz, 15. April 1844.

Brewer. Eichhorn.

X, ein Handlungsdiener, hat seinem Principal Geld, welches er im Laden für verkaufte Waare eingenommen, unterschlagen. Die Anklage lautet:

„X soll dem Y, während er bei demselben als Handlungsdiener gegen Lohn diente, mehreres Geld gestohlen haben; ein Verbrechen, vorgesehen durch Art. 386, Nr. 3 Str. G. B."

Der Präsident stellt dagegen folgende Frage:

„Ist X schuldig, mehrere Gelder, welche ihm für Rechnung seines Principals waren übergeben worden, demselben vorenthalten, und für sich zu seinem eigenen Nutzen verwendet zu haben?"

Das darauf ergangene Urtel ist zu cassiren. Trotz der Gouvernementsverordnung vom 9. Februar 1815 hat der Präsident nicht die Befugniss, den Charakter des angeklagten Verbrechens bei der Fragestellung gänzlich zu ändern. Namentlich durfte hier nicht die Soustraction frauduleuse (Art. 379) vergessen werden. Hielt man die Qualität des Anklageactes für fehlerhaft, so war nur durch eine zusätzliche Frage zu helfen.

Art. 379, 386, Nr. 3, Str. G. B.; 337 Cr. O.

K. Kirchholfes, 9. März 1831.

Oswald. Eichhorn.

Aussetzung von Kindern.

Die X hat ihr sieben Monat altes Kind in der Wohnung des L. niedergelegt, und sodann die Flucht ergriffen, ohne sich zu vergewissern, dass Jemand sich desselben annehme. Hierdurch ist die Strafe des Art. 352 Str. G. B. verwirkt, welche jedoch im vorliegenden Fall durch den Art. 463 zu mildern und auf acht Tage Gefängniss zu bestimmen war.

K. Oeffentl. Minist. Trier wider Boehmer, 2. Februar 1831.
Eimbeck. Eichhorn.

Die X erhält ein uneheliches Kind zur Pflege, und soll ihr dafür Haltegeld gegeben werden. Dies geschieht nicht; sie legt daher das Kind in der Wohnung seiner Grossmutter nieder; sie verfällt hierdurch der Strafe des Art. 352 Str. G. B. um so weniger, als sie zur unentgeltlichen Verpflegung des Kindes so wenig Mittel als Verpflichtung hatte, und der Art. 352 immer dolus, wenn auch nicht den des schlimmsten Grades, — Art. 349 — voraussetzt.

R. Oeffentl. Minist. Trier wider Schupp, 2. Juli 1838.
v. Meusebach. Eichhorn.

Die Thathandlung, welche Art. 352 Str. G. B. zum Gegenstande hat, ist das Aussetzen eines Kindes unter sieben Jahren an einem nicht einsamen Ort. Da die möglichen Folgen des Vergehens in dem Artikel nicht berücksichtigt sind, so ist die Verantwortlichkeit in Betreff ihrer eben wenig ausgeschlossen. Stirbt daher das Kind in Folge der Aussetzung, so trifft den Thäter die Strafe des Art. 319.

R. Oeffentl. Minist. Trier wider Kremer, 14. Februar 1842.
Brewer. Eichhorn.

Ausspielung (öffentliche).

Der Umstand, dass die Verlosung bei verschlossenen Thüren, bei Gelegenheit, wo mehrere Freunde, Vergnügens halber versammelt gewesen, und dass der X keinen Vortheil für sich bezweckt, begründet den Charakter einer erlaubten Privatausspielung keinesweges. Decl. vom 20. März 1827.

K. Oeffentl. Minist. Cleve wider Heimberg, 13. Februar 1827.
v. Meusebach. Eichhorn.

Die Annahme, dass Veranstaltungen zur öffentlichen Ausspielung erst eintreten, wenn der Ort und die Zeit der Ausspielung bestimmt sind, und dass jede Ausspielung, welche eben nur in Privatzirkeln erfolgt, eine Privatausspielung sei, verletzt die Verordnung vom 7. December 1816, §. 4 und die Cabinetsordre vom 20. März 1827. Im Sinne des Gesetzes ist schon dann eine Ausspielung vorhanden, wenn das Object bezeichnet, die Zahl der Loose bestimmt, und der Preis eingefordert wird.

K. Oeffentl. Minist. Cöln wider Kleutgen, 8. Juni 1833.
Eimbeck. Eichhorn. Arch. XVIII. 2. 28.

X hat eine Lotterieliste über die Ausspielung eines Flügels, in welcher das Loos zu 15 Sgr. festgesetzt war, in Umlauf gesetzt, und haben sich darin einige Personen aufgezeichnet. Er verfällt sonach der Verordnung vom 7. December 1816, und ist gleichgültig, ob jene Veranstaltung einen Erfolg gehabt hat oder nicht.

K. Oeffentl. Minist. Düsseldorf wider Hülser, 5. Juli 1841.
Esser. Eichhorn. Arch. XXXI. 2. 51.

Bankerut.

Wer die Gastwirthschaft als gewöhnliches Gewerbe treibt, ist Handelsmann, und daher als betrügerischer Bankerotirer zu verfolgen.

R. Taurel, 28. März 1827.
Blanchard. Eichhorn. Sandt.

Nach Art. 593 H. G. B. gehört zum Thatbestand eines betrügerischen Bankeruts, dass der Angeklagte ein fallirter Handelsmann. Hierüber sind also die Geschwornen nothwendig zu befragen, und ist ein etwaniger Mangel, weder durch das die Fallite aussprechende Erkenntniss des Handelsgerichts, noch durch die im Anklageurtheil enthaltene Qualification als Kaufmann zu suppliren.

K. Rabbertz, 21. November 1842.
Graun. Eichhorn. Arch. XXXV. 2. 13.

Der Art. 597 H. G. B. fordert nicht, dass der Mitschuldige gleich anfänglich auf rechtswidrige Weise in den Besitz der Sachen gekommen, und dass er sie dem Falliten habe zuwenden wollen, was auch, da der Betrug gegen die Gläubiger gerichtet, gleichgültig.

R. Steiner, 16. Juli 1836.
Jaehnigen. Eichhorn. Sandt.

Baucontravention.

(Vergleiche Polizeiverordnung.)

Mit der Beendigung der nach §. 20 der Berg. Feuer-Ord. vom 5. September 1807 verbotenen Auflegung der Strohdächer, beginnt die Verjährung der Strafe des §. 16, — zu laufen an. Art. 638 Cr. O.

R. Oeffentl. Minist. Cöln wider Weyer, 24. Mai 1834.
Esser. Eichhorn. Arch. XXI. 2. 14.

Das Gericht ist nicht berechtigt, ausser der Strafe auf Niederreissung der Dächer zu erkennen.

R. Oeffentl. Minist. Cöln wider Wasserhess, 24. Mai 1834.
Esser. Eichhorn. Arch. XX. 2. 27.

Ein Haus ist von jeher ohne Kamin.

Mit Rücksicht auf die Bergische Feuerordnung vom 5. September 1807 §. 17 ist nicht anzunehmen, dass Jeder schon inmittels wegen dieses blossen Fortbestehenlassens seines Gebäudes in der bisherigen Art, die Strafe der Brüchtentaxe vom 2. November 1802 Sect. A. verwirkt habe; worin es heisst:

„Wenn die Kamine nicht von Stein etc. 40 Thlr.
Wer keine Kamine 1 Thlr.“

R. Oeffentl. Minist. Lindlar wider Maschier 9. März 1840.
Graun. Eichhorn.

Den Gerichten ist nur dann gestattet, die Niederreissung der ohne Bewilligung der administrativen Behörde zur Seite der Staats- und Bezirksstrassen gemachten Bauanlagen zu verordnen, wenn dieselben irgend einen erweislichen Nachtheil zur Folge gehabt haben. Art. 161 Cr. O. — Wo, wie hier, ein solcher Nachtheil nicht vorliegt, ist kein gesetzlicher Grund vorhanden, die Vernichtung der Bauanlage zu verordnen.

R. Oeffentl. Minist. Saarbrücken wider Hubertus, 30. Mai 1842.
Brewer. Jaehnigen.

Das freiwillige Zerstören von Häusern, oder anderen, im Art. 437 Str. G. B. erwähnten Bauwerken ist nur in so weit ein Verbrechen, als solches mit der Kenntniss, dass die zerstörten Baulichkeiten fremdes Eigenthum, geschehen ist.

K. Oeffentl. Minist. am Appell.-Hofe wider Hennen, 15. April 1844.
Brewer. Eichhorn.

Der Art. 471, Nr. 1 Str. G. B. ist da nicht anwendbar, wo von einer schon ihrer ursprünglichen Anlage nach feuergefährlichen neuen Anlage die Rede ist.

R. Oeffentl. Minist. Lindlar wider Wurtscheid, 7. Sept. 1839.
Graun. Esser.

Wenn nach Art. 471, Nr. 5 Str. G. B. diejenigen bestraft werden sollen, welche der von der Verwaltungsbehörde an sie ergangenen Aufforderung zur Ausbesserung der den Einsturz drohenden Häuser, keine Folge geleistet haben, so folgt hieraus, dass die blosse Weigerung Folge zu leisten, eine strafbare Contravention bildet. Hieraus ergiebt sich, dass, so wie das Gesetz den Verwaltungsbehörden das Recht ertheilt, über die von ihm bezeichneten Gegenstände Beschlüsse und Anordnungen zu erlassen, somit auch die Nothwendigkeit oder Zweckmässigkeit derselben ihrer Beurtheilung lediglich anheimstellt, es ebenso den Polizeirichtern zur Pflicht gemacht ist, die auf die Zuwiderhandlungen gesetzten Strafen zur Anwendung zu bringen, ohne sich eine Untersuchung darüber zu erlauben, ob die Verwaltungsbehörde befugt gewesen, diese Anordnungen zu treffen. Das Polizeigericht, indem es statt dessen Untersuchung der Häuser durch Sachverständige verordnet, hat sich daher einer Machtüberschreitung schuldig gemacht.

K. Generalproc. am Cassationshof wider Polizeigericht Aachen, 27. Januar 1830.

Blanchard.

Es ist im administrativen Wege festgestellt, welche Breite die zwischen dem Neubau des X und dem gegenüberliegenden Hause gehende Strasse haben solle. Hat nun X dem entgegen, einen Zaun auf jenen bestrickten Raum hingesetzt, so hat er, ohne dass es eines vorgängigen Expropriationsverfahrens bedurft, gegen den Art. 471 Nr. 5 Str. G. B. gefehlt.

K. Oeffentl. Minist. Elberfeld wider Johannes, 3. Juli 1844.

Esser. Jaehnigen.

Die Triersche Localbauordnung vom 31. Juli 1818 Art. 1 und 2 spricht nur von eigentlichen Gebäulichkeiten, oder solchen Vorrichtungen, die die öffentliche Strasse berühren. Der Art. 471, Nr. 6 nur von solchen, vor die Gebäude geworfenen Sachen, die unmittelbar wirklich schädlich werden können. Von einem 19 resp. 16 Schritt entfernt von Promenade und Landstrasse angelegten Abtritt, lässt sich dies aber nicht sagen.

R. Oeffentl. Minist. Trier wider Trevisany, 22. September 1832.

Klenze. Eichhorn. Arch. XIX. 2, 9.

X verweigert die von der Polizeibehörde geforderte Veränderung seines Thores. Hierauf vor das Polizeigericht gefordert, hat sich dieses mit Recht für incompetent erklärt.

R. Oeffentl. Minist. Düsseldorf wider Tempte, 8. Februar 1826.

Blanchard. Goerdeler.

Aus der Strafandrohung im Art. 1a der Wege-Polizeiverordnung für die Oberbürgermeisterei Bonn, ist nicht zu entnehmen, dass zu blossen Veränderungen das Alignement nachzusuchen sei.

R. Oeffentl. Minist. Bonn wider Emons, 27. Januar 1845.
v. Daniels. Eichhorn.

Baumeister.

Die Verordnung der Regierung in Cöln vom 20. Juni 1829 (Verbot, die nicht geprüften Bauhandwerker betreffend) ist nur im Zusammenhange mit dem durch Cabinetsordre vom 18. April 1832 publicirten Gesetz vom 7. September 1811 aufzufassen. Wenn nun der §. 94 jenes Gesetzes, Bauhandwerkern die Beibringung eines, das Bestehen der Prüfung bestätigenden Zeugnisses nur Behufs Erlanguug des Gewerbscheins zur Pflicht macht, so folgt hieraus, dass wenn X die Mauerarbeit an seinem eigenen Hause selbstständig unternommen, und er somit zur Entrichtung der Gewerbesteuer nicht verbunden war, er hierdurch weder gegen den §. 94 dieses Gesetzes, noch gegen jene Regierungsverordnung verstossen hat.

Hat der andere Cassationsverklagte bloss nach den Befehlen des Mitangeschuldigten nicht selbstständig bei dem Baue Hülfe geleistet, so ist jene Regierungsverordnung nicht anwendbar.

R. Oeffentl. Minist. Cöln wider Seiberg, 24. October 1842.
Esser. Jaehnigen.

Die Gewerbe sind im Allgemeinen frei; eine Beschränkung derselben ist nur ausnahmsweise in einzelnen Fällen, in Folge besonderer gesetzlicher Bestimmungen anzunehmen. Weder in dem Gesetz vom 7. September 1811, noch in den Cabinetsordren vom 25. April 1821 und 18. April 1832, noch in einer anderen gesetzlichen Bestimmung, wird das Handwerk der Dach- oder Schieferdecker zu denjenigen Baugewerben gezählt, zu deren Ausübung eine vorläufige Prüfung oder die Ertheilung einer polizeilichen Commission erfordert wird.

R. Oeffentl. Minist. Morbach wider Wichter, 13. October 1845.
Brewer. Jaehnigen.

Niemand, der nicht für qualificirt erklärt worden, darf das Gewerbe als Meister treiben. Gleichgültig ist, ob er selbstständig oder unter Leitung eines Baumeisters Gebäude aufführt.

Gesetz vom 7. September 1811, §. 94, 98; Cabinetsordre vom 18. April 1832; §. 53 Ressort-Regl.

K. Oeffentl. Minist. Barmen wider Diederichs, 24. December 1838.
Jaehnigen. Eichhorn.

Beerdigung.

Die X hat sich dadurch, dass sie die Leiche ihres, wenn immer todtgebornen Kindes, ohne Erlaubniss zur Beerdigung, fortgeschafft, des Vergehens des Art. 358 Str. G. B. schuldig gemacht, und findet das Wort „verstorben“ in diesem Artikel seine ausreichende Erklärung durch den Art. 77 B. G. B. und das Decret vom 4. Juli 1806.

K. Oeffentliches Minist. Trier wider Kremer, 13. Sept. 1826.
Fischenich. Eichhorn. Arch. X. 2. 12.

Das neugeborne Kind der Cassationsverklagten war nach der thatsächlichen Feststellung lebensfähig geboren; — wenn auch hieraus auf das wirkliche Leben des Kindes nach der Geburt nicht mit Gewissheit geschlossen werden durfte, so hat dasselbe nichts destoweniger im allgemeinen Interesse des Personenstandes, wäre es auch todt gewesen, nach dem Decret v. 4. Juli 1806 dem Civilstandsbeamten vorgezeigt werden müssen.

Das Verbringen jenes Kindes von Seiten der Cassationsverklagten, ohne es vorher dem Civilstandsbeamten vorgezeigt zu haben, stellt ein durch den Art. 358 Str. G. B. vorgesehenes Vergehen dar.

Der Richter, indem er die Cassationsverklagten freisprach, hat folglich diesen Art. 358 verletzt.

K. Oeffenl. Minist. Coblenz wider Schneider, 29. Dec. 1845.
Esser. Eichhorn.

Der Art. 82 B. G. B. schliesst die Nachsuchung der Autorisation des Civilstandsbeamten aus. Es kommt nur darauf an, dass der Beamte der gerichtlichen Polizei sich überzeuge, dass der Beerdigung Nichts im Wege stehe. Dem Interesse des Civilstandsbeamten wird durch Mittheilung der auf den Civilstand gehenden Notizen des Verstorbenen hinlänglich genügt. Hat daher der X für die Beerdigung seines, eines gewaltsamen Todes gestorbenen Sohnes, die Autorisation des Civilstandsbeamten nicht nachgesucht, so hat er hierdurch kein Gesetz übertreten.

Art. 358 Str. G. B.; Art. 77, 81, 82 B. G. B.

R. Oeffent. Minist. Trier wider Lorth, 20. Oct. 1830.
Graun. Eichhorn.

Befreiung (von Gefangenen).

Weder nach preussischem, noch nach rheinischem Strafrecht erscheint die Bemühung eines Gefangenen, sich in Freiheit zu setzen, strafbar.

Rescript an die Regierung zu Cleve vom 23. Mai 1796 Nr. 58 der Edictensammlung.

Die in beiden Gesetzgebungen verhängten Strafen betreffen nur die Mittel, deren sich ein Gefangener bedient haben kann, um sich zu befreien, und zieht insbesondere die Beschädigung von Sachen: correctionelle Freiheitsstrafe nach sich. Diese Strafart bleibt in der Rheinprovinz um so gewisser in Kraft, als kein Gesetz den Art. 245 Str. G. B. aufgehoben hat, die durch die Cabinetsordre vom 6. März 1821 und 2. August 1834 angeführten §§. des Titel 20, namentlich §. 160—165 keine hierauf gerichteten Strafbestimmungen enthalten, und die Zuchthausinstructionen durch Cabinetsordre vom 23. Februar 1824, nur so weit sie sich auf die innere Hausordnung beziehen — Art. 614 Cr. O. — für anwendbar erklärt sind.

K. Oeffentl. Minist. Cleve wider van de Sand, 18. Oct. 1841.
v. Oppen. Jaehnigen. Arch. XXXII. 2. 3.

Beleidigung.

Beleidigende Absicht und Verzicht.

Wo der aus dem Allgemeinen Landrecht zu entnehmende Begriff der Realinjurie als Principalvergehen fehlt und die Thätlichkeiten nur als Misshandlungen oder körperliche Verletzungen erscheinen, ist ein Verzicht nicht zulässig.

Hat daher der Richter angenommen, jede vorsätzliche Misshandlung geschehe animo injuriandi und sei hierauf Verzicht zulässig, so hat er die Cabinetsordre vom 20. December 1834 verletzt, welche jedoch, wäre dieser Animus dargethan, durchgreifen würde.

K. Oeffentl. Minist. Cöln wider Bosbach, 2. Januar 1836.
Esser. Eichhorn.

Mit dem Begriffe der Züchtigung ist der animus injuriandi nicht vereinbar, auf sie daher die Cabinetsordre vom 20. December 1834 nicht anwendbar.

K. Oeffentl. Minist. Elberfeld wider Steffens, 2. April 1838.
Esser. Eichhorn.

X ist wegen Beleidigung des Y, und hierbei bewirkter Beschädigung von Einfriedigungen bestraft. Die Remission des Y kann auf das letztere Vergehen keinen Einfluss ausüben.

K. Oeffentl. Minist. am Appell.-Hofe wider Greven, 29. Mai 1843.
v. Oppen. Eichhorn. Arch. XXXV. 2. 59.

X schreibt seinem Advocaten einen Brief, worin Beleidigungen für einen Friedensrichter. Dieser Brief gelangt ohne Schuld oder Willen des X zur Oeffentlichkeit. Aeusserungen über einen Beamten, welche vertraulich in einem Brief an einen Dritten, der nicht zu den Vorgesetzten desselben gehört, niedergelegt sind, — schliessen aber die Absicht der Beleidigung aus, und ist somit der X freizusprechen.

K. Deuster, 22. November 1834.
Eimbeck. Eichhorn. Kunowski.

X soll in einem Gastzimmer die Ehefrau des Y durch Aeusserungen über sie, beleidigt haben. Er erscheint in der Sitzung nicht. Das öffentliche Ministerium verzichtet auf Abhörung der Belastungszeugen. Das Polizeigericht erkennt sofort auf Strafe und Anheftung des Urtels im Gastzimmer. Mit Unrecht. Der Beweis musste, da ein Geständniss nicht vorliegt, erhoben werden. Art. 149, 154, 161 Cr. O. — Die Anheftung dagegen ist als Strafe nicht gesetzlich — Art. 4 Str. G. B.; — als Entschädigung — Art. 66 Cr. O. — unzulässig, da sich Niemand als Civilparthei constituirt hat.

K. Generalproc. am Cassationshof wider Schlickum, 29. Dec. 1845.
v. Oppen. Eichhorn.

Sagt der Schankwirth zu einem Gast:

„Wenn sie künftig wiederkommen, und Getränke begehren, so werde ich Ihnen einen andern Platz unten anweisen,“

so verwirkt er durch diese Zurücksetzung, in Bezug auf die Achtung, welche der Gast fordern kann, die Strafe des Art. 471, Nr. 11.

K. Oeffentl. Minist. am Polizeiger. Jülich wider Jumpertz, 7. April 1830.
Eimbeck. Eichhorn.

Die Aeusserung: „Sie sind ein Lügner,“ — wird durch Art. 375 Str. G. B. geahndet.

R. Stephan, 2. Juni 1830.
Graun. Eichhorn. Sandt.

X wird vor das Polizeigericht geladen, weil er die Y, die Civilklägerin — Hure geschimpft. — Er leugnet. — Durch die Zeugen überführt, wirft er aber dann in der Sitzung der Y vor, dass sie wirklich eine Hure. Hat der Instanzrichter diesen neuen Vorwurf für straflos erklärt, weil er nur in defensione vorgebracht, so hat er den Art. 368, 370 und 377 Str. G. B. verletzt.

K. Kirckhaus wider Knein, 23. Juli 1836.
v. Meusebach. Eichhorn.

Die David sagt von der jüdischen Cassationsverklagten:

„sie habe im Kindbett gegen das Ritualgesetz sich ein Hühnchen mit Butter braten lassen, ihr Ehemann lasse die Sehnen und Adern im Fleische zurück, statt sie herauszunehmen."

Jene Aeusserungen stellen eine Injurie nicht dar.

K. David wider Jäger, 10. Februar 1838.
v. Meusebach. Eichhorn.

X sagt in einer Schrift, die Repräsentanten der Gemeinde hätten einen Prediger nur gewählt, weil sie selber eine unchristliche Gesinnung, dem Worte Gottes sich entzogen, einem Evangelio huldigten, welches die Apostel nicht verkündet, und daher eher Repräsentanten einer deistischen, oder socinianischen, als einer christlichen Gemeinde. — Es trifft ihn die Strafe des Art. 375 Str. G. B.

Der Vorwurf einer unchristlichen Gesinnung gegen bestimmte Personen, ist schon dem gewöhnlichen Sprachgebrauch nach, und abgesehen von aller positiven Symbolik und Dogmatik, eine gröbliche Beleidigung, und geeignet, auf die bürgerlichen Verhältnisse nachtheilig einzuwirken.

R. Hülsmann, 3. August 1839.
Graun. Esser. Reinhardt.

Zur Anwendung des Art. 367 Str. G. B. ist bei einer auf offener Strasse ausgestossenen Beschuldigung nicht nothwendig, dass mehrere Personen dieselbe hören.

K. Generalproc. am Cassationshofe wider Keuter, 28. Juli 1820.
Mühler. Ruppenthal.

Die Sacristeien der Kirchen gehören nicht zu den öffentlichen Orten. Die in denselben ausgestossenen Injurien trifft daher nicht die Strafe des Art. 375, sondern die des Art. 471, Nr. 11 Str. G. B.

R. Oeffentl. Minist. Düsseldorf wider Giesen, 20. August 1823.
Seyppel. Eichhorn. Arch. V. 2. 67.

Verläumdung.

Der zweite Absatz des Art. 367 Str. G. B. beweist, dass von einer Verläumdung die Rede nicht sein kann bei Anschuldigungen, welche deren Urheber durch die Natur seiner Pflichten zu entdecken verbunden ist. Dies gilt namentlich von Zeugen, mögen sie nun eidlich oder in den Formen des Art. 269 Cr. O. vernommen werden. Das entgegengesetzte Princip und die folgerechte Anwendung des Art. 368 Str. G. B. schliesst die Möglichkeit des Zeugenbeweises aus.

K. Moecker, 28. Januar 1829.
Oswald. Eichhorn.

Eine verläumderische Anzeige muss ihrem Begriffe nach denjenigen bezeichnen, gegen welchen sie gerichtet ist, und der als Urheber der That, so wie sie nach Art. 367 Str. G. B. beschaffen sein muss, angegeben wird.

K. Homer, 8. September 1824.

Blanchard. Ruppenthal.

Der Art. 373 Str. G. B. setzt zu seiner Anwendung voraus:

1) dass bei einem Justiz-, Verwaltungs- oder gerichtlichen Polizeibeamten eine schriftliche Anzeige von Thatsachen gemacht worden, welche eine Untersuchung und Bestrafung auf gerichtlichem oder administrativem Wege zur Folge haben können;
2) dass die Beschuldigung von der competenten Stelle für falsch oder nicht erwiesen erklärt; und
3) von dem Denuncianten mit dem Bewusstsein der Falschheit vorgebracht worden.

Wo daher die Wahrheit der angegebenen Thatsachen nicht hergestellt worden, hat das Gericht nur über die Absicht des Denuncianten zu erkennen.

So lange es an der gesetzlichen Grundlage und an den Bedingungen fehlt, ohne welche der Art. 373 nicht anzuwenden, steht dem Gericht nicht zu, über die Absicht des Denuncianten, insofern sie aus der Form der Anzeige hergeleitet wird, zu urtheilen.

K. Schloesser, 31. August 1825.

Fischenich. Eichhorn.

Das Vergehen der verläumderischen Denunciation, eine Gattung der Verläumdung, erfordert zu seinem Wesen die Beschuldigung einer genau bezeichneten That, die wahr, dem Urheber die Ahndung der Gesetze oder die Verachtung seiner Mitbürger zuzieht. — Wer einem Friedensrichter ein grobes, arrogantes, despotisches Wesen in einer, dem Minister eingereichten Eingabe, vorwirft, verfällt daher nicht den Art. 373 und 374, sondern dem Art. 223 Str. G. B.

Der Art. 59 schliesst nicht aus, das Maass der Strafe mit Rücksicht auf das individuelle Verschulden des Urhebers und Theilnehmers zu bestimmen, und ist daher sehr wohl möglich, den Letzteren härter als den Ersteren zu bestrafen.

K. Ronden, 13. November 1843.

Brewer. Jaehnigen. Sandt.

Erwogen, dass, die dem Cassationskläger zur Last gelegte Verläumdung betreffend, — eine verläumderische Denunciation, nothwendig Thatsachen enthalten muss, welche unwahr sind, und denjenigen, gegen welchen sie aufgestellt werden, einer Verfolgung in dem Strafverfahren aussetzen können.

Dass aber die Beschwerdeschrift des Cassationsklägers gegen den Friedensrichter Thour nur wahre Thatsachen enthält, welche sich als nicht strafbar darstellen, ist der Art. 373 Str. G. B. auf diesen Fall unrichtig angewendet worden.

K. Schlemmer, 19. Mai 1845.
v. Daniels. Eichhorn. Reusche.

Die Anwendung des Art. 367 Str. G. B. ist durch den Beweis, dass der Beschuldigte, Urheber oder Gehülfe einer Verläumdung, bedingt, welchen nicht schon der Abdruck einer unwahren Erzählung einschliesst.

R. Herght wider Rath, 13. September 1843.
v. Oppen. Jaehnigen. Sandt. Kunowski. Arch. XXXIV. 2. 31.

Hat der Richter den Mangel einer verläumderischen Absicht thatsächlich festgestellt, und nicht schon aus der Unrichtigkeit der Beschuldigung deren verläumderischen Charakter gefolgert, so hat er hierdurch den Art. 373 Str. G. B. nicht verletzt, denn das Gesetz erklärt keineswegs jede falsche Beschuldigung schon um deswillen für eine verläumderische.

R. Oeffentl. Minist. Trier wider Beucker, 14. Nov. 1842.
v. Oppen. Jaehningen.

Bastian setzt eine verläumderische Denunciation gegen den Bürgermeister zu einer Zeit auf, wo er die Unrichtigkeit der Anschuldigung kennt. X schreibt sie ab, Y reicht die von ihm unterzeichnete bei dem Oberprocurator ein. Die Thätigkeit des Bastian stellt sich unter diesen Umständen als eine strafbare Beihülfe dar.

Der Art. 373 Str. G. B. fordert nicht, dass bei einer Beschuldigungsanzeige, wenn sie sonst für verläumderisch zu halten, der Vorschrift des Art. 31 Str. P. O. genügt worden.

R. Bastian, 13. Februar 1836.
v. Breuning. Eichhorn. Sandt.

Beleidigungen gegen Beamte.

X denuncirt bei dem Oberprocurator einen Gerichtsvollzieher, dass er sich Pflichtwidrigkeit zu Schulden kommen lasse. Der Oberprocurator lässt die Zeugen informationis causa vernehmen, und ladet demnächst den X, als der Verläumdung schuldig, vor das Landgericht, welches ihn in der That zur Strafe zieht. — Mit Unrecht. Zu dem Thatbestand der hier vorliegenden Denunciation gehört, dass die bei der Behörde vorgebrachten Thatsachen nicht in der Wahrheit beruhen; dem

Urtheil in der Hauptsache muss daher nothwendig eine Untersuchung über die denunciirten Facta vorhergehen. Art. 372 Str. G. B. Diese ist aber von dem Instructionsrichter zu führen, und demnächst nicht von dem correctionellen Gericht, sondern von der Raths-, resp. Anklagekammer zu beurtheilen, ob das Verfahren gegen den Denuntiaten fortzusetzen, oder einzustellen. Wo, wie hier, dies nicht geschehen, hat der Richter seine Macht überschritten.

K. Kriegskorte, 16. October 1843.

Brewer. Jaehningen.

X, wegen Verläumdung des Feldhüters Y angeklagt, behauptet, es sei richtig, dass Y schon einmal ein falsches Protocoll errichtet habe. Die Correctionskammer setzt die Entscheidung aus, bis die Untersuchung hierüber erledigt sei.

Art. 372 Str. G. B.

Die Rathskammer entscheidet, das Verfahren gegen Y sei einzustellen. X, der sich als Civilparthei constituirt, hinterlegt nicht den Vorschuss — Art. 63 Cr. O., Art. 106 Decret vom 18. Juni 1811. — Das öffentliche Ministerium geht daher in der Hauptsache voran. Erklärt die Correctionskammer, es sei dies voreilig, so verletzt sie die Art. 127 und 128 Cr. O. und den Art. 372 Str. G. B.

K. Oeffentl. Minist. Trier wider Friedrichs, 13. Mai 1844.

Graun. Eichhorn. Ann. IV. 1. 33.

X stellt gegen den Friedensrichter Y eine Klage auf Civilentschädigung an, weil dieser ihn im Sitzungssaal vor die Brust gestossen. Weil der Vorwurf unbegründet, wird er zu der Strafe der Art. 367, 371, 373, 374 Str. G. B. verurtheilt. Mit Unrecht. Da der X nur eine Civilklage angestellt, so ist das Gesetz vom 25. April 1835 und der Art. 373 Str. G. B. unanwendbar. Wer eine Civilklage anstellt, verfolgt sein Recht, und verletzt hierdurch Niemand — Art. 372. — Dem steht der Art. 3 Cr. P. O. nicht entgegen: er ermächtigt den Civilbeklagten nicht, durch behauptete Verläumdung sich der Einlassung auf die Civilsache zu entziehen. Ein solcher Versuch muss vielmehr erfolglos sein. Denn der Art. 367 Str. G. B. gestattet die Oeffentlichkeit des Verfahrens; der Strafrichter ist nicht befugt, über den Grund der Civilklage zu entscheiden, vor dieser Entscheidung ist aber die Calumnienklage voreilig.

Art. 367 a linea 2 Str. G. B.

K. Aschert, 8. Januar 1844.

Heffter. Jaehnigen.

Die Art. 10—12 B. P. O. sind als specielle Gesetze, durch die generellen Bestimmungen der Art. 504 Cr. O. seq. nicht ausser Kraft gesetzt. Der in öffentlicher Civilsitzung beleidigte

Friedensrichter hat also die Wahl, entweder als Civilrichter die in jenen Gesetzen ihm gestatteten discretionären Maassregeln anzuwenden, oder aber sich nach Art. 504 Cr. O. als Corrections- oder Polizeigericht zu constituiren. Geschieht Letzteres, und wird eine Polizeistrafe verhängt, so ist Berufung unzulässig. Geschieht Ersteres, so finden dagegen die in friedensgerichtlichen Civilsachen gestatteten Rechtsmittel Anwendung. Art. 10, 11, 12 B. P. O. Die Berufung muss dann aber in der Form des Art. 456 B. P. O.; Art. 12, Tit. 3 Gesetz vom 24. August 1790 — bei dem Landgericht eingelegt werden. — Ist dies nicht geschehen, hat trotz dessen die Zuchtpolizeikammer die Berufung als formgerecht und sich für competent erklärt, so hat sie hierdurch die angezogenen Gesetze verletzt.

K. Oeffentl. Minist. Colbenz wider Kuhl, 11. März 1839.
Jaehnigen. Esser.

Die Cabinetsordre vom 6. März 1821, 2. August 1834, 25. October 1835 setzen voraus, dass die Militairpersonen im wirklichen Dienst beleidigt worden sind. Das Tragen der Uniform stellt an und für sich eine solche Dienstthätigkeit nicht dar.

K. Competenzconflict in Sachen wider Stein, 13. August 1836.
Graun. v. Breuning.

Hat X einen Lieutenant, als dieser weder wachthabender Officier, noch in Uniform, noch in irgend einer Dienstfunction, um deswillen beleidigt, weil dieser aus Veranlassung seiner Amtsfunctionen früher einen freiwilligen Kanonier bestraft hatte, so wird hierdurch die Thathandlung selbst nicht eine andere, und kann namentlich hier der Grund der Handlung nicht in die Anwendung der Art. 224 und 225 Str. G. B. rechtfertigen.

K. Wartburg, 6. Juni 1842.
v. Oppen. Eichhorn.

In Erwartung, dass die Art. 222, 223 und 224 Str. G. B. so wie sie in der Staatsrathssitzung vom 22. Oct. 1808 vorlagen, die Ausdrücke „en exercice ou à cause de l'exercice de leurs fonctions," — enthielten.

Dass zwar in der jetzigen Fassung der Art. 222, 223 und 224 Str. G. B. sich die Ausdrücke: „dans l'exercice ou à l'occasion de l'exercice" befinden.

Dass aber bei den legislativen Verhandlungen ein Unterscheidungsgrund zu dieser Wortveränderung nicht zur Erörterung gekommen ist.

Dass auch eigentlich nicht über diese Wortfassung, sondern darüber gestritten wurde, ob die Beleidigung eines Beamten, auch wenn sie auf dessen Amtsführung nicht Bezug habe, mit der Strafe der Art. 222, 223, 224 Str. G. B.

zu belegen, und daher die Ausdrücke: „dans l'exercice ou à l'occasion de l'exercice de leurs fonctions," — wegzustreichen seien?

Dass aber diese Frage fast einstimmig aus dem Grunde verneint worden, weil alsdann der Beamte nicht als solcher, sondern als Private angegriffen werde (s. Protocoll des Staatsraths vom 12. August 1809; Locré Nr. 9).

Dass aus diesem Grunde des Stehenlassens jener Ausdrücke, und eben weil auch bei den legislativen Verhandlungen zwischen à cause und à l'occasion kein Unterscheidungsgrund zur Sprache gebracht worden, die in dem angegriffenen Urtheil gegen den Cassationskläger thatsächlich festgestellte Beschuldigung, dass er den Friedensrichter Ingenohl in Bezug auf dessen Amtsführung durch Schimpfworte und Spitznamen beleidigt habe, durch die Art. 222 und 223 Str. G. B. vorgesehen und verpönt ist, verwirft etc.

R. Flatters, 25. November 1844.

Esser. Jaehnigen. Furbach.

Eine Amtshandlung, in oder bei deren Ausübung der Polizeicommissar van Laer beleidigt sein könnte, ist nicht nachgewiesen. Der Vorwurf beschränkt sich vielmehr darauf, die Cassationsverklagte habe im Gespräch in einem Privathause, in Abwesenheit des Beamten sich beleidigende Aeusserungen erlaubt, welche der van Laer auf seine Person und sein Amt bezieht. Beide Beziehungen als richtig angenommen, können jedoch den Ausnahmefall der §§. 207—209 Thl. II. Tit. 20 A. L. R., wie deren Wortinhalt ergiebt, nicht begründen. Auch seit Publication der Cabinetsordre vom 5. December 1835 ist ein anderes Verhältniss nicht eingetreten, weil diese, weit entfernt, das Gesetz zu ändern, ausdrücklich auf dessen Inhalt verweiset, und einer Auslegung entgegensteht, nach welcher Beamte in Ausübung ihres Amtes auch ohne eine solche Ausübung beleidigt werden könnten, was in sich selbst ein Widerspruch wäre. Der Richter hat mithin durch verweigerte Anwendung der Rheinischen Strafgesetze, das Gesetz verletzt.

Die Art. 222 seq. Rh. Str. G. B. finden in der That nur in den Fällen Anwendung, wo ein Beamter in Ausübung oder bei Gelegenheit der Ausübung seines Amtes beleidigt worden. Die conforme Jurisprudenz über Gleichbedeutung der Ausdrücke „à l'occasion" und „à raison de l'exercice de fonctions," — welche der Cassationskläger in Bezug nimmt, mag in Frankreich zwar bestehen, aber erst seit den Gesetzen vom 17. und 26. März 1819 und 25. März 1822.

Dieselben Gründe, welche der Anwendung der Exceptionsgesetze entgegenstehen, schliessen daher im vorliegenden Falle auch diejenige der Art. 222 seq. Str. G. B. aus, indem Niemand bei Gelegenheit einer Amtsverrichtung beleidigt werden kann, die er nicht vorgenommen hat.

K. Oeffentl. Minist. Düsseldorf wider Grass, 5. Juni 1840.
v. Oppen. Eichhorn. Ann. I. 1. 97.

Der Art. 222 Str. G. B. schliesst jede Beleidigung ein, welche dem Beamten wegen seiner Dienstverrichtungen, obgleich eben nicht in der Ausübung derselben begriffen, in jedem andern Orte, sei es in seiner Gegenwart, oder auch ausser derselben etwa zugefügt werden könnte.

R. v. d. Ahe, 13. October 1820.
Krezzer. Ruppenthal. Sandt.

Die beleidigenden Aeusserungen rücksichtlich der Amtsverrichtungen obrigkeitlicher Personen, begründen für sich allein nicht die Anwendung des Art. 222 Str. G. B. Dieser Artikel verlangt ausserdem, dass die obrigkeitliche Person selbst und unmittelbar die Beleidigung von dem Beleidiger empfangen habe, wovon, wenn die Aeusserungen nur zu Dritten gethan, die Rede nicht sein kann.

R. Oeffentl. Minist. Düsseldorf wider Coenen, 30. Juni 1824.
v. Meusebach. Ruppenthal. Arch. VII. 2. 25.

Hat X dem Bürgermeister, in einem Wirthshaus, wo dieser nicht zugegen, viel weniger sein Amt ausgeübt, in Bezug auf dessen Amtsverrichtungen Thatsachen nachgesagt, die, wenn wahr, ihn einem Strafverfahren aussetzen würden, so ist auf diese Thathandlung der Art. 367 und nicht der Art. 222 Str. G. B. anwendbar, indem ja jene Aeusserungen nicht bei einer Gelegenheit, wo der Bürgermeister Amtsverrichtungen vorgenommen, stattgefunden haben. Hat nun X schon vorher über jene Thatsachen der vorgesetzten Behörde Anzeige gemacht, so ist mit Recht das Strafverfahren aufgeschoben worden. Art. 372.

R. Oeffentl. Minist. Trier wider Lion, 5. April 1834.
Esser. Eichhorn.

Die öffentliche Aeusserung des Cassationsverklagten: — „der Friedensrichter sei ein Spitzbube,“ — weil er kein Recht bekomme, ist eine grobe, bei Gelegenheit der Amtsübung widerfahrene, durch den Art. 222 und nicht durch Art. 376 Str. G. B. zu bestrafende Beleidigung.

K. Lange, 8. Januar 1823.
v. Reibnitz. Ruppenthal.

Auch auf Förster findet der Art. 222 St. G. B. Anwendung.

K. Oeffentl. Minist. am Polizeigericht Cochem wider Cornely, 22. December 1820.
Krezzer. Eichhorn.

X, beschuldigt, durch verläumderische Denunciationen die bürgerliche Ehre eines königlichen Oberförsters in Beziehung auf sein Amt, gekränkt zu haben, ist nach den rheinischen Gesetzen und nicht nach den altpreussischen zu beurtheilen. Cabinetsordre vom 6. März 1821 und 2. August 1834.

K. Oeffentl. Minist. Coblenz wider Adams, 1. Oct. 1838.
Graun. Esser.

X beleidigt einen Steuerboten, der ihn zur Zahlung der rückständigen Steuern auffordert, und bei deren Entstehen zum Verkauf der gepfändeten Gegenstände schreitet. Der Art. 224 224 Str. G. B. ist das zureichende Strafgesetz. Der Umstand, dass der Steuerbote hierbei, als in seinem Amte handelnd, um deswillen nicht anzusehen, weil er den Verkauf nicht zuvor auf die gesetzlich vorgeschriebene Weise bekannt gemacht, ändert hierin nichts. Dies berechtigte nur zu einem Civilanspruch.

R. Guerin, 13. April 1833.
Eichhorn. Reinhardt.

Zwei zur Nachtwache gedungene Männer werden durch Worte beleidigt. Diese Männer sind nicht als Communalbeamte anzusehen, und somit von Anwendung des §. 209, II. 20 A. L. R. keine Rede.

R. Küpper, 23. März 1840.
v. Oppen. Eichhorn.

X beleidigt den Schullehrer. Der Art. 471, Nr. 11 ist das zureichende Strafgesetz. Die von der Regierung angestellten Schullehrer, obwohl öffentliche Beamte, gehören nicht zur Kategorie der in den Art. 222 und 224 Str. G. B. Benannten.

R. Oeffentl. Minist. Trier wider Engel, 30. Nov. 1833.
Lombard. Eichhorn.

X sagt:

„Die Schweizer werden mit den Jesuiten auch noch nicht fertig; diese sind ein von Gott gesendetes Volk. Es wäre zu wünschen, dass die Staaten, und namentlich unser preussischer Staat auch Jesuiten hätten; dieselben sind gescheidt und verstehen das Staatsruder zu führen, wozu unsere Beamten zu dumm sind. Unser König ist nur von adligen Hurenbengeln umgeben, die nichts gelernt haben und nicht zu regieren wissen.“

Die §§. 151 und 200 Thl. II. Tit. 20 A. L. R. sind auf diese Aeusserungen so wenig anwendbar, als der Art. 222 Str. G. B. — Die Art. 222 seq. Str. G. B. finden nur bei Beleidigung bestimmter Personen wegen bestimmter Handlungen Anwendung, nicht bei Vorurtheilen gegen ganze Stände, Menschenclassen, Völker oder Länder, indem die Allgemeinheit des

Vorwurfs Kränkung Einzelner insofern ausschliesst, als nicht in dieser Beziehung aus dem Zusammenhange eine kränkende Absicht hervorgeht. — Wegen der Behauptung, die Beamten seien dumm, die Adligen faul, — steht daher den Beamten und Adligen ein Klagerecht nicht zu, während auch das Beiwort „preussische“ in Beziehung auf den ganzen Adel- und Beamtenstand nicht eine solche Specialität giebt, wie sie zur Anwendung des Strafgesetzbuchs erforderlich ist.

Wenn nun aus dem Art. 222 der Einzelne kein Klagerecht hat, so kann solches auch dem öffentlichen Ministerio nicht zustehen.

Der §. 151, Thl. II. Tit. 20 A. L. R. könnte aber nur dann anwendbar sein, wenn die resp. Aeusserungen überhaupt Landesgesetze und Anordnungen im Staate beträfen. Ueberdem haben die Instanzrichter weder die Erregung von Missvergnügen, noch auch die blosse Absicht eines solchen Erfolges als erwiesen angesehen, und die Nichtanwendung des §. 151 unterliegt daher schon aus diesem thatsächlichen Grunde der Censur des Cassationshofes nicht.

R. Oeffentl. Minist. Elberfeld wider Werner, 8. Dec. 1845.
v. Oppen. Jaehnigen.

Der Bürgermeister denuncirt die Regierung bei dem Ministerium. Diese sieht in seiner ihr mitgetheilten Denunciation schwere Beleidigung. Der Oberprocurator verfolgt ihn wegen Verläumdung durch Schriften. Die Zuchtpolizeikammern beider Instanzen halten jedoch dafür, dass die Sache nur vor das Polizeigericht gehöre. Mit Unrecht. Der Art. 222 Str. G. B. kann auf schriftliche Beleidigungen nicht angewendet werden. Die Verordnung vom 5. Juli 1819 hat nämlich diesen Artikel nicht für anwendbar erklärt, sondern den Art. 223. Zu seiner Anwendung gehört:

1) dass die Beleidigung einer Magistratsperson der Justiz oder Verwaltung zugefügt ist;
2) bei, oder bei Gelegenheit der Ausübung des Amtes.

Es ist dagegen gleichgültig, ob sie mittel- oder unmittelbar zugefügt worden.

Der §. 2 der Verordnung steht dem nicht entgegen, und hat nur die leichten, ohne Rücksicht auf des Beleidigten Amtsehre zugefügten Beleidigungen im Auge. Art. 474 und 471, Nr. 11.

Die Bestimmung des §. 1 der Königl. Verordnung vom 5. Juli 1819 ist keineswegs auf solche schriftliche Beleidigungen einzuschränken, welche zugleich Drohungen enthalten. Dem widerspricht die beabsichtigte Ausdehnung der frühern Gesetze.

K. Oeffentl. Minist. Cöln wider v. d. Leyen, 13. April 1821.
v. Savigny. Eichhorn. Arch. II. 2. 57.

Das Strafgesetzbuch enthält in Bezug auf schriftliche Beleidigungen keine ausdrücklichen Strafbestimmungen. Um diese Lücke auszufüllen, verfügt die Verordnung vom 5. Juli 1819, dass die Art. 223—227, desgl. 471, Nr. 1 und 474 Str. G. B. auch auf schriftliche, unter gleichen Umständen begangene Beleidigungen angewendet werden sollen. Es sind also die schriftlichen Beleidigungen gegen einen Beamten oder eine Behörde ebenso zu bestrafen, wie die, von denen Art. 223 spricht. Dass übrigens der Art. 223 auch von Verwaltungsbeamten disponirt, ist unbedenklich.

K. Generalproc. am Cassationshofe wider Pütz, 10. Februar 1845.
v. Oppen. Eichhorn.

Der Sinn des §. 1 der Königl. Verordnung vom 5. Juli 1819 ist kein anderer, als, dass auf schriftliche, — obrigkeitlichen Personen zugefügte Beleidigungen, die Strafe angewendet werden sollte, mit welcher der Art. 223 Beleidigungen dieser Personen durch Gebehrden und Drohungen belegt hat, vorausgesetzt, dass die schriftlichen Beleidigungen ersterer Art unter gleichen Umständen verübt sind, unter welchen die letzteren in dem angeführten Artikel mit Strafe bedroht sind, nämlich: bei der Ausübung oder bei Gelegenheit der Ausübung von Amtsverrichtungen.

Dieser Erklärung steht der §. 2 der Verordnung nicht entgegen, indem er der einfachen Polizeistrafe des Art. 474 Str. G. B. solche schriftlich, einem Beamten zugefügte Beleidigungen unterwirft, welche nicht mit der Strafe des Art 223 belegt werden können, weil die gleichen Umstände, d. h. weil die Beziehung auf die Amtseigenschaft und die Ausübung des Amtes nicht vorhanden sind.

Competenzconfl. öffentl. Min. Elberfeld wider Huber, 31. März 1845.
v. Daniels. Eichhorn.

Zur Anwendung der Cabinetsordre vom 5. Juli 1819 gehört nicht, dass die betreffende Schrift Zerrbilder oder Drohungen enthält.

Hat der beleidigte Friedensrichter den Antrag auf Untersuchung gemacht, so steht ihrer Eröffnung nicht im Wege, dass die beleidigenden Artikel censirt sind. — §. 13, Verordnung vom 18. October 1819.

Die Art. 1, 22, 47 Cr. O. stehen dem nicht entgegen.

R. Gladbach, 29. December 1845.
Brewer. Eichhorn.

Die Polizeicommissaire sind mit Rücksicht auf die Natur und Wichtigkeit der denselben, namentlich durch Art. 11, 40, 50 und 509 der Cr. P. O. aufgetragenen Functionen als wirkliche, mit öffentlicher Autorität bekleidete Magistrate zu betrachten, und gehören keineswegs zu der Classe der ministeriellen Beamten oder Agenten der öffentlichen Gewalt; die ihnen in Ausübung ihrer Amtsverrichtungen zugefügten Beleidigungen, insofern sie deren Ehre oder Zartgefühl verletzen, unterliegen folglich den Strafen, welche im Art. 222 Str. G. B. festgestellt sind.

R. Rüben, 24. Juni 1844.

Brewer. Eichhorn.

Bergwerkscontravention.

Ein Bergwerksbesitzer wird vom Oberbergamt angewiesen, durch Zugeständniss seiner Gegner, oder Erkenntniss nachzuweisen, dass er allein Eigenthümer des Grubenfeldes sei. Dadurch, dass er dieser Anweisung, eine Civilklage anzustellen, nicht Folge leistet, begeht er keine strafbare Bergwerkscontravention aux lois et réglements. Art. 93, 96 Gesetz vom 21. April 1810, Instruction vom 3. August 1810, Decret vom 3. Januar 1813.

K. Koupp, 6. September 1834.

Graun. Eichhorn. Sandt.

Wenn mehrere unbefugter Weise in einem Schurfe Steinkohlen graben, so ist gegen Jeden — Art. 59 Str. G. B. — die im Art. 96 Gesetz vom 21. April 1810 verhängte Geld- oder Gefängnissstrafe ganz zu verhängen, welche jedoch durch den Art. 463 Str. G. B. gemildert werden kann.

K. Oeffentl. Minist. Trier wider Birck, 13. Mai 1833.

Esser. Eichhorn.

Die Nichteigenthümer des Bodens dürfen ohne die Concession des Art. 5 Gesetz vom 21. April 1810 keine Ausgrabungen vornehmen. Art. 12, 93, 96 ibid.

K. Generalproc. am Cassationshofe wider Landgericht Aachen, 26. October 1825.

Blanchard.

Unter dem allgemeinen Ausdruck des Art. 12, Tit. 27 der Forstordnung von 1669: „Thon“ (argile) ist auch der schieferige Thon (schisteuse) und der thonige Schiefer (schiste argileux), d. h. der Schiefer, mit einbegriffen.

Das Feldpolizeigesetz vom 28. September 1791, Tit. 2 ist auf Vergehen in Staatswaldungen nicht anwendbar Art. 36, 37, 38. — Der Art. 34 hat daher auf jenen Art. 12 nicht den mindesten Einfluss. Ebenso wenig hat das Bergwerksgesetz vom 21. April 1810 in Ansehung der im Art. 4 bezeichneten Schiefergruben eine Trennung des Unterirdischen von der Oberfläche in Bezug auf das Eigenthum und dessen Modalitäten ausgesprochen. Stellt der Art. 81 den Betrieb der Schiefergruben ohne unterirdische Stollen unter die einfache Aufsicht der Polizei, so enthalten doch die Art. 93 und 96, indem sie sich auf die im Art. 2 bezeichneten Bergwerke beziehen, in Ansehung der Schiefergruben weder eine Strafbestimmung, noch deuten sie auch nur im Entferntesten auf eine Abänderung des Art. 12 der Forstordnung von 1669. Hat daher der Richter die den Cassationsverklagten zur Last gelegte Thathandlung, „im Königlichen Walde Schiefer gefördert und weggenommen zu haben," für nicht verpönt erachtet, so hat er den Art. 12 der Forstordnung verletzt, und sind die Cassationsverklagten in eine Strafe von 500 Livres zu verurtheilen.

K. Oeffentl. Minist. Aachen wider Heidbüchel, 13. Dec. 1841.
Esser. Eichhorn. Arch. XXXIII. 2. 49.

Vergehen gegen die Bergwerkgesetze verjähren ebenso wie die Klagen wegen Forstfrevel, in drei Monat.

Art. 95 Gesetz vom 21. April 1810; Art. 8, Tit. 9 Gesetz vom 15. und 29. September 1791.

R. Oeffentl. Minist. Coblenz wider Elzer, 11. Mai 1840.
Esser. Eichhorn. Arch. XXX. 2. 9.

Berufung.

In Erwägung, dass von dem öffentlichen Ministerio gegen das erste Urtel nicht appellirt worden, und dass somit jenes Rechtsmittel nach Art. 205 Str. P. O. verfallen war, dass demnach das öffentliche Ministerium in zweiter Instanz keine Reformatio in pejus verlangen konnte, ist dieser Antrag mit Recht verworfen worden.

R. Oeff. Minist. Düsseldorf wider Schulte, 9. März 1821.
v. Meusebach. Ruppenthal.

Berufung wider freisprechende Urtheile der Polizeigerichte, ist auch für die Civilparthei unzulässig, ohne dass es auf die Höhe der geforderten Entschädigung ankommt. Art. 172 Cr. O.

R. Jungerheld wider Stein, 8. October 1836.
Eimbeck. Eichhorn. Sandt.

Das öffentliche Ministerium legt Berufung ein, weil auf Strafe erkannt worden, ohne dass der Bestrafte selbst appellirt. — Dies ist nach Art. 202, Nr. 5 Cr. O. zulässig, und daher die Frage nach der Schuld oder Unschuld des Inculpaten lediglich auf Veranlassung des öffentlichen Ministerii zu prüfen.

K. Oeffentl. Minist. Trier wider Adams, 23. Oct. 1843.
Heffter. Eichhorn.

Das öffentliche Ministerium ist befugt, im Interesse und zum Vortheil der Angeschuldigten Rechtsmittel einzulegen.

Art. 298, 408, 202 Cr. O.; Art. 4, Tit. 8 Gesetz vom 24. August 1790.

K. Oeffentl. Minist. Elberfeld wider Frellöhr, 19. Februar 1844.
v. Daniels. Jaehnigen.

Wenngleich die Einlegung der Aggravation der Aufsichtsbehörde zusteht, so ist doch hierdurch in dem Recht des öffentlichen Ministeriums, die Berufung einzulegen, Nichts geändert, und verletzt die entgegenstehende Ansicht den Art. 202 Cr. O.

K. Oeffentl. Minist. Trier wider Kontz, 9. Januar 1843.
v. Oppen. Jaehnigen. Arch. XXXV. 2. 24.

Die Frist des Art. 209 Str. P. O. ist nicht bei Nichtigkeit vorgeschrieben.

Die nach der Anmeldung der Berufung erforderlichen Maassregeln, durch welche die Sache zur Aburtelung gebracht wird, sind selbst dann von dem öffentlichen Ministerium zu bewirken, wenn der Beschuldigte oder eine Civilparthei Appellant ist.

Art. 202, 203, 207 Cr. O.

In Bezug auf Civilverurtheilungen, als Folgen strafbarer Handlungen, sind die resp. Bestimmungen des Art. 195 Cr. O. — Aufnahme des Factums in's Dispositiv; wörtliches Einrücken der Gesetze, — nicht durchgreifend.

R. Thomas wider Schmitz, 22. Juni 1840.
Jaehnigen. Eichhorn.

Nur der Anwalt, welcher bei dem Landgericht, auf dessen Secretariat die Berufung angemeldet wird, als solcher fungirt, ist zu dieser Anmeldung gesetzlich bevollmächtigt, nicht ein Advocat bei dem Appellationshofe.

Art. 202, 204 Cr. O.

R. Neissen, 24. Februar 1840.
Esser. Eichhorn.

In Erwägung, dass zwar der Art. 185 Cr. G. O., der nach Ausweis der Protocolle des Staatsrathes vom 2. Juli und 4. October 1808 ohne irgend eine Bemerkung in der vorliegenden Fassung angenommen worden, bei Vergehen, welche eine Gefängnissstrafe nach sich ziehen, die persönliche Erscheinung des Beschuldigten vorschreibt, und dessen Vertretung durch einen Anwalt ausschliesst.

Dass aber der Art. 202 Cr. G. O. in Ansehung der unter Ziffer 1 dem Beschuldigten ertheilten Befugniss, die Berufung anzumelden, ohne Unterschied, ob das Vergehen eine Gefängnissstrafe nach sich zieht oder nicht, die Vertretung durch einen Anwalt nicht ausschliesst.

Dass, sollte der angeführte Art. 185 zur Analogie für die Anmeldung der Berufung dienen, auch ein solcher Unterschied, wider die Vorschrift des nicht unterscheidenden Art. 202 gemacht werden müsste.

Dass demnach der Befugniss des Beschuldigten, die Berufung, sei es durch einen Specialbevollmächtigten, oder durch einen Anwalt, anmelden zu lassen, um so weniger ein gesetzliches Hinderniss entgegensteht, als auch der Art. 204 Cr. G. O., der ebenfalls, wie die Ziffer 1 des Art. 202 nach den bereits angeführten Protocollen des Staatsraths ohne alle Bemerkung in der vorliegenden Fassung angenommen worden, den Specialbevollmächtigten, wie den Anwalt als Vertreter zur Formalisirung der Berufung bezeichnet.

Dass übrigens auch kein legislativer Unterscheidungsgrund ersichtlich ist, warum der Anwalt nicht ebenso gut in Zuchtpolizeisachen die Berufung, wie in Criminalsachen das Cassationsgesuch anmelden könne, da in der Sitzung des Staatsraths von 14. Vendémiaire XIII. (6. Oct. 1804) über den Art. 417 Cr. G. O. nichts Anderes zur Sprache gekommen ist, als, dass dem zu unbestimmten Ausdruck „la partie," — noch das Wort „condamnée" zugefügt werden sollte, verwirft etc.

R. Oeffentl. Minist. Düsseldorf wider Hülsen, 5. Oct. 1840.
Esser. Eichhorn.

Der Namens seiner Ehefrau die Anmeldung der Appellation bewirkende Ehemann, ist von Rechtswegen als deren Specialbevollmächtigter anzusehen.

Art. 216 B. G. B.; Art. 202 und 203 Cr. O.

R. Oeffentl. Minist. Düsseldorf wider Issel, 29. Juni 1840.
v. Oppen. Eichhorn. Arch. XXX. 2. 3.

Die correctionelle Kammer belegt ein correctionelles Vergehen mit einer blossen Polizeistrafe. Um deswillen, weil also in letzter Instanz erkannt, verwirft der Appellationsrichter die Berufung. Mit Unrecht. Der Art. 192 Cr. O. greift nur dort durch, wo das Vergehen wirklich sich nur als eine Contravention charakterisirt.

K. Oeffentl. Minist. Aachen wider Cremer, 25. Mai 1821.
Goerdeler. Ruppenthal. Arch. VII. 2. 13.

Wo von dem öffentlichen Ministerium eine correctionelle, von der Zuchtpolizeikammer nur eine polizeilich zu ahndende Beleidigung angenommen wird, da ist Berufung zulässig.

Art. 192 und 202, Nr. 4 Cr. O.

K. Oeffentl. Minist. Cöln wider Strang, 21. Sept. 1833.
Lombard. Eichhorn. Arch. XIX. 2. 12.

Weist der Art. 192 Cr. O. die Zuchtpolizeigerichte an, in allen Fällen, wo der Gegenstand der Beschuldigung nur eine

Polizeicontravention; zu erkennen, so muss die Appellationskammer, wenn die erste Kammer sich für incompetent erklärt, in der Sache erkennen, und darf die Berufung nicht als unzulässig und unannehmbar abweisen. Art. 212, 213 Cr. O.

K. Oeffentl. Minist. Trier wider Lutz, 10. Dec. 1836.
Jaehnigen. Eichhorn. Arch. XXIV. 2. 92.

Die Sache ist bis zum Erkenntniss öffentlich verhandelt, das Urtheil aber bis zur nächsten Sitzung verschoben. In dieser wird jedoch die Sache nicht aufgerufen, sondern erst in der nächstfolgenden, in Abwesenheit der Partheien, erkannt. Hieraus darf diesen ein Nachtheil rücksichtlich der Appellationsfrist nicht erwachsen; die Art. 190 und 203 Cr. O. setzen vielmehr die Anwesenheit der Partheien bei Verkündigung des Urtheils voraus.

K. Königl. Reg. zu Düsseldorf wider Specker, 20. August 1823.
Eichhorn. Friccius. Sandt. Arch. V. 2. 64.

Die Erkenntnisse der Landgerichte in Disciplinargegenständen sind, selbst bei Incompetenzerklärungen nicht in letzter Instanz erlassen, und somit durch die Berufung, und nicht durch die Cassation angreifbar.

Art. 51, 54 und 56 des Gesetzes vom 20. April 1810.

R. Oeffentl. Minist. zu Düsseldorf, 6. August 1823.
Seyppel. Ruppenthal. Sandt.

Die durch Urtheil verfügte Niederreissung eines ungesetzlichen Baues begründet die Berufung ex Art. 172 Cr. O. — Ist dagegen diese Niederreissung ausdrücklich beantragt, so muss der Richter darüber erkennen.

K. Oeffentl. Minist. Trier wider Fischer, 30. Sept. 1844.
v. Oppen. Jaehnigen. Ann. IV. 1. 73.

Der erste Richter erkennt, dass ein nicht geladener Zeuge vorzuladen. Die hiergegen eingelegte Berufung ist als gegen ein präparatorisches Urtel gerichtet, unannehmbar.

Art. 451 B. P. O.; Art. 199 Cr. O.

K. Oeffentl. Minist. Trier wider Ittenbach, 13. Februar 1836.
v. Meusebach. Eichhorn.

Berufung in Forstsachen.

Durch die Königl. Verordnung über die Competenz der Friedensgerichte in den Rheinprovinzen vom 7. Juni 1821, ist in Ansehung der Appellation und der übrigen Rechtsmittel, so wie auch hinsichtlich der Form des Verfahrens an den bisherigen Gesetzen nichts geändert worden, und aus der Verbindung der §§. 7 und 8 geht deutlich hervor, dass die im §. 7 enthaltene Bestimmung sich bloss auf einen an und für sich appellablen Gegenstand bezieht. Es steht mithin der Forstverwaltung und dem öffentlichen Ministerio die Befugniss zu, gegen correctionelle Urtheile in Forst- und Jagdfrevelsachen zu appelliren. Hätte es in der Absicht der Verordnung gelegen, dies Rechtsmittel zu beschränken, so wäre hierzu eine klare und ausdrückiche Bestimmung erforderlich gewesen.

K. Rieders, 21. April 1824.
Blanchard. Eichhorn.

Sic:

K. Oeffentl. Minist. Aachen wider Thurn, 16. Oct. 1822.
Goerdeler. Eichhorn. Arch. IV. 2. 44.

R. Rixen, 21. Mai 1836.
Esser. Eichhorn.

K. Oeffentl. Minist. Trier wider Palm, 7. Juli 1838.
v. Meusebach. Eichhorn.

Obgleich die Polizeigerichte durch die Verordnung vom 7. Juni 1821 zur Aburtelung der Forst- und Jagdfrevel angewiesen sind, so haben diese Vergehen dennoch ihre correctionelle Natur nicht verloren. Das öffentliche Ministerium beim Landgericht kann daher von den freisprechenden Urtheilen innerhalb der zweimonatlichen Frist des Art. 205 Cr. O. die Berufung einlegen.

R. Schleiden, 16. Februar 1833.
Esser. Eichhorn.

Sic:

K. Oeffentl. Minist. Aachen wider Wahl, 21. Dec. 1840.
Esser. Eichhorn.

Das Gesetz vom 7. Juni 1821, die Forstfrevel an die Friedensrichter weisend, hat an deren correctioneller Natur nichts geändert. Der §. 7 bezieht sich auf die Appellabilität des Gegenstandes. Die Form des Verfahrens und die Einlegung der Berufung anlangend, bewendet es dagegen bei den auf die Appellation von Erkenntnissen der correctionellen Gerichte sich beziehenden Gesetze. §. 8 l. c.; Art. 203 Cr. O.

K. Oeffentl. Minist. Aachen wider Willems, 11. Mai 1831.
Blanchard. Eichhorn.

K. Oeffentl. Minist. Aachen wider Cazin, 7. März 1827.
Blanchard. Eichhorn

Der mit Rindvieh in einem Königl. Wald hütende X wird freigesprochen, und die Berufung als unannehmbar, verworfen. Mit Unrecht. Der §. 122 der Oest.-Baier. Forstord. vom 30. Juli 1814 ist durch §. 7 und 13 des Gesetzes vom 7. Juni 1821 aufgehoben, welches auch die Frage nach der Appellabilität entscheidet. Der §. 7 bezieht sich nur auf die Appellabilität des Gegenstandes; aus dem §. 8 folgt dagegen, dass es der Forstverwaltung und dem öffentl. Ministerium vor wie nach unbenommen bleibt, von freisprechenden Erkenntnissen in Forstsachen zu appelliren.

K. Oeffentl. Minist. Coblenz wider Schneider, 11. Mai 1831.
Blanchard. Eichhorn. Arch. XXI. 2. 58.

Hat das Forstpolizeigericht zu Stromberg gegen den Cassationsverklagten weder auf eine Geldstrafe von mehr als 15 Frcs., noch auf eine Gefängnissstrafe von mehr als 5 Tagen erkannt, so hat der zweite Richter, indem er dessen Berufung nicht für unzulässig erklärt, den §. 122 der Forstverordnung der Kreuznacher Adm.-Commission vom 30. Juli 1814 verletzt.

K. Oeffentl. Minist. Coblenz wider Antweiler, 11. Februar 1839.
Esser. Eichhorn.

In Erwägung, dass sich zwar bei condemnatorischen Urtheilen in Forstfrevelsachen, gemäss §. 7 des Gesetzes vom 7. Juni 1821, die Zulässigkeit der Berufung nach dem Art. 172 der Cr. P. O. bestimmt.

Dass aber der §. 8 des nämlichen Gesetzes im Uebrigen wegen des Rechtsmittels die bisherigen Gesetze aufrecht erhält.

Dass also auch nach dem Art. 147 der Verordnung der Oest.-Baier. Adm.-Commission vom 30. Juli 1814 in Kraft ist, nach welcher die Forstbehörde das Rechtsmittel der Appellation gegen alle Urtheile hat, welch ihr als der Forstpolizei nachtheilig, und dem Interesse des Staates zuwider erscheinen möchten.

Hat die entgegenstehende Ansicht den Art. 172 Cr. P. O. und den §. 7 des Gesetzes vom 7. Juni 1821 falsch angewendet, und den §. 8 jenes Gesetzes, so wie den §. 147 der Verordnung vom 30. Juli 1814 verletzt.

K. Oeffentl. Minist. Coblenz wider Fink, 13. Oct. 1845.
v. Daniels. Jaehnigen.

Wo der Ansteigerer für die bei Schlagbesichtigung mangelnden Lassbäume in Anspruch genommen wird — Art. 10, Tit. 16 Ordonnanz von 1669, — da ist gegen das Urtheil des Friedensrichters Berufung zulässig.

§. 8, Gesetz vom 7. Juni 1821, §. 22 Holzdiebstahl.

K. Forstverwaltung wider Lennartz, 24. Juni 1829.
Blanchard. Eichhorn. Sandt.

Conen begeht einen Forstfrevel. Antrag der Forstverwaltung, ihn in eine Geldbusse von 40 Francs zu verurtheilen. Urtel des Polizeigerichts auf 4 Sgr. an Entschädigung und 1 Thlr. 9 Sgr. 5 Pf. Geldbusse.

Die Cassation ist unannehmbar; das Urtel vielmehr nur durch Berufung anzugreifen. Art. 172 Cr. O.

R. Conen, 12. März 1823.
Blanchard. Ruppenthal.

Steht nach Art. 202, Nr. 3 Cr. O. nur der Forstverwaltung als solcher die Befugniss zu, von freisprechenden Forsturtheilen die Berufung einzulegen, — §. 1 und 10 G. V. O. vom 18. August 1814, — so folgt, dass ein Forstbeamter für eigenen Namen die Berufung nicht einlegen kann.

R. Forstadministrator Biermann wider Rademacher, 8. Oct. 1838.
Esser. Eichhorn.

Mit Rücksicht auf §. 1 der Gen.-Gouv. V. O. vom 18. August 1814 ist die Forstbehörde befugt, auch in Ansehung der Jagdfrevel, die in verpachteten Gemeindefeldjagden verübt werden, als Parthei aufzutreten, und mithin zu appelliren.

Art. 8 Gesetz vom 30. April 1790 u. Art. 202 Cr. O.

K. Oeffent. Minist. Coblenz wider Becker, 13. Januar 1835.
Esser. Eichhorn.

Die Berufung von polizeilichen wird ebenso abgeurtheilt, als die von friedensgerichtlichen Urtheilen. Art. 174 Cr. O.

Es müssen folglich die Vorschriften der Bürgerlichen Processordnung zur Anwendung kommen, und nicht der Art. 215 Cr. O. Nach Art. 473 B. P. O. hat aber der Appellationsrichter nicht die Pflicht, wenn er ein definitives Erkenntniss wegen eines Formfehlers, oder sonst aufhebt, in der Sache selbst zu erkennen, und kann die Sache vielmehr an ein anderes Gericht verweisen. Art. 472 B. P. O.

R. Oeffentl. Minist. Cöln wider Cremer, 17. Dec. 1836.
Esser. Eichhorn.

Gegen Erkenntnisse in Polizeisachen ist nur dem verurtheilten Beschuldigten, nicht dem öffentlichen Ministerio die Berufung gestattet. — Art. 172 Str. G. B. — Nach §. 16 der Censurverordnung vom 18. October 1819 und §. 5 in fine der Verordnung vom 23. Februar 1843 handelt es sich bei blossen Censurvergehen nur von einer polizeilichen Strafe, d. h. von einer jener eigentlichen Polizeisachen oder Contraventionen, welche ohne Rücksicht auf das Maass der gesetzlichen Strafe dem Polizeigericht zugewiesen sind.

Verordnung vom 11 Mai 1843, §. 8.

R. Oeffentl. Minist. Trier wider Walther, 9. Juni 1845.
v. Oppen. Jaehnigen. Arch. V. 1. 26.

Beruhigung.

X wird in erster Instanz verurtheilt, und seiner Bitte gemäss auf Requisition des öffentlichen Ministerii in die Strafanstalt aufgenommen. Dieses legt demnächst die Berufung ein, welche der zweite Richter wegen des freiwilligen Vollzugs des Urtels für unannehmbar erklärt.

Mit Unrecht. Ein derartiges Acquiescement ist im Strafrecht wirkungslos.

Art. 202, Nr. 4, 203 Cr. O.

K. Oeffentl. Minist. Trier wider Fritzen, 29. Nov. 1834.
v. Breuning. Eichhorn. Arch. XXI. 2. 68.

Bestechung.

Die §§. 323—508, II. 20 A. L. R. und die betreffenden Erklärungen kommen nur gegen Verwaltungsbeamte zur Anwendung. — Cab.-Ordre vom 14. Oct. 1821 und 2. August 1834. Cab.-Ordre vom 6. März 1821. —

In einem Bestechungsversuche liegt an und für sich noch keine Absicht, den betreffenden Beamten zu beleidigen, dieselbe kann höchstens nur unter gewissen individuellen Umständen darin gefunden werden. Der Bestechungsversuch, wodurch dem Beamten bloss eine Unterlassung seiner Dienstpflichten zugemuthet wird, ist ebenfalls nach Art. 179 Str. G. B. zu bestrafen. Denn dieser Artikel verfügt ausdrücklich:

„dass Jeder, der durch Versprechungen, Anerbieten oder Gaben einen Beamten, Agenten oder Vorgesetzten einer Gewalt besticht, oder zu bestechen versucht, um eine günstige Meinung, wahrheitswidrige Protocolle, Certificate, Anstellungen oder sonstige Begünstigungen zu erhalten, mit derselben Strafe, wie der Beamte, der sich bestechen lässt bestraft werden solle.“

Da es nun gewiss eine Begünstigung ist, wenn durch Unterlassung der Amtspflicht eines Agenten der öffentlichen Gewalt, eine Zuwiderhandlung gegen die Gesetze ungeahndet bleibt, der Beamte daher, welcher sich zu dieser Unterlassung durch Geschenke bewegen lässt, sowohl aus diesem allgemeinen Grunde, als weil auch von dergleichen Unterlassungen in dem Art. 177 Str. G. B. ausdrückliche Erwähnung geschieht, in die darin angedrohte Strafe fällt, so kann sich auch derjenige, welcher sich der Bestechung schuldig macht, und somit als Complice im Sinne des Art. 60 l. c. zu betrachten ist, der Strafe nicht entziehen.

K. Generalproc. am Cassationshof wider Esser, 18. März 1838.
Graun. Eichhorn.

Die Wegegelderheber und Pächter gehören zur Classe der Beamten — Verordnung vom 17. März 1839, §. 14 seq.; §. 22 Cab.-Ordre vom 29. Februar 1840. — Die im §. 146 Gesetz vom 26. Mai 1818 und §. 88 Gesetz vom 8 Februar 1819 enthaltenen Strafbestimmungen, haben nur die Bestechung der dort genannten Steuerbeamten zum Gegenstand, und sind daher auf diese Wegegelderhebungen etc. nicht anwendbar.

R. Dittgens, 22. Januar 1844.

Brewer. Eichhorn.

Betrug beim Kauf.

Wer die Käufer seines sogenannten raffinirten Oels durch die Beimischung von Thran über die Natur der verkauften Waare betrogen hat, verfällt dem Art. 423 Str. G. B.

Nach seinem zweiten a linea unterliegen diejenigen Sachen, welche den Gegenstand des Vergehens ausmachen, und dem Verkäufer noch gehören, der Confiscation.

Die Worte: — „oder deren Werth," — können sich daher nur auf diese beziehen. Der Kaufpreis, welcher von einer willkührlichen Uebereinkunft der Contrahenten abhängt, wird in den Gesetzen nicht als Werth angenommen, und ist in dem Art. 423 unter dieser Bezeichnung um so weniger zu begreifen, als bei den darin erwähnten betrügerischen Verkäufen der Kaufpreis sich am Weitesten von dem Werthe der Sache entfernt, und eben darin der durch den Betrug beabsichtigte unerlaubte Gewinn besteht. Die Confiscation kann sich schon um deswillen nicht auf die empfangenen Kaufpreise der bereits verkauften Gegenstände ausdehnen, als diese nach dem ersten a linea auch ein Gegenstand der Rückerstattung an die betrogenen Käufer werden können, falls solche die Aufhebung des Kaufes nachsuchen. Diese Auslegung findet ihre Bestätigung in den Art. 286, 287, 314, 318, 477 Nr. 2 Str. G. B.

K. Kraforst, 4. October 1834.

v. Meusebach. Eichhorn. Sandt.

Es ist nicht festgestellt, dass der Cassationsverklagte das von dem Cassationskläger für seinen fabricirten Punschsyrup bestimmte Zeichen nachgemacht habe. Die Art. 16 und 17 Gesetz vom 22. Germinal XI. können mithin nicht zur Anwendung kommen. Ebenso wenig die Verordnung vom 30. October 1816 und 15. April 1822; denn es ist nicht einmal behauptet, dass Cassationsverklagter seinen Familien- oder Geschlechtsnamen geändert habe. War dagegen die Natur, die innere Beschaffenheit des Punschsyrups des Cassationsverklagten von der des von dem Cassationskläger fabricirten Punschsyrups verschieden, so hat der Cassationsverklagte durch den Verkauf seines geringeren Punschsyrups mit dem Fabrikzeichen des Cassationsklägers, die Käufer über die Natur seiner Waaren hintergangen, und hierdurch, zumal er sein Fabrikat für das des

Cassationsklägers verkauft, diesem einen widerrechtlichen Schaden zugefügt. Da nun diese Handlung nach dem Art. 423 Str. G. B. strafbar, so kann Cassationskläger Schadenersatz nach Art. 1 Cr. O. fordern. Er hat sich hierzu den Weg durch das Cassationsgesuch offen behalten. Hat mithin der Instanzrichter die Entschädigungsklage wegen Nichtstrafbarkeit der vorliegenden Thathandlung abgewiesen, so hat er den Art. 423 Str. G. B. verletzt. Dass sein Erkenntniss von dem öffentlichen Ministerio nicht angegriffen worden, kann aber die Rechte des Cassationsklägers nicht tangiren.

K. Sellner wider Heiden, 21. November 1835.
Esser. Eichhorn. Sandt.

Zum Thatbestand des im Art. 423 Str. G. B. bedrohten Vergehens ist nicht erforderlich, dass der Beschuldigte die Natur der Waare selbst verändert habe, sondern es genügt, dass er den Ankäufer über die Natur oder Qualität derselben getäuscht hat.

R. Koch, 7. Juni 1836.
v. Meusebach. Eichhorn. Reinhardt. Sandt.

Aus den Worten des Art. 423 Str. G. B.:
„Wer durch Gebrauch . . . . . getäuscht oder betrogen hat,"
folgt, dass der Art. 423 Str. G. B. zu seiner Anwendung keineswegs die Bedingung eines wirklich schon erlittenen Geld- oder Vermögensschadens erfordert.

R. Seligmann, 7. Juli 1836.
v. Meusebach. Eichhorn. Sandt.

Bettelei.

Die Anklage lautet auf Bettelei. Die Zuchtpolizeikammer hat verurtheilt, die Appellationskammer freigesprochen, weil an dem Orte, wo gebettelt worden, sich eine Armenanstalt nicht befinde, und der Art. 274 Str. G. B. die Strafe an das Dasein einer solchen binde. — Diese Auslegung ist falsch. — Es ist nicht nothwendig, dass in dem Orte, wo der Bettler betroffen wird, eine Armenanstalt existirt, vielmehr reicht es hin, wenn dieser Ort nur an solcher Anstalt Theil hat, also für denselben eine solche vorhanden ist.

K. Oeffentl. Minist. Düsseldorf wider Camp, 22. Oct. 1823.
Fischenich. Eichhorn.

Bigamie.

Frage:

„Ist die X schuldig vor Auflösung der ersten, am.... eine zweite Ehe eingegangen zu sein?"

Antwort:

„Ja, sie ist schuldig, aber nicht in verbrecherischer Absicht das Factum begangen zu haben."

Entbindungsordonnanz des Präsidenten des Assisenhofes; — Gesuch um ihre Cassation Seitens des Criminalprocurators.

Die Ordonnanz ist zu vernichten. Die Angeklagte ist durch die Geschwornen nicht für nicht schuldig erklärt. Der Zusatz steht mit der eigentlichen Erklärung um so mehr im Widerspruch — Art. 340 Str. G. B., — als die Bigamie schon dann strafbar, wenn der Beschuldigte nur in dem Glauben stand, dass die erste Ehe noch nicht gesetzlich aufgelöst sei. Durch die Erklärung der Geschwornen ist somit der Art. 345 und 346 Cr. O. verletzt. Wenngleich der Art. 350 gegen ihren Ausspruch keinen Recurs zulässt, so setzt doch dieser Artikel immer nur einen der vorgelegten Frage angemessen abgegebenen, durch unerklärliche Zusätze sich nicht widersprechenden Ausspruch voraus. Der Assisenpräsident hat jedenfalls den Art. 338 Cr. O. übel angewendet, und die ihm zustehende Gewalt überschritten, denn nicht er, sondern der Hof musste entscheiden.

Art. 364 Cr. O.

Wenngleich der Art. 409 Cr. O. dem öffentlichen Ministerio die Vernichtung einer Ordonnanz nachzusuchen, nur im Interesse des Gesetzes gestattet, so setzt doch dieser Artikel eine nach Art. 358 wirklich rechtmässige und competent erlassene Entbindungsordonnanz des Präsidenten voraus.

K. Crim.-Proc. zu Coblenz wider Schumacher, 23. Juni 1820.
v. Meusebach. Eichhorn. Arch. II. 2. 91.

Es ergeht am 14. März 1816 eine Cabinetsordre dahin lautend:

„Der wegen Bigamie Angeklagte ist derjenigen Strafe zu unterwerfen, welche er nach den preussischen Criminalgesetzen, welche ich in diesem Fall zur Anwendung gebracht wissen will, verwirkt hat."

Freisprechung, weil nach diesen Gesetzen die Verjährung eingetreten. Mit Unrecht.

Die Strafe der Bigamie wird nach den französischen Gesetzen erst durch zehnjährige Verjährung ausgeschlossen. Die Cabinetsordre vom 14. März 1816, nur über die Art und den Grad der Criminalstrafe, nicht über das Verfahren, als wozu auch die Verjährung gehört, verfügend, hat hierin Nichts geändert.

K. Oeffentl. Minist. Aachen wider Busch, 30. März 1821.
v. Savigny. Ruppenthal.

Wenn, wie der Angeklagte behauptet, seine erste Ehe nichtig, und also gesetzlich als nicht geschlossen zu betrachten, so folgt, dass von Bigamie die Rede nicht sein kann. Art. 340 Str. G. B. Die Frage, ob jene erste Ehe nichtig, gehört vor den Civilrichter. Hat daher der Assisenhof bis zur Entscheidung dieser Frage durch das Civilgericht, die Sache ausgesetzt, so hat er den Gesetzen gemäss gehandelt.

R. Oeffentl. Minist. Trier wider Brust, 31. Mai 1836.
Jaehnigen. Eichhorn.

Brandstiftung.

Die freiwillige Anzündung eines dem Thäter eigenthümlichen Gebäudes, ohne verbrecherische Absicht, und ohne dass durch diese Handlung Gefahr oder Schaden für fremde Gebäude, oder andere im Art. 434 bezeichnete Gegenstände entstanden, ist durch kein Strafgesetz vorgesehen.

K. Steinberg, 23. März 1825.
Fischenich. Eichhorn.

Der Art. 434 Str. G. B. fasst die Einschränkung auf nur fremdes Eigenthum nicht in sich. Der Grund liegt in der Gemeingefährlichkeit des Feuers auch für fremdes Eigenthum.

R. Huben, 13. Juni 1835.
v. Meusebach. Eichhorn.

Der Art. 434 Str. G. B. unterscheidet nicht, ob das Feuer an eigenem oder fremden Eigenthum angelegt worden, wie dies der Art. 347 thut.

K. Generalproc. am Cassationshof wider Bergweiler, 19. März 1838.
Graun. Eichhorn.

Unter dem Ausdruck „Ernte" im Art. 434 Str. G. B. sind nur diejenigen vom Boden getrennten Früchte zu verstehen, die ohne durch menschliches Zuthun weiter eine Veränderung erlitten zu haben, sich in dem Zustande, worein sie in Folge des blossen Erntens versetzt worden, noch wirklich auf dem Felde vorfinden. Ist daher X beschuldigt, einen Haufen Samenstroh, nachdem das Ausdreschen desselben auf dem Felde bereits erfolgt war, freiwillig angezündet zu haben, so ist hierauf der Art. 434 Str. G. B. nicht anwendbar.

K. Oeff. Minist. am Appell.-Hof wider Mund, 28. Nov. 1842.
Brewer. Jaehnigen. Arch. XXXIV. 2. 70.

Brodtaxe.

(Vergleiche Polizeiverordnung.)

Contraventionen gegen die Brodtaxe sind gerichtlich zu ahnden. Art. 30 und 46 Tit. 1, Gesetz vom 19. und 22. Juli 1791; §. 33 Ressort-Reglement.

K. Oeffentl. Minist. Saarbrücken wider Brück, 1. Juni 1833.
v. Breuning. Eichhorn. Sandt.

Hat das von den Bäckern verkaufte Brod nicht das gesetzliche Gewicht, so ist auf die geordnete Strafe zu erkennen, ohne Rücksicht auf die Entschuldigung, dass das Brod wegen Alters eingetrocknet und dadurch leichter geworden.

K. Oeffentl. Minist. Prüm wider Teusch, 6. Dec. 1841.
Liel. Jaehnigen.

Bürgschaft.

Das in Freiheitsetzen des Art. 421 Cr. G. O. gegen Bürgschaft, kann auch nach der Verurtheilung zu einer Gefängnissstrafe um so mehr stattfinden, als ohne einen vom Richter ausgegangen Befehl dem Beschuldigten unmöglich ist, während der Voruntersuchung eine vorläufige Freilassung in Anspruch zu nehmen.

K. Sonnenschein, 5. October 1840.
Esser. Eichhorn. Arch. XXX. 2. 41.

Censur.

(Vergl. Beleidigung und Kompetenz.)

Wenn auch das Lithographiren mit dem Drucken für gleichbedeutend zu erachten, so ist beides ohne Censur nur bei einer zum Verlage bestimmten Schrift verboten. I. 11, §. 996 A. L. R.; §. 1 und 16 der Censurverordnung vom 18. Oct. 1819.

R. Oeffentl. Minist. am App.-Hof wider v. Mylius, 28. Mai 1828.
Scheller. Eichhorn.

X, beschuldigt, einen Gebrauchszettel zu einem vom Destillirer **Rueb** verfertigten und von diesem mit dem Namen: „Zusammengesetzter doppelter Melissengeist“ — bezeichneten Wasser, ohne Erlaubniss der Censurbehörde, und die zur Ausgabe mit jenem Destillat bestimmten Exemplare gedruckt zu haben, ist nach §. 10, Nr. XIV Censuredict vom 18. Oct. 1819 zu strafen, und sind sämmtliche Exemplare von der Polizei in Beschlag zu nehmen.

K. Generalprocurator am Cassationshof wider Schlösser, 4. October 1834.
Simon. Arch. XXI. 2. 31.

Das Censurgesetz vom 18. October 1819 stellt nur die Verantwortlichkeit der Verfasser und Verleger dem Staat gegenüber fest. Art. XIII. Diese allgemeine Regel wird durch Art. XVI. Nr. 3 nicht abgeändert. Der Verleger wird daher dem Beleidigten gegenüber durch Nennung der Verfasser **nicht frei**.

K. Lohmann wider Staats, 24. Februar 1840.
v. Oppen. Eichhorn.

Ein Buchhändler, der eine Schrift verkauft, wissend, dass der Verleger derselben nicht genannt, vielmehr die Titelangabe **unrichtig**, handelt gegen den Art. XVI. Nr. 5 des Gesetzes vom 18. October 1819.

K. Oeffentl. Minist. Coblenz wider Hoelscher, 15. Juni 1840.
v. Oppen. Eichhorn.

Die Censurverordnung vom 18. October 1819 muss als ein die ganze Censurpolizei umfassendes und erschöpfendes Gesetz betrachtet werden.

Der Art. XIII. hat jedoch die früheren allgemeinen Strafbestimmungen wegen Verfolgung der Beleidigungen nicht aufgehoben. Dieser Artikel redet keineswegs von einer Civilklage des Beleidigten auf Privatgenugthuung, sondern ist geradezu von der Poenalklage zu verstehen, wodurch dem Beleidigten zusteht, den Beleidiger auch wegen dessen öffentlicher Bestrafung auf dem übrigen gesetzlichen Wege zu verfolgen. Der Staatsanwalt ist daher in seinem Rechte, auf Strafe anzutragen, um so weniger gehemmt, als das Gesetz, welches die öffentliche Genugthuung für das gekränkte Individuum will, auch das nothwendige Mittel dazu wollen muss. Ist der Name des Verfassers genannt, so ist mit ihm noch überdies der Zeitungsredacteur zu verfolgen.

Das Landgericht hat durch die Annahme des Gegentheils die Art. 1 und 47 Cr. P. O., die Art. 59 und 367 Str. G. B. und die Verordnung vom 18. October 1819 verletzt.

K. Oeffent. Min. am Appell.-Hof wider Schmitz, 27. April 1821.
Goerdeler. Ruppenthal. Arch. IV. 2. 84.

Der Art. XIII. des Censurgesetzes hat in Bezug auf Ehrenkränkungen von Privatpersonen das bestehende Strafrecht nicht beschränkt. Die Benennung des Verfassers kann den Verleger nicht straflos machen, da er sich durch Veröffentlichung des Aufsatzes an der darin enthaltenen Ehrenkränkung betheiligt.

Art. 59 und 60 Str. G. B.

K. Stahl wider Nickel, 17. Januar 1842.

Esser. Eichhorn. Sandt.

In Erwägung, dass das Censurgesetz vom 18. October 1819 in Nr. XIII. den Buchdrucker und Verleger, welcher die Censurvorschriften beobachtet, von aller ferneren Verantwortlichkeit wegen des Inhalts der Schrift völlig freispricht, und nur beleidigten Personen Rechte vorbehält.

Dass durch diese Fassung der für den ganzen Umfang der Monarchie erlassenen gesetzlichen Vorschrift die Absicht des Gesetzgebers klar wird, wegen des Inhalts censirter Schriften kein Verfahren von Amtswegen zu gestatten, mithin das Gesetz auch für die Rheinprovinz eine Ausnahme von der allgemeinen Regel der bezogenen Art. 22, 47 und 1 Rh. C. P. O. feststellt.

Dass daher das angegriffene Urtheil diese Artikel nicht verletzt, vielmehr das Censurgesetz vom 18. October 1819, Nr. XIII. richtig ausgelegt und angewendet hat.

Dass diese Auslegung des Gesetzes auch nicht, wie Cassationskläger auszuführen sucht, die Rechte beleidigter Privatpersonen schmälert, indem die öffentliche Klage nicht für unbedingt zulässig erklärt, sondern vielmehr ihre Zulässigkeit nur von dem förmlichen Antrage des Beleidigten abhängig gemacht worden ist, welcher, wenn er kein persönliches Interesse anerkennt und geltend macht, sogar durch dessen voreilige Vertretung beleidigt werden könnte, — verwirft etc.

R. Oeffentl. Minist. Trier wider Barg u. Plaum, 15. Mai 1843.

v. Oppen. Jaehnigen.

In Erwägung, dass in Nr. 13 des Censur-Edicts vom 18. October 1819 dem Beleidigten seine Rechte gegen den Verfasser einer censirten Druckschrift ausdrücklich vorbehalten sind, und das Gesetz zur Verfolgung derselben eine Klage (plainte) auch ohne Anträge als Civilparthei zu nehmen, gestattet — Art. 63 und 66 Cr. P. O. — der beleidigte Staatsbeamte insbesondere das Recht hat, seine Vertretung in die Hand der vorgesetzten Dienstbehörde zu geben, ohne deren Ermächtigung er die Klage oder Anzeige nicht zurücknehmen darf, — Cab.-O. vom 28. August 1833, Gesetzsamml. §. 96, — das Recht des öffentlichen Ministerii aber, in Folge der Plainte, Anträge zu nehmen, nothwendig auch dasjenige Rechtsmittel zu ergreifen, einschliessen muss, sonach eine Verletzung der Nr. 13 des Censur-Edicts vom 18. October 1819 nicht vorliegt.

Dass der Art. 372 verordnet, dass im Fälle einer bei den Behörden geschehenen Denunciation einer strafbaren Handlung die Einleitung des gerichtlichen Verfahrens gegen den Denuntiaten erst nach vorläufig beendigter Untersuchung wegen der zur Anzeige gebrachten Handlung selbst stattfinden solle.

Dass diese Bestimmung ausschliesslich auf Denunciationen, keineswegs aber auf die Beschuldigung einer ehrenrührigen Thatsache. vorgebracht an öffentlichen Orten oder mittelst öffentlicher Schriften. von Anwendung ist. Art. 367 u. 370., verwirft etc.

R. Gronen, 5. Februar 1844.

v. Oppen. Jaehnigen. Sandt.

Chaussée.

(Vergleiche Kompetenz.)

Chausséegeld.

Hat X auf einer Chaussée mit einem zweispännigem Wagen Spur gehalten, so verfällt er der Strafe der Art. 12 und 13 der Cab.-Ordre vom 17. März 1839.

Dass jene Chaussée neu beschüttet gewesen, ist kein gesetzlicher Entschuldigungsgrund.

K. Oeffentl. Minist. Prüm wider Weinand, 9. Nov. 1840.

Esser. Eichhorn.

Wer mit einem zweirädrigen, von vier Pferden gezogenen Karren fährt, zahlt für jedes Pferd 3 Sgr., wenngleich der Räderschlag des Karrens auswärts in gerader Fläche über 6 Zoll breit ist.

Nr. 2, Lit. A. des Chausséegeld-Tarifs v. 28. April 1828.

K. Generalproc. am Cassationshof wider Polizeigericht Ronsdorf, 14. Mai 1835.

Esser.

Die Verordnung vom 17. März 1839 bestimmt, dass beim Befahren zusammenhängender Kunststrassen der Beschlag der Radfelgen aller gewerbsmässig betriebenen, sowohl zwei- als vierrädriger Frachtfuhren eine Breite von wenigstens 4 Zoll haben müsse. — Diese, die Breite der Radfelgen betreffende Vorschrift. welche also überhaupt nur auf die gewerbsmässig betriebenen Frachtfuhrwerke Anwendung findet, ist aber durch die Cabinetsordre vom 12. April 1840 noch dahin modificirt worden, dass jenes Erforderniss sowohl für die von den Gewerbtreibenden mit eigenen Fuhrwerken betriebenen, mit ihrem Gewerbe in Verbindung stehenden Lastfuhren, als für die von Landwirthen und Ackerbürgern mit ihren Wirthschaftsgespannen unternommenen Lohnfuhren nur dann eintreten soll, wenn die Ladung bei vierrädrigem Fuhrwerk mehr als 20, und bei zweirädrigem Fuhrwerk mehr als 10 Ctr. beträgt.

Der Beschuldigte ist nicht gewerbtreibender Fuhrmann im Sinne der Verordnung von 1839, auch handelt es sich nicht von Lastfuhren eines Gewerbtreibenden, die mit seinem Gewerbe selbst in Verbindung stehen, noch endlich von Lohnfuhren, die von Landwirthen und Ackerbürgern mit ihren Wirthschaftsgespannen unternommen werden, in welchen beiden letzteren Fällen die Cabinetsordre von 1840 die Befreiung von der gedachten Verpflichtung von dem Gewicht der Ladung abhängig macht.

Wenker hat bloss eine Parthie Stroh, das Erzeugniss seiner eigenen Landwirthschaft, mit seinem eigenen Gepann zu Markt gefahren, und wird in dieser Hinsicht von keiner der beiden gesetzlichen Bestimmungen betroffen.

K. Generalproc. am Cassationshof wider Wenker, 14. Februar 1842.
Liel. Eichhorn. Arch. XXXII. 2. 33.

Die Fuhre, womit X angeblich selbstgewonnenen Oelsamen durch eigenes Fuhrwerk zu einer in einer fremden Feldmark gelegenen Oelmühle transportirt hat, ist weder an sich als Wirthschaftsfuhre anzusehen, noch kann sie zu den im Tarif verzeichneten, dem Chausséegeld nicht unterworfenen Fuhren gezählt werden.

Tarif vom 28. April 1828 p. 65 u. Ziffer 7. (66).
Chaussée-Tarif vom 15. August 1824 sub. Litt. e. (218).
- - - 21. Mai 1822 sub. Litt. e. (170).

K. Oeffentl. Minist. Mühlheim wider Fuchs, 15. Juni 1831.
Busse. Eichhorn.

Das Polizeigericht, anstatt die Frage zu untersuchen, ob X zur Entrichtung des Wegegeldes verbunden, oder nicht, d. h. ob er sich in der Regel oder einem der Ausnahmefälle des Tarifs vom 28. April 1828, befinde, verweist die Klage zu dem competenten Civilgericht. Es hat hierdurch die, auch auf chaussirte Gemeindewege anwendbare Cabinetsordre vom 31. August 1832 und 28. April 1828 Nr. 3 verletzt, und seine Macht überschritten.

K. Oeffentl. Minist. Barmen wider v. Carnap, 18. Oct. 1834.
Esser. v. Breuning. Sandt.

Das Polizeigericht, anstatt zu prüfen, ob das Wirthschaftsgut mit der Zollstätte auf derselben Gemarkung liege, und ob die Erzeugnisse von jenem Gute herrühren, das einzige Criterium für die Abgabenfreiheit, — Chausséegeld-Tarif vom 28. April 1828 Nr. 7; vgl. Rescr. des Finanzministers vom 22. Januar 1829 — hat, indem es dieser Freiheit den Unterschied zwischen rohen und fabrizirten Erzeugnissen zu Grunde legt, den Tarif verletzt.

K. Büscher, 9. April 1835.
Esser. Eichhorn.

Wenn X mit einer dreispännigen unbeladenen Fuhre vom Transport von Chaussée-Baumaterialien kommend, die Hebestelle passirte, so war er schuldig, das gesetzliche Chausséegeld mit einem Silbergroschen zu bezahlen. Denn der Art. 9 der Befreiungen — Chausséegeld-Tarif vom 28. April 1828 — entbindet nur die mit Chaussée-Baumaterialien beladenen, nicht aber die unbeladenen Fuhrwerke, und ist nicht extensive zu interpretiren.

K. Oeffentl. Minist. Wittlich wider Freudenreich, 31. Oct. 1835.
Jaehnigen. Eichhorn. Arch. XXI. 2. 9.

In Erwägung, dass in dem angegriffenen Urtheile thatsächlich festgestellt ist, dass die Strasse vor der Chausséegeld-Hebestelle nicht in chausséepflichtiger Richtung, nämlich der Länge nach, sondern nur der Breite nach berührt worden sei.

Dass nach dieser thatsächlichen, der Censur des Cassationshofes nicht unterliegenden Feststellung ein Umfahren im Sinne der Ziffer 5 der zusätzlichen Vorschriften des Chausséegeld-Tarifs vom 29. Februar 1840 nicht stattgefunden, indem nicht feststeht, dass die Strasse mit Umgehung der Hebestelle eine Strecke der Länge nach befahren worden sei, verwirft etc.

R. Oeffentl. Minist. Mühlheim wider Brustkern, 9. Oct. 1843.
Esser. Eichhorn.

Wer den Chaussée-Polizeigesetzen zuwider handelt, muss dem Beamten bis zur nächsten Behörde oder Hebestelle folgen, um zu erklären, ob er sich der Strafe freiwillig unterwerfe. Wo dieses Verfahren nicht vorher stattgefunden, kann sich das Polizeigericht mit der Sache nicht befassen.

§. 2, 4, 9, 10 Reglement vom 7. Juni 1844.

R. Oeffentl. Minist. Prüm wider Thomas, 24. Februar 1845.
Esser. Eichhorn. Ann. IV. 1. 192.

Chausséegraben.

Der §. 9 Anh. zum Chaussée-Tarif vom 29. Mai 1822 ist auch von demjenigen zu beachten, der Eigenthumsansprüche auf den Grund des Grabens oder der Strasse macht.

K. Oeffentl. Minist. Erkelenz wider Cohnen, 2. Nov. 1831.
Eimbeck. Oswald.

Die unbefugte Abmähung des Grases auf den Dossirungen, ist als eine Beschädigung der zur Chaussée gehörigen Vorrichtungen zu ahnden. §. 13 der Strafbestimmungen zu dem Chausséegeld-Tarif vom 28. April 1828.

R. Schlingenbach, 16. April 1836.
v. Duesberg. Eichhorn.

Unter dem Ackern des §. 12 der Strafbestimmungen zum Chausséegeld-Tarif vom 28. April 1828 ist auch das mit einer Hacke zu verstehen.

K. Oeffentl. Minist. Wadern wider Klaeser, 12. Nov. 1838.
Jaehnigen. Esser.

Ob das Beackern mit dem Pfluge oder der Schaufel geschieht, ist, die Anwendung des §. 16 und 17 des Chausséegeld-Tarifs anlangend, gleichgültig.

K. Oeffentl. Minist. Aachen wider Göttgens, 29. Dec. 1845.
Esser. Eichhorn.

Das Beigraben und Beihacken, dem Beackern gleichzustellen, ist, wenn es dem Grabenrand zu nahe geschieht, nach §. 16, 17, 21 Gesetz vom 29. Februar 1840 zu ahnden.

K. Oeffentl. Minist. Velbert wider Mintert, 3. Februar 1845.
Esser. Jaehnigen.

Das Motiv der Nr. 16 des Chausséegeld-Tarifs von 1840 ist ein allgemeines.

Es soll der Gefahr, dass die Chausséegräben verschüttet werden mögen, dadurch, dass die Festigkeit derselben erhalten wird, vorgebeugt werden; daher das Verbot des Auflockerns der Erde in der unmittelbaren Nähe der Gräben. Dieses Verbot macht keine Ausnahme hinsichts des Privateigenthums, welches die Chaussée berührt, es betrifft vielmehr die Privatländereien ganz besonders, da sie die Regel bilden.

K. Oeffent. Minist. am Cass.-Hof wider Alturicker, 29. Mai 1843.
Esser. Eichhorn.

Der Richter nahm an, dass zwar näher als zwei Fuss von dem Grabenrande geackert worden, dass jedoch bei der vorhandenen grösseren Breite des Chausséegrabens an der fraglichen Stelle, das Beackern des obern Randes in einer grösseren Nähe des Grabens, als dieses bei einer gewöhnlichen Breite zulässig wäre, nicht als eine strafbare Zuwiderhandlung anzusehen sei.

Diese Ansicht ist jedoch dem Sinne, sowie den Worten des §. 16 der zusätzlichen Vorschrift zu dem Tarif von 1840 geradezu entgegen, indem dieser §. unbedingt das Verbot ausspricht, innerhalb zwei Fuss vom Grabenrande zu ackern.

K. Generalproc. am Cassationshof wider Selbach, 14 April 1845.
Esser. Eichhorn.

In Erwägung, dass wenn eine Mauer, wie die fragliche, weder als Gebäude noch als Hecke, von welchen die §§. 70, 71, 72, 80 und 81 der Berg. Wegeordnung vom 18. Juni 1805 sprechen, zu betrachten wäre, gar keine Entfernung, in welcher jene von dem Chausséegraben entfernt bleiben müsste, bestimmt sein, und alsdann auch der Befugniss, dieselbe unmittelbar am Rande des Grabens aufzuführen, nichts entgegenstehen würde.

Dass, indem aber hierdurch der Zweck des vierten Abschnitts jener Verordnung nach Willkühr vereitelt werden könnte, sich die Nothwendigkeit von selbst versteht, die Mauer entweder unter die §§. 70, 71, 72 oder unter die §§. 80 und 81 zu subsumiren.

Dass nach dem Zweck der Wegeordnung es einerlei ist, ob eine Mauer für sich allein, oder ein Wohngebäude umschliesst, indem sie in dem einen, wie in dem andern Falle, als ein der Chaussée zu nahe tretendes, und derselben nachtheiliges Werk erscheinen würde.

Dass hiernach aller Grund vorliegt, die fragliche Mauer unter den Begriff von Gebäuden zu subsumiren.

Dass nun aber thatsächlich feststeht, dass der Cassationsverklagte weder nach §. 70 der Bau-Inspection von seinem Vorhaben, die Mauer aufzuführen, die Anzeige gemacht, noch nach §. 72 weniger als 9 rhein. Fuss von dem äusseren Rande des Fussweges entfernt geblieben ist.

Dass diese Thathandlung durch die angeführten §§. 70 und 72 vorgesehen ist.

Dass folglich das Polizeigericht, indem es den Cassationsverklagten freisprach, diese zwei §§. verletzt hat, cassirt etc.

K. Oeffentl. Minist. Ronsdorff wider Stockder, 10. Juni 1844.
Esser. Jaehnigen.

Eine Departemental-Strasse verliert dadurch diesen ihren Charakter nicht, dass sie auf Actien gebaut worden.

Die Art. 99, 100, 101 des Decrets von 16. December 1811 sind, da sie nicht unterschieden, auf Departemental-, wie auf Staatsstrassen anwendbar. Der in den Art. 2, 3, 5 des Gesetzes vom 9. Ventôse gemachte Unterschied zwischen Bäumen auf und neben der Landstrasse gepflanzt, ist durch die angezogenen Art. des Decrets von 1811 aufgehoben, und dürfen somit bei Vermeidung der im Art. 101 geordneten Strafe auch nicht neben der Landstrasse auf privatem Eigenthum gepflanzte Bäume ohne höhere Ermächtigung abgehauen werden.

R. Stuttmann, 8. Januar 1843.
Esser. Jaehnigen.

Civilhaftbarkeit.

(Vergleiche Frevel.)

Ein Müller kann von der Verantwortlichkeit für seinen Müllerknecht dadurch nicht entbunden werden, dass dieser sich zur Declaration etc. wiederum eines Dritten eigenmächtig bedient hat.

§. 83 Gesetz vom 8. Februar 1819.
§. 17 Verordnung vom 30. Mai 1820.

K. Oeffentl. Minist. Cöln wider Wasserfall, 11. Mai 1833.
Oswald. Eichhorn.

Von X wird in erster Instanz angenommen, dass er als Gemeindehirt einen Weidfrevel begangen und die Gemeinde für civilhaftbar erklärt. Sie behauptet in zweiter Instanz, X sei gar nicht Gemeindehirt. Der erbotene Beweis wird aber in zweiter Instanz als nicht mehr zulässig bezeichnet. Mit Unrecht. Hierdurch sind die Art. 408 und 413 B. P. O. verletzt.

K. Gemeinde Müllenbach, 23. Sept. 1828.
Blanchard. Eichhorn.

Eltern sind nach Art. 7, Tit. II. des Feldpolizeigesetzes vom 28. September 1791 für die von ihren Kindern verübten Feldfrevel bürgerlich verantwortlich.

Die Kosten, sogut wie der Werthersatz, Folge der öffentlichen Klage, gehören mithin aus gleichem Grunde in den Umfang der bürgerlichen Verantwortlichkeit.

Art. 156 des Decrets vom 18. Juni 1811.

K. Oeffentl. Minist. Waxweiler wider Schilling, 20. October 1845.
Esser. Eichhorn.

Das Polizeigericht, indem es den Ehemann der Beschuldigten, welche in dem Felde des X gekrautet, und Schaden verursacht, von der Zahlung für die Geldbusse freigesprochen, hat dem Art. 7 Gesetz vom 28. September 1791 gemäss erkannt. Die Civilverantwortlichkeit kann nämlich nur den Ersatz des Schadens in sich begreifen.

R. Oeffentl. Mayen wider Justen, 23. August 1826.
Blanchard. Eichhorn.

Sind gleich die Ehemänner u. s. w. für die Vergehungen ihrer Ehefrauen civiliter verantwortlich — Art. 7, Tit. 2 des Ruralgesetzes, so erstreckt sich doch diese Verantwortlichkeit in Ermangelung bestimmter Ausnahmen nie auf die von jenen verwirkten Geldbussen; diese treffen nur den, der sich des Vergehens wirklich schuldig macht.

R. Oeffentl. Minist. Neumagen wider Trein, 8. October 1836.
Graun. Eichhorn.

Civilklage.

(Vergl. Frevel und Vertagung.)

Die Annahme des zweiten Richters, das vorgeschützte Eigenthumsrecht sei mit hinreichenden Gründen unterstützt, ist factischer Natur, — Art. 121 Oest.-Bair. G. V. vom 30. Juli 1814; — ein Artikel, der übrigens weder besagt, dass der Excipient die Civilklage anstellen müsse, noch dass ihm hierzu Frist vorzubestimmen.

R. Oeffentl. Minist. Saarbrücken wider Keller, 28. Mai 1838.
Esser. Eichhorn.

Civilparthei.

Die Worte des Art. 67 Cr. O.: —
„in jedem Zustand der Sache,"
ergeben hinlänglich, dass die Civilparthei sich der öffentlichen Klage, sie sei so weit gediehen, als sie wolle, zugesellen kann. Der Artikel gilt auch für das correctionelle Verfahren.

K. Kippel, 22. September 1820.
Blanchard. Ruppenthal.

Die Königl. Regierungen, als Vertreter des Fiscus in Zoll- und Steuercontraventionssachen, werden auch dann noch als Civilparthei oder Privatkläger angesehen, wenn sie die Führung des Prozesses in ihrem Interesse dem öffentlichen Ministerio überlassen haben. Art. 158 Decret vom 18. Juni 1811, und Art. 66 und 67 Cr. O.

K. Königl. Reg. Düsseldorf wider Brüsseler, 5. Februar 1823.
Friccius. Ruppenthal. Sandt. Arch. IV. 2. 87.

Die Königl. Regierungen, stellvertretende Behörden des Fiscus in Steuercontraventionssachen, können auf Confiscation und Geldbusse antragen, und werden als Civilparthei angesehen, denen demnach die Berufung gegen ein Straferkenntniss zustehen muss. Art. 158 Decr. v. 18. Juni 1811 u. Art. 66, 67 Cr. O.

K. Reg. zu Düsseldorf wider Bergmann, 6. August 1823.
Friccius. Ruppenthal.

Der Gemeinde Barmen wird ein Schlagbaum entzwei gefahren. Antrag des öffentlichen Ministerii auf Strafe und Schadenersatz. Den letzteren Antrag kann nur der Bürgermeister nehmen. Art. 1 Cr. P. O.

R. Oeffentl. Minist. Barmen wider Freitag, 16. Januar 1843.
Brewer. Eichhorn.

Dampfmaschine.

Die Cabinetsordre vom 1. Januar 1831 bindet die Aufstellung der Dampfmaschinen ganz allgemein an die polizeiliche Erlaubniss, gleichviel, ob die Maschine auf einem festen Ort, oder auf einem Wagen oder Schiff sich befindet.

Hat daher der Richter freigesprochen, weil die Maschine auf einem Schiffe befindlich, welches nicht zur Beförderung von Passagieren gebraucht wird, so hat er hierdurch jene Verordnung — Nr. 6 — verletzt.

K. Oeffentl. Minist. Cöln wider Direction der Rhein. Dampfschifffahrts-Gesellschaft, 21. April 1845.
v. Oppen. Eichhorn.

Défaut.

(Vergleiche Opposition.)

Gegen X ist in contumaciam erkannt. Da das Défaut ihm nicht insinuirt, sonach die Frist zur Einlegung der Opposition noch nicht angefangen, so kann von der Einlegung des Recurses die Rede nicht sein.

R. Kopp, 13. August 1823.
Eimbeck. Eichhorn. Sandt.

Einer gegen ein ergangenes Straf-Défaut während des Laufes der Oppositionsfrist von dem öffentlichen Ministerio eingelegten Berufung, ist für den Fall, da der Verurtheilte noch binnen der gesetzlichen Frist, Opposition einlegt, nicht statt zu geben. Jedenfalls darf der erste Richter sich nicht abhalten lassen, um deswillen auf die Opposition zu erkennen.

Art. 187 seq. Cr. O.

K. Müller, 11. Februar 1832.
Simon. Eichhorn. Sandt. Arch. XXI. 2. 30.

Das öffentliche Ministerium muss in Strafsachen bei der Aburtheilung stets zugegen sein; mithin kann rücksichtlich seiner von einem Défaut, wovon ihm durch Zustellung Kenntniss zu geben wäre, die Rede nicht sein. Das öffentliche Ministerium kann also gleich nach Ausspruch des Défaut, worin es eine Beschwerde findet, ebenso gut binnen zehn Tagen die Berufung einlegen, als der Generalprocurator nach dem Art. 205 Cr. G. O. — die Befugniss hat, dieselbe innerhalb zweier Monate nach dem Ausspruch des Urtheils, ohne Unterschied, ob es ein contradictorisches oder Contumacialurtheil, und sogar ob Letzteres zu- oder nicht zugestellt worden, einzuwenden. Die Zustellung des Défaut ist nur im Interesse des Verurtheilten zum Laufe der Berufungsfrist vorgeschrieben. Hierbei läuft die fünftägige Opposition und die zehntägige Berufungsfrist gleichzeitig, so dass im Fall der Opposition das Urtheil als nicht erlassen, und im Fall der Berufung, dasselbe als gleich einem contradictorischen in Aufschub gehalten wird.

Wenn nun auch erst, nachdem das öffentliche Ministerium die Berufung eingelegt, das Défaut dem Beschuldigten zugestellt, und alsdann von diesem innerhalb fünf Tage Opposition ist eingelegt worden, so bietet dies keinen Uebelstand dar, indem hierdurch nach Art. 187 Cr. O. das Urtheil als nicht erlassen zu betrachten, und jene Berufung als ohne Gegenstand zerfallen würde.

Hat nun das öffentliche Ministerium innerhalb zehn Tage nach dem Ausspruch des Défaut, hiervon die Berufung eingelegt, so bedingt ihre Zurückweisung eine Verletzung des Art. 203 Cr. O.

K. Oeffentl. Minist. Trier wider Thomas, 29. März 1834.
Esser. Eichhorn.

Diebstahl.

Die Frage, ob eine (von einem Schankwirth) auf dem Abtritt seines Hauses gelassene goldene Uhr als herrenlos und verloren zu betrachten, ist factischer Natur.

R. Verse, 18. October 1841.
v. Oppen. Jaehnigen.

X kauft einen kranken Kanarienvogel. Der Verkäufer will ihm denselben nicht umtauschen; er nimmt sich daher, wie er jenem angekündigt, eigenmächtig und gegen jenes Willen, einen anderen Vogel mit Bauer von der Wand.

Hat nun der Instanzrichter diese eigenmächtige Wegnahme einer fremden Sache, wobei das Bewusstsein oder die Absicht eines gesuchten Vortheils nicht erhellt, nicht für einen Diebstahl erklärt, so ist hierdurch der Art. 379 Str. G. B. nicht verletzt.

Hat das öffentliche Ministerium in subs. angetragen, der Richter soll, wenn die That sich als Selbsthülfe charakterisire, sich für incompetent erklären, damit das für diesen Fall damals angeführte altpreussische Verfahren Platz greifen könne, so hat der Richter hierauf mit Recht keine Rücksicht genommen; er hatte keine Veranlassung, sich über eine zu einer ganz andern Sphäre gehörige, sich von selbst verstehende Befugniss der Staatsbehörde ausdrücklich mitzuentscheiden. Art. 408 u. 413 Cr. O.

K. Oeffentl. Minist. Cöln wider Dreesen, 26. April 1836.
Heffter. Eichhorn.

Schon der Art. 21, Tit. 2 des Ruralgesetzes qualificirt das Anstellen von Nachlesen auf fremden Feldern, nicht als Diebstahl, sondern als Contravention. Ebenso der Art. 471 Nr. 10 Str. G. B., und dies auch nur dann, wenn entweder das Feld, auf dem das Nachlesen geschah, noch nicht gänzlich abgeerntet, oder das Nachlesen vor oder nach Sonnenuntergang erfolgt ist. Die Ansicht, dass das Gesetz nur diese Fälle als Contraventionen aufstellend, alle übrigen als Diebstahl angesehen wissen wolle, ist unhaltbar; denn hieraus würde folgen, dass die strafbaren Fälle nur mit Polizei-, die minder strafbaren mit correctioneller Strafe zu ahnden wären.

K. Oeffentl. Minist. Cleve wider Daamen, 11. März 1839.
Jaehnigen. Esser. Arch. XXVIII. 2. 65.

Die in der Verschönerungsanlage im Königl. Thiergarten zu Cleve verübte Entwendung mehrerer Pflanzen, ist nach Art. 3 Gesetz vom 11. December 1789 zu ahnden, und zwar nicht nach dem Gesetz vom 7. Juni 1821, sondern nach der Ordonnanz von 1669, Tit. 27, Art. 11.

K. Oeffentl. Minist. Cleve wider Schürmann, 20. Juni 1827.
Fischenich. Eichhorn. Arch. X. 2. 44.

Diebstahl an Windbrüchen sind nicht denen am gefällten Holz gleichzusetzen, sondern polizeilich zu ahnden.

K. Competenzconfl. wider Stein, 29. März 1834.
Oswald. Eichhorn.

X schlägt grüne Aeste von einem Baume. Dabei betroffen, wird er freigesprochen: „weil kein wirklicher Diebstahl stattgefunden, und der Versuch nur eine Civilklage begründen könne.“ Diese Entscheidung ist unhaltbar.

K. Generalproc. am Cassationshof, 12. April 1834.
Oswald. Eichhorn.

X leiht dem Y Kleider zum Gebrauch, die dieser rechtsbeständig übernimmt. Die Nichtzurückgabe dieser Kleider stellt mithin eine betrügerische Wegnahme aus dem Gewahrsam des Leihers im Sinne der Art. 379 und 386, Nr. 3 Str. G. B. nicht dar.

R. Oeffentl. Minist. Trier wider Backes, 4. Januar 1841.
Jaehnigen. Eichhorn.

Die in Nr. 8 der Amnestie-Ordre vom 10. September 1840 enthaltene Bestimmung, wonach aus Lüsternheit verübte Diebstähle straflos, bezieht sich nur auf die altpreussische Strafgesetzgebung, und ist nur analog auf die rheinische anzuwenden. Das A. L. R. II. 20, §. 1122, 1123, spricht nur von Diebstählen an Esswaaren und Getränken. Esswaaren sind nur solche Lebensmittel, welche keiner weiteren Zubereitung mehr bedürftig, und ist daher Diebstahl an rohem Fleisch, oder Diebstahl mit Einbruch und Einsteigen hierher nicht zu rechnen.

K. Oeffentl. Minist. Elberfeld wider Rötting, 8. Februar 1841.
Jaehnigen. Eichhorn.

Jeder Diebstahl zieht, ohne Rücksicht auf Object und erschwerende Umstände die Versetzung in die zweite Classe nach sich. Kriegsart. 43 und Absatz „körperliche Strafen."

K. Generalproc. am Cassationshofe wider Sax, 4. Mai 1836.
Oswald. Eichhorn.

Unter den circonstances des Art. 345 Cr. O. sind nicht diejenigen zu verstehen, durch welche die Handlung erst zu einer strafbaren wird, da diese schon zum fait oder crime gehören, sondern solche, welche nach dem Gesetze eine höhere Strafe der an sich schon strafbaren Handlung begründen. Enthielt daher die zweite und vierte Frage solche Umstände, ohne deren Dasein überhaupt keine strafbare Complicität denkbar, so waren die Geschwornen nicht verpflichtet, über solche Umstände noch eine besondere Antwort ausser der Schuldigerklärung zu geben.

R. Hartstein, 3. Mai 1841.
Jaehnigen. Eichhorn.

Der Art. 380 Str. G. B. spricht nicht von Entwendungen zwischen leiblichen Geschwistern oder Verschwägerten im Seitengrade.

R. Richartz, 4. Februar 1832.
v. Meusebach. Eichhorn.

Die in Vereinigung oder Banden mit offener Gewalt verübte Plünderung oder Zerstörung fremden Mobiliareigenthums, ist nicht als Diebstahl anzusehen.

Art. 440, 441, 442, 382 Str. G. B.

Bei dem Diebstahl selbst ist aber der Umstand, dass er unter dem Einflusse eines anderen, z. B. des vorliegenden, verübt worden, durch kein Gesetz zu einem erschwerenden Umstand erhoben worden, und sonach nur der Art. 401 anwendbar.

K. Müller und Genossen, 5. October 1831.
v. Meusebach. Oswald.

Antworten die Geschwornen:

„Ja, X ist schuldig den Diebstahl zwar im Beisein, aber nicht in Gemeinschaft des Y begangen zu haben,"

so liegt nur ein gemeiner Diebstahl vor, Art. 384 und 381, Nr. 4. Dieses blosse Beiwohnen ohne Concurrenz anderer Umstände, ist durch kein Strafgesetz verboten. Y musste daher freigesprochen werden, und war eine Rückverweisung der Geschwornen gesetzwidrig. Art. 364 Cr. O.; 59, 60 und 384 Str. G. B.

K. Düpper, 7. Juni 1826.

Fischenich. Eichhorn.

Burg, in einem einjährigen Dienst als Privatschäfer stehend, begeht durch Entwendung einiger zu der ihm zur Hut anvertrauten Heerde gehörigen Schafe, einen nach Art. 386, Nr. 3 strafbaren Diebstahl.

K. Oeffentl. Minist. am App.-Hofe wider Burg, 30. Juni 1820.

Seyppel. Ruppenthal.

Die betrügliche Wegnahme von Sachen, welche einem Hausdiener etc. besonders anvertraut (Veruntreuung) ist nicht weniger Diebstahl im Sinne des Art. 379 Str. G. B., als die betrügliche Wegnahme von Gegenständen, welche seiner Treue nicht so besonders anempfohlen waren.

Erklären daher die Geschwornen:

„X ist schuldig, seinem Dienstherrn eine Summe Geldes nicht gestohlen, sondern veruntreut zu haben,"

so konnte hierauf der Assisenhof ein freisprechendes Urtel nicht gründen.

K. Oeffentl. Minist. Saarbrücken wider Thomä, 25. Mai 1840.

v. Meusebach. Eichhorn. Arch XXX. 2. 18.

Die X ist für schuldig erklärt, während sie bei dem Gerichtsschreiber Y als Magd gegen Lohn diente und wohnte, dessen in demselben Hause wohnenden Hausherrn, dem Kaufmann Zapp, ein Pack Leinwand etc. gestohlen zu haben. Dies ist kein Hausdiebstahl. Das Wort „maison" im Art. 386 Nr. 3 geht nur auf die Wohnung der Dienstherrschaft, wie dies durch das Wort „habitation" bestätigt wird. Ausser dem Wort spricht aber hierfür die ratio legis.

K. Jaegers, 25. Mai 1840.

Jaehnigen. Eichhorn.

Haben die Geschwornen erklärt:

„Ja, die Dienstmagd ist schuldig, ihrem Dienstherrn eine Cassenanweisung von 50 Thlrn. gestohlen zu haben; jedoch ist nicht anzunehmen, dass sie mehr als eine Cassenanweisung von 1 Thlr. habe entwenden wollen,"

so ist nicht, wie der Assisenhof vermeint, der §. 1 der General-Gouv.-Verord. vom 13. October 1814 anzuwenden, sondern der Art. 386, Nr. 3.

K. Oeffentl. Minist. Cöln wider Stamm, 31. October 1835.

v. Meusebach. Eichhorn.

Die Gen.-Gouv.-Verord. vom 31. Mai 1814 schreibt nicht in allen Fällen die mildere Bestrafung vor, sondern gestattet sie nur dem richterlichen Ermessen.

R. Fiellmann, 18. Februar 1839.

v. Meusebach. Eichhorn.

Die X, bereits wegen eines andern Verbrechens im Jahre 1816 von dem Assisenhof bestraft, wird wegen mehrerer Erntediebstähle vor den Assisenhof verwiesen. Ist nun gleich den Richtern gestattet, in solchem Falle, wenn mildernde Umstände vorhanden, auf eine correctionelle Strafe zu erkennen, §. 3 Gen.-Gouv.-Verord. vom 16. Februar 1814, so ist doch die Entscheidung, ob diese Umstände vorliegen, den Geschwornen entzogen. Die Anwendung des Art. 463 ist übrigens jedenfalls ausgeschlossen; einmal, weil sie sich nur auf die vom Strafgesetzbuch verhängten Strafen bezieht, dann weil die Milderung der Criminalstrafe eben nur darin besteht, dass statt ihrer eine correctionelle eintritt.

K. Oeffentl. Minist. Cöln wider Fliersbach, 12. Sept. 1842.

Brewer. Eichhorn.

Die Verordnung des Mittelrhein-Generalgouvernements vom 31. Mai 1814 in Bezug auf Hausdiebstähle, hat durch die Verordnung des Nieder- und Mittelrheingouvernements vom 13. October desselben Jahres eine Abänderung erlitten, da letztere Verordnung die Correctionalisirung der Hausdiebstähle, nur wenn der Werth der gestohlenen Sache keine 20 Frcs. beträgt, für statthaft erklärt.

R. Lenz, 27. Oct. 1845.

Esser. Jaehnigen.

Der §. 3 der Verordnung vom 13. October 1814 behält die Entscheidung über das Vorhandensein der Erfordernisse des §. 1 dem Anklagesenat vor, und schliesst hierdurch die Beurtheilung Seitens der Geschwornen, oder des Assisenhofes aus.

R. Brock, 10. August 1840.

Jaehnigen. Eichhorn.

Durch die Bestimmung, dass die Anklagekammer zu entscheiden, ob der Fall des §. 1 und 3 Verord. des Gen.-Gouv. vom 13. October 1814 vorliege, ist weder den Assisenhöfen, noch den Geschwornen, insofern es sich von Feststellung des Factums handelt, ihre Befugniss genommen, die mildernden oder erschwerenden Umstände zu untersuchen, und hiernach den Charakter des Vergehens festzustellen. Die für Berg unter dem 16. Februar 1814 erlassene Verordnung, ist sowohl wegen der Verschiedenheit der Wortfassung, als der unter dem 28. ejusd. dort erfolgten gänzlichen Abschaffung der Geschwornen, nicht in Betracht zu ziehen.

R. Oeffentl. Minist. Cöln wider Fischer, 10. Juli 1843.
Brewer. Jaehnigen.

Die Gener.-Gouv.-Verord. vom 16. Februar 1814 giebt dem Appellationshof nicht die Befugniss, vor die correctionellen Gerichte zu verweisen, sondern hält den Charakter der Hausdiebstähle in thesi aufrecht, und gestattet nur dem erkennenden Richter die Anwendung einer correctionellen Strafe.

K. Oeff. Minist. am Appellationshof wider Krick, 18. Sept. 1844.
v. Daniels. Eichhorn.

Die Gener.-Gouv.-Verord. vom 13. Mai 1814 gilt nicht für St. Johann; hier gilt vielmehr der §. 4 der Gen.-Gouv.-Verord. vom 19. und 31. Mai 1814.

K. Oeffentl. Minist. Trier wider Hembert, 18. März 1829.
Oswald. Eichhorn.

X, schuldig, auf öffentlicher Strasse von einem Wagen einen Koffer gestohlen zu haben, ist nach Art. 383 Str. G. B. zu lebenswieriger Zwangsarbeit zu verurtheilen.

Die Meinung des Assisenhofes, der Art. 383 sei nur in Verbindung mit dem Art. 382 aufzufassen, und Ausübung besonderer Gewalt zu erfordern, rechtfertigt sich weder aus dem Worte „également," noch aus den Motiven.

K. Oeffentl. Minist. Aachen wider Breuer, 6. Juni 1827.
v. Meusebach. Eichhorn. Arch. X. 2. 64.

Die Erbrechung eines an einem Hause befestigten Fensterkastens erschöpft keineswegs den gesetzlichen Begriff eines äussern Einbruchs. Hierzu ist vielmehr erforderlich, dass durch den Einbruch der Eingang in das Innere des Hauses geöffnet werde. Art. 395 Str. G. B.

K. Kernekamp, 30. Januar 1822.
Seyppel. Eichhorn. Arch. III. 2. 167.

Ein Hopfendiebstahl ist mittelst Eindringens durch eine zum Wasserlauf dienende oberirdische Oeffnung geschehen. Die Art. 381 Nr. 4, 384 und 397 Str. G. B. sind daher auf einen solchen Diebstahl nicht anwendbar.

K. Hirz, 28. April 1820.
Seyppel. Eichhorn. Arch. II. 2. 1.

Der Art. 386, Nr. 1 Str. G. B. unterscheidet nicht, ob der Dieb in dem Gebäude, worin der Diebstahl verübt worden, wohnt oder nicht.

K. Oeffentl. Minist. Cöln wider Ninicus, 12. Jan. 1825.
Blanchard. Ruppenthal.

Der Stall, aus dem eine Kuh gestohlen worden, liegt mit dem Wohnhaus des Bestohlenen nicht nur unter einem Dach, sondern beide Gebäude sind sogar, obgleich sich im Innern zwischen ihnen eine Trennungsmauer befindet, mit einer gemeinschaftlichen Mauer umgeben. Auf diesen Diebstahl ist daher der Art. 386, Nr. 1 und 390 Str. G. B. anwendbar.

K. Oeffentl. Minist. am App.-Hofe wider Rospert, 23. Jan. 1843.
Brewer. Eichhorn. Arch. XXXIV. 2. 94.

Die Angeschuldigte hat bei Verübung eines Diebstahls sich eines Kindes bedient, dieses in ein Fenster geschoben, durch dasselbe die Hausthüre von Innen öffnen lassen, und sich demnächst selbst in das Haus begeben. — Das Kind ist hier nur willenloses Werkzeug, und das bewirkte Einsteigen als die eigne Handlung der Angeschuldigten zu erachten, mithin dieselbe nach Art. 384, 381 Nr. 1 Str. G. B. zu bestrafen.

R. Altenhofen, 9. Juli 1823.
Fischenich. Eichhorn.

Aus der Etymologie der Worte „auberge, hôtellerie" folgt nicht, dass damit nur ausschliesslich solche Häuser zu bezeichnen, in welchen ein Gast auch über Nacht Aufnahme und Unterkommen findet, indem man auch bei Tage, und bloss für Tagesstunden für Geld eine Herberge suchen, als Gast in ein Haus einkehren kann. Wenn aber auch der Sprachgebrauch allerdings an jene Wörter vorzugsweise den Nebenbegriff des Logirens über Nacht geknüpft hat, während Schenken und Speisehäuser gewöhnlich nur zur Aufnahme für Tages- und Abendstunden bestimmt sind, so werden doch gleichwohl auch eben jene Herbergen und Gasthäuser zum grossen Theil von Einkehrenden und Reisenden nicht anders, als nur wie Schenken und Kosthäuser für Tages- und Abendzeit besucht und benutzt. Hieraus geht die allgemein generisch umfassende Bedeutung jener im Art. 384 Str. G. B. enthaltenen Ausdrücke deutlich, und um so deutlicher hervor, als jener Artikel die Dauer der Aufnahme in einem solchen Hause durchaus nicht bestimmt, und keinen Unterschied darüber gemacht hat, ob der Aufgenommene in dem Hause über Nacht logire, oder nur bei Tage auf längere oder kürzere Zeit verweile. Hieraus ergiebt sich die Unhaltbarkeit des für die entgegenstehende Ansicht aus den früheren Strafgesetzbüchern von 1791 und vom Jahre VIII. hergenommenen Entscheidungsgrundes der Anklagekammer. Die von ihr behauptete Abstufung des mehr und weniger nothwendigen Vertrauens zwischen Gast, Wirth und den übrigen Gästen, ist keineswegs in der Natur der Sache, und dem praktischen vorkommenden Unterschied der Nachtherberge und der Schenken gegründet. Die Erfahrung lehrt vielmehr, wie häufig der Zulauf in den Schenken, stärkeres Vertrauen in die

Redlichkeit der Gäste voraussetzt und nothwendig macht, als die Aufnahme in einem Gasthause über Nacht. Der eigentliche Grund der geschärften Strafbestimmung des Art. 386 — freier Zutritt und nicht zu verweigernde Aufnahme eines Jeden, auch unbekannten und ungeprüften Einkehrenden, ist daher bei Schenken und Speisehäusern mindestens ebenso stark, als bei Herbergen und Gasthäusern vorhanden. Der Grundsatz „im Zweifel die mildere Meinung" — kann aber hier nicht Anwendung finden. Die grösste Härte besteht in ungleicher Bestrafung gleich Schuldiger. Eine solche Ungleichheit wird aber die Ansicht der Anklagekammer zur Folge haben, indem der, bloss für Tagesstunden in einer Herberge oder in einem Gasthause Aufgenommene, wenn er darin einen Diebstahl begangen, doch immer dem Art. 386 Str. G. B. unterworfen bleibt.

K. Oeffentl. Minist. Cöln wider Lengs, 23. Juni 1820.
v. Meusebach. Eichhorn.

Sic.

K. Oeffentl. Minist. am Appell.-Hofe wider Goissne, 21. Juni 1820.
v. Meusebach. Eichhorn.

In Ansehung der Diebstähle in Schenken (cabarets) ist eben der Verschiedenheit der Verhältnisse wegen, die Absicht des Gesetzgebers dahin gegangen, es bei der milderen Bestimmung des Gesetzes vom 25. Frimaire VIII. zu belassen, und dieselbe nicht mit der Strafe des Art. 386, Nr. 4 Str. G. B., sondern nur correctionell zu ahnden.

R. Oeffentl. Minist. Aachen wider Ernst, 8. Sept. 1820.
Friccius. Ruppenthal.

Frage: „Ist X schuldig, in dem Wirthshaus, wo er zum Logiren aufgenommen worden, dem Sohne der Wirthin ein Paar Stiefel entwendet zu haben?"

Die Geschwornen erklären sich in ihrem Urtheile über den Umstand: „wo er zum Logiren aufgenommen worden, nicht." Mit Rücksicht auf Art. 386 Str. G. B. ist diese Erklärung unzureichend und nichtig.

K. Müller, 22. Juni 1822.
Scyppel. Eichhorn. Arch. III. 2. 177.

Frage:

„Ist X schuldig, aus dem Gasthofe des Y, wo er als Gast aufgenommen, dem daselbst logirenden Z Effecten gestohlen zu haben?"

Antwort:

„X ist schuldig."

Diese Antwort lässt sich auf den unterstrichenen erschwerenden Umstand nicht hinreichend ein. Art. 345, Nr. 2 Cr. O, und war daher hierauf nicht sofort der Art. 386, Nr. 4 Str. G. B. anzuwenden.

K. Senkel, 25. Juni 1836.
Jaehnigen. Eichhorn.

Pflugstränge und Pflugketten bilden keinen Theil des Pfluges oder eines Ackerinstruments. Ihre Entwendung wird nicht mit der Strafe des Art. 388, sondern mit der des Art. 401 belegt.

K. Lehné, 3. März 1820.
Mühler. Eichhorn. Arch. I. 2. 169.

Der Diebstahl eines Ringes einer zur Ackerbestellung bestimmten Walze vom Felde, ist nach Art. 388 Str. G. B. zu strafen.

R. Terkatz, 11. September 1822.
Goerdeler. Eichhorn.

Der Art. 388 Str. G. B. unterscheidet zum Begriff des dort bezeichneten Verbrechens keine Jahreszeiten (der Diebstahl ist im Winter verübt). Wer just die wesentlichen Theile eines Pfluges stiehlt, verfällt der Strafe des Art. 388.

R. Schreiner, 30. August 1834.
Esser. Eichhorn.

Feld, Feldmark und Wiese sind im Sinne des Art. 388 Str. G. B. synonim und unterliegt daher derjenige dieser Strafe, der eine Kuh von der Wiese stiehlt.

K. Oeffentl. Minist. Düsseldorf wider Schmitz, 30. Januar 1822.
v. Trützschler. Eichhorn. Arch. III. 2. 24.

Ist Kleeheu erst nachdem es vom Boden getrennt, und dem öffentlichen Glauben ausgesetzt worden, entwendet, so ist nicht das Polizeigericht competent, sondern der Art. 388 Str. G. B. zureichend.

K. Oeffentl. Minist. Düsseldorf wider Wimmer, 17. Nov. 1845.
Esser. Eichhorn.

Disciplinarsachen.

Die Vorschriften der Criminalordnung finden auf das Verfahren in Disciplinarsachen gegen ministerielle Beamte keine Anwendung. Von einer Verletzung der Art. 75, 155, 184, 189, 408, 409 Cr. P. O. kann hier also die Rede nicht sein.

R. Müller, 31. Januar 1827.
Fischenich. Eichhorn. Sandt.

Dollmetscher.

(Vergleiche Zeuge.)

Die besondere Anordnung und eidliche Verpflichtung eines Dollmetschers ist bei Strafe der Nichtigkeit nur für den Fall vorgeschrieben, wenn der Angeklagte und einer der Zeugen nicht ein und dieselbe Sprache oder Mundart reden.
Art. 332 Cr. O.

R. Kilian, 20. April 1825.
v. Meusebach. Eichhorn.

Da die Mittheilung der Verhöre des Angeklagten vor Abhaltung der Assisensitzung nicht verordnet ist, so ist unerheblich, dass sie dem X, — einem Italiener — nicht in italienischer Sprache mitgetheilt worden sind.

R. Bottoni, 16. September 1829.
Eimbeck. Eichhorn.

Die Vereidung des Dollmetschers ist nicht bei Vertagung der Sache zu wiederholen. Art. 332 Cr. O.

R. Oeffent. Minist. Cöln wider Meyer, 31. August 1821.
Goerdeler. Eichhorn.

Dünger.

(Vergl. Polizeiverordnung und Weg.)

X hat auf der öffentlichen Strasse an seinem Hause Mist liegen lassen. Seine Behauptung, es sei jener Fleck sein Hofraum, ist unerheblich.

Der Art. 471, Nr. 6 Str. G. B. ist in keiner Hinsicht von einer Eigenthumsfrage und von einer vorherigen Entscheidung derselben im Civilwege abhängig.

R. Pabst, 21. Februar 1837.
v. Breuning. Eichhorn. Sandt.

Hat die X Mist neben ihre Wohnung am Marktplatz niedergelegt, so verfällt sie der Strafe des Art. 471, Nr. 6, zu dessen Anwendung weder eine böse Absicht, noch Nachlässigkeit erfordert wird, und ebenso wenig, dass die Niederlegung der verbotenen Gegenstände ausserhalb der Grenzen des Eigenthums der Contravenienten geschehe, sondern nur, dass sie vor dem Gebäude, also gegen die öffentlichen Plätze hin, mit dem im Gesetz bezeichneten Nachtheil erfolge.

K. Oeff. Min. Aldenhoven wider Lützeler, 31. Mai 1834.
Oswald. Eichhorn. Sandt.

Konnte der Cassationskläger seinen Dünger nicht anders, als geschehen, wegschaffen, so schliesst diese Nothwendigkeit den Begriff einer strafbaren Zuwiderhandlung ex Art. 471, Nr. 4 Str. G. B. aus, und sind um deswillen auch die §§. 11 und 15 Chaussée-Tarif vom 28. April 1828 unanwendbar.

R. Oeff. Min. Mettmann wider Feger, 18. Juli 1835.
Esser. Eichhorn.

Wer hinter seinem Hause Unreinlichkeiten hinwirft, ist, wenngleich der Hof des Hauses mit einem Durchgang für die Nachbarn zusammenhängt, nicht strafbar.

Art. 471, Nr. 6 Str. G. B.

R. Oeff. Min. Königswinter wider Lippmann, 15. Nov. 1841.
Graun. Eichhorn.

Ehe.

Wo weder eine nach bürgerlichen Gesetzen, noch eine nach den Vorschriften der Gouv.-Verord. vom 6. Februar 1814, durch priesterliche Trauung gültig geschlossene, sondern nur eine nach dem Rituale der Quäker vollzogene Ehe vorliegt, kann von dem Art. 192 B. G. B. die Rede nicht sein.

R. Oeffentl. Minist. Düsseldorf wider Charlier, 6. Oct. 1832.
Simon. Eichhorn.

Hat Pfarrer X mehrere niederländische Unterthanen kirchlich getraut, ohne den Beweis der vorgängigen Civilehe zu fordern, so verfällt er dem Art. 199 Str. G. B.

Der §. 333, Tit. 20, Th. II. A. L. R., von unbenannten Amtsvergehen handelnd, findet keine Anwendung, wo das Gesetz die Ahndung speciell genannter Dienstvergehen ausgesprochen hat.

Die §§. 149 und 155, Thl. II. Tit. 1 und §. 503 Tit. 20 A. L. R. finden da keine Anwendung, wo eine Ehe nur vor dem Beamten des Personenstandes, und nicht vor einem Pfarrer gültig geschlossen werden kann.

R. Oeffentl. Minist. Cleve wider Pfarrer Meyer, 13. Mai 1844.
v. Oppen. Jaehnigen.

Eindringen in fremde Häuser.

Wer in die Behausung eines Privaten unbefugt eindringen will, kann daran durch alle Mittel und allenfalls durch den

Gebrauch des zur Vertheidigung mitgenommenen Degens verhindert werden.

R. Schneider wider Staatsproc. Funke, 25. März 1839.
Graun. Eichhorn.

Nach Art. 10, Gesetz vom 19. und 22. Juli 1791 ist der Eintritt in diejenigen Häuser, welche notorisch der Ausschweifung und einem sittenlosen Verkehr hingegeben sind, den Polizeibehörden zu jeder Zeit gestattet.

Diese Verfügung ist durch spätere Gesetze weder ausdrücklich, noch stillschweigend aufgehoben; namentlich ist der im Art. 76 der Constitution des Jahres VIII. ausgesprochene Grundsatz, dass das Haus eines jeden Einwohners ein unverletzbares, von keinem Fremden zur Nachtzeit zu betretendes Asyl sei, auf solche Wohnungen, welche dem Willen des Besitzers zufolge, zu allen Zeiten dem Publicum geöffnet, und zugleich durch specielle Vorschriften des Gesetzes der continuellen Aufsicht der Polizeibehörden unterworfen sind, offenbar von keiner Anwendung.

R. Rüben, 24. Juni 1844.
Brewer. Eichhorn.

Nach dem deutlichen Inhalte des Art. 16 Cr. O. können die Forstbeamten nur in Begleitung des Friedensrichters, Ergänzungsrichters, Polizeicommissars, des Bürgermeisters, oder seines Adjuncten in Privatwohnungen, zum Zweck der Haussuchung dringen.

Eine, ohne solche Assistenz vorgenommene Haussuchung ist eine ungesetzliche Handlung, und der Widerspruch gegen eine solche mithin kein strafbarer Widerstand.

R. Oeffentl. Minist. Aachen wider Breuer, 20. Oct. 1845.
v. Oppen. Eichhorn.

Einquartirung.

Die den Einwohnern einer Gemeinde obliegende Einquartirungslast, stellt gleich einer ausserordentlichen Steuer eine Verbindlichkeit dar, deren Nichterfüllung jedoch nicht als eine polizeilich strafbare Handlung zu erachten ist.

R. Oeffentl. Minist. Coblenz wider Corell, 9. Nov. 1833.
Esser. Eichhorn. Arch. XVI. 2. 15.

Fabrik.

Das Regulativ vom 9. März 1839, §. 4 hat den in den Fabriken beschäftigten Kindern eine bestimmte Musszeit zu gewähren bezweckt, welche auch den im Freien arbeitenden Kindern nicht verkümmert werden darf.

Der §. 8 macht die Fabrikherren für die Beobachtung der fabrikpolizeilichen Vorschriften verantwortlich; sie sind mithin nicht ermächtigt, durch Privatverträge mit ihren Werkmeistern sich dieser Verantwortlichkeit zu entziehen.

K. Oeffentl. Min. Elberfeld wider Schlieper, 1. Juli 1844.
v. Oppen. Jaehningen.

Fabrikgeheimniss.

X, contractlich verpflichtet, in einer Fabrik Arbeiten an den Maschinen zu verrichten, Niemandem den Bau derselben zu offenbaren, auch keine selbst zu fertigen (das Contractsverhältniss mag aufgelöst sein oder nicht), hat nicht nur Dritten Mittheilungen, sondern auch von dem Geheimniss durch Anfertigung einer ähnlichen Maschine Gebrauch gemacht.

Der Instanzrichter, den Grundsatz aufstellend:

„Die Mittheilung eines Geheimnisses an einen Dritten müsse in der Art stattfinden, dass dieser dadurch in den Stand gesetzt sei, die ihm mitgetheilte Erfindung nachzubilden oder nachbilden zu lassen,"

hat ihn freigesprochen. Mit Unrecht. Die Strafe des Art. 418 Str. G. B. ist durch die blosse Mittheilung verwirkt, ohne Rücksicht, dass der Dritte dadurch in den Stand gesetzt worden, die ihm mitgetheilte Erfindung nachzubilden oder nachbilden zu lassen.

Entgegengesetzten Falles würde die Anwendung des Gesetzes von der grössern oder geringern Kunstfertigkeit, überhaupt von den intellectuellen Kräften desjenigen abhängen, dem das Geheimniss verrathen worden.

Die beantragte Confiscation einer nachgemachten Maschine, durch deren Vorzeigung der Verfertiger derselben ein Fabrikgeheimniss verrathen hat, ist dagegen durch **kein** Gesetz verordnet.

K. Oeffentl. Minist. Cöln wider Steinbach, 17. März 1824.
Friccius. Eichhorn. Arch. VI. 2. 41

Fähre.

Nahmen die Angeschuldigten ein höheres Fahrgeld als im Düsseldorfer Tarife vom 25. November 1824 angesetzt, und forderten sie Trinkgelder, so ist dies eine strafbare Contravention.

K. Oeffentl. Minist. Düsseldorf wider Neunzig, 19. Dec. 1827.
Scheller. Eichhorn.

Spricht das Polizeigericht, statt die Entscheidung über die Existenz der Polizeicontravention bis zur Erledigung des über die Fahrgerechtsame in foro civili schwebenden Processes, auszusetzen, sofort frei, so hat es den Art. 159 Cr. O. verletzt.

K. Oeffentl. Minist. Goch wider Bley, 7. Juli 1832.
Oswald. Eichhorn.

Die Cassationsverklagten setzen bei Oberlorick die Passanten über den Rhein. Sie sind nicht strafbar.

Das Gesetz vom 6. Frimaire VII. ist nach dem Beschluss vom 4. Nivose VIII. für den Rhein nicht anwendbar, und dieses Gesetz dort auch später nicht gehörig publicirt.

Eine Bestrafung aus den Bestimmungen des Ressort-Reglements wäre aber nur dann denkbar, wenn dieses Ueberfahren, wie doch nicht, durch irgend ein Polizeigesetz verboten wäre.

R. Oeffentl. Minist. Neuss wider Hermkes, 7. Juli 1832.
Oswald. Eichhorn.

Fälschung.

Kein Gesetz verlangt zum Begriff einer falschen Urkunde, dass auch dasjenige, was dadurch bescheinigt wird, unrichtig sei.

Das Wort contrefaçon begreift nicht nur eine Nachahmung der Unterschrift, sondern jede unbefugte Unterzeichnung eines fremden Namens statt des eigenen in sich.

R. Clees, 28. April 1830.
v. Koenigs. Eichhorn.

Von Fälschung oder strafbarer Nachahmung einer fremden Handschrift kann nur da die Rede sein, wo die verfälschte Urkunde, wäre sie echt, von irgend einer rechtlichen Wirkung sein möchte. Art. 147 Str. G. B.

R. Oeffentl. Minist. Trier wider Schmitz, 30. Juni 1845.
v. Oppen. Jaehnigen.

In einem lithographirten und auch nur mit einer solchen Unterschrift versehenen Frachtbrief, wird das Gewicht verfälscht. Der Anklagesenat setzt ausser Verfolgung, weil dieser Frachtbrief nicht von der Hand des Ausstellers unterschrieben, und somit ohne rechtliche Existenz sei. Er hat hierdurch den Art. 229 Cr. O. und den Art. 101 H. G. B. verletzt.

War der Brief, wie unbestritten, geeignet, um zur Feststellung der Steuer zu dienen, so muss auch seine Fälschung Gegenstand des Strafverfahrens werden können.

K. Oeff. Min. am Appellationshofe wider Karcher, 16. April 1835.
Eichhorn. Oswald. Arch. XXII. 2. 49.

In Erwägung, dass die Verfälschung einer Urkunde nur anzunehmen ist, wenn durch die mit derselben vorgenommenen. Aenderungen der Zweck und Inhalt derselben entstellt worden

Dass die von dem Cassationskläger mit dem Vermerk des Hülfsgerichtsschreibers Mink vorgenommenen Aenderungen da gegen nur dazu gedient haben, einen schon einmal benutzten Stempelbogen zu einem anderweitigen Zweck zu verwenden, und dadurch die Stempelabgabe zu umgehen.

Dass also die Zuchtpolizeikammer, indem sie sich für incompetent erklärte, die Art. 147 und 150 Str. G. B. falsch angewendet hat.

K. Schlemmer, 19. Mai 1845.
v. Daniels. Eichhorn. Reusche.

Der Art. 405 Str. G. B. findet nicht Anwendung, wenn sich Jemand in der Absicht zu betrügen, eines falschen Namens schriftlich bedient; dann liegt vielmehr eine Fälschung vor.

R. Marbach, 5. November 1828.
Blanchard. Eichhorn.

Wo mit der Escroquerie eine Fälschung in Schriften verbunden, tritt die Strafe der Letztern ein.

Art. 405, 150, 151 Str. G. B.

K. Oeffent. Minist. Saarbrücken wider Dern, 4. Februar 1839.
v. Meusebach. Eichhorn.

Die Annahme des Instanzrichters, als gehöre zur Anwendung der Strafen der Art. 147, 150, 407 Str. G. B., dass der Urheber der verfälschten Schrift auch davon einen wirklichen Gebrauch zum Nachtheil eines Dritten gemacht habe, ist unbegründet, und wird durch Art. 148 und 151 Str. G. B. vollständig widerlegt.

K. Oeff. Min. Aachen wider Dahmen, 4. Nov. 1829.
v. Meusebach. Eichhorn.

Die Cassationskläger machen von falschen, von ihnen jedoch nicht fabricirten Bürgermeistereisiegeln, wissend, dass sie falsch, zu Certificaten über gute Aufführung und sonstige Verhältnisse solcher Personen, zu Gunsten deren sie das Wohlwollen von Privaten in Anspruch nehmen wollten, Gebrauch. Hierauf ist nicht die Strafe des Art. 142, sondern die des Art. 161 anzuwenden, und daher die Sache vor das Zuchtpolizeigericht zu verweisen.

K. May, 10. Juni 1837.
v. Breuning. Eichhorn.

Wenn sich Jemand falscher Papiere zu den im §. 143 der Zollordnung erwähnten Zwecken bedient, so hängt die nähere Bestimmung der Strafe davon ab, ob die falschen Papiere zu den authentischen oder öffentlichen, zu den Handels- oder Bankpapieren gehören, oder blosse Privatschriften sind, und treten hiernach die Art. 147 und 148 oder 150 und 151 Str. G. B. ein.

Wenn nun der §. 144 die Verletzung des amtlichen Waarenverschlusses auch ohne Anlegung anderer Siegel, der Fälschung und dem Fall, wenn von falschen Papieren zur Umgehung eines Prohibitivgesetzes oder zum Nachtheil des Staates Gebrauch gemacht wird, gleichstellt, so ist nach den allgemeinen Grundsätzen des Criminalrechts der Art. 150 anzuwenden.

R. Oeffentl. Minist. Trier wider Schmitz, 8. März 1826.

Fischenich. Goerdeler.

Die von einem Gerichtsvollzieher über erhobene Gelder ausgestellte Quittung ist eine amtliche Urkunde. Art. 2060 Nr. 7 B. G. B., Art. 556, 625 B. P. O. Wenngleich das Gesetz vom 21. Juli 1826 die Handlungen eines Gerichtsvollziehers, welche derselbe vornimmt, nachdem ein in erster Instanz gegen ihn Suspension oder Entsetzung aussprechendes Erkenntniss ergangen, für strafbar und nichtig erklärt, so haben diese Handlungen darum doch den Charakter von Amtshandlungen noch nicht verloren.

Die durch die Cabinetsordre vom 6. März 1821 eingeführten Strafbestimmungen des Allgemeinen Landrechts kommen nur gegen den betreffenden Staatsbeamten, nicht aber gegen die Mitschuldigen, welche Nichtbeamte, zur Anwendung.

R. Binsfeld, 27. Januar 1840.

Liel. Eichhorn. Sandt.

Wer falsche Quittungen über Expertengebühren ausstellt, selbige mit der Beglaubigung des Friedensrichters versieht, und ihren Betrag erhebt, den trifft nicht die Strafe der Art. 147 und 148, sondern die der Art. 150, 151, 164, 147, 120, 47, 44, 36 Str. G. B., denn da der Friedensrichter keine Qualification hat, die Aechtheit der Unterschrift zu beglaubigen, so sind jene Vermerke, wenn sie ächt, nicht authentische Urkunden im Sinne des Art. 147 Str. G. B.; Handlungen, wozu das Amt nicht befugt, gehören aber sicher nicht zur Ausübung des Amtes. Art. 145.

R. Oeffentl. Minist. Trier wider Maes, 13. Juli 1839.

v. Oppen. Eichhorn.

Ist zwar festgestellt, dass X grössere Quantitäten Kohlen, als gefahren und gemessen waren, zu bedeutendem Nachtheile des Hütteneigenthümers auf Tafeln notirt habe, so bilden doch diese einfachen, auf Brettern mit Kreide geschehenen Notizen der angeblich gemessenen Quantität Kohlen schon an und für sich keinen solchen schriftlichen Privatact, durch und an welchen das Verbrechen der Fälschung — Art. 150 Str. G. B. — zu verüben. Ebenso wenig passt hierauf der Art. 147 oder 162, denn von einem Certificiren kann hier nicht die Rede sein. Der vorliegende Betrug hat nur civil-, nicht aber strafrechtliche Folgen. Das Strafurtel ist daher zu cassiren.

K. Schüffer, 4. Juli 1835.
Graun. Eichhorn. Arch. XXII. 2. 59.

Der, zugleich eine Quittung über 27 Thlr. enthaltende Verabfolgungszettel über angesteigertes Holz, bildet nach Inhalt, Form und Ort einen solchen Act, welche von dem unterzeichneten Forstcassenrendanten Doll nur in seiner amtlichen Eigenschaft vollzogen werden konnte, mithin einen authentischen Act. Art. 1317 B. G. B. Der Angeschuldigte, indem er jenen Zettel mit der Unterschrift des Doll in betrügerischer Absicht versehen, und davon Gebrauch gemacht, hat daher nicht die Strafe der Art. 150 und 151, sondern die der Art. 147 und 148 Str. G. B. verwirkt.

K. Oeff. Minist. Saarbrücken wider Kaiser, 7. Juli 1838.
Graun. Eichhorn. Arch. XXII. 2. 61.

X stellt sechs Bescheinigungen aus, wonach Zeugschmiede Eisen abgeliefert, versieht diese mit der falschen Unterschrift des betreffenden Beamten Deutsch, und erhebt darauf Gelder.

Sind gleich die Schriftzüge denen des Deutsch nicht ähnlich, so ist hierdurch dennoch die Fälschung consumirt.

Art. 147, 150, 151, 164 Str. G. B.

K. Oeff. Min. am Appellationshof wider Kurtz, 27. Februar. 1843.
v. Oppen. Eichhorn. Arch. XXXV. 2. 8.

Wer unter falschem Namen Briefe anfertigt und darauf Waaren ausnimmt, verübt keine Prellerei, sondern eine Fälschung, welche die im Art. 147 und 150 Str. G. B. angedrohten Strafen nach sich zieht.

Die Frage:

„Ist X schuldig, dem Urheber der Fälschung in denjenigen Handlungen beigestanden zu haben, wodurch das Verbrechen erleichtert . . . . worden"

ist, wie die Antwort der Geschwornen, unvollständig, und daher die Procedur nichtig; denn es fehlt der Frage an dem Hauptcharakter der Criminalität der Connaissance des Art. 60 Str. G. B.

K. Kotscheck, 12. März 1823.
v. Reibnitz. Ruppenthal. Arch. V. 2. 13.

Die drei Briefe, welche X geschrieben, enthalten drei, im Namen der darin unterzeichneten Personen ertheilte Aufträge zum Kauf einer gewissen Waare, zu einem bestimmten Preise, und würden, wären sie richtig, die Folgen der Art. 1998 seq. B. G. B. nach sich ziehen. Es liegt daher nicht das Vergehen der Prellerei, sondern eine Fälschung vor. Art. 147, 150, 151 Str. G. B.

K. Oeff. Minist. am App.-Hof wider Pickardt, 10. Oct. 1842.
Graun. Eichhorn.

Wenn schon die Einschiebung einer falschen Erklärung oder Thatsache in einem vorhandenen ächten Brief, um durch denselben constatirt zu werden, nach Art. 147 Str. G. B. das Verbrechen der Fälschung darstellt, so muss dies noch vielmehr die in betrügerischer Absicht unternommene Anfertigung derartiger ganz neuer falscher Briefe darstellen.
Art. 147 und 150 Str. G. B.

R. Krausen, 21. September 1833.
v. Meusebach. Eichhorn.

X ist genügend beschwert durch ein mit der falschen Unterschrift „Lamberty" versehenes Schreiben, den Y um ein Darlehn gebeten, und durch dessen Empfang ihn darum geprellt zu haben. Der Appellationshof ist der Ansicht, es liege keine Fälschung vor, weil jenes Schreiben keine Obligation enthalte. Mit Unrecht. Fälschung liegt überhaupt da vor, wo aus einer in betrügerischer Absicht angefertigten, oder auch nur mit einer falschen Unterzeichnung versehenen Schrift, eine Klage, ein Recht, oder der Beweis einer, rechtliche Folgen nach sich ziehenden Thatsache gegen einen Anderen abgeleitet werden kann.
Art. 147, 150, 151 Str. G. B.

K. Oeff. Min. am App.-Hofe wider Wagner, 20. Februar 1843.
Graun. Jaehnigen.

Derjenige, welcher auf ein Schuldbekenntniss unter einem andern Namen als dem seinigen Geld leihet, und unter diesem andern Namen in betrügerischer Absicht ein Schuldbekenntniss ausstellt, begeht, wenngleich eine Person dieses Namens nicht existirt, im rechtlichen Sinne eine Fälschung durch Anfertigung eines falschen Schuldbekenntnisses. Art. 150 Str. G. B.

K. Termesch, 28. Juni 1841.
Simon. Eichhorn.

Fragen: „Ist der Angeklagte schuldig:

1) ein an den Handelsmann Drossen gerichtetes Schreiben, enthaltend die Bitte dem Ueberbringer die bezeichneten Waaren verabfolgen zu lassen, fälschlich und in betrügerischer Absicht mit der Unterschrift „Nicolas Klinkhammer, Waldhüter zu Neuhof" versehen zu haben?
2) von diesem falschen Schreiben, wissend, dass es falsch war, in betrügerischer Absicht Gebrauch gemacht zu haben?"

Die Geschwornen erklärten ihn bei der ersten Frage für schuldig, bei der zweiten Frage für nicht schuldig, worauf der Assisenhof den Angeklagten freisprach.

Bei diesem Urtheil ist der Art. 364 Cr. P. O. falsch angewendet, und sind die Art. 365 ibid. und 150 in Verbindung mit Art. 147 Str. G. B. verletzt worden.

Denn durch die Erklärung der Geschwornen auf die erste Frage, da sie alle Criterien der in Art. 150 mit Bezug auf Art. 147 Str. G. B. bezeichneten Handlung, als bei der That des Angeklagten vorhanden gewesen, angiebt, ist derselbe des in dem ersten Artikel genannten Verbrechens der Fälschung an Privatschriften für schuldig erachtet, und es war daher die in diesem Artikel festgesetzte Strafe auszusprechen.

Die den Geschwornen gestellte zweite Frage war nur eine subsidiarische, welche im Falle der Verneinung der ersten Frage zu beantworten stand. Die überflüssige und unberufene Erklärung der Geschwornen auf die zweite Frage, steht weder mit der Antwort auf die erste Frage im Widerspruch, noch ist das dadurch aufgestellte Verbrechen der Fälschung aufgehoben, indem dasselbe durch einen Gebrauch, welchen der Fälscher von der falschen Urkunde macht, gesetzlich nicht bedingt ist, sondern durch die in betrügerischer Absicht geschehene Anfertigung einer falschen Urkunde vollendet wird.

K. Oeffentl. Minist. Aachen wider Schumacher, 4. März 1839.
Jaehnigen. Eichhorn. Arch. XXVIII. 2. 43.

Wechselfälschung.

Fälschungen in den Handschriften, also auch in den Wechseln werden nach dem Art. 147 Str. G. B. bestraft.

R. Ertz, 15. Januar 1823.
Blanchard. Eichhorn.

Die Art. 147 und 148 Str. G. B. unterscheiden nicht, ob die Verfertiger falscher Wechsel wechselfähig sind oder nicht.

R. Schwartner, 4. Mai 1831.
Busse. Eichhorn.

Entbehrt gleich die verfälschte Schrift der wesentlichen Merkmale eines Wechsels — sie enthält nämlich nicht eine Ziehung von einem Ort auf den andern — und stellt folglich nur eine auf Ordre gestellte Anweisung dar, so ist sie doch, da diejenigen, deren falsche Unterschrift sich unter ihr befindet, und derjenige, an den sie gerichtet, Kaufleute, eine écriture de commerce. Art. 631 Str. G. B.

R. Causemann, 17. October 1842.
Brewer. Jaehnigen.

Die Entscheidung der Frage, ob die verfälschten Scheine den Charakter von Handelspapieren an sich tragen, ist nicht Sache der Geschwornen.

R. Steinbüchel, 10. Juli 1843.
Jaehnigen. Brewer.

Die Erwähnung eines erdichteten Trassanten in einem Wechsel oder einem dem gleichgeachteten Handelsbillet, lässt sich allerdings unter die generellen Bestimmungen des Art. 150, 151, 147 Str. G. B. subsumiren, da auch ein girirter Wechsel durch den völligen Abgang eines Trassanten an seinem Werthe verliert; die Supposition des Letztern also dazu dienen kann, dem Wechsel mehr Credit zu verschaffen, und auf solche Weise eine betrügerische Absicht dabei sehr wohl gedenkbar ist.

R. Schneegans, 3. November 1824.
Goerdeler. Ruppenthal.

Die Geschwornen erklären, X habe eine in Indossamentsform gefasste Obligation in betrügerischer Absicht fälschlich mit der Unterschrift Nottermann versehen. Diese Erklärung schliesst die Prüfung über die Frage nicht aus, ob jene Schrift eine Obligation wirklich bilde. Das fragliche Indossament lautet:

„Für mich, Ordre des Herrn Schmitz, den Werth in Rechnung.
Essen, den 3. Januar 1842.
W. Nottermann."

Dieses Scriptum enthält weder das Bekenntniss einer Schuld, noch das directe oder indirecte Versprechen einer anderweiten Verbindlichkeit, und ist auch in Verbindung mit dem Wechsel ohne Bedeutung, da der Wechsel ohne Unterschrift. Die vom Cassationskläger fälschlich vorgenommene Unterschrift, gehört somit nicht in die Kategorie der durch die Art. 150 und 147 Str. G. B. vorgesehenen Fälschung, und ist selbiger freizusprechen.

K. Lünenschloss, 13. August 1842.
Tellemann. Jaehnigen.

Passfälschung.

Der den Kriegsreservisten ertheilte Entlassungsschein vertritt die Stelle eines Passes. Die Verfälschung desselben zieht die im Art. 153 Str. G. B. festgesetzte Strafe nach sich.

K. Oeffentl. Minist. Cöln wider v. Seydewitz, 8. October 1823.
Friccius. Eichhorn.

Durch Verfälschung des Passvisa wird der ursprünglich richtige Pass verfälscht, und die Anwendung des Art. 153 Str. G. B. gerechtfertigt.

R. Behm, 14. Mai 1836.
v. Meusebach. Eichhorn.

Fälschung von Cassenanweisungen.

Die französischen Gesetze gegen Fälschung der vom öffentlichen Schatz mit seinem Stempel ausgegebenen Schuldverschreibungen sind nicht aufgehoben — Cabinetsordre vom 21. December 1824, — namentlich nicht durch die auf den Cassenanweisungen stehenden altpreussischen Gesetze. Der Art. 139 Str. G. B. ist daher vor wie nach das zureichende Strafgesetz.

K. Oeffentl. Minist. Düsseldorf wider Kuhn, 19. Juli 1834.
v. Meusebach. Eichhorn. Arch. XXVII. 2. 27

Die auf den Cassensanweisungen befindliche Strafverwarnung ist in der Rheinprovinz als Gesetz nicht publicirt, und der Art. 139 Str. G. B. das allein zureichende Strafgesetz.

R. Kail, 4. October 1834.
v. Meusebach. Eichhorn.

Feldhüter.

Die Constatirung solcher rein polizeilicher Vergehen wie des Tabackrauchens, gehört nicht zu den Attributen der Feldhüter. Art. 16 Cr. O. 8, 154.

R. Oeffentl. Minist. Hermeskeil wider Dellwing, 18. Nov. 1844.
Graun. Eichhorn. Ann. IV. 1. 86.

Fenstereinwerfen.

Das Einschlagen von Fensterscheiben ist durch den Art. 456 Str. G. B. verpönt.

K. Oeffentl. Minist. Cleve wider Wilmsen, 28. Juli 1832.
Esser. Eichhorn.

X schimpft die Y Hure, und wirft ihre Fenster ein. Das Zuchtpolizeigericht verurtheilt ihn zu 10 Thlrn. auf Grund des Art. 375 und 475, Nr. 8. Die correctionelle Appellationskammer bestätigt, erwägend:

„dass die öffentliche Beschimpfung und das Einwerfen unter den einen Begriff „Injurien“ zu subsumiren;“

„dass X Zerstörung von Einfriedigungen nicht beabsichtigt; und

„dass der erste Richter das geeignete Strafmaass angewendet.“

Dieses Urtel ist zu cassiren. — Der zweite Richter hat das dem X zur Last gelegte, von öffentlichen Unbilden wesentlich verschiedene Vergehen des Fenstereinwerfens, mit diesem verwechselt, und hinwiederum dieser Ansicht ganz widerstreitend, durch Billigung des von dem ersten Richter angewendeten Art. 475, Nr. 8 Str. G. B., diese Thathandlung mit Rückblick auf Art. 471 Nr. 11 und die dort angeführten Artikel nothwendig nicht als Unbilde behandelt. Indem er sodann durch die Anwendung des Art. 475, Nr. 8 die Absicht auf das blosse Werfen auf die Fenster bezogen, und nicht für das durch dieselben vorhanden wissen wollen, hat er in einer und derselben Handlung die subjective Zurechnung getheilt, und aus der ununterbrochen fortlaufenden Handlung deren zwei, wovon die eine strafbar, die andere straflos sei, geschaffen, obgleich selbst nach seiner Ansicht die eine Ansicht absichtlich geschehen ist. Hierdurch ist Art. 456 verletzt, und Art. 475, Nr. 8 falsch angewendet.

K. Oeffentl. Minist. Cleve wider Kettler, 24. November 1832.
Esser. Eichhorn.

Firniss.

Wer nur in einem Topf Firniss gekocht, verfällt nicht dem Decret vom 15. October 1810.

R. Oeffentl. Minist. Crefeld wider Nesselrath, 7. Juni 1834.
Oswald. Eichhorn.

Flagrant délit.

Die Befolgung der Art. 37, 38, 39 und 41 Cr. O. ist um so weniger bei Nichtigkeitsstrafe vorgeschrieben, als nach Art. 299 a linea 1, 407 und 416 Cr. O. wegen Fehler, die bei der Voruntersuchung in Criminalsachen bis dahin, wo die Sache an den Anklagesenat gelangt, begangen wurden, der Cassationsrecurs unzulässig ist.

R. Steiner, 16. Juli 1836.
Jaehnigen. Eichhorn. Sandt.

Forum delicti commissi.

(Vergl. Beleidigung.)

Aus den Art. 5, 6, 7 Cr. O. ergiebt sich die Regel, dass der Verbrecher nach den Gesetzen des Orts zu bestrafen, wo das Verbrechen begangen worden ist.

K. Aaron, 3. September 1819.
Hardung. Eichhorn.

Nach Art. 367 Str. G. B. ist der Ort der begangenen Calumnie da, wo die Anheftung, der Verkauf oder die Vertheilung der Schrift geschehen ist. Es giebt daher so viele competente Gerichte, als dergleichen Orte vorhanden sind. Es liegt in der Natur der Sache, dass alle Verkäufe und Vertheilungen einer durch den Druck und insbesondere durch Zeitungen öffentlich bekannt gemachten Schmähschrift, inwiefern sie nicht in dem einen oder anderen Orte wider den Willen des Autors geschehen, als von ihm ausgehend, als sein persönliches Factum betrachtet werden müssen.

Es kann nicht darauf ankommen, ob der Autor Verkauf, Vertheilung, Anheftung selbst und unmittelbar besorgt hat. Er ist jedenfalls intellectueller Urheber.

R. Benzenberg, 17. December 1819.
Fischenich. Eichhorn.

Frevel.

Fischereifrevel.

Die Forstverwaltung hat sowohl die Forst-, wie die Fischereifrevel zu verfolgen. Für beide gilt daher auch die dreimonatliche Verjährung.

Gesetz vom 15. und 29. September 1791, Art. 8, Ordonnanz von 1669.

R. Oeffentl. Minist. Trier wider Kohn, 13. Juni 1842.
Esser. Jaehnigen.

In Erwägung, dass der §. 2 des Gesetzes vom 23. Juni 1833 bestimmt, dass, wer ohne dazu befugt zu sein, zu fischen sich erlaubt, in eine Geldstrafe von 5—20 Thlrn. verfällt.

Dass, indem mit einer solchen unerlaubten Handlung eine Strafe kategorisch verbunden ist, das öffentliche Ministerium nach Art. 1 Cr. G. O. die öffentliche Klage auf Bestrafung anzustellen, um so mehr befugt war, als jener §. 2 dem verletzten Theile die Entschädigung vorbehalten hat.

Dass folglich das Polizeigericht, indem es dem öffentlichen Ministerio diese Befugniss absprach, und die Vorladung sammt dem darauf erfolgten Verfahren vernichtete, jene Gesetzesstellen verletzt hat; cassirt etc.

K. Oeffentl. Minist. Rhaunen wider Müller, 30. Juni 1845.
Esser. Jaehnigen.

Können die Polizeigerichte in Fischereifrevelsachen jede Geldstrafe verhängen, so steht ihnen auch das Recht zu, selbiger eine Gefängnissstrafe zu substituiren, ohne dass deren Höhe auf ihre Competenz Einfluss ausüben kann. §. 11, Nr. 4 Gesetz vom 7. Juni 1821.

Competenzconflict (Koerner), 7. Juli 1833.
Esser. Eichhorn.

Der §. 2, Gesetz vom 23. Juni 1833 bestraft nur das Fischen der nicht zur Fischerei Berechtigten, ohne Rücksicht, ob es in oder ausser der Laichzeit geschehen. Hierdurch ist also der Art. 6, Tit. 31 der Ordonnanz von 1669, nicht aufgehoben, wonach vielmehr das Fischen während der Laichzeit zu bestrafen.

K. Oeffentl. Minist. Trier wider Glaub, 1. Februar 1834.
Esser. Eichhorn.

Der Cassationsverklagte, als Herr eines künstlichen Teiches, kann in demselben fischen; — Art. 546 B. G. B. — und gehören ihm die gefangenen Fische selbst dann, wenn selbst bewiesen, dass sie aus dem Eschbach in seinen Teich gekommen. Art. 564.

Die Jülichsche und Bergische Processordnung vom 23. September 1570 hat durch den Vorbehalt der wilden Fischerei die Privateigenthumsrechte in Betreff der s. g. zahmen Fischerei in künstlichen Wasserbehältern anerkannt.

R. Oeffentl. Minist. Elberfeld wider Ehlis, 17. Juni 1839.
v. Oppen. Eichhorn. Sandt.

Feldfrevel.

Diebstähle, verübt auf freiem Felde an noch nicht geernteten Feldproducten, haben nur die Eigenschaft eines Feldfrevels, und sind nach Art. 34 und 35 des Gesetzes über die Feldpolizei vom 28. September 1791 zu bestrafen. Hierbei ist es gleichgültig, ob der Feldfrevel zur Nachtzeit und von mehreren Personen verübt worden ist. Denn kein anderes Gesetz hat für diesen Fall die Strafen der allegirten Artikel geschärft, und kann somit von einer Anwendung der Art. 484 und 386 Str. G. B. die Rede nicht sein.

K. Esser, 28. April 1824.
Seyppel. Eichhorn. Arch. VII. 2. 29.

Ist in facto nur festgestelt, die X habe auf fremdem Weizenfeld gekrautet, so setzt dies nicht nothwendig voraus, dass sie auch darüber gegangen. Es ist daher nicht der Art. 475 Nr. 9, 471 Nr. 9, 10, 13 Str. G. B., sondern nur der Art. 34 Tit. 2 Gesetz vom 28. Sept. 1791 das zureichende Strafgesetz.

R. Oeff. Min. am Polizeiger. Trier wider Pelzer, 11. Januar 1834.
Simon. Eichhorn.

Die X hat durch das Abschneiden von Kohlkraut auf fremdem Feld mit Rücksicht auf den Art. 34 Gesetz vom 28. September 1791 und Art. 2 Gesetz vom 23. Thermidor IV. eine Strafe verwirkt, welche den Werth eines mindestens dreitägigen Arbeitslohnes beträgt. Es war daher gegen sie nicht auf 8, sondern auf 15 Sgr. zu erkennen.

K. Oeff. Min. am Polizeigericht Coblenz wider Kretzer, 9. April 1835.
Esser. Eichhorn.

Das Ausmachen und Entwenden von Kartoffeln auf freiem Felde, ist so wenig für das Grossherzogthum Berg, als für das linke Rheinufer durch das Str. G. B., vielmehr, wie für dieses durch das Ruralgesetz, so für jenes durch die Brüchten-Ord. vom 2. November 1802 als eigentlicher Feldfrevel verpönt.

R. Oeffentl. Minist. Elberfeld wider Thoene, 9. Juni 1845.
Esser. Jaehnigen.

Forstfrevel.

Der Art. 8, Tit. 32 der Ordonnanz von 1669 umfasst, obgleich nur von Holzfreveln handelnd, dennoch alle Forstfrevel, und ist hiernach stets auf eine der Geldbusse wenigstens gleiche Summe als Schadenersatz zu erkennen. Bei der Allgemeinheit dieser Verfügung war ihre Wiederholung in den übrigen Artikeln überflüssig.

K. Oeffentl. Minist. Mayen wider Dederichs, 18. Oct. 1826.
Blanchard. Eichhorn.

Beschädigungen, welche bei Ausübung eines Rechtes (Rotten des Stockholzes) unvermeidlich sind, gehören nicht unter die Strafe des §. 66 der Verordnung vom 30. Juli 1814.

Die gräflich Ingelheimsche Verordnung vom 15. December 1779, hat nach dem §. 173 der Verordnung von 1814 als Strafgesetz ihre Geltung verloren.

R. Oeffentl. Minist. Coblenz u. Utsch wider Bayer u. Genossen, 11. December 1843.
v. Oppen. Jaehnigen. Reusche. Sandt.

X hat Steine aus einem alten Steinbruch genommen, ohne hierdurch Schaden angerichtet zu haben. Dies ist durch kein Forstgesetz vorgesehen, und ist hierauf der Art. 34, Tit. 2 Gesetz vom 28. September und 6. October 1791 nicht anwendbar.

R. Forstverwaltung Trier wider Thiel, 15. Juni 1825.
Blanchard. Eichhorn.

Es sind wilde Aepfelpflanzen aus einem Königl. Forste, im Werthe von 25 Sgr. entwendet. Das Polizeigericht verwirft das eingereichte Verzeichniss, ohne die Angeschuldigten der Entwendung wegen zu verurtheilen, weil ein Holzdiebstahl nicht vorliege. Der Oberprocurator lässt darauf die Angeschuldigten wegen Diebstahls junger Aepfelbäume vor die correctionelle Kammer laden; diese erklärt sich für incompetent, und ihr Erkenntniss wird von der Appellationskammer um deswillen bestätigt, weil nur ein Forstfrevel vorliege, welcher nach dem Gesetz vom 7. Juni 1821 zur Competenz der Polizeigerichte gehöre. — Dies ist richtig. — Pflanzendiebstähle aus Waldungen sind als eigentliche Forstfrevel zu erachten; die Polizeigerichte haben daher zu erkennen, ob der ihnen vorgelegte Fall zu ihrer Competenz gehört, und welches Strafgesetz darauf anwendbar ist. §. 4 des Gesetzes vom 7. Juni 1821.

Man kann nicht sagen, dass auf den untergebenen Fall nur der Art. 401 Str. G. B. Anwendung finden könne, zumal die Ordonnanz von 1669, die vermöge des Art. 3 Gesetz vom December 1789; — des Art. 609, Gesetz vom 3. Brumaire IV.; des Art. 484 Str. G. B. von 1810 und des Beschlusses des vollziehenden Directoriums vom 28. Messidor VI., als in den Rheinprovinzen verkündet, anzusehen, Bestimmungen enthält, die auf diesen Fall passen.

R. Oeffentl. Minist. Cleve wider Reinders, 17. Dec. 1823.
Sethe. Ruppenthal. Arch. VI. 2. 62.

X ist überwiesen:

„in dem Gemeindewald Heide vermittelst eines Wagens entwendet zu haben."

Diese That ist nicht in dem vom Richter angewendeten Art. 34 Tit. 2 Gesetz vom 28. Sept. und 6. Oct. 1791 vorgesehen; da dieser nur von Feld-, nicht von Walddiebereien handelt, sondern durch den Art. 36 und 37, welcher in dieser Beziehung dem Art. 12, Tit. 32 der Ordonnanz von 1669 derogirt.

R. Oeffentl. Minist. Trier wider Ewerz, 3. Mai 1834.
Oswald. Eichhorn.

Sic:

K. Oeffentl. Minist. Trier wider Metzen, 24. Sept. 1836.
Jachnigen. Eichhorn.

Da die Kreuznacher Forstverordnung vom 30. Juli 1814 Holz- und Ginsterfrevel unterscheidet, Cap. I. und VII., das Gesetz vom 7. Juni 1821 aber nur vom Holzdiebstahl spricht, und des Ginster nicht erwähnt, die Cabinetsordre vom 4. Mai 1839 auf frühere Fälle keine Rückanwendung findet, so gilt in Betreff des Frevels an Ginster noch jene Verordnung.

R. Oeffentl. Minist. Trier wider Metzen, 26. März 1836.
v. Breuning. Eichhorn.

Competenzconflict öffent. Minist. Saarbrücken wider Hartenberg, 24. Juni 1839.
Esser. Eichhorn.

Der Ansteigerer eines Holzschlages, welcher bei der Schlagbesichtigung die bei dem Verkauf bestimmte Zahl Lossbäume nicht vorweiset, wird nach Art. 10, Tit. 16 der Ordonnanz von 1669, zu deren Bezahlung, und zwar so, wie es in dem Titel von den Geldbussen verordnet ist, verurtheilt. Die Hinverweisung auf diesen Titel in Verbindung mit der im Art. 4 desselben enthaltenen Strafbestimmung, stellt klar, dass die blosse Nichterfüllung jener Obliegenheit von Seiten des Ansteigerers, ein für sich bestehendes Forstvergehen bildet. Diese specielle, mit dem Gesetz vom 7. Juni 1821 nichts gemein habende Bestimmung, trifft einzig und allein den Ansteigerer. Diese Verantwortlichkeit besteht nicht in einer blossen Civilentschädigung, sondern darin, dass der Ansteigerer Strafen oder Schadenersatz auf sich nehmen muss, wozu solche Frevel Anlass geben mögen — §. 29 und 43 Verord. des Gen.-Gouv. vom 22. November 1814. — Die betreffende Klage gehört vor die Strafgerichte — Art. 179 Str. P. O. — die entgegengesetzte Ansicht verletzt die angezogenen Gesetze, und war Cassationsverklagter mit einer Strafe von 100 Thlrn. und zu einem Ersatz von 15 Thlrn. Culturkosten zu verurtheilen.

K. Oeffentl. Minist. Aachen wider Wirtz, 21. Januar 1829.
Blanchard. Eichhorn.

Mehrere in dem Königl. Killwalde berechtigte Stockerben verschiedener Gemeinden haben ihre Beholzigungsrechte an Scheit- und Knüppelholz an dritte Personen verkauft, und hierdurch die in dem Beschluss des G. R. Commissars Jean-Bon St. André vom 9. Prairial X. angedrohte Strafe, wodurch dergleichen Veräusserungen als Waldfrevel zu bestrafen, verwirkt.

Die Ministerialrescripte vom 24. November 1835 und 12. und 29. Mai 1837 stehen dem nicht entgegen. Der Beschluss vom 9. Prairial X. ist vielmehr noch jetzt bindend. Dies ergiebt sich aus den ihm vorhergehenden Gesetzen vom 7. Brumaire und 29. Floréal III.; dem Consularbeschluss vom 24. Thermidor IX.; der Rudlerschen Verwalt.-Ord. vom 1. Thermidor V. Art. 345 und dem Beschluss des G. R. Commissars vom 17. Ventôse X. — Die Gesetze vom 28. Ventôse XI. und 14. Ventôse XII. haben aber jenen Beschluss nicht abrogirt.

K. Generalproc. am Cassationshof wider Schmitz, 26. Oct. 1840.
Esser. Eichhorn. Arch. XXX. 2. 84.

Der Einwand des Eigenthums oder der Berechtigung darf bei Untersuchungen über Holzfrevel gar nicht berücksichtigt werden, wenn er entweder an sich nach den Umständen nicht erheblich, oder nicht mit hinlänglichen Gründen unterstützt, d. h. wahrscheinlich gemacht wird — §. 121 Kreuznacher Forstverordnung vom 30. Juli 1814. — Ist er aber an sich erheblich, so hat dies nach dem Art. 12, Tit. 9 Decret über die Forstadministration vom 15. und 29. September 1791 nur die Wirkung, dass dem Beschuldigten eine achttägige Frist zur Zustellung seiner Beweisstücke und Anstellung der Klage gewährt werden muss, während nach vergeblichem Ablauf dieser Frist, ohne Rücksicht auf die Einrede, zur Sache erkannt wird.

K. Generalproc. wider Erbach, 24. October 1842.
Simon. Jaehnigen. Arch. XXXIV. 2. 33.

Holzfrevel.

Der Art. 388 Str. G. B. bestimmt die Strafen in Ansehung der Diebstähle von Holz in Schlägen. Hierunter ist nur das frisch gefällte, nicht das in eine besondere Form verarbeitete, oder in dem Schlage, oder im Gehaue aufbewahrte Holz zu verstehen.

K. Schmitz, 15. Januar 1823.
Seyppel. Eichhorn. Arch. IV. 2. 84.

X hat die auf 25 Quadratruthen stehenden Bäume und das Strauchwerk muthwillig abgehauen, abgesägt und abgebrochen. Dies ist kein Holzdiebstahl, sondern eine Verwüstung des Waldes. Art. 444 Str. G. B.

Competenzconfl. öffentl. Min. Elberfeld wider Linder, 30. Dec. 1844.
Esser. Eichhorn.

X hat aus den, die Wiesen eines Gutes einschliessenden Hecken mehrere Hagedornstämme entwendet. Auf diese That ist nicht das Holzdiebstahlsgesetz vom 7. Juni 1821, sondern resp. der Art. 445, 455, 456 Str. G. B. anwendbar.

K. Generalproc. am Cassat.-Hof wider Müller, 10. August 1840.
Liel. Eichhorn. Arch. XXIX. 2. 55.

Jede Entwendung von Holz aus einem Walde, es mag von dem Thäter selbst, oder von einem Andern, und zu welcher Zeit es wolle, gehauen sein, stellt einen Holzdiebstahl dar

K. Oeffentl. Minist. Trier wider Lentes, 14 Mai 1836.
Jaehnigen. Eichhorn.

Das kaiserl. Decret vom 19. Juli 1810 spricht sich in seinem Bestimmungsgrunde dahin aus, dass die Verfügungen der Ordonnanz von 1669, welche die Wegnahme gewisser Walderzeugnisse verbieten, in dieser Beziehung nicht beschränkend zu verstehen seien, und erklärt daher, ohne zwischen Staats- und anderen Waldungen zu unterscheiden, in dem Art. 1, dass der eben wenig unterscheidende Art. 12, Tit. 32 jener Ordonnanz auch für die Wegnahme des dürren Laubes anwendbar sei.

Die in fortlaufender Verbindung stehenden Art. 36 und 37 Tit. 2 Gesetz vom 28. September 1791 über die Feldpolizei, erwähnen nur der Wegnahme oder des Diebstahls von Holz aus Waldungen oder anderen Baumpflanzungen von Privaten oder Gemeinden, und bestimmen, je nachdem die Entwendung des Holzes tragweise, oder durch Lastthiere oder Fuhrwerke geschieht, das Strafmaass. Diese Artikel haben mithin in Ansehung der Laubentwendung den Art. 12, Tit. 32 der Ordonnanz nicht abgeändert. Noch weniger die Art. 34 und 35, denn sie übergehen Waldungen, worin die Entwendung des dürren Laubes vor sich gehen könnte, ganz mit Stillschweigen; wie denn überhaupt das September-Gesetz zumeist auf die Feldpolizei berechnet ist. Es ist aber unzulässig, neben der Strafe des Art. 12 noch die des Art. 2 Gesetz vom 23. Thermidor anzuwenden. Hat daher X eine zu 10 Sgr. abgeschätzte Traglast im Gemeindewald gescharrt, so trifft ihn nach Art. 12 und 28 der Ordonnanz eine Geldstrafe von 5 Frcs. und 10 Sgr. als Schadenersatz, nicht aber wie der Instanzrichter vermeint, eine Gefängnissstrafe von 3 Tagen und eine Geldstrafe von 10 Sgr.

K. Oeffentl. Minist. Trier wider Schröder, 17. Oct. 1835.
Esser. Eichhorn.

Wenn auch die Oesterr.-Bair. Forstordnung vom 30. Juli 1814 das Abhauen und die Entwendung des dürren oder trocknen Holzes in die Kategorie der Forstfrevel stellt, so ist dies dermalen nach dem Holzdiebstahlsgesetz als Diebstahl anzusehen.

K. Oeffentl. Minist. Simmern wider Sprengnöler, 23. April 1828.
Blanchard. Eichhorn.

Ob das entwendete Holz mit Laub versehen, ist gleichgültig, widrigenfells wäre, was im Winter Holzdiebstahl, dies nicht in den andern Jahreszeiten.

Wer daher grüne Eichenreiser entwendet, verfällt dem §. 1 des Holzdiebstahlsgesetzes und nicht dem §. 30 der Kreuznacher Admin.-Verord. vom 30. Juli 1814.

K. Oeffent. Minist. Berncastel wider Limburg, 2. Juli 1838.
Esser. Eichhorn.

Da die Entwendung von Gras, Laub und anderen Waldproducten dem Holzdiebstahl gleich zu bestrafen, — Cab.-Ordre vom 5. August 1838, so handelte der Forstbeamte durch Aufführung aller jener Diebstähle ohne Unterschied in einem und demselben Verzeichniss, jener Ordre gemäss.

K. Oeff. Minist. Cleve wider Feldhuisen, 13. December 1841.
Esser. Eichhorn.

In Erwägung, dass die Gerichte in der Rheinprovinz seit 34 Jahren bei Feldfreveln gleichförmig auf den Grund des Art. 8 Abth. 7 Tit. 1 des ohnehin dort nur im Auszug förmlich verkündeten Gesetzes vom 28. September und 6. October 1791, die einmonatliche Verjährung ausgesprochen; — dass hierdurch die Eingesessenen eine ganz zuverlässige Kenntniss von diesen Artikeln erlangt haben, ist der Zweck einer förmlichen Publication erreicht, und auf diese Verjährung zu rücksichtigen.

R. Oeffentl. Minist. Enkirch wider Bender, 22. Juni 1833.
Esser. Eichhorn. Arch. XVIII. 2. 40.

Wer dreimal wegen Holzdiebstahls bestraft, Streuwerk entwendet, ist mit der Strafe des vierten Holzdiebstahls zu belegen.

Cab.-Ordre vom 5. August 1838.
§. 1 Holzdiebstahlgesetz.

K. Oeff. Min. Trier wider Engel, 30. November 1840.
Esser. Eichhorn. Arch. XXX. 2. 88.

Einem auf Lebenslang angestellten Förster ist, wenn er nach dreimonatlicher Kündigung jeder Zeit zu entlassen, die im §. 28 des Gesetzes vom 7. Juni 1821 zugetheilte Glaubwürdigkeit abzusprechen.

R. Oeff. Min. Wermelskirchen wider Frowein, 3. Februar 1845.
Esser. Jaehnigen.

Da der Beweis über Holzdiebstähle nicht auf Frevelprotocolle beschränkt ist, so gilt dasselbe auch von dem Beweis der Miturheberschaft an ihnen.

K. Oeff. Minist. Rheinbach wider Mahlberg, 27. Juni 1842.
Esser. Eichhorn.

Das Bussregister entspricht dem §. 11 des Holzdiebstahlsgesetzes, nur mit dem Unterschiede, dass einige Rubriken in mehrere Unterabtheilungen zerfallen, und neue nicht vorgeschriebene Colonnen hinzugekommen sind. Dies ist kein Grund, um das Register als ungenügend zu bezeichnen.

K. Generalproc. am Cassationshof wider Cleve, 23 Juni 1824.
Fischenich. Eichhorn.

Bei einem vierten, also correctionell zu ahndenden Holzdiebstahl, ist der §. 19 des Holzdiebstahlgesetzes nicht anwendbar; denn er setzt nur ein Verfahren vor dem Polizeigericht voraus. Der Richter hat daher, indem er dem Anzeigeprotocoll nicht eine zur Verurtheilung des Cassationsverklagten hinreichende Beweiskraft beigelegt, den §. 19 nicht verletzt.

Der Art. 154 Cr. O. hat übrigens die speciellen Gesetze über die Glaubwürdigkeit einzelner Beamten nicht aufgehoben; namentlich also nicht die Art. 13 und 14, Tit. 9 des Gesetzes vom 15 und 29. September 1791, wonach die Protocolle der Forstbeamten nur beweisen, wo es sich von einer Verurtheilung zu einer Geldstrafe bis 100 Frcs. handelt. Wenn nun auch diese Bestimmung durch die §§. 138 und 164 der Verordnung vom 30. Juli 1814 für das Gebiet der Oesterr.-Bair. Landesadministr.-Commission abgeändert worden, so ist diese Verordnung in dieser Beziehung doch durch das Holzdiebstahlsgesetz als abgeschafft zu erachten.

R. Oeffentl. Minist. Coblenz wider Benoit, 8. August 1835.
Jaehnigen. Eichhorn. Arch. XXIII. 2. 7.

Der im §. 30, 5 und 6 des Holzdiebstahlsgesetzes gebrauchte Ausdruck „Bestrafung" ist gleichbedeutend mit „Verurtheilung." Ohne dass es auf den Nachweis der vollstreckten Strafe ankommt, ist also das Zuchtpolizeigericht bei dem Vorhandensein dreier früherer Strafurtheile competent.

Competenzconfl. wider Landger. Aachen, 30. März 1831.
Oswald. Eichhorn.

In den Wohnungen der unmittelbar an der Grenze des Bopparder Gemeindewaldes wohnenden Cassationsklägers werden eine Menge, den wirthschaftlichen Bedarf überschreitende Weingartspfähle gefunden. Deren Confiscation ist daher nach dem, durch das Gesetz vom 7. Juni 1821 nicht aufgehobenen Art. 103 der Verordnung der Oesterr.-Bair. Landesadministr.-Commission vom 30. Juli 1814 zu verordnen.

R. Escher, 31. August 1833.
Esser. Eichhorn.

Ist Jemand von einem nur polizeilich zu ahndenden Holzdiebstahl freigesprochen, so ist hiergegen kein Rechtsmittel für die Civilparthei oder das öffentliche Ministerium zulässig.

R. Forstverwaltung wider Schweitzer, 25. Mai 1833.
Oswald. Eichhorn.

Da kein Gesetz bei dem Holzdiebstahl eine ehrlose Gesinnung voraussetzt, so unterliegt die thatsächliche Feststellung, wonach eine solche nicht vorliegt, nicht der Censur des Cassationshofes.

R. Oeffentl. Minist. Trier wider Klein, 29. Sept. 1845.
Esser. Jaehnigen. Ann. V. 1. 59.

Hat X einen Holzdiebstahl mit Unterscheidungsvermögen begangen, so sind hierauf nach Art. 484 die Art. 66, 67, 69 Str. G. B. nicht anwendbar, sondern durch lex specialis ausser Kraft gesetzt.

K. Oeffentl. Minist. Cöln wider Klein, 24.. Februar 1845.
Esser. Eichhorn.

Das Entlaufen eines Forstfrevlers auf den Zuruf des Försters still zu stehen, verpönt durch den §. 89 der Kreuznacher Forstverordnung vom 30. Juli 1814, ist dermalen seit dem Erscheinen des Holzdiebstahlgesetzes nicht mehr mit Strafe zu belegen.

R. Kgl. Forstverwalt. Trier wider Classen, 15. Dec. 1838.
Esser. Eichhorn. Arch. XXIV. 2. 27.

Bei einfachen Holzdiebstählen tritt, wenn vom Gepfändeten Gewaltthätigkeiten ausgeübt, das correctionelle Verfahren ein.

§. 31, 33 Gesetz vom 7. Juni 1821.

Competenzconfl. öff. Min. Cleve wider Pasch, 9. Nov. 1840.
v. Oppen. Eichhorn.

Wer nach Art. 39 und 51, Tit. 15 der Forstordnung von 1669 als Ansteigerer für die in der Nähe seines Schlages verübten Holzfrevel wegen Schadenersatzes und Geldbusse verantwortlich ist, auf den findet das Holzdiebstahlgesetz (§. 22), welches diese Verantwortlichkeit nicht vorgesehen, nicht Anwendung.

R. Oeffentl. Minist. Aachen wider Järres, 15. Mai 1843.
Esser. Jaehnigen.

Weidfrevel.

Da nach Art. 6, Tit. 1 des Gesetzes vom 29. September 1791 (vergl. Staatsrathsgutachten vom 18. Brumaire und 16. Frimaire XIV.) die Privatwaldungen der Forstverwaltung entzogen worden sind, so finden auch diejenigen Bestimmungen, welche das Weiderecht, welches vermöge einer Servitut ausgeübt wird, beschränken, auf Privateigenthümer und Miteigenthümer eines von Privaten in unzertheilter Gemeinschaft besessenen Waldes keine Anwendung, und bleibt dem Eigenthumsgenossen unbenommen, den Ersatz des dem gemeinschaftlichen Walde von einem solchen Miteigenthümer etwa zugefügten Schadens zu verlangen.

R. Oeffentl. Minist. Trier wider Roth, 19. Mai 1824.
Blanchard. Ruppenthal. Reinhardt.

Die Privateigenthümer von Ländereien in der Gemeinde, welche zugleich Bewohner derselben sind, können den Stoppelweidstrich auf Andere nicht übertragen, da sie, so lange sie nicht durch Schliessung ihres Eigenthums, dieses dem Weidstrich entzogen haben, über den letztern auch selbst nicht auf ihrem Eigenthum verfügen können.

Art. 13, 14, 15, Tit. 1, Sect. IV. Ruralgesetz.
Art. 631 B. G. B.

Hat daher X mit den Privateigenthümern der Gemeinde einen Vertrag eingegangen, Inhalts dessen jene ihn gegen Vergütung ermächtigt, zur Ergänzung des ihnen fehlenden Viehes eine Anzahl Schafe auf ihren mit Hitzhoff gemeinschaftlichen Bann aufzutreiben, so ist, da der Vertrag nichtig, die Thathandlung des X nach Art. 24, Tit. 2 des Ruralgesetzes zu bestrafen.

K. Oeffentl. Minist. Wittlich wider Bastgen, 17. August 1840.
Jaehnigen. Eichhorn.

Das Gesetz vom 28. September 1791 Art. 38, Tit. 2 hat die Verfügung der Ordonnanz von 1669 nur hinsichtlich der Weidefrevel, die in Schlagholz, das Gemeinden zugehört, abgeändert. In Ansehung solcher, die in Hochwaldungen begangen, bleibt es daher bei der Ordonnanz — Art. 10, Tit. 32 — und kann von der Anwendung des Art. 475, Nr. 10 Str. G. B. die Rede nicht sein.

K. Oeffentl. Minist. Coblenz wider Krayer, 14. März 1827.
Blanchard. Eichhorn.

In Erwägung, dass, wie feststeht, und nicht bestritten ist, die Nadelholzsaat vom Jahre 1841, worin die Kuh weidend angetroffen worden, eine Anlage zum Hochwalde des Herzogs von Arenberg bildet, folglich ihrer Bestimmung nach im Sinne des Art. 2 Tit. 24; der Art. 2 und 3 Tit. 25 und des Art. 1, Tit. 26 der Ordonnanz von 1669 als Hochwald zu betrachten ist.

Dass wie die angeführten Tit. 24, 25, 26 und der Art. 10, Tit. 32 zeigen, mochte der Wald, worin geweidfrevelt wurde, Hoch- oder Niederwald sein, und dem Staate, oder den Gemeinden, oder Privaten gehören, dennoch die in jenem Art. 10 bestimmte Geldstrafe, wie die mindestens hiernach zufolge des vorhergehenden Art. 8 zu bemessende Entschädigungssumme, in jedem Falle dieselben waren.

Dass, wenn nun der Art. 38, Tit. 2 des Feldpolizeigesetzes vom 28. September 1791, bloss von Niederwaldungen der Gemeinden und Privaten, worin geweidfrevelt wird, spricht, und dieserhalb ein anderes Straf- und Entschädigungsmaass, wie die Art. 10 und 8, Tit. 32 der Ordonnanz von 1669 feststellt, dies als eine streng zu erklärende Ausnahme von der Ordonnanz auf Hochwaldungen von Gemeinden und Privaten nicht ausgedehnt werden darf, vielmehr für diese jene Art. 10 und 8 noch immer die Regel bilden.

Dass hiernach in dem vorliegenden Fall nicht, wie in dem forstpolizeilichen Urtheile geschehen, der Art. 38, Tit. 2 des Feldpolizeigesetzes, sondern die Art. 10 und 8, Tit 32 der Ordonnanz von 1669 zur Anwendung kommen mussten; cassirt etc.

K. Matheis wider Docter, 30. September 1844.
Esser. Jaehnigen. Sandt. Ann. IV. 1. 66.

Die Waldnutzungsgerechtigkeiten der Gemeinden stehen der Forstcultur nach. Die Königl. Regierungen als Forstverwaltungen sind befugt, die deshalb erforderlichen Vorschriften zu erlassen. Es ist mithin kein Grund vorhanden, das Erkenntniss über die Contravention auszusetzen, bis im Civilwege über diese Befugniss entschieden worden.

Art. 4 des Berg. Jagd-Ord.-Decrets vom 17. December 1811; — Art. 153 des Berg. Forst-Ord.-Decrets vom 22. Juni 1811; — § 10 der Berg. Forst-Jagd-Ord. vom 8. Mai 1761.

K. Oeff. Min. Cöln wider Naaf & Genossen, 8. August 1827.
Blanchard. Eichhorn.

Diejenigen, welche in Staats-, Gemeinden- und Privatwaldungen weidberechtigt sind, können ihr Vieh unter angedrohter Strafe nur an den Stellen auftreiben, die durch die Forstverwaltung für weidbar erklärt worden.

Art. 1 und 3, Tit. 19 Ordonnanz von 1669 Decret vom 5. Vendémiaire VI., 17. Nivose XIII. Staatsraths-Gutachten vom 16. Frimaire XIV., §. 27 G. G. vom 17. August 1814; — Art. 38, Tit. 2 Gesetz vom 28. September und 6. October 1791.

Ist nun gleich die cassationsverklagte Gemeinde in dem Walde des Cassationsklägers weidberechtigt, so waren doch die beweideten Stellen noch nicht für weidbar erklärt. Hat nun selbst der Cassationskläger durch Forstculturen den Raum für die Weidegerechtigkeit ungebührlich beschränkt, so durfte dies die Gemeinde doch nicht berechtigen, eigenmächtig, ohne vorherige Weidbarerklärung ihr Vieh aufzutreiben.

K. Beissel, 11. April 1842.
Esser. Eichhorn. Sandt. Arch. XXXIII. 2. 21.

Der Municipalverwaltung liegt ob, Verhältniss und Zahl des auf die Weide zu treibenden Viehes zu bestimmen,

Gesetz vom 28. September und 16. October 1791.

Die für die Gemeinde Mayen gegebene Schafweideordnung vom 6. October 1836 enthält hierüber die nöthigen Bestimmungen und verfällt der Contravenient in die Strafe des §. 33 Ressort-Regl. vom 20. Juli 1818.

K. Oeffentl. Minist. Mayen wider Schweizer, 27. Juni 1842.
Esser. Eichhorn. Arch. XXXIII. 2. 75.

Der Schöffenrath von Daun konnte durch den von der Regierung bestätigten Beschluss wirksam verordnen, dass, wer seine Schafe von der Heerde getrennt, und sein Rindvieh und seine Schweine dagegen mit dieser Heerde auftreibe, als Weidfrevler bestraft werden solle. Art. 13; Art. 4, Tit. 1 Gesetz vom 28. Sept. und 6. Oct. 1791; Art. 15, §. 3, Tit. 2 Gesetz vom 28. Pluviose VIII.

K. Oeffentl. Minist. Daun wider Becker, 26. Juni 1843.
Esser. Jaehnigen. Ann. III. 1. 105.

Hat der Schöffenrath beschlossen, dass die Schafhütung gänzlich auszuschliessen, und dadurch den im Art. 14, Sect. IV. Tit. 1 Ruralgesetz bezeichneten Einwohnern das ihnen hier verliehene Huderecht entzogen, so hat er sich eine ihm nicht zustehende Gewalt angemaasst, und ist die Contravention gegen diese Anordnung daher nicht strafbar.

R. Oeffentl. Minist. Wadern wider Warker, 18. März 1844.
Esser. Jaehnigen. Ann. IV. 1. 40.

X hat eine Schafheerde auf einem Kleefeld des Y gehütet. Diese Handlung ist zu belegen mit einer dem Schaden gleichen Geldstrafe, — Art. 24, Tit. 2 Gesetz vom 28. September 1791, — welche wenigstens drei Tagelohne betragen muss, — Art. 2 Gesetz vom 23. Thermidor IV.

Die Verurtheilung zur Entschädigung findet auch ohne Zuthun des Beschädigten auf Antrag des öffentlichen Ministeriums statt. Art. 3, 4, 5 Tit. 2 Septembergesetz.

K. Oeffentl. Minist. Mayen wider Kohlhaas, 7. Februar 1842
Esser. Jaehnigen.

Der Art. 18, Tit. 2 Gesetz vom 28. September 1791 ist durch den Art. 471, Nr. 14 Str. G. B. nicht abgeändert. Wenn jedoch nur der Beschädigte auf Schadensersatz klagen darf, so ist der hierauf gerichtete Antrag des öffentlichen Ministeriums mit Recht zurückgewiesen worden. Art. 3, Tit. 2 l. c.

K. Oeffentl. Minist. Mayen wider Schwükert, 26. August 1826.
Blanchard. Eichhorn.

Das Abweiden des Grases in einem Graben gehört nicht unter die Fälle, von denen Art. 471, Nr. 14 und 475, Nr. 10 Str. G. B. sprechen. Wenn also die in dem Graben weidende Kuh des X von dem längs desselben stehenden Getreide gefressen, so ist das zureichende Gesetz das vom 28. Sept. 1791.

R. Oeffent. Min. Jüchen wider Pöstges, 27. Oct. 1832.
Graun. Eichhorn.

Wenn auch in dem angegriffenen Urtheil statt des Art. 24 des Ruralgesetzes der Art. 471, Nr. 14 Str. G. B. angeführt worden, so bewegt sich doch die wirklich ausgesprochene Strafe in dem Strafumfang des Art. 24. Die irrige Aufführung des Art. 471 kann mithin die Cassation des Urtels nicht mit sich führen.

R. Sauerborn und Gemeinde Treis, 7. Januar 1839.
Esser. Eichhorn. Reusche.

Gestattet gleich das Ruralgesetz vom 28. September 1791, Tit. 2, Art. 12 dem Eigenthümer, Geflügel aller Art, in dem Augenblick, wo es auf seinem Grund und Boden Schaden anrichtet, zu tödten, so folgt hieraus noch nicht, dass solches auch durch Schiessgewehr unter Umständen geschehen darf, wo der Gebrauch eines solchen untersagt ist.

K. Oeff. Min. zu Gemünd wider Bertram, 8. October 1838.
Graun. Eichhorn.

Die Ausübung der Befugniss, das Geflügel zu tödten, hebt die Strafbarkeit des Frevlers, wie der erste Richter irrig annimmt, keineswegs auf.

K. Oeff. Min. Perl wider Brandt, 26. März 1836.
Esser. Eichhorn.

Wer Geflügel auf ihm nicht gehöriges bepflanztes Ackerland treibt, ist nach Art. 3 und 12, Tit. 2 Gesetz vom 28. September 1791 und 23. Thermidor IV. zu bestrafen.

K. Oeffentl. Minist. Perl wider Trietz, 12. December 1835.
Esser. Eichhorn.

Sic:

K. Oeffentl. Minist. Prüm wider Penin, 4. April 1842.
Esser. Eichhorn. Arch. XXXIII. 2. 47.

Auf denjenigen, der nur eine bestimmte Zahl Vieh auf fremden Grund und Boden zur Weide eintreiben darf, findet in Ansehung der Mehrzahl das Verbot des Art. 24, Tit. 2 Gesetz vom 28. September 1791 statt.

K. Oeffentl. Minist. Coblenz wider Barz, 4. Oct. 1826.
Blanchard. Eichhorn.

Wer Vieh auf fremdem Grunde weidet, verfällt nicht der Strafe des Art. 475, Nr. 10 Str. G. B., sondern des Art. 24 Tit. 2 Gesetz vom 28. September 1791 und des Gesetzes vom 23. Thermidor IV.

K. Oeffentl. Minist. Ottweiler wider Weber, 22. Oct. 1836.
Esser. Eichhorn. Arch. XXIII. 2. 49.

In Erwägung, dass die Stoppelweide nach Art. 3, Abschn. 4, Tit. 1 des Gesetzes vom 28. September 1791 von der Koppelweide getrennt bestehen kann, zumal wenn sie auf einem unvordenklichen Ortsgebrauch gegründet ist.

Dass nach Art. 15 desselben Abschnittes auch diejenigen, welche in einer andern Gemeine, als wo sie ihren Wohnsitz haben, Grundstücke eigenthümlich oder pachtweise besitzen und benutzen, die Stoppelweide ausüben können.

Dass der Cassationskläger vor dem Polizeigericht behauptete, dass sein Dienstherr Schenk als Eigenthümer und Pächter von L. Schöller aus Düren auf dem Banne von Gehn Grundstücke besitze, und dass offenkundig auf denselben herkömmlich die Stoppelweide ausgeübt werde.

Dass nach dieser Behauptung, wenn sie wahr wäre, der Cassationskläger dadurch, dass er die Schafe seines Dienstherrn auf dem Banne von Gehn weiden lassen, beim Mangel einer von der zuständigen Behörde festgesetzten Zahl von Schafen, welche aufgetrieben werden dürfte, in die Strafe des Art. 24, Tit. 2 des Gesetzes vom 28. September 1791 nicht verfallen sein würde.

Dass folglich das Polizeigericht, indem es die Stoppelweide von der Koppelweide abhängig machte, sich ohne Weiteres über die Behauptung des Cassationsklägers hinwegsetzte, die Art. 3 und 15, Abschn. 4, Tit. 1 des Gesetzes vom 28. September 1791 verletzt hat; cassirt etc.

K. Orlhmann, 4. April 1842.
Esser. Eichhorn. Arch. XXIII. 2. 14.

Das Abweiden fremden Eigenthums, selbst von Lohhecken, ist, wenngleich der Art. 34 Ruralgesetz vom 28. September 1791 darauf keine Anwendung findet, jedenfalls durch den Art. 26 verpönt.

K. Oeff. Minist. Neumagen wider Wagner, 15. Nov. 1838.
Graun. Esser.

X hat mit einer Heerde auf Wildländereien geweidet. Da diese beweidbar, so ist diese Thathandlung nach Art. 25, Tit. 2 Gesetz vom 28. September 1791 zu bestrafen.

K. Oeffentl. Minist. Daun wider Hölzer, 29. Nov. 1841.
Esser. Eichhorn.

Die blosse Vorladung zum Civilgericht ersetzt nicht die durch Art. 12, Tit. 9 Gesetz vom 29. September 1791 verordnete Mittheilung der Beweisstücke. Keine Hütungs- und Durchfahrtsgerechtsame ist auszuüben, so lange der betreffende District in Schonung liegt.

Art. 1 Decret vom 17. Nivose XIII. Gutachten des Staatsraths vom 16. Frimaire XIV.

K. Oeff. Min. Coblenz wider Welter, 17. März 1824.
Blanchard. Eichhorn.

Wird ein früher gemeinschaftliches, demnächst getheiltes Broich von einigen Eingesessenen dennoch benutzt, so ist die Einrede der Berechtigung nicht als eine Präjudicialeinrede zu betrachten, sondern sofort in der Sache zu erkennen. Art. 24 und 33, Tit. 2 Gesetz vom 28. Sept. 1791. Art. 456 Str. G. B.

Oeffentl. Minist. Düsseldorf wider Dommers, 17. März 1824.
Blanchard. Eichhorn.

Das Auftreiben von Schweinen ausserhalb der Mastzeit ist auch den Weidberechtigten verboten.

§. 21, 25, 92 Oesterr.-Baier. Forstord. vom 30. Juli 1814; — Art. 3, Tit. 18 Ordonnanz von 1669.

Der letzte Artikel setzt die Mastzeit vom 1. October bis zum 1. Februar. Ist nun das Verbot in der Forstordnung von 1814 nur mit Ausnahme des Strafmaasses eine Wiederholung des Art. 3, so muss mit Rücksicht auf §. 173 der Strafordnung, jene Mastzeit noch als die gesetzliche gelten.

K. Oeff. Min. Coblenz wider Reinhard, 19. März 1835.
Esser. Eichhorn. Reinhardt.

Fuhrmann.

(Vergleiche Polizeiverordnung.)

Die Verordnung der Königl. Regierung Düsseldorf vom 3. Januar 1839, bestimmend, dass auf den Strassen jeder Fuhrmann das Zugvieh mit einem Zügel zu lenken habe, bezieht sich auf alle zur Communication dienenden öffentlichen Strassen.

R. Oeffentl. Min. Dülken wider Kocks, 15. December 1845.
Graun. Eichhorn.

Wenn bei zwei besonders bespannten, aneinander gebundenen Fuhrwerken nur ein Führer zugegen, so hat dieser die durch Art. 475, Nr. 3 Str. G. B., des durch Cabinetsordre vom 29. Februar 1840 publicirten Chausséetarifs verletzt.

K. Oeffentl. Min. Eschweiler wider Kinna, 21. November 1842.
Graun. Eichhorn. Arch. XXXIV. 2. 74.

Wer das Lohnfahren mit mehr als einem Pferde, als Gewerbe ausübt, muss von allen Pferden, die er hält, die Steuer bezahlen, ohne Rücksicht, ob er sie zu diesem Gewerbe verwendet, oder nicht.

Lit. K. b. der Beilage B. zum Gewerbesteuergesetz vom 30. Mai 1820.

R. Teiler, 4. Februar 1839.
Jaehnigen. Eichhorn.

Gefängnissstrafe (Dauer).

Es ist nirgend vorgeschrieben, die Dauer der Gefängnissstrafe immer nur nach vollen Tagen zu bestimmen. Der Instanzrichter hat daher, indem er auf eine 1½tägige Gefängnissstrafe erkannt, kein Gesetz verletzt.

R. Oeffentl. Min. Coblenz wider Neuhaus, 3. Januar 1827.
Friccius. Eichhorn.

Geldbusse.

Die körperliche Haft, mittelst welcher nach Art. 52 Str. G. B. die Geldbussen beigetrieben werden können, ist keine Strafe, sondern nur ein Mittel zum Zweck.

Die Cabinetsordre vom 18. September 1824 erscheint nicht als eine neue Vorschrift über die Art, wie jene Geldbussen beizutreiben, sondern es ist hierdurch das Gefängniss an die Stelle der Geldbusse gesetzt worden. Sie kann daher da nicht Anwendung finden, wo das gesetzliche Zwangsmittel der Körperhaft schon vergeblich versucht worden ist.

R. Generalproc. am Cassationshof wider Biesten, 14. Nov. 1827.
Blanchard. Eichhorn.

Generalprocurator.

Der Cassationsrecurs im Interesse des Gesetzes gehört zu den ausschliesslichen Befugnissen des Generalprocurators am Cassationshofe. Art. 442 Str. P. O.

R. Oeffentl. Minist. Cöln wider Schagen, 12. December 1827.
Oswald. Eichhorn.

Gensd'arm.

Der Friedensrichter hat mit Unrecht den Gensd'arm X wegen mündlicher Beleidigungen vor sich gezogen. Die Gensd'armen sind dem Gerichtsstande des stehenden Heeres unterworfen. §. 11 Verordnung vom 30. December 1820.

K. Generalproc. am Cass.-Hof wider Suckow, 30. August 1826.
v. Trützschler.

Nach den §§. 11 und 17 der Verordnung über die Organisation der Gensd'armen vom 30. December 1820, steht nur der dort bezeichneten Civilbehörde die Befugniss zu, einen Gensd'arm, wenn er in seinem Dienst gefehlt, zu belehren, während das Strafrecht von der Militairbehörde ausgeübt wird. Hat daher das Polizeigericht zu Cöln den Gensd'armen X wegen eines Dienstfehlers zu den Kosten des gegen den Y eingelegten polizeilichen Verfahrens verurtheilt, so hat es diese Bestimmungen verletzt.

Der Art. 415 Cr. O. spricht nur von dem Cassationshof und den Appellationshöfen, nicht von Polizeigerichten.

K. Generalproc. am Cass.-Hofe wider Dapper, 30. August 1834.
Esser. Eichhorn.

Gerichtsvollzieherurkunden.

Gerichtsvollzieherurkunden sind nur authentische Urkunden in Bezug auf die darin constatirten Vorgänge, nicht aber steht die darin enuntiativ enthaltene Angabe des Mandats zu dem Geschäft dem Mandatarius gegenüber so fest, dass dieser, um sie anzufechten, dazu der Inscription en faux bedürfte.

Art. 1317 und 1319 B. G. B.

R. Oeffentl. Minist. Trier wider Ewerz, 3. Mai 1834.
Oswald. Eichhorn. Arch. XXI. 2. 62.

Giftmord.

Wer sich einer Vergiftung im Sinne des Art. 301 Str. G. B. schuldig macht, den trifft die Strafe des Art. 302, ganz abgesehen, ob Vorbedacht vorliegt, oder nicht. Dies wird bestätigt durch Art. 12 des Gesetzes von 1791.

K. Oeffentl. Minist. Elberfeld wider Hammesfahr, 26. Sept. 1842.
v. Oppen. Eichhorn.

Giftschein.

Wo die beiden Giftscheine die erforderlichen Data enthalten, auch dem Giftbuch selbst beigefügt, also dem Zweck des Gesetzes vom 21. Germinal XI. Art. 35, Tit. 4 im Wesentlichen genügt war, kann die nicht sofort geschehene Uebertragung dieser Data in das Register zu einer Disciplinarrüge im Verwaltungswege, nicht aber dermalen noch zu der in jenem Gesetz verhängten Strafe von 3000 Frcs. berechtigen.

R. Oeff. Minist. Cöln wider Schoppe, 22. November 1834.
Graun. Eichhorn.

Hazardspiel.

Das Criterium des Hazardspiels ist, dass der Erfolg nur vom Zufall, nicht von der Geschicklichkeit des Spielers abhängt. Ob die Entscheidung des Zufalls sich öfter wiederholen muss, ob Uebervortheilung, ob ein Bankhalter unmöglich, ist gleichgültig. Art. 475, Nr. 5 Str. G. B.

K. Oeffentl. Minist. Dülken wider Egidy, 22. März 1841.
Jaehnigen. Eichhorn. Arch. XXXI. 2. 30.

Ist das Dreikartspiel nach der factischen Feststellung des Richters kein Spiel, über dessen Resultat lediglich der Zufall entscheidet, so ist es auch nicht als Hazardspiel zu betrachten.

R. Oeff. Minist. Mettmann wider Mauermann, 25. Januar 1841.
Jaehnigen. Eichhorn.

Durch den Art. 484 Str. G. B. sind die früheren Gesetze über das Hazardspiel (Brüchtentaxe vom 2. November 1802 lit. a), aufgehoben.

K. Meyer, 10. Juni 1837.
Esser. Eichhorn.

Hehlerei.

Der Versuch, gestohlene Sachen zu verheimlichen, wird durch kein Gesetz mit Strafe bedroht.

R. Oeff. Min. am Appellationshof wider Orlob, 28. Februar 1842.
Brewer. Eichhorn.

Auf X, welcher der wissentlichen Verhehlung von nur unter dem Umstande der Nachtzeit und der Vereinigung von mehr als einer Person, gestohlenen Gegenständen, schuldig — ist nicht der Art. 384, sondern 386, Nr. 1 Str. G. B. anwendbar.

K. Jäger, 10. October 1835.
v. Meusebach. Eichhorn.

In Erwägung, dass X von den Geschwornen zwar schuldig erklärt worden, die gestohlenen Sachen, wissend, dass sie gestohlen, verhehlt zu haben, dass aber durch diese Erklärung nicht feststeht, dass der Diebstahl unter Umständen, die ihn als Verbrechen darstellen, verübt worden, — ist X nur mit einer correctionellen Strafe zu belegen.

K. Wieser, 23. Februar 1821.
Blanchard. Ruppenthal. Arch. II. 2. 158.

In Erwägung, dass zwar nach Art. 63 Str. G. B. die Strafe lebenslänglicher Zwangsarbeit in denjenigen Fällen, in welchen sie bei Diebstählen gesetzlich eintritt, auf den Hehler nur Anwendung finden soll, wenn derselbe überführt ist, von den Umständen des Diebstahles, an welche diese Strafe geknüpft ist, zur Zeit der Hehlung Kenntniss gehabt zu haben.

Dass aber die unzweideutige Fassung des Gesetzes, die Annahme nicht erlaubt, dass es auf die Kenntniss der erschwerenden Umstände auch ankomme, und dass diese durch den Ausspruch der Geschwornen besonders festgestellt werden müssen, damit auf lebenslängliche Zwangsarbeit in dem Falle erkannt werden könne, in welchem der Angeklagte schon vorher eines Verbrechens wegen verurtheilt gewesen ist.

Muss in diesem Falle nach der allgemeinen Bestimmung des Art. 56 Absatz 4 die Strafe der lebenslänglichen Zwangsarbeit gegen jeden Rückfälligen eintreten, welcher durch die That an und für sich, wenn er noch nicht zu einer Criminalstrafe bereits verurtheilt gewesen, nur eine zeitige Zwangsarbeitsstrafe verwirkt haben würde.

R. Schickling, 22. September 1845.
v. Daniels. Eichhorn.

Die Erklärung der Geschwornen, indem sie auf der einen Seite die X für schuldig erklären, das gestohlene Mehl, wissend, dass es vom Diebstahl herrühre, an sich gezogen und zu ihrem Nutzen verwendet zu haben; auf der anderen Seite aber für nicht schuldig erklären, dasselbe verheimlicht zu haben, — erscheint als widersprechend und sich selbst zerstörend, mithin nichtig.

K. Pister, 2. März 1821.
Blanchard. Eichhorn.

Hülfeleistung (zur Erreichung öffentlicher Zwecke).

Die X verweigert, auf Aufforderung des Bürgermeisters, den Leichnam eines Selbstmörders zum Kirchhof zu transportiren. Dies ist durch kein Strafgesetz mit Strafe bedroht.

Der letzte, mit „ainsi“ anfangende Satz der Ziffer 12 Art. 475 Str. G. B. passt nicht. Der vorhergehende Satz zählt Fälle auf, die eine Wirkung höherer Gewalt sind, und bezeichnet durch den verallgemeinernden Ausdruck „ou autres calamités," diejenigen Fälle, die in ursächlicher Beziehung mit jenen auf gleicher Linie stehen.

Der Selbstmord des Y ist mit seinen Folgen in diese Kategorie nicht zu bringen.

R. Oeffentl. Minist. Lindlar wider Müllerhoff, 24. August 1840.
Esser. Eichhorn.

In Erwägung, dass die Verweigerung der Arbeiten, Dienste oder Hülfeleistung, welche zur Erreichung irgend eines öffentlichen Zweckes von den Behörden aussergewöhnlich verlangt werden, nur alsdann gesetzlich strafbar ist, wenn die Aufforderung zu den besagten Verrichtungen und persönlichen Leistungen bei allgemeinen Unglücksfällen, so wie überhaupt bei Ereignissen stattgefunden hat, welche im Art. 475, Nr. 12 Str. G. B. oder auch in anderen speciellen Gesetzen als dringend, und schleuniges Einschreiten verlangend, namentlich bezeichnet sind,

dass die jetzt in Frage stehende Reparatur des Gemeinde-Backhauses zu Cappel, zu deren Behuf der Cassationsverklagte von dem Schöffen aufgefordert war, einen Baum aus dem Gemeindewald nach Cappel zu schaffen, zu keinem der vorerwähnten Fälle gezählt werden kann, wird durch die Weigerung, jener Aufforderung Folge zu leisten, kein Gesetz verletzt.

R. Oeffentl. Minist. Kirchberg wider Fasbender, 2. Juni 1845.
Brewer. Eichhorn.

Immediat-Justizcommission.

Die Abolition, als ein Ausfluss des Begnadigungsrechts (§. 590 Preuss. Cr. O.) hat niemals der Immediat-Justizcommission in Cöln zugestanden.

K. Oeff. Min. am Appellationshof wider Marchand, 29. Oct. 1823.
Goerdeler. Ruppenthal. Sandt.

Instructionsrichter.

Giebt das öffentliche Ministerium die Acten ohne Antrag an den Instructionsrichter ab, so liegt in ihrer, Seitens seiner bewirkten sofortigen Rückgabe, keine Verweigerung der Thätigkeit, und liegt hier der Fall eines negativen Competenzconflictes nicht vor.

R. Oeffentl. Minist. Aachen wider Mund, 21. Juni 1826.
v. Meusebach. Eichhorn.

Findet die Zuchtpolizeikammer die Sache trotz der directen Ladung zur sofortigen Verhandlung nicht angethan, so kann und darf es dieselbe vor den Untersuchungsrichter verweisen, und hat dieser diesem Verweisungsurtel nachzukommen. Die Art. 45 und 47 bilden die Regel, die Art. 64 und 182 Cr. O. die Ausnahme.

R. Competenzconflict wider Boess, 29. October 1838.
Jaehnigen. Eichhorn. Arch. XXVII. 2. 58.

Internationales Recht.

Durch Art. 7 Cr. O. ist die Straflosigkeit der von einem Inländer im Auslande verübten Verbrechen nicht ausgesprochen. Hierzu wäre auch nur das Strafgesetzbuch der geeignete Ort gewesen. Das Gegentheil ergiebt sich vielmehr aus diesem Artikel und aus dem, die Auslieferung der Verbrecher an die ausländischen Gerichte zulassenden Decret vom 23. October 1811. Die Art. 5, 6 und 7 Cr. O. setzen nur nach den Maximen des französischen Staatsrechts die Competenz der einheimischen Gerichte über die im Auslande begangenen Verbrechen zu cognosciren fest, und enthalten nur zur Processordnung gehörige Bestimmungen des Gerichtsstandes. Dasselbe gilt von dem Decret vom 23. October 1811. An Stelle dieser Bestimmungen ist die ebenfalls zur Processordnung gehörige Verordnung vom 30. Juni 1820 getreten.

Die Annahme, dass, weil keine Auslieferung preussischer Staatsbürger stattfindet, Straflosigkeit erfolgen muss, ist gegen die Gesetze. Das Gesetz vom 30. Juni 1820 hat übrigens als ein Processgesetz rückwirkende Kraft.

K. Oeffentl. Minist. am App.-Hofe wider Jonas, 8. Dec. 1820.
Goerdeler. Eichhorn. Arch. II. 2. 105.

Auch ohne Convention mit auswärtigen Staaten versteht sich nach der Verordnung vom 30. Juni 1820 von selbst, dass ein preussischer Unterthan, welcher im Auslande eine auch nach preussischen Gesetzen strafbare Handlung begeht, mit der im ausländischen Gesetz verordneten Strafe zu belegen, dafern nicht das inländische eine geringere Strafe festsetzt.

K. Generalproc. am Cass.-Hof wider Schwickert, 14. März 1842.
Heffter. Eichhorn. Arch. XXXIII. 2. 11.

Ein preussischer Unterthan verübt in Hessen einen Diebstahl. Dort ergriffen, wird er verurtheilt. Er entflieht nach Preussen, und wird wegen desselben Verbrechens vor die preussischen Gerichte gestellt. Der rheinische Appellationshof setzt ihn nach der Regel „non bis in idem“ ausser Verfolgung. —

Mit Unrecht. Erkennt Preussen die Befugniss auswärtiger Gerichte zur Bestrafung seiner Unterthanen nicht an, ist das Verfahren in Hessen also als nicht existent anzusehen, so ist nach der Verordnung vom 30. Juni 1820 hier ein neues Verfahren zu beginnen, und auf die volle Strafe zu erkennen.

(Tout ce qui passe au-delà de la frontière est pour nos tribunaux comme s'il n'existait pas.)

K. Generalproc. am Cass.-Hof wider Zangen, 6. Januar 1830.
Scheller. Eichhorn.

Ein Preusse beleidigt in Mainz einen hessischen Krahnenwieger. Dieser, wenngleich ein hessischer Beamter, ist nach dem rheinischen Strafgesetzbuch hierzu nicht zu rechnen. Art. 222—224. Sowohl in Betreff der Merkmale, welche die That als Straffall erscheinen lassen, als in Betreff derjenigen, wegen welcher ihr ein Charakter besonderer Strafbarkeit beizulegen sein soll, gelten die hiesigen Gesetze.

Cabinetsordre vom 30. Juni 1820.

Gegen den Beleidiger ist daher nur der Art. 471, Nr. 11 anzuwenden.

R. Oeffentl. Minist. Coblenz wider Weiler, 8. Januar 1844.
Leist. Jaehnigen.

Ein Inländer, der im Auslande eine Jagdcontravention verübt, ist von dem inländischen Richter freigesprochen worden, weil keine gesetzliche Bestimmung bestehe, wonach Handlungen solcher Art, von Inländern im Auslande verübt, durch die diesseitigen Gerichte zu bestrafen seien.

Diese Annahme ist eine unrichtige. — Durch die Cabinetsordre vom 30. Juni 1820 sind die §§. 12—15, Tit. 20, Thl. II. A. L. R. und die §§. 96—98 Allg. Cr. O. ausdrücklich für anwendbar in der Rheinprovinz erklärt worden. Unter dem in jenen Gesetzbestimmungen gebrauchten Ausdruck „Verbrechen" sind auch nach der in den §§. 7—9 A. L. R. l. c. enthaltenen Definition, die nach der rheinischen Gesetzgebung mit dem Ausdruck „Vergehen" bezeichneten strafbaren Handlungen begriffen. Als solche sind aber Jagdfrevel anzusehen, wenngleich sie jetzt von dem Polizeirichter abgeurtheilt werden. Hiernach können Inländer wegen der im Auslande begangenen Verbrechen, bei dem competenten Gerichte ihres Wohnorts zur Untersuchung und Bestrafung gezogen werden, vorausgesetzt, dass die verübte That auch nach diesseitigen Gesetzen strafbar ist.

K. Generalproc. am Cass.-Hofe wider Sahler, 28. Oct. 1839.
Jaehnigen. Eichhorn.

Sind ostrheinische Preussen als Complicen eines westrheinischen vor die letzten Gerichte gezogen, so gilt auch in

Ansehung ihrer das rheinische Strafgesetzbuch; — Art. 226, 227 Cr. O.; Verordnung vom 30. Juni 1820.

R. Krass, 8. December 1830.
Graun. Eichhorn.

Der Cassationsverklagte, ein Rheinpreusse, hat zu X. in einem öffentlichen Garten zu Breslau geäussert:

„Sie sind ein Lump, Jesuit, schlechter Kerl."

Die rheinischen Gesetze müssen von dem erkennenden natürlichen Richter, als die milderen angewendet werden, und ist somit Art. 471, Nr. 11 und die Cabinetsordre vom 10. September 1840 mit Recht als zureichend bezeichnet worden.

R. Oeffentl. Minist. Elberfeld wider Bauendahl, 28. Juni 1841.
Esser. Jaehnigen. Reusche.

Jagd.

X wird auf Grund eines Jagdfrevelprotocolles verurtheilt; in zweiter Instanz jedoch um deswillen freigesprochen, weil sein Vertheidiger einen Brief producirt, worin der protocollirende Förster erklärt, er habe sich geirrt. Hierdurch wird der Art. 155 Str. P. O. verletzt.

K. Generalproc. am Cassationshofe wider Hess, 20. Sept. 1826.
Blanchard.

Die Cassationsverklagten hatten als Jagdberechtigte die Befugniss, über das mit Rapssaamen bepflanzte Grundstück des Bornheim zu jagen. Ihr Gehen über dieses Grundstück zur Ausübung der Jagd ist somit durch den Art. 471, Nr. 13 Str. G. B. nicht verpönt, der allenfalls hierdurch verursachte Schaden kann nur Gegenstand einer Civilklage sein.

R. Oeffentl. Minist. Mühlheim wider Dommerque, 14. Sept. 1840.
Esser. Eichhorn. Sandt. Arch. XXX. 2. 95.

R. Oeffentl. Minist. Cleve wider v. Mirmann, 19. October 1840.
Graun. Eichhorn.

Der §. 16 der Bergischen Jagd- und Forstordnung vom 8. Mai 1761 erwähnt namentlich nur des Wegfangens der Krammetsvögel. Der Lerchen geschieht nur in der beigefügten Taxe des den landesfürstlichen Jägern zu verabreichenden Schuss- und Fanggeldes Erwähnung. Die Brüchtentaxe vom 2. November 1802, §. 5 spricht dagegen nur von Fallen-, Eisen- und Schlingenstellen etc. in Gärten und Zäunen. Hieraus folgt nicht, dass das Fangen durch Leimruthen verboten ist, und existirt kein Strafgesetz, welches das Fangen einzelner Lerchen durch Leimruthen verbietet. Die General - Gouvernementsverordnung vom 18. August 1814, nur das Stellen von Schlingen, Schneussen und Fallen als Jagdcontravention bezeichnend, und in der Wildpretstaxe der Lerchen nur zu Dutzenden erwähnend, hat hierin nichts geändert.

R. Oeffentl. Minist. Düsseldorf wider Kantzler, 27. Oct. 1830.
Graun. Eichhorn.

Der §. 11 der Bergischen Jagdverordnung vom 8. Mai 1761 verhängt nur dann Strafe, wenn Hunde ohne die betreffenden Knüppel in herzoglicher Wildbahn betroffen werden, und ist somit auf die Wildbahn eines Privaten nicht anwendbar.

K. Braun, 7. März 1842.
Esser. Jaehnigen. Sandt.

In Erwägung, dass thatsächlich feststeht, dass der Cassationsverklagte, als Jäger des Grafen von Hatzfeldt in des letzteren Jagdrevier, zwischen Kaiserswerth und Duisburg einen Hund des Cassationsklägers Prell, nachdem er einem Hasen nachgelaufen war, todtgeschossen hat,

dass diese Handlung durch das Bergische Edict vom 12. Januar 1734 nicht entschuldigt werden kann, indem der Herzog seinen Beamten darin befohlen hat, falls sie Jemanden in dem ihm privative zustehenden Gehege oder geschlossener Wildbahn mit Bracken oder Jagdhunden ertappen würden, dieselben sofort todt zu schiessen, und hieraus nicht folgt, dass auch die Jagdberechtigten, oder ihre Jäger in ihrem Jagdrevier fremde Brakken oder Jagdhunde todtschiessen dürften, dass vielmehr hierfür die Strafe in dem Edict vom 8. Mai 1761 und in der Brüchtentaxe von 1802, ohne Erwähnung der Befugniss, Bracken todt zu schiessen, bestimmt ist,

dass daher die dem Cassationsverklagten zur Last gelegte Thathandlung durch den Art. 479, Nr. 1 Str. G. B. mit Bezug auf den Art. 453 daselbst verpönt ist,

dass die in dem angegriffenen Urtheile angenommene Offenkundigkeit, als sei den Jagdberechtigten die Befugniss, in ihrem Jagdreviere fremde Bracken todt zu schiessen, nie bestritten worden, eine Beschränkung des Strafgesetzes nicht begründen kann,

dass die Verordnung der Königl. Regierung zu Düsseldorf vom 12. December 1821 jedenfalls nicht geeignet ist, den Umfang der durch den Art. 479, Nr. 1 Str. G. B. vorgesehenen Strafbarkeit zu beschränken, mithin in dem vorliegenden Falle nicht zur Anwendung kommen kann,

dass folglich die Zuchtpolizeikammer, indem sie in jener Thathandlung keine Contravention erblickte, den Art. 479, Nr. 1 Str. G. B. verletzt hat; cassirt etc.

K. Oeffentl. Minist. Düsseldorf wider Zahn, 12. Oct. 1840.
Esser. Eichhorn. Reusche.

Pistolen, insoweit hiermit nach Wild gejagt wird, sind zu

dem Jagdgeräth zu zählen, und ist ein solches Jagen durch die Bergische Ministerialverfügung vom 17. März 1807 verpönt.

K. Generalproc. am Cassationshof wider Knecht, 13. Mai 1839.
Esser. Eichhorn.

Ein Rehkalb wird in der Mosel aufgegriffen.

Der §. 7 (9te a linea) der Verordnuug des General-Gouvernements des Nieder- und Mittelrheins vom 18. August 1814, betrachtet das Aufgreifen der Rehkälber als Jagdcontravention, und unterscheidet nicht in Ansehung des Ortes, wo das Aufgreifen stattfindet.

K. Oeffentl. Minist. Coblenz wider Lauterborn, 23. April 1828.
Blanchard. Eichhorn.

Die Fischottern sind durch kein Gesetz für den Canton Wadern als dem Jagdrecht unterworfen, erklärt.

R. Oeffentl. Minist. Wadern wider Hoff, 4. Nov. 1837.
Heffter. Eichhorn.

Der Dachs, ein jagdbares Thier, ist von dieser Kategorie durch Nichterwähnung in der Jagdverordnung der K. K. Oesterreichen und K. Baierschen Landesadministrationscommission vom 20. September 1815 nicht nothwendig als ausgeschlossen zu betrachten. Das Dachsgraben von Seiten des zur Jagd nicht Berechtigten, stellt also einen Jagdfrevel dar, ohne dass es in Betracht kommen kann, dass des Grabens, welches das gewöhnliche Mittel, nicht namentlich in jener Jagdordnung erwähnt wird.

K. Oeffentl. Minist. Trier wider Doppelmann, 17. Januar 1835.
Esser. Eichhorn.

Ein mit einer Hecke und mit einem zu Zeiten trocken liegenden Schlund umgebener Platz, ist als umzäunt im Sinne des §. 7 der Jagdordnung vom 17. April 1830 anzusehen.

R. Schroeder, 4. Mai 1833.
Esser. Eichhorn. Sandt.

Der erste Absatz des §. 7, der §§. 10 und 11 der Verordnung des General-Gouvernements vom Nieder- und Mittelrhein vom 18. August 1814 hat die früheren Gesetze hinsichtlich der Verfolgung der Jagdfrevel um so gewisser aufgehoben, als diese Verordnung aus dem Gesichtspunkte eines allgemeinen Interesses ausgegangen, und den Strafen eine andere Bestimmung gegeben worden ist.

K. Oeffentl. Minist. Andernach wider Lohner, 26. März 1828.
Blanchard. Eichhorn.

Der §. 7 Verordnung des Gen.-Gouv. vom Nieder- und Mittelrhein vom 18. August 1814 hat den Art. 8 des Gesetzes vom 30. April 1790 aufgehoben. Wenn jetzt die Jagdfrevler verfolgt und von den Gerichten bestraft werden sollen, so kann dies nicht mehr von der Klage, somit von der Willkühr des Jagdberechtigten abhängen.

K. Oeffentl. Minist. Coblenz wider Strack, 15. Juni 1831.
Blanchard. Eichhorn.

Das öffentliche Ministerium ist nicht nur befugt, sondern selbst verpflichtet, in verpachteten Jagden verübte Jagdfrevel von Amtswegen zu verfolgen. Die entgegengesetzte Ansicht verletzt den §. 7 und 10 der Jagdverordnung vom 18. August 1814, §. 2 Declaration vom 22. September 1814, Artikel 8 Gesetz vom 30. April 1790.

K. Oeffentl. Minist. Trier wider Brost, 1. August 1835.
Esser. Eichhorn. Arch. XXII. 2. 78.

Wenn der Art. 8 Gesetz vom 22. und 30. April 1790 nur dem Eigenthümer oder Besitzer eines Grundstücks, worauf ausserhalb der Hegezeit ein Jagdfrevel begangen wird, das Recht, dieserhalb Klage zu erheben, einräumt, so folgt hieraus keineswegs, dass ihm neben dem Antrag auf Entschädigung, noch der auf Geldstrafe zusteht.

K. Emsbach, 11. Juni 1838.
Esser. Eichhorn.

Nach dem Gesetz vom 30. April 1790 kann nur auf die Klage des Eigenthümers oder des Betheiligten, in dessen Jagdbezirk der Jagdfrevel ausserhalb der Hegezeit verübt worden, eine Strafe gegen den Frevler ausgesprochen werden. Diese Bestimmung ist durch das Gesetz vom 7. Juni 1821 nicht geändert. Wäre dies, so würde der §. 5, wie er die Holzdiebstähle auf Betreiben der Forstverwaltung verfolgt wissen will, dies auch für die Jagdfrevel anordnen. Das öffentliche Ministerium kann daher in einem solchen Falle nicht selbstständig eingreifen.

R. Oeffentl. Minist. Trier wider Müller, 7. October 1839.
Esser. Eichhorn.

Der dritte Absatz des §. 7 der Verordnung des Gouv. vom Nieder- und Mittelrhein vom 18. August 1814 bezieht sich nur auf diejenigen, welche zur Jagd nicht berechtigt, sich deren Ausübung anmaassen. Hierzu gehören nicht die Jagdberechtigten, welche nur ohne Schein ihr Recht ausüben. Die durch das Decret vom 4. Mai 1812, Art. 3 angeordnete Confiscation gegen den mit einem Waffenschein nicht Versehenen, findet mithin dermalen gegen den an und für sich Berechtigten nicht mehr statt.

R. Oeffentl. Minist. Cöln wider Schmitz, 6. Juli 1825.
Fischenich. Eichhorn.

Durch die Verordnung über die Jagd vom 17. April 1830 ist die Gen.-Gouv.-Verordnung von 1814 nicht unbedingt aufgehoben. Die früheren Strafen dürfen jedoch nur auf solche Handlungen angewendet werden, welche mit den früher verpönten Handlungen identisch sind. Hebt nun der §. 12 l. c. die früheren Waffen- und Jagdscheine auf, führt er an deren Stelle Legitimationsscheine ein, welche die Berechtigten bei sich führen müssen, bedroht er jedoch die Uebertretung dieser Vorschrift nicht mit Strafe, so ist freilich nicht auf die früheren, aber doch auf die Strafe des §. 33 Ressort-Reglements zu erkennen.

K. Generalproc. am Cass.-Hof wider Luxem, 5. Mai 1832.
v. Savigny. Oswald.

Hat der Instanzrichter den X, welcher weder zur Ausübung der Jagd befugt, noch mit einem Legitimationsschein versehen war, um deswillen freigesprochen, weil er von dem Jäger des Mitjagdpächters als Schütze mit zur Jagd genommen worden, so hat er den §. 12 der Jagdverordnung vom 17. April 1830, und den §. 7 der Gen.-Gouv.-Verordnung vom 18. August 1814 verletzt.

K. Königl. Reg. Düsseldorf wider Heidkamp, 13. Sept. 1834.
Esser. Eichhorn.

Der Jagdschein berechtigt nicht zum Jagen in einem andern Revier.

X, kein Compagnon des Jagdpächters, bleibt der von Letzterem erhaltenen Einladung unerachtet, ein Jagdfrevler.

Der Jäger des Pächters ist dadurch, dass er den Jagderlaubnissschein nicht bei sich trägt, nicht straffällig.

§. 6, 7 der Verordnung des Gouv. des Nieder- und Mittelrheins vom 18. August 1814; — §. 2 und 3 der Verordnung vom 22. September 1814; — und §. 2 in fine Verordnung vom 20. August 1814.

K. Berghaus, 26. März 1828.
Blanchard. Eichhorn.

Ein Jagdpächter erschiesst einen in seinem Jagdbezirk frei umherlaufenden Hund. Der Art. 454 Str. G. B. findet auf ihn nicht Anwendung.

Aus dem §. 5 der Verordnung vom 17. April 1830 ist die Beschränkung nicht zu entnehmen:

„dass die Bedingungen so zu stellen, dass die Pächter ihrerseits die Jagd nicht polizeiwidrig ausüben sollten.“

R. Oeffentl. Minist. Cleve wider van der Bosch, 31. Mai 1834.
Graun. Eichhorn.

Nur den Communalbehörden oder dem Jagdvorstand steht

das Recht zu, das Jagdrecht durch einen Pachtcontract zu verleihen — Verordnung vom 17. April 1830 — keineswegs den Anpächtern selbst.

Kein Gesetz ertheilt dem Strafrichter die Befugniss, den wegen Jagdfrevels Verurtheilten, des Rechts, eine Jagd zu pachten, für verlustig zu erklären; der §. 12 Verordnung vom 17. April 1830 bestimmt nur die Befugniss zu Verwaltungsmaassregeln.

K. Neu, 19. März 1836.

Esser. Eichhorn.

Die Wormser Jagdverordnung vom 21. September 1815 ist, insoweit sie Bestimmungen über das Recht, die Jagd auszuüben, enthält, durch die Jagdverordnung vom 17. April 1830 aufgehoben.

Nach §. 5 der von dem Ministerium des Innern auf den Grund des §. 5 dieser Verordnung unter dem 10. April 1831 festgesetzten Jagdbedingungen, wird die Zahl der Jagdpächter in dem Jagdvertrag nur auf das Gutachten des Landraths und nicht von diesem selbst bestimmt. Die von dem Landrath zu ertheilende Bestätigung des Vertrages — §. 4 — giebt daher weder ihm, noch dem Jagdpächter das Recht, mehrere, oder andere, als die im Vertrag Bezeichneten, als Pächter anzunehmen, sondern bezweckt nur, dass der Landrath sich über die Beobachtung der gesetzlichen Förmlichkeiten vergewissere. Die hieraus entnommenen Behauptungen des Cassationsverklagten sind daher gleichgültig. Hat er gejagt, so hat er dies unbefugter Weise gethan, — §. 9 Wormser Jagdverordnung — und folgt schon hieraus, dass er, da nur der Legitimirte im Besitze eines Legitimationsscheins, wegen Mangels desselben nicht zu bestrafen.

K. Oeffentl. Minist. Saarbrücken wider Erdmann, 9. Mai 1837.

Esser. Eichhorn. Arch. XXVI. 2. 4.

Dass der Richter von Handlungen, die er nicht für verpönt hält, anzugeben, ob er sie für erwiesen halte, wird durch die Art. 159 und 176 Cr. O. nicht verordnet.

Ist im §. 26 der Jagdverordnung vom 21. September 1815 die Abschaffung der früheren bezüglichen Strafgesetze ausgesprochen, so ist jetzt die Strafe für die Jagdfeldfrevel aus dem §. 9 zu entnehmen, der, obgleich von verpachteten Jagddistricten sprechend, dennoch, ohne mit dem §. 1 in Widerspruch zu treten, auf die Bedingung einer wirklich geschehenen Jagdverpachtung nicht beschränkt werden kann.

K. Oeffent. Minist. Trier wider Valdenaire, 21. Juli 1832.

Esser. Eichhorn.

Der nicht berechtigte X wird zur Hegezeit und an einem Sonntag mit einer Flinte jagend getroffen. Er wird freigesprochen, weil es nicht erwiesen, dass er Wild erlegt habe. Hierdurch sind die Art. 1 und 8 des Gesetzes vom 30. April 1790, und die §. 5 a, b, c; §. 8 und 10 der Verordnung des General-Gouverneurs vom Nieder- und Mittelrhein vom 18. August 1814 verletzt.

K. Oeffentl. Minist. Coblenz wider Sauer, 9. Februar 1821.
Krezzer. Ruppenthal. Haass. Arch. III. 2. 28.

Wenn nach §. 8 der Gen.-Gouv.-Verord. vom 18. August 1814 Jagdberechtigte für den Fall, wo sie während der Hegezeit Wild schiessen oder fangen, nebst der Confiscation des Wildes dessen vierfachen Werth als Strafe entrichten sollen, so ist hierdurch die in dem Gesetz vom 28. und 30. April 1790 schon auf das blosse Jagen während der Hegezeit verhängte Strafe nicht ausgeschlossen, vielmehr die im §. 8 der Gen.-Gouv.-Verord. auf die Erlegung des Wildes verhängte Strafe, als eine zusätzliche zu der des Aprilgesetzes und als Schärfung dieser zu betrachten. Wäre dem anders, und das blosse Jagen während der Hegezeit ohne den Nachweis der Erlegung des Wildes nicht verpönt, so verstiesse dies gegen die ganze Absicht der Verordnung.

R. Hermens, 9. März 1840.
Esser. Eichhorn.

Wenn der §. 4 den §. 11 der Verordnung vom 7. Juni 1821 nicht aufheben soll, so ist die Bestimmung hinsichtlich der Gefängnissstrafe nur von einer solchen zu verstehen, welche eine Contravention gegen ein Jagdgesetz princ. nach sich zieht, keinesweges von einer solchen, die als Surrogat der Geldbusse stattfinden kann.

K. Generalproc. am Cass.-Hofe wider Mentgen, 25. Jan. 1826.
Blanchard. Eichhorn.

Kassation.

Ein zu einer peinlichen und entehrenden Strafe Verurtheilter, der in Haft sitzt, kann auf das ihm vom Gesetz verliehene Recht des Cassationsrecurses, wenn er solches einmal angewendet, nicht mehr verzichten.

R. Ackermann, 24. December 1828.
Friccius. Eichhorn.

Hat X zu Protocoll auf den rechtszeitig eingelegten Cassationsrecurs einmal verzichtet, so kann er ihn nicht später wieder aufnehmen.

R. Grabensee, 20. Juli 1839.
v. Oppen. Eichhorn.

Wenn auch der X nach Einlegung des Recurses gestorben, so ist dennoch wegen der seiner Masse erwachsenen Kostenlast über den Werth dieses Rechtsmittels zu entscheiden.

R. Gross, 6. Juni 1827.

Blanchard. Eichhorn.

Der Art. 473 Cr. O. geht auch auf diejenigen, denen das Anklageurtel, da sie auf flüchtigem Fuss, nicht zuzustellen, zumal nach Art. 296 seq. und 293 die Frist zur Einlegung des Cassationsrecurses wider Anklageurtheile vor dem Einbringen des Angeklagten in das Gefängniss nicht beginnt; hieraus aber, und mit Rücksicht auf Art. 421 und 465 folgt, dass auch ein Angeklagter, welcher gegen das Anklageurtel den Cassationsrecurs ergreifen will, zuvor die wider ihn erkannte Criminalhaft antreten müsse.

R. Horst, 3. Mai 1836.

Jaehnigen. Eichhorn.

Der Cassationskläger stellt sich zum Gefängniss, legt am 15. Februar den Cassationsrecurs ein, und ergreift am 28. die Flucht. Der Recurs ist unannehmbar. Art. 421 Cr. O.

R. Driewer, 2. October 1843.

Graun. Jaehnigen.

Schreiben des Ministers:

„den Cassationsklägern (Dieben) sind im Wege der Gnade von den erkannten sechs Monaten, drei zu erlassen. Die Acten sind daher ohne Urtel zurückzusenden.“

Beschluss des Hofes:

„Das Rechtsmittel ist eingelegt, und um so gewisser voranzugehen, als das Urtel cassirt werden, und die Cassationskläger dann ganz straflos ausgehen könnten.

Zur Sache Nees, 26. April 1834.

v. Meusebach. Eichhorn.

Ein Postillon wird beschuldigt, mit einem mit vier Pferden bespannten Postwagen im starken Trabe durch die Stadt Saarburg gefahren zu sein.

War die vorliegende Sache von der Postverwaltung nicht anhängig gemacht, konnte sie mithin von Amtswegen in ihrem Interesse nicht verfolgt werden, ist die Verfolgung vielmehr lediglich im polizeilichen Interesse durch das öffentliche Ministerium geschehen, so ist der von der Postverwaltung eingelegte Recurs als unannehmbar zu verwerfen.

Art. 158, Nr. 1 Decret vom 18. Juni 1811.

R. Postamt Trier wider Besch, 22. October 1838.

Jaehnigen. Eichhorn.

Erwogen, dass wenn der Art. 177 Cr. O. dem öffentlichen Ministerio die Befugniss giebt, den Cassationsrecurs wider Urtheile der letzten Instanz der Polizeigerichte einzulegen, hierunter nur das öffentliche Ministerium verstanden werden kann, welches an dem erkennenden Gericht figurirt, indem nur dieses mit der Sache befasst, und in der Instanz Parthei war, und dass überdies der Cassationsrecurs auf dem Secretariat desjenigen Gerichts einzulegen, welches das Urtheil erliess — Art. 417 Cr. O. — muss der von dem öffentlichen Ministerium des Landgerichts zu Aachen im Secretariat dieses Gerichts wider das Urtel des Polizeigerichts Jülich eingelegte Cassationsrecurs als unannehmbar verworfen werden.

R. Oeffentl. Minist. Aachen wider Kayser, 11. Juli 1835.
Jaehnigen. Eichhorn.

Der Cassationskläger irrt in dem Datum des angefochtenen Erkenntnisses. Sprach- oder Schreibfehler der Art haben keine Nichtigkeit zur Folge.

K. Oeffentl. Minist. Coblenz wider Heibel, 12. Dec. 1821.
Goerdeler. Eichhorn.

Ein Cassationsrecurs, den das öffentliche Ministerium am Polizeigericht gegen ein Urtel dieses Gerichts im Namen des Oberprocurators anmeldet, ist unzulässig. Art. 177 Cr. O.

R. Oeffentl. Minist. Ratingen wider Dathmen, 23. Oct. 1843.
Esser. Eichhorn.

In Erwägung, dass nach Art. 417 und 418 Cr. O. die Einlegung des Cassationsrecurses durch eine auf der Gerichtsschreiberei des Gerichts, welches das angefochtene Urtel erlassen hat, abzugebende, und in das dazu bestimmte Register einzutragende Erklärung geschehen muss, ist das nur durch Zustellung des Gerichtsvollziehers eingelegte Cassationsgesuch unannehmbar.

R. Oeffentl. Mayen wider Busch, 28. Nov. 1835.
Jaehnigen. Eichhorn.

Die Nichtbeobachtung der Vorschrift des Art. 418 Cr. O. zieht weder die Strafe der Nichtigkeit, noch den Verlust eines dem Revisen etwa zustehenden Rechts nach sich. Es steht ihm vielmehr frei, Opposition zu machen.

K. Criminalproc. zu Coblenz wider Rancy, 20. August 1819.
Blanchard. Eichhorn.

Der Art. 418 Cr. O. verordnet die Bekanntmachung der Einlegung des Cassationsrecurses durch einen Gerichtsvollzieher nicht bei Strafe der Nichtigkeit.

K. Reg. Coblenz wider Pitthahn, 30. März 1821.
Friccius. Ruppenthal. Reinhardt.

Das Urtel des Cassationshofes ist ein Défaut, mag auch die Notification des Recurses an den spätern Opponenten nicht binnen der gesetzlichen Frist, oder auch später, oder gar nicht geschehen sein.

R. Königl. Zollverwalt. Cleve wider v. Holt, 5. Februar 1823.
Friccius. Ruppenthal. Reinhardt. Sandt.

Gegen ein Vertagungsurtel eines Assisenhofes ist der Cassationsrecurs nach Art. 416 Cr. O. unzulässig.

R. Dücker, 29. Sept. 1832.
Esser.. Eichhorn.

Kein Gesetz gestattet der Civilparthei, den Cassationsrecurs gegen ein Urtel des Anklagesenats für den Fall, wo dieser die Sache vor das Polizeigericht verwiesen hat.

Der Art. 436 Cr. O. ist auf den Fall der Unzulässigkeit des Cassationsrecurses nicht anwendbar.

R. Decker wider Hardung, 15. Sept. 1832.
Esser. Eichhorn. Sandt.

Die Rathskammer besteht aus vier Mitgliedern. Die Stimmen stehen, es wird ein fünftes Mitglied zugezogen und auf Verweisung an das Correctionellgericht erkannt. Der Angeschuldigte legt den Cassationsrecurs gegen diesen Beschluss ein. Derselbe ist unannehmbar. Dergleichen Erkenntnisse der Rathskammer sind bloss zur Instruction gehörig, und binden das Gericht so wenig, als sie dem Beschuldigten irgend ein Vertheidigungsmittel nehmen.

Art. 407, 416, 130 Cr. O.

R. Foelix, 6. August 1823.
Blanchard. Ruppenthal. Sandt.

Die Erklärung der Irrelevanz eines Zeugenverhörs und die deshalb ausgesprochene Verweigerung der Abhörung der Zeugen, bildet keinen Cassationsgrund. Art. 153 und 190 Cr. O.

R. Kesseler und Genossen wider Theissen, 2. Juni 1830.
Scheller. Eichhorn. Kunowski. Sandt.

Hat der Assisenhof die frühere Verurtheilung des X durch dessen Geständniss allein, nicht für hinlänglich erwiesen erklärt, so kann dies unmöglich einen Cassationsgrund bilden.

R. Oeffentl. Minist. Elberfeld wider Türk, 4. Februar 1839.
v. Meusebach. Eichhorn.

Die Frage über das Alter des Angeklagten ist eine factische, deren Erörterung um so weniger vor dem Cassationshof stattfinden kann, als der Cassationskläger seine Behauptung, er sei erst 15 Jahr, ohne Beweis aufgestellt hat.

R. Kail, 4. October 1834.

v. Meusebach. Eichhorn.

Die Frage, ob Schreien und Singen um 9 Uhr Abends auf einer Dorfstrasse der Zeit und den Umständen nach geeignet gewesen, die nächtliche Ruhe zu stören, ist eine Thatfrage.

R. Oeffentl. Minist. Wermelskirchen wider Bunge, 11. Nov. 1844.

Graun. Jaehnigen.

Das öffentliche Ministerium, mit der Entscheidung einverstanden, begehrt Cassation, um das angegriffene Urtel aus anderen Gründen wieder hergestellt zu wissen. Dies ist ganz unzulässig. Art. 411, 413 Cr. O.

R. Oeffentl. Minist. Aachen wider Rosewyck, 15. Februar 1834.

Oswald. Eichhorn.

X wird vom Landgericht wegen gröblicher Beleidigung eines Feldhüters zu einer Gefängnissstrafe verurtheilt. Niederschlagungsgesuch und Resolut des Appellationshofes, dass da der Feldhüter nicht im Amt beleidigt, das Verfahren niederzuschlagen. Hiergegen ist der Recurs nicht zulässig. Da zu Gunsten des Denunciaten in zweiter Instanz erkannt, so muss es hierbei bewenden; §. 101, I. Tit. 35 A. G. O. — Die Cabinetsordre vom 25. März 1834 und die §§. 98—100, I. 35 B. G. B. gehen nur auf Urtheile erster Instanz.

R. Oeffentl. Minist. Cöln wider Marx, 17. Mai 1841.

v. Oppen. Eichhorn.

Ein nur über die Competenz entscheidendes polizeigerichtliches Erkenntniss ist nur durch die Cassation anzugreifen. Art. 172 Cr. O.

K. Oeffentl. Minist. Cleve wider Lucassen, 5. September 1827.

Blanchard. Eichhorn.

Die Incompetenz das Richters kann zwar, selbst wenn früher dieserhalb keine Einrede gemacht wäre, als Cassationsmittel dienen. Insoweit sie aber auf den Grund von Thatsachen behauptet wird, müssen diese bereits feststehen, und ist unzulässig, eine Beweisaufnahme zum Zweck der Beurtheilung verspäteter Einreden annoch zu verordnen.

R. Kemperdick, 14. December 1840.

v. Oppen. Esser.

In Erwägung,

„dass X unter der Beschuldigung, aus einem Gemeindewald mittelst eines mit zwei Pferden bespannten Wagens, Laub entwendet zu haben,"

gestellt ist, dass diese Thathandlung nach dem Decret vom 19. Juli 1810 durch Art. 12, Tit. 32 der Ordonnanz von 1669 vorgesehen; gleichviel, ob die Entwendung aus Staats- oder andern Waldungen geschehen; dass diese Gesetze für Privat- oder Gemeindewaldungen durch das Ruralgesetz nicht abrogirt sind, ist der gegen das Erkenntniss der Correctionellkammer sofort eingelegte Recurs als unannehmbar zu verwerfen.

R. Oeff. Min. Trier wider Schmidt, 24. September 1836.
Jaehnigen. Eichhorn.

Die Gesuche um Verweisung einer Sache von einem correctionellen Tribunal an ein anderes von derselben Beschaffenheit, gehören zum Erkenntniss des Cassationshofes.

Art. 542 Cr. O.

K. Erster Generaladvocat wider von der Leyen, 16. Juni 1820.
Seyppel. Ruppenthal.

Der Advocatanwalt G. ist durch den Disciplinarbeschluss des Landgerichts Coblenz von seinen Amtsverrichtungen in beiden Eigenschaften auf ein Jahr suspendirt, und zugleich verordnet worden, dass während dieser Zeit auf dessen völlige Amtsentsetzung anzutragen, die Suspension aber vom Tage der Bekanntmachung vollstreckt werden soll. — Berufung. — Urtel des Appellationshofes, dass einstweilen die Vollstreckung jenes Beschlusses auszusetzen, die Sache zu instruiren, und weitere Entscheidung vorzubehalten. Trotz dessen: Beschluss des Landgerichts, dass es bei dem früheren Beschluss bewende, bis von dem Justizminister ein Anderes verfügt sein wird. Die hiergegen eingelegte Cassation ist unannehmbar; denn da der gegen einen Advocaten gefasste Beschluss nur durch Berufung anzugreifen, da ferner die Qualität als Anwalt bedingt wird, durch die als Advocat, so musste gegen jenen Beschluss das Rechtsmittel der Appellation eingelegt werden.

Art. 29, 32 Decret vom 14. December 1810.
Art. 103 Decret vom 30. März 1808.

R. Oeffentl. Minist. Coblenz wider Grebel, 26. Februar 1823.
Fischenich. Ruppenthal. Arch. VII. 2. 32.

Das Landgericht wird von dem zu disciplinirenden Gerichtsvollzieher recusirt. Trotz dessen verlangt das öffentliche Ministerium Entscheidung in der Hauptsache. Da das Landgericht dies ablehnt, so legt jenes gegen diesen Beschluss Cassation ein. Der Recurs ist unannehmbar. Das Disciplinarverfahren gegen Anwälte und Gerichtsvollzieher, als bloss zur inneren Verwaltung gehörig, ist dem gewöhnlichen Instanzenzuge entzogen, und dem Recurse an den Minister unterworfen. Art. 102, 103, 104 Decret vom 30. März 1808.

R. Oeffentl. Minist. Düsseldorf wider Aschert, 24. Dec. 1823.
Blanchard. Ruppenthal.

Advocatanwalt G. recusirt das ganze Landgericht zu Coblenz in Beziehung auf das gegen ihn eingeleitete Disciplinarverfahren. Die Generalversammlung des Gerichts beschliesst die Sistirung des Erkenntnisses bis von dem Cassationshofe über die Recusation entschieden sei. Das öffentliche Ministerium bringt die Sache vor den Chef der Justiz; dieser lässt sie dem Cassationshofe zugehen. Der Hof erklärt sich für incompetent, da die Disciplinarsachen hinsichtlich der ministeriellen Beamten, welche die innere Zucht und Ordnung der Gerichte betreffen, nach Art. 103 des Decrets vom 30. März 1808 dem gewöhnlichen Instanzenzuge entzogen sind, mithin es nur dem Chef der Justiz zusteht, über die Reclamation eines solchen Beamten zu entscheiden, mögen sich dieselben auf die Form oder die Art des Verfahrens, die Zuständigkeit oder Unpartheilichkeit der Richter, oder auf andere Incidentpunkte beziehen.

R. Grebel, 10. März 1824.
Fischenich. Ruppenthal.

Der Art. 373 Cr. O. bezieht sich auch auf die suspendirende Kraft des Cassationsrecurses bei délits und contraventions

Die in dem Tit. IV. des Gesetzes vom 14. December 1810 verordnete provisorische Vollstreckbarkeit der den Advocaten bei Ausübung ihres Amtes auferlegten Ordnungsstrafen, ist ausdrücklich auf die in diesem Titel enthaltenen Dispositionen beschränkt, wogegen der Tit. III., welcher von Disciplinaruntersuchungen handelt, solche provisorische Vollstreckbarkeit nicht erwähnt; hieraus folgt, dass diese Disciplinarsachen auch in Bezug auf die suspendirende Kraft des Cassationsrecurses den Strafsachen gleich stehen. Hat daher ein suspendirter Advocatanwalt sich, nachdem er gegen jenen ihn suspendirenden Beschluss den Cassationsrecurs eingelegt, noch als Advocat gegen Entschädigung zur Vertheidigung erboten, so ist hierauf der Art. 405 Str. G. B. nicht anwendbar.

R. Oeffentl. Minist. Cöln wider de Bruyn, 13. August 1842.
Graun. Jaehnigen.

Kindermord.

Die den Geschwornen gestellten Fragen und ihre Antworten enthalten keine Erklärung darüber, ob das Kind, welches verheimlicht worden, gelebt habe, oder todt gewesen sei. Aus den Art. 358 und 359 Str. G. B. geht klar hervor, dass die Verheimlichung eines todt gebornen oder gestorbenen Kindes mit der Strafe des Art. 345 nicht belegt werden kann. Die in den Fragen und Antworten ohne Feststellung eines strafbaren Nebenumstandes einfach festgestellte Thatsache der Verheimlichung eines neu gebornen Kindes, erscheint als eine Thathandlung, welche weder als ein Verbrechen, noch als ein Vergehen mit Strafe bedroht ist. Die entgegengesetzte Ansicht verletzt den Art. 345.

K. Kropf, 17. März 1820.
v. Meusebach. Eichhorn. Arch. II. 2. 42.

Die Angeklagte, von den Geschwornen für schuldig erachtet, ihr neugebornes Kind supprimirt zu haben, wurde durch den Assisenhof zu Coblenz unter Anwendung der Art. 345, 21, 47 und 36 Str. G. B. zur Zuchthausstrafe verurtheilt. Mit Unrecht. Die im Art. 345 mit einer Criminalstrafe bedrohten Handlungen setzen das Leben des Kindes voraus, an dessen Person oder Familienrechten ein Verbrechen begangen wird. Der Artikel lässt schon an und für sich keine andere Auslegung zu, welche noch durch die Vergleichung desselben mit dem Art. 32 Section 1, Tit. 2, Thl. II. Str. G. B. von 1791, dem er nachgebildet ist, sowie mit den Art. 358 und 359 des Str. G. B. vollkommen bestätigt wird. Hier erhellt nicht, dass das Kind zur Zeit der Unterdrückung gelebt habe, es ist ebenso ungewiss, ob es todt zur Welt gekommen, oder nach der Geburt gestorben sei; — mithin ist die Handlung der Angeklagten durch kein Strafgesetz vorgesehen.

K. Fendel, 28. Januar 1824.
Fischenich. Eichhorn.

Frage: „Ist X schuldig, ihr neugebornes Kind am 3ten freiwillig getödtet zu haben?"

Antwort: „Die Angeklagte ist schuldig, ihr Kind getödtet zu haben, jedoch nicht freiwillig."

Diese Antwort enthält keinen Widerspruch, ist erschöpfend, unwiderruflich und einer Abänderung nicht unterworfen. Der Ausdruck „schuldig" schliesst nicht nothwendig die Criminalität der That in sich.

Wenn der Assisenhof dennoch die Geschwornen zu einer neuen Berathschlagung zurückverwiesen, so hat er seine Macht überschritten, und die Art. 350—364 Cr. O. verletzt, und wenn er den Art. 302 Str. G. B. angewendet, so hat er übersehen, dass die unfreiwillige Tödtung eines Menschen kein Verbrechen, und ausser dem hier nicht vorliegenden Fall des Art. 319 Str. G. B. nicht einmal ein Vergehen ist.

K. Neeb, 26. Februar 1823.
Blanchard. Ruppenthal. Arch. IV. 2. 103.

Kokarde.

Dass der Verbrecher unter 20 Jahren (13 Jahre), entscheidet nichts über die Aberkennung der Kokarde. Der §. 1 der Verordnung vom 22. Februar 1813 macht nur die Pflicht, nicht das Recht, die Kokarde zu tragen, von dem zurückgelegten zwanzigsten Jahre abhängig.

K. Oeffentl. Min. Elberfeld wider Krimmelbein, 21. Februar 1837.
Jaehnigen. Eichhorn. Arch. XXV. 2. 78.

In Erwägung, dass der Verlust des Rechts, die Nationalkokarde zu tragen, eine Ehrenstrafe ist, welche auf dem Schlusse aus der That auf die Gesinnung beruht, und eine verschärfte Zurechnung darstellt.

In Erwägung, dass diese bei Vergehen der Unmündigen schon um deswillen ausgeschlossen sein muss, weil das Gesetz gegen sie nicht die volle Strafe verhängt. Art. 660 seq. Str. G. B.

In Erwägung, dass aber, auch abgesehen von der Unmündigkeit des 13jährigen Cassationsverklagten, die correctionelle Appellationskammer des Landgerichts zu Saarbrücken kein Gesetz verletzt hat, wenn sie in der Entwendung von Reisern, 1 Sgr. 6 Pf. an Werth, nicht den gleichzeitigen Beweis einer solchen Ehrwidrigkeit der Gesinnung fand, wie die Cabinetsordre vom 22. Februar, 30. September 1813, 28. März 1816 und 28. August 1821 in ihrer Zusammenstellung voraussetzen, wenn auf die Ehrenstrafen erkannt werden soll.

In Erwägung, dass dagegen die Auslegung, welche der Cassationskläger den erwähnten Gesetzen zu geben versucht, dieselben gänzlich unwirksam machen würde, weil eine Strafe, welche schon das Kind durch den kleinsten Fehltritt verwirkt, nothwendig aufhört beschimpfend zu sein, und in der That alsdann jeder Grund wegfiele, in Fällen der Art die Behörden, die Ministerien und die Person des Königs selbst mit Wiederherstellung der Integrität der durch solche Verurtheilungen geschmälerten Ehre zu behelligen, verwirft etc.

R. Oeff. Minist. Saarbrücken wider Heidrich, 16. März 1840.
v. Oppen. Eichhorn.

X ist schuldig, 2 Flaschen mit Apfelwein etc., Gegenstände die ihm von seiner Dienstherrschaft zu einem bestimmten Gebrauch anvertraut waren, zum Nachtheil des Eigenthümers verbracht zu haben. Ist er um deswillen mit der Strafe des Art. 408 Str. G. B. belegt, ohne dass gegen ihn die Ehrenstrafen erkannt worden, so ist hierdurch die Cabinetsordre vom 22. Februar 1813 nicht verletzt.

R. Oeffentl. Minist. Trier wider Meyer, 21. Mai 1836.
Eimbeck. Eichhorn.

X ist wegen Nothzucht und Mord zum Tode verurtheilt, ohne dass ihm die Kokarde aberkannt worden. Dies ist kein Cassationsgrund. Die Cabinetsordre vom 30. September 1813 verordnet dies um so weniger, als es dessen nicht einmal bei lebenswierigen Freiheitsstrafen bedarf.

Cabinetsordre vom 1. Juli 1817.

R. Oeffentl. Minist. Elberfeld wider Toennes, 22. März 1841.
v. Oppen. Eichhorn. Arch. XXXII. 2. 15.

Kompetenz.

Ein Bonnscher Student, der Fensterscheiben einwirft, gehört vor die ordentlichen Gerichte. — Art. 456 Str. G. B.; §. 5, Lit. d und §. 8, 14, 84, 96 Reglement für die Universität Bonn vom 1. Februar 1819; Königl. Verordnung vom 18. November 1819, §. 8, 11, 12.

Competenzconflict in Sachen wider Sack, 4. Oct. 1834.
v. Meusebach. Eichhorn.

Mit der Verabschiedung oder dem Ausserthätigkeitsetzen eines Kriegscommissariatsexpedienten hört der Soldatenstand auf, und die Civilgerichte werden competent. II. 10, §. 53, 64 A. L. R. I. 2, §. 84 A. G. O.; Cab.-Ordre vom 19. Juli 1809; Justiz-Ministerialrescript vom 18. September 1810.

K. Buttweg, 19. November 1819.
Goerdeler. Eichhorn.

Nach dem §. 244 Anhang zur A. G. O. steht den Civilbehörden bei den von Militairpersonen begangenen Contraventionen und Defraudationen, wenn dabei nicht noch ein anderes Vergehen begangen ist, die Cognition zu.

K. Oeffentl. Minist. Coblenz wider Thoma, 14. Juni 1826.
Friccius. Eichhorn. Arch. VIII. 2. 89.

Der Anklagesenat verweist den Kriegsreservisten X im activen Militairdienst, vor das betreffende Militairgericht. X wird des Dienstes vor Eröffnung der Untersuchung entlassen. Hierdurch werden die Civilgerichte competent, und es kann von einer res judicata in Betreff des Anklagesenats die Rede nicht sein.

K. Generalproc. am Appell.-Hofe wider Irsen, 17. März 1832.
Lombard. Simon.

Die Civilgerichte sind competent, über die Contraventionen der Militairpersonen gegen die Steuergesetze zu erkennen, wenn eben nur die Steuercontravention gerügt worden ist. Hat sich daher die correctionelle Appellationskammer für incompetent erklärt, so hat sie das Gesetz über die Gewerbesteuer vom 30. Mai 1820 §. 40 und 42; die Steuerordnung vom 8. Februar 1819, §. 93 und den §. 244 Anh. zur A. G. O. verletzt.

K. Oeffentl. Minist. Cöln wider Quint, 6. Juni 1835.
Eimbeck. Eichhorn. Arch. XXII. 2. 56.

Kraft der Cabinetsordre vom 19. Juli 1809 ist die Militairgerichtsbarkeit in Criminal- und Injuriensachen beibehalten. Hierdurch ist jede Injurienklage, die nicht bloss den Ersatz eines wirklich erlittenen Schadens zum Zwecke hat, vielmehr eine Art von Strafe verhüllt, oder zu den Pönalklagen gehört, von den Civilgerichten ausgeschlossen. Dies gilt auch von der in den Rheinprovinzen üblichen ästimatorischen Klage; zumal die Genugthuungssumme von jeher als eine Privatstrafe angesehen worden ist. Hat daher das Friedensgericht zu Coblenz den Auditeur Heinsius wegen angeblicher Injurien zu einer Entschädigungssumme von 5 Thlrn. verurtheilt, so hat es die Cabinetsordre vom 19. Juli 1809 und 14. September 1820, sowie das A. L. R. II. 20, §. 585 und I. 6, §. 131 verletzt.

K. Generalproc. am Cass.-Hof wider Heinsius, 27. März 1822.
Fischenich. Eichhorn.

Civil- und Strafgericht.

Der Gerichtsvollzieher X wird beschuldigt, bei einer Civilsache in Berechnung von Reise- und anderen Gebühren die gesetzliche Taxe überschritten, und für nicht zugestellte Zwangsbefehle Kosten aufgerechnet zu haben. Der Art. 66 des Decrets vom 16. Februar 1807 ist das zureichende Strafgesetz, keineswegs das Decret vom 18. Juni 1811, dessen Art. 126 hierin nichts geändert hat. Das Civil- und nicht das correctionelle Gericht hat mithin über diese Beschuldigung zu erkennen.

K. Generalproc. am App.-Hofe wider Post, 25. Oct. 1826.
Friccius. Eichhorn.

Die im Art. 26 Not.-Ord. vom 25. April 1822 verhängte Geldbusse ist keine correctionelle, sondern eine nur vom Civil-, nicht vom Correctionellrichter auszusprechende Ordnungstrafe. Art. 50 l. c.

K. Hermens, 9. April 1823.
Goerdeler. Ruppenthal. Arch. V. 2. 53.

Die gegen die X bei dem Polizeigericht auf Zahlung rückständiger Rheinwerftlagergelder angestellte Klage gehört vor die Civilgerichte.

Aus dem Art. 33 der Rheinwerftordnung vom 16. März 1827 ist jedenfalls nicht mit Bestimmtheit zu entnehmen, dass die blosse Unterlassung der Zahlung des Rheinwerftlagergeldes als verpönt zu betrachten wäre.

R. Oeffentl. Minist. Düsseldorf wider Dahmen, 14. Juli 1832.
Esser. Eichhorn.

Die Competenz der verschiedenen Strafgerichte.

Der Pfarrer X ist beschuldigt, in einem öffentlichen Vortrag die Ehre eines seiner Pfarrgenossen verletzt, und sein Amt zur Ehrenkränkung eines Bürgers missbraucht zu haben. Wegen dergleichen Missbräuche fand nach Art. 6 Concordat von 1801 der Recurs zum Staatsrath statt. Durch das Decret vom 25. März 1813 wurden dagegen alle solche Fälle, und überhaupt alle wegen Missbrauchs ergriffenen Berufungen (appels comme d'abus) an die Appellationshöfe verwiesen. Dieses Decret ist jedoch deshalb nicht zur Vollziehung gekommen, weil das Gesetz, wodurch nach Art. 6 das Verfahren und die Strafen bestimmt werden sollten, nicht erschienen ist. Bei diesem Zustand der Gesetzgebung konnte die Sache so wenig vor den Appellationshof gebracht, als in dem gewöhnlichen Instanzenzuge verhandelt werden. Hiermit stimmt das preussische Recht überein. Es ist dem Geist der Cabinetsordre vom 6. März 1821 angemessen, selbige auch für Geistliche in Anwendung zu bringen. Die Sache ist daher vor die Appellationskammer des betreffenden Landgerichts zu ziehen, um in erster Instanz den Vorschriften der Cabinetsordre und der Ministerialverfügung vom 23. Mai 1821 gemäss zu erkennen.

K. Competenzconflict (Schillings), 4. Februar 1824.
Fischenich. Eichhorn.

Ein Friedensrichter begeht einen Forstfrevel. Das Landgericht erkennt sich für incompetent. Mit Recht. Der Art. 479 Cr. O. ist allgemein. Die Forstverwaltung musste sich mit ihrer Klage an den Generalprocurator beim Appellationshofe wenden, wo sie der Klage dieses beitreten, und ihr Interesse wahrnehmen konnte. Art. 182 Cr. O. Hierin ist durch das Holzdiebstahlsgesetz nichts geändert.

K. Oeff. Min. am Appellationshof wider Kremer, 27. März 1822.
Blanchard. Eichhorn. Arch. VII. 2. 13.

Bestraft die peinliche Halsgerichtsordnung — Art. 119 — die Nothzucht mit dem Tode, den Versuch mit einer arbiträren Strafe, so verletzt ein correctionelles Gericht, welches sich über den Versuch zu erkennen für incompetent erklärt, den Art. 130 Str. P. O. nicht.

R. Oeffentl. Minist. Coblenz wider Euler, 11. Nov. 1837.
Liel. Eichhorn.

Wenn eine Sache nach ihrer ursprünglichen Gestalt zur Competenz eines Gerichts gehört, im Laufe der Verhandlung aber einen andern Charakter annimmt, oder der Verdacht einer anderen gesetzwidrigen Handlung auf den Beschuldigten fällt, so hängt es von der Beschaffenheit des betreffenden Gerichtes ab, ob es selbst erkennen kann, oder die Sache vor das competente Gericht verweisen muss.

Competenzconflict (Schöllgen), 16. März 1825.
Fischenich. Eichhorn.

Das correctionelle Gericht kann ungeachtet der Entscheidung des Anklagesenats sich incompetent erklären, sobald es über die Frage, ob Wucher im gesetzlichen Sinne vorhanden, zu entscheiden hat.

R. Cassel, 29. März 1826.
Eimbeck. Goerdeler. Sandt.

Hat das correctionelle Gericht einen Diebstahl für criminell erachtet, und die Sache um deswillen zurückgewiesen, so kann nicht die Rathskammer, sondern nur der Anklagesenat über die Sache weiter beschliessen.

K. Oeffentl. Minist. Coblenz wider Braunschild, 21. Juni 1826.
Oswald. Eichhorn.

Durch die Beschlüsse der Rathskammer wird die Jurisdiction nicht strenge attribuirt, sondern bloss angedeutet. Sind mithin die Gerichte an diese Beschlüsse nicht gebunden, so bildet ihre entgegengesetzte Ansicht über die Frage, ob crime oder délit vorliege, noch keinen negativen Competenzconflict.

Art. 127, 130, 191, 192, 193 Cr. O.

R. Competenzconflict (Immig), 6. Mai 1829.
Oswald. Eichhorn.

X schlägt an die Thür der Gerichtsstube. Der Friedensrichter verurtheilt ihn in eine Geldstrafe auf Grund der Art. 479 Nr. 8 und 480 Str. G. B. Er appellirt. Das Gericht zweiter Instanz erklärt sich auf den Antrag des öffentlichen Ministeriums für incompetent, weil die That ein Délit darstelle — Art. 223 Str. G. B. Art. 160, 193 und 214 Cr. O. — Hierdurch sind die Art. 408 und 413 Str. P. O., sowie das Staatsrathsgutachten vom 25. October und 12. November 1806 verletzt. Der zweite Richter hatte nur über die Berufung, nicht über die Competenz zu erkennen.

K. Brauweiler, 7. October 1829.
Blanchard. Eichhorn.

Ein in erster Instanz Verurtheilter erklärt in zweiter Instanz, er sei Soldat. Wenn nun der zweite Richter, statt das erste Urtel zu vernichten, sich eben nur incompetent erklärt hat, so ist hierdurch der Art. 174 Cr. O. verletzt worden.

K. Oeffentl. Minist. Aachen wider Knops, 2. Februar 1833.
Esser. Eichhorn.

Hat das öffentliche Ministerium die Cassation eingelegt, demnächst Abstand genommen, und die Berufung angemeldet, so muss das hiermit befasste Gericht erkennen, und darf sich für incompetent nicht erklären.

K. Oeffentl. Minist. Elberfeld wider Holthausen, 28. Sept. 1840.
Esser. Eichhorn. Sandt Arch. XXX. 2. 51.

Der Recurs gegen Polizeiurtheile ist binnen drei Tagen nach der Verkündung einzulegen. Art. 177 und 373 Cr. O.

X wird wegen gesetzwidriger Zustellung der Schleusen auf Grund des §. 33 Ressort-Reglement vor das Polizeigericht gestellt. Erklärt sich dieses um deswillen für incompetent, weil die dort verhängte Strafe mehr als 15 Frcs. betragen kann, so hat es dieses Gesetz verletzt, da hier ausdrücklich die Competenz der Polizeigerichte ausgesprochen ist.

K. Generalproc. am Cassationshof wider Stieger, 7. Juli 1832.
Oswald. Eichhorn.

Wo nach der Natur der Sache die Ladung vor das Polizeigericht gesetzlich ist, kann dieses wegen der Recidivstrafe sich nicht für incompetent erklären, zumal erst durch die Verhandlung sich herausstellt, ob eine wahre Recidive im Sinne des Art. 483 Str. G. B. vorhanden ist.

K. Oeffentl. Min. Goch wider Fölliges, 7. September 1840.
v. Oppen. Esser. Arch. XXX. 2. 49.

Die Polizeigerichte, insoweit sie den Criminalgerichten entgegengesetzt werden, begreifen allerdings auch die correctionellen Gerichte in sich. Abgesehen von jener allgemeinen Classification, werden jedoch dem gewöhnlichen Sprachgebrauche der Gesetze gemäss, unter dem Ausdruck „Polizeigerichte“ nur die der einfachen Polizei verstanden. Art. 153 und 174 des Gesetzbuchs über das Verfahren in Strafsachen, und Art. 470 Str. G. B.

Wenn daher §. 2 des Gesetzes vom 6. Januar 1843 bestimmt, dass das Betteln mit Gefängniss bis zu 6 Wochen geahndet werden soll, und hierüber im Bezirke des Appellationsgerichtshofes zu Cöln die Polizeigerichte zu erkennen haben, so sind unter letzteren um so mehr die Gerichte der einfachen Polizei zu verstehen, als die Absicht des erwähnten Gesetzes, die Bestrafung der Bettelei, unter Abweichung von den gewöhnlichen Competenzregeln, den Gerichten der einfachen Polizei zu überlassen, nach den bei Berathung desselben im Staatsrathe stattgehabten Verhandlungen keinem Zweifel unterliegt. Das Polizeigericht, indem es sich für nicht berufen erklärt hat, in der Sache gegen den der Bettelei beschuldigten Dahn zu erkennen, hat sonach das besagte Gesetz verletzt.

K. Oeffentl. Minist. Berncastel wider Dahn, 26. Juni 1843.
Brewer. Eichhorn.

X wird beschuldigt, sich in den Gemeindeweg einen gesetzwidrigen Eingriff erlaubt zu haben. Die correctionelle Kammer ist competent hierüber zu entscheiden. Wenngleich der Art. 605 Nr. 9 des Gesetzbuches vom 3. Brumaire IV. sich auf den Tit. 2 Gesetz vom 28. September 1791 bezieht, so hat doch der Art. 606 jenes Gesetzbuchs, — wie dem Art. 605, so dem hierin bezogenen Tit. 2 des Septembergesetzes unmittelbar folgend, — unbedingt in allen Fällen die Polizeigerichtsbarkeit auf dreitägigen Arbeitslohn oder 3 Tage Gefängniss beschränkt. Die vorliegende Thathandlung ist aber mit 3 bis 24 Livres verpönt.

R. Oeffentl. Minist. Trier wider Sauer, 7. Nov. 1835.
Esser. Eichhorn.

Nach dem Gesetz vom 14. Mai 1825 Nr. 6 ist die richterliche Competenz von dem Beweise einer Verletzung des Gezüchtigten abhängig, und ist dann nicht das Polizei-, sondern das Zuchtpolizeigericht competent.

K. Generalproc. am Cass.-Hof wider Kunz, 28. Februar 1842.
v. Oppen. Eichhorn.

Der §. 243 Anhang zur Allgemeinen Gerichtsordnung, mit der Zollordnung publicirt, hat in der Rheinprovinz nur für Steuer- und nicht für Censurvergehen Gesetzeskraft.

In der Rheinprovinz sind jedoch trotz dessen nach Maassgabe des Strafmaasses die correctionellen Gerichte die competenten für einfache Censurcontraventionen.

Art. 179 Cr. O.; §. 27 Ressort-Reglement.
Censurverordnung vom 18. Oct. 1819 Nr. III., XVI.

Hierin hat durch das Publicandum vom 4. April 1820, welches sie dem Oberpräsidenten zugewiesen, nichts geändert werden können.

K. Oeffentl. Minist. Trier wider Trevisani, 9. Juni 1832.
Simon. Eichhorn. Arch. XIX. 2. 9.

Das Wegnehmen oder Verrücken der Grenzzeichen ist ein correctionelles Vergehen, und somit das Polizeigericht nicht competent. Art. 456 Str. G. B.; Art. 160 Cr. O.

K. Oeffentl. Minist. Düsseldorf wider Müller, 27. Juni 1842.
Brewer. Eichhorn. Arch. XXXIII. 2. 77.

Die Königl. Verfügung vom 19. November 1818 ist eine

blosse Instruction für das mit der Organisation beauftragte Ministerium. Durch die blosse öffentliche Bekanntmachung eines Auszuges dieser Instruction, sind die zur öffentlichen Kenntniss gebrachten Bestimmungen keineswegs sofort zur Ausführung gekommen; hierzu sind vielmehr besondere organische Verfügungen nothwendig. In deren Ermangelung gilt dermalen noch der Art. 179 Cr. O., und sind für Forstfrevel nicht die Friedens-, sondern die Landgerichte competent.

K. Oeffentl. Minist. Coblenz wider Klinghammer, 5. Januar 1821.
Simon. Eichhorn.

Der §. 7 Verordnung über die Competenz der Friedensgerichte findet nur auf Forstfrevel, die keine Holzdiebstähle, Anwendung.

K. Generalproc. am Cass.-Hofe wider Mühlinghaus, 5. Jan. 1825.
Fischenich. Eichhorn. Arch. VI. 2. 143.

Der Frevel des X würde nach §. 3 des Anhangs zum Chausséegeld-Tarif vom 21. und 29. Mai 1822 mit einer Geldstrafe von 5 Thlrn. zu ahnden sein. Das Polizeigericht ist mithin incompetent.

Verordnung vom 7. Juni 1821, §. 1.
Art. 464 — 466 Str. G. B.

K. Oeffentl. Minist. Cleve wider Hendricks, 5. October 1825.
Goerdeler. Eichhorn.

X, beschuldigt, in einem zweijährigen Schlage eines Gemeindewaldes durch Abweiden Schaden zugefügt zu haben, verfällt der Strafe des Art. 38, Tit. 2 des Ruralgesetzes, und ist somit das Forstpolizeigericht competent. §. 4 Verordnung vom 7. Juni 1821.

Huckelmann (Competenzconflict), 6. April 1840.
Jaehnigen. Esser.

In Erwägung, dass die Cassationsverklagten unter der Beschuldigung vor die Zuchtpolizeikammer des Landgerichts zu Saarbrücken gestellt worden sind:

„am 4. Januar d. J. auf der Staatsstrasse von Dettweiler nach Saarbrücken mit zu schmalen Radfelgen gefahren zu sein,“

dass eine solche Thathandlung nach den §§. 1 und 15 der Verordnung vom 17. März 1839, den Verkehr auf den Kunststrassen betreffend, eine Geldbusse von 10 Thlrn. nach sich zieht,

dass nach Art. 137 und 179 Cr. P. O. nicht die einfachen Polizeigerichte, sondern nur die Zuchtpolizeigerichte competent sind, über Vergehen, die eine solche Strafe nach sich ziehen, zu erkennen.

dass die angeführte Verordnung eine Ausnahme von dieser generellen Competenzbestimmung nicht enthält,

dass insbesondere der Ausdruck des §. 15 dieser Verordnung: „polizeilich zu strafen," eine solche Ausnahme nicht festsetzt, da er, in seiner Anwendung auf den Bezirk des Appellationsgerichtshofes zu Cöln, es zweifelhaft lässt, ob die Strafe eine einfache Polizeistrafe, oder eine Zuchtpolizeistrafe sein solle, und bei diesem Zweifel für diejenige Meinung zu entscheiden ist, welche sich der allgemeinen Regel anschliesst,

dass, wenn nach dem Rescripte vom 16. December 1839 in dem Regulative vom 12. Januar cj. die Passpflichtigkeit der Grenzbewohner betreffend, der Ausdruck „Polizeistrafe" gewählt worden ist, um auf die Competenz der rheinischen Polizeigerichte mit hinzudeuten, daraus noch nicht folgt, und ebenso wenig sonst erhellet, dass mit den, von jenem Ausdruck verschiedenen, in der Verordnung vom 17. März 1839 gebrauchten Worten: „polizeilich zu strafen," eine gleiche Absicht verbunden worden sei; verwirft etc.

R. Oeffentl. Minist. Saarbrücken wider Carl, 29. Juni 1840.
Jaehnigen. Eichhorn.

X ist beschuldigt, auf einem zweispännigen Karren, dessen Räder zu schmale Radfelgen, Sachen transportirt zu haben. Da diese Handlung mit einer Geldstrafe von 10 Thlrn. verpönt ist, §. 1 und 15 der Verordnung vom 17. März 1839, so ist nicht das Polizei-, sondern das Zuchtpolizeigericht competent. Art. 137 und 179 Cr. O.; Verordnung vom 17. März 1839.

R. Oeff. Min. Cleve wider van den Bosch, 10. August 1840.
Liel. Eichhorn.

Wenngleich Zoll- und Steuerdefraudation zur Competenz der Strafgerichte gehören, so ist doch hierdurch deren Competenz unter sich nicht tangirt.

R. Oeffentl. Minist. Trier wider Wolff, 2. Juni 1830.
Blanchard. Eichhorn. Arch. XIV. 2. 24.

Nach dem Art. 83 der Verordnung über das Verwaltungswesen vom 4. Pluviose VI.; Art. 13, Tit. 2 Gesetz vom 24. August 1790 und Gesetz vom 16. Fructidor III., ist das Polizeigericht nicht befugt, die Vollstreckung eines von der Municipalbehörde, zumal über einen ihrer Obsorge anvertrauten Gegenstand erlassenen, von der Oberbehörde genehmigten Beschlusses zu hindern.

K. Oeffentl. Minist. Cleve wider Lucassen, 5. Sept. 1827.
Blanchard. Eichhorn.

Komplicität.

Gegen die den rheinischen Gerichtshöfen unterworfenen Mitschuldigen, welche bei Vergehen rheinischer Verwaltungsbeamten concurriren, sind die Vorschriften der dortigen Criminalordnung und des Strafgesetzbuches anzuwenden.
Cabinetsordre vom 14. October 1821.

K. Oeffentl. Minist. Cöln wider Britz, 6. März 1822.
Mühler. Ruppenthal.

Sind die Coinculpaten nicht Beamte, so gilt rheinisches Recht und Verfahren, mag immerhin der Hauptinculpat Beamter sein.
Cabinetsordre vom 14. October 1821.

K. Oeff. Min. Düsseldorf wider Sotta, 22. April 1844.
v. Oppen. Jaehnigen.

Ein Wundarzt treibt der X ihre Leibesfrucht ab, ein Ackerer ist ihm hierbei behülflich. Mit Rücksicht auf Art. 317 Str. G. B. ist gegen diesen nicht Zwangsarbeit, sondern Zuchthausstrafe zu erkennen. Es verstösst gegen die ersten Begriffe aller Gerechtigkeit, ihn als Theilnehmer eines Verbrechens härter zu bestrafen, denn als Urheber. Der Art. 59 kann hierin um so weniger ändern, als er von der gleichen Bestrafung der Theilnehmer und Urheber ausdrücklich die Fälle ausnimmt, wo das Gesetz ein anderes bestimmt hat.

K. Vobis und Genossen, 14. Mai 1836.
v. Meusebach. Eichhorn.

Von zwanzig Schleichhändlern wird Einer ergriffen, welcher jedoch von der ihm zur Last gelegten Theilnahme an der Einschwärzung der Uebrigen freigesprochen wird. Es beruht dies auf rein factischen Feststellungen, da die Behauptung, dass alle an einem Orte gleichzeitig geschehenen Einbringungen verbotener Waaren zusammen ein einziges Vergehen bilden, als eine durch kein Gesetz sanctionirte praesumptio juris et de jure nicht gelten, und die Verletzung der Art. 1383 B. G. B. und Art. 60 Str. G. B. nicht begründen kann.

R. Oeffentl. Minist. Cleve wider Halberkamp, 16. Dec. 1829.
Oswald. Eichhorn.

Jeder Theilnehmer einer Defraudation ist in dieselbe Strafe wie der Hauptverbrecher zu verurtheilen.

K. Generalproc. am Cass.-Hof wider Eichelmann, 27. Febr. 1822.
Friccius. Eichhorn. Arch. III. 2. 174.

Mehrere Einwohner von Caldauen sind beschuldigt, gemeinschaftlich einen Holzdiebstahl verübt zu haben. Das Forstpolizeigericht spricht dieselben frei, weil die Strafe des Holzdiebstahls sich nach dem Werthe des gefrevelten Holzes richte, in dem vorliegenden Falle aber das Strafmaass für jeden einzelnen Beschuldigten um deswillen nicht bestimmt werden könne, weil an dem gedachten Frevel sich einige der Angeschuldigten mehr, andere weniger betheiligt hätten.

Mit Unrecht. Nach §. 1—3 des Gesetzes vom 7. Juni 1821 besteht die Strafe des Holzdiebstahls in der Erlegung des vier- bis achtfachen Werthes des entwendeten Holzes. Dies gilt in Ermangelung einer gesetzlichen Bestimmung auch dann, wenn mehrere Personen einen Holzdiebstahl gemeinschaftlich verüben, und muss daher in einem solchen Falle bei Bestimmung der Strafe der That der Gesammtbetrag des von diesen mehreren Personen gemeinschaftlich entwendeten Holzes zum Grunde gelegt werden.

Nach Art. 59 Str. G. B. hat aber jede von mehreren Personen, welche gemeinschaftlich eine strafbare Handlung verüben, oder sich an einer solchen betheiligen, die auf diese That im Gesetze bestimmte ganze Strafe zu erdulden.

Das Holzdiebstahlsgesetz hat an dieser Bestimmung in Bezug auf Holzdiebstähle nichts geändert, kann auch um so weniger eine Aenderung beabsichtigt haben, als selbst das Allgemeine Landrecht II., 20, §. 64 eine gleiche Bestimmung wie Art. 59 l. c. enthält. Hieraus ergiebt sich der Satz, dass wenn mehrere Personen einen Holzdiebstahl gemeinschaftlich verüben, die nach dem Gesammtwerthe des dabei entwendeten Holzes berechnete Geldbusse gegen jede einzelne Person ganz und zwar nach Art. 55 Str. G. B. mit Solidarhaftbarkeit für die gegen die Uebrigen ebenfalls erkannten Strafen verhängt werden muss, ohne dass es darauf ankommt, welchen Vortheil von der That sie gehabt habe.

K. Generalproc. am Cass.-Hofe wider Hochgeschurz, 7. Sept. 1839.
Jaehnigen. Eichhorn.

Zwei werden für schuldig erklärt, die Ruhe des Orts durch nächtlichen Lärm gestört zu haben, und Beide zusammen in die Strafe des Art. 479 Str. G. B. verurtheilt.

Hierdurch ist der Art. 479 und 59 Str. G. B. und der Art. 161 Cr. O. verletzt. Die Ansicht des Richters führt dahin, dass je grösser die Zahl der Schuldigen, je geringer die Strafe, und dass eine Verwandlung der Geld- in eine Gefängnissstrafe unmöglich ist.

K. Generalproc. am Cass.-Hof wider Bick, 13. Juni 1835.
v. Mousebach.

Stellen die Geschwornen nur fest:

„die Angeklagten haben an einem freiwilligen Mord geholfen,“

nicht aber:

„dass dies wissentlich, oder mit Kenntniss der Sache geschehen sei,“

so ist die Complicität nicht festgestellt. Art. 60 Str. G. B.

K. Hollstein, 31. August 1821.

Seyppel. Eichhorn.

Zum Vorhandensein einer Mitwirkung zu einem Verbrechen gehört nothwendig, dass die Handlung sich an eine Bestimmung der Art. 60, 61, 62 Str. G. B. oder eines Specialgesetzes anlehnt.

Die Geschwornen haben erklärt:

„Der Notar S. ist schuldig, doch ohne betrügerische Absicht, zu Gunsten des Josué in einer Schuldverschreibung die Abwesenheit der Ehefrau X fälschlich angegeben, und die baare Ueberzählung von 900 Frcs., anstatt von 100 bis 110 Thlrn. fälschlich angeführt zu haben.“

Wenn nun der Josué bei dem Act gegenwärtig sein, und ihn unterzeichnen konnte, ohne dadurch zur Fälschung irgend mitgewirkt zu haben, wenn keine Handlung articulirt ist, wodurch Josué den Notar zur Fälschung vermocht haben könnte, wenn die Erklärung der Geschwornen:

„Josué ist schuldig, in betrügerischer Absicht zur Fälschung mitgewirkt zu haben,“

die Sache nicht ändern kann, da eine betrügerische Absicht, von denjenigen Elementen entblösst, welche eine That als Verbrechen charakterisiren, die That nicht zum Verbrechen machen kann, so liegt eine Complicität nicht vor, und verletzt die entgegenstehende Annahme den Art. 60 Str. G. B. und 364 Cr. O.

K. Josué Abraham, 12. November 1823.

Blanchard. Ruppenthal. Reinhardt. Sandt. Arch. VI. 2. 16.

Antworten die Geschwornen auf die Frage:

„Ist X schuldig, den Urheber der That in denjenigen Handlungen, wodurch dieselbe vorbereitet, erleichtert, oder vollbracht worden, wissentlich beigestanden etc. zu haben?“

„„Ja X ist schuldig, jedoch ist es nicht erwiesen, dass es wissentlich geschehen sei,““

so ist bei dieser klaren Antwort nicht eine weitere Erklärung der Geschwornen zu veranlassen, sondern die Freisprechung des Angeklagten auszusprechen.

Art. 60 Str. G. B. und 364 Str. P. O.

K. v. d. Weyden, 7. Juli 1838.

v. Meusebach. Eichhorn.

Erste Frage:

„Ist X schuldig, an einer versicherten Scheune des Marx freiwillig Feuer angelegt zu haben?"

Antwort: „Ja," mit einfacher Stimmenmehrheit. Der Assisenhof: „Nein."

Zweite Frage:

„Ist Marx schuldig, von X durch Versprechungen zu der in der ersten Frage bezeichneten That angereizt, und ihm Werkzeuge, welche zur Vollführung dieser That gedient haben, wissend, dass sie dazu dienen sollten, verschafft zu haben?"

Antwort: „Ja," mit absoluter Stimmenmehrheit.

Dieses Verdict ist zu cassiren. Art. 59 und 60 Str. G. B. und Art. 365 Cr. O.

K. Marx, 30. Juni 1845.

Brewer. Jaehnigen.

Haben die Geschworenen erklärt, dass die Gebrüder X die von ihnen fabricirten falschen Münzen nich verbreitet haben, so kann von einer Hülfeleistung zu dieser Verbreitung die Rede nicht sein.

K. Becker, 1. December 1845.

v. Oppen. Eichhorn.

Konkussion.

Zum Thatbestand der Concussion gehört nicht nur die Einforderung oder Annahme ungebührlicher Leistungen, sondern auch die Ueberzeugung von ihrer Unrechtmässigkeit.

R. Oeff. Min. am App.-Hof wider Compart, 31. Dec. 1819.

Mühler. Eichhorn.

X stösst gegen die Privatjäger des Grafen zur Lippe die Drohung aus, er werde sie erschiessen, wenn sie seinen Jagdfrevel anzeigten. Diese Drohung ist durch den Art. 307 Str. G. B. verpönt; wie sich das evident aus dem Art. 305 und den Worten:

„ou de remplir tout autre condition"

ergiebt. Bei der Allgemeinheit dieser Worte, die durch das Wort „autre" gerade in einen Gegensatz mit den vorhergehenden:

„avec ordre, de déposer une somme d'argent"

gestellt sind, ist um so weniger anzunehmen, dass nur die mit der Absicht der Vermögenserpressung verbundene Drohung habe verpönt werden sollen.

Ob die Drohung im Affect geschehen, — ob das durch

sie zu erzwingende Handeln oder Unterlassen gut oder schlecht, ist vom Gesetz nicht unterschieden.

R. Trommelschläger, 14. März 1837.
Jaehnigen. Eichhorn.

Zu dem Begriff „Commis“ und „Préposé“ im Sinne des Art. 174 Str. G. B. gehört nicht eine bleibende amtliche und salarirte Stellung.

R. Welter, 27. April 1833.
Oswald. Eichhorn.

Kosten.

Der Art. 66 Str. G. B. bestimmt zwar, dass ein Angeklagter von weniger als 16 Jahren, welcher der That für überwiesen erklärt wird, losgesprochen werden soll, wenn festgestellt ist, dass er ohne Unterscheidungsvermögen gehandelt habe, allein dessen ungeachtet ist derselbe, wenn er von den Geschwornen für schuldig erklärt worden, und somit Correctionsmaassregeln gegen ihn eintreten, auch als unterliegender Theil zu betrachten, und in die Kosten zu verurtheilen.

K. Oeffentl. Minist. Düsseldorf wider Bäcker, 20. Juli 1839.
Jaehnigen. Eichhorn. Arch. XXVIII. 2. 16.

Die Erklärung der bürgerlichen Verantwortlichkeit für den Schadenersatz steht einer event. Verurtheilung hierzu gleich. Wer daher für den Schaden bürgerlich verantwortlich erklärt worden, ist als unterliegender Theil zu betrachten, und folglich auch für die Kosten bürgerlich verantwortlich zu erklären.

Art. 162 Cr. O.

K. Oeffentl, Minist. Mayen wider Kohlhaus, 21. Januar 1843.
Esser. Eichhorn.

Da das Holzdiebstahlgesetz vom 7. Juni 1821 über die Kosten des Civilhaftbaren nichts festsetzt, so ist hierdurch nichts in den Bestimmungen des Decrets vom 18. Juni 1811 Art. 156 abgeändert.

K. Oeffentl. Minist. Waxweiler wider Koch, 20. Oct. 1845.
Esser. Eichhorn.

Recurs gegen ein Strafresolut der Steuerbehörde.

Urtel: „Freisprechung, und dass die Zollverwaltung in Schadloshaltung, in Rückgabe des Mehls und in die Kosten zu verurtheilen.“

In Betreff der Schadloshaltung ist das Urtel zu cassiren. Die Steuerverwaltung, als öffentliche Verwaltung, wenn sie auch nicht selbst aufgetreten, ist dennoch nach dem Art. 158 des Decrets vom 18. Juni 1811 in dem von dem öffentlichen Ministerio in ihrem Interesse geführten Rechtsstreit, rücksichtlich der Kosten einer Civilparthei gleichzustellen. Dieser Artikel, als auf die Kosten beschränkt, ermächtigt aber die Gerichte nicht, über eine Entschädigungsforderung gegen die Steuerverwaltung, wenn sie nicht selbst aufgetreten, zu entscheiden, und somit den Art. 183 Cr. O. zu verletzen.

K. Oeff. Min. am Appellationshof wider Schneider, 11. Oct. 1834.
Esser. v. Breuning. Arch. XXI. 2. 58.

Das Polizeigericht zu Andernach, die Beklagten freisprechend, hat die Staatsbehörde zur Rückerstattung der Kosten an dieselben verurtheilt. Dies ist unrichtig. Schon aus den Art. 162 und 194 Cr. O. ergiebt sich der Grundsatz, dass die Verurtheilung in die Kosten gegen den unterliegenden Theil, oder die Civilparthei ohne Reciprocität gegen das öffentliche Ministerium sei, wie dies noch näher durch die Art. 509 seq. B. P. O. anerkannt ist.

K. Generalproc. am Cass.-Hofe wider Zahmer, 29. October 1838.
Esser. Eichhorn.

Das Polizeigericht spricht den X auf den Grund seiner Einrede, dass der fragliche District zur willkührlichen Beweidung offen gegeben worden — frei, und verurtheilt den Feldhüter, weil dieser von jenem Umstand hätte unterrichtet sein müssen, folglich zu einer unstatthaften Procedur die Veranlassung gegeben, in die Kosten. Wenn nun dieser weder Parthei in der Sache, noch mit seiner Vertheidigung gehört worden, so ist hierdurch der Art. 161 Cr. O. verletzt, und eine Machtüberschreitung, sowie eine Verletzung der Regeln der Competenz begangen.

K. Generalproc. am Cassat.-Hof wider Haag, 14. Mai 1835.
Esser. Eichhorn.

Kein Gesetz verbietet, mittelst Einreichung des Berufungsactes und einer schriftlichen Vorstellung, den Präsidenten unmittelbar, und ohne vorläufigen Antrag des öffentlichen Minsiterii um Bestimmung einer Tagfahrt zur Verhandlung der Sache in appellatorio anzugehen. Der Präsident kann daher, ohne ein Gesetz zu verletzen, geradezu, und ohne deshalb vorläufig einen Antrag des öffentlichen Ministerii abzuwarten, einen Sitzungstag bestimmen. Hat nun das öffentliche Ministerium zu jenem Tage seine Belastungszeugen nicht vorladen lassen, sondern eine Verlegung begehrt, konnten um deswillen auch die vom Cassationsverklagten gestellten Entlastungszeugen nicht vernommen werden, so konnte die Kammer deren abermalige Ladung auf Kosten des Staates, namentlich mit Rücksicht auf Art. 1 und 2,

Nr. 4 Decret vom 18. Juni 1811 sehr wohl verordnen; zumal die Verurtheilung des Staates in diese Kosten von der Freisprechung des Beschuldigten abhängig gemacht worden.

Art. 3 und 12 l. c.; Art. 194 und 211 Cr. O.

R. Oeff. Minist. Cöln wider Berger, 14. December 1833.
Esser. Eichhorn. Sandt.

Die Forstverwaltung, verpflichtet, die Forsten vor Beschädigung zu sichern, hat mithin auch ein Interesse, die Frevler zu verfolgen. Unterliegt sie bei einem, auf ihr Anstehen (à sa requête) eingeleiteten Verfahren, so hat sie die Kosten zu tragen.

Art. 158 Decret vom 18. Juni 1811.

K. Oeffentl. Minist. Trier wider Königl. Forstverwaltung zu Trier, 2. Januar 1843.
v. Oppen. Eichhorn.

Ein Urtel, das bloss der erfolgten Amnestie wegen den Beschuldigten auch von den Kosten der Untersuchung entbunden, verletzt die Nr. 3 der Ausführungsordre vom 10. September 1840.

K. Oeffentl. Minist. Trier wider Uder, 22. Februar 1841.
Jaehnigen. Eichhorn.

Ladung.

Die Vorladung muss die Thatsache enthalten, um derenwillen Jemand vor das correctionelle Gericht geladen worden. Ein etwaiger Mangel wird jedoch durch das Stillschweigen des Vorgeladenen und durch seine Einlassung auf die Klage gedeckt, und hat sodann das Gericht in der Sache zu erkennen, wenn es nach den Regeln der Competenz hierzu an und für sich befugt ist. Art. 182 und 183 Cr. O.

K. Oeffentl. Minist. Aachen wider Steinbusch, 25. Mai 1821.
Blanchard. Eichhorn.

Wenn der erschienene Beschuldigte, ohne den Mangel der Ladung zu rügen, sich auf die Beschuldigung einlässt, so kann von dem zweiten Richter eine Vernichtung des Verfahrens nicht ausgesprochen werden; der Art. 182 Cr. O. ist nicht unter Nichtigkeit vorgeschrieben.

K. Oeff. Minist. Saarbrücken wider Huppert, 11. Nov. 1837.
Jaehnigen. Eichhorn. Arch. XXVI. 2. 52.

Der Instanzrichter hat, indem er die erste Vorladung wegen Mangels einer vorläufigen Autorisation der Forstverwaltung zu gerichtlicher Verfolgung der Gemeinde Rengen für nichtig erklärte, den Art. 1 des Beschlusses vom 17. Vendémiaire V. Art. 3 verletzt, und indem er die fernere Vorladung für verspätet und die Klage für verjährt erklärt hat, den Art. 638 Cr. O. verletzt. Blosse Vorladungen können ohne Autorisation ergehen, sind sie ergangen, so ist die Verjährung des Gesetzes vom 29. September 1691, Art. 8, Tit. 9 ein- für allemal unterbrochen.

K. Kgl. Forstverwalt. Trier wider Gem. Rengen, 20. Juli 1821.
Blanchard. Eichhorn. Arch. III. 2. 43.

Die §§. 11 und 13 des Holzdiebstahlgesetzes finden zwar auch auf Privatförster Anwendung, allein da ihre Beobachtung unter Strafe der Nichtigkeit nicht vorgeschrieben ist, so kann auch eine Vorladung, weil sie der Anleitung jener §§. nicht entspricht, nicht vernichtet werden.

K. Oeffent. Minist. Crefeld wider Zimmermann, 21. Juli 1824.
Fischenich. Eichhorn. Arch. VII. 2. 30.

Das Landgericht hat, indem es die Vorladung, und zwar deswegen vernichtete, weil das öffentliche Ministerium auf die eingelegte und ihm significirte Berufung in einer Forst- und Jagdfrevelsache, den Process nicht durch einen Act von Anwalt zu Anwalt zur Sitzung gebracht, den §. 8 Gesetz vom 7. Juni 1821 verletzt, und den Art. 174 Cr. P. O. unrichtig angewendet.

K. Oeff. Min. Cleve wider Houben, 26. Nov. 1828.
Blanchard. Eichhorn.

Die Angeschuldigte, nachdem sie erklärt, sie werde bis zur Verhandlung der Sache bei dem X in Cöln in Arbeit treten, wird vorläufig in Freiheit gesetzt. Da sie dort nicht in Arbeit getreten, so ist auch nicht anzunehmen, dass dort ihr Domicil, und somit dort ihre Ladung zu bewirken sei.

Art. 124 Cr. P. O.; 109, 102 B. G. B.

K. Spiecker, 7. Juni 1841.
Esser. Eichhorn.

Nicht der Art. 145, sondern der Art. 182 Cr. O. ist auf correctionelle Untersuchungen anwendbar. Es genügt daher nicht, wenn statt des Beschuldigten der Civilhaftbare geladen worden ist.

K. Oeffentl. Minist. Elberfeld wider Bäcker, 26. Mai 1845.
Simon. Jaehnigen.

Ein Hirsch erhält die tödtlichen Schüsse in einem zum Friedensgerichtsbezirk Simmern gehörigen Walde. Nur dies wird in der Ladung bemerkt, in einem beigefügten Protocoll aber angeführt, dass der Hirsch in einem zum Friedensgericht Strombeck gehörigen Forst abgefangen sei. Es wird geladen vor das Friedensgericht Simmern. Der zweite Richter hält um der unvollständigen Ladung willen die Einrede der Incompetenz dieses Gerichts für begründet. Dies ist durch kein Gesetz, am wenigsten durch die Art. 145 seq. Cr. O. gerechtfertigt.

K. Oeffentl. Minist. Coblenz wider Hilt, 25. Nov. 1844.
Graun. Jaehnigen.

Ein Gesetz, wodurch für den Fall der Verweisung einer Sache an die nächste Assisensitzung, die Wiederholung der im Art. 305, 242 Cr. O. angeordneten Zustellungen vorgeschrieben, ist nicht vorhanden.

R. Keuven, 14. Januar 1837.
v. Meusebach. Eichhorn.

Die Criminalordnung schreibt nirgends eine vorgängige Ladung des verhafteten Angeklagten zu dem betreffenden Sitzungstage, und ebenso wenig eine amtliche Benachrichtigung vor. Die öffentliche Ankündigung der Sitzungen, die Translocation in das Justizarresthaus, die Vernehmung durch den Assisenpräsidenten, die Zustellung der Zeugen- und Geschwornenlisten, vertritt diese Ladung.

R. Held, 29. März 1841.
Jaehnigen. Eichhorn.

Lärm (nächtlicher).

Aus den Art. 479 sub 8, 480 und 482 Str. G. B. ergiebt sich,

1) dass für die erwähnten Contraventionen in der Regel nur eine Geldbusse eintreten soll;

2) dass jedoch der Richter dieser, wenn er sie nicht adäquat findet, eine Gefängnissstrafe bis 5 Tagen substituiren kann;

3) dass in dem Fall einer Recidive schlechthin auf 5 Tage Gefängniss zu erkennen;

4) dass von Cumulation der Geld- und Gefängnissstrafe so wenig, als von einer höheren als fünftägigen Gefängnissstrafe die Rede sein kann.

K. Generalproc. am Cass.-Hof wider Bongartz, 22. März 1826.
Blanchard. Eichhorn.

Wer wissentlich einen Hund hält, der durch Bellen und Geheul die nächtliche Ruhe stört, verfällt dem Art. 479, Nr. 8 Str. G. B.

R. Schwitter, 21. April 1830.
Scheller. Eichhorn.

Landesvisitation.

Die Generalinstruction vom 9. October 1817 verfügt bei Landesvisitationen die grösste Geheimhaltung. — §. 4 und 5. — Hiernach ist nicht nothwendig, dass bei der Einberufung der einzelnen Personen, diesen die Visitation bekannt gemacht werde, sondern dies kann allererst auf dem Sammelplatz geschehen. Wer daher nicht erscheint, der verfällt eben um deswillen dem §. 33 Ressort-Regl., nicht aber dem hier nicht passenden Art. 475, Nr. 12 Str. G. B.

K. Oeffentl. Minist. Trier wider Merz, 7. Februar 1835.
Esser. Eichhorn. Arch. XXII. 2. 3.

Larcin.

X bringt zwei Krüge in den Branntweinsladen, lässt den einen füllen, jedoch den andern, mit Wasser gefüllten, ihn unterschiebend, unter dem Vorgeben zurück, Geld zu holen.

Der Art. 405 ist nicht anwendbar, wohl aber liegt eine Gaunerei vor. Art. 401.

K. Oeffentl. Minist. wider Fölling, 28. Juli 1832.
Klenze. Eichhorn.

X ist beschuldigt, dem Y unter Vorspiegelung, ihm für baar überzähltes Silbergeld, Goldmünzen umwechseln zu wollen, um mehr denn 400 Thaler geprellt zu haben. Der Art. 401 Str. G. B. ist mit Unrecht auf ihn angewendet worden. Die Larcins und filouteries sind nur verschiedene Arten des Diebstahls, mit denen sie alle gesetzlichen Merkmale, insbesondere die eigenmächtige Besitznahme gemein haben, nur dass sie sich durch die Art der Ausführung und die angewendeten Mittel unterscheiden. Larcin bedeutet das heimliche Wegnehmen einer Sache; — filouterie eine mit besonderer Behändigkeit verübte Entwendung (das Escamotiren). Die Worte werden nur uneigentlich, nicht aber vom Gesetzgeber auf feine Betrügereien angewendet. Dies ergiebt sich aus der ganzen Oeconomie des Gesetzes; denn die erste Abtheilung Cap. 2, Tit. 2, Liv. III. handelt von Diebstählen; die zweite von Betrug. Dass aber der Art. 400 die gewaltsame Erpressung einer Unterschrift unter den Diebstählen aufführt, hat in der verübten Gewalt seinen Grund, wie denn auch das Strafgesetzbuch von 1791 Thl. II. Tit. 2, Abschn. 2, Art. 40 ausdrücklich hinzufügt: „eine solche Handlung sei ebenso, wie der mit offener Gewalt gegen eine Person begangene Diebstahl zu bestrafen.“

K. Cahen, 7. September 1821.
Fischenich. Eichhorn. Sandt. Arch. III. 2. 126.

Der Cassationsverklagte X, in Diensten eines Papierfabrikanten, hat für diesen die Lumpen zu verwiegen; er bringt seinen Dienstherrn dadurch in Schaden, dass er ein grösseres Gewicht angiebt, als die Verkäufer geliefert. Da die Ausdrücke larcins et filouterie einen wirklichen Diebstahl voraussetzen, so ist auf diese Thathandlung der Art. 401 Str. G. B. nicht anwendbar. Ebenso wenig der Art. 405. — X hat sich durch seine wissentlich unrichtigen Angaben, deren Controlle ohnedies nothwendig war, nur eines einfachen Betruges schuldig gemacht, dessen Folgen das Civilrecht bestimmt.

R. Oeffentl. Minist. Saarbrücken wider Rausch, 11. April 1842.
v. Oppen. Jaehnigen. Arch. XXXIII. 2. 27.

Laterne.

(Vergl. Polizeiverordnung.)

Der Artikel 471, Nr. 3 Strafgesetzbuch bestraft unbedingt denjenigen, der die schuldige Beleuchtung nicht vornimmt, ohne eine Ausnahme für den Fall des Mondscheins zuzulassen.

K. Oeff. Minist. Jülich wider Crepong, 2. Juni 1830.
Scheller. Eichhorn.

Leinpfad.

Haben die betreffenden Zäune schon seit vielen Jahren den Leinpfad beschränkt, so liegt in ihrem bis dahin tolerirten Bestehen keine strafbare Contravention.

Art. 7, Tit. 28 Ordonnanz von 1669.

R. Oeffentl. Minist. Trier wider Schaaf, 3. Februar 1840.
Esser. Eichhorn.

Leumundszeugnisse.

Dem öffentlichen Ministerio ist nicht verboten, amtliche Atteste über die Moralität des Beschuldigten beizubringen.

R. Schwenger, 6. Mai 1839.
Jaehnigen. Eichhorn.

Livret.

Die Bestimmungen des §. 21 Grossherz. Bergisches Decret vom 3. November 1809 über die Livrets der Gesellen, setzen voraus, dass jene an ihrem Wohnort zu arbeiten nicht fortgefahren, vielmehr ihren ursprünglichen Wohnort verlassen, und sich in fremde Gemeinden zur Ausübung ihres Handwerks begeben haben.

R. Oeffentl. Minist. Düsseldorf wider Scholl, 18. April 1842.
Brewer. Eichhorn. Arch. XXXIII. 2. 40.

Lotterie.

Unter den Worten des §. 1 der Verordnung vom 7. December 1816:

„ein jedes gespielte Loos"

ist ein jeder, mit einer besondern Nummer versehener Schein über die Theilnahme als Spieler bei einer Lotterie zu verstehen, ohne dass unterschieden werden darf:

„ob dieser Schein über den Besitz eines ganzen Looses, oder nur gewisser Theile desselben laute."

Hierfür zeugt auch der Umstand, dass die Strafe unabänderlich auf 200 Thlr. und nicht nach Verschiedenheit der Grösse des Einsatzes festgestellt ist.

Ist nun aber die gesetzliche Strafe schon durch das Spielen einer Classe verwirkt, so ist doch das Spielen in den ferneren Classen mit der nämlichen Nummer zur nämlichen Lotterie, nur die Fortsetzung des nämlichen Vergehens, und bildet weder ein neues Verbrechen, noch führt es eine anderweite Strafe herbei. Denn sagt das Gesetz: „für jedes gespielte Loos," so ist klar, dass derjenige, der mit einem und demselben Loose alle Classen durchspielt, doch immer nur mit einem Loose spielt.

K. Oeff. Minist. Cöln wider Linde, 16. Juli 1836.
Simon. Eichhorn. Arch. XXIV. 2. 22.

Machtüberschreitung.

In dem Urtheil des Assisenhofes heisst es:

„dass nach dem Antrage der Geschwornen, dem der Gerichtshof völlig beipflichtet, der Verurtheilte der Gnade des Königs empfohlen werden soll."

Dieser Beschluss, welcher eine offenbare Ueberschreitung

der richterlichen Amtsbefugnisse enthält, und dem Begnadigungsrecht des Königs vorgreift, ist zu cassiren.

K. Woedtke, 19. Mai 1820.
v. Savigny. Ruppenthal.

Die correctionelle Kammer wird durch die Appellationskammer zur Führung einer Sache für competent erachtet. Jene erkennt dessenungeachtet sich nicht für befugt, das Urtel zu sprechen. Hierdurch hat sich dieselbe einer offenbaren Machtüberschreituug schuldig gemacht. Dem Unterrichter steht nie die Befugniss zu, über den Werth einer vom höheren Richter erlassenen Entscheidung zu erkennen.

K. Müsch, 2. Juli 1823.
Blanchard. Eichhorn.

Ein Sohn des Wallich wird, ohne ihn näher zu bezeichnen, weil er Streu gescharrt, mit seinem civilhaftbaren Vater vor den Polizeirichter geladen. Ohne den Erschienenen zu vernehmen, erklärt der Richter die Ladung für nichtig. Hierin liegt eine Rechtsverweigerung. Er musste zuvor den Erschienenen vernehmen, und dessen Einreden gegen Protocoll und Vorladung abwarten.

K. Oeff. Min. am Polizeiger. Lindlar wider Wallich, 23. Juni 1830.
Scheller. Eichhorn.

Marktcontravention.

Nach Art. 2 der Dürenschen Marktordnung vom 20. December 1826 ist das Marktstandsgeld nicht zu entrichten:

1) wenn ein früherer Einkauf, d. h. die Verabredung über Waare und Preis,
2) wenn eine Bestellung, d. h. Verabredung über Waare ohne Preisbestimmung,

stattgefunden haben.

K. Oeffentl. Minist. Düren wider Koch, 20. Juni 1827.
Sethe. Eichhorn.

Gegen Kleinkrämer ist bei Contraventionen gegen den Art. 26 der Stadt-Cölnischen Marktordnung vom 11. December 1824, ebenso zu verfahren, wie bei den im Art. 25 erwähnten Contraventionen von Verkäufern. Bei der ersten Contravention ist daher Wegweisung vom Markt, nicht aber ein Straferkenntniss begründet.

R. Oeffentl. Minist. Cöln wider Rodenkirchen, 18. März 1844.
Leist. Jaehnigen.

Der §. 12 der Siegburger Marktordnung:

„hiesige Krämer, welche Butter etc. einkaufen, um selbige wieder zu verkaufen,“

hat nur den Zweck, die Art des Verkehrs näher zu bezeichnen, nicht aber die Strafbarkeit von dem schwer zu beweisenden Umstand, dass sie nicht für ihren eigenen Bedarf, sondern zum Wiederverkauf, auf dem Markt eingekauft, abhängig zu machen.

K. Oeff. Min. Cöln wider Wolber, 18. März 1844.

Leist. Jaehnigen.

Maasscontravention.

Seit Einführung der Maass- und Gewichtsordnung vom 16. Mai 1816 hat der Art. 479, Nr. 5 Str. G. B., soweit er dieser Ordnung entgegen, seine Anwendbarkeit verloren.

R. Oeff. Min. Cöln wider Reinecker, 13. März 1822.

Seyppel. Eichhorn. Sandt.

Da der Handel mit Getränken ein Messen derselben erfordert, so verfällt die X, welche ihre Getränke willkührlich verkauft, dem §. 12 der Maass- und Gewichtsordnung vom 16. Mai 1816.

K. Oeff. Min. Hennef wider Rohr, 16. November 1838.

Eimbeck. Eichhorn.

Der Mangel eines gesetzlichen Maasses steht bei einem Gewerbtreibenden dem Gebrauch eines ungesetzlichen gleich.

§. 12 Maass- und Gewichtsordnung vom 16. Mai 1816.

K. Oeffentl. Minist. Wickrath wider Blum, 8. Sept. 1838.

Eimbeck. Eichhorn.

In Erwägung, dass der Cassationsverklagte zwar weder des Gebrauchs einer s. g. Knippwage bei dem Betriebe seines Gewerbes beschuldigt, noch behauptet ist, dass eine solche in seinem Laden oder Bude vorgefunden sei, noch das zu der Wage gehörende 8 Pfd. schwere Eisenstück als ein Gewicht im gesetzlichen Sinne zu betrachten; mithin insofern eine Zuwiderhandlung gegen den §. 12 der Maass- und Gewichtsordnung nicht dargethan sein würde, und der Besitz ungestempelter Maasse und Gewichte allein, nach §. 10 desselben Gesetzes nicht straffällig macht.

In Erwägung jedoch, dass die betreffenden §§. 10 und 12 durch eine spätere Verordnung vom 28. Juni 1827 ergänzt worden sind, und nach letzterer Waarenverkäufer schon durch den Besitz ungestempelten Maasses und Gewichts allein straffällig werden, auch mit der Behauptung des Privatgebrauchs in eigener Wirthschaft zur Entschuldigung nicht gehört werden sollen.

In Erwägung, dass bei dieser gesetzlichen Vermuthung für den Gebrauch der betreffenden Wage beim Gewerbsbetriebe, der §. 12, auch ohne eine direct hierauf gerichtete Beschuldigung zur Anwendung kommen musste, dass die Anwendung dieses Gesetzes auch nicht wegen des Umstandes, dass die gefundenen 8 Pfd. kein Gewicht im gesetzlichen Sinne dieses Ausdrucks sind, wegfallen kann, weil dem Cassationsverklagten dadurch, dass er sich bei dem Verkaufe seiner Waare nur gestempelter Gewichte bedienen durfte, auch der Gebrauch von Wagen untersagt war, deren Einrichtung keine Gewichte im gesetzlichen Sinne erfordert, oder die Zwecke der Stempelung vereiteln würde; dass sonach dass angegriffene Urtheil, indem es den Beschuldigten freisprach und die Confiscation der betreffenden Knippwage nicht verfügte, den §. 12 des Gesetzes vom 16. Mai 1816 und das Gesetz vom 28. Juni 1827 verletzt hat.

K. Generalproc. am Cassationshof wider Batz, 15 Januar 1844.
v. Oppen. Eichhorn.

X trägt Fleisch zum Verkauf fort, und führt eine ungesetzliche s. g. Gliedwage bei sich. Der Besitz dieser Wage reicht aus, um die Cabinetsordre vom 28. Juni 1827 anzuwenden.

K. Oeffentl. Minist. Perl wider Stolz, 3. April 1843.
Esser. Eichhorn.

Der Cassationsverklagte, ein Müller, ist um deshalb, weil ein ungestempeltes Scheffelmaass in seiner Mühle vorgefunden worden, nicht einer strafbaren Contravention für schuldig zu achten. §. 12 Maass- und Gewichtsordnung vom 16. Mai 1816.

R. Oeffent. Min. Daun wider Bonzelle, 22. Oct. 1836.
v. Duesberg. Eichhorn.

Der Beschuldigte, Bäcker X, nur in Bezug auf Backwaaren als Verkäufer zu betrachten, kann, da er zu diesem Verkaufe Getreidemaasse nicht gebraucht, in Bezug auf das vorgefundene ungestempelte Getreideviertelmaass den strengeren Bestimmungen des §. 12 der Maass- und Gewichtsordnung und der Cabinetsordre vom 28. Juni 1827 nicht unterliegen.

R. Oeffentl. Minist. Crefeld wider Hertz, 9. Nov 1833.
Simon. Eichhorn.

X hat eine preussische Elle. Auf deren Rückseite befindet sich jedoch die alte Berncasteler Eintheilung. Es kommt auf ihren Gebrauch nicht an, da schon ihr blosser Besitz im Laden oder der Bude bei Strafe verboten ist. §. 12 Maass- und Gewichtsordnung vom 16. Mai 1816. Publication der Regierung Trier vom 31. März 1828.

K. Oeffentl. Minist. Neumagen wider Willems, 18. Februar 1829.
Scheller. Eichhorn.

Wer eine neue Abmessung eines ganzen Bannes nach altem Maass vornimmt, verfällt dem §. 13 der Verordnung vom 16. Mai 1816.

K. Generalproc. am Cassationshof wider Stürmer, 7. Dec. 1833.
Eimbeck. Eichhorn. Arch. XIX. 2. 17.

Meineid.

X schwört einen falschen ihm zugeschobenen Eid. Er wird ausser Verfolgung gesetzt, in Erwägung, dass der Rechtsstreit, worüber der Eid ausgeschworen worden, mehr als 150 Francs zum Gegenstand hat, und dass mithin die aufgestellte Thathandlung nicht bloss durch Zeugen erwiesen werden kann Hierdurch ist der Art. 366 Str. G. B. verletzt, und der Art. 1341 B. G. B. unrichtig angewendet. Arg. 1363 B. G. B. Dem öffentlichen Ministerio steht nach Art. 342 jedes rechtliche Beweismittel zu.

K. Oeff. Min. am Appell.-Hofe wider Berrer, 26. Januar 1821.
v. Meusebach. Ruppenthal. Arch. II. 2. 149.

In Erwägung, dass der dem Cassationsverklagten zur Last gelegte Meineid gegen das Dasein eines Kaufvertrages, dessen Gegenstand den Werth von 150 Frcs. übersteigt, gerichtet war,

dass also jener Meineid ein bürgerliches Rechtsgeschäft voraussetzt, dessen Dasein nach Art. 1341 B. G. B. nicht bloss durch Zeugen bewiesen werden kann,

dass das Criminalverfahren über den Meineid hieran nichts abändert, vielmehr zu dessen Bedingung noch immer das Dasein eines bürgerlichen Rechtsgeschäfts voraussetzt,

dass widrigenfalls ein und dasselbe Rechtsgeschäft bald nicht durch Zeugen, bald durch Zeugen bewiesen werden könnte,

dass zwar im Allgemeinen jedes Verbrechen in dem ganzen Umfange der dasselbe bildenden Elemente bloss durch Zeugen bewiesen werden kann,

dass aber das bürgerliche Rechtsgeschäft, als nothwendig vor der Handlung des Meineids vorhanden gedacht, in diesem kein Element bildet, welches in dem Umfange jener Handlung entstanden wäre,

dass diese Handlung vielmehr das bürgerliche Rechtsgeschäft als ihr auf rein civilrechtlichem Gebiete vorangegangen, voraussetzt, und nur insoweit ein Verbrechen bildet, als dieses jenes Geschäft beseitigt oder verletzt,

dass der Einwand: der Art. 366 Str. G. B., würde, wenn das bürgerliche Rechtsgeschäft nicht unter allen Umständen bloss durch Zeugen nachgewiesen werden könnte, nie zur Anwendung kommen, als auf Unwahrheit beruhend, nichts beweist,

dass, wenn das Rechtsgeschäft über einen Gegenstand von mehr als 150 Frcs. Werth schriftlich aufgenommen worden, und der Eid wegen nicht augenblicklich vorhandener Urkunde ausgeschworen wird, dennoch die Möglichkeit des spätern Auffindens der Urkunde sowohl, als des hierdurch zu führenden Beweises im Criminalverfahren über den Meineid nicht ausgeschlossen ist,

dass, wenn auch bei Abschliessung des bürgerlichen Rechtsgeschäfts keine schriftliche Abfassung stattgefunden hätte, eine solche Nachlässigkeit der angeblich durch den Meineid verletzten Parthei gewiss keinen zureichenden Grund abgiebt, beim Criminalverfahren von den civilrechtlichen Bestimmungen über den Beweis eines solchen Geschäfts abzugehen,

dass aber auch in vielen Fällen das bürgerliche Rechtsgeschäft nach Art. 1348 B. G. B., so hoch auch der Werth sich belaufen mag, bloss durch Zeugen geführt werden kann,

dass, wenn also der während der Verhandlungen über den Art. 366 Str. G. B. vorgebrachte wahrheitswidrige Einwand, dass dessen Bestimmung bei der nicht unbedingten Zulässigkeit des Zeugenbeweises nie zur Anwendung kommen würde, unberücksichtigt, und jener Artikel in seiner Fassung stehen geblieben, dieser Umstand offenbar für die aufgestellte Ansicht beweist,

dass der Art. 1363 B. G. B. für die entgegengesetzte Ansicht durchaus nicht entscheidend ist, indem hiernach, wenn er umgekehrt der angeblich durch den ausgeschwornen Entscheidungseid verletzten Parthei die Befugniss, die Falschheit des Eides zu beweisen, gestattete, das öffentliche Ministerium zur Begründung der öffentlichen Klage das bürgerliche Rechtsgeschäft, sobald dessen Gegenstand den Werth von 150 Frcs. überstiege, nicht bloss durch Zeugen beweisen könnte,

dass aber auch jener Artikel auf den Fall, wo ein vom Richter zugeschobener Eid ausgeschworen worden, nicht anwendbar ist,

dass also aus dem Grunde der gegenseitigen Ansicht, weil nach jenem Artikel die durch den ausgeschwornen Entscheidungseid verletzte Parthei dessen Falschheit nicht beweisen darf, folgen würde, dass die Falschheit des nothwendigen Eides nur dann, wenn der Gegenstand des bürgerlichen Rechtsgeschäfts den Werth von 150 Frcs. nicht übersteigt, durch Zeugen bewiesen werden könnte,

dass in dem Falle des ausgeschwornen nothwendigen Eides

die hierdurch verletzte Parthei bei der öffentlichen Klage accessorisch im Civilinteresse auftreten könnte, und alsdann auch der Ausgang der accessorischen Klage nur durch die Entscheidung über die öffentlichen Klage bedingt sein würde,

dass mithin die Frage, ob neben der öffentlichen Klage eine Civilklage geltend gemacht werden könne, oder nicht? — auf die Rechtfertigung dieser Klage durchaus nicht bedingend einwirken kann, und sofort in dieser Beziehung ebenso unerheblich ist, wie die Bestimmung des Art. 1363 B. G. B.,

dass daher auch dieser Artikel, indem er mit den allgemeinen Rechtsgrundsätzen ganz übereinstimmend, bloss das Civilinteresse durch den Entscheidungseid, wie durch einen Vergleich unabänderlich erledigt betrachtete, für die von jenem Interesse unabhängige öffentliche Klage zwischen den ausgeschwornen Entscheidungs- und dem nothwendigen Eide keinen zureichenden Unterscheidungsgrund darbietet, warum der Zeugenbeweis bei jenem unbedingt, unter allen Umständen, und bei diesem nur, wenn der Gegenstand des bürgerlichen Rechtsgeschäfts den Werth von 150 Frcs. nicht übersteigt, über das Dasein dieses Geschäfts sollte geführt werden können,

dass vielmehr in beiden Fällen der Meineid ebenso das innerhalb der civilrechtlichen Bestimmungen zu begründende Dasein eines bürgerlichen Rechtsgeschäfts, wie das durch den Art. 408 Str. G. B. vorgesehene Vergehen zu seiner Begründung das civilrechtliche Dasein eines Depositums erfordert,

dass folglich der rheinische Appellationsgerichtshof, indem er bei gänzlichem Abgange eines schriftlichen Beweises die Anklage gegen den Cassationsverklagten nicht erkannte, kein Gesetz verletzt, vielmehr den Art. 341 B. G. B. richtig angewendet hat, verwirft etc.

R. Oeff. Min. am App.-Hof wider Heck, 14. Februar 1837.
Esser. Eichhorn. Arch. XXV. 2. 56.

In Erwägung, dass die falsche Ausschwörung eines in einer Civilsache zugeschobenen Eides, ohne irgend eine Ausnahme oder Einschränkung, für ein Verbrechen erklärt, und mit Criminalstrafe bedroht ist,

In Erwägung, dass das öffentliche Ministerium bei dem Landgericht durch die Gesetze allgemein und unabhängig von jeder Privatklage, mit Nachforschung und Verfolgung aller Vergehen und Verbrechen zum Zweck der öffentlichen Genugthuung beauftragt ist, und dass die Aufnahme des Beweises zu diesem Zwecke durch keine einzige Bestimmung der Criminalgesetzgebung an eine gewisse und besondere Art von Beweismitteln gebunden, dass vielmehr nach den überall, und namentlich im Art. 342 Cr. P. O. ausgesprochenen Grundsätzen jedes rechtliche Beweismittel, wodurch in dem Thatrichter eine feste und innige Ueberzeugung über Schuld oder Nichtschuld begründet werden kann, zulässig ist; wie dann auch hiernach die allerschwersten, mit grösster Geldbeschädigung verbundenen Verbrechen, gleichviel durch welche Gattung von Beweismitteln dargethan, täglich dem Urtheile der Geschwornen unterworfen werden,

In weiterer Erwägung, dass die im Art. 1343 Civ. G. B. enthaltene Bestimmung der Unzulässigkeit des Zeugenbeweises über Gegenstände von mehr als 150 Frcs. Werth im Civilprocesse — so wenig diese Bestimmung im Allgemeinen für den Criminalprocess gültig ist und darin Anwendung findet — eben so wenig auch für das einzelne Verbrechen des Falschausschwörens eines zugeschobenen Eides anwendbar erklärt werden kann, ohne dem Gesetze eine willkührliche, der Absicht des Gesetzgebers zuwiderlaufende Auslegung zu geben; in Erwägung, dass sich dieses besonders noch daraus ergiebt, dass der Art. 1363 Civ. G. B. allgemein verordnet, dass im Civilprocesse, wenn ein zugeschobener Eid einmal ausgeschworen ist, der Gegner dessen, der geschworen hat, mit dem Beweise, es sei falsch geschworen worden, niemals, ebensowenig durch Urkunden, als durch Zeugen zugelassen werden soll; dass gleichwohl das Strafgesetzbuch im Wege der öffentlichen Klage durch das öffentliche Ministerium diesen Beweis an sich offenbar für zulässig erklärt, indem es jenes Falschschwören einer Strafe, also auch einer vorausgehenden Untersuchung und Beweisführung unterwirft,

Endlich, in Erwägung, dass die Unstatthaftigkeit der gegentheiligen Ansicht, — welche bei dem fraglichen Verbrechen auch für den Criminalprocess und das darin auftretende öffentliche Ministerium den Art. 1343 Civ. G. B. ganz, und den Art. 1363 wenigstens halb verbindlich erachtet, — noch anschaulicher wird durch die Betrachtung ihrer dann nothwendigen, mit gleichmässiger Rechtsvertheilung aber ganz unvereinbarlichen Folge, dass ein in einer Civilsache falsch Schwörender, welcher um einer Summe unter 150 Frcs. willen, falsch geschworen hat, auch auf blossen Zeugenbeweis verfolgt und bestraft werden; dagegen derjenige, welcher durch solches Falschschwören seinen Gegner um noch eine höhere Summe gebracht hat, bei dem Mangel eines schriftlichen Beweises ungestraft durchgehen müsste, verwirft.

R. Shcmitz, 2. Januar 1843.

v. Meusebach. Jaehnigen. Arch. XXX. 2. 12.

Militair.

Der erste Diebstahl unter erschwerenden Umständen hat nie Ausstossung aus dem Soldatenstande zur Folge.

Kriegsartikel 44, 45.

K. Lallier, 2. Juni 1832.

Simon. Oswald.

Der Richter, indem er den schon viermal wegen Diebstahl bestraften X nicht zugleich zur Ausstossung aus dem Soldatenstand verurtheilt, hat den 43ten Kriegsartikel verletzt.

K. Oeffentl. Minist. Trier wider Loth, 27. Juni 1835.
v. Meusebach. Eichhorn. Arch. XXII. 2. 57.

Auf Ausstossung aus dem Soldatenstand ist nach Maassgabe der Kriegsartikel zu erkennen, und sind insoweit die gemeinen Strafgesetze — Art. 28 Str. G. B. — ausgeschlossen.

K. Moritz, 1. October 1823.
Seyppel. Ruppenthal.

Der beurlaubte Landwehrmann X ist wegen eines durch Art. 386 Nr. 3 Str. G. B. vorgesehenen Diebstahls vom Assisenhof in Gemässheit der Kriegsartikel 43 und 44 und der Cabinetsordre vom 22. Februar 1823 zu den Ehrenstrafen und einjähriger Festungsstrafe verurtheilt worden. — Hierdurch sind die Art. 21 und 386, Nr. 3 Str. G. B. verletzt. Der Landwehrmann bleibt den bürgerlichen Gesetzen unterworfen. Er ist zu belegen mit fünfjähriger Einstellung, Versetzung in die zweite Classe und Verlust der Kokarde und des Militairabzeichens.

§. 1, 10 Verordnung vom 22. Februar 1823.
§. 3 Verordnung vom 22. Februar 1813.

K. Oeff. Min. Düsseldorf wider Butscher, 23. Juli 1823.
Friccius. Eichhorn. Arch. V. 2. 56.

Der Kriegsreservist X ist vom Assisenhof wegen Diebeshehlerei zu 2 Jahren Gefängniss verurtheilt. Die Cassation, weil nicht auf Stockschläge und Einstellung erkannt worden, ist zu verwerfen. Die Verordnung vom 22. Februar 1823 hat die in den Landesgesetzen verordneten Strafen nicht aufgehoben.

R. Oeffentl. Minist. Trier wider Karsten, 23. Juli 1823.
Friccius. Eichhorn.

Bei dem vierten Holzdiebstahl erfolgt Versetzung in die zweite Classe des Soldatenstandes.

Kriegsartikel 54 und Cabinetsordre vom 13. Oct. 1824.

K. Oeffentl. Min. Coblenz wider Wickert, 14. Nov. 1827.
Friccius. Eichhorn.

Minister.

Der Minister von Beyme hat für die Zeit des Uebergangs zur definitiven Justizeinrichtung und zur Vorbereitung derselben, zu sämmtlichen Richterstellen in den Rheinprovinzen provisorisch und commissarisch Beamte ernennen können. Ihre Vereidigung ist bis zum Beweise des Gegentheils zu vermuthen.

Art. 7, 12, 13, 16, 73, 74, 75 Ges. vom 20. April 1810. Art. 105, 106, 109 des Organisationsdecrets für Berg vom 7. December 1811. Art. 5 Decret vom 16. März 1808. Cabinetsordre vom 20. Juni 1816; 19. Nov. 1818 und 21. Juli 1819. Instruction des Staatskanzlers vom 8. Juli 1816. Ministerial-Rescripte vom 13. Januar, 1. und 26. Juli 1819.

R. Franzen, 26. Mai 1820.

Simon. Eichhorn.

Ministerium (öffentliches).

Der Landgerichtspräsident verweigerte die Zusammenberufung einer Plenarversammlung in Folge Requisition des Staatsprocurators, um deswillen, weil

1) gemäss Art. 82 des Decrets vom 30. März 1808 ein Stellvertreter des Oberprocurators keine Befugniss habe, ausser der öffentlichen Sitzung selbstständige Anträge zu machen; und

2) eine Abwesenheit des Oberprocurators und des ersten Procurators, wie es der Art. 20 des Decrets vom 18. August 1810 unterstellte, und sonach ein Eintreten des zweiten Procurators wegen Verhinderung nicht constire.

Dieser Beschluss beruht auf einer Verkennung des organischen Verbandes, in welchem die Beamten des öffentlichen Ministerii bei einem Gerichte zu einander stehen, und gefährdet die Selbstständigkeit dieses Instituts.

Der Oberprocurator ist diejenige Person, in welcher alle Befugnisse und Pflichten des öffentlichen Ministerii zusammenfliessen. Die Stellvertreter desselben, die jetzt zwar Staatsprocuratoren benannt werden, sind ihm gegenüber insofern untergeordnete Beamte, als er sie in der Art, wie es das Bedürfniss des Dienstes und ihre Person erfordern mag, beschäftigen kann. Nach aussen hin haben sie jedoch auf die nämliche Selbstständigkeit Anspruch, wie der Oberprocurator. Wo sie statt seiner auftreten, vertreten sie, kraft eines allgemeinen oder speciellen Auftrages, welcher immer als vorhanden zu vermuthen, das öffentliche Ministerium. Nur der Oberprocurator hat es zu beurtheilen, ob sie den von ihm erhaltenen Auftrag, worüber er Niemandem Rechenschaft schuldig, überschritten haben oder nicht.

Art. 441 Cr. O. Art. 79, 82, 88 Decret vom 30. März 1808. Art. 43 Gesetz vom 20. April 1810. Art. 18, 19, 20 Decr. v. 18. August 1810. Decr. v. 29. April 1811.

K. Generalproc. am Cass.-Hof wider Ordonnanz des Landesgerichtspräsid. zu Trier vom 23. Januar 1839, 8. April 1839.

Jaehnigen. Eichhorn.

Im Eingang des angefochtenen Erkenntnisses wird der Gegenwart des öffentlichen Ministerii erwähnt. Es muss daher angenommen werden, dass es auch bei der Verkündung des Urtheils zugegen gewesen. War hierbei ein anderer Procurator anwesend, so ist dies wegen der Untheilbarkeit des öffentlichen Ministerii genügend.

R. Oeffentl. Minist. Cleve wider Weygand, 8. Juni 1821.
Fischenich. Eichhorn. Arch. III. 2. 48.

Misshandlung.

Der Art. 309 Str. G. B., die Schwere einer Misshandlung nach der Dauer des als Folge daraus entstandenen Uebels bestimmend, berücksichtigt hauptsächlich die Unfähigkeit des Misshandelten zu persönlicher Arbeit.

Competenzconflict Generalproc. am App.-Hof wider Waldecker, 31. December 1828.
Blanchard. Eichhorn.

In dem Begriff „Schütteln“ ist die Handlung des Hin- und Herstossens enthalten. Insbesondere ist Schütteln bis zur Bewusstlosigkeit des Ergriffenen nicht ohne Hin- und Herstossen denkbar. Stossen aber ist in den Worten des Art. 309 „porter des coups“ mitbegriffen.

R. Meyer, 14. Mai 1828.
v. Meusebach. Eichhorn.

Die Worte in dem Art. 309 seq. Str. G. B. „porter des coups“ sind nicht auf Stösse oder Schläge einzuschränken, sondern auf alle gewaltsamen Anfälle und Misshandlungen auszudehnen.

K. Oeffentl. Min. Elberfeld wider Gottschalk, 28. Sept. 1821.
Fischenich. Ruppenthal.

Da Schläge und Verwundungen leiblicher Eltern durch Art. 312 Str. G. B. als Criminalverbrechen charakterisirt sind, so findet auf sie die Cabinetsordre vom 20. December 1834 nicht statt, und ist daher das freisprechende Urtel des Assisenhofes zu vernichten.

K. Oeffentl. Minist. Cöln wider Klein, 8. August 1835.
v. Meusebach. Eichhorn. Arch. XXII. 2. 76.

Die Geschwornen erklären:

„X ist schuldig, den Y misshandelt zu haben; aber unerwiesen, denselben mit einer Feile oder blutrünstig verwundet zu haben.“

Diese blosse Misshandlung an und für sich reicht nicht zur Anwendung der Art. 309, 311 und der zwei ersten Verfügungen des Art. 312 Str. G. B. hin. Es müssen vielmehr durch sie Verwundungen hervorgebracht sein, oder dabei Schläge oder Stösse stattgefunden haben. X ist daher loszusprechen.

K. Holznotten, 15. September 1824.
Blanchard. Eichhorn. Arch. VIII. 2. 18.

Frage: „Hat X durch allgemeine Theilnahme an dem Streite, dem Y und Z wissentlich Hülfe geleistet, und dadurch das Verbrechen erleichtert?"

Antwort: „Ja!"

Die Verurtheilung des X ist nicht begründet. Eine solche allgemeine Theilnahme bewirkt noch nicht Complicität an dem Verbrechen der Tödtung.

Art. 60, 59, 302 Str. G. B.

K. Jenners und Schürmann, 8. December 1830.
Graun. Eichhorn. Arch. X. 2. 44.

Frage: „Ist X schuldig, vereint mit Y, mit Vorbedacht und Auflauern den A dergestalt geschlagen zu haben, dass er länger als 20 Tage arbeitsunfähig gewesen?"

Antwort: „Ja; jedoch nicht mit Vorbedacht und Auflauern."

Art. 364 Cr. O.

Das darauf ergangene freisprechende Urtel ist nicht begründet. Die Handlung ist nicht straflos. Es ist jedoch zu ermitteln, ob die Schläge in die Kategorie der Art. 309 und 311, oder des Art. 320 Str. G. B. fallen. Jede Ungewissheit war zu vermeiden, wenn zugleich die Freiwilligkeit der That in die Frage wäre aufgenommen worden.

K. Oeffentl. Minist. Trier wider Malter, 20. April 1831.
v. Meusebach. Eichhorn.

Münzcontravention.

Der X hat die Annahme von 4 Pfennigstücken im kleinen und Einzelverkauf an sich nicht, sondern nur auf einmal in grösserer Summe verweigert. Dies ist dem Gesetz vom 30. September 1821 §. 7 und 11 gemäss, und durch Art. 475, Nr. 11 Str. G. B. nicht verpönt.

R. Oeffentl. Minist. Düsseldorf wider Oedinger, 4. August 1824.
v. Meusebach. Eichhorn. Arch. VII. 2. 42.

Wer Waaren in Bergisch Courant bezahlt, begeht keine

Contravention, wohl aber derjenige, der in diesem Gelde die Preise stellt. Gesetz vom 22. Juni 1823.

K. Oeffentl. Minist. Barmen wider Gerber, 28. Februar 1827.
Friccius. Eichhorn.

Die in Barmen bestehenden Sterbecassenvereine sind Privatgesellschaften, und ihre Verhandlungen keine öffentlichen im Sinne des Gesetzes vom 22. Juni 1823. X hat daher dadurch, dass er die Sterbeauflaggelder noch nach dem altbergischen Münzfuss in das Auflagebuch eingetragen, keine Contravention gegen dieses Gesetz begangen.

R. Oeffentl. Minist. Barmen wider Dörner, 28. Februar 1827.
Friccius. Eichhorn.

X führt, ohne den Bedingungen der Cabinetsordre vom 22. Juni 1823 zu genügen, fremde Kupfermünze, circa 12 Thaler, ein. Die Instanzrichter sprechen ihn frei, seinen Angaben Glauben schenkend, dass er die Münze zu seinen Zehrkosten etc. habe verwenden wollen. Sie haben hierdurch jene Cabinetsordre verletzt.

K. Oeffentl. Minist. Trier wider Schwirtz, 18. November 1829.
Blanchard. Eichhorn.

Münzverbrechen.

Die Wissenschaft der Falschheit gehört zum constitutiven Charakter des Verbrechens, falsche Münzen in Umlauf gesetzt zu haben. Ist die den Geschwornen gestellte Frage hierauf nicht gerichtet, so ist das Urtel nichtig.

K. Weingard, 17. October 1823.
Blanchard. Ruppenthal.

Die Frage:

„Ist X schuldig, falsche, in Preussen Cours habende Papiere, wissend, dass sie falsch seien, in Umlauf gegesetzt zu haben?"

erschöpft die Anklage,

„dass die Falschheit der Münzen ihm gleich Anfangs bekannt war, und dass er sie gar nicht als gut empfangen hatte"

nicht, und ist sonach Art. 132 und 135 Str. G. B. nicht sofort anzuwenden; sondern die Anklage durch die Frage zu erschöpfen.

K. Oeffentl. Minist. Trier wider Grün, 23. Februar 1825.
Goerdeler. Ruppenthal. Arch. VIII, 2, 11.

Der §. 5 der General-Gouvernementsverordnung vom 16. Februar 1814 hat die Strafe des Art. 132 Str. G. B. auf lebenslängliche Zwangsarbeit herabgesetzt, und hierdurch mit der Todesstrafe die Vermögensconfiscation abgeschafft.

K. Gass, 20. Juni 1827.
v. Meusebach. Eichhorn.

X giesst und verfälscht Thalerstücke, und betrügt dadurch das Publicum. Seine Strafe ist zeitige Festungsarbeitsstrafe, welche im Sinne des Art. 15 Str. G. B. in Zwangsarbeit besteht. Da er bereits früher zum Tode verurtheilt worden, so ist mit der Strafe der That — §. 254 seq. Thl. II. Tit. 20 A. L. R. — auch diejenige des Wiederholungsfalles durch Anwendung der Art. 56, 20, 26, 36 Str. G. B. zu verbinden, und somit nicht, wie geschehen, auf zehnjährige Festungsarbeitsstrafe, sondern auf lebenswierige Zwangsarbeit und Brandmarkung zu erkennen.

K. Oeffentl. Min. Elberfeld wider Stange, 18. Dec. 1841.
v. Oppen. Jaehnigen.

Die Münzverbrechen sind, wie sich aus der Cabinetsordre vom 18. April 1835 ergiebt, nach dem rheinischen Verfahren abzuurtheilen, zumal das Münzedict vom 20. September 1806 für die Rheinprovinz nicht gilt, und die Art. 47, 44 und 36 Str. G. B. für sie nicht aufgehoben sind.

R. Roeddel, 21. December 1837.
v. Meusebach. Eichhorn. Arch. XXV. 2. 29.

Seit der Cabinetsordre vom 18. April 1835 ist es nicht mehr zulässig, in der Rheinprovinz gegen Münzverbrecher auf die Strafen der Art. 36, 47, 44 und 11 Str. G. B. zu erkennen.

R. Oeff. Min. Elberfeld wider Roeder & Gen., 8. Dec. 1838.
Eimbeck. Eichhorn. Arch. XXXVIII. 2. 48.

Das wissentliche Verausgaben falscher Münzen ist zuerst mit dem vierfachen Betrag der Münzen, und dann copulativ, nicht alternativ, zugleich mit einer Geldbusse von 5—50 Thlrn., oder mit Gefängnissstrafe verpönt. II. 20, §. 262 A. L. R.

R. Oeffentl. Minist. Elberfeld wider Welp, 2. Juni 1845.
v. Oppen. Eichhorn.

Nachdruck.

Der Verkauf der von dem Buchhändler X vor der Vereinigung der Rheinprovinz mit Preussen etwa nachgedruckten, preussischen Unterthanen zugehörigen Werke, ist nach der Vereinigung nicht erlaubt. Art. 426 seq. Str. G. B.

Der Instanzrichter macht mit Unrecht einen Unterschied, ob die nach der Vereinigung verkauften Werke, deren rechtmässige Verleger in den Provinzen, wo die rheinischen Gesetze nicht gelten, wohnhaft sind, im Inland oder Ausland nachgedruckt worden, und erklärt mit Unrecht den Beweis nur hinsichtlich der im Auslande nachgedruckten für zulässig.

So lange kein Gesetz den Nachdruck für ganz Deutschland verbietet, oder die bezüglichen Bestimmungen des rheinischen Rechts auf alle Bundesstaaten ausgedehnt sind, ist das einheimische Verbot auf das Gebiet des Staats beschränkt, und sind die übrigen Bundesstaaten als Ausland zu betrachten.

Die in der Rheinprovinz geltenden französischen Gesetze über den Nachdruck in Bezug auf Frankreich, müssen jetzt auf Preussen Anwendung finden. Preussische Unterthanen finden daher für ihr literarisches Eigenthum in der Rheinprovinz vollen Schutz.

K. Oeffentl. Minist. Cöln wider Spitz, 11. December 1822.
Fischenich. Ruppenthal. Sandt. Arch. IV. 2. 52.
Arch. VI. 2. 53.

Nachbildungen von Stahlstichen sind nur insofern strafbar, als die Originalplatten noch brauchbar. — Gesetz vom 11. Juni 1837. — Da dieser Beweis nicht durch die blosse Versicherung des Damnificaten zu erbringen, so ist ein nur hierauf gegründetes Strafurtel zu cassiren.

K. Heinrigs, 28. October 1844.
v. Oppen. Jaehnigen.

In Erwägung, dass der Art. 425 Str. G. B., wie aus seinem Inhalte, den Strafbestimmungen selbst, und den in Bezug genommenen, das Schrifteigenthum betreffenden Reglementargesetzen hervorgeht, nur den Schutz der Verfasser und Verleger (auteurs et éditeurs) gegen Nachdruck und Nachstich bezweckt,

dass das Strafgesetzbuch von 1791 noch keine Bestimmungen über den Nachdruck enthielt, und zuerst das Specialgesetz vom 19. Juli 1793 den Verfassern, Componisten, Zeichnern und Malern, welche ihre Werke (ouvrages) drucken oder stechen liessen, Schutzmittel und Entschädigungsansprüche gegen diejenigen bewilligte, welche ohne förmliche und schriftliche Erlaubniss des Verfassers dergleichen Werke durch Druck oder Stich vervielfältigen würden, und insbesondere nicht nur die Confiscation aller Exemplare der widerrechtlichen Ausgabe verfügte, sondern auch den Preis einer bestimmten Zahl von Exemplaren der Originalausgabe dem wirklichen Eigenthümer der Letzteren als Entschädigung zusprach;

In Erwägung, dass der Art. 425 Str. G. B. die Begriffsbestimmung des Nachdrucks oder Nachstichs im engsten Sinne gegeben, und eben dadurch in den Worten: „et toute contrefaçon est un délit," nur diesen verpönt hat, wogegen Plagiat, Nachschreiben, Nachbilden und Nachmachen des Erfundenen, der Gedankenraub überhaupt, nach dieser Begriffsbestimmung nicht unter die Strafen des Art. 427 fällt,

In Erwägung, dass letzterer vielmehr Strafen verhängt, deren Anwendung einen eigentlichen Nachdruck oder Nachstich voraussetzt, und auch das Regulativ vom 5. Februar 1810 seinem Inhalte nach nur das Schrifteigenthum innerhalb bestimmter Zeiträume von Staatswegen gewährt, eben deswegen aber nicht das Recht zur Mitbenutzung alles in der Gegenwart Erfundenen oder von einem Dritten zuerst Verfertigten, ohne alle Beschränkung grundsätzlich ausschliessen kann,

In Erwägung, dass dies um so weniger geschehen ist, als der Erfinder (Inventeur), welcher sich ausschliesslich den Vortheil seiner Erfindung für einen bestimmten Zeitraum sichern will, ganz andere Förmlichkeiten erfüllen muss, nach welchen ihm durch Specialgesetze (Privilegium, Brêvet) Untersagungsrechte bewilligt werden können, dass insbesondere, was die Zoll vereinsstaaten betrifft, dergleichen Privilegien des ersten Erfinders durch die Uebereinkunft vom 21. September 1842 (Ges.-Samml. von 1843 S. 265) mehrfachen Einschränkungen unterworfen sind, und eben die Nothwendigkeit von Erfindungspatenten, sowie das den Regierungen allein vorbehaltene Recht ihrer Ertheilung und Zurücknahme, Untersagungsrechte nichtpatentirter Erfinder, bloss aus dem Eigenthum des Gedankens hergeleitet, von selbst ausschliesst,

In Erwägung, dass wenn schon die eigentliche Erfindung zur Erwerbung solcher Untersagungsrechte des Privilegiums bedarf bei der nur sehr uneigentlich s. g. ersten Anfertigung eines Musters um so gewisser noch ein andrer Titel erforderlich sein muss, damit die natürliche Freiheit zu dessen Nachahmung oder Nachbildung beschränkt werde, und für andere Fabrikanten ein Hinderniss entstehe, Gegenstände ihres Betriebes so zu liefern, wie sie der Käufer verlangt,

In Erwägung, dass, wie früher schon dass Gesetz vom 18. März 1806 den Fabrikanten der Stadt Lyon, so das fast gleichlautende vom 3. December 1811 den Fabrikanten im Grossherzogthum Berg, im Interesse der Industrie die Möglichkeit gewährt hat, sich das Eigenthum der von ihnen (oder ihren Zeichnern) erfundenen Muster durch Hinterlegung zu sichern, dass diese aber nur bei einem Streite über das Eigenthum und Entschädigungsklagen von Einfluss sein kann, der Verfolgung im Strafwege, ausser dem Mangel eines Strafgesetzes, auch der Umstand entgegensteht, dass das behauptete Eigenthum erst nach Eröffnung der deponirten Pakete erkennbar, bis zu derselben, und nach Umständen selbst ungeachtet der Hinterlegung, bis zum Richterspruche ungewiss ist.

In Erwägung, dass hiernach das angegriffene Urtheil die Art. 423—427 Str. G. B. nicht verletzt, sondern deren Anwendung mit Recht ausgeschlossen hat, verwirft etc.

R. Oeffentl. Minist. Elberfeld wider Ellinghaus, 1. Juli 1844.
v. Oppen. Eichhorn.

Nachtwache.

Die Bergische Verordnung vom 11. März 1800, Brüchtenordnung vom 2. November 1802, Beschluss des Präfecten des ehemaligen Rheindepartements vom 10. Mai 1813, sind in Betreff des Nachtwachtdienstes als durch kein späteres Gesetz — Art. 475 Nr. 12; Cabinetsordre vom 11. Juli 1829 — aufgehoben, nach Art. 484 Str. G. B. noch dermalen gültig.

K. Oeff. Min. Lennep wider Wigger, 21. September 1831.
Blanchard. Oswald. Arch. XXI. 2. 76.

Nach der Nachtwachtordnung für Langenberg sind Handlungsdiener zur Nachtwache pflichtig. Art. 2. — Der Art. 4 ist auf das Strengste zu interpretiren.

K. Oeffentl. Minist. Velbert wider Bühl, 18. Nov. 1844.
Esser. Eichhorn.

Ist X wegen eines von der Polizeibehörde befürchteten Aufstandes zu einer Nachtwache aufgefordert, so muss er bei Strafe des Art. 475, Nr. 12 Str. G. B. dem Folge leisten; denn in den Worten: „dans les circonstances d'accidents" liegt die Abwehr der etwan zu erwartenden Unfälle.

K. Oeffentl. Min. Simmern wider Klöcker, 2. Nov. 1833.
Oswald. Eichhorn.

Name (falscher).

X wegen seines frei umherlaufenden Hundes um seinen Namen befragt, nennt dem Gensd'armen einen falschen Namen. Dies erscheint nicht strafbar. Das Gesetz vom 30. October 1816 bestraft nicht jede auf den eigenen Personenstand bezügliche Unwahrheit, sondern nur die Führung fremder oder erdichteter Namen, d. h. den öffentlich fortgesetzten Missbrauch fremder Personenrechte oder Verhüllung des eigenen Personenstandes. Hiermit stimmt das Gesetz vom 6. Fructidor II. überein.

R. Oeffentl. Minist. Coblenz wider Weyrauch, 4. Dec. 1843.
v. Oppen. Eichhorn.

Nichtigkeit.

Erklärt das Polizeigericht in seinem Urtheil nicht, ob es in letzter Instanz erkenne, so ist dies kein Grund der Nichtigkeit.
Art. 163 Cr. O.

R. Oeffentl. Minist. Barmen wider Schäfer, 15. April 1839.
Jaehnigen. Eichhorn.

Die Vernachlässigung der Bestimmung des Art. 196 Cr. O., wonach die Urschrift des Erkenntnisses binnen 24 Stunden zu unterschreiben, ist kein Nichtigkeitsgrund.

R. Ecker, 5. Sept. 1842.
Tellemann. Eichhorn. Sandt.

Ein Urtheil, zu dem 3 Richter mitgewirkt, welche der in einer früheren Sitzung bewirkten Zeugenvernehmung nicht beigewohnt, ist zu cassiren. Art. 7 Gesetz vom 20. April 1810. Den Richtern ist nicht erlaubt, auf geschriebene Zeugenaussagen ein Urtel zu fällen.
Art. 155, 189, 211 Cr. O.

K. Königl. Reg. Cöln wider Thierry, 20. Januar 1823.
Friccius. Ruppenthal. Sandt. Reinhardt.

Hat die urtheilsmässige Feststellung einer strafbaren Handlung nur dann Gewicht, wenn in Folge dessen anf Strafe oder Verpflichtung zu Schadensersatz erkannt wird — Art. 195 Cr. O. — so ist der Richter, wenn diese Fälle nicht vorliegen, zu einer solchen Feststellung nicht verpflichtet.
Art. 367, 368 Str. G. B.

R. Hoffmann wider Schoessler, 14. Dec. 1840.
Jaehnigen. Eichhorn.

Die Folge und Ordnung der im Art. 190 Cr. O. vorgeschriebenen Procedur ist nicht bei Strafe der Nichtigkeit verordnet.

R. d'Hamelin de Baurepaire, 25. Februar 1820.
Krezzer. Ruppenthal.

Der Mangel der summarischen Darstellung des Factums bedingt nicht die Nichtigkeit des Urtels. Art. 153 Cr. O. — Der Richter ist berechtigt, nach gänzlich missglückten Urkunden und Zeugenbeweis die vom öffentlichen Ministerium zum Zweck fernerer Beweisversuche beantragte Vertagung der Sache zu versagen.

R. Oeffentl. Minist. Elberfeld wider Schubbert, 9. Oct. 1843.
v. Oppen. Eichhorn.

Die Art. 369 und 195 Cr. O., wonach der Text des Gesetzes zu verlesen, sind nicht unter Strafe der Nichtigkeit und nicht für Interlocute gegeben.

Nur die Oeffentlichkeit der Verhandlung, nicht die übrigen Bestimmungen des Art. 190 Cr. O., sind unter Strafe der Nichtigkeit vorgeschrieben.

R. Bresten, 17. August 1821.
Blanchard. Ruppenthal. Sandt.

In dem angegriffenen Urtel der Zuchtpolizeikammer sind die Strafgesetze nicht wörtlich angeführt. Dieses Urtel kann um deswillen dennoch nicht der Vernichtung unterliegen. Der Art. 163 Cr. O., bloss für Polizeigerichte gegeben, findet auf die correctionellen Gerichte um so weniger Anwendung, als für diese die Art. 195 und 211 speciell gegeben sind.

R. Oeffentl. Minist. Trier wider Meguin, 17. Sept. 1823.
Goerdeler. Ruppenthal. Arch. V. 2. 78.

Die Vorschrift des Art. 7 Decret vom 20. April 1810 ist nur für die Appellationsgerichte gegeben. Die Vorlesung des Strafgesetzes ist nicht nöthig, wo der zweite Richter pure aus den Gründen des ersten bestätigt.

R. Limbourg, 22. März 1826.
v. Reibnitz. Eichhorn. Sandt.

Non bis in idem.

Die correctionelle Appellationskammer hat, indem sie die Berufung von dem Urtheil, wodurch die correctionelle Kammer die von dem Cassationskläger vorgeschützte exceptio rei judicatae verworfen hat, für zur Zeit unannehmbar erklärt, den Art. 199 Cr. P. O. verletzt, und den Art. 416 unrichtig angewendet. Wer vor den Assisen von der freiwilligen Tödtung freigesprochen kann vor dem correctionellen Gericht wegen Tödtung durch Fahrlässigkeit verfolgt werden. Art. 360 Cr. O.

K. Wagener, 14. März 1827.
Blanchard. Eichhorn. Sandt.

Die Freisprechung von der Anklage auf freiwillige Verwundung eines Menschen schliesst die erneuerte Anschuldigung derselben Person auf unfreiwillige, durch Ungeschicklichkeit, Unvorsichtigkeit, Unachtsamkeit, Nachlässigkeit, oder Nichtbefolgung einer Verordnung begangene Verletzung nicht aus. Denn jene Freisprechung bezog sich nur auf das bestimmte Factum der „freiwilligen Verwundung;“ hier dagegen liegt eine gesetzwidrige Handlung ganz anderer Art, und ein Vergehen vor, das allen Dolus ausschliesst. Nach der früheren Gesetzgebung, wo die Fragen unter allen möglichen Beziehungen, Gesichtspuncten und Modificationen den Geschwornen gestellt werden mussten, hat es sich anders verhalten. Der Art. 360 Cr. O. kann daher nicht Anwendung finden.

K. Oeffentl. Minist. Cöln wider Dreesen, 17. Dec. 1823.
v. Meusebach. Eichhorn. Arch. VI. 2. 1.

Durch Rathskammerbeschluss wird X auf Antrag des öffentlichen Ministerii ausser Verfolgung gesetzt. Opposition nicht eingelegt; dagegen vom öffentlichen Ministerio beim Appellationshof, gestützt auf Art. 235 Cr. O. angetragen, den X vor das Zuchtgericht zu verweisen, und dieser Antrag für nicht annehmbar erklärt. — Mit Recht. — Die Art. 235 und 250 Cr. O. gehen nur auf den Fall, wo die Untersuchung entweder gar nicht stattgefunden, oder nur angefangen hat.

R. Generalproc. am App.-Hofe wider Pleus, 24. Dec. 1831.
Esser. Oswald.

Der Grundsatz „non bis in idem“ ist nicht so weit auszu dehnen, dass er diejenigen Handlungen, die einer früheren Bestrafung vorangehen, um dieses sie nicht berührenden Strafurtels willen, der späteren Verfolgung entzieht.

L. 9 Cod. De accusat.; l. 7 D. eod. tit.; Art. 1351 B. G. B.; Art. 360, 379 Cr. O.

R. v. Bewer, 2. October 1843.
v. Oppen. Jaehnigen. Sandt.

Der Art. 12, Tit. 9 Gesetz vom 29. September 1791 unterstellt, dass Fiscus damit anfange, die Ausübung von Waldbenutzungen als einen Waldfrevel zu verfolgen, dass er die Frage über das Eigenthum als unbezweifelt ansehe und behaupte, — dass erst nach eingeleiteter Untersuchung diese Frage von dem Beschuldigten bestritten werde.

Hat Fiscus dagegen in petitorio ein obsiegendes Urtel erhalten, worin zugleich Verklagter zum Schadensersatz verurtheilt worden, so muss er die Liquidation in foro civili aufstellen. Diese Klage mit einem Strafantrage beim Forstpolizeigericht anbringen, bedingt eine Verletzung des Grundsatzes „non bis in idem.“

R. Forstfiscus wider Sinsteden, 19. Januar 1831.
Graun. Eichhorn.

Es liegt eine Zolldefraudation mit Verfälschung der Zolldeclaration vor. — Die Anklage ist nur auf letzteres Vergehen gerichtet, und die Freisprechung erfolgt. Hierdurch wird die Verfolgung der Defraudation nicht aufgehoben. Beide Vergehen stehen in keiner absolut nothwendigen Verbindung, jedes kann für sich bestehen. Es greift mithin für den untergebenen Fall der Art. 360 Cr. O. nicht durch.

K. Reg. Cöln wider Thierry, 20. Januar 1823.
Friccius. Ruppenthal. Reinhardt. Sandt.

Die Worte des Art. 361 Cr. O.: „autre fait" gehen nur auf ein solches Factum, welches dem in dem Anklageact enthaltenen ganz fremd, denn nur wegen eines solchen kann eine neue Voruntersuchung nothwendig sein. Stellt sich daher heraus, dass der als Dieb constituirte Angeklagte nur Hehler, so ist die Sache sofort abzuurtheilen; denn That und Hauptgegenstand der Untersuchung sind hier dieselben geblieben.

R. Hühnerbein, 20. Februar 1836.
Jaehnigen. Eichhorn.

Der von dem Assisenhof vom betrügerischen Bankerot Freigesprochene ist noch später wegen einfachen Bankerots zu verfolgen. Art. 360 Cr. O.

R. Reitz, 9. Februar 1825.
Blanchard. Ruppenthal. Sandt.

Notar.

Die Meinung, — der Verspätungsmonat müsse bei der versäumten Deposition der Repertorien bereits völlig abgelaufen sein, um den Notar straffällig zu befinden, ist grundlos, denn sonst würden dem Säumigen nicht 2, sondern 3 Monate gestattet sein; dies widerspricht den klaren Worten des Gesetzes.
Art. 16, Tit. 3 Gesetz vom 6. October 1791; 2 Gesetz vom 16. Floréal IV.

K. Oeff. Minist. zu Coblenz wider Deynet, 11. August 1820.
Goerdeler. Ruppenthal.

Der Notar X hat eine Vollmacht ausgefertigt, worin er den Namen des Bevollmächtigten nicht eingetragen, sondern zur Einschreibung desselben Raum gelassen hat.

Hierin liegt nichts Strafbares, wenngleich dies dem Buchstaben des §. 26 der Notariatsordnung vom 22. April 1822, wonach die Notariatsurkunden ohne Lücken geschrieben werden sollen, zuwider ist. Eine gleiche Vorschrift hat bereits das Gesetz über das Notariat vom 16. März 1803 (25. Ventôse XI.)

Art. 13 — enthalten; nichts destoweniger sind notarielle Vollmachten mit Lücken von allen öffentlichen Behörden zugelassen, und niemals als Contravention gegen die Notariatsordnung betrachtet worden.

Ueberhaupt sind Vollmachten in blanco von jeher allgemein üblich gewesen, und aus dem Bedürfniss und der Nothwendigkeit hervorgegangen. Es entspringen hieraus auch keine andere nachtheilige Folgen, als solche, welche aus einer jeden, nicht aus eigener Kenntniss, sondern auf Empfehlung, und nach der Wahl eines Dritten geschehenen Bevollmächtigung hervorgehen können, deren Möglichkeit der Aussteller der Vollmacht nicht vermeiden kann.

R. Generalproc. am Cass.-Hof wider Hermens, 1. Sept. 1824.
Goerdeler. Eichhorn. Arch. V. 2. 53.

Oeffentlichkeit.

Das Landgericht zu Trier hat auf Grund des Art. 2 der Cabinetsordre vom 31. Januar 1822 in einer Criminaluntersuchung, ohne Zuziehung und Vorsitz des Assisenpräsidenten, durch Erkenntniss die Oeffentlichkeit ausgeschlossen. — Dies ist falsch. — Sowohl aus den Worten, wie aus dem Geist der allegirten Cabinetsordre geht hervor, dass dasjenige Gericht über die Ausschliessung des öffentlichen Verfahrens zu erkennen hat, welches in der Hauptsache das Urtel fällt.

Der Ausdruck „Gericht" im Art. 2 umfasst die correctionellen, wie die Criminalgerichte. Die Vorschrift desselben Artikels:

> „dass sämmtliche Kammern der Landgerichte bei der Abfassung des über die Ausschliessung des öffentlichen Verfahrens zu erlassenden Erkenntnisses concurriren sollen,"

bezweckt nur eine feierliche Prüfung der beantragten Ausnahme von der Oeffentlichkeit der Verhandlungen, welche in Criminalsachen unter dem Vorsitz des Assisenpräsidenten zum Beschluss und zur Ausführung kommen muss.

Dem Gesetzgeber kann bei der quaest. Vorschrift nicht die Absicht unterlegt werden, als habe er den Machtkreis der Landgerichte, denen als solchen keine Gerichtsbarkeit in eigentlichen Criminalsachen zusteht, erweitern und den Präsidenten des Assisenhofes von der Mitwirkung zu solchem Urtheil ausschliessen wollen.

K. Generalproc. am Cass.-Hof wider Hemmerling, 20. August 1823.
Blanchard. Eichhorn.

Opposition.

Hat die Steuerverwaltung die Betreibung der Sache dem öffentlichen Ministerio überlassen, so ist ihr ein Rathskammerbeschluss, durch welche der Contravenient ausser Verfolgung gesetzt wird, nicht zuzustellen. Die Oppositionsfrist läuft vielmehr von dem Tage der Erlassung dieses Beschlusses.

R. Oeff. Min. am Appellationshof wider Degraa, 5. Februar 1835.
Esser. Eichhorn.

Pallisaden.

Wer über Pallisaden steigt, verfällt, ohne dass es auf seine Absicht ankommt, mit Rücksicht auf den §. 28 Art. 1 des Gesetzes vom 10. Juli 1791 in die Strafe des §. 33 des Ressort-Reglements.

K. Generalproc. am Cassationshofe wider Pelzer, 13. Juli 1835.
Simon. Eichhorn.

Pass.

Ein nicht zu dem §. 14 des Allgemeinen Passedicts vom 22. Juni 1817 gehöriger Inländer braucht zu Reisen im Inlande keinen Pass. — §. 12. — Das dem Cassationsverklagten nicht publicirte Rescript des Ministers des Innern und der Polizei vom 18. Mai 1836, hat, abgesehen von der Frage, ob das Ministerium zu dem Erlass dieses Rescripts befugt gewesen, hierin nichts geändert.

R. Oeffentl. Minist. Cleve wider Kehrings, 9. Dec. 1837.
Jaehnigen. Eichhorn.

Pfändung.

Wenn auch die Steuerboten nach Art. 18. Consularbeschluss vom 16. Thermidor VIII. für die directen Steuern das Amt eines Gerichtsvollziehers wahrnehmen, so ist doch die Cabinetsordre vom 11. December 1833, indem sie nur von gerichtlichen Pfändungen spricht, auf derartige Pfändungen, als nicht gerichtliche nicht anwendbar.

R. Oeffentl. Minist. Elberfeld wider Theis, 24. Mai 1841.
Esser. Eichhorn.

Sobald einmal auf Anstehen des X durch Gerichtsvollzieheract die Früchte auf den Grundstücken des Cassationsverklagten in gerichtlichen Beschlag genommen waren, durfte dieser von ihm aus dem Grunde, er sei ungültigerweise geschehen, nicht verletzt werden. Hat der Richter die Strafbarkeit dieser Handlung von der civilrechtlichen Entscheidung über die Gültigkeit des Beschlags abhängig gemacht, so hat er sich einer Rechtsverweigerung schuldig gemacht, und die Cabinetsordre vom 11. December 1833 verletzt.

K. Oeffentl. Minist. Trier wider Wolsfeld, 2. Januar 1836.
Esser. Eichhorn.

Pfändung von Früchten; Opposition Seitens der Ehefrau; Erkenntniss des Friedensgerichts, dass die Pfändung für nichtig und aufgehoben zu erklären. Hat nun der Schuldner trotz der vom Oppositen eingelegten Berufung, die Früchte vom Felde genommen, so verfällt er der Strafe der Cabinetsordre vom 13. December 1833 Art. 17 B. P. O., — denn das Erkenntniss des Friedensrichters war keineswegs provisorisch vollstreckbar.

§. 6 Verordnung vom 11. Mai 1843.

K. Oeffentl. Minist. Trier wider Kramp, 23. Dec. 1844.
Brewer. Jaehnigen.

Hat der Instanzrichter die von allen Thatumständen entblösste Entschuldigung angenommen, die X habe in der Meinung, die angelegte Pfändung sei aufgehoben, die gepfändeten Möbel verschleppt, so hat er die Cabinetsordre vom 11. December 1833 verletzt. Nicht die Absicht, sondern die Verschleppung ist entscheidend.

K. Oeffentl Minist. Elberfeld wider Klein, 6. Mai 1844.
Graun. Jaehnigen.

X, indem er die gepfändeten Sachen aus seiner früheren Wohnung zu Trier nach Trarbach verbrachte, und die auf den Grund der Beschlagnahme vorzunehmende Versteigerung vereitelte, hat die Strafe der Cabinetsordre vom 11. December 1833 verwirkt.

K. Oeffentl. Minist. Trier wider von Schellard, 9. Mai 1842.
Esser. Jaehnigen. Arch. XXIII. 2. 34.

Das Wort der Cabinetsordre vom 11. December 1833 „gestattet," drückt deutlich aus, dass der gestattende Hüter die von anderen geschehene Verschleppung gewusst, und freiwillig zugelassen haben muss.

R. Oeffentl. Minist. Düsseldorf wider Hansen, 2. Nov. 1840.
Jaehnigen. Eichhorn.

Polizeiverordnung.

Wo es gebräuchlich, den Tag der beginnenden Weinlese von Obrigkeitswegen anzuzeigen, sind dergleichen polizeiliche Anordnungen für jeden verpflichtend, ohne dass sie der Bestätigung der Verwaltungsbehörden bedürfen. Die Feldschützen sind berechtigt, derartige Contraventionen anzuzeigen. Die entgegenstehende Ansicht involvirt einen Missbrauch der Gewalt und eine Verletzung der Art. 476, Nr. 1 Str. G. B. und Art. 2, Tit. 1, Abschnitt V; Art. 6, Tit. 1 Abschnitt VII. Gesetz vom 28. September 1791.

R. Oeff. Min. Treis wider Wirts, 23. August 1826.
Blanchard. Eichhorn.

Kein bindendes Gesetz belegt den Dienstherrn eines Hirten, der sich eines Vergehens oder einer Contravention schuldig macht, mit einer Strafe.

K. Oeffentl. Minist. Mayen wider Hürter, 13. Dec. 1826.
Blanchard. Eichhorn.

X, welcher seine Schafe auf Brach- oder Stoppelfeldern Dritter weiden liess, wird aus dem Grunde, weil eine gehörige Bekanntmachung des Bürgermeisters und Landraths dies verboten, nach Art. 471 Str. G. B. verurtheilt. Jene Bekanntmachung hat keine bindende Kraft.

Reglem. vom 1. Thermidor VI. Art. 92, §. 32 Ressort-Reglement.

Der Richter hat daher durch dieses Erkenntniss die angezogenen Gesetze und den Art. 4 Str. G. B. verletzt, und seine richterliche Selbstständigkeit compromittirt.

K. Generalproc. am Cassationshof wider Fleuster, 6. Jan. 1830.
Blanchard.

Das Polizeigericht, annehmend, dass eine Verordnung des Landraths, wiewohl durch das Kreisblatt bekannt gemacht, der in den Gesetzen vorgeschriebenen Publication ermangle, hat hierdurch die Cabinetsordre vom 28. März 1811 und vom 9. Juni 1819 falsch angewendet, und die Cabinetsordre vom 8. Februar 1840 verletzt.

R. Oeffentl. Minist. Rondsdorf wider Lorenz, 28. Juni 1843.
Brewer. Jaehnigen.

Die Publication örtlicher Polizeiverordnungen muss als eine Thatsache dem Contravenienten vom öffentlichen Ministerio bewiesen werden. Ist dieser Beweis, der thatsächlichen Feststellung des Richters zufolge, nicht erbracht, so ist Bestrafung nicht denkbar.

K. Oeffentl. Minist. Cöln wider Wintgen, 5. Sept. 1842.
Tellemann. Eichhorn.

Muss gleich der Richter bei zweifelhafter Publikation eines Gesetzes deren Nachweis führen, so ist doch jeder Zweifel da ausgeschlossen, wo es sich, wie bei der Verordnung vom 13. Mai 1818 Nr. 4, 6 (Aufnahme von Fremden), um eine zur ortspolizeilichen Controlle nothwendige, gemeingültige, bekannte, und notorisch publicirte Polizeivorschrift handelt, welche seit vielen Jahren in täglicher Anwendung geblieben ist.

K. Oeffentl. Minist. Cöln wider Decker, 13. Juni 1842.
v. Oppen. Jaehnigen.

X, ein Ackerer, beherbergt zwei Personen, ohne den Schöffen Anzeige zu machen. Diese Handlung ist keine verpönte. X gehört nicht in die Kategorie der Personen des Art. 475, Nr. 2 Str. G. B. Die Königl. Regierung zu Trier hat zwar durch Verfügung vom 12. Juli 1833 mit Beziehung auf den §. 7 ihrer Verfügung vom 10. September 1817 unter Androhung der in dem §. 33 Ressort-Reglement bestimmten Strafe, jeden Einwohner eines Ortes verpflichtet, die bei ihm Nächtigenden der Polizei zu melden. Da aber in jenen Verfügungen der durch den §. 32 Ressort-Reglement erforderlichen höhern Genehmigung nicht erwähnt wird, so sind sie nicht verbindlich.

R. Oeff. Minist. Saarburg wider Jungbluth, 11. Juli 1835.
Esser. Eichhorn.

Eine polizeiliche Bekanntmachung im Fremdenblatt, ist, zumal Niemand zum Halten des Blattes verpflichtet, keine zureichende und bindende.

R. Oeff. Min. Cöln wider Schmitz, 2. März 1840.
v. Oppen. Esser. Arch. XXX. 2. 12.

Die, in der für Cöln publicirten Pockenordnung vom 22. Januar 1820 enthaltenen Strafbestimmungen sind für die Gerichte nicht bindend.

K. Oeffentl. Minist. Lindlar wider Heller, 4. Juli 1833.
Simon. Eichhorn. Arch. XVIII. 2. 38.

Die von dem Gemeinderath zu Aldenhowen am 1. September 1830 erlassene Wachtordnung ist mit Rücksicht auf Art. 13, Tit. 2 Gesetz vom 24. August 1790 ein für die Gerichte bindendes Gesetz. Zu ihrer verbindlichen Kraft genügt, dass sie wie dort hergebracht, bekannt gemacht worden. Der Contravenient ist nach §. 33 Ressort-Reglement zu bestrafen.

K. Oeffentl. Minist. Aldenhowen wider Uebachs, 22. Juni 1831.
Blanchard. Eichhorn.

Die Cassationsverklagten verfallen, da sie der angeordneten Landesvisitation nicht beigewohnt, der Strafe des Art. 465, Nr. 12 Str. G. B., denn die Verfügung wegen der Landesvisitation, sich der Dienstinstruction für die Oberpräsidenten vom 23. October 1817 anschliessend, ist von den Gerichten zu beachten.

R. Oeffentl. Minist. Ottweiler wider Albert, 13. Juli 1823.
Esser. Eichhorn.

Die Cassationsverklagten setzen sich auf eine verpachtete Kirchenbank. Dies soll strafbar sein, weil angeordnet: dass wer die Pächter durch widerrechtliches Eindrängen auf ihren Bänken störe, mit Strafe zu belegen. Dem ist nicht so. Die Ortspolizei hat über die Kirchensitze nicht zu disponiren, Art. 30 Decret vom 30. December 1809, und kann gegen denjenigen nicht Strafen verhängen, welcher das Pachtrecht eines andern nicht kennt oder anerkennt. Eine solche Besitzstörung kann eben nur der Berechtigte rügen, sie berührt aber die Ortspolizei in keiner Weise.

R. Oeffentl. Minist. Eitorf wider Bourauel, 19. Oct. 1840.
v. Oppen. Esser.

Das angegriffene Urtel, annehmend, dass die durch den Polizeidirector zu Cöln bewirkte Insertion eines, das Halten der Hunde betreffenden Publicandi in die Cölner Zeitung, keine zulängliche Publication darstelle, um örtliche Verordnungen auf eine genügende Weise zur Kenntniss des Publicums zu bringen, verletzt kein Gesetz.

R. Oeffentl. Minist. Cöln wider Honnef, 10. October 1835.
Graun. Eichhorn.

Die landräthlich Elberfeldsche Verordnung wegen des Haltens der Hunde, wenngleich am 28. April 1828 von der Regierung Düsseldorf für vollstreckbar erklärt, ist, da sie sich an kein älteres Gesetz anlehnt, vom Richter mit Recht nicht beachtet worden.

R. Oeff. Min. am Polizeigericht Elberfeld wider Kampermann, 4. März 1829.
Blanchard. Eichhorn. Arch. XIII. 2. 1.

Die landräthliche Behörde von Lennep erliess am 12. December 1827 auf Grund einer Bestimmung des Ministers des Innern vom 24. September 1824 über das Halten der Hunde, eine, von der Königl. Regierung bestätigte Verordnung. Ihr

Hauptzweck ist, die Gefahren, welchen das Publicum durch die übergrosse Anzahl herrenloser Hunde ausgesetzt ist, zu vermeiden. Eine solche Maassregel ist der Wachsamkeit der Municipal- und Administrativbehörden anvertraut, — Art. 13, Tit. II. Art. 3, Tit. XI. Gesetz vom 24. August 1790, — und daher für die Gerichte bindend.

K. Oeffentl. Minist. Lennep wider Spiecker, 27. Jan. 1830.
Blanchard. Eichhorn.

X ist beschuldigt, dass er seinen Hund ohne Sicherheitszeichen herumlaufen lasse. Das Polizeigericht spricht ihn frei, weil die betreffende Bekanntmachung des Landraths gegen den §. 2 und 6 der Cabinetsordre vom 28. März 1811 nicht durch das Amtsblatt publicirt sei. Wenn nun aber die §. 4, Nr. 2 l. c. und §. 15 Verordnung vom 9. Juni 1819 nur von den zur allgemeinen Bekanntmachung geeigneten Verfügungen der Landesbehörden sprechen, so finden sie auf Verordnungen der vorliegenden Art um so weniger Anwendung, als dies aus dem §. 8 und 16 klar genug hervorgeht.

K. Oeffentl. Minist. Crefeld wider Fürner, 6. Dec. 1834.
Oswald. Eichhorn.

Bei dem Ausbrechen der Tollwuth befiehlt der Landrath bei Strafe das Festlegen aller Hunde. Zum Erlass einer solchen Verfügung sind die Municipalbehörden berechtigt; Art. 3, Nr. 5, Tit. 11 Gesetz vom 16. und 24. August 1790; Art. 46, Tit. 1 Gesetz vom 19. und 22. Juli 1791. Da nun Art. 3, Nr. 5 l. c. die Municipalbehörden verpflichtet, in Fällen der untergebenen Art die höheren administrativen Behörden zur Ergreifung zweckdienlicher Maassregeln aufzufordern; da deren Befugniss zum Erlass solcher Verfügungen unbedenklich; da ferner den Regierungen die Verwaltung der Landespolizei anvertraut. §. 13 Verordnung vom 30. April 1815; §. 2 Regierungsinstruction vom 23. October 1817; da endlich die Landräthe die Organe der Regierung sind, so ist klar, dass wenn, wie hier, die Regierung die Landräthe ermächtigt hat, das freie Umherlaufen der Hunde bei Strafe zu verbieten, in einem solchen, von dem Landrath ausgehenden Verbot keineswegs eine gesetzlich nicht gestattete Uebertragung amtlicher Befugnisse, sondern nur ein Auftrag zur Ausführung einer für besondere Zeiten und Umstände von der Regierung gegebenen, auf polizeiliche Gesetze sich gründenden Strafverordnung enthalten ist. Ist das Polizeigericht von entgegenstehenden Ansichten ausgegangen, so hat es die den administrativen Behörden zustehenden Befugnisse verkannt, die Grenzen der eigenen Amtsbefugniss überschritten, und die laudirten Gesetze verletzt.

K. Oeff. Min. Dülke widern Tobrok, 3. Januar 1842.
Brewer. Jaehnigen.

Die Königl. Regierung bestimmt, wegen der Hundswuth seien alle Hunde bei Strafe von 3 bis 5 Thlr. fest zu legen. Der Polizeirichter will diese Verordnung nicht anwenden, weil die §§. 32 und 33 Ressort-Reglement ein Minimum der Strafe von 1 Thlr. festsetzen. Hierbei ist übersehen, dass jene §§. nur von solchen Contraventionen sprechen, welche nicht besonders verpönt sind.

K. Oeffentl. Min. Cöln wider Jung, 9. September 1844.
Graun. Eichhorn.

Die Verordnung des Landraths zu Crefeld vom 1. Mai 1830, befehlend, dass den zum Ziehen gebrauchten Hunden ein Maulkorb anzulegen, bezweckt die Sicherheit des Durchgangs über die Strassen, und ist daher bindend.

Art. 3, Ziffer 1, Tit. XI. Gesetz vom 16. und 24. August 1790.

K. Oeffentl. Minist. Urdingen wider Kremer, 24. Nov. 1845.
Brewer. Jaehnigen.

Das Reglement der Regierung Düsseldorf für das Schlachthaus der Stadt Elberfeld vom 27. October 1807 ist, als sich an die Bergische Reformationsordnung vom Jahre 1646 anschliessend, bindend. Die dort bestimmten Gebühren sind eine Abgabe für den Gebrauch des Schlachthauses, mithin auf polizeilichem Wege nicht einzuklagen.

R. Witschen, 1. Juli 1837.
Esser. Eichhorn. Sandt.

Die städtische Behörde kann bei Strafe bestimmen, dass alles grosse und kleine Schlachtvieh, wovon das Fleisch zum Verkauf bestimmt ist, nur in dem städtischen Schlachthaus abgeschlachtet werden dürfe.

Decret vom 22. Juli 1791 Art. 46; Decret vom 16. August 1790 Art. 3 und 4 Tit. XI.

R. Daverskosen, 15. November 1841.
Graun. Eichhorn. Sandt.

Ist der Verkauf des Schweinefleisches in den Häusern nur unter Einschränkungen von der Polizei gestattet, so ist diese Vorschrift eine den Richter bindende, und der Contravenient nach §. 33 Ressort-Reglement zu bestrafen.

Art. 3, Nr. 1 und 4, Tit. 15; Art. 13, Tit. 2 Gesetz vom 24. August 1790; Art. 46 Gesetz vom 21. Juli 1791.

K. Oeff. Min. am Polizeiger. Aachen wider Müller, 9. Juni 1830.
Blanchard. Eichhorn.

Verordnung des Bürgermeisters, durch welche Sperre des Viehes angeordnet, weder gesundes noch krankes Vieh verkauft und das kranke Vieh mit den Buchstaben „L. K." gezeichnet werden soll. X verkauft eine ungezeichnete gesunde Kuh; er ist mit der Strafe des Gesetzes vom 23. und 27. Messidor V. nicht zu belegen, denn ist auch dieses Gesetz noch dermalen anwendbar, da der Art. 401 Str. G. B. darauf verweist, so kann doch ein Verbot, gezeichnetes Vieh zu kaufen, auf ungezeichnetes schon um deswillen nicht ausgedehnt werden, weil jenes, nicht aber dieses jedem Käufer sogleich erkennbar, das Strafgesetz aber nicht den Verkauf des gesunden, sondern nur den des kranken und als verdächtig vorschriftsmässig bezeichneten Viehs verboten hat. Dagegen aber verfällt X der Strafe des §. 33 Ressort-Reglement.

K. Oeffentl. Min. Düsseldorf wider Wolters, 19. October 1840.
v. Oppen. Esser.

Die Regierung zu Düsseldorf hat durch Verordnung vom 10. Mai 1821 das erhitzende und abmattende Treiben des Schlachtviehs verboten. Diese Verordnung ist, da sie sich an kein gesetzliches Verbot anschliesst, ohne Wirkung.

R. Oeffentl. Minist. Urdingen wider Salomon, 20. Oct. 1845.
v. Daniels. Eichhorn.

Keine allgemeine oder locale Vorschrift beschränkt die Befugniss des Hauseigenthümers, das aus seinem Hause abfliessende Wasser in den Rinnstein zu leiten. Eine dadurch bewirkte Stauung des Wassers bei den unterhalb liegenden Häusern, ist kein von ihm zu vertretendes Hinderniss des Durchganges (passage), im Sinne des Art. 471, Nr. 4 Str. G. B.

R. Oeffentl. Minist. Kreuznach wider Huff, 12. Mai 1832.
Oswald. Eichhorn.

Die Verordnung vom 6. März 1836, das Ablaufen der Mistjauche verbietend, hat mit Rücksicht auf Art. 3, Nr. 1, Tit. II. Gesetz vom 24. August 1790 bindende Kraft.

K. Oeffentl. Minist. Cöln wider Cremer, 5. Juni 1840.
Esser. Eichhorn.

Da das Halten offener Mistplätze an den Strassen, selbst auf eigenem Grund durch die davon ausgehende Ausdünstung schädlich, so ist das im §. 18 der Polizeiverordnung für Mayen vom 30. Juli 1836 dagegen erlassene Strafverbot bindend.

Art. 46, Tit. 1 Gesetz vom 19. und 22. Juli 1791.
Art. 3, Nr. 1, Tit. XI. Gesetz vom 16. und 24. August 1790.

K. Oeff. Min. Mayen wider Carbach, 9. Dec. 1837.
Jaehnigen. Eichhorn. Arch. XXVI. 2. 55.

Die Verordnung für Stromberg vom 4. Februar 1836, § 4,

verbietend, Mistjauche etc. auf die Strasse zu leiten, ist, da sie sich dem Tit. XI. des Gesetzes vom 16. und 24. August 1790 anschliesst, für den Richter bindend.

K. Oeffentl. Minist. Stromberg wider Müller, 29. Dec. 1845.
Esser. Eichhorn.

Das Gesetz vom 7. und 11. September 1790 legt den Regierungen die Verwaltung der Strassen zu. Das Gesetz vom 7. und 12. October 1790 begreift hierunter das Recht, die Richtungslinie der neben den Landstrassen aufzuführenden Gebäude zu bestimmen. Die in dieser Beziehung von der Königl. Regierung zu Düsseldorf am 10. Juli 1829 erlassene Verordnung ist daher für die Gerichte bindend. Bei Contraventionen sind mit Rücksicht auf das Decret vom 31. Juli 1806 Art. 2 die correctionellen Gerichte competent.

K. Oeffentl. Minist. Cleve wider v. d. Hoevel, 21. Oct. 1832.
Esser. Eichhorn.

Die Königl. Regierung zu Trier hat durch Verfügung vom 2. Mai 1829 bei Strafe verordnet, dass Niemand zur Seite der Staats- und Bezirksstrassen neue Gebäude aufführen dürfe, ohne Prüfung der Richtungslinie und Genehmigung der Regierung.

Dieser Beschluss, sich anschliessend dem in der Rheinprovinz nicht publicirten Staatsrathsbeschluss vom 27. Februar 1765, dem dort publicirten Art. 50 des Gesetzes vom 16. September 1807 ist verbindlich. Wer dieser Verpflichtung zuwider handelt, ist vor dem Zuchtpolizeigericht auf Schadensersatz zu belangen — Art. 161, 189 Cr. O. — und durchaus gerechtfertigt, wenn von diesem Gerichte auf Einziehung des Gebäudes bis zur Richtungslinie erkannt worden.

R. Weber, 7. März 1842.
Brewer. Jaehnigen.

Wenn der Art. 471 Str. G. B. verordnet:

„qui auront négligé . . . d'exécuter les réglemens . . . concernant la petite voirie,“

so ergiebt der Zusammenhang und eine Vergleichung mit den Decreten vom 16. August 1790, 19. Juli 1791, Ministerial-Instruction vom 7. Prairial XIII., dass hier nur von eigentlichen polizeilichen Zuwiderhandlungen und Unterlassungen die Rede, in welcher Beziehung die administrativen Behörden „précautions locales“ allerdings treffen dürfen. Hierhin gehören aber Verordnungen, welche die Instandsetzung von Communalwegen zum Gegenstand haben, und diese in Folge der Verpflichtung der Gemeindeeingesessenen zu Wegebaudiensten oder Zahlung des Aequivalents fordern, in keiner Weise.

R. Oeffentl. Minist. Grevenbroich wider Zander, 17. Oct. 1842.
Graun. Jaehnigen.

Die Polizeiverordnungen, wonach jeder Hausbewohner in Städten, vor seiner Thür die Reinigung der Strasse besorgen muss, sind allgemein. Art. 471, Nr. 3 Str. G. B. Diese Verbindlichkeit gehört jedoch nicht unter diejenigen Communallasten, wovon die Verordnung vom 28. Februar 1817 handelt.

K. Oeffentl. Minist. Trier wider Franzen, 12. October 1825.
v. Reibnitz. Eichhorn.

Hat X wider das Verbot der Municipalverwaltung zu Kreuznach vom 12. November 1834, welches bindende Kraft:

Gesetz vom 24. August 1790 Art. 3, Nr. 1; Art. 471 Nr. 4 Str. G. B.

eine Thür von der Strasse in sein Haus gebrochen, und vor dieses zwei Tritte gelegt, so verletzt seine Freisprechung diese Gesetze.

K. Oeffentl. Minist. Kreuznach wider Goldmann, 28. Nov. 1835.
Esser. Eichhorn.

X hat an dem Ueberbau seines Hauses gegen polizeiliches Verbot eine Hauptreparatur bewerkstelligt. Die Instanzrichter sprechen ihn wegen Mangels eines verbindenden Gesetzes frei. Mit Unrecht. Der Art. 46 des Gesetzes vom 19. und 22. Juli 1791; Mairiebeschluss zu Cöln vom 24. Germinal X.; Art. 2, 9, 20 Präfecturbeschluss vom 20. Nivose XI., gehören unter die Vorschriften der im Art. 3 etc. Tit. 11 Gesetz vom 16. und 24. August 1790 bezeichneten, zur Sicherheit und Bequemlichkeit der Strassen zu treffenden Maassregeln. Ihre Ueberschreitung ist nach Art. 471, Nr. 5 Str. G. B. von den Gerichten zu ahnden.

K. Oeffentl. Minist. Cöln wider Reitschuster, 23. Dec. 1829.
Oswald. Eichhorn.

Der ganze Zusammenhang und namentlich der §. 10 des Decrets vom 15. October 1810 zeigt, dass gerade der Umstand, ob eine Anlage unter einer der in der Nomenclatur begriffenen (wozu Ziegeleien nicht gehören) enthalten sei, für die Qualität derselben als unter dem Gesetz begriffen, und der Genehmigung benöthigt, entscheidend sei.

Hat daher die Regierung zu Aachen die Anlage von Ziegelöfen in der Nähe der Landstrassen bei Strafe verboten, so ist dieses, an kein bestehendes Gesetz sich anschliessende Verbot für die Gerichte nicht bindend.

K. Heinen, 4. Januar 1834.
Oswald. Eichhorn. Reinhardt.

X hat unmittelbar an seinem Fabrikgebäude ohne Erlaubniss eine Färberei angelegt. Er ist um deswillen nicht zu strafen. Der Art. 33 des Ressort-Reglements spricht nur von Polizeigesetzen, die nicht besonders verpönt sind. Hierunter sind nur solche zu verstehen, welche nur eine allgemeine Strafandrohung enthalten, ohne dass die Strafe näher bestimmt ist. Das Decret vom 15. October 1810 thut aber für den untergebenen Fall von keiner Strafe auch nur im Allgemeinen Erwähnung.

R. Oeff. Minist. Eupen wider Weynands, 22. Sept. 1824.
Blanchard. Ruppenthal. Arch. VII. 2. 49.

Die Verordnung der Königl. Regierung zu Aachen vom 10. December 1834, das Abbrennen der Ziegelöfen betreffend, erwähnt in ihrem Eingang ausdrücklich der Genehmigung des Ministerii des Innern vom 15. October 1834. Da nun eine bestimmte Form dieser Genehmigung nicht vorgeschrieben, so hat jene durch das Amtsblatt publicirte Verordnung bindende Kraft.

§. 32 Ressort-Reglement.

K. Oeff. Min. Aachen wider Heinen, 12. Dec. 1835.
Esser. Eichhorn. Reinhardt. Arch. XXIII. 2. 3.

Der Schöffe fordert die Gemeindemitglieder auf, einen Communalweg auszubessern. Da sie hierzu nicht verpflichtet, so ist ihr Ungehorsam nicht mit der Strafe des Art. 471, Nr. 5 Str. G. B. zu belegen.

R. Oeffentl. Minist. Stromberg wider Daunn, 7. Juni 1841.
Esser. Eichhorn.

Der Municipalbeschluss der Gemeinde Crefeld vom 22. Nivôse IX., indem er in den Art. 2 und 3 eine Strafe gegen diejenigen verhängt, welche den Beitrag zur Unterhaltung der nachbarlichen Strassenlampe verweigern, — kann als rechtsgültige Polizeivorschrift nicht angesehen werden, denn er betrifft lediglich eine Sache der Communalverwaltung.

Art. 4, Nr. 9 Gesetz vom 11. Frimaire VII.
Art. 46, Tit. 1 Gesetz vom 19. und 22. Juli 1791.

R. Oeff. Minist. Crefeld wider Goll, 22. October 1836.
Jaehnigen. Eichhorn.

Da keine polizeiliche Vorschrift angeführt worden, welche das Aufbewahren von Heu und Stroh in der Nähe von Schornsteinen verbietet, so unterliegt diese Unvorsichtigkeit keinem Strafgesetz.

R. Oeff. Min. Saarbrück wider Abel, 9. April 1835.
Oswald. Eichhorn.

Die Cabinetsordre vom 9. December 1832, welche nur Bestimmungen über das nicht feuergefährliche, das Publicum aber belästigende Tabackrauchen enthält, hat keine beschränkende Beziehung auf die dagegen in Festungen erlassenen Anordnungen. Haben daher die Beschuldigten gegen den Erlass des Landraths und die Warnungstafeln der Commandantur, innerhalb der Festungswerke von Jülich geraucht, so verfallen sie der Strafe des §. 33 Ressort-Reglement.

K. Oeffentl. Minist. Jülich wider Nix, 1. Febr. 1834.
Oswald. Eichhorn. Arch. XX. 2. 5.

Die Gegenstände der Ordnungs- und Sicherheitspolizei, insbesondere die Maassregeln zur Vorbeugung von Feuersbrünsten und polizeiwidrigen Bauten, gehören zu dem Geschäftskreise der Regierungen. Instruction vom 22. October 1817 §. 2. — Diese sind auch befugt, der Verfügung solcher Maassregeln durch Zwangs- und Strafmittel Nachdruck zu geben. §. 11 ibid. Zum Erlass allgemeiner Verbote und Strafbestimmungen bedarf es freilich der höheren Genehmigung — §. 11 ibid.; §. 40 der Verord. vom 26. December 1808; §. 32 des Ressort-Regl. vom 20. Juli 1818 — wo aber, wie bei feuergefährlichen Handlungen, bereits ein Verbotsgesetz besteht, kann der Richter eine von der competenten Behörde erlassene, gehörig publicirte, localpolizeiliche Verordnung, nicht auf den Grund der blossen Unterstellung: „der König habe sich diesen Zweig der Gesetzgebung vorbehalten" — für unwirksam erklären, ohne seine Macht zu überschreiten, und sich eines Eingriffs in Verwaltungsgegenstände schuldig zu machen §. 40 der Verordnung vom 20. Juli 1818, und §. 11 der Instruct. vom 23. October 1817. Das Polizeigericht zu Stromberg hat mithin durch sein dem entgegenstehendes Urtheil die bezogenen Gesetze und die §§. 22 und 76 der Verordnung zur Verhütung von Feuersgefahr für den Kreis Kreuznach vom 20. Juli resp. 25. August 1836 verletzt.

K. Oeff. Minist. Stromberg wider Graffi, 12. October 1840.
v. Oppen. Eichhorn.

Das Schiessen mit Pistolen zwischen mit Stroh bedeckten Gebäuden ist durch kein Gesetz und durch keine, Gesetzeskraft habende Verordnung verboten.

R. Oeffentl. Minist. Jülich wider v. Brachel, 21. Sept. 1831.
Blanchard. Oswald.

Die Polizeiverordnung vom 30. September 1836, welche das Schiessen in der Nähe von Gebäuden etc., bei Strafe verbietet, hat bindende Kraft.

K. Oeffentl. Minist. Cöln wider Scheer, 15. April 1839.
Graun. Eichhorn.

Die in dem Regulativ des Königl. Finanzministerii vom 1. December 1820, allegirte Cabinetsordre, hat, als nicht verkündet, so wenig, als das Regulativ, Gesetzeskraft.

K. Königl. Reg. Düsseldorf wider Katzbach, 5. Oct. 1821.
Goerdeler. Ruppenthal.

Die Regierung zu Aachen verordnet am 23. Januar 1835, dass Minderjährige, die vor dem gesetzlichen Alter Handel treiben, mit einer Strafe von 1—5 Thlrn. zu belegen sind. Diese Verordnung bindet die Gerichte nicht. Die Art. 2, 3 und 6 H. G. B. enthalten nur privatrechtliche Bestimmungen über die Fähigkeit eines Minderjährigen Handel zu treiben, und sich dadurch zu verpflichten; dergleichen Verfügungen des Privatrechts und die Zuwiderhandlungen dagegen, haben nur civilrechtliche Folgen; sie fallen nicht in's Gebiet der Polizeigewalt. Die Verstösse gegen diese Verfügungen können daher nicht von Verwaltungsbehörden mit Strafen geahndet werden.

R. Oeffentl. Minist. Eupen wider Groebbels, 30. Mai 1835.
Esser. Eichhorn.

Ein Urtel, welches Leute, welche am Frohnleichnamstage gearbeitet, verurtheilt, übersieht, dass hierin keine strafbare Contravention liegt. Denn die Verordnung vom 11. August 1828 erkennt diesen Feiertag nicht an, und die Cabinetsordre vom 14. März 1829 setzt hierauf keine Strafe, wie dies sich aus der Cabinetsordre vom 3. Juli 1832 auf das Klarste ergiebt.

K. Generalproc. am Cass.-Hofe wider Neumagen, 23. Nov. 1833.
Oswald. Eichhorn.

Es existirt keine Verordnung, welche den Schmiedegesellen verbietet, nach 10 Uhr des Abends zu schmieden.

R. Oeff. Minist. Elberfeld wider vom Hoff, 14. Februar 1837.
Esser. Eichhorn. Reinhardt.

Schon nach der Jülich- und Bergischen Polizeiordnung von 1554 sollten die Markt- und Kuymeister darauf sehen, dass das Bier gut gebraut und gesotten werde. Lehnt sich nun die Brauordnung vom 22. Februar 1822 an dieses Gesetz an, ist in derselben kein allgemeines Verbot enthalten, noch bei Bestimmung der Strafe das gesetzliche Maass überschritten, so müssen die Cassationskläger sich dieser Verordnung fügen.

§. 2, 11 Instruction vom 23. October 1817.

§. 26 der Anweisung vom 20. Juli 1818.

Von einer Verletzung der Art. 318, 475, Nr. 6 und 484 Str. G. B. kann hier nicht die Rede sein, wo es sich nur von vorsorglichen Maassregeln handelt, deren Festsetzung besonderen Bestimmungen der Verwaltungspolizei überlassen bleiben muss, und worüber das Strafgesetzbuch keine allgemeine Vorschriften ertheilen konnte.

R. Brauer zu Düsseldorf, 28. Mai 1823.
Blanchard. Ruppenthal. Sandt.

Die von dem Finanzministerium in Gemässheit des §. 19 Gesetz vom 30. Mai 1820 gegebenen Vorschriften, können nur solche Verpflichtungen auferlegen, welche aus dem Gesetze selbst klar folgen. Das Gesetz selbst hat aber den Bäckern nicht die Verpflichtung auferlegt: „Bücher über den Zu- und Abgang ihres Mehles zu führen.“ §. 14, 16 lit. d.

R. Prov.-Steuerdirect. wider Schäfer, 5. Mai 1828.
Friccius. Eichhorn. Arch. XIII. 2. 19.

In Erwägung, dass die Cabinetsordre vom 25. April 1821 erst nach Einleitung der gegenwärtigen Klage — Betrieb des Maurergewerkes ohne Prüfung — verkündet, fehlt es an einem bindenden Gesetz, auf dessen Nichtbeachtung die Strafen des Aachener Regierungserlasses vom 20. Juli 1829 anwendbar wären.

R. Oeffentl. Minist Aachen wider Dohlen, 14. Juli 1832.
Esser. Eichhorn.

Der Richter, welcher ein Gesetz anwenden soll, muss nothwendig prüfen, ob dasselbe gültig, mithin anwendbar; kein Gesetz ermächtigt aber die Polizeibehörden zu Zwangsmaassregeln gegen Lohnkutscher, welche sich nicht zu gewissen Tagesstunden auf bestimmten öffentlichen Plätzen mit ihrem Fuhrwerk einfinden.

R. Oeff. Minist. Cöln wider Fuckert, 31. Januar 1842.
v. Oppen. Eichhorn.

Die in Bezug auf die Bonner Marktordnung vom 18. Juli 1826 erlassene Verordnung des Oberbürgermeisters vom 22. Mai 1839 — das Uebergewicht betreffend, — ist durch das Gesetz vom 13. Mai 1840 nicht aufgehoben. Hat daher die Butter der X nicht das angeordnete Uebergewicht gehabt, so ist gegen sie der §. 33 Ressort-Reglement anwendbar.

K. Oeff. Minist. Bonn wider Weiss, 15. April 1844.
Leist. Jaehnigen.

Der Beschluss des Bürgermeisters, welcher den Müllern befiehlt, nur von dem Wagesetzer vorher gewogenes Getreide zu mahlen, charakterisirt sich nicht als ein Beschluss, zu welchem die Municipalbehörde berechtigt, oder welcher sich an die Vollstreckung eines bestehenden, und eine Strafe verhängenden Gesetzes anknüpft; er verstösst im Gegentheil gegen das Gesetz vom 29. Floréal X. Das Polizeigericht hat daher mit Recht die auf Bestrafung der Uebertreter angestellte Klage abgewiesen.

Art. 3, Tit. XI. Gesetz vom 24. August 1790.
Art. 46 Gesetz vom 22. Juli 1791.
§. 33. Ministerialverordnung vom 20. Juli 1818.

R. Oeff. Minist. Cleve wider Janssen, 29. September 1820.
Blanchard. Ruppenthal. Arch. VI. 2. 9.

Die Polizeiverordnung des Bürgermeisters zu Mayen vom 12. Juli 1836 bestimmt:

„die Befugniss zum Frucht- und Kalkmessen auf öffentlichen Plätzen und Anstalten, insbesondere auf dem Markte, und in der Halle, steht einzig dem in Eid genommenen Messer zu, und hat sich jeder Andere des Messens bei Strafe zu enthalten."

Es ist kein Gesetz vorhanden, woran diese Verordnung ihre bindende Kraft anschliessen könnte. Der Art. 3, Ziffer 4, Tit. 11 Gesetz vom 16. und 24. August 1790; Art. 22 des Gesetzes vom 19. und 22. Juli 1791 setzen eine Untreue des Messenden voraus, verbieten aber nicht das Messen an und für sich.

R. Oeff. Minist. Mayen wider Kohlhaas, 9. Mai 1842.

Esser. Jaehnigen.

Die den Mineningenieurs oder Steinbruchsinspectoren durch das Gesetz vom 21. April 1813 und das Decret vom 3. Januar 1813 beigelegten Amtsverrichtungen, erstrecken sich nicht auf die Befugniss, Anordnungen oder Verbote zu erlassen, deren Nichtbefolgung eine Bestrafung nach sich ziehen könnte.

R. Oeff. Minist. Coblenz wider Netz, 29. Juni 1825.

Blanchard. Eichhorn.

Die Befugniss des Königl. Ministerii des Innern, gegen die Bergwerks- und Hütteninhaber Ordnungsstrafen mit gesetzlicher Wirkung anzudrohen, ist — insofern hieraus die Anwendbarkeit der im Art. 96 des Decrets vom 21. April 1810 bezeichneten Geldbusse von 100—500 Frcs. folgen soll, — aus dem §. 18 des Publicandi vom 26. December 1808 nicht abzuleiten. Hier werden nur die Ressortgrenzen dieses gegen die anderen Ministerien gesteckt, und zwar, um in Bezug auf Gegenstände der Verwaltung, im Gegensatz der Gesetzgebung, welche letztere lediglich an die königliche Genehmigung gebunden ist. Verordnung vom 27. Oct. 1818; Cabinetsordre vom 3. Nov. 1817. Es liegt in dem Bereiche des Gerichts, sobald sein Strafamt aufgerufen wird, die Frage über die Gesetzlichkeit der auf die Contravention von der anordnenden Behörde angedrohten Strafe zu prüfen.

§. 32, 33 Ressort-Regl.; §. 45 Verord. vom 26. December 1808.

R. Oeffentl. Minist. Aachen wider Pönsgen, 17. Nov. 1832.

Oswald. Eichhorn.

Die Befugniss der Municipalverwaltung, eine Polizeistunde festzusetzen, nach welcher Schankwirthe keine Gäste bei sich dulden, und diese sich dort nicht aufhalten dürfen, ergiebt sich aus Art. 3, Nr. 3, Tit. 11 des Gesetzes vom 16. und 24. August 1790, und Art. 46, Tit. 1 Gesetz vom 19. und 22. Juli 1791.

Die Generalgouvernementsverordnung vom 1. August 1814 hat hierin nichts geändert; da auch sie sich mit einer Art des Signals begnügt, so muss es für ausreichend gelten, die Polizeistunde durch das Blasen des Nachtwächters anzukündigen.

K. Oeff. Min. Aldenhowen wider Franken u. Gen. 20. Febr. 1836.
Esser. Eichhorn.

Kein Gesetz verbietet den Wirthen das Verabreichen von Getränken und Aufhalten von Gästen während des Gottesdienstes. Die Ministerialverordnung vom 16. Juli 1828 ist für die Gerichte nicht bindend.

R. Generalproc. am Cass.-Hof wider Schleich, 19. Mai 1830.
Steltzer. Eichhorn.

Dasselbe gilt von der Verordnung der Königl. Regierung zu Aachen vom 12. October 1822 die Sonntagsruhe anlangend.

R. Oeff. Min. Jülich wider Voss & Horn, 18. März 1829.
Blanchard. Eichhorn.

Die Königl. Regierung ist befugt, den Gastwirthen das Anheften visirter Preiszettel bei Strafe zu befehlen.

Cabinetsordre vom 7. Febr. 1835; Ressort-Regl. §. 33.

K. Oeff. Min. Elberfeld wider Herminghausen, 29. Oct. 1838.
Graun. Eichhorn.

Die Gäste, die nach der Feierabendstunde im Wirthshause bleiben, sind straflos; nicht so der Wirth.

Gen.-Gouv.-Verord. vom 1. August 1814.

Das dort nicht bestimmte Quantum der Strafe ist durch den §. 33 Ressort-Regl. zu suppliren.

K. Oeff. Min. Aldenhowen wider Helzer, 11. Mai 1831.
Graun. Eichhorn.

Die Gen.-Gouv.-Verordnung für den Nieder- und Mittelrhein vom 1. August 1814 macht die Bestrafung des Ueberschreitens der Polizeistunde nicht von dem dort erwähnten Signal abhängig.

Polizeiverord. von Gemünd vom 1. Dec. 1833.

K. Oeff. Min. Gemünd wider Wolff & Kader, 22. April 1839.
Jaehnigen. Eichhorn.

Schon die Gestattung des Verweilens im Gasthause über die Polizeistunde hinaus, in Bezug auf solche Gäste, die nicht dort logiren, fällt unter den §. 6 der Polizeiverordnung der Regierung zu Düsseldorf vom 21. Mai 1829, wenn damit auch nicht ein Darreichen von Getränken verbunden ist: denn der Zweck der Verordnung ist: zu verhindern, dass in der Zeit, wo nur eine beschränkte polizeiliche Aufsicht möglich, Unordnungen vorfallen.

K. Oeffentl. Minist. Lennep wider Müllenmeister, 22. Juni 1840.
Jaehnigen. Eichhorn.

Die Polizeiverordnung der Regieruug Trier vom 18. October 1831:

„Nach neun Uhr dürfen die Wirthe keine Getränke an Einheimische verabfolgen“ —

ist streng zu interpretiren, und der Fall darunter nicht zu begreifen, dass ein bei einem Wirthe aufgenommener Gast von den ihm gehörigen Getränken mit Wissen des Wirths und in dessen Hause an Einheimische Etwas unentgeltlich vertheilt.

R. Oeff. Min. Trier wider Bulle, 29. October 1836.
Jaehnigen. Eichhorn.

Die Bergische Verordnung vom 30. August 1793, wonach die Wirthe während des Gottesdienstes nicht Wein etc. ausschenken sollen, besteht noch, und ist bei dem Mangel einer Strafe der §. 33 Ressort-Reglement das zureichende Strafgesetz.

K. Oeff. Minist. Gerresheim wider Willenbrink, 5. Nov. 1838.
Liel. Eichhorn.

Der Art. 471, Nr. 3 gilt nur für die Gastwirthe. Als solcher ist ein Postbeamter, welcher auf Befehl der vorgesetzten Behörde, Erfrischungen für die Passagiere bereit hält, nicht zu erachten.

R. Oeff. Min. Wipperfürth wider Knepper, 24. Nov. 1845.
v. Oppen. Jaehnigen.

Die Bergische Brüchtentaxe vom 2. November 1802, gegen Gäste, welche nach der Polizeistunde in Wirthshäusern zechen, eine Geldstrafe verordnend, ist durch die Regierungsverordnung vom 21. Mai 1829, welche der Gäste nicht erwähnt, nicht aufgehoben.

K. Oeff. Min. Solingen wider Neef, 24. Oct. 1842.
Esser. Jaehnigen.

Die Anwendung der Brüchtentaxe vom 2. November 1802, sowie der Regierungsverordnungen vom 21. Mai 1829 und 30. Januar 1843, setzt voraus, dass nach der Polizeistunde die Gäste „zechend“ und der Wirth „zapfend“ betroffen sind; ein blosser Aufenthalt in der Wirthsstube nach solcher Zeit, ist also nicht strafbar.

R. Oeff. Min. Wermelskirchen wider Bauer, 21. Oct. 1844.
Graun. Eichhorn.

Der Richter, aus dem Grunde, dass die Abgabe für die,

wenngleich unter versagter polizeilicher Erlaubniss abgehaltene Tanzmusik berichtigt worden, die Beschuldigten freisprechend, hat die Verfügung des Bergischen Ministerii vom 28. April 1807 falsch angewendet, und die Brüchtentaxe vom 2. November 1802 verletzt. Die Wirthe und Gäste sind vielmehr in eine Geldstrafe von resp. 6 und 2 Thlr. Bergisch zu verfälligen.

K. Oeff. Minist. Cöln wider Lemperz, 15. März 1834.
Oswald. Eichhorn. Arch. XX. 2. 22.

Es liegt (für Neumagen) keine verpflichtende Polizeiverordnung vor, die das Musiciren nach Mitternacht bei Strafe untersagt.

R. Oeff. Min. Neumagen wider Brand, 26. Nov. 1828.
Blanchard. Eichhorn.

Nach Art. 28 Nr. 7, §. 2, Tit. 3 des Bergischen Decrets vom 18. December 1808 müssen die Verwaltungsbehörden für die Fälle des Wasserübertretens Vorsehung treffen. Die sich diesem Gesetz anschliessende Strunder-Bachordnung vom 27. August und 1. December 1823 ist daher bindend. Da übrigens nur den administrativen Behörden freisteht, die Reinigungskosten festzusetzen — §. 10 Ressort-Reglement — so war das Gericht zu deren Herabsetzung nicht befugt.

K. Oeffentl. Minist. Cöln wider Esser, 16. October 1843.
Esser Jaehnigen. Sandt.

Die Decrete vom 4. August 1789, indem sie die Lehns- und Gerichtsherrschaften aufhoben, haben auch den Inhabern derselben das Eigenthum an den nicht schiff- und flössbaren Flüssen benommen.

Der von der constituirenden Versammlung am 23. April 1791 ihren Ausschüssen für das Lehnswesen, die Domainen, den Handel und den Ackerbau ertheilte Auftrag: unverzüglich allgemeine und verfassungsmässige Grundsätze über das Eigenthum des Wasserlaufes, über die Freiheit der Bewässerung und über die Erhaltung der Fischerei einzureichen, war zur Zeit der Einführung des Civilgesetzbuchs noch nicht erledigt.

Der Art. 644 Civ. G. B. bestimmt, dass derjenige, dessen Grund und Boden von laufendem Wasser begrenzt wird, sich desselben zur Bewässerung seines Eigenthums bedienen könne, und auch demjenigen, durch dessen Besitzthum das Wasser läuft, die Benutzung desselben gestattet sei, mit der Verpflichtung jedoch, dasselbe wieder in seinem gewöhnlichen Laufe abfliessen zu lassen.

Nach dem Staatsrathsgutachten vom 27. und 30. Pluviose XIII. ist die Fischerei in den nicht schiff- und nicht flössbaren Flüssen, welche die Gemeinden in Anspruch genommen hatten, den angrenzenden Eigenthümern als billige Entschädigung für die Nachtheile verliehen, welchen sie durch die Nachbarschaft des Flusses ausgesetzt sind, und für die ihnen obliegenden Reinigungs- und Unterhaltungskosten.

Der Art. 644 und dieses Gutachten berühren zwar den oben erwähnten Auftrag vom 23. April 1791, was die Bewässerung und Fischerei betrifft, nicht aber die Frage des Eigenthums an den nicht schiff- und flössbaren Flüssen.

Aus dem Rechte, das Wasser zur Bewässerung seines Eigenthums zu benutzen, kann aber um so weniger zum Vortheil der Angrenzer das Eigenthum an den kleinen Flüssen selbst gefolgert werden, als der Art. 664 sich in dem Cap. 1 befindet, welches von Dienstbarkeiten handelt, die in der Lage der Oertlichkeit ihren Grund haben. Ebenso wenig lässt die als Entschädigung für die Reinigungs- und Unterhaltungskosten gestattete Fischerei auf das Eigenthum der Uferbesitzer an solchen Flüssen schliessen, indem nach dem Staatsrathsgutachten für den Fall, wo dieselben schiff- oder flössbar gemacht werden, jene Fischerei ohne irgend eine Entschädigung wegfällt. Der Art. 642 stellt freilich sodann durch seine Bestinmung, dass, wer auf seinem Grund und Boden eine Quelle habe, sich derselben nach Belieben bedienen könne, nichts mehr und nichts weniger, als den Begriff des Eigenthums auf, Art. 544 und 552; er wiederholt aber in Beziehung auf das Recht des Eigenthümers des unterhalb liegenden Grundstücks, das Wasser aus jener Quelle zu benutzen, jenen Eigenthumsbegriff als Anhaltspunct zur scharfen Bezeichnung des dienenden Grundstücks, während der Schlusssatz des Art. 641 und die Art. 642 und 643 bestimmen, welche Erfordernisse zur Begründung der Dienstbarkeit durch die Lage der Oertlichkeit vorhanden sein müssen.

Hiernach kann aber das Recht zur Benutzung des Wassers, gleichwie jenes Recht der in dem Art. 644 bezeichneten Uferbesitzer, auf deren Grund und Boden die Quelle nicht entsprungen ist, unmöglich als ein Ausfluss ihres Eigenthums betrachtet werden, und dies wird auch durch den Art. 563 bestätigt, der sich in der Ueberschrift von Zuwachsrecht in Bezug auf unbewegliche Sachen befindet.

Nach dem Staatsrathsprotocoll über die Berathungen in der Sitzung vom 27. Vendémiaire XII. (20. October 1803) ist nun ohne irgend eine Erwähnung des Unterschiedes zwischen schiff- und flössbaren und nicht schiff- und flössbaren Flüssen, bloss die Frage aufgeworfen und erörtert worden, ob das trocken gelegte Flussbett, wie nach fragm. 7, §. 5 de acquir. rer. dom. und §. 23, 7 de rer. divis. dessen Uferbesitzern, oder, wie nach der Jurisprudenz mehrerer Parlamente, demjenigen, über dessen Grund und Boden das Wasser seinen neuen Lauf genommen, zum Eigenthum anerfallen oder anwachsen solle.

Einige haben für die Aufnahme des römischen Rechts gestimmt, weil den Uferbesitzern das verlassene Bett als Entschädigung gebühre für die Unbequemlichkeiten der Ueberschwemmungen und für andere Schäden, welche die Nachbarschaft des Flusses mit sich führe.

Die Mehrzahl hat sich dagegen für jene Jurisprudenz der Parlamente erklärt, und demjenigen, über dessen Grund und Boden das Wasser seinen neuen Lauf genommen, für den hierdurch erlittenen Verlust das trocken gelegte Bett als Entschädigung zugedacht.

Diese letzte Ansicht ist denn auch auf die Auseinandersetzung der Motive durch den Staatsrath **Portalis** in der Sitzung des gesetzgebenden Körpers vom 26. Nivose XII. (17. Jan. 1804) auf den Bericht des Staatsraths **Faure**, Namens der legislativen Abtheilung, in der Sitzung des Tribunals vom 30. Nivose XII. (21. Januar 1804) und auf die von **Grenier**, Redner des Tribunals, in der Sitzung des gesetzgebenden Körpers vom 6. Pluviose XII. (27. Januar 1804) gehaltene Rede in der jetzigen Fassung des Art. 563 zum Gesetze erhoben worden. Weder in diesem Artikel, noch in den Art. 561 und 562 wird gesagt, dass die Angrenzer von nicht schiff- und flössbaren Flüssen Eigenthümer hiervon seien.

Zu dem gänzlichen Stillschweigen hierüber spricht vielmehr noch der Art. 563 ganz bestimmt das Gegentheil aus, indem re das trocken gelegte Bett nicht den Angrenzern, sondern demjenigen, über dessen Grund und Boden der Fluss seine neue Richtung genommen hat, für den hierdurch erlittenen Verlust als Entschädigung zutheilt, während sonst, was offenbar ungereimt wäre, derjenige, über dessen Grund und Boden der Fluss seinen Lauf genommen, diesen zum Eigenthum erhalten, und zugleich mit dem fremden Eigenthum des alten Bettes entschädigt würde.

Ueberhaupt kann der Unterschied, ob das trocken gelegte Bett eines nicht schiff- oder flössbaren Flusses, demjenigen, über dessen Grund und Boden er seine neue Richtung genommen, oder dem Uferbesitzer zum Eigenthum erwachse, auf die Natur des Flusses selbst so wenig einen verändernden Einfluss ausüben, als in jenem Falle nach dem Bürgerlichen Gesetzbuch, und in diesem Falle nach den angeführten römischen Gesetzen das alte, durch das Anwachsrecht zum Privateigenthum gewordene Bett, wenn jener Fluss über dasselbe zurückkehrte, wiederum die frühere Natur eines öffentlichen Bettes, das sich in Niemandes Eigenthum befindet, annehmen würde. Art. 714 B. G. B.

Wenn also nicht schiff- und flössbare Flüsse in den Art. 538—541 B. G. B. zum Staatseigenthum nicht gezählt sind, so folgt hieraus nicht, dass dieselben sich in dem Privateigenthum der Uferbesitzer befinden müssten; ihnen ist ein solches, wie aus dem Geschichtlichen der Gesetzgebung und den gesetzlichen Bestimmungen hervorgeht, nirgends beigelegt worden; das Gegentheil erhellt vielmehr daraus klar, dass ihnen besondere Rechte auf den Fluss in Ansehung der Bewässerung, des Fischfangs, der

Alluvion, und der Inseln verliehen worden, was ganz überflüssig gewesen wäre, wenn ihnen das Eigenthum des Flusses zustände, woraus jene Rechte von selbst folgen würden.

Hiernach kann nicht bezweifelt werden, dass die Verwaltungsbehörde vermöge ihres Polizei- und Aufsichtsrechts über den Lauf und Gebrauch des Wassers nicht flössbarer Flüsse, Reglements zu erlassen befugt sei. Art. 645 B. G. B.

Das von der Königl. Regierung zu Düsseldorf über die Beschränkung in dem Gebrauche des Wassers aus dem nicht flössbaren Morsbache erlassene, von dem Königl. Ministerio des Innern und der Polizei bestätigte und gehörig bekannt gemachte Reglement vom 4. Mai 1837, hat daher, indem es in Uebereinstimmung mit dem §. 11 der Instruction für die Geschäftsführung der Regierungen vom 23. October 1817 und dem §. 32 des Ressort-Reglements vom 20. Juli 1818 sich den Gesetzen anschliesst, für die Gerichte bindende Kraft hat.

Der Richter, indem er jenem Reglement die bindende Kraft ab-, und aus diesem Grunde den Cassationsverklagten freisprach, hat dasselbe mithin verletzt, und die Art. 537, 538—543, 641, 643, 644, 645 B. G. B. falsch angewendet.

K. Oeffent. Minist. Elberfeld wider Waldbrecker, 7. Dec. 1840.
Esser. Eichhorn. Reusche. Arch. XXXI. 2. 38.

K. Oeffentl. Minist. Elberfeld wider Dahl, 7. Mai 1838.
Esser. Eichhorn. Reusche.

Ist gleich der Gemeinde Barmen das Eigenthum dreier Brükken und das Recht auf Brückengeld ertheilt worden — Rescript vom 23. November 1716 — so kann doch derjenige, der sich dieser Brücken nicht bedient, zur Erlegung des Zolles nicht verpflichtet werden. Eine solche, die Freiheit des Verkehrs beschränkende Maassregel ist durch kein Gesetz gerechtfertigt.

R. Oeffentl. Minist. Barmen wider Dümmler, 21. Februar 1842.
Brewer. Jaehnigen.

Der Gemeinde Barmen steht das Recht zu, von denen über die Wupperbrücke Fahrenden pro Pferd 8 Heller zu verlangen, und verhängt die Bergische Verordnung vom 10. December 1716 auf die Nichtentrichtung eine Strafe von 3 Goldgulden. Der Chausséegeldtarif vom 28. April 1828 berührt nicht das Brückengeld, ist somit nicht von der Regierung als für Brückengeld bindend festzusetzen, und behält vielmehr jene Verordnung ihre Kraft.

R. Diederichs, 27. Juni 1842.
Esser. Jaehnigen.

Postcontravention.

Ist gleich der Art. 3, Tit. 2 des Bergischen Decrets vom 25. Februar 1809 nicht aufgehoben, so steht jedoch dem Königl. Generalpostamt unbedenklich die Befugniss zu, einzelnen Fuhrleuten die Erlaubniss zum Transport von Paketen von mehr als 40—50 Pfd. zu ertheilen, und ist die Verordnung vom 8. Juli 1816 als eine solche allgemeine Erlaubniss zu betrachten.

R. Oeff. Min. Cöln wider Weinacker, 5. Nov. 1836.
Simon. Eichhorn. Arch. XXIV. 2. 89.

Der Art. 3, Tit. 2 des Grossherzoglich Bergischen Decrets vom 28. Februar 1809 versteht unter den rouliers und voituriers nicht diejenigen Personen (Schubkärrner), welche vermöge eigener Körperkraft das Fortschaffen von Effecten bewirken.

Ein Frachtfuhrmann, der einer ganzen beladenen Schubkarren zu befördern unternimmt, begeht keine Contravention; es stelle denn dieser Schubkarren ein einzelnes verpacktes Colli dar.

K. Oeffentl. Minist. Elberfeld wider Funke, 4. Nov. 1837.
Jaehnigen. Eichhorn.

Die durch Art. 3 Decret vom 25. Februar 1809 den Fuhrleuten angedrohte Strafe greift durch, wenn auch das Paket unentgeltlich und nur aus Gefälligkeit mitgenommen worden.

K. Oeffentl. Minist. Elberfeld wider Hillger, 18. Februar 1839.
Jaehnigen. Eichhorn.

Zur Anwendung des Art. 2, Tit. 2 des Bergischen Decrets vom 25. Februar 1809 ist zweierlei nothwendig:

1) dass der Unternehmer im Voraus allgemein und mithin unabhängig von dem Willen der jedesmaligen Reisenden, bestimmt, dass und zu welcher Zeit die Fuhrgelegenheiten abgehen sollten, und

2) dass diese auf Wegen stattfinde, die von den Fahrposten bedient sind.

R. Oeff. Min. Elberfeld wider Scharwächter, 24. Juni 1839.
Jaehnigen. Eichhorn. Reusche.

In Erwägung, dass der Cassationsverklagte nur beschuldigt worden ist, eine regelmässige, öffentliche Fahrverbindung für den Transport von Reisenden mit einem auf Federn ruhenden Wagen, ohne Pferdewechsel, zwischen Brühl und Cöln, zweien Stationsorten, im Jahre 1837 unternommen, und bis in's Jahr 1838 unterhalten, dazu aber weder die erforderliche Erlaubniss erlangt, noch die in den Art. 68 seq. des Gesetzes vom 9. Vendémiaire VI. und Art. 1 des Decrets vom 15. Fructidor XI.

vorgeschriebene Anzeige gemacht zu haben, und so der Strafbestimmung des Art. 72 des ersteren Gesetzes verfallen zu sein,

dass nun zunächst die Nichteinholung jener durch das Decret vom 30. Floréal XIII. erforderlich gemachten Erlaubniss, eine Strafe nicht begründen kann, weil weder dieses Decret, noch eine andere gesetzliche Bestimmung eine solche dieserhalb festsetzt; der allegirte Art. 72 des Gesetzes vom Jahre VI. aber nur auf den gänzlichen Mangel, oder die Unrichtigkeit der vorgeschriebenen Anzeige eine Strafe bestimmte, die eben deshalb unanwendbar bleiben musste, sobald selbst ohne vorgängige höhere Gestattung der Fahrverbindung, eine richtige Declaration gegeben und angenommen wurde,

In Erwägung, dass diese Declaration, wie sich aus dem innern Zusammenhange der Art. 68 und folgende des angeführten Gesetzes vom Jahre VI. ergiebt, lediglich zum Zwecke der Erhebung der darin verordneten Abgabe von einem Zehntheile des Preises der Plätze der gebrauchten Wagen und des Fuhrlohns für Waaren — Art. 75 des Gesetzes vom 5. Ventôse XII. — vorgeschrieben war, und mithin von selbst wegfallen musste, sobald die Abgabe selbst aufgehoben wurde,

dass nun aber die erfolgte Aufhebung dieser Abgabe sich unzweideutig daraus ergiebt, dass die letztere, die in den Gesetzen als eine wirkliche Abgabe — Art. 74 des Gesetzes vom 5. Ventôse XII. — und nicht als eine Entschädigung des Staats wegen Aufhebung des Postregals angegeben wird, ihrem Wesen nach eine Gewerbesteuer war, die, ausser der ordentlichen Patentsteuer den Unternehmern von Diligencen auferlegt wurde, dass nun aber sämmtliche Gewerbesteuern, die in den seit 1813 wieder- oder neu erworbenen Landestheilen bis 1820 erhoben worden waren, nach der ausdrücklichen Bestimmung des §. 9. lit. C. I. des Gesetzes über die Einrichtung des Abgabewesens vom 30. Mai 1820, mit der Einführung des neuen Abgabewesens rechtlich zu bestehen aufhörten; dass diese Ansicht auch noch durch den Umstand bekräftigt wird, dass die fragliche Abgabe im Tit. 5 des Finanzgesetzes vom 5. Ventôse XII. Chap. III. — Art. 74 und 75 — als zu den „droits réunis" gehörig erklärt wurde, und in dem dritten a linea der Einleitung zum erwähnten Gesetze von 1820 ausdrücklich ausgesprochen wird, dass die droits réunis in den sonst von Frankreich besessenen Landestheilen aufgehoben seien,

dass mithin das angefochtene Urtheil, weit entfernt, die allegirten Gesetze verletzt zu haben, dieselben vielmehr ganz richtig angewendet hat, verwirft etc.

R. Oeff. Min. am Appell.-Hofe wider Knauff, 11. Februar 1839.
Jaehnigen. Eichhorn.

Der Art. 1 des Arrêté vom 27. Prairial IX. ist nicht bloss

auf solche Personen zu beziehen, welche aus der Beförderung von Briefen ein Gewerbe machen.

Hat sich X mit dem Transport eines verschlossenen Briefes befasst, so ist der Art. 5 dadurch nicht ausgeschlossen, dass jener Brief einem Pakete beigebunden war.

K. Oeff. Min. Cöln wider Ruhrath, 23. März 1833.
Reinhardt. Eichhorn.

Der bei der X vorgefundene, nach Paris adressirte Brief sollte von ihr auf das Postamt in Cöln getragen werden, weil die Post von Brühl bereits abgegangen war. Es macht hinsichtlich des Porto keinen Unterschied, ob dieser Brief in Cöln oder Brühl zur Post gegeben worden. Eine solche Beförderung eines Briefes an das nächste Postamt, um Verzug zu vermeiden, ohne Schmälerung des Porto, kann daher nicht als ein strafbarer Eingriff in die Rechte der Post, im Sinne des Gesetzes vom 27. Prairial IX. angesehen werden.

R. Oeff. Min. Cöln wider Müffler, 23. Mai 1833.
Reinhardt. Eichhorn.

Bei X sind, als er bei dem Grenzzollamt angekommen, 3 versiegelte, nach Deutz adressirte Briefe gefunden worden. Er wird freigesprochen; denn

1) es macht ihn nicht strafbar, durch Belgien bis zur preussischen Grenze Briefe mitgenommen zu haben;

2) er hat von der Grenze bis zu jenem Amt keine Postanstalt passirt, und somit bis dahin die Briefe nicht zur Post geben können;

3) er war nicht verpflichtet, den Besitz der Briefe bei jenem Amte anzuzeigen.

Der auf das Gesetz vom 27. Prairial IX. gestützte Recurs ist zu verwerfen. Dieses Gesetz setzt eine wirkliche Uebertretung voraus. Blosse Versuche sind nur dann, wenn nicht, wie hier, das Gesetz ein anderes verfügt, als Vergehen anzusehen.

R. Oeffentl. Minist. Aachen wider Hartogensis, 23. Juli 1823.
Friccius. Eichhorn.

Ob die durch Privatpersonen beförderten Briefe offen, oder nicht, ist gleichgültig — Art. 1 und 5 Arrêté vom 27. Prairial IX. — zumal der Art. 1 die dieserhalb vorher bestandenen gesetzlichen Bestimmungen des Arrêté vom 26. Ventôse VII. aufrecht erhält.

Wenn im Art. 2 des Decrets vom Messidor XII. gesagt wird, die Bestimmungen des Art. 5 des Arrêté vom 27. Prairial IX. würden in so weit aufgehoben, als sie dem Decret zuwider; so geht dies nicht auf die Strafbestimmungen, sondern nur darauf, dass die Briefe, an denen die Contravention verübt, nicht mehr auf die Post zu geben, sondern nach Paris abzuliefern, von wo sie nur auf Reclamation zu retradiren.

K. Oeff. Min. Düsseldorf wider Hoebel, 29. April 1839.
Jaehnigen. Eichhorn. Arch. XXVIII. 2. 81.

Dem Fuhrmann X wird ein mit einem Tuch zugebundener Korb zur Beförderung übergeben. Es liegt darin unter anderem ein zugenähter Brief. X ist dadurch nicht strafbar, denn das Gesetz vom 27. Prairial IX. verpflichtet ihn nicht, bei der erlaubten Beförderung schwerer Pakete, diese vorher zu öffnen, wie denn auch das Wort „sich einmischen" nur auf eine wissentliche Beförderung der den Posten vorbehaltenen Gegenstände schliessen lässt.

R. Oeffentl. Minist. Cöln wider Diedrich, 23. März 1833.
Reinhardt. Eichhorn.

Der Art. 2 des Beschlusses vom 16. Juni 1801, wenn er auch bei dergleichen Papieren (Frachtbriefen, oder sonstigen auf den persönlichen Dienst des Inhabers sich beziehenden Papiere) nicht weiter der Bedingung erwähnt, dass sie offen und nicht versiegelt sein müssen, hat dennoch auch in diesem Punkte an der früheren Gesetzgebung — Staatsrathsbeschlüsse vom 18. Juni und 29. November 1681 — nichts geändert.

R. Oeffentl. Min. Coblenz wider Endres, 23. Oct. 1822.
Blanchard. Eichhorn.

Fuhrleute, die auch nur offene Briefe mitnehmen, verfallen der Strafe des Staatsrathsbeschlusses vom 29. November 1681. Sämmtliche mitgenommenen Briefe bilden jedoch zusammen nur einen Contraventionsfall.

K. Oeff. Min. Coblenz wider Engelmann, 16. Nov. 1833.
Lombard. Eichhorn.

Der Umstand, dass der Fuhrmann X bei Gelegenheit einer anderen Reise den Brief zur Beförderung mitgenommen, und dass dies unentgeltlich geschehen, schliesst die Strafbarkeit nicht aus. Das Gesetz — Art. 1 und 2 des Decrets vom 28. August 1806 — unterscheidet nicht zwischen einer solchen Briefbeförderung, die als eigenes Geschäft ohne Verbindung mit einer anderen Besorgung, und zwischen einer solchen, die bloss bei Gelegenheit eines andern Geschäfts betrieben wird, und macht ebenso wenig die Strafbarkeit von einem für die Briefbeförderung stipulirten Lohn abhängig, zumal dies wegen der Gefahr unabwendlicher Umgehungen nicht wohl durchzuführen wäre.

K. Oeffentl. Minist. Elberfeld wider Holverscheidt, 29. Juni 1840.
Simon. Eichhorn.

Das bei dem X vorgefundene Muster ist zwar mit einem Bindfaden zusammengebunden, aber an den Seiten offen, und weder in einem Ballen, noch sonst verpackt gewesen.

Das Gesetz vom 25. Februar 1809 Tit. 2, Art. 3 ist aber hierauf und überhaupt auf unverpackt versandte Gegenstände um so weniger zu beziehen, da sonst die Absender in der Lage sein würden, Gegenstände, welche einer Verpackung nicht bedürfen, oder nicht zulassen, dennoch verpacken zu müssen, oder gar nicht absenden zu können.

K. Oeff. Min. Cöln wider Brücker, 23. März 1833.
Reinhardt. Eichhorn.

Die allgemeine Bestimmung des Art. 2 Grossherzoglich Bergischen Decrets vom 28. August 1806 ist von Jedem zu verstehen, der, wenn auch nur einmal, die Beförderung von Briefen oder Briefpaketen von einer Ortschaft zum andern als Bote bewirkt.

K. Oeffentl. Min. Elberfeld wider Springmann, 11. Nov. 1837.
Jaehnigen. Eichhorn.

Prellerei.

Die Bestrafung des Versuchs der Prellerei ist wesentlich durch die damit verbundene Empfangnahme von Geldern etc. bedingt. Art. 2, 3, 405 Str. G. B.

K. Engelbert, 10. December 1833.
Graun. v. Breuning.

Der Bestimmung der Merkmale der strafbaren Prellerei im Art. 405 Str. G. B. liegt die Unterscheidung zwischen einfacher Täuschung und dem Hintergehen durch Anwendung besonderer künstlicher, auf die Erreichung des Zweckes berechneter Mittel zum Grunde.

Die Frage, ob Mittel der letzteren Art angewendet worden seien, ist eine ihrer Natur nach rein thatsächliche.

Die Annahme des Appellationsrichters: das Benehmen des Beschuldigten stelle keine als betrüglich anzusehende Kunstgriffe dar, ist mithin eine Voraussetzung, welche nicht der Censur des Cassationshofes unterliegt.

R. Oeffent. Min. Elberfeld wider Isringhaus, 28. Oct. 1844.
v. Daniels. Jaehnigen.

Ob das Ausgeben einer Spielmarke statt eines Goldstückes als Prellerei zu erachten, ist eine thatsächliche Frage. Der Art. 405 Str. G. B. will nicht denjenigen schützen, der jede Vorsicht ausser Acht lässt.

R. Oeffentl. Minist. Coblenz wider Schlubeck, 29. Sept. 1845.
Brewer. Jaehnigen.

Der Angeschuldigte, für überwiesen erachtet, zwei mit öffentlichen Siegeln und Etiquetten versehene Geldsäcke à 500 Thlr., nachdem er solche zuvor in den Nähten, ohne Verletzung der Siegel und Etiquette geöffnet und darin Kupfermünze statt des Silbergeldes substituirt hatte, gegen Rückempfang eines von ihm ausgestellten Wechsels in Zahlung gegeben zu haben, ist mit Unrecht von der correctionellen Kammer des Landgerichts zu Cöln wegen Prellerei nach Art. 405 Str. G. B., und von der Appellationskammer desselben Gerichts, wegen verübter Gaunerei nach Art. 401 l. c. verurtheilt worden. Die Handlung des X, so verwerflich sie auch an sich erscheint, ist doch kein durch das Gesetz vorhergesehenes Vergehen. Denn unter Gaunerstreichen können nur Diebstähle mit besonderer Fertigkeit oder Behändigkeit verübt, verstanden werden, wie sich dies auch schon daraus ergiebt, dass die Section, in welcher der Gaunerstreiche gedacht wird, nur das Rubrum „Diebstähle" führt. Handlungen der Art müssen daher auch die wesentlichen Merkmale des Diebstahls, insbesondere die betrügerische Entwendung einer fremden Sache enthalten. Das zur Anwendung des Art. 401 nothwendige Erforderniss der betrügerischen Entwendung findet sich nämlich in der That des Imploranten nicht. Er war zur Zeit, wo er die Substitution des Kupfers statt des Silbergeldes vornahm, noch in dem alleinigen Besitz der Geldsäcke, mithin konnte hierdurch eine Entwendung von Silbergeld gar nicht begangen sein. Ebenso wenig liegt eine Prellerei vor. Die Escroquerie erscheint als ein sehr complicirtes Vergehen. Die Handlung des X aber stellt gar kein so künstliches Gewebe von betrüglichen Kunstgriffen dar; sie bestand nur in dem ganz einfachen und gelungenen Wagstücke, ob sein Gläubiger unvorgezeigt oder ungewogen von ihm Geld in Verschlüssen annehmen würde, und ob er denselben, indem er ihm Geldverschlüsse voll Kupfermünze statt Silbergeldes in Zahlung gab, um eine beträchtliche Summe Geldes betrügen könnte. Seinerseits ist nichts Besonderes geschehen, die sofortige Untersuchung des Inhalts dieser Verschlüsse zu verhüten. Die Herausgabe des Wechsels an den Beschuldigten war nichts weiter, als eine gewöhnliche Folge der Zahlung, und hat X, um diesen Zweck zu erreichen, seinen Gläubiger nicht erst durch betrügerische Kunstgriffe von der Existenz einer nicht vorhandenen Unternehmung, oder eines sich fälschlich beigelegten Ansehens oder Credits zu überreden, oder in ihm Furcht oder Hoffnung wegen irgend eines Erfolges, eines Zufalles, oder sonstigen erdichteten Ereignisses zu erregen gesucht; Alles Erfordernisse des Vergehens der Prellerei.

K. Dickopf, 10. November 1824.

Goerdeler. Eichhorn. Reinhardt. Arch. VII. 2. 51.

Die X, bereits wegen Prellerei bestraft, hat auf Verlangen

einigen Personen die Karte aufgeschlagen, und bei dieser Gelegenheit, unter der Vorspiegelung, einen Schatz zu heben, den Einen und Andern betrogen. Dieselbe, von der correctionellen Kammer zu Cöln nach Art. 405 und 58 Str. G. B. verurtheilt, appellirte, und wurde in zweiter Instanz wegen gewerbmässig betriebenen Wahrsagens mit einer geringen Gefängnissstrafe nach Art. 479, Nr. 7 Str. G. B. belegt. In den Motiven dieses Erkenntnisses ist ausgeführt: dass die Handlung der Appellantin sich nicht als Prellerei qualificire, weil sie alles, was sie den betheiligten Personen gesagt, und wozu sie denselben Hoffnung gegeben, nur in der Karte gesehen, sich dabei keine falsche, unbekannte Eigenschaft beigelegt hat, mithin das ganze nur als ein Wahrsagen zu betrachten sei. — Dies ist eine falsche Annahme. Der Art. 479, Nr. 7 hat nichts Anderes zum Gegenstande, als eine Art von Gewerbe zu verbieten, welches der öffentlichen Ordnung zuwider ist, wobei ein eigentlicher dolus nicht vorausgesetzt wird. Anders, wenn dergleichen Gaukelspiele, insbesondere das Kartenschlagen, als Mittel zur Verübung eines Betrugs angewandt werden. Dieser Fall liegt vor. Die X hat sich der Prellerei schuldig gemacht, sie hat falsche Thatsachen für wahr ausgegeben, die Hoffnung eines Erfolges, oder eines eingebildeten Ereignisses erzeugt, und die Betheiligten durch falsche Vorspiegelungen um Geld und andere Sachen geprellt.

Es ist gleichgültig, ob der Betrug durch Hülfe der Karten, oder auf andere Weise gespielt wird, da der Art. 405 Str. G. B. nur im Allgemeinen von betrügerischen Kunstgriffen spricht.

Ebenso wenig kommt darauf etwas an, ob sich die Angeschuldigte eine falsche Eigenschaft beigelegt hat, da ja der allegirte Artikel neben dem Gebrauch eines falschen Namens oder einer falschen Eigenschaft der betrügerischen Kunstgriffe überhaupt erwähnt.

K. Oeff. Minist. Cöln wider Hambrecht, 14. Januar 1824.
Fischenich. Ruppenthal.

Der Angeklagte F. hat sich zu gleicher Zeit bei verschiedenen Personen vermiethet, und von jeder den Miethspfennig erhalten. Dieselbe ist von dem Vergehen der Escroquerie freigesprochen. Mit Recht. Denn in dieser, obwohl rechtswidrigen Handlungsweise liegt nothwendig noch nicht ein betrüglicher Kunstgriff, da sich andere, nicht strafbare Gründe dafür denken lassen. Art. 405 Str. G. B.

R. Oeffentl. Minist. Elberfeld wider Funke, 11. Februar 1839.
Jaehnigen. Eichhorn.

X nimmt ohne Bezahlung 2 Pfd. Caffee aus, entfernt sich, ohne dieselben zu bezahlen. Der Art. 405 ist nicht das zureichende Strafgesetz.

K. Schiffer, 24. März 1832.
v. Meusebach. Eichhorn.

X bestreicht einigen Conscribirten die Augen, und erzeugt ihnen für Geld eine erkünstelte Augenkrankheit, um sie vom Dienst zu befreien. Er hat sich hierdurch, wenn eines Betruges gegen den Staat, doch keiner Prellerei gegen sie schuldig gemacht.

R. Oeffentl. Minist. Cöln wider Horn, 1. Sept. 1824.
Blanchard. Eichhorn.

X, ein Polizeicommissar, die Arme und Brust des Y befühlend, äussert: es sei Hoffnung zum Davonkommen vom Militair da. Sich das falsche Ansehen gebend, als ob er dazu wirken könne, erhält er 25 Thlr., welche er in seinem Nutzen verwendet. Die Bedingungen des Art. 405 Str. G. B. liegen hier vor.

R. Werner, 12. Januar 1831.
Oswald. Eichhorn. Sandt.

X hat zum Zweck, Conscribirte frei zu machen, zu diesem Ende Aerzte zu gewinnen etc., theils ihm freiwillig dargebotenes Geld angenommen, theils es den Eltern der Conscribirten abgedrungen. Das sind keine betrügerische Umtriebe im Sinne des Art. 405, zumal die Benachtheiligten keinen Grund hatten, jenen Versprechungen Glauben zu schenken.

K. v. Broich, 18. Februar 1832.
Graun.. Eichhorn. Sandt.

X lässt sich unter dem lügenhaften Vorgeben, er habe schon Mehrere von der gegen sie erkannten Haft durch Verwendung etc. befreit, zu gleichem Zwecke von dem Y Geld geben. Da er sich keiner manoeuvres frauduleuses bedient, so liegt hier keine Escroquerie im Sinne des Art. 405 Str. G. B. vor.

K. Oeffentl. Minist. Cleve wider Grambusch, 21. Juli 1830.
Graun. Eichhorn.

Hat X mittelst Vorspiegelung der falschen Eigenschaft als Knecht und Beauftragter des Metzgers Hartmann, für Letzteren darlehnsweise Geld bei Y aufgenommen, und so den Darleiher darum betrogen, so greift der Art. 405 Str. G. B. durch.

Der Art. 405 erheischt nur bei den manoeuvres frauduleuses das Dasein der besondern genannten Zwecke, bei dem Gebrauch falscher Namen oder Eigenschaften ist aber genügend, dass auf Grund dieses Gebrauchs der Empfang des Fonds oder sonstiger im Artikel genannter Sachen in betrügerischer Absicht geschah.

Dass eine solche Empfangnahme stattgefungen, ist auch zum Thatbestand des Versuchs wesentlich erforderlich.

K. Oeff. Minist. Coblenz wider Klein, 18. Juli 1835.
Jaehnigen. Eichhorn.

K. Oeffentl. Minist. Coblenz wider Forst, 31. October 1835.
v. Meusebach. Eichhorn.

Die Beschuldigte hat durch die unwahre Angabe:

a) der Conditor Nuttei habe sie beauftragt, Hemden für ihn zu nähen, und die Leinwand, die er bald bezahlen werde, zu erborgen, und

b) dass reiche Leute aus Lohnstein sie beauftragt hätten, Leinwand für sie zu erkaufen, dass dieselben die ihnen vorgezeigte Leinwand für gut gefunden hätten, und das Geld am andern Tage bringen würden, —

die verehelichte Antoni und die verehelichte Melis bewogen, ihr Leinwand zu überlassen, die sie demnächst für ihre eigene Rechnung verkaufte, ohne das Kaufgeld zu bezahlen.

Da die Inculpatin sich zur Ausführung dieses Geschäfts fälschlich die Eigenschaft eines Beauftragten beigelegt, und dadurch die Betrogenen getäuscht, so ist hier Art. 405 Str. G. B. das zureichende Gesetz.

R. Becker, 24. Juni 1840.
Eimbeck. Eichhorn. Arch. XXXII. 2. 182.

Privatförster.

In Erwägung, dass das dritte Capitel des ersten Buches der Criminalgerichtsordnung die allgemeine Ueberschrift führt:
„Von Feld- und Waldhütern“
müssen mit Rücksicht auf Art. 20 und 16 die Feldhüter der Privaten den Förstern von Staats- und Gemeindewaldungen gleich, als Beamte der gerichtlichen Polizei betrachtet und behandelt werden, auf welche der Art. 230 Str. G. B. anwendbar ist.

Ist daher von dem X der gräflich von Hatzfeldische gerichtlich vereidete, in Ausübung seines Amtes begriffene Förster freiwillig so misshandelt worden, dass er blutende Wunden davongetragen, so ist auf X nicht, wie mit Unrecht geschehen, der Art. 311, sondern 228, 230 und 231 Str. G. B. anwendbar.

K. Oeff. Min. Düsseldorf wider Küpper, 8. September 1832.
Esser Eichhorn.

Protocoll.

Kein Gesetz legt den Protocollen der Bürgermeister, deren Beigeordneten, oder der Polizeicommissaire bis zur förmlichen Inscription en faux vollen Glauben bei. Art. 154 Cr. O.

Der Art. 153 ibid. über die Zeit der Verkündung der polizeirichterlichen Bekenntnisse ist nicht unter Nichtigkeit gegeben.

R. Bürgermeister zu Jülich wider Jüssen, 17. März 1830.
v. Meusebach. Eichhorn.

Kein Gesetz legt den Protocollen der Gensd'armen Beweiskraft bis zur Inscription en faux bei.

R. Oeffentl. Minist. Trier wider Bulle, 29. October 1836.
Jaehnigen. Eichhorn.

Nach der Zollordnung vom 26. Mai 1818 ist den Protocollen des Zollbeamten kein solcher unbedingter Glaube beigelegt, dass das förmliche Erbieten zum Beweise der Fälschung vorangehen müsse, um den Beweis durch Zeugen zuzulassen.

R. Brenland, 11 August 1820.
Friccius. Ruppenthal.

Das Protocoll eines Steuerbeamten hat bis zum Beweise des Gegentheils Glauben.

Art. 154 und 189 B. P. O.

K. Oeffentl. Minist. Cöln wider Helmert, 9. Dec. 1829.
Scheller. Eichhorn. Arch. XIII. 2. 58.

Der Polizeicommissarius bekundet durch ein Protocoll, die X habe ihren Dienstwechsel nicht angemeldet, und sei daher nach §. 4 der Verordnung vom 13. August 1827 strafbar. Diesem Protocoll ist bis zum Beweis des Gegentheils Glauben beizumessen. Art. 154 Cr. O. — An der X war es, diesen Gegenbeweis zn führen. Hat daher das Polizeigericht die X nicht einmal über das Protocoll vernommen, sondern sie ohne Weiteres freigesprochen, so ist hierdurch der Art. 154 Cr. O. verletzt.

K. Oeff. Min. am Polizeiger. zu Cöln wider Everz, 20. Sept. 1834.
Esser. Eichhorn. Arch. XXI. 2. 62.

Mehrere Einwohner der Stadt Merzig wurden wegen unterlassener Strassenreinigung denuncirt, von dem betreffenden Polizeirichter aber, ungeachtet ihres Zugeständnisses, von der Instanz entbunden, weil das Contraventionsprotocoll fehlerhaft sei.

Dies ist eine falsche Anwendung der Art. 11 und 15 Cr. O. und eine Verletzung des Art. 154 Cr. O — Polizeicontraventionen können nicht nur durch darüber aufgenommene Protocolle, sondern auch durch Zeugen und Zugeständniss bewiesen werden. Das Protocoll ist nicht einmal zum Beweise wesentlich nothwendig, mithin kann auch die Nichtigkeit oder Fehlerhaftigkeit desselben ebenso wenig, als der gänzliche Mangel eines solchen verhindern, über die Contravention zu erkennen.

K. Oeff. Min. Trier wider Kieffer u. Gen., 25. Februar 1824.
Blanchard. Ruppenthal.

Der Instanzrichter hat dadurch, dass er der durch die angeblichen Schöffen erfolgten Bekanntmachung des Termins zur Declaration des Weingewinnes keine Beweiskraft beigelegt, kein Gesetz verletzt.

R. Prov. Steuerverwaltung wider Felzen, 8. September 1824.
Friccius. Ruppenthal.

Die Gültigkeit des Beweises eines Holzdiebstahls hängt keineswegs von der Form des Protocolls oder des im §. 11 des Gesetzes vom 7. Juni 1821 erwähnten Verzeichnisses ab, vielmehr ist bei dem Dasein eines nichtigen Protocolls jedes andere Beweismittel, wodurch das Vergehen dargethan werden kann, zulässig.

K. Generalproc. am Cass.-Hof wider Krahe, 24. Nov. 1824.
Blanchard. Eichhorn.

Die Frevelprotocolle müssen 24 Stunden, nachdem sie abgefasst, eidlich bekräftigt werden, ohne aber, dass ihre Abfassung an eine gleiche Frist gebunden wäre. Art. 1 Gesetz vom 23. Thermidor IV. Ist daher das Protocoll, welches einen Feldfrevel als am 25. October geschehen bekundet, am 27. Nachmittags 3 Uhr gefasst, und am 28. Morgens bekräftigt, so ist Alles geschehen, was das Gesetz zur Glaubwürdigkeit des Protocolls verlangt. Die Art. 18, 15, 20 Cr. O. bestimmen nur — wann, wie und wo solchen Protocollen Folge zu geben, und üben somit auf ihre innere Glaubwürdigkeit keinen Einfluss aus.

K. Oeffentl. Minist. Berncastel wider Wittmann, 4. April 1842.
Esser. Eichhorn. Arch. XXXIII. 2. 44.

Auf Grund eines nicht affirmirten Frevelprotocolls und eines zur Ergänzung seiner Beweisfähigkeit nicht geeigneten Berichts des Oberförsters, eine Verurtheilung aussprechen, heisst den Art. 7, Tit. 4 Gesetz vom 15. September 1791 und die Art. 16, 18, 153, 154 und 176 Cr. P. O. verletzen.

C. Boos, 4. August 1824.
Blanchard. Ruppenthal. Reinhardt.

Ein weder vor dem Friedensrichter, noch vor dem Bürgermeister bekräftigtes Frevelprotocoll eines Chausséeaufsehers kann eine Verurtheilung nicht begründen. Art. 2 Decret vom 18. August 1810; Art. 112, Decret vom 16. December 1811.

R. Oeffentl. Minist. Jüchen wider Flüchten, 24. August 1840.
Esser. Eichhorn.

Der Instanzrichter, indem er den Inculpaten wegen nicht bewirkter Affirmation des Protocolles freigesprochen, hat die Gültigkeit und Beweiskraft des Protocolles von einer Förmlichkeit abhängig gemacht, die durch den §. 176 der Creuznacher Verordnung aufgehoben ist.

K. Forstverwaltung wider Osburg, 12. October 1825.
Fischenich. Eichhorn.

Das Gesetz ist weit entfernt, den Friedensrichter des Cantons, in welchem das Verbrechen verübt worden, von der Befugniss der Affirmation des darüber abgefassten Protocolls dann auszuschliessen, wenn der protocollirende Forsthüter in einem andern Canton seinen Wohnsitz haben sollte.

Art. 11 Gesetz vom 20. Floréal X.; Art. 53 des Berg. Forstorganisationsdecrets vom 22. Juni 1811.

K. Förster Bang wider Kesseler, 22. Juni 1821.
Blanchard. Eichhorn.

Der erste Richter verlangt, dass bei der Affirmation des Frevelprotocolles vor dem Beigeordneten der Grund seiner Thätigkeit bei Strafe der Nichtigkeit erwähnt werde. Dies Urtel ist zu cassiren, und zwar

In Erwägung, dass das Gesetz vom 28. Floréal XI. Art. 11 ganz im Allgemeinen vorschreibt, dass die Frevelprotocolle in Ermangelung des Bürgermeisters vor dem Beigeordneten zu bekräftigen sind, ohne unter Strafe der Nichtigkeit zu verordnen, dass bei jeder vor dem Beigeordneten stattfindenden Bekräftigung eines Frevelprotocolles ausdrücklich erwähnt werde, es habe dieses in Ermangelung oder Verhinderung des Bürgermeisters stattgefunden.

In Erwägung, dass ein Beigeordneter fortwährend als öffentlicher Beamter dasteht, wenngleich demselben im Allgemeinen keine bestimmten Geschäfte zugewiesen sind.

dass es mithin nicht angenommen werden kann, er habe die Bekräftigung eines Frevelprotocolles in einem Falle aufgenommen, wo er durch das Gesetz hierzu nicht berufen war.

K. Oeff. Minist. Trier wider Becker, 20. Dec. 1834.
v. Breuning. Eichhorn.

Provocation.

X verwundet einen Gensd'arm, während der Ausübung seines Amtes. — Die Frage, ist X durch Schläge gereizt? — wird bejaht, und auf zweijähriges Gefängniss erkannt. — Mit Unrecht. — Mit Rücksicht auf Art. 65 ist der Art. 321 Str. G. B. nicht weiter, als auf die dort genannten Vergehen und Verbrechen auszudehnen, also nicht auf die wider die Agenten der öffentlichen Gewalt im Dienst verübten Handlungen; denn diese sind nicht als Mord etc. mit erschwerenden Umständen, sondern als ganz verschiedene Vergehen etc. anzusehen, deren Charakter in der Verletzung der öffentlichen Autorität liegt. Eine Provocation kann daher hier um so weniger in Betracht kommen, als vor ungesetzmässiger Gewaltanwendung der Art. 186 und 198 hinreichenden Schutz giebt.

K. Oeff. Min. Treis wider Blasius, 31. December 1831.
v. Meusebach. Oswald. Arch. XVI. 2. 51.

Der Art. 339 Cr. O. hat für die Provocationsfrage die Form:
„Ist es erwiesen?"
bei Nichtigkeit nicht vorgeschrieben.

R. Scheid, 3. October 1842.
Esser. Eichhorn.

Pulver.

Wer mehr als 10¼ Pfd. Pulver bei sich aufbewahrt, den trifft eine Strafe von 100 Frcs. — zweiter Theil des Art. 24 des Gesetzes vom 13. Fructidor V. und Art. 28. — denn dieser Theil des Art. 24, die innere Ruhe des Staates bezweckend, stellt ein von dem im ersten Theil des Artikels angeordneten, und jetzt aufgehobenen Monopol und den darauf gesetzten Strafen wesentlich verschiedenes Polizeigesetz dar.
Art. 484 Str. G. B.

R. Molitor, 13. August 1836.
Esser. v. Breuning. Sandt.

Pumpenstock.

Die Anfertigung eines Pumpenstocks zu einem schon vorhandenen Brunnen, ohne dass dabei zugleich Anlagen, bei deren unzuverlässiger Ausführung gemeine Gefahr obwalten kann, vorgenommen worden, ist nicht als einer besondern Concession bedürftig anzusehen. Gesetz vom 7. Sept. 1811, §. 94 Amtsblatt von 1832 p. 88 Cab.-Ordre vom 24. December 1831.

R. Oeff. Min. Crefeld wider Holtes, 10. Januar 1842.
Graun. Eichhorn.

Rayon.

Hat der X ohne Erlaubniss der Festungsbehörde zu Cöln Holz auf einem Grundstück innerhalb der beiden ersten Rayons aufgestapelt, so trifft ihn die Strafe des §. 7 Verordnung vom 10. September 1828.

K. Oeff. Min. Cöln wider Schmitz, 2. Januar 1836.
Heffter. Eichhorn. Sandt. Arch. XXIII. 2. 11.

Recusation.

Auch die Erkenntnisse in Recusationssachen sind nach Art. 394 und dem Art. 7 Gesetz vom 20. April 1810 öffentlich zu geben.

K. Fonk, 19. October 1821.
Goerdeler. Ruppenthal. Reinhardt.

Der Art. 378 Nr. 8 Civ. P. O. findet auch auf Criminalsachen Anwendung. Das Publicandum der Königl. J. J. Commission ist als eine Schrift über den Fonkschen Process anzusehen, und der Appellationsgerichtsrath Schwarz als Mitglied der Commission, wenngleich bei Berathung des Publicandi nicht zugegen, mit Recht recusirt.

K. Fonk, 19. December 1821.
Goerdeler. Ruppenthal. Reinhardt.

Die Mitwirkung zu einem Beschluss der Rathskammer, wodurch eine Sache an das correctionnelle Gericht verwiesen worden, bietet keinen gesetzlichen Grund zur Perhorrescenz dieser Richter. Selbst gesetzliche Ausschliessungen, wie jene des Art. 257 Cr. O., sind nicht über ihre Grenzen auszudehnen.

R. Foelix, 12. October 1825.
Blanchard. Eichhorn.

Die Verhandlungen, an welchen ein ex Art. 378 Nr. 8 B. P. O. der Recusation unterworfener Richter, ohne recusirt zu sein, dennoch Theil nimmt, behalten ihre Gültigkeit, da kein Gesetz für diesen Fall die Verhandlungen für nichtig erklärt.

R. Seiler, 4. Februar 1839.
Jaehnigen. Eichhorn. Sandt.

Richtersubstitution.

Der Art. 49 Decret vom 30. März 1808, die Substitution der Richter durch die Advocaten betreffend, bezieht sich auch auf correctionnelle Sachen. Der Art. 257 Cr. O., die Zuziehung der Instructionsrichter betreffend, geht nur auf Assisen sachen.

K. Engelbert, 10. December 1836.
Graun. v. Breuning.

Rückgabe.

Der Angeklagte hat unbefugter Weise ein Leihhaus gehabt; er ist deshalb in erster Instanz verurtheilt, und die Rückgabe der saisirten Gegenstände an deren rechtmässige Eigenthümer, unter Bezugnahme auf die Bestimmung des Art. 366 Cr. P. O. ausgesprochen worden. Das Urtheil zweiter Instanz hob diese Bestimmung auf, annehmend: der allegirte Artikel könne keine Anwendung finden, da einestheils in der Sache keine Civilparthei aufgetreten sei, anderentheils es sich auch nicht von gestohlenen, und bei dem Diebe in Beschlag genommenen Gegenständen handle. Gegen diesen Theil des Erkenntnisses hat das öffentliche Ministerium Recurs ergriffen, welcher als unbegründet zu verwerfen, da der Art. 366 Cr. P. O. sowohl seiner Stellung als seiner Fassung nach, lediglich für den eigentlichen Criminalprocess gegeben worden ist. Wenn auch die Disposition des a linea 2 desselben, weil sie in der Natur der Sache gegründet ist, unbedenklich auch auf Zuchtpolizei- und Polizeisachen analog angewendet werden kann, so involvirt dennoch die Nichtanwendung keine Gesetzesverletzung, da dies nicht gesetzlich bestimmt ist.

R. Oeffentl. Minist. Cleve wider Schlosser, 18. November 1839.
Esser. Jaehnigen.

Rückverweisung.

Zeigt sich, dass das vor die Zuchtpolizeigerichte gebrachte Délit nur eine Contravention darstellt, hat nach Art. 442 Cr. O. nur öffentliches Ministerium und Civilparthei das Recht, die Zurückverweisung zu verlangen, so folgt, dass dem Angeschuldigten dieses Recht nicht zusteht.

K. Generalproc. am Cassationshof wider Reiter, 30. August 1826.
v. Reibnitz. Eichhorn.

Trägt das öffentliche Minist. subsid. an, dass die correctionelle Kammer die Aburtelung über eine Contravention an das Polizeigericht verweisen solle, so kann jene Kammer nicht die weitere Instruction der Sache anordnen. Art. 190, 192 Cr. O.

K. Oeffentl. Minist. Aachen wider Savelsberg, 24. Februar 1840.
v. Oppen. Eichhorn.

So lange keine ausdrückliche Ausnahme nachgewiesen werden kann, kommt der Art. 192 Cr. O. auch bei dem Verfahren in Forstsachen zur Anwendung. Hat daher der Instanzrichter ohne einen öffentlichen Antrag des öffentlichen Ministeriums auf Verweisung der Sache an das Forstpolizeigericht sich incompetent erklärt, so ist hierdurch Art. 192 verletzt.

K. Oeff. Minist. zu Coblenz wider Scholl, 3. Juli 1844.
Esser. Jaehnigen. Arch. XXXIII. 2. 40.

Bei der Verhandlung einer Holzdiebstahlssache vor der correctionellen Kammer ergiebt sich, dass die von dem Polizeigericht ausgesprochenen 3 Verurtheilungen nur für eine zu erachten sind. Die gehörig befasste Kammer darf sich jedoch nicht für incompetent erklären, sondern muss selbst in der Sache erkennen. Art. 192 Str. P. O.

K. Oeff. Min. Cöln wider Dreck, 31. August 1833.
Esser. Eichhorn. Arch. XIX. 2. 3.

Erklärt der erste Richter sich für incompetent, vernichtet der zweite Richter dieses Urtel, weil der erste Richter competent, und weil er, ohne die Sache selbst zu verhandeln, sich für incompetent erklärt, so muss der zweite Richter zur Sache selbst erkennen. Art. 190 und 215 Cr. O.

Comp.-Confl. öffent. Min. Aachen wider Reuters, 21. Dec. 1840
v. Oppen. Eichhorn. Arch. XXXIV. 2. 54.
K. Oeffentl. Minist. Trier wider Simon, 21. Dec. 1840.
Jaehnigen. Eichhorn. Arch. XXX. 2. 81.

Die correctionnelle Kammer erklärt sich für incompetent, die correctionnelle Appellationskammer hebt dieses Urtel auf, und verweist die Sache an den ersten Richter zurück. Dieser verweigert mit Recht ein Urtel zu sprechen. Es musste in der That der zweite Richter zur Sache erkennen. Art. 215 Cr. O. Der Art. 202 Gesetz vom Brumaire IV., welcher die Verweisung an den ersten Richter verordnete, ist durch das Gesetz vom 29. April 1806 beschränkt und im Code d'instr. nicht aufgenommen worden.

R. Comp.-Confl. öff. Min. Aachen wider Zink, 31. August 1840.
v. Oppen. Esser. Arch. XXX. 2. 21.

Rückwirkende Kraft.

Der Art. 7 Cr. P. O., dem Inländer das Klagerecht gebend, setzt ein Strafrecht von Seiten des Staates voraus. Der §. 1 der Verordnung vom 30. Juni 1820 gestattet in einem solchen Fall die Einleitung des Criminalverfahrens von Amtswegen, und muss als ein Processgesetz eine rückwirkende Kraft haben.

R. Alwitz, 1. Juni 1821.
Blanchard. Ruppenthal.

Sachverständige.

Der Art. 44 Cr. O. kommt nur unter den das erste Verfahren betreffenden Bestimmungen vor, die darin erwähnte Formel ist nicht unter Strafe der Nichtigkeit vorgeschrieben.

Der vom den Kunstverständigen geleistete Zeugeneid verbindet ihn vollständig zu einem gewissenhaften Gutachten.

Heisst es im Protocoll: der Präsident habe jede Verfügung des Art. 319 Cr. O. vollzogen, so ist anzunehmen, dass er auch den Zeugen gefragt:

„ob es der gegenwärtige Angeklagte sei, von welchem er geredet?"

R. Heyden, 16. März 1821.
Fischenich. Eichhorn.

Kein Gesetz schreibt eine besondre Notification der Namen abzuhörender Sachverständiger vor. Es genügt, wenn ihre Namen, Charakter und Wohnort auf der Zeugenliste vermerkt sind.

R. Schappal, 21. September 1833.
Graun. Eichhorn.

Kein Gesetz schreibt die Vornahme einer technischen Prüfungsoperation Sachverständiger in der öffentlichen Sitzung vor. Dem Gesetz ist genügt, wenn die Sachverständigen das Resultat dieser Prüfung in der öffentlichen Sitzung darlegen und ihr Gutachten abgeben.

R. Weck, 27. December 1841.
v. Meusebach. Eichhorn.

Es ist eine neue Untersuchung durch Sachverständige für nöthig erachtet, die Recusation gegen den früher zugezogenen Sachverständigen aber verworfen worden. — Mit Unrecht. — Nach Art. 322 Cr. P. O. sind die Neuernannten befugt, von den früheren Sachverständigen Aufschlüsse zu verlangen; hieraus folgt schon, dass die Letzteren nicht in gleicher Eigenschaft bei den neuen Verhandlungen hinzugezogen werden dürfen.

K. Reg. Cöln wider Dumont, 19. März 1833.
Friccius. Eichhorn. Reinhardt.

Schiessen.

(Vergleiche Polizeiverordnung.)

Die Cassationsverklagten haben zu Lennep auf den Strassen mit Pistolen geschossen. Diese Handlung ist nicht durch den Art. 471 Nr. 2 Str. G. B., sondern durch die Brüchtentaxe vom 2. November 1802 verpönt.

K. Oeff. Min. Lennep wider Kleefisch, 11. Juli 1838.
Esser. Eichhorn.

Aus dem Hause des X zu Bonn wird ein Kanonenschlag geworfen. Es ist unermittelt, ob X irgend dazu mitgewirkt, oder die Aufsicht vernachlässigt hat. Schreibt nun gleich die Local-Polizeiverordnung vom 12. Dec. 1831 vor: die Hauseigenthümer seien als solche verantwortlich, so schliesst sie sich doch in dieser Beziehung so wenig an ein bestehendes Gesetz an, dass sie vielmehr den allgemeinen Grundsätzen des Strafrechts entgegen ist.

R. Oeffentl. Minist. Bonn wider Schlösser, 30. August 1841.
Graun. Jaehnigen.

Schleichhandel.

In Erwägung, dass die im §. 9 des Regulativs vom 12. Januar 1839 über bestrafte Schleichhändler und Contravenienten gegen das Regulativ angeordnete polizeiliche Aufsicht nur eine Verschärfung der in den §§. 1 und 2 angeordneten polizeilichen Controlle ist, und daher, wie diese, von dem betreffenden Landrathe, vorbehaltlich des Recurses an die höhere Verwaltungsbehörde, festzusetzen ist,

dass sonach die Frage, ob Jemand mit Unrecht unter Polizeiaufsicht auf Grund des Regulativs gestellt sei, nur in diesem bestimmten Verwaltungsinstanzenzuge entschieden werden, nicht aber den Gerichten zustehen kann, die Cognition hierüber an sich zu ziehen, und die nicht in jenem Instanzenzug angefochtene Festsetzung des Landraths unbeachtet zu lassen,

Tit. II. Art. 13 Gesetz vom 16. und 24. August 1790,
Gesetz vom 16. Fructidor III.,

dass nach §. 9 die Anordnung der Polizeiaufsicht selbst schon die darin bestimmten Folgen hat, und eben deshalb die Gerichte verpflichtet sind, sie im Contraventionsfalle festzusetzen, sobald ihnen nur die erfolgte Anordnung der Aufsicht nachgewiesen wird,

In Erwägung, dass der Cassationsverklagte festgestelltermaassen durch den betreffenden Landrath auf Grund des Regulativs unter Polizeiaufsicht gestellt, und ihm deren Folgen unter dem 5. October v. J. bekannt gemacht worden sind,

dass er, wie festgestellt worden, dem gesetzlichen Verbote zuwider, in der Nacht vom 2. zum 3. November v. J. bei den wiederholt angestellten Hausvisitationen in seiner Wohnung sich nicht befunden hat,

dass mithin die im §. 9 festgesetzte Strafe wider ihn zu erkennen war; dass, wenn das Polizeigericht zu Geilenkirchen demungeachtet zuerst noch einen Beweis über die Rechtmässigkeit der Polizeiaufsicht erforderte, und sodann den Cassationsverklagten freisprach, es durch die erstere Entscheidung seine gesetzlichen Befugnisse überschritten, und durch beide den §. 9 des Regulativs verletzt hat, cassirt etc.

K. Oeff. Minist. Geilenkirchen wider Dörrenberg, 3. Mai 1841.
Jaehnigen. Eichhorn.

X, als Schleichhändler unter Pass- und Polizeiaufsicht gestellt, weigert sich gegen das Regulativ vom 12. Januar 1839, den Steuerbeamten, die Hausthür zu öffnen, und hindert sie so an der Ausübung ihres Amtes. Er verfällt dem §. 26 Zollstrafgesetz vom 23. Januar 1838.

K. Oeffentl. Minist. Cleve wider Völlings, 2. Oct. 1843.
Brewer. Jaehnigen.

Die X hat 2 Söhne, welche als verurtheilte Schleichhändler unter der durch Regulativ vom 12. Januar 1839 verordneten Passcontrolle und Polizeiaufsicht stehen. Die Mutter hat in einer Nacht, unter der Erklärung: ihre Söhne seien nicht zu Hause, den Beamten den Eintritt in das Haus verweigert. Sie ist um deswillen nicht zur Strafe zu ziehen, denn für sie ist keine Pflicht vorhanden, Verschlüsse der Abwesenden, oder Behufs deren Durchsuchung, die eigene Wohnung zu öffnen.

§. 25, 26 Zollstrafgesetz.

R. Oeffentl. Minist. Cleve wider van den Boom, 29. April 1844.
v. Oppen. Eichhorn.

Die unter dem Regulativ vom 12. Januar 1839 stehende X, aufgefordert, sich am Fenster zu zeigen, oder die Hausthür zu öffnen hat, erwidert:

„Ich thue es nicht!“ —

Sie ist um deswillen strafbar, denn der Zweck des Gesetzes wäre vereitelt, wäre die Controllirte nicht verpflichtet, sich zu zeigen. Die Annahme des Gegentheils verletzt den §. 9 des Regulativs und den §. 26 des Zollstrafgesetzes.

K. Oeffentl. Minist. Cleve wider van den Boom, 29. April 1844.
v. Oppen. Eichhorn.

X, der unter Polizeiaufsicht steht, wird am Abend gegen 11 Uhr in der Richtung vom Ausland nach seinem Wohnort betroffen. Er wird wegen damals bewirkter Einschwärzung correctionnell bestraft; unzulässig ist daher, ihn noch zugleich wegen seiner Abwesenheit von Hause nach §. 3 und 4 des Regulativs vom 12. Januar 1839 zu bestrafen; denn jene war nur Mittel zum Zweck.

R. Oeffentl. Min. Goch wider Martens, 3. Nov. 1845.
Esser. Eichhorn.

Schulpflicht.

Auf X, der den Privatunterricht seines Sohnes nachweist, ist die Cabinetsordre vom 14. Mai 1825 nicht anwendbar. Sie ist nicht im Interesse der Schulanstalten, sondern der Kinder gegeben. Die im Art. 1 gedrohten Strafmittel betreffen die wirkliche Vernachlässigung des Unterrichts, nicht irgend eine Form der Beweisführung. Diese Strafen müssen wegfallen, wenn zu irgend einer Zeit, — also selbst wie hier in appellatorio, — bewiesen wird, dass es an Unterricht nicht gefehlt. Die im Art. 3 geforderte Genehmigung der Obrigkeit und des Schulvorstehers geht nicht auf die Ertheilung des Privatunterrichts im Gegensatz des öffentlichen, sondern auf die durch vorübergehende Hindernisse bewirkte Aussetzung alles Unterrichts.

R. Oeffentl. Minist. Düsseldorf wider Broch, 28. Juli 1832.
v. Savigny. Eichhorn. Sandt.

Das Polizeigericht, indem es der Versäumnissliste des Schullehrers keine Glaubwürdigkeit beigelegt, hat den Art. 154 Cr. O. und die drei ersten Bestimmungen der Cabinetsordre vom 14. Mai 1825 verletzt.

K. Oeffentl. Minist. Boppard wider Weimann, 23. April 1835.
Simon. Eichhorn.

Hat der Schullehrer im Einverständniss mit dem Ortspfarrer und Bürgermeister die X für noch schulpflichtig erklärt, so ist die Versäumniss der Schule nach der Cabinetsordre vom 14. Mai 1825 Nr. 1 und 2 und §. 33 Ressort-Regl. zu ahnden.

Spricht das Gericht um deswillen frei, weil die X bereits confirmirt, zum Abendmahl zugelassen, und somit vom Schulzwang frei sei, so hat es einen Act der Schulverwaltung seiner Censur unterworfen, und somit seine Macht überschritten.

K. Oeffentl. Minist. Boppard wider Strunk, 23. April 1835.
Simon. Eichhorn.

Selbstdispensiren.

Glaubersalz findet sich nicht in dem der Gouvernements-Verordnung vom 5. und 17. Mai 1814 angehängten Verzeichniss der zur ärztlichen Dispensation freigegebenen Arzneien, und ist daher Dr. X der Strafe des §. 7 um so gewisser unterworfen, als dieser schon den Verkauf der zum Selbstdispens überlassenen Mittel unter Strafe von den dort angegebenen Bedingungen abhängig gemacht.

Diese General-Gouvernementsverordnung ist durch das in der Rheinprovinz nicht publicirte Brandenburgische Medicinaledict von 1725 nicht aufgehoben.

R. Dr. Boost, 15. September 1832.
v. Meusebach. Eichhorn.

Selbsthülfe.

X errichtet eine Mauer auf einem Platze, dessen Eigenthum er behauptet. Die Gemeinde Wittlich macht das Eigenthum streitig, und die Regierung verordnet vorab den Versuch einer gütlichen Einigung. Wenn nun trotz dessen der Maire den Polizeidiener beauftragt, die Mauer niederzureissen, so hat er hierdurch nicht als Verwaltungsbeamter, sondern als Vertreter der Domainen sich einer Selbsthülfe schuldig gemacht, woran der Polizeidiener eben nur Theil genommen. Widersetzte sich daher X dieser Maassregel, so kann von Anwendung des Art. 209 Str. G. B. nie und nimmer die Rede sein.

R. Oeffentl. Minist. Trier wider Bier, 30. März 1833.
Reinhardt. Eichhorn.

Da X, ohne dass ihm ein Nothweg zuerkannt, Art. 682 seq. B. G. B. über das Kleefeld seines Nachbars gefahren, so hat er sich einer eigenmächtigen Selbsthülfe schuldig gemacht.

Hierauf ist nicht Art. 27, Tit. II. des Ruralgesetzes oder Art. 471, Nr. 13 Str. G. B., sondern Art. 475, Nr. 10 anwendbar.

K. Oeff. Min. Geilenkirchen wider Spehl, 12. Februar 1844.
Esser. Eichhorn.

Zwei Müller streiten sich um das Wasser. X, indem er die von der Verwaltungsbehörde auf einseitige Beschwerde seines Gegners zerstörte Anlage zur Aufrechthaltung seiner Gerechtsame wiederhergestellt, hat sich keines Polizeivergehens schuldig gemacht. Art. 456 Str. G. B.; Gesetz vom 24. August 1790 Tit. III. Art. 10; Arrêt du 19. Ventôse VI. Art. 11.

R. Oeffentl. Minist. Mayen wider Rathscheck, 28. Juli 1832.
Klenze. Eichhorn.

Die Cassationsverklagte legt einen Mühlenteich mit Erlaubniss und nach Vorschrift der Regierung an. Die Cassationskläger hiervon in Kenntniss gesetzt, zerstören dieses Bauwerk; weil angeblich der Wehrbaum in ihr Ufer eingedrungen. Dies ist strafbar. Den Privaten steht die Befugniss nicht zu, sich den Maassregeln der Regierung in dieser Weise eigenmächtig zu widersetzen; auch der Art. 544 B. G. B. ist so auszulegen, dass er die Ausübung der administrativen Gewalt nicht beschränkt. Das Vergehen der Cassationskläger ist übrigens nicht durch Art. 456, sondern Art. 437 Str. G. B. zu bestrafen.

R. Lips und Genossen wider Lichtenberger, 13. Sept. 1843.
Brewer. Jaehnigen. Reusche.

Siegelerbrechung.

Der Art. 252 Str. G. B. erfordert zu dem Vergehen der Siegelerbrechung die nämlichen Requisite, welche der Art. 249 fordert. Eine von einem Steueramt kraft und in Angelegenheiten des Amtes vorgenommene Anlegung von Siegeln, ist, als auf Befehl der Regierung geschehen anzusehen; zumal ein unmittelbarer Befehl nicht nothwendig.

K. Oeffentl. Minist. Aachen wider Hirsch, 10. Juli 1822.
Simon. Ruppenthal Arch. IV. 2. 24.

Spanndienst.

Die Verordnung vom 3. August 1808 und 3. December 1808 verpflichtet die Gemeinden nur zu Spanndiensten (Decret vom 10. Vendémiaire IV. Art. 9) Gesetz vom 29. Mai 1816 — nicht zur Gestellung von Reitpferden.

R. Oeffentl. Minist. Kreuznach wider Pitthahn, 14. Februar 1842.
v. Oppen. Eichhorn.

Spielkarten.

Wer mit ungestempelten Karten spielt, den trifft die Strafe des §. 27. Gesetz vom 7. März 1824. Der Contravenient haftet nicht für die Strafe seiner Complicen.

K. Oeffentl. Minist. Trier wider Leibold, 2. Nov. 1825.
v. Trützschler. Eichhorn.

X, der Cassationsverklagte, erbt von seinen Eltern im Jahre 1797 eine sehr grosse Quantität Lütticher Karten. Dadurch, dass er sie noch jetzt besitzt, kann er dem §. 27 Gesetz vom 7. März 1822 und §. 32 Gesetz vom 16. Juni 1838 nicht unterworfen werden. Kein Strafgesetz hat rückwirkende Kraft. Unter der „Gewahrsam" des Gesetzes ist nur diejenige zu verstehen, welche entweder seit seiner Publication ergriffen, oder seitdem unter solchen Umständen fortgesetzt worden, wodurch der Inhaber als einer Contravention verdächtig, besondern strafrechtlichen Bestimmungen verfällt. An einer Vorschrift, wonach X verpflichtet gewesen, binnen einer gewissen Frist die Karten der Steuerbehörde zur Vernichtung zu überliefern, mangelte es, und würde die Unterlassung dieser Pflicht nur die erfolgte Confiscation, nicht aber eine Bestrafung bedingen.

R. Oeffentl. Minist. Aachen wider Königs, 7. Sept. 1843.
Graun. Eichhorn. Sandt.

Stempel.

Der §. 1 Gesetz vom 7. März 1822 umfasst auch diejenigen Bestimmungen der früheren Gesetze über das Stempel- und Einregistrirungswesen, welche die Competenz der Gerichte in diesen Sachen zum Gegenstand haben. §. 31 ibid.

Die Uebertretungen des Stempelgesetzes sind daher nicht mehr vor den Civil-, sondern vor den Correctionsgerichten zu verfolgen.

Die Ansicht, dass nach §. 31 l. c. und nach §. 155 Litt. d der Zoll- und Verbrauchssteuerordnung auf die Gesetze vom 13. Brumaire und 22. Frimaire VIII. zurückzugehen sei, verletzt die angezogenen Gesetze.

K. Königl. Reg. Cöln wider Kramer, 5. November 1823.
Fischenich. Eichhorn. Reinhardt.

Bei Festsetzung des Stempels ist der Richter für einen Irrthum in seiner Ansicht des Stempelgesetzes nicht verantwortlich. Stempeltarif. Rubrik: Erkenntnisse. Lit. b und c. Unter dem Richter des §. 22 Stempelgesetz ist nur der Richter, insofern er Acte der freiwilligen Gerichtsbarkeit aufnimmt, zu verstehen.

K. Maass, 20. December 1826.
v. Meusebach. Eichhorn. Arch. IV. 2. 71.

Die sofortige Stempelung des §. 20 Stempelgesetz schliesst eine billige moralische Frist nicht aus.

R. Oeffentl. Minist. Cöln wider Schaafhausen, 13. Sept. 1826.
Simon. Eichhorn.

Der Richter, indem er zur Anwendung des Stempelgesetzes unterscheidet, ob nur eine unrichtige Anwendung des Gesetzes die Veranlassung zur Contravention gegeben oder nicht, verletzt den §. 21 und 22.

K. Oeffentl. Minist. Coblenz wider Drehl, 8. August 1827.
Oswald. Eichhorn.

Ein niedergeschriebener synallagmatischer Vertrag ist ohne Unterschrift sämmtlicher Contrahenten nur ein Entwurf, und kein der Stempelsteuer unterworfener Vertrag.

§. 12, 21, 22 Gesetz vom 7. März 1822.

R. Oeffentl. Minist. Elberfeld wider v. Heinsberg, 22. Sept. 1832.
Lombard. Eichhorn.

Der Instanzrichter, annehmend, dass die Stempelpflichtigkeit bei einem Vertrage, dessen Ausfertigung vor einem Notar vorbehalten ist, erst mit der Ausfertigung des notariellen Instruments eintrete, hat den §. 12 des Gesetzes vom 7. März 1822 verletzt.

K. Oeffentl. Minist. Düsseldorf wider Assmann, 10. März 1832.
Eimbeck. Eichhorn.

Unter den Löschungsverfügungen des §. 22 des Stempelgesetzes sind lediglich die von dem Richter an den Hypothekenbuchführer zu erlassenden schriftlichen Löschungsbefehle zu verstehen, nicht die Erklärungen des Gläubigers, dass er in die Löschung einwillige, und sind diese stempelpflichtig.

K. Oeffentl. Minist. Aachen wider Houben, 9. März 1825.
Simon. Eichhorn.

Sind die im Inland ausgestellten Wechsel ungestempelt vom Aussteller in die Hände des Remittenten übergegangen, so ist schon hierdurch die Strafe des §. 20 Stempelgesetz verwirkt, und ist es gleichgültig, ob dieser Remittent lediglich als Mandatarius des Ausstellers die Wechsel in dessen Namen hat stempeln lassen.

K. Oeffentl. Minist. Düsseldorf wider Camper, 6. Juli 1825.
v. Reibnitz. Eichhorn. Reinhardt.

Der Aussteller entrichtet bei Ausstellung eines Wechsels im Jahre 1820, die damalige Stempelabgabe nicht. Der Umstand, dass er zur Zeit, da das neue Stempelgesetz erschien, nicht mehr im Besitz der Wechsel, befreit ihn von der ihm auferlegten Verbindlichkeit des §. 43 nicht. War er ausser Stande, die Wechsel selbst visiren zu lassen, so musste dennoch die neue Stempelabgabe entrichtet werden. Nach dem Gesetz vom 18. Februar 1791 haften Acceptant und Aussteller solidarisch für die Strafe. Das Gesetz vom 13. Brum. VII. hat den Acceptanten hiervon liberirt.

K. Kgl. Reg. Cöln wider Sugg und Kramer, 19. Mai 1824.
Fischenich. Eichhorn. Reinhardt.

Die Versendung des Wechsels zur Acceptation stellt sich als ein mit demselben vorgenommenes Geschäft dar.

§. 20, 26 des Stempelgesetzes.

K. Oeffentl. Minist. Cöln wider Stein, 11. Mai 1825.
Simon. Eichhorn. Sandt. Reinhardt. Arch. VIII. 2. 24.

Ein an eigene Ordre gezogener Wechsel bleibt namentlich dem Steuerfiscus gegenüber ein gezogener Wechsel, wenngleich es darin heisst: „Werth verstanden."

K. Oeffentl. Minist. Düsseldorf wider Bockmühl, 17. Mai 1826.
v. Meusebach. Eichhorn. Arch. VIII. 2. 81.

Alle während eines Prozesses vorkommenden Verhandlungen sind bis zur Beendigung des Processes zwar steuerfrei und in dem dann zu verwendenden Werthstempel inbegriffen, die Urkunden der Gerichtsvollzieher sind aber schon während des Processes stempelpflichtig.

Entscheidung des K. Ministerii der Finanzen vom 11. Februar 1823. Tarif zum Stempelgesetz. Voce Process und Urkunden der Gerichtsvollzieher.

Bei dem allgemeinen Zweifel über den Sinn des Gesetzes war jedoch X mit Strafe zu verschonen, wenngleich er den Stempel nachzubringen hat.

K. Oeffentl. Minist. Cöln wider Grass, 14. Nov. 1827.
Scheller. Eichhorn. Kunowski. Arch. XI. 2. 29.

Der §. 12 Stempelgesetz vom 7. März 1822 schliesst die Acte der Gerichtsvollzieher nicht von den Verhandlungen aus, zu denen in der gesetzlichen Frist die Stempel nachzubringen. Die Schwierigkeit der Controlle kann aber ihre Ausschliessung nicht begründen.

R. Oeffentl. Minist. Trier wider Bausch, 24. Februar 1830.
Eimbeck. Eichhorn.

Das Gesuch des Stempelfiscals, den X zu veranlassen, einen Act aufzulegen, ist zu bewilllgen:

1) von der Rathskammer des correctionnellen Gerichts, und

2) nur dann, wenn Wahrscheinlichkeit einer Contravention von dieser Kammer angenommen wird.

(Competenzconflict), Blattau, 28. Februar 1827.
Fischenich. Eichhorn.

Hat das Landgericht die von dem Stempelfiscus zur Rechtfertigung des Verdachts einer vorhandenen Stempelcontravention aufgestellten Gründe nicht hinreichend erachtet, um die X zur Vorlegung der Urkunden anzuhalten, so hat es sich nur seiner gesetzlichen Befugniss bedient. §. 32 Stempelgesetz.

R. Steuerfiscus wider v. Well, 2. Februar 1831.
Eimbeck. Eichhorn. Sandt.

Die Entscheidung des Instanzrichters, der Cassationsverklagte habe in seiner Eigenschaft als Leibzüchter der von seiner verstorbenen Ehefrau hinterlassenen Immobilien einen Erbschaftsstempel nicht zu entrichten brauchen, verletzt, — einen dem Gesetz fremden Unterschied aufstellend, — die §§. 4 lit. C und 9 Stempelgesetz.

K. Oeffentl. Minist. Cöln wider Fürth, 15. Juni 1825.
Fischenich. Eichhorn.

Diejenigen Vortheile, welche das Triersche Landrecht dem überlebenden Ehegatten nach ausgeglichener Gütergemeinschaft auf den Nachlass des Verstorbenen gewährt, — namentlich die Leibzucht, — sowie das Kindertheil an dem Mobiliarnachlass, sind kein Ausfluss der Gütergemeinschaft, sondern eine Statutarportion, und ein Successionsanfall, wovon nach §. 9 lit. a und §. 4 lit. d des Gesetzes vom 7. März 1822 die Erbschaftssteuer zu entrichten ist.

K. Oeffent. Minist. Coblenz wider Fischer, 28. Dec. 1825.
Goerdeler. Eichhorn.

Bei jeder öffentlichen Versteigerung eines Grundstückes ist der §. 21 und 22 Stempelgesetz (Cab.-Ordre vom 18. Nov. 1828) maassgebend. Ob ein Descendent Ankäufer, relevirt nichts. Die entgegenstehende Ansicht verletzt den §. 5 b, und den Tarif, Voce: Subhastationsprocesse.

K. Prov.-Steuerdirector wider Courth, 24. Februar 1830.
Eimbeck. Eichhorn.

Der von X auf 12 Jahre abgeschlossene Miethscontract vom 10. Mai 1816 ist erst am 31. Juli 1827 zur Kenntniss der Steuerbehörde gekommen, und von dieser sogleich gerügt worden. Mit Rücksicht auf §. 22 Stempelgesetz kann daher von einer Verjährung die Rede nicht sein.

K. Steuerverwaltung wider Fritzen, 29. October 1828.
Friccius. Eichhorn. Arch. XII. 2. 52.

In den Erkenntnissen der Gerichte, Contraventionen gegen das Stempelgesetz vom 7. März 1822 betreffend, bedarf es keiner Festsetzung der einfachen Steuer. Da vielmehr der Steuerbehörde die Bestimmung der Steuer und deren Einziehung ohne Dazwischenkunft der Gerichte freisteht, und letztere nach §. 21 sofort erfolgen soll, so ist die Festsetzung wegen der Bezahlung der einfachen Steuer in den Erkenntnissen unzulässig.

Cabinetsordre vom 18. November 1828.

K. Steuerfiscus wider Kirst, 26. Januar 1831.
Eimbeck. Eichhorn.

Der Stempeltarif, Voce: Erkenntnisse e und f entscheidet bestimmt die Fälle, wo von Justiz-, und wo von Verwaltungsbehörden die Strafe festgesetzt wird.

K. Oeffentl. Minist. Trier wider Streccius, 9. Januar 1828.
Oswald. Eichhorn.

Nach der Rückgabe der Partialquittungen und der Erstattung des dazu verwendeten Stempels, war X verpflichtet, den Stempel zur Generalquittung, welche zur Rechnungsablage bei einer öffentlichen Behörde dienen sollte, zu verwenden. Tarif. Artikel: Quittung. Durch seine beharrliche Weigerung verfällt er in die Strafe des §. 21 Stempelgesetz.

K. Oeffentl. Minist. Coblenz wider Reiff, 4. April 1827.
Friccius. Eichhorn.

Wo Verkäufer erklärt: „Zahlung ist mir durch die von Käufern treu geleisteten Dienste ganz berichtigt," ohne einmal Art und Werth dieser Dienste anzuzeigen, liegt im Sinne des Tarifs zum Stempelgesetz ein remuneratorischer Act vor.

K. Steuerverwaltung wider Erz, 20. September 1826.
Goerdeler. Eichhorn. Arch. X. 2. 15.

Das Wort „Gutsüberlassungen" Lit. b §. 5 des Stempelgesetzes geht auch auf städtische Grundstücke.

R. Steuerverwaltung wider Mertens, 4. October 1826.
Friccius. Eichhorn.

Steuergesetz.

Gewerbesteuer.

Die Frage, ob die feststehenden Thatumstände den Begriff eines Gewerbes herausstellen, unterliegt der Prüfung des Cassationshofes.

K. Oeffentl. Minist. Düsseldorf wider Strunk, 2. Juli 1828.
Friccius. Eichhorn.

Zum Begriff des Gewerbes genügt schon die Absicht, diejenigen Handlungen zu wiederholen, welche dessen Gegenstand bilden; — §. 40 Gesetz vom 30. Mai 1820; Marginalien zu den §§. 1—7 des Regulativs vom 28. April 1824 und §. 8. 2 — aber diese ist ein unerlässliches Requisit.

R. Generalproc. am App.-Hof wider Penas, 13. Juli 1831.
Oswald. Eichhorn.

Die Frage, ob der Betrieb ein gewerbmässiger. fällt dem Instanzrichter anheim. §. 1 Hausir-Regul. vom 28. April 1824.

R. Oeff. Minist. Coblenz wider Graef, 15. April 1839.
Jaehnigen. Eichhorn.

Die Frage, ob die einem Gewerbtreibenden angebotene Waare zu seinem Gewerbe in Beziehung stehe, ist thatsächlicher Natur. Die Ansicht, dass der Cigarrenvorrath eines Gastwirths seinem Gewerbe angemessen, ist daher durch den Cassationsrecurs nicht anzugreifen.

R. Oeffentl. Minist. Saarbrücken wider Cantor, 8. Dec. 1845.
v. Oppen. Jaehnigen.

Nach dem Sprachgebrauch ist die Waare, welche ein Hausirer bei sich führt, keine andere, als diejenige, mit welcher er im Umherziehen betroffen wird. §. 26 Hausir-Regl.

R. Oeffentl. Minist. Elberfeld wider Rath, 14. Nov. 1842.
v. Oppen. Jaehnigen.

Ist X bereits früher auf Grund des Art. 411 Str. G. B. dafür gestraft worden, dass er gesetzwidrig ein Pfandhaus gehalten (14 Tage Gefängniss und 100 Frcs.), so kann er jetzt nicht mehr wegen nicht nachgesuchter Autorisation zum Gewerbebetrieb, und wegen nicht gemachter Anzeige des Anfangs dieses Gewerbes, einer abermaligen Strafe unterworfen werden.

R. Kgl. Reg. Cöln wider Roehrig, 8. Sept. 1832.
Graun. Eichhorn.

Die Steuergesetze enthalten specielle Principien über die Complicität; auf sie findet daher der Art. 60 Str. G. B. in der Regel keine Anwendung.

Die §§. 13 und 20 des Regulativs vom 28. April 1824 sprechen überall nur von der Verantwortlichkeit des Gewerbtreibenden, nicht seines Begleiters.

Das Gesetz straft also eine Theilnahme, durch welche bloss die Mittel zum Hausirhandel durch Tragen, Fahren oder Treiben erleichtert worden, nicht; indem der Handel an sich keine strafbare Handlung ist, und wer Päcke trägt, oder Vieh treibt, nicht wohl die Befugniss seines Committenten prüfen kann.

Wird nun das Gewerbe ohne Gewerbschein betrieben, so concurriren zwar zum Nachtheil des Gewerbtreibenden die beiden Umstände:

1) dass er keinen Gewerbschein gelöst,

2) dass er sich eines ihm nicht besonders gestatteten Begleiters bedient.

Das Erstere kann jedoch die Lage des Begleiters nicht aggraviren. Er wird nur dann ein Mitschuldiger im Sinne des Steuergesetzes, wenn er einem, ihn speciell tangirenden Verbot zuwiderhandelt; was bei der Abwesenheit jedes Gewerbscheins, und wo also mit diesem kein Missbrauch getrieben werden kann, nur darin bestehen könnte, dass der Begleiter an dem Handel persönlich Antheil nehme.

R. Oeffentl. Minist. Trier wider Jacquemin, 11. Januar 1834.
Simon. Eichhorn.

Der Richter, indem er wegen der von dem X am 22. Februar und 29. März vorgenommenen unerlaubten Hausirgewerbshandlungen, nur auf die einfache gesetzliche Strafe erkannt, hat weder den §. 2 des Regulativs, noch den Art. 365 Cr. O. unrichtig angewendet; denn die Strafe ist nicht wegen jeder einzelnen Contravention, sondern wegen des ganzen bis zur Bestrafung stattgehabten unerlaubten Gewerbebetriebes nur einmal zu erkennen. Vgl. §. 26 und 27 des Regulativs.

R. Oeffentl. Min. Düsseldorf wider Michels, 27. Januar 1838.
Jaehnigen. Eichhorn.

Ist für die s. g. stehenden und umherziehend getriebenen Gewerbe die Jahressteuer erhöht worden, Reg. vom 20. Jan. 1841, so muss diese Erhöhung auch hinsichtlich der zu erkennenden Contraventionsstrafe eintreten. Gesetz v. 30. Mai 1820 §. 39 lit. b; Regl. vom 28. April 1824, §. 26 und 4. Dec. 1836.

R. Oeff. Minist. Saarbrücken wider Meyer, 29. Mai 1843.
Liel. Eichhorn. Arch. XXXV. 2. 57.

Ist durch §. 19 des Gesetzes vom 30. Mai 1820 dem Finanzminister die Ausführung dieses Gesetzes übertragen, und nur diese durch das Regulativ vom 15. November 1842 bezweckt, so kann dieses Regulativ die Berufung auf das Gesetz unmöglich ausschliessen, und der Irrthum des Regulativs unmöglich zu einer im Widerspruch mit dem Gesetz zu verhängenden Strafe Veranlassung geben.

R. Oeff. Minist. Cleve wider Gonzenheimer, 10. Juni 1844.
v. Oppen. Jaehnigen.

Die Freiheit von der Gewerbesteuer ist nach §. 12a Gesetz vom 30. Mai 1820 von den beiden dort genannten Bedingungen nicht alternativ, sondern copulativ abhängig.

K. Königl. Reg. Trier wider Schmitz, 6. Juli 1831.
Klenze. Eichhorn.

X ist wegen wiederholter Gewerbesteuercontravention zu dem achtfachen Betrage der einfachen Jahressteuer verurtheilt. Mit Unrecht. Nach dem Gewerbesteuergesetz vom 30. Mai 1820 besteht die Strafe der unterlassenen Anzeige des Anfangs eines steuerpflichtigen Gewerbes in dem einfachen Betrage der einfachen Jahressteuer, ohne dass das Gesetz eine Erhöhung derselben im Wiederholungsfalle bestimmt. Die blosse, im §. 42 lit. a ausgesprochene Anwendbarerklärung des §. 94 der Steuerordnung von 1819 kann aber, da dieser §. selbst keine Strafbestimmungen enthält, die Stelle einer solchen nicht vertreten.

K. Generalproc. am Cass.-Hof wider Rütten, 7. Sept. 1839.
Jaehnigen. Eichhorn.

Das Zuführen bestellter Waaren zum Behuf der Ablieferung derselben an den Besteller, ist als ein Gewerbe im Umhertreiben nicht zu betrachten. §. 2 des Regulativs vom 28. April 1824.

K. Bissinger, 28. September 1825.
Goerdeler. Reinhardt.

Wenn der Kaufmann, in dessen Auftrag ein Schiffer Kohlen ladet und zum Verkauf herumfährt, keines Gewerbescheins bedarf, so bedarf seiner auch der Schiffer nicht. §. 28 Regul. vom 28. April 1824.

K. Königl. Reg. Düsseldorf wider Becker, 13. Juli 1831.
Oswald. Eichhorn.

X bringt bestellte Bierhefen nach W. Wegen theilweiser Nichtannahme fragt er zur Ersparung des Rücktransports bei festen Kunden an, ob sie der Waare benöthigt. Hierin liegt kein Gewerbebetrieb im Umherziehen.

K. Oeff. Min. Elberfeld wider Schnippering, 27. Nov. 1843.
v. Oppen. Jaehnigen.

X erhält von mehreren Personen zu Wesel häufig Aufträge zum Einkauf und Zuführung von Colonialwaaren von Nymwegen zu bestimmten Preisen, ohne auf bestimmte Verkäufer verwiesen zu sein, — gegen Ersatz des Preises und Fuhrlohns. Dies ist kein gewerbpflichtiges Gewerbe, kein Handel — es fehlt die Firma, — §. 3 Ges. v. 30. Mai 1820; — kein Maklergeschäft: — er ist nicht bei der Kaufmannschaft angestellt; kein durch die Cab.-Ordre vom 11. Juni 1826 vorgesehenes Geschäft. Diese spricht nur die Steuerpflichtigkeit derjenigen Commissionaire aus, welche nicht kaufmännische Geschäfte betreiben.

R. Oeff. Min. Cleve wider Koester, 31. August 1831.
Oswald. Eichhorn.

Das Wort „Bestellung" im §. 2 Hausir-Regulativ vom 21. Mai 1824, bedeutet nicht einen wirklich abgeschlossenen Kauf, sondern nur die einem andern gegebene Anweisung, gewisse Waaren zum Verkauf zuzuführen.

R. Oeff. Minist. Trier wider Blick, 2. Januar 1836.
Jaehnigen. Eichhorn.

Nach dem §. 26 des Gewerbesteuergesetzes vom 30. Mai 1820 werden nur diejenigen Gegenstände confiscirt, die Defraudant wegen seines Gewerbes bei sich führt. Dies ist mit dem bestellten wollenen Tuch nicht der Fall; eben weil es bestellt ist. §. 2 ibid.

K. Hasendahl, 24. August 1825.
v. Reibnitz. Eichhorn.

X hat für seinen im landgräflich hessischen Amte Meyenheim als Mehlhändler besteuerten Vater, Waarenbestellungen im Umherziehen ohne Hausirschein aufgesucht.

Mit Rücksicht auf Art. 10 der Convention vom 31. December 1829 und die Cabinetsordre vom 12. Februar 1831, musste ihm dieser Schein steuerfrei ertheilt werden, und trifft ihn daher nur die Strafe der Cabinetsordre vom 31. Dec. 1836.

K. Oeff. Min. Saarbrück wider Joerg, 15. Dec. 1838.
Jaehnigen. Eichhorn.

Der Bäcker oder Fruchthändler, welcher selbst oder durch seine Leute, im Polizeibezirk Früchte kauft, treibt kein Gewerbe im Umherziehen. §. 4, 30 Regulativ vom 28. April 1824.

R. Oeff. Min. Hennef wider Hardt, 29. Dec. 1845.
v. Oppen. Eichhorn.

Wer Butter zum Zweck des Wiederverkaufs in seinem Wohnort, ausserhalb seines Polizeibezirks aufgekauft, verfällt der Strafe des §. 5 Regulativs vom 28. April 1824.

K. Oeffentl. Minist. Cöln wider Schmitz, 26. Oct. 1833.
Oswald. Eichhorn.

Der in Frankreich wohnende X kauft ohne Gewerbeschein in einem preussischen Dorfe 3 Hühner zum Wiederverkauf auf. Er verfällt dadurch der Strafe des §. 26 Hausir-Regl. Ob er die Absicht hatte, die Hühner im Auslande wieder zu verkaufen, ist gleichgültig.

K. Oeff. Min. Trier wider Maillard, 13. Januar 1830.
Steltzer. Eichhorn.

Der §. 26 des Regulativs vom 28. April 1824 setzt, wie §. 27 zeigt, voraus, dass der Gewerbtreibende mit gar keinem Gewerbschein für das laufende Jahr versehen ist. Hat daher X einen Gewerbschein auf den Regierungsbezirk Trier, mit Ausschluss des Grenzzollbezirks, und doch in diesem seine Schwarzwälder Uhren verkauft, so ist seine Strafe nur nach §. 30 l. c. zu bemessen.

R. Oeff. Minist. Trier wider Scherzinger, 21. Januar 1832.
Oswald. Eichhorn.

X, obgleich im Verband der Stadt Trier besteuert, muss dennoch zum Betrieb der Schankwirthschaft im Landkreis Trier nach §. 19a Gesetz vom 30. Mai 1820 der Kreisbehörde die desfallsige Anzeige machen. Hat der Richter diese Unterlassung für nicht verpönt erachtet, so hat er den §. 19a und 39b verletzt.

K. Oeffentl. Minist. Trier wider Henn, 30. Juni 1845.
Esser. Jaehnigen.

X hält Conditorwaaren nicht fortdauernd, sondern zu einer gewissen Zeit auf einem Gehöft, nicht auf einem Markte feil. Dies ist eine Contravention des §. 40 und 136 der Beilage Lit. D zum Gewerbesteuergesetz vom 30. Mai 1820; §. 1, 2, 7 und 26 Hausir-Regulativs. Dass er ohne Widerspruch des Polizeisergeanten, welcher sogar Standgeld von ihm genommen, sein Geschäft betrieben, kann hierin nichts ändern.

K. Oeff. Min. Elberfeld wider Budde, 13. Mai 1839.
Jaehnigen. Eichhorn.

Der Glaser X aus Frankreich, beschuldigt:
„im Regierungsbezirk Trier das Glasergewerbe im Umherziehen unbefugter Weise betrieben zu haben,"
verfällt nicht der Strafe des §. 19 und 39 Gesetz vom 30. Mai 1820, sondern der des §. 7 und 26 Regulativ v. 28. Mai 1824.

K. Generalproc. am Cass.-Hof wider Kipp, 29. October 1838.
Jaehnigen. Eichhorn.

X, ein Kaufmann, übernimmt die Lieferung des Brodes für die Garnison, und lässt selbiges durch Gehülfen backen. Der Handel und das Verfertigen der Waaren auf den Kauf ist jedes für sich steuerpflichtig; — §. 2 Gesetz wegen der Gewerbesteuer, der Betrieb des Bäckereigewerbes, als Fertigung der Waaren auf den Kauf, ist steuerpflichtig nach §. 10c, und findet hier der §. 18 nicht Anwendung, wo X das Brod nicht allein liefert, sondern auch zum Verkauf verfertigt. X hat jedoch nicht den Satz der Jahressteuer B. lit. H bb zu entrichten. Diese Ansicht ist dem Gesetz, und namentlich dem §. 19e entgegen. Auf die Zahl der Gehülfen kann es hier nicht ankommen. X hat vielmehr nur die Jahressteuer des §. 42a zu entrichten.

K. Oeff. Min. Trier wider Blattau, 4. März 1829.
Friccius. Eichhorn.

Der Betrieb von Handwerken mit mehreren Gehülfen ist gewerbesteuerpflichtig, wenn auch diese von einem Dritten bezahlt werden. §. 2 und 12, 19, 31 lit. b Gewerbesteuergesetz vom 30. Mai 1830.

K. Oeffentl. Minist. Trier wider Müller, 16. Nov. 1840.
Jaehnigen. Esser. Arch. XXXIII. 2. 77.

Der zu Trarbach wohnende Cassationsverklagte ist in dem Regierungsbezirk Coblenz als Zimmerman mit 4 Thlrn. besteuert. Diese Besteuerung setzt das, was die §§. 19a und 39b vorschreiben als geschehen voraus. Kein Gesetz schreibt aber vor, dass ein in einem Regierungsbezirk besteuerter Zimmermann auch zugleich in einem andern Regierungsbezirk, worin er auf Bestellung mit seinen Gesellen arbeitet, besteuert sein müsse.

R. Oeff. Min. Uerdingen wider Salomon, 20. Oct. 1845.
v. Daniels. Eichhorn.

Wer auf den §. 4 des Regulativs vom 28. April 1824 seine Befreiung gründet, hat den Beweis der Selbstgewinnung zu führen, und liegt dem Ankläger der Beweis des Gegentheils nicht auf.

K. Kgl. Reg. zu Düsseldorf wider Becker, 13. Juli 1831.
Oswald. Eichhorn.

Ist die Anmeldung zur Ausübung des Schlächtergewerbes nicht vor ihr geschehen, so ist X strafbar. Dass die Anmeldung vor Errichtung des Protocolls geschehen, ist ein Umstand, auf den der Instanzrichter mit Unrecht Gewicht gelegt hat, §. 19a, 39b Gesetz vom 30. Mai 1820.

K. Oeff. Min. Trier wider Warker, 11. October 1834.
Graun. v. Breuning.

X hat das von ihm verkaufte Fleisch nur für Rechnung eines Dritten verkauft. Er kann daher nicht zu denen zählen, welche das Schlächtergewerbe betreiben, da dieses Gewerbe nach §. 10 des Gesetzes vom 30. Mai 1820 als Fertigung der Waaren auf den Kauf besteuert werden soll, also das Schlachten für eigene Rechnung voraussetzt.

R. Oeffentl. Minist. Cöln wider Sperber, 24. August 1825.
Friccius. Eichhorn.

Bestellte Musik ist nicht gewerbscheinpflichtig. §. 6 Regulativ vom 28. April 1824, §. 18.

R. Oeffentl. Min. Cöln wider Schenk, 1. Juni 1833.
Oswald. Eichhorn.

Die Angeschuldigten haben bei dem Wirthe X unentgeltlich Musik gemacht, um einer ihnen von diesem angedrohten Entschädigungsklage zu entgehen, indem sie, in der Hoffnung, einen Gewerbschein zu erhalten, ihm das Musiciren während der Carnevalstage zugesagt hatten. Die Beseitigung dieses Nachtheils kann nicht einem in eigennütziger Absicht erfolgten verbotenen Gewerbebetrieb gleich geachtet werden.

R. Oeffentl. Minist. Trier wider Ensch, 13. August 1842.
Graun. Jaehnigen.

Brennereisteuer.

Zum Thatbestand einer Contravention gegen die Ordnung zum Gesetze wegen Versteuerung des inländischen Branntweins etc. vom 8. Februar 1819 § 16 und 66 genügt schon die unterlassene Anzeige der Veränderung an den Gefässen, und kommt es auf die wirklich geschehene oder beabsichtigte Defraudation der Steuergefälle, wie die Instanzrichter mit Unrecht annehmen, keineswegs an.

K. Königl. Reg. zu Düsseldorf wider Bergmann, 11. Juni 1823.
Friccius. Ruppenthal. Sandt.

Der mit frischer Maische angefüllte Bottich ist als ein Hefenbottich declarirt und darin nicht eingemaischt, sondern derselbe nur zu einer Hefenbereitung benutzt worden. Eine solche aus der gewonnenen frischen Maische ist nicht verboten, und kein Gesetz nachgewiesen, wonach ein solcher Hefenbottich nur zu einem Hauptbottich gehören, und nicht unter, sondern nur über dem Hauptbottich stehen soll.

R. Prov. Steuerverwaltung wider Bennerscheidt, 28. Sept. 1825.
Friccius. Eichhorn. Sandt.

Durch die Annahme: „Cassationverklagter sei freizusprechen, weil er keine Nebenmaische habe bereiten wollen, und in das nicht declarirte Gefäss nicht eingemaischt, sondern die übergährende Maische bloss übergegossen, mithin es zum eigentlichen Geschäft des Brennens nicht benutzt habe, werden die §§. 16, 66 der Ordnung zum Gesetz wegen Versteuerung des inländischen Branntweins, und der §. 11 des Regulativs vom 1. December 1820 verletzt.

K. Prov. Steuerdirector wider Baumann, 18. Mai 1821.
Friccius. Eichhorn. Sandt. Arch. VIII. 2. 23.

Die Behauptung des X, dass die in der Blase vorgefundene reife Maische aus den für den vorhergegangenen Tag declarirten Bottichen Nr. 3, 4 entnommen, und nur zur Aufbewahrung in die Blase Nr. 1 gebracht worden, ist gleichgültig. Geldstrafe und Confiscation ist schon durch die blosse Thatsache verwirkt, dass ein nicht angesagtes Gefäss zum Brennen benutzt oder in einem nicht angezeigten Raum reife Maische vorgefunden wird.

Verord. wegen Versteuerung des Branntweins vom 8. Febr. 1819, §. 66; — Regulativ vom 1. Dec. 1820, §. 11; — Cab.-Ordre vom 10. Januar 1824.

K. Oeff. Minist. Trier wider Rindt, 15. October 1828.
Friccius. Eichhorn.

Für das Einmaischen zu einer anderen als der declarirten Zeit ist eine besondere Strafe in der Steuerverordnung festgesetzt, und gehört dieser Fall nicht zu denen des §. 90 der Steuerverordnung vom 8. Februar 1819. §. 60, 61, 66 ibid.

K. Steuerfiscus wider Blistain, 23. März 1825.
Friccius. Eichhorn. Sandt. Arch. VIII. 2. 22.

Die Einmaischung oder Zubereitung von Maische, die in anderen Gefässen, als den angesagten vorgenommen wird, soll nach §. 5 der Verordnung vom 10. Januar 1824 an und für sich mit einer Geldbusse von 100 Thlrn. und der Confiscation der gebrauchten Gefässe bestraft werden. Hierdurch ist die Bestimmung der §§. 66 und 21 des Gesetzes vom 8. Febr. 1819 insoweit modificirt worden, dass bei der Thatsache der Einmaischung oder der Zubereitung der Maische in einem nicht declarirten Gefässe dem Richter ein Spielraum zwischen einer Strafe von 25 und von 100 Thlrn. nicht mehr überlassen bleibt, sondern von demselben auf letztere unerlässlich erkannt werden muss, und so wie es früher nicht darauf ankam, ob die Maische in dem nicht declarirten Gefässe sich in einem Zustande der Reife vorgefunden habe, oder nicht, so kann auch jetzt ein solcher Unterschied, der nirgends aufgestellt ist, nicht in Betrachtung kommen.

K. Oeff. Minist. am Cass.-Hof wider Hesser, 29. Mai 1843.
v. Oppen. Eichhorn.

Durch die Verfügung des §. 11 des Regulativs vom 1. December 1820:

„die Strafe des Einmaischens in nicht declarirte Gefässe zieht ausser der gewöhnlichen Defraudationsstrafe und der Confiscation, die höchste Geldbusse des §. 66 des Gesetzes vom 8. Februar 1819 nach sich,"

wird für diesen Fall die aussergewöhnliche Strafe des §. 67 ausgeschlossen.

R. Zollverwaltung wider Cerfontaine, 25. Februar 1824.
Friccius. Eichhorn. Sandt. Reinhardt.

Destillirgeräthe, von der Steuerbehörde geschlossen, sind eigenmächtig in Gang gesetzt. In einem solchen Falle sollen nach Art. 67 der Steuerordnung vom 8. Februar 1819 die Gefälle und die Defraudationsstrafe von der Stunde an berechnet werden, in welcher der letzte Verschluss stattfand. Dies kann nur den Zweck haben, einen gewissen Zeitpunkt festzusetzen, von welchem ab eine gesetzliche Vermuthung des Anfangs der Defraudation eintreten soll. Es muss demnach dem Contravenienten der Beweis:

„wann der Verschluss von ihm abgenommen und der eigenmächtige Gebrauch des Geräths begonnen —"

nachgelassen werden.

K. v. d. Berg wider Steueramt Aachen, 12. März 1823.
Friccius. Eichhorn. Reinhardt.

Es ist in andern, als den angezeigten Bottichen eingemaischt worden. Schon hierdurch ist die Strafe des §. 66 Steuerverord. vom 8. Februar 1819 verwirkt. Denn es genügt zum Thatbestande die Unterlassung der gebotenen Anzeige, keinesweges eine wirklich geschehene oder beabsichtigte Defraudation der Steuergefälle.

K. Königl. Reg. Düsseldorf wider Schang, 17. December 1823.
Friccius. Ruppenthal. Sandt.

K. Kgl. Reg. Düsseldorf wider Clef, 17. Dec. 1823.
Friccius. Ruppenthal. Sandt.

Der Instanzrichter hat dadurch, dass er die einem blossen Steueraufseher mündlich angesagte Einmaischung als hinreichend, und selbst zu dem Zweck eines Steuerersatzes für die früher verdorbene Maische genügend ansah, die §. 2, 3 und 11 des Regulativs vom 1. December 1820, die Cabinetsordre vom 10. Januar 1824, §. 5; und die Verordnung vom 8. Febr. 1819 verletzt.

K. Oeff. Min. Trier wider Lagrange, 13. Juli 1825.
v. Trützschler. Eichhorn. Arch. VIII. 2. 23.

Auch der Brauer, der um 10 Proc. zu wenig angiebt, wie viel Bier er aus dem angegebenen und zu versteuernden Malzschrot ziehen will, hat die Strafe des §. 2 Verord. vom 10. Jan. 1824 verwirkt. §. 78 Steuerord. vom 8. Februar 1819.

R. Tribels, 11. Mai 1833.
v. Breuning. Eichhorn. Arch. XVIII. 2. 24.

Mahl- und Schlachtsteuer.

Die Bestimmung des §. 17 des Mahl- und Schlachtsteuergesetzes vom 30. Mai 1820 und des §. 62 der Steuerordnung vom 8. Februar 1819, welche Brennern, Brauern, Müllern und Schlächtern bei wiederholter Defraudation, ausser der Confiscation und des achtfachen Betrages, die Suspension des Rechts zum Brennen, zum Brauen, zum Mahlen und zum Schlachten für den Zeitraum von 3 Monaten androht, wird durch einen Vergleich mit dem betreffenden Zollamte nicht aufgehoben. Diese Behörde ist nicht befugt, auf eine gesetzlich verwirkte Strafe Verzicht zu leisten, sie zu erlassen, oder sich deshalb zu vergleichen.

K. Reg. Cöln wider Schramm, 8. Januar 1823.
Friccius. Ruppenthal. Reinhardt. Arch. IV. 2. 81.

Das zur Ausführung der Mahl- und Schlachtsteuerordnung vom 8. Februar 1819 für Trier gegebene Regulativ der Finanzbehörde vom 4. September 1843, und die angedrohte Strafe von 1 bis 10 Thlrn. — §. 90 — ist nicht als ein Polizei-, sondern als ein Finanzgesetz anzusehen. Der Polizeirichter ist daher nicht competent.

Art. 37 Cr. O.; §. 8 Gesetz vom 11. Mai 1843.

K. Oeffentl. Minist. Trier wider Mesenich, 28. Oct. 1844.
v. Oppen. Jaehnigen.

X hat die Versteuerung des von ihm zu schlachtenden Viehes nach dem Gewicht gewählt. Dadurch, dass er den dritten declarirten Hammel nicht zur Wage gebracht, hat er eine Ordnungsstrafe verwirkt. §. 90 der Ordnung zum Gesetz wegen Versteuerung etc. vom 8. Februar 1819.

K. Prov. Steuerverwaltung wider Blasius, 30. Nov. 1825.
Friccius. Eichhorn.

Der Instanzrichter, den Schlächter X deswegen freisprechend, weil in dem Gesetz wegen der Errichtung der Gewerbesteuer vom 30. Mai 1820 und in dem Hausir-Regulativ vom 28. April 1824 eine bürgerliche Verantwortlichkeit der Gewerbtreibenden für seine Angehörigen nicht ausgesprochen sei, hat diese Verordnungen irrig angewendet, und die lex specialis, — den §. 17 Lit. b des Gesetzes wegen der Mahl- und Schlachtsteuer, und den §. 83 der Ordn. vom 8. Febr. 1819, verletzt.

K. Oeffentl. Minist. Trier wider Malter, 27. Sept. 1834.

v. Breuning. Eichhorn.

Die im §. 14 des Mahl- und Schlachtsteuergesetzes vom 30. Mai 1820 bezeichneten Personen, sind in Gemässheit des §. 10 zur Anmeldung nnd Versteuerung des Darmfettes, welches sie einbringen, nicht verpflichtet.

R. Oeff. Minist. Cöln wider Greuel, 7. Juli 1838.

Jaehnigen. Eichhorn.

Nach dem §. 5 des Gesetzes vom 30. Mai 1820 — Entrichtung einer Mahl- und Schlachtsteuer, — kommt es nur darauf an, ob ein Gemisch von Weizen und anderem Getreide zum Mahlen bestimmt ist. Es ist gleich, wie die Mischung geschehen, und genügt zur Anwendung der gesetzlichen Strafe, dass der Contravenient Getreide, mit Weizen vermischt, als blossen Roggen declarirt hat.

K. Generalproc. am Cass.-Hofe wider Güth, 13. Juli 1821.

Friccius. Ruppenthal.

Weizenschroot über $\frac{1}{16}$ Ctr. ist sofort bei einem Steueramt zu declariren. Der animus defraudandi wird zur Anwendung des Strafgesetzes nicht erfordert. Die Declaration bei einem blossen Steuer aufseher ist nicht genügend. §. 15 sub a und d des Mahl- und Schlachtsteuergesetzes vom 30. Mai 1820.

K. Oeff. Minist. Cöln wider Worringen, 17. Nov. 1830.

Steltzer. Eichhorn.

In Erwägung, dass nach den Bestimmungen lit. a §. 13, in Verbindung mit lit. a und d §. 15 des Gesetzes wegen Entrichtung einer Mahl- und Schlachtsteuer vom 30. Mai 1820, von Waaren, die von Aussen eingehen, und dieser Steuer unterliegen, letztere in der Regel erst dann zu entrichten, und die diesfällige Anmeldung zu bewirken ist, wenn diese Waaren in den steuerpflichtigen Stadtbezirk eingebracht werden,

dass von dieser Regel im §. 14 hinsichtlich der darin genannten Gewerbtreibenden nur dann eine Ausnahme statuirt, und durch die Worte: „auch dann" — als solche angedeutet wird, wenn diese Gewerbtreibenden sich in einer nicht grössern Entfernung, als einer halben Meile auser dem steuerpflichtigen Stadtbezirke gewerblich niedergelassen haben, indem sie schon dann die Steuer zu entrichten haben, wenn sie an sich der Steuer unterliegende Waaren in diesen „äussern Stadtbezirk einbringen."

In Erwägung, dass eine Ausdehnung dieser Ausnahme an sich schon unzulässig ist, und überdies der Absicht des Gesetzes nicht entsprechen würde, welche nur den mit einer gewerblichen Niederlassung verbundenen Kleinhandel mahl- und schlachtsteuerpflichtiger Waaren in dem äusseren Stadtbezirke nicht von dieser Steuer zum Nachtheil der betreffenden Gewerbe in der steuerpflichtigen Stadt, und somit zum Nachtheile der Steuererhebung selbst; entbinden will.

In Erwägung, dass der Cassationsverklagte nach der factischen Feststellung des angefochtenen Urtheils in keiner Weise überwiesen ist, in dem äusseren Stadtbezirke der Stadt Bonn eine gewerbliche Niederlassung zu haben, vielmehr feststeht, dass er in der mahlsteuerpflichtigen Stadt Bonn selbst sein Gewerbe betreibe,

dass unter diesen Umständen eine Mahlsteuerdefraudation darin nicht gefunden werden kann, dass der Cassationsverklagte im April 1839 zum Zwecke seines städtischen Gewerbes im äussern Stadtbezirke von Bonn unversteuert eine Quantität von Weizenmehl und Weizengries, die er dorthin eingeführt hatte, bei der Gastwirthin Sturm zu Rheindorf einstweilen niedergelegt hatte, verwirft etc.

R. Oeffentl. Minist. Cöln wider Niederstein, 29. Juni 1840.
Jaehnigen. Eichhorn. Arch. XXIX. 2. 62.

Stimmengleichheit.

Die aus sechs Mitgliedern bestehende correctionnelle Appellationskammer hat bei Stimmengleichheit die Angeschuldigte freigesprochen. Dies ist mit Rücksicht auf Art. 347 und 583 Cr. O. und die ordonnance criminelle vom August 1670 Art. 12 gerechtfertigt.

Aus dem Art. 40. Gesetz vom 20 April 1810 ist übrigens nicht zu entnehmen, dass die correctionelle Appellationskammer nicht auch mit mehr als 5 Richtern besetzt werden kann. (Decret vom 6. Juli 1810, Art. 2) Eine analogische Anwendung des Art. 18 B. P. O. ist nicht zulässig.

R. Oeffentl. Minist. Cöln wider Dorn, 2. März 1840.
Graun. Esser.

Störung des Gottesdienstes.

Die Würdigung dessen, was als troubles ou désordres im Sinne des Art. 261 Str. G. B. zu betrachten, steht dem Richter zu. Die Synagogenordnung vom 20. Mai 1836 §. 34 hat hierin Nichts geändert. Nicht jede Interruption ist straffällig, sondern nur diejenige, deren Veranlassung, in straffälliger Absicht erregte troubles ou désordres sind. Hat nun der Richter angenommen, dass X sich zum Beten des Kadisch am Todestage seines Vaters verpflichtet glauben konnte, dass er das Gebet, dem Ritual entsprechend, so verrichtet, dass dadurch eine Störung des Gottesdiestes nicht entstehen können, so ist gleichgültig, ob das Beten des Kadisch an und für sich gerechtfertigt war oder nicht.

R. Oeff. Minist. Cöln wider Cosmann, 7. September 1839.
v. Oppen. Eichhorn.

Succumbenz.

Die Bestimmung des Art. 419 Cr. O. ist eine allgemeine, und besteht somit hinsichtlich der nach dem A. L. R. zu bestrafenden Vergehen keine gesetzliche Ausnahme.

R. Lucas, 10. April 1843.
Liel. Jaehnigen.

T a g.

Unter dem Ausdruck „acht Tage“ ist im Allgemeinen, und namentlich auch in dem §. 31 des Regulativs über den Gewerbebetrieb im Umherziehen vom 28. April 1824 „eine Woche“ zu verstehen.

R. Oeffentl. Minist. Trier wider Wahl, 25. Januar 1826.
v. Trützschler. Goerdeler.

Das Wort „Tag“ im §. 94 der Forstordnung vom 30. Juni 1814 bedeutet einen natürlichen Tag. Was also nach Sonnenuntergang geschieht, ist in der Nacht geschehen.

Auch die Forsttage sind natürliche Tage.

Die Strafe des §. 72 findet mithin auf die Holzdeputanten Anwendung, welche am Abend des Holztages Holz holen.

K. Oeff. Min. Coblenz u. Forstverw. wider Endemann, 27. Febr. 1828
Blanchard. Eichhorn.

Der Ausdruck „Tag“ bedeutet in der Gesetzessprache einen

bürgerlichen Tag. Es reicht folglich zur Gültigkeit der Bekanntmachung des Art. 394 C. P. O. aus, wenn sie vor Ablauf des der Verhandlung vorhergehenden bürgerlichen Tages geschehen ist, und zwar um so mehr, da der Art. 1037 B. P. O. in Criminalsachen nicht nothwendig anwendbar ist.

K. Josue Abraham, 12. November 1823.
Blanchard. Ruppenthal. Sandt. Reinhardt.

Tödtung.

Bei unterstellter Freiwilligkeit kommt es nicht darauf an, ob auch die innere Absicht des Schuldigen auf gänzliche Lebensvernichtung gerichtet gewesen. Art. 309, 311, 316 Str G. B.

R. Jacobs„ 10. November 1832.
v. Meusebach. Eichhorn. Arch. XX. 2. 14.

Die Strafbarkeit absichtlicher Beschädigung oder Tödtung eines Menschen ist Regel, die Straflosigkeit Ausnahme; nicht die Behauptung, sondern der Beweis der Ausnahme (gesetzmässiger Waffengebrauch) zerstört daher die Strafbarkeit der Handlung.

R. Walterscheid, 27. Februar 1843.
Brewer. Eichhorn. Sandt. Arch. XXXIV. 2. 3.

Zur Anwendung der Strafe der Art. 295 und 304 Str. G. B. wird nicht erfordert, dass es in dem Willen und der Absicht des Thäters gelegen, durch seine Handlung den Tod des Verletzten herbeizuführen; es genügt vielmehr die Freiwilligkeit der Handlung, verbunden mit dem tödtlichen Erfolg. Die Art. 309 seq. betreffen dagegen die Fälle, wo der Tod nicht erfolgt ist.

R. Koehnen, 30. October 1843.
Graun. Jaehnigen.

Zur Anwendung der Art. 295, 296, 302 ist nicht nöthig, dass der Thäter die Absicht gehabt, durch seine Handlung den Tod des Verletzten herbeizuführen.

R. Isenhardt, 22. April 1844.
v. Daniels. Jaehnigen.

Haben die Geschwornen erklärt, X ist schuldig, den bald darauf gestorbenen Y freiwillig geschlagen zu haben, jedoch ohne Absicht, ihn tödten zu wollen, — und ist der Tod keine absolute Folge der Wunden, so ist die Frage unzulässig:

„Würde Y, wäre er am Leben geblieben, länger als 20 Tage arbeitsunfähig gewesen sein?“

und auf die bejahende Antwort der Art. 309 Str. G. B., welcher die Fortdauer des Lebens voraussetzt, nicht anzuwenden.

K. Maas, 18. December 1822.
Seyppel. Eichhorn. Arch. IV. 2. 71.

Frage:

„Ist X schuldig, den Y und zugleich den Z durch Schläge mit einem Beil freiwillig, und zwar den Y dergestalt verwundet zu haben, dass derselbe an den Folgen der erhaltenen Verletzung darauf gestorben ist?"

Antwort: „Ja!"

Das a linea 2, nicht a linea 1 des Art. 304 ist das zureichende Strafgesetz, denn das a linea 1 fordert eine Beziehung des neben der Hauptthat von dem Angeklagten begangenen Verbrechens oder Vergehens zu der Hauptthat. Eine solche Beziehung der freiwilligen Verwundung des Z zu der Ermordung des Y liegt nicht vor, sondern nur eine gleichzeitige Verübung.

R. Oeffentl. Minist. Cöln wider Jacobs, 18. Januar 1834.
v. Meusebach. Eichhorn. Arch. XX. 2. 14.

Tumult.

In Erwägung, dass aus dem angefochtenen Urtheile sich als factisch festgestellt ergiebt:

„dass am 21. April v. J. in dem Dorfe Prümmern, Nachmittags von 1—3 Uhr durch eine Masse zusammengelaufener Einwohner ein mit einem Tumulte verbundener beschimpfender Strassenlärm stattgefunden hat, und dass sich daran diejenigen Cassationsverklagten, gegen welche auf Strafe erkannt worden ist, betheiligt haben,"

dass ein solcher mit einem Tumulte verbundener Strassenlärm gegen die Betheiligten durch die §§. 11 und 12 der Verordnung vom 30. December 1798, die §§. 1—3 der Verordnung vom 17. August 1835, und den §. 183, Thl. II. Tit. 20 A. L. R. vorgesehen ist, mithin die Art. 479, Nr. 8 nnd 480 Str. G. B. darauf nicht anwendbar sind, und das Polizeigericht zu Geilenkirchen, indem es sich für competent erachtete, und diese Artikel zur Anwendung brachte, dieselben falsch angewendet und jene Gesetzesstellen verletzt hat,

In Erwägung, dass die gegen den Bürgermeisterei-Beigeordneten Kempen erhobene Beschuldigung, wie sie vor dem Polizeigericht zu Geilenkirchen bestimmter artikulirt wurde, dahin ging:

„sich geweigert zu haben, die zur Unterdrückung des erwähnten beschimpfenden Strassenlärms geeigneten polizeilichen Maassregeln zu ergreifen,"

dass hierin offenbar die Beschuldigung eines Dienstvergehens enthalten, über Dienstvergehen aber nach den Cabinetsordres vom 6. März 1821 und 2. August 1834 nicht in den Formen des rheinischen Strafverfahrens, mithin auch nicht vor dem

Polizeigericht zu verhandeln ist, das Polizeigericht zu Geilenkirchen daher, indem es dennoch über jene Beschuldigung erkannte, die angeführten Cabinetsordres und die Regeln der Competenz verletzt hat.

Jn Erwägung, dass Letzteres auch von demjenigen Theile des angefochtenen Urtheils gilt, in welchem das dienstliche Benehmen des Gemeindedieners Cüsters einer tadelnden Critik unterworfen, und derselbe dieserhalb vor den Oberprocurator zur Bestimmung verwiesen wird, ob gegen ihn eine fiscalische Untersuchung oder eine polizeilich-gerichtliche Bestrafung statthaben soll, indem einestheils nach den angeführten Bestimmungen es überhaupt gar nicht Sache des Polizeirichters war, das dienstliche Benehmen jenes Verwaltungsbeamten einer Prüfung zu unterwerfen, und dies anderntheils um so weniger geschehen durfte, als Cüsters nur als Zeuge vor dem Polizeigerichte erschienen und vernommen war, und daher nicht gleich einem Beschuldigten behandelt werden konnte, cassirt etc.

K. Generalproc. wider Versin, 5. Juli 1841.
Jaehnigen. Eichhorn. Arch. XXXI. 2. 53.

Umstände (erschwerende).

Der Art. 338 Cr. O. ist weder den Worten noch dem Sinne nach bloss von solchen erschwerenden Umständen zu verstehen, welche sich während der Verhandlung neu ergeben. Der Assisenhof hat in der Sache selbst mit Berücksichtigung aller dieselbe begleitenden Umstände, mögen solche in dem Anklageact auch übergangen sein, zu erkennen.

K. Oeffentl. Minist. Düsseldorf wider Maar, 8. September 1838.
Liel. Esser.

Umstände (mildernde).

Der Art. 463 Str. G. B. ist nicht auf die Interdiction des Art. 374 anzuwenden.

K. Oeffentl. Minist Cöln wider Kohlhaas, 23. Juni 1830.
Klenze. Eichhorn.

Die Milderung des Art. 463 Str. G. B. ist nur auf die Geld- und Gefängnissstrafen zu beschränken, nicht aber auf die Interdiction, die Kosten, die Confiscation u. s. w. auszudehnen.

K. Oeffentl. Minist. Coblenz wider Tschirner, 25. Mai 1833.
Oswald. Eichhorn.

Polizeigerichte sind zur Anwendung des Art. 463 nicht competent, und begehen hierdurch vielmehr eine durch den Art. 410 Cr. O. vorgesehene Nichtigkeit.

K. Oeffentl. Minist. Coblenz wider Heibel, 12. Dec. 1821.
Goerdeler. Eichhorn. Arch. III. 2. 152.

Der Art. 463 ist auch auf den Art. 57 Str. G. B. anwendbar.

R. Oeff. Min. Trier wider Hermes, 20. October 1830.
Blanchard. Eichhorn.

Im Fall des Art. 58 Str. G. B., ist jedenfalls wenigstens auf 5 Jahre zu erkennen und findet bis zu diesem Strafmaass der Art. 463 l. c. keine Anwendung.

R. Pütz, 1. October 1823.
Fischenich. Ruppenthal.

Auf einen eigentlich nach Art. 386, Nr. 3 Str. G. B., nach der Generalgouvernementsverordnung für den Niederrhein, dagegen nur mit der Strafe des Art. 401 Str. G. B. zu belegenden Diebstahl, findet der Art. 463 ibid. nicht Anwendung.

K. Oeffentl. Minist. Düsseldorf wider Bend, 16. Februar 1821.
Hardung. Eichhorn. Arch. II. 2. 145.

Ein Urtheil, welches auf einen berüchtigten Wald- und Felddieb den Art. 463 Str. G. B. um deswillen anwendet, weil der Werth des entwendeten Gegenstandes nur 1 Frc. beträgt, und weil durch keine an sich beweisende, besondere Facta berührende Urkunden dargethan sei, dass Inculpat bereits gestraft, verletzt die Art. 463, 401 Str. G. B., und die Verordnung des niederrheinischen Generalgouvernements vom 13. Oct. 1814, §. 2.

K. Generalroc. am Cass.-Hof wider Coblenz, 11. Mai 1821.
Fischenich. Eichhorn.

Auf die sechsmonatliche Strafe der in der Generalgouvernementsverordnung für den Niederrhein vom 13. October 1814 §. 1 und 2 qualificirten Erntediebstähle findet der Art. 463 Str. G. B. nicht Anwendung.

K. Oeffentl. Minist. Trier wider Kreehahn, 16. März 1831.
Blanchard. Eichhorn.

Auch auf die Königl. Verordnung vom 5. Juli 1819 findet der Art. 463 Str. G. B. Anwendung.

R. Oeff. Min. Cöln wider Meurers, 8. März 1826.
Blanchard. Goerdeler. Sandt. Arch. VIII. 2. 55.

Wer im Fürstenthum Lichtenberg ohne Approbation die Veterinärkunst übt, verfällt der Strafe des Art. 6 der herzogl. Sächsisch-Coburgschen Verordnung vom 8. Mai 1830. Hierauf ist der Art. 463, da er auf die Strafen des Code pénal beschränkt ist, nicht anzuwenden.

K. Oeffentl. Minist. St. Wendel wider Rutschke, 30. Mai 1835.
Esser. Eichhorn.

Die in der Cabinetsordre vom 11. December 1833 verhängte Strafe ist nach dem ganzen Zweck des Gesetzes nicht der Milderung des Art. 463 Str. G. B. empfänglich.

K. Oeff. Minist. Elberfeld wider Gutberlet, 14. Februar 1837.
Eichhorn. Breuning. Arch. XXV. 2. 75.

Der Art. 463 Str. G. B., nur auf die dort vorgesehenen Vergehen sich beziehend, findet auf die durch die Cabinetsordre vom 11. December 1833 geordnete Strafe nicht Anwendung.

K. Oeffentl. Minist. Trier wider Schommer, 2. Nov. 1840.
Jaehnigen. Eichhorn. Arch. XXX. 2. 58.

Der Art. 463 Cr. O. ist mit Rücksicht auf Art. 600 B. P. O. auch anwendbar auf die Cabinetsordre vom 11. December 1833.

K. Oeff. Min. Coblenz wider Nachtsheim, 16. Dec. 1844.
Esser. Eichhorn.

X, beauftragt, gegen monatliche Vergeltung Gelder einzuziehen, liefert verschiedene bedeutende Posten an seinen Mandanten nicht ab. Vor seiner Verurtheilung deckt sein Vater das Deficit, und das correctionelle Gericht zu Cöln wendet aus diesem Grunde den Art. 463 Str. G. B. an. — Mit Unrecht. — Denn wenn auch die Milderung der Strafe unter das gesetzliche Minimum, von der Geringfügigkeit des verursachten Schadens, als der ersten unerlässlichen Bedingung abhängig gemacht ist, so kann nur der durch das Vergehen selbst entstandene Schaden gemeint sein.

Nicht die Geringfügigkeit des Schadens an und für sich, sondern in ihrer Beziehung auf den Willen des Thäters hat den Gesetzgeber bewogen, unter gewissen Voraussetzungen von der ordentlichen Strafe nachzulassen. Eine solche Beziehung fehlt aber, wenn der ursprüngliche Schaden nach vollendeter Uebertretung des Gesetzes durch eine neue Handlung des Thäters oder durch fremde Einwirkung hergestellt wird.

K. Oeff. Minist. Cöln wider Müller, 3. März 1824.
Fischenich. Eichhorn.

X misshandelt den Y bei einem von diesem veranlassten Streite. Es ist nicht zu billigen, dass die Instanzrichter bei einem Vergehen den Art. 463 Str. G. B. angewendet haben, welches keine Vermögensbeschädigung involvirt, und sonach keiner Schätzung fähig ist.

R. Oeff. Min. Trier wider Blatt, 24. März 1824.
Seyppel. Ruppenthal. Arch. VI. 2. 42.

Der Art. 463 Str. G. B. setzt einen in Geld schätzbaren Schaden voraus. Der Verlust des Lebens ist keiner Schätzung fähig, und somit die Strafe des Art. 319 durch den Art. 463 nicht zu modificiren.

K. Oeffentl. Minist. Cöln wider Lang, 2. Nov. 1840.
Heffter. Eichhorn. Arch. XXX. 2. 61.

Auf X, angeschuldigt der Kränkung der Amtsehre einer Magistratsperson, wird der Art. 463 Str. G. B. angewendet. Mit Unrecht. Der Art. 463 Str. G. B. kann nur in den Fällen stattfinden, wo der durch das Vergehen verursachte Schaden nicht mehr als 25 Frcs. beträgt. Dies kann also nur auf Vergehen, welche nach ihrem gesetzlichen Charakter eine Beschädigung am Vermögen zum Gegenstande haben, bezogen werden, nicht aber auf solche Vergehen, deren strafbaren Charakter in der Verletzung der Personen, der öffentlichen Sicherheit und Ordnung beruht, und von einer dadurch zugefügten Vermögensbeschädigung ganz unabhängig ist.

K. Oeff. Minist. Trier wider Baur, 26. Mai 1824.
v. Meusebach. Eichhorn.

Der Art. 463 Str. G. B. kann auch da Anwendung finden, wo gar kein Schaden verursacht worden.

R. Oeff. Min. Cöln wider Kunst, 18. Mai 1825.
Eimbeck. Eichhorn. Reinhardt. Arch. VIII. 2. 23.

Der Art. 463 knüpft die Befugniss zu mildern nicht an die Bedingung, dass ein nach Geld schätzbarer Schaden von weniger als 25 Frcs. zugefügt worden, sondern schliesst nur für den Fall, dass der Schaden ein in Geld schätzbarer, die Zulässigkeit der Milderung aus, wenn der Schaden mehr als 25 Frcs. beträgt.

Bei strafbaren Handlungen, welche keinen, oder doch keinen nach Geld schätzbaren Schaden hervorbringen, hängt jene Befugniss mithin nur von dem Vorhandensein mildernder Umstände ab, deren Annahme der Prüfung des Cassationshofes nicht unterliegt. Die Cabinetsordre vom 5. Juli 1819 schliesst ebenso wenig die Anwendbarkeit des Art. 463 da aus, wo der Art. 224 das zureichende Strafgesetz bildet.

R. Oeffentl. Minist. Cleve wider Hahn, 15. April 1844.
v. Daniels. Eichhorn.

Unterscheidungsvermögen.

Der Mangel des Unterscheidungsvermögens ist nur bei Personen unter 16 Jahren ein Entschuldigungsgrund. Der Art. 66

Str. G. B. kann nicht analogisch auf andere Personen ausgedehnt werden; für diese greift event. der Art. 65 durch.

K. Generalproc. am Cass.-Hof wider Schlaefer, 16. Mai 1827.
Fischenich.

Der Art. 66 Str. G. B. findet auch für blosse Polizeicontraventionen Anwendung.

R. Oeffentl. Minist. Jülich wider Küpper, 21. October 1829.
Blanchard. Eichhorn.

Ist einmal die Zurechnungsfähigkeit eines 13jährigen Knaben festgestellt, so können bei einem Holzdiebstahl die Strafbestimmungen des Art. 69 Str. G. B. nicht ferner angewendet werden; das Gesetz vom 7. Juni 1821 bildet vielmehr ein neben dem Strafgesetzbuch bestehendes Particulargesetz.
Art. 484 Str. G. B.

K. Oeffentl. Minist. Cöln wider Löhhausen, 18. Dec. 1843.
Esser. Eichhorn.

Weil X, der Majestätsbeleidigung angeklagt, hierbei angetrunken gewesen, wird die Strafe des §. 199, II. 20 mit Rücksicht auf die §§. 18 und 22, auf eine sechsmonatliche ermässigt. Mit Unrecht. Die §§. 18 und 22 sind in der Rheinprovinz nicht publicirt.

K. Oeffentl. Minist. Trier wider Bauer, 19. Juni 1843.
Heffter. Eichhorn.

Unterschlagung.

Die Art. 169 und 171 Str. G. B. setzen nichts weiter, als Unterschlagung der dem Empfänger anvertrauten Gelder voraus. Es wird hierbei zwar dolus erfordert, dieser aber ist in der Unterschlagung selbst vorhanden. Der Appellationshof hat, indem er ausserdem eine betrügerische Absicht, sich einen unerlaubten Gewinn zuzueignen erfordert, die Anwendung des Gesetzes von einer Bedingung abhängig gemacht, die in ihm nicht vorkommt.

K. Generalproc. zu Cöln wider Heck, 21. Januar 1820.
Friccius. Eichhorn.

Da die Gerichtsexecutoren nicht vom Gesetz beauftragt sind, bei Vollziehung der Urtheile die dem obsiegenden Theil zuerkannten Summen in Empfang zu nehmen, so sind sie in dieser Beziehung als öffentliche Depositarien nicht zu betrachten, und findet auf sie der Art. 169 Str. G. B. nicht Anwendung. Dass die empfangenen Gelder in dem Nutzen des Unterschlagenden verwendet worden, gehört nicht zum Begriff der Unterschlagung.

R. Oeffentl. Minist. Cleve wider Weygand, 8. Juni 1821.
Fischenich. Eichhorn. Arch. III. 2. 48.

X erhält zur Ablieferung an seinen Dienstherrn Gelder; er behält sie für sich zurück. Dies ist eine betrügerische, nach Art. 408 Str. G. B. strafbare Unterschlagung; denn es ist nach der ganzen Fassung dieses Artikels und des Art. 401 nicht bedenklich, dass unter dem Worte „dépôt" auch die Uebergabe einer Sache zu anderen Zwecken, als zur fortgesetzten Aufbewahrung verstanden werden muss. Hat der Instanzrichter die Art. 386, Nr. 3, 401 Gen.-Gouv.-Verordnung vom 16. December 1814 angewendet, so hat er diese Art. verletzt.

K. Höfgen, 5. Februar 1844.
Liel. Jaehnigen.

Urtheil (Druck).

Da nach der Fassung des Art. 592 H. G. B. der Druck und Anschlag des Urtheils, als Folge der Verurtheilung, nach Belieben des öffentlichen Ministerii geschehen kann, ohne dass das Urtheil dessen erwähnt, so verletzt die Nichterwähnung jenen Artikel nicht.

R. Oeff. Min. Trier wider Richard, 18. Februar 1829.
Blanchard. Eichhorn.

Verbrechen.

a. Concurrenz.

Der Art. 365 Cr. P. O. findet wider die Cumulation mehrerer für verschiedene Vergehen zusammentreffenden Geldbussen keine Anwendung.

Der der Unterschlagung von Cautionsgeldern überführte Gerichtsschreiber ist nach Art. 406 und 408 Str. G. B. mit zweimonatlicher bis zweijähriger Gefängnissstrafe, und überdies mit einer Geldbusse zu belegen.

K. Oeff. Minist. Cöln wider Windeck, 25. Februar 1824.
Goerdeler. Eichhorn.

Der Art. 364, 365 bezieht sich nur auf die strafbaren Handlungen, welche bei einem und demselben Assisenhof gleichzeitig zur Untersuchung kommen, nicht auf den Fall, wo zwei

Verbrechen zu verschiedenen Zeiten begangen, von verschiedenen Höfen beurtheilt werden. Art. 364, 365 Str. G. B.

K. Oeffentl. Minist. Trier wider Thiel, 28. November 1827.
Eimbeck. Eichhorn.

X versucht aus dem Gefängniss zu entweichen, und misshandelt, um seinen Zweck zu erreichen, den Gefangenwärter und seinen Gehülfen. Er ist nicht für jedes dieser Vergehen besonders zu strafen, sondern es ist mit Recht nur auf die schärfste Strafe des Art. 245 Str. G. B. erkannt worden; hierdurch ist weder dieser Artikel, noch der Art. 365 Str. P. O. verletzt.

R. Oeffentl. Minist. Trier wider Nennig, 26. August 1829.
v. Meusebach. Eichhorn.

X wird unter dem 13. April 1844 wegen diebischer Aneignung in Beschlag genommener Sachen zu 1 Jahr Gefängniss, unter dem 16. Juni 1845 wegen Gewohnheitswuchers zu zwei Monaten Gefängniss und Geldbusse verurtheilt. Er behauptet, dass die letzte durch die frühere Strafe absorbirt sei. Art. 365 Cr. O. Der zweite Richter tritt dem bei. Mit Recht. Nach dem Rheinischen Recht kann weder eine absorbirte Strafe dennoch ex post verhängt, noch ein bereits gesprochenes rechtskräftiges Urtheil nachträglich abgeändert oder verschärft werden. Die blosse Möglichkeit, dass wenn beide Vergehen zugleich dem Richter vorgeführt, ein grösseres Strafmaass wäre verwirkt worden, kann das spätere Urtel nicht zulässig machen. Auch eine Geldbusse ist eine Strafe, und war selbige daher niederzuschlagen.

R. Oeffentl. Minist. Düsseldorf wider Wellfonder, 13. Oct. 1845.
v. Oppen. Jaehnigen.

b. Wiederholung.

Das Strafgesetzbuch enthält keine Bestimmung über den Fall, wenn ein correctionell Verurtheilter in der Folge ein Verbrechen begehen sollte.

K. Oeffentl. Minist. Cöln wider Haffner, 24. Nov. 1820.
Blanchard. Ruppenthal. Arch. II. 2. 127.

Wer zwischen der Zeit der Einlegung und Verwerfung des Cassationsrecurses ein neues Verbrechen begeht, von dem kann, da die Einlegung des Cassationsrecurses suspensive Kraft hat, nicht gesagt werden, er befinde sich im Wiederholungsfall. Art. 373 Cr. O.; 56 Str. G. B.

R. Oeff. Min. Cöln wider Brandenburg, 12. Sept. 1842.
Brewer. Eichhorn. Arch. XXXIV. 2. 41.

Bei der Annahme des Wiederholungsfalles ist die Grösse der Zeit zwischen dem ersten und zweiten Verbrechen durchaus gleichgültig. Selbst die in Ansehung des ersten Verbrechens eingetretene Verjährung würde in dieser Hinsicht unerheblich sein, da die Verjährung nur der Vollziehung des frühern Strafurtels entgegensteht, die gänzliche Aufhebung und Vernichtungdesselben aber nicht zur Folge hat.

R. Abrath, 9. October 1843.
Brewer. Eichhorn.

Dadurch, dass der Assisenhof den vom öffentlichen Ministerio auf Anwendung des Art. 57 Str. G. B. gerichteten Antrag trotz des Art. 276 Cr. O. nicht in Erwägung gezogen, ist der Art. 408 Cr. O. verletzt.

K. Oeff. Min. Düsseldorf wider Krüle, 19. Sept. 1827.
Scheller. Eichhorn.

Auf die Wiederholung des Holzdiebstahls ist, da das Holzdiebstahlgesetz — §. 30 — als ein specielles, die generellen ausschliesst, der Art. 58 Str. G. B. nicht anzuwenden.

R. Oeffentl. Minist. Cleve wider Mölder, 24. Juni 1844.
v. Oppen. Eichhorn.

Nach Erlass des Gesetzes vom 6. Januar 1843 ist Art. 57 Str. G. B. auf das Vergehen der Landstreicherei nicht mehr anzuwenden.

R. Oeff. Min. Trier wider Wagner, 16. Sept. 1844.
Brewer. Eichhorn.

Der Erlass einer früher erkannten Strafe schliesst die Strafe des wiederholten Verbrechens nicht aus, da die Strafe des Art. 56 Str. G. B. ausdrücklich nur von der früheren Verurtheilung, nicht von der Erleidung der erkannten Strafe abhängig ist.

R. Sodoyer, 15. October 1823.
Goerdeler. Ruppenthal. Arch. VI. 2. 7.

Trotz der früheren Begnadigung findet der Art. 57 Str. G. B. Anwendung.

R. Waé, 14. Februar 1827.
Blanchard. Eichhorn. Sandt.

Im Fall der Recidive ist ausser 5 Jahren noch auf 500 Frcs. zu erkennen.

K. Oeffentl. Minist. Trier wider Pauli, 18. September 1822.
Goerdeler. Eichhorn. Arch. IV. 2. 40.

X verübt vor seinem sechzehnten Jahre einen qualificirten

Diebstahl, und wird um deswillen auf 2 Jahr zur Einsperrung in ein Besserungshaus verurtheilt. Später begeht er einen zweiten qualificirten Diebstahl, und das öffentliche Ministerium behauptet nun, er befinde sich im Wiederholungsfall. Mit Unrecht. Denn jene Strafe hat nicht die Natur einer criminellen.

Art. 1, 9, 67 Str. G. B.

R. Oeffentl. Minist. Düsseldorf wider Schloemer, 21. Nov. 1842.
Brewer. Eichhorn.

Dem Assisenhof, indem er die früheren, von altländischen Gerichten verhängten ausserordentlichen Strafen, nicht unter die vom Art. 56 Str. G. B. bezeichneten subsumirte, fällt keine Gesetzesverletzung zur Last.

R. Oeff. Min. Düsseldorf wider Winzen, 13. Oct.. 1832.
v. Meusebach. Eichhorn.

Sic:

R. Oeff. Min. Elberfeld wider Eifert, 15. September 1838.
Graun. Esser.

Dass auch die frühere Verurtheilung unter dem jetzt bestehenden Strafgesetzbuch, und nach dessen Verfügung erfolgt sein müsse, ist zur Anwendung des Art. 56 Str. G. B. nicht erforderlich; auch nicht nach allgemeinen Grundsätzen, deren erster, eben gleiche Vertheilung des Rechts und der Strafen ist.

K. Oeffentl. Minist. Cöln wider Plettenberg, 1. Juni 1831.
v. Meusebach. Eichhorn.

Der Art. 56 Str. G. B. greift durch, wenn auch die frühere Verurtheilung unter der ältern Gesetzgebung stattgefunden hat.

R. Oeffentl. Minist. Düsseldorf wider Kaiser, 6. Juli 1821.
Fischenich. Eichhorn.

Die Anwendung des Art. 56 Str. G. B. setzt voraus, dass die erste Verurtheilung von einheimischen Gerichten verhängt worden ist.

R. Oeffentl. Minist. Cöln wider Schoenen, 20. Juli 1821.
Fischenich. Eichhorn.

Die Bestimmungen des Art. 56 Str. G. B. können ausser der letzteren nicht zur Anwendung kommen, wenn der wieder betretene Verbrecher bereits früher und rechtskräftig zu lebenslänglichen Zwangsarbeiten verurtheilt ist; denn sie sind in diesem Falle vergeblich, kraftlos und ohne Wirkung. Die letzte Bestimmung findet aber nur dann Anwendung, wenn das zweite Verbrechen lebenslängliche Zwangsarbeit nach sich zieht.

Die Brandmarkung kann als Nebenstrafe allein nicht bestehen.

K. Viethen, 12. Mai 1820.
Krezzer. Eichhorn.

K. Moers, 19. Mai 1820.
Friccius. Ruppenthal.

Verhaftung (eigenmächtige).

Der Landrath X hat in einem Kreise, wo er keine amtliche Qualität, den Y ohne alle gesetzliche Befugniss oder Veranlassung, gegen dessen Willen in seinem eignen Hause arretirt. Die Art. 341 und 343 Str. G. B. erfordern neben dieser Absichtlichkeit nicht noch einen besondern verbotenen Zweck, welchem diese als Mittel dienen soll. Kommt jener Zweck in Berücksichtigung, so geschieht dies nur insofern, als für den Fall, da jener Zweck die Erfüllung einer gesetzlichen Pflicht gewesen, nach Art. 106 Cr. O., die von Seiten einer Privatperson erfolgte, sonst für strafbar erklärte Handlung der Verhaftung eines Andern, ausnahmsweise für gesetzlich zulässig erachtet worden.

R. v. Fürth, 26. October 1831.

Simon. Oswald.

Verjährung.

(Siehe Frevel.)

Die speciellen Forstgesetze entscheiden nichts über die Frage: Erlischt eine wegen eines Forstvergehens regelmässig angehobene Klage durch Verjährung, wenn sie nicht gehörig fortgesetzt worden?

Es ist daher auf die allgemeinen Regeln der Art. 637 und 638 Cr. P. O. zurückzugehen.

R. Oeff. Min. Coblenz wider Schmitz, 25. April 1827.

Blanchard. Eichhorn.

Die Revisionsverhandlung eines Stempelfiscals stellt nicht einen solchen acte d'instruction ou de poursuite dar, welcher nach Art. 637 Cr. P. O. die Verjährung unterbricht. Der Notar ist in den Fällen, in welchen er in Strafe zu nehmen, überdies noch zur Nachbringung des Stempels verpflichtet. §. 22 Stempelgesetz. — Die Ausfertigungen der Notare stellten diejenigen Instrumente dar, von denen der Tarif Voce: „Notariatsinstrumente" redet, und sind daher auf sie die Sätze von 5 bis 15 Sgr. nicht anwendbar.

Die Strafgerichte sind in Stempelcontraventionssachen competent. §. 30.

Zur Zeit der Revisionsverhandlung durch den Stempeksfiaļl ist die vom Generalprocurator zur Nachbringung des Stempels anberaumte Frist noch nicht abgelaufen. Trotz dessen erklär der Fiskal, er werde jene angebliche Contravention verfolgen

Lässt nun um deswillen der Notar jene Frist verstreichen, so verfällt er in die Strafe des §. 12.

K. Oeff. Min. Trier wider Baden, 19. Mai 1829.
v. Reibnitz. Eichhorn. Arch. XII. 2. 48.

Aus dem Art. 637 Cr. P. O. „à l'égard même" geht klar hervor, dass die gegen einen Complicen unterbrochene Verjährung, auch den Andern gegenüber unterbrochen wird.

K. Oeffentl. Minist. Cöln wider Lobusch, 5. Mai 1832.
Esser. Eichhorn.

X, ein Bürgermeister, wird im Jahre 1840 nach den Bestimmungen der preussischen Criminalordnung zur Untersuchung gezogen; das Verfahren demnächst jedoch nach Maassgabe der Cabinetsordre vom 18. Februar 1842 in das Rheinische verwandelt. Er beruft sich auf die Verjährung des Art. 637. 638 Cr. O. Der Richter beseitigt diese Einrede damit, dass, da zur Zeit, wo die Vergehen begangen worden, die preussische Criminalordnung in Kraft, auch nur die von ihr geordneten Verjährungsfristen anwendbar. Mit Unrecht. Die Bestimmung über die Verjährungsfrist stellt ein Processgesetz dar. Dieses ist vom Tage seiner Verkündigung an anwendbar. Somit ist das französische Gesetz das hier zureichende.

K. Karthaus, 14. November 1842.
v. Oppen. Jaehnigen. Arch. XXXIV. 2. 36.

Ueber die Verjährung der Steuercontraventionen entscheidet nicht die preuss. Criminalordnung, sondern der Art. 638 Cr. P. O. §. 110 Zollord. vom 26. Mai 1818 ex arg. §. 155.

R. Oeff. Minist. Düsseldorf wider Cantador, 25. Januar 1826.
Friccius. Goerdeler. Reinhardt.

Gegen den Kremer wird am 29. December Jagdfrevelprotocoll gemacht. Das Friedensgericht erklärt sich am 5. März für incompetent; die correctionnelle Kammer straft, die Appellationskammer spricht frei, weil die Klage nicht binnen 3 Monaten vom Tage des Protocolls bei dem competenten Gericht angestellt worden. Art. 57 Berg. Decret vom 18. Juni 1811, Art. 164. — Mit Unrecht. Die Ladung vor das Friedensgericht hat die Verjährung unterbrochen.

Art. 637 Cr. O. und Gesetz vom 7. Juni 1821, Art. 11.

K. Oeff. Min. Cöln wider Kremer, 3. December 1823.
Blanchard. Eichhorn. Arch. VII. 2. 13.

Die Worte des Art. 8, Tit. IX. Gesetz vom 15. Sept. 1791: „les actions . . . seront intentées dans les trois mois," gehen auf alle Verfolgungen von Seiten der competenten richterlichen Behörden (acte de poursuite), und nicht nur auf die Ladung vor das Landgericht.

K. Oeffent. Min. am Cass.-Hof wider Sommer, 4. Dec. 1843.
Leist. Eichhorn.

Ueber die Verjährung der in den §§. 30—33 des Gesetzes vom 7. Juni 1821 hervorgehobenen Holzdiebstähle entscheiden nicht frühere Gesetze, sondern der Art. 638 Cr. O.

K. Oeffentl. Minist. Trier wider Schmidt, 16. Juli 1836.
v. Breuning. Eichhorn. Arch. XXIV. 2. 37.

Das Freveln einer Tragelast zwölfjährigen grünen gemischten Schlagholzes gehört unter die durch den Art. 36, Tit. 2 Gesetz vom 28. September 1791 vorgesehenen Frevel; es ist also ein innerhalb eines Monats verjährendes Feldvergehen. Art. 8 Tit. 1, Abschn. 7. — Wäre statt dieser Frist durch den Regierungsbeschluss vom 19. Ventôse die dreimonatliche Frist eingeführt, so tritt doch jetzt, nachdem die Verordnung vom 24. Dec. 1816 den Gemeinden die Verwaltung ihrer Forstländereien zurückgegeben, wiederum die alte Frist in Kraft.

R. Forstverwaltung Cöln wider Kremer, 16. Januar 1822.
Blanchard. Ruppenthal.

Verkauf (öffentlicher).

W. hat sein Gras ohne Zuziehung eines Beamten öffentlich verpachtet. Es ist dies nicht strafbar. Die Bestimmung des Art. 1 Gesetz vom 22. Pluviose VII., augenscheinlich nur in Bezug auf das Enregisterment erlassen, ist durch das Gesetz vom 23. April 1824 §. 1 völlig aufgehoben.

R. Oeffentl. Minist. Cleve wider Willich, 6. Juli 1825.
v. Meusebach. Eichhorn.

Es ist keine Königl. Cabinetsordre verkündet, welche die Ministerien berechtigte, Generalgouvernements-Verordnungen, die als gesetzliche Bestimmungen beachtet wurden, aufzuheben.

Das Publicandum des Generalprocurators am Rheinischen Appellationshofe vom 27. Juli 1826 deutet eine derartige Cabinetsordre vom 9. Sept. 1822, wodurch den Ministerien dies Recht ertheilt worden, und eine hierauf von dem Justizminister erlassene Verfügung, welche die Gen.-Gouv.-Verord. vom 31. August 1814 ausser Kraft gesetzt habe, nur an, ohne ihren Inhalt wörtlich bekannt zu machen; sie ist daher für die Gerichte nicht bindend.

§. 1, 10, 11 Cab.-Ordre vom 9. Juni 1819 und 24. Juli 1826.

Die Generalgouvernements-Verordnung gestattet aber öffentliche freiwillige Verkäufe von Mobilien durch Privaten, und hat in dieser Beziehung das Berg. Decret vom 28. Januar 1813 aufgehoben.

K. Wirth, 3. November 1832.

Esser. Eichhorn.

Auch Hülfsgerichtsschreiber können wie Privaten überhaupt eine öffentliche Versteigerung von Mobilien abhalten.

K. Schnass, 19. August 1828.

Blanchard. Eichhorn.

Die französischen Gesetze:

Gesetz vom 17. September 1793,

Art. 1 und 2 Beschluss des vollziehenden Directoriums vom 12. Fruct. IV., publicirt durch die Verordnung vom 1. Thermidor VI.,

Directorialbeschluss vom 27. Nivose V.,

Gesetz vom 22. Pluviose VII.,

Gesetz vom 22. Frimaire VII., Art. 69, §. 5, Nr. 1,

lassen keinen Zweifel darüber, dass das Verbot, Mobilien Seitens der Privaten öffentlich zu veräussern, allein im Interesse des Staates, und um diesem seine Gebühren zu sichern, gegeben ist. Durch die Gesetze vom 7. März 1822 und 23. April 1824, welche die bis dahin bestehenden Stempel- und Einregistrirungsabgaben abgeschafft, sind jene Gesetze aufgehoben. Hierdurch schwindet zugleich das den Notarien ertheilte Recht; denn wenn auch der §. 7 des Stempelgesetzes die Auctionsprotocolle einer Stempelabgabe unterwirft, so verpflichtet er doch Niemand, der sich mit einem mündlichen Vertrage begnügen will, zur Abfassung eines schriftlichen und somit zur Entrichtung der Stempelabgabe.

Dr. X war daher zum öffentlichen Verkauf seiner Feldfrüchte berechtigt. Die entgegengesetzte, auf das aufgehobene Gesetz vom 22. Pluviose VII. gestützte Annahme, verletzt jene neueren preussischen Gesetze.

K. Plattner, 18. Juni 1828.

Blanchard. Eichhorn.

Die Gesetze vom 21. und 26. Juli 1790, 17. Sept. 1793, 12. Fructidor IV., 27. Nivose V., 22. Pluviose VII. Tit. 3 des Bergischen Decrets vom 28. Januar 1813 haben die Rechtssicherheit der Unterthanen und das Interesse des öffentlichen Schatzes zu ihrem Zweck. Das Gesetz vom 7. März 1822, nur den letztern Zweck verfolgend, hat mithin die Gesetze über die Versteigerung öffentlicher Mobilien nicht aufgehoben. Ebenso wenig das Gesetz vom 23. April 1824. Das auf den Grund verkündigter Cabinetsordre vom 9. Sept. 1822 erlassene Justizministerial-Rescript vom 9. Juli 1826, hat durch Aufhebung der

Gen.-Gouv.-Verordnung vom 31. August 1814, die bindende Kraft der Art. 19 und 24, §. 1, Tit. III. des Bergischen Decrets wiederhergestellt. Mäkler, Hülfsgerichtsschreiber etc. dürfen daher unter der dort verordneten Strafe, öffentliche Versteigerung von Mobilien nicht vornehmen, und sind die dazu den Auftrag gebenden Advocaten und Anwälte als socii delicti anzusehen.

K. Oeff. Min. Düsseldorf wider Kluth, 11. April 1837.
Esser. Eichhorn.

K. Oeffentl. Minist. Elberfeld wider Grube, 29. Juli 1837.
Esser. Eichhorn. Arch. XXVI. 2. 12.

Zum Abhauen bezeichnete Stämme sind ihrer Bestimmung nach als bewegliche Sachen zu betrachten. Ein Privater, der sie öffentlich verkauft, verwirkt die Strafe des Art. 1 und 7 Gesetz vom 22. Pluviose VII. Dieses Gesetz ist nicht durch die Gesetze v. 7. März 1822 und v. 23. April 1824 aufgehoben.

K. Oeffentl. Min. Aachen wider Gillessen, 21. Nov. 1842.
Esser. Eichhorn. Arch. XXXII. 2. 81.

Verleitung zur Ausschweifung.

In Erwägung, dass die Behauptung: der Art. 334 Str. G. B. bestrafe nur die Verführung einer Mehrzahl von Personen, sowohl den Worten, als dem Zwecke des Gesetzes widerspricht, — den Worten, weil der Collectivausdruck „Jeunesse“ alle Personen jugendlichen Alters umfasst, und eben dadurch die Bedingung einer Mehrzahl ausschliesst, wie dies auch der zweite Absatz, welcher gewiss nicht den Straffall auf die Verführung mehrerer Kinder oder Mündel beschränkte, bestätigt; — dem Zwecke, weil der Wille, alle Personen zu schützen, auch den Willen einschliesst, jeder Einzelnen Schutz zu gewähren.

In Erwägung, dass das Beiwort „habituellement“ (gewohnheitsweise) nur auf die Person des Verführers Bezug hat,

In Erwägung, dass das Gesetz nicht bloss der ersten Verführung, sondern wie die Worte: „facilitant la débauche“ ergeben, auch der fortgesetzten Liederlichkeit Minderjähriger vorbeugen wollte, mithin die Thatsache, dass Cassationsklägerin die Susanne Müller aus einer andern heimlichen Bordellwirthschaft übernahm, keine Befreiung von der gesetzlichen Strafe bewirken kann, und der Art. 334 Str. G. B. in keiner Weise verletzt, vielmehr richtig angewendet ist, verwirft etc.

R. Voelle, 30. October 1843.
v. Oppen Jaehnigen.

Der Art. 334 Str. G. B. bestraft keineswegs bloss den Unterhändler, sondern Jeden, der zu solcher Ausschweifung oder

Verderbung anzureizen pflegt. Derjenige also, der die Jugend für sich selbst anreizt, ist ebenfalls strafbar. Die Anreizung eines einzigen Individuums reicht aus — Art. 354 — und kann auch hier das Erforderniss des habituellement sehr wohl vorliegen.

K. Oeff. Minist. Trier wider Fontaine, 30. Januar 1828.
v. Meusebach. Eichhorn. Sandt.

Das im Art. 334 Str. G. B. verpönte Kuppeleigewerbe ist ein selbstständiges Vergehen, bei dem eine Complicität sehr wohl stattfinden kann, und ist gegen den Complicen — einen Kreissecretair — auf Amtsentsetzung zu erkennen.

R. v. Simont, 15. April 1844.
Leist. Jaehnigen. Sandt.

Die X hat mit mehreren minderjährigen Knaben gegen Bezahlung zugehalten. Der Art. 334 Str. G. B. straft jede Begünstigung der Ausschweifung der Jugend, ohne den Fall auszunehmen, in welchem der Begünstiger zugleich selbst sich der Unzucht hingiebt.

K. Oeffentl. Minist. Elberfeld wider Schmitz, 6. Mai 1844.
v. Daniels. Jaehnigen. Arch. XXX. 2. 12.

Der §. 30 des Pens.-Regulativs vom 30. April 1825 findet auf Geistliche nach §. 5 nicht Anwendung. Dagegen hat die Cabinetsordre vom 21. Mai 1825 für die Rheinprovinz verbindliche Kraft, ebenso §. 499, II. 20 A. L. R.; hiernach musste der bereits pensionirte Geistliche, da er Kinder zur Ausschweifung verleitet, für die Dauer der Strafzeit seiner Pension verlustig erklärt werden, für immer aber der Nationalcocarde.

K. Oeffentl. Minist. Saarbrücken wider Küppers, 30. August 1841.
Jaehnigen. Eichhorn.

Vertagung.

Die vom Polizeigericht verweigerte Aussetzung der Sache zur nächsten Gerichtssitzung, bietet, als gegen kein Gesetz verstossen, kein Cassationsmittel.

R. Oeff. Min. zu Wipperfürth wider Johanny, 30. Juni 1832.
Oswald. Eichhorn.

Das öffentliche Ministerium hat bei der correctionellen Appellationskammer event. zur Abhörung von Pro- und Reprobatorialzeugen auf Vertagung der Sache angetragen. Es war hierzu berechtigt. Art. 211 Cr. O.; 139 und 154. Die Kammer, indem sie weder gegen den Antrag motivirt, noch ihn im Dispositiv beseitigt, hat die Art. 408 und 413 verletzt.

R. Oeffent. Min. Düsseldorf wider Schroeder, 13. Oct. 1832.
Esser. Eichhorn.

Der Forstpolizeirichter hat, indem er aus dem blossen Grunde des Nichterscheinens der Belastungszeugen, ohne Rücksicht des Antrags des öffentlichen Ministerii auf Vertagung, die Cassations. verklagten freigesprochen, die §§. 16 und 19 Gesetz vom 7. Juni 1821 falsch angewendet, und, da er die Abweisung dieses Antrags nicht motivirt, den Art. 408 Cr. O. verletzt.

K. Oeff. Min. Königswinter wider Stockhausen, 29. Januar 1844.
Esser. Eichhorn.

Dem Angeklagten steht nicht das Recht zu, wegen Nichterscheinens eines Belastungszeugen Vertagung der Sache zu verlangen. Art. 354 Cr. O.

R. Goebel, 7. November 1842.
Brewer. Eichhorn.

Der Art. 354 Cr. O. giebt nur dem öffentlichen Ministerio das Recht, bei dem Assisenhof anzutragen: die Sache wegen Nichterscheinens eines Zeugen zur nächsten Sitzung zu verweisen. Der Angeklagte kann hierauf antragen, dem Hof bleibt jedoch das Urtheil über diesen Antrag.

R. Hermes, 5. Mai 1820.
Fischenich. Ruppenthal.

Kein Gesetz verordnet den Aufschub und die Vertagung der Assisensitzung, wenn das Urtel, welches den Cassationsrecurs gegen das Verweisungsurtel verwirft, erst 10 Tage vorher dem Angeklagten eröffnet worden ist. Die Entscheidung des Präsidenten über den erbetenen Aufschub, — Art. 306 Cr. O. — ist nicht wegen Nichtigkeit anzufechten.

R. Stein, 1. Juni 1825.
v. Reibnitz. Eichhorn.

Geschieht die Verweisung einer Vorfrage an den Civilrichter in der Art, dass die Entscheidung der Hauptsache bis zur Entscheidung der Vorfrage auf unbestimmte Zeit vertagt wird, ohne dem Beschuldigten die Pflicht aufzuerlegen, sich über den Ausfall des Civilverfahrens auszuweisen, so involvirt dies eine Rechtsverweigerung.

K. Oeff. Min. Cöln wider Créteur, 3. Nov. 1833.
Simon. Eichhorn.

X schützt das Recht zum Laubsammeln vor; er lässt die ihm gesetzte Frist verstreichen, ohne die Sache irgendwie vor der competenten Behörde anhängig zu machen. Wenn nun trotz dessen das Polizeigericht die Sache auf unbestimmte Zeit vertagt, bis der Richter über jenes Recht entschieden, so verletzt er den Art. 12, Tit. IX. Gesetz vom 29. September 1791.

K. Oeff. Min. Andernach wider Schlich, 31. Dec. 1838.
Esser. Eichhorn.Arch. XXVIII. 2. 33.

Kein Gesetz schreibt vor, dass bei Aussetzung des Strafverfahrens bis zur civilrechtlichen Entscheidung einer Präjudicialfrage, selbst dann eine Frist zu bestimmen, innerhalb welcher die Entscheidung beizubringen, wenn schon die Klage eingeleitet worden.

R. Oeff. Min. Aachen wider Winter, 6. November 1843.
Esser. Eichhorn.

Da der Art. 9 des Arrêté vom 27. Prairial IX. die persönliche Verhaftung des Fuhrherrn für die Contraventionen seiner Postillone anerkennt, so ist dieser auch dann zu strafen, wenn der Postillon nicht mit zur Untersuchung gezogen worden, und daher um deswillen die Sache nicht zu vertagen.

K. Oeff. Min. Elberfeld wider Bäcker, 26. Mai 1845.
Simon. Jaehnigen.

Vertheidiger.

Der Art. 335 Cr. O. setzt auf die Unterbrechung des Assisenpräsidenten in seinem Résumé Seitens des Vertheidigers keine Nichtigkeitsstrafe.

Der Art. 336 Cr. O. verbietet nicht den Antrag eines Vertheidigers auf Beurkundung eines ihm von dem Präsidenten im Résumé gemachten Vorwurfs der Pflichtvergessenheit.

R. Oeffentl. Minist. Saarbrücken wider Franz, 17. Sept. 1836.
Esser. v. Breuning.

Verwundung (unfreiwillige).

Eine Gartenmauer, zumal an öffentlichen Plätzen, Wegen und Strassen aufgeführt, gehört zu den Gebäuden, von denen der Art. 471, Nr. 5 Str. G. B. handelt, und dürfen somit Blumenkasten in einer gefährlichen Weise dort nicht aufgestellt werden. Wird durch sie jemand verwundet, so ist der Art. 320 Str. G. B. das zureichende Strafgesetz, und somit der Polizeirichter nicht competent.

K. Oeffentl. Minist. St. Goar wider Weber, 21. Januar 1837.
v. Meusebach. Eichhorn. Arch. XXV. 2. 49.

Hat X die unfreiwillige Verwundung des Y durch Ueberfahren mittelst Nichtbeobachtung der im Art. 475, Nr. 3 erwähnten Polizeiverordnungen verübt, so kann ihn nicht neben der Strafe des Art. 320, noch die des Art. 475 Str. G. B. treffen; denn die Nichtbeobachtung der Polizeiverordnungen stellt die eigentlich strafbare Handlung dar; sie wird unabhängig von dem etwanigen Nachtheil bestraft; Cumulation jener beiden Gesetze würde daher den allgemeinen Principien des Strafrechts entgegen sein.

R. Oeff. Min. Düsseldorf wider Knab, 4. Mai 1840.
Jaehnigen. Eichhorn.

Der Art. 319 Str. G. B. erklärt nicht cumulativ, sondern alternativ die Ungeschicklichkeit oder die Nichtbeobachtung bestehender Verordnungen für strafbar.

Die Vernachlässigung liegt nicht nur in positiven Handlungen, sondern auch in dem Unterlassen der Herbeirufung ärztlicher Hülfe.

R. Neuen, 14. April 1824.
v. Meusebach. Ruppenthal. Reinhardt. Arch. VI. 2. 58.

Verwundung (durch Thiere).

Sind durch einen in dem Hofe des Wohnhauses befindlichen, von dem X nachlässig bewahrten Affen, Leute verwundet worden, so finden auf X die Art. 319 und 320 Str. G. B. Anwendung.

R. Becker, 7. April 1824.
Seyppel. Eichhorn. Arch. VI. 2. 55.

Die blosse Möglichkeit der Nichtkenntniss des X, dass sein Hund bissig, und daher mit einem Maulkorb zu versehen, — §. 40 und 59 der Strassenpolizeiverord. zu St. Goar, kann den X um so weniger der Strafe entheben, als es seine Sache, eine solche Aufsicht über den Hund zu führen, die ihn mit dessen Eigenschaften bekannt gemacht.

K. Oeff. Min. St. Goar wider Horn, 16. December 1839.
Jaehnigen. Eichhorn.

Waffen und Waffengebrauch.

Jeder der ohne Erlaubnissschein des
§. 6, Verordnung der österr.-baier. Adm.-Comm. vom 23. Juli 1814,

§. 7 Verordnung der österr.-baier. Adm.-Comm. vom 21. September 1815,

Art. 1 Decret vom 14. Mai 1812,

bewaffnet betroffen wird, ist zur Strafe zu ziehen.

K. Oeffentl. Minist. Zell wider Schmidt, 26. März 1828.

Blanchard. Eichhorn.

Ein Förster erschiesst den X, ohne zu jener Zeit zum Gebrauch der Waffe berechtigt zu sein. Der Anklagesenat verweist die Sache vor den Assisenhof. Dieser erklärt sich für incompetent, weil die Sache nach der preussischen Criminalordnung zu behandeln. Dieses Urtel ist zu cassiren, denn

1) ist die Jurisdiction des Assisenhofes eine generelle, Art. 365 und 389 Cr. O. und die Rechtskraft des ergangenen Verweisungsurtels zu beachten;

2) aber ist das Vergehen des Försters kein Amts-, sondern ein gemeines Verbrechen. §. 1 Cab.-Ordre vom 6. März 1821.

K. Oeff. Min. Cöln wider Walterscheid, 13. August 1842.

Brewer. Jaehnigen. Arch. XXXIV. 2. 3.

Der Bürgermeister X will einen gewissen D mit Grunde Rechtens verhaften; er sieht durch das Fenster jenen sich eilig vom Tisch erheben und zur Thür laufen; D flieht durch die Hinterthür, X eilt ihm nach; unmittelbar darauf trifft den D ein tödtlicher Schuss aus des X Gewehr.

Dies ist kein Dienstvergehen des X. Cabinetsordre vom 6. März 1821 und 2. August 1834. Die Untersuchung ist daher gegen ihn selbstständig von den Gerichten einzuleiten. §. 36 Ressort-Reglem. Die §. 337, 338, II. 20 A. L. R. stehen dem nicht entgegen.

R. v. Kalnassy, 27. Januar 1840.

v. Oppen. Eichhorn.

Ein Hülfsförster erschiesst den X bei Gelegenheit einer in dessen Wohnung vorgenommenen Beschlagnahme einiger entwendeten Eichenstämme. Er war damals zum Gebrauch des Gewehres weder vermöge seiner amtlichen Qualität, noch in Folge der ihm obliegenden Functionen berechtigt; seine That ist daher ein nach der rheinischen Criminalordnung zu ahndendes gemeines Verbrechen.

Competenzconflict wider Seyfardt, 27. Juni 1842.

Brewer. Jaehnigen.

Weg.

X, der Grundeigenthümer hat einen Weg versperrt, welcher von den Eingesessenen der Gemeinde zum Betrieb ihres

Ackerbaues als Dienstbarkeit benutzt worden. Dieser Weg ist kein öffentlicher (voie publique), kein Vicinalweg (chemin vicinal), sondern ein Privatweg, Gesetz vom 6. und 11. Sept. 1790, Art. 6 Gesetz vom 9 und 19. Ventôse XIII.; l. 2, §. 22 und 23 ne quid in loco publ.; — daher weder Art. 471, Nr. 4 Str. G. B., noch Art. 40, Tit. II. Gesetz vom 28. Sept. und 6. Oct. 1791, noch sonst ein Strafgesetz zutreffend.

R. Oeff. Minist. Hermeskeil wider Resch, 14. Juni 1834.
Esser. Eichhorn.

Wenn der Polizeirichter den Art. 471, Nr. 4 Str. G. B. um deswillen nicht angewendet, weil nicht behauptet worden, dass die Strasse durch das Liegenlassen der Steine nicht versperrt gewesen, so hat er das Gesetz verletzt. Dasselbe verpönt nicht bloss das Versperren, sondern auch die Schmälerung des freien Gebrauchs der Strassen.

K. Oeffentl. Minist. Perl wider Hammes, 26. September 1835.
Jaehnigen. Eichhorn.

Der Cassationskläger giebt zu, dass er den Fusspfad gesperrt, behauptet jedoch, dieses jure domini gethan zu haben. Diese Einrede bildet eine Präjudicialfrage, worüber nur der Civilrichter zu erkennen befugt war. Der Besitz jenes Pfades von Seiten der Gemeinde ist, da es sich hier von einer servitus discontinua handelt, gleichgültig, und kann nicht rechtfertigen, dass der Richter jene Einrede unberücksicht gelassen hat.

K. Lürkens, 4. April 1842.
Esser. Eichhorn. Arch. XXXIII. 2. o.

Hat X den Gemeindeweg bei seinem Hause durch eine Klapperhecke beengt, so verfällt er dem Art. 471, Nr. 4 Str. G. B. Durch die Aussetzung des Verfahrens bis zur Erledigung der Eigenthumsfrage, wird das Gesetz vom 9. Ventôse XIII. verletzt.

K. Oeff. Min. Cleve wider Willemsen, 22. Dec. 1845.
Esser. Jaehnigen.

Ein Schmied, der das Beschlagen der Räder auf offener Strasse verrichtet, verfällt der Strafe des Art. 471, Nr. 4 Str. G. B.

K. Oeffentl. Min. Cleve wider Gerritzen, 25. März 1829.
Blanchard. Eichhorn.

Wer die Freiheit des Durchgangs in einer Strasse vermindert, verfällt der Strafe des Art. 471, Nr. 4 Str. G. B.

K. Oeffentl. Minist. Aachen wider Huppertz, 4. Mai 1833.
Esser. Eichhorn.

Die X, wegen Sperrung des Trottoirs vor ihrem Hause durch Ketten, bereits durch Urtel vom 21. Januar 1831 verurtheilt, hat dadurch allein, dass sie nach Verkündung dieses Urtels, oder nach der anderweitigen polizeilichen Aufforderung, die den öffentlichen Weg sperrenden Gegenstände nicht wegschaffen liess, keine neue Polizeicontravention begangen.

R. Oeffentl. Minist. Düsseldorf wider Leeser, 20. Juli 1831.
Simon. Eichhorn.

Die X verschmälert durch Anpflanzen einer Hecke einen auf dem rechten Rheinufer, zwischen Thurn nach Brück führenden öffentlichen Weg um 4 bis 5 Fuss. Mit Rücksicht auf die Polizeiordnung vom 10. October 1554 trifft sie die Strafe des Art. 471, Nr. 5 Str. G. B.

K. Oeffentl. Minist. Mühlheim wider Knech, 6. März 1838.
Liel. Eichhorn.

Wer während des Octavefestes seine Bude gegen die vom Bürgermeister gegebene Anweisung aufgestellt und deren Wegräumung unterlassen, verfällt dem §. 33 Ressort-Reglement, und nicht in eine Strafe von einem Franc. Der Art. 471, Nr. 4 Str. G. B. ist für diesen Fall nicht erschöpfend, denn jene Verordnung des Bürgermeisters hatte noch andere Zwecke als die Offenhaltung des Weges. Die früheren allgemeinen, in den Gesetzen vom 16. und 24. August 1790, Tit. 11, Art. 5 und Art. 600 Gesetz vom 3. Brumaire IX. enthaltenen Vorschriften über das Maass der Polizeistrafe, sind aber eben durch jenen §. 33 ersetzt.

K. ' Oeffentl. Minist. Aldenhoven wider Cremer, 21. Dec. 1833.
Oswald. Eichhorn. Arch. XX. 2. 3.

Wucher.

Wird gegen einen des Gewohnheitswuchers schuldig Erkannten gleich nur auf Geldstrafe erkannt, so ist doch die Aberkennung der Nationalkokarde gerechtfertigt.

Cab.-Ordre vom 22. Februar 1813, 30. September 1813, 28. März 1816.

R. Maloni, 1. November 1841.
Graun. Eichhorn. Sandt.

Zum Gewohnheitswucher ist nicht nothwendig, dass derselbe just gegen mehrere Personen verübt worden. Die Wiederholung des Wuchers Einem gegenüber reicht vielmehr aus.

R. Hillmann, 30. September 1829.
Blanchard. Eichhorn. Sandt.

Die Anzahl der den Habitus constituirenden Handlungen,

ist bei dem Gewohnheitswucher dem Ermessen des Richters zu überlassen.

R. Birrekofen, 5. April 1826.
Fischenich. Eichhorn. Sandt.

Die einzelnen Ueberschreitungen des gesetzlichen Zinsfusses, an und für sich kein Vergehen darstellend, können um deswillen der Verjährung nicht unterworfen sein, und sind daher bei Abmessung der Strafe mit in Betracht zu ziehen.

R. Charles, 19. Juli 1826.
Fischenich. Eichhorn.

Das Gesetz, indem es die Gewohnheit des Wuchers zum Vergehen qualificirt, hat schon eben deswegen alle Mittel des Beweises für zulässig erklärt.

Es verhält sich hier anders, als mit dem Vergehen der Verletzung des Depositums. Letzteres setzt das Dasein eines Vertrages voraus, der, geleugnet, vor allem in gesetzlicher Form zu beweisen. Ersteres bildet sich in den Verträgen selbst, welche wucherliche Stipulationen enthalten, als den Elementen, woraus es zusammengesetzt wird. Es ist daher durch Zeugen um so eher zu beweisen, als sonst von einer Anwendung des Art. 4 Gesetz vom 3. September 1807 fast nie die Rede sein könnte. Der Art. 1341 B. G. B. wird hier übrigens durch den Art. 1353 billig modificirt.

R. Klein, 17. März 1830.
Blanchard. Eichhorn. Sandt.

Der Zinswucher setzt nicht, wie die Verletzung des Depositums, das Dasein eines gültigen Civilgeschäftes voraus. Beim Wucher werden vielmehr die Verträge selbst, wodurch er verschleiert, als betrügerisch angefochten, und ist somit der Zeugenbeweis über den Wucher zulässig. Art. 1353 B. G. B.

Da nach Art. 4 Gesetz vom 3. September 1807 dem öffentlichen Ministerium das Klagerecht in Ansehung des zinswucherischen Vergehens zusteht, so erscheinen die hierdurch verletzten Personen für das Strafverfahren nicht als Parthei in eigener Sache, und beunfähigt sie ebenso wenig ihr späteres eventuelles Interesse.

R. Hirsch, 22. October 1838.
Esser. Eichhorn. Reinhardt.

Der Wucher ist nicht ausserhalb des Darlehnsgeschäfts, sondern hauptsächlich in ihm zu suchen, so dass er, eben weil er einen Betrug darstellt, nach Art. 1353 B. G. B., auch ohne Unterschied, ob die Darlehne notariell verbrieft sind, oder nicht, durch Zeugen und Vermuthungen bewiesen werden kann.

R. Pieper, 20. November 1843.
Esser. Eichhorn. Sandt.

Zerreissung von Urkunden.

X stellt einen Schuldschein aus:

„Drei Monate nach dato bezahle ich diesen meinen Wechsel mit 49 Thlrn. an Y; den Werth habe ich in Waaren erhalten."

X lässt sich denselben aushändigen und zerreisst ihn sofort. — Weil dem Schuldschein das Wort „Gut" fehlt — Art. 1326 — und selbiger daher weder einen Wechsel, noch einen Schuldschein darstellt, spricht der zweite Richter frei. Mit Unrecht. Die Urkunde stellte immerhin einen „titre" oder ein „billet contenant obligation" dar. Der Art. 439 Str. G. B. muss daher angewendet werden.

K. Oeffentl. Minist. Elberfeld wider Balke, 13. Sept. 1843.
Graun. Eichhorn.

Zeuge.

Die Vernehmung eines Mitdenuncianten ist nicht bei Nichtigkeit verboten.

R. Frings, 30. Januar 1822.
v. Meusebach. Eichhorn.

Dass der Denunciant früher das Amt eines Geschwornen bei demselben Assisenhofe, welcher den Angeklagten verurtheilt, verrichtet hat, bewirkt nicht die Incompetenz des Assisenhofes.

R. Ertz, 15. Januar 1823.
Blanchard. Eichhorn. Sandt.

Die uneidliche Vernehmung eines bürgerlich Todten zum Aufschluss der Sache, ist nicht verboten; sie wird namentlich durch Einwilligung des Angeklagten nach der Analogie des Art. 322 Cr. O. gedeckt.

R. Fonk, 7. August 1822.
v. Meusebach. Eichhorn. Reinhardt.

Es ist der discretionären Gewalt des Präsidenten anheimgestellt, Kinder unter 15 Jahren, welche als Zeugen auf die Zeugenliste gebracht worden, eidlich oder nur inform. causa zu vernehmen.

R. Freydel, 25. Februar 1832.
Simon. Eichhorn.

Der zweite Richter, annehmend, dass die Fuhrleute, welche

die Waaren, an denen die Contravention begangen, fahren, nicht absolut verwerfliche Zeugen seien, hat hierdurch kein Gesetz verletzt.

R. Nause, 29. November 1834.
Oswald. Eichhorn.

Der Appellationshof ist nicht verhindert, in einer nach der preussischen Criminalordnung zu beurtheilenden Sache Zeugenaussagen, die nach dieser, nicht aber nach der rheinischen schlechthin unzulässig, in Verbindung mit anderen gültigen Zeugnissen, als Beweisgründe zu benutzen.

R. Reuter, 22. August 1842.
Heffter. Eichhorn. Arch. XXXIV. 2. 54.

Es existirt kein Gesetz, welches den durch ein Vergehen oder Verbrechen Beschädigten, von der Zeugenschaft bei der im öffentlichen Interesse vorgenommenen Untersuchung dieses Vergehens, ausschliesst. Die gesetzliche Zulässigkeit ergiebt sich vielmehr aus dem Art. 323 Cr. O.

R. Müller, 19. October 1821.
v. Meusebach. Ruppenthal. Reinhardt. Arch. III. 2. 30.

Kein Gesetz verbietet die durch den Wucherer Beschädigten im Strafverfahren als gültige Zeugen zu betrachten.

R. Pieper, 20. November 1843.
Esser. Eichhorn. Sandt.

Die Abhörung eines wegen Holzdiebstahls bestraften Zeugen ist gesetzlich nicht verboten, vielmehr durch §. 10 Gesetz vom 31. März 1837 gestattet.

R. Walterscheid, 27. Februar 1843.
Oswald. Eichhorn. Sandt. Arch. XXXIV. 2. 1.

Ein katholischer Pfarrer braucht nicht als Zeuge auszusagen, was ihm unter dem Siegel der Verschwiegenheit auch ausser der Beichte anvertraut worden; denn er gehört zu den Beamten, denen als Seelsorger und Gewissensrath Geheimnisse sicher anvertraut werden können. Art. 378 Str. G. B.; Art. 157 Cr. O.

R. Oeff. Min. Hermeskeil wider Julius, 17. Nov. 1845.
Esser. Eichhorn.

Der Untersuchungsrichter ist befugt, alle Personen zum Zeugniss vor sich zu fordern. Kein Gesetz nimmt den Vater des Beschuldigten aus.

R. Linkenheil, 6.. April 1821.
Krezzer. Eichhorn.

Der Art. 322 Cr. P. O. trifft nur das Verfahren vor den Assisenhöfen, der Art. 156 das vor den Zucht- und Polizeigerichten.

R. Königl. Reg. Cöln wider Schumacher, 10. April 1822.
v. Meusebach. Eichhorn. Haass. Sandt. Arch. II. 2. 91.

Der Art. 322 Cr. O. verbietet nach seiner Stellung im Gesetzbuch offenbar nur, die darin verzeichneten Personen unter dem im vorhergehenden Art. 317 vorgeschriebenen Eide als Zeugen zu vernehmen; ihre uneidliche Vernehmung ist dagegen vermöge der discretionären Gewalt des Präsidenten im Art. 269 hinlänglich begründet, da dieser Artikel wörtlich dem Präsidenten die Macht giebt, zu solcher uneidlichen Vernehmung alle Personen herbeizuziehen, von welchen er Aufklärung zu erhalten hofft.

R. Kayser, 17. Mai 1841.
v. Meusebach. Eichhorn. Arch. XXXIII. 2. 62.

Schwägerschaft zwischen dem Zeugen und dem Angeklagten ist im gesetzlichen Sinne nicht vorhanden, wenn diese nur zwischen dem Zeugen und der Ehefrau des Angeklagten besteht. Art. 322 Cr. O.

K. Holstein, 31. August 1821.
Seyppel. Eichhorn.

Es ist zulässig, den Ehemann von der Schwägerin eines Angeklagten als Zeugen zu vernehmen. Art. 322 Cr. O.

R. Moehn, 8. September 1832.
v. Breuning. Eichhorn.

Auch Bruder und Tochter des Beschuldigten können als Zeugen vernommen werden.

R. Buellesfeld, 14. Februar 1827.
Friccius. Eichhorn.

X beschuldigt den Y, dass er ihn gemisshandelt; constituirt sich in dem eingeleiteten correctionellen Verfahren als Civilparthei und nennt in zweiter Instanz Zeugen, die der Richter um deswillen verwirft, weil sie mit ihm im sechsten Grade verwandt, und somit im Civilprocess zu reprochiren sind. Hierdurch werden die Art. 211, 189, 156 Cr. O. verletzt, und die Art. 283 seq. Civ. P. O. falsch angewendet. — Ist einmal der Weg des Strafverfahrens gewählt, so ist die Criminalordnung maassgebend, und gleichgültig, ob das öffentliche Ministerium gegen das freisprechende erste Urtheil ein Rechtsmittel eingelegt hat oder nicht.

K. Feider, 20. October 1845.
v. Oppen. Eichhorn.

Constirt nicht aus dem Sitzungsprotocolle die Vereidung des Zeugen, so ist der Art. 317 Cr. O. verletzt.

K. Bonn, 5. November 1819.
v. Trützschler. Ruppenthal.

Nach dem Sitzungsprotocoll haben die jüdischen Zeugen mit Hinweisung auf den jüdischen Eid in der Sitzung nur versprochen, die Wahrheit zu sagen, ohne Meldung zu thun, dass sie überhaupt einen Eid in der Sitzung geschworen. Es ist daher hier die im Art. 317 Cr. O. bedingte Nichtigkeit vorhanden.

K. Salomon, 9. Februar 1821.
Seyppel. Ruppenthal. Arch. II. 2. 155.
K. Goetze, 9. Februar 1821.
v. Meusebach. Ruppenthal. Haass.

Wenn ein jüdischer Zeuge nur in der Audienz den gewöhnlichen Zeugeneid leistet, so ist das Verfahren gültig, wenngleich er vorher nicht more judaico geschworen.

In Erwägung, dass nach der ausdrücklichen Schlussbestimmung der Verordnung der ehemaligen, für die Königl. Rheinprovinz bestellten Immediat-Justizcommission vom 22. December 1817 durch diese Verordnung den bestehenden gesetzlichen Vorschriften in keinem Theile derogirt werden sollte, und hieraus folgt, dass aus der Nichtbeobachtung der in der Verordnung vom 22. December 1817 angeordneten Förmlichkeiten keine Nichtigkeit entstehen kann, indem sonst allerdings den früheren Gesetzen insoweit derogirt werden würde, dass die Vereidigung der Zeugen ausser den in der rhein. Criminal-Processordnung unter Strafe der Nichtigkeit angeordneten Förmlichkeiten zur Rechtsbeständigkeit noch andere Förmlichkeiten erheischen würde; dass die gedachte Verordnung der Justizcommission ihrer ausgedrückten Absicht gemäss, bloss reglementarisch die religiöse Form des Eides neben der bei Strafe der Nichtigkeit vorgeschriebenen gesetzlichen Form, wieder einführen wollte; dass mithin die Nichtbeobachtung der Vorschriften der Verordnung vom 22. December 1817, falls nur die Vorschriften der rheinischen Criminal-Processordnung befolgt werden, die Nichtigkeit des Verfahrens nicht herbeiführt, verwirft etc.

R. Daniel, 8. November 1841.
Simon. Jaehnigen.

Weder die Verwarnung vor dem Meineid, noch die Vorzeigung der Ueberführungsstücke, ist in den Gesetzen unter Strafe der Nichtigkeit vorgeschrieben.

R. v. Numers, 7. September 1821.
Seyppel. Eichhorn. Haass.

Wesentlich ist nur, dass der Zeuge den vorgeschriebenen Eid geleistet, nicht, dass der Gerichtschreiber solches aufgezeichnet hat. Art. 155 Cr. O.

R. Ecker, 5. September 1842.
Tellemann. Eichhorn. Sandt.

Im Audienzprotocoll heisst es: X erklärte,

„er könne sich nicht entschliessen, den gesetzlichen Zeugeneid zu leisten."

Behauptet X nun in zweiter Instanz:

„er habe nur den religiösen, nicht den gesetzlichen Eid geweigert,"

und nimmt dies der zweite Richter ohne Weiteres als richtig an, so involvirt dies eine Machtüberschreitung.

Jeder Zeuge ist verpflichtet, den Eid in der angeordneten religiösen Form auszuschwören, insofern er sich nicht im Fall der Ausnahme befindet.

Art. 304, 157 Cr. O.; Verord. vom 22. Dec. 1817.

K. Oeff. Min. Elberfeld wider Christians, 16. Dec. 1839.

v. Oppen. Eichhorn.

Hinweisung auf den Amts- ersetzt den Zeugeneid nicht.

K. Fischenich, 2. Januar 1822.

v. Meusebach. Eichhorn.

Wenn im Eingang des Audienzprotocolls steht: „in der öffentlichen Sitzung" und in dem Nachmittagsprotocoll gesagt wird, die Verhandlungen seien fortgesetzt worden, so ist mit Gewissheit anzunehmen, dass auch die Nachmittags vernommenen Zeugen, wie dem in der That so, öffentlich vernommen sind. Heisst es in dem Protocoll: „die Zeugen hätten den gesetzlichen Eid geleistet," so ist anzunehmen, dass der Eid nicht verstümmelt worden.

R. Oeffent. Minist. Cöln wider Berger, 14. Dec. 1833.

Esser. Eichhorn. Sandt.

Ein Zeuge, der jede Antwort verweigert, steht nicht dem Erscheinenden gleich. Die im Art. 157 Cr. O. angedrohte Contrainte par corps erfolgt jedoch allererst im zweiten Ungehorsamsfalle, wenn eine Bestrafung wegen des ersten Ungehorsams vorangegangen.

K. Scharmitzel, 16. September 1837.

Graun. Eichhorn. Reinhardt.

Der Art. 80 Cr. P. O. spricht nur in Hinsicht der in Strafsachen zu vernehmenden Zeugen die Verpflichtung derselben aus, der richterlichen Vorladung, unter Präjudiz einer Strafe, die sich bis auf 100 Frcs. erstrecken kann, Folge zu leisten, und giebt dem Instructionsrichter die Befugniss, das Erscheinen der Zeugen durch Anwendung von Personalhaft zu erzwingen. Da es das Interesse der Gesellschaft erfordert, dass kein Verbrechen oder Vergehen unbestraft bleibe, so musste das Gesetz Zwangsmittel verordnen, um die von den Umständen der That Kenntniss habenden Personen, die sich aus andern als gesetzlichen Gründen der Abgabe des Zeugnisses entziehen möchten, zur Mittheilung ihres Wissens anzuhalten.

Anders verhält es sich bei Experten, welche bloss ein Gutachten über irgend eine wissenschaftliche oder Kunstfrage abzugeben und über ihre desfallsige persönliche Ansicht Rechenschaft abzulegen berufen werden. Diese können besondere Gründe haben, eine solche Aufforderung abzulehnen, sie hemmen dadurch aber auch nicht die Thätigkeit der repressiven Justiz, da sie durch andere Sachverständige, denen dieselben Fähigkeiten und Kenntnisse beiwohnen, leicht ersetzt werden können.

Dieser Unterschied, welcher sich von selbst darbietet, findet auch in der Civilgesetzgebung eine ausdrückliche Bestätigung. Denn so verfügt der Art. 263 B. P. O., dass die gehörig geladenen, aber nicht erschienenen Zeugen, ausser der Entschädigung für die Parthei, in eine Strafe bis 100 Frcs. verurtheilt werden können, und nach Art. 264 sollen sie, wenn die wiederholte Ladung ohne Erfolg geblieben ist, mittelst Körperhaft in eine Strafe von 100 Frcs. verfälligt werden, auch soll der Richtercommissar befugt sein, einen Vorführungsbefehl gegen sie zu erlassen, während zufolge des Art. 316 Civ. P. O. gegen die ernannten Sachverständigen keine Zwangsmaassregeln angewendet werden können, ihnen vielmehr unbenommen bleibt, jede Theilnahme an einer Expertise abzulehnen.

K. Generalproc. am Cass.-Hof wider Meckel, 18. Dec. 1843.
v. Oppen. Eichhorn.

Die Verlesung der Aussagen militairischer Zeugen als solcher, ist nach der Gouv.-Verordnung vom 10. Mai 1814, §. 6 Art. 354 Cr. O. und der Cabinetsordre vom 14. September 1821 nicht zulässig.

R. Oeffentl. Minist. Düsseldorf wider Schulz, 13. März 1822.
Mühler. Eichhorn.

Widerspruch gegen die Vorlesung der Aussage eines verstorbenen Zeugen ist nur vor dieser Verlesung zu erheben.
Art. 315 Cr. O.

R. Frings, 30. Januar 1822.
v. Meusebach. Eichhorn.

Wenn die Zeugen Johann Mathias und Joh. Wilh. vom Stein nach dem vorgelegten ärztlichen Atteste im hohen Alter von 84 und resp. 81 Jahren und wegen hartnäckiger Krankheiten in der anberaumten Sitzung zu erscheinen nicht im Stande waren, und auch nach dem gewöhnlichen Lauf der Dinge die Unmöglichkeit ihres Erscheinens in einer künftigen Sitzung angenommen werden konnte, so kann der Assisenpräsident dadurch, dass er bloss zur Aufklärung der Sache die Verlesung ihrer schriftlichen Aussagen verordnete, gewiss kein Gesetz verletzt haben.

R. Hoffmann, 3. Juli 1844.

Esser. Jaehnigen.

Die Behauptung, dass die Discussion über die Frage, was rücksichtlich eines nicht erschienenen Zeugen geschehen solle, bei dem allgemeinen Aufruf der Zeugen noch nicht an der Zeit sei, und deshalb vom Assisenhof nicht zuzulassen, wird durch Art. 354 Cr. O. widerlegt.

Die factische Feststellung, ein Schulden halber entwichener Zeuge werde auch zur nächsten Assisensitzung nicht zu gestellen sein, berechtigt zur Verlesung seiner Aussage.

Gen.-Gouv.-Verord. vom 14. Oct. 1814.

R. Keuven, 14. Januar 1837.

v. Meusebach. Eichhorn.

Nach dem Audienzprotocoll ist die Zeugin über die That allerdings mündlich vernommen worden; sie hat sich im Uebrigen auf ihre frühere Aussage bezogen. Deren Vorlesung ist durch kein Gesetz verboten. Es ist nicht verboten, einen Zeugen, welcher ergangener Verfügung zuwider der Abhör früherer Zeugen beigewohnt hat, zu vernehmen. — Die Mittheilung der früheren Zeugenaussagen im Berathschlagungszimmer der Geschwornen ist nicht bei Nichtigkeit verboten.

Art. 317, 316, 341 Cr. O.

R. Michel, 16. September 1829.

v. Meusebach. Eichhorn.

Das öffentliche Ministerium ist nicht verpflichtet, jede in der vorläufigen Untersuchung vernommene Person, auch als Zeuge zum Assisenhofe vorzuladen.

R. Ertz, 15. Januar 1823.

Blanchard. Eichhorn. Sandt.

Zur Ladung der Defensionalzeugen ist das öffentliche Ministerium gesetzlich nicht verpflichtet.

R. Binz, 2. März 1825.

Blanchard. Eichhorn.

Das öffentliche Ministerium kann Zeugen, deren Aussagen es für wichtig erachtet, selbstständig vorladen lassen. Es bedarf hierzu nicht der Einholung einer Ordonnanz, und verfällt der ausbleibende Zeuge der geordneten Strafe. Der Umstand, dass der Instructionsrichter in der Voruntersuchung allein das Recht hat, die Zeugen zu laden, entscheidet nicht, da das Verfahren vor ihm und dem erkennenden Richter keine Analogien darbietet. Art. 153, 157, 158, 182, 183, 189, 190 und 312 Cr. P. O. und Art. 1 und 16 Decret vom 18. Juli 1811.

K. Generalproc. am Cass.-Hof wider Wiersch, 22. April 1839.
Esser. Eichhorn.

Kein Gesetz verordnet, dass der Richter ausser den im Art. 156 Str. P. O. genannten Verwandten, alle und jede zum Zeugniss vorgeschlagene Person, als Zeugen abhören müsse.

R. Saedt wider Herr, 16. Februar 1825.
v. Meusebach. Eichhorn. Reinhardt. Sandt.

Die Anwesenheit der Zeugen während der Verlesung der Anklage und ihrer Auseinandersetzung durch das öffentliche Ministerium, ist nirgend, namentlich nirgend bei Nichtigkeit vorgeschrieben.

R. Frings, 30. Januar 1822.
v. Meusebach. Eichhorn.

Die Zeugen sind erst zu entfernen, wenn das öffentliche Ministerium sein Exposé gegeben.
Art. 313—316 Cr. O.

R. Broicher, 21. Februar 1837.
Liel. Eichhorn.

Kein Gesetz verbietet die Vernehmung des Syndicus oder der Gläubiger als Zeugen in einer Untersuchung wegen Bankerots.
Der Agent oder Syndicus wird durch Abstattung des im Art. 488 H. G. B. vorgeschriebenen Berichtes noch kein Denunciant im Sinne der Art. 322, Nr. 6 und 323 Cr. O.

R. Steiner, 16. Juli 1830.
Jaehnigen. Eichhorn. Sandt.

Der Art. 316 Cr. G. O. schreibt nicht unter Nichtigkeit vor, dass die Zeugen vor ihrer Vernehmung nicht den Verhandlungen beiwohnen dürfen.

R. Cajetan, 1. Juni 1833.
Esser. Eichhorn.

Der Art. 269 Cr. O. unterscheidet nicht, ob die zur Aufklärung zu vernehmenden Personen im Audienzsaal schon gegenwärtig sind oder nicht.

R. Fassbender, 2. Januar 1828.
v. Meusebach. Eichhorn.

Der Angeklagte hat nicht die gesetzliche Befugniss, ganz im Allgemeinen und ohne näherer Angabe, Umstände zu beantragen, dass ein Zeuge über die Moralität des Andern vernommen werde.

R. Grett, 23. August 1826.
Goerdeler. Eichhorn.

Der Vertheidiger trägt an, einen Belastungszeugen zu fragen, ob ihm nicht ¼ Acker versprochen worden, wenn er den Angeklagten als den Thäter des Diebstahls bezeichne. Der Assisenhof, erwägend, dass dies ein Verbrechen des Zeugen involvire, stellt die Frage nicht. Hierdurch ist der Art. 319 Cr. O nicht verletzt.

R. Höhn, 19. Juli 1834.
Graun. Eichhorn.

Wegen Ausbleibens eines Zeugen kann nur vor der Vernehmung des ersten Zeugen die Aussetzung der Sache verlangt werden.

R. Frings, 30. Juni 1822.
v. Meusebach. Eichhorn.

Der Assisenhof zu Cöln hat die Vernehmung mehrerer auf der Liste befindlichen Zeugen, welche in der gesetzlichen Frist dem Angeklagten zugestellt worden, auf Antrag des Letzteren verweigert, weil unter den ihm mitgetheilten Abschriften die Aussagen der Zeugen nicht enthalten seien. Hierdurch ist dem Art. 305 Cr. O. eine irrige Deutung gegeben. Nach Inhalt desselben sollen zwar die geschriebenen Erklärungen der Zeugen dem Angeklagten mitgetheilt werden, allein daraus folgt nur, dass, wenn dieser Vorschrift nicht Genüge geleistet wird, der Angeklagte zur gehörigen Zeit sich aller gesetzlichen Mittel bedienen kann, um von den nicht mitgetheilten Erklärungen Kenntniss zu erhalten; dass aber, wenn zu diesem Ende von seiner Seite vor Eröffnung der Verhandlungen nichts geschehen ist, derselbe späterhin unter diesem Vorwande sich der Abhörung der Zeugen nicht widersetzen, noch der Gerichtshof diese Abhörung verweigern kann, es sei denn, dass der Zeuge ihm gar nicht bekannt gemacht, oder in dem Zustellungsact nicht deutlich genug bezeichnet worden ist. Art. 324, 315.

K. Generalproc. am Cass.-Hof wider Harkost, 21. Juli 1824.
Fischenich. Eichhorn.

Kein Gesetz, namentlich nicht der Art. 144 Cr. O., verlangt die Unterschrift des öffentlichen Ministerii zur Zustellung der Zeugenliste.

K. Salomon, 9. Februar 1821.
Seyppel. Ruppenthal. Arch. II. 2. 155.

Berichtet der Gerichtsvollzieher, dass ein zu ladender Zeuge verstorben, so bedarf es nicht der Beibringung der Civilstandsacte, um seine Aussage zu verlesen.

Gen.-Gouv.-Verord. vom 14. October 1814, Abschn. 7 §. 4; Art. 46 Civ. G. B.; Art. 315 Cr. O.

R. Held, 29. März 1841.

Jaehnigen. Eichhorn.

Es wird verlesen:

1) das nach der Beeidigung der Zeugen vor dem Untersuchungsrichter aufgenommene Protocoll;

2) ihre in jenem Protocoll angezogene, von dem Bürgermeister abgegebene nicht eidliche Aussage.

Hierdurch ist der §. 6 der Gen.-Gouv.-Verord. vom 14. Oct. 1814 nicht verletzt.

R. Holstein, 17. Mai 1841.

v. Meusebach. Eichhorn.

Die Beobachtung des Art. 318 Cr. P. O. ist nicht bei Nichtigkeit vorgeschrieben. Ebenso wenig die eidliche Vernehmung der Zeugen vor dem Instructionsrichter. Art. 75 ibid.

R. Watté, 14. Februar 1827.

Blanchard. Eichhorn. Sandt.

Es ist einem Zeugen allerdings gestattet, sich Notizen schriftlich aufzusetzen, und davon in der Sitzung Gebrauch zu machen. Der Art. 317 Cr. O. steht dem nicht entgegen, wie dies sich aus dem Art. 271 B. P. O. klar ergiebt.

K. Generalproc. am Cass.-Hof wider Uellenberg & Cons., 15. Juli 1829.

v. Meusebach. Eichhorn.

Das Niederschreiben der Aussagen der Schutzeugen ist nirgend vorgeschrieben.

R. Thomas, 23. Mai 1827.

Oswald. Eichhorn.

Einem Richter, der um den Vorwand, als wenn ein Zeuge nicht ausfindig zu machen, zu beseitigen, peremtorische Frist setzt, ist Missbrauch seiner Gewalt nicht vorzuwerfen. Der zweite Theil des Art. 155 Str. G. B. ist nicht bei Nichtigkeit vorgeschrieben.

R. Hendruksen wider Laatz, 25. Juni 1828.

Blanchard. Eichhorn. Kunowski. Sandt.

Zeugniss (falsches).

Zeugensubornation besteht in einer Provocation, wodurch Jemand angereizt wird, Etwas zu bezeugen, was der Wahrheit zuwider ist, oder worüber er aus eigener Wahrnehmung nichts auszusagen vermag. Blosse Verleitung zu einem solchen Zeug-

niss mittelst Betrugs, ist also keine Subornation im gesetzlichen Sinne, indem sie zwar ein materiell falsches Zeugniss, keinesweges aber das Verbrechen des falschen Zeugnisses, welches in der Person des Zeugen die Wissenschaft unterstellt, dass seine Aussage der Wahrheit zuwider ist, und woran die Subornation sich als Complicität anschliesst, hervorbringen kann.

Art. 365 Str. G. B.

K. von der Horck, 13. April 1825.
Blanchard. Eichhorn.

Nur wer in der Sitzung vor erkennendem Gericht, nicht wer vor dem Instructionsrichter ein falsches Zeugniss abgiebt, ist zu bestrafen, während bei den nach der preussischen Criminalordnung zu behandelnden Sachen, wer zu Protocoll vor dem Inquirent ein falsches Zeugniss abgiebt, der Strafe der Art. 361 und 362 Str. G. B. verfällt. Sobald einmal ein falsches Zeugniss abgelegt ist, ist das Verbrechen vollbracht, und kann es, was das gesetzliche Dasein dieses Verbrechens anlangt, auf das Erkenntniss zur Hauptsache nicht weiter ankommen.

R. Schieber, 4. Januar 1841.
v. Oppen. Eichhorn. Sandt.

In den nach der preussischen Criminalordnung zu verhandelnden Sachen macht sich schon derjenige eines falschen Zeugnisses schuldig, der ein solches vor dem Inquirent ablegt.

Art. 361 Str. G. B.; 510—517 Cr. O.; Decret vom 4. Mai 1812, Nr. 7981; Art. 10 und 11 Gesetz vom 18. Prairial II.

Dass die falsche Zeugin Jüdin, und nach §. 357, Nr. 8 der preussischen Criminalordnung nicht völlig glaubwürdig, ist unerheblich, da das falsche eidliche Zeugniss an und für sich schon, und unabhängig von seiner Wirksamkeit, mit Strafe bedroht ist.

K. Oeffentl. Minist. Düsseldorf wider Levy, 25. Januar 1841.
Jaehnigen. Eichhorn.

In Erwägung, dass der jüdische Zeuge X den durch die Strafprocessordnung Art. 189 und 155 vorgeschriebenen Eid geleistet hat, dass ein Mehreres zum Wesen eines eidlich erhärteten Zeugnisses nicht gehört, und dass insbesondere die Verordnung der vormaligen Immediat-Justizcommission zu Cöln vom 22. December 1817 über die Wiederherstellung der religiösen Form der Eide in dieser Wesenheit eines eidlich erhärteten Zeugnisses weder etwas abändern wollte noch konnte, dass vielmehr am Schluss jener Verordnung es wörtlich heisst:

„den gesetzlichen Vorschriften werde durch die in denselben enthaltenen Bestimmungen in keinem Theile derogirt.“

dass mithin dieselbe bloss als Dienstanweisung für die Gerichte über das zu beobachtende Verfahren gelte, folglich ein, durch den Eid, wie derselbe in den Art. 189 und 155 Str. P. O. vorgeschrieben ist, erhärtetes, in einer correctionellen Sache zu Gunsten des Beschuldigten gegen Erhaltung von Geld, von einem Juden abgelegtes falsches Zeugniss nicht bloss aus dem Grunde straflos bleiben kann, weil der Zeuge den Zeugeneid nicht auch in der, in der gedachten Verordnung vom 22. December 1817 vorgeschriebenen religiösen Form vor der Gerichtssitzung vor einem Deputirten des Gerichts abgeleistet hat, und dass mithin die Entscheidung der Anklagekammer des rheinischen Appellationsgerichtshofes vom 16. August d. J., welche lediglich aus diesem Grunde den Simon Gompertz wegen des ihm Schuld gegebenen Verbrechens des falschen Zeugnisses ausser Verfolgung gesetzt hat, die Art. 362 und 364 Str. G. B. verletzt hat, cassirt etc.

K. Oeff. Min. am App.-Hof wider Gompertz, 1. Dec. 1838.
Simon. Esser. Arch. XXVIII. 2. 23.

Zolldefraudation.

Nach §. 147 der Zollordnung vom 26. Mai 1818 finden auf die in diesem Gesetz nicht vorgesehenen Fälle, die allgemein geltenden Strafbestimmungen, also in den Rheinlanden nicht das Allgemeine Landrecht, sondern das Strafgesetzbuch Anwendung.

K. Oeffentl. Minist. Trier wider Scherschel, 16. Februar 1821.
Friccius. Eichhorn.

Die Art. 113 und 114 Gesetz vom 26. Mai 1818 setzen die Bestrafung der wiederholten Steuercontravention fest, ohne die Vollstreckung der bereits früher verwirkten — Art. 111 — und erkannten Strafen zu erwähnen und vorauszusetzen. Der im Gesetz vorkommende Ausdruck „Bestrafung" schliesst nicht nothwendig die Vollstreckung in sich, und ist locus citatus, wo es sich bloss um die gesetzliche Bestimmung der Strafen handelt, darauf nicht mit zu beziehen. Hierfür zeugt auch die Absicht des Gesetzgebers. Der Grundsatz: „im Zweifel die mildere Ansicht" greift nur durch, wo die Strafbarkeit der verpönten Handlung nach positiven Gesetzen in der concreten Anwendung Bedenken unterliegt, nicht bei Contraventionen gegen die Steuergesetze, deren Anwendung theils von dem Nachweis einer absichtlichen oder dolosen Umgehung nicht abhängig gemacht ist, theils auf die Entschädigung des Staates zielt.

K. Oeffentl. Minist. Aachen wider Monseur, 18. Mai 1831.
Busse. Eichhorn.

Der Zolldefraudant ist im Wiederholungsfalle nicht mit Geldbusse, sondern mit einer dieser angemessenen Freiheitsstrafe zu belegen.

§. 119, 156 der Zollordnung vom 26. Mai 1818.

K. Oeff. Min. beim Landger. Trier wider Rübsamen, 7. Mai 1823.
Friccius. Eichhorn.

Ist der Dienstherr nur in Gefolge der zu Gunsten seines Knechtes in erster Instanz erkannten Freisprechung von der Zolldefraudation der Civilverantwortlichkeit entbunden, hat das öffentliche Ministerium die Berufung ganz allgemein eingelegt, so umfasst sie auch das Urtel in Betreff des Dienstherrn.

K. Oeffentl. Minist. Düsseldorf wider Heubes, 2. Nov. 1831.
Blanchard. Oswald.

Der Schlusssatz des §. 6, Nr. 2 Gesetz wegen der Zollvergehen vom 23. Januar 1838 greift nur durch, wo die Absicht den Zoll zu entrichten, vorhanden, und deren Ausführung durch Umstände vereitelt war, welche dem Verpflichteten nicht beizumessen sind. Der Fall, wo der Contravenient füglich von der Unterstellung ausgehen können: es bedürfe einer Anmeldung gar nicht, gehört jedoch nicht hierher. §. 8, 27, 18.

K. Oeffentl. Minist. Trier wider Ley, 24. Februar 1840.
Jaehnigen. Eichhorn.

Wo Verdacht einer Defraudation vorhanden, kann die Zollverwaltung Offenlegung der Bücher verlangen. §. 15 Zollord.

K. Zollverwaltung wider Kerssenboom, 27. Nov. 1822.
Friccius. Ruppenthal. Sandt. Reinhardt.

Die Nachweisung der Versteuerung der in Beschlag genommenen Waaren, war im untergebenen Fall der einzige Weg, den auf den jetzigen Opponenten haftenden Verdacht der Einschwärzung zu heben.

Zollordnung vom 26. Mai 1818, §. 12, 15, 71, 73.

Hierauf erkennen die Instanzrichter interlocutorisch. Die Opponenten erbringen den Beweis des Ankaufs der Waaren im Inlande. Die Instanzrichter halten diesen Beweis für zureichend. Cassation durch Défaut, Opposition und Formirung des Antrags: den ihnen zuerst auferlegten Beweis der Versteuerung zu erbringen. Hierauf ist jetzt nicht mehr zu rücksichtigen, zumal den Opponenten dieser Beweis von vorn herein obgelegen und auferlegt war.

R. Kgl. Zollverwalt. zu Cleve wider v. Holt, 5. Februar 1823.
Friccius. Ruppenthal. Reinhardt. Sandt. Arch. IV. 2. 36.

Der im §. 16 Gesetz vom 26. Mai 1818 hergestellte freie Verkehr giebt keine gesetzliche Vermuthung dafür, dass die betreffenden Waaren bei der Einfuhr in das Land versteuert worden sind, sondern bezieht sich bloss auf die Aufhebung der Binnenzölle. — Eingang des Gesetzes §. 17 und 19.

Die Annahme, dass zur Anwendung des §. 15 der Zoll- und Verbrauchssteuerordnung erforderlich sei, dass die zu dem Verdacht Anlass gebenden Anzeigen so richtig befunden sind, dass daraus die Ueberzeugung der Einschwärzung geschöpft werden könne, ist nicht begründet; der §. 15 sagt nur:

„der Verdächtige hat den Beweis der Versteuerung zu führen.“

Dieser Beweis ist übrigens nicht durch Vermuthungen, z. B. den Nachweis des Ankaufs im Inlande — zu führen.

K. Kgl. Reg. Düsseldorf wider Niebour, 5. Nov. 1823.
Friccius. Ruppenthal. Sandt. Arch. VII. 2. 30.

Auf die Worte des dem Gesetze vom 26. Mai 1818 beigefügten Tarifs, Artikel „Vieh,“ Zusatz: „des Handels wegen,“ — kommt es nicht an, da die spätere Erhebungsrolle vom 25. Oct. 1821 hierüber anders bestimmt hat. Nach §. 123 dieses Gesetzes ist nicht nothwendig, dass der Contravenient von den Zollbeamten auf dem Wege selbst angehalten worden, sondern es genügt der Nachweis, dass die That verübt worden.

Der §. 124 bezieht sich unmittelbar auf den §. 123.

R. v. Goldstein, 10. December 1823.
Friccius. Ruppenthal. Sandt. Arch. VI. 2. 10.

Die §§. 123 und 124 der Zollordnung nehmen die Contravention als vollbracht an, sobald der Waarenführer sich in dem Grenzbezirk ausser der Tageszeit, ohne gehörige Legitimation befindet. Gleichgültig ist, dass die Waaren im Inlande geladen worden. Ist in den §§. auch nur von dem Waarenführer die Rede, so ist dies hier unerheblich, wo sich der Cassationskläger als Eigenthümer der Waaren dargestellt hat.

R. Hoffmann, 24. November 1824.
Friccius. Eichhorn. Reinhardt. Sandt. Arch. VIII. 2. 12.

Die Vermuthung des §. 15 Zollordnung vom 26. Mai 1818 Ziffer 2, 5; hier, dass der debitirte Café mit Umgehung der Gefälle erworben, — ist nur durch den Beweis der wirklichen Versteuerung zu entkräften. Der Klägerin liegt aber nicht der Beweis der Einschwärzung ob.

K. Oeffentl. Minist. Düsseldorf wider Jung, 7. September 1831.
Blanchard. Oswald. Kunowski.

Der §. 15 der Zollordnung findet nur auf Gewerbtreibende Anwendung, und sind diese nach §. 111 von den Schiffern und Frachtführern zu unterscheiden.

K. Prov. Steuerdirection wider Blumenkamp, 26. Januar 1825.
Friccius. Eichhorn. Sandt.

Der Frachtführer ist für das, was er geladen, verantwortlich, mögen selbst die Waaren ohne sein Vorwissen geladen sein. §. 121 Zollordnung.

Der Umstand, dass dem Revisor durch den Kaufmann, für den die Waaren bestellt waren, die Erklärung des Irrthums, ehe eine Zuwiderhandlung dem Zollamte bekannt worden, gemacht sei, ist nicht hinreichend, den Frachtführer von der Klage loszusprechen, da die Rectification der Declaration vor der Revision, und in derselben Form, wie die Declaration selbst geschehen muss.

K. Oeffentl. Minist. Trier wider Nicolas, 4. Mai 1825.
Friccius. Eichhorn.

Die Behauptung des Instanzrichters, der Waarenführer sei nur im Grenzbezirk verpflichtet, den Steuerbeamten auf ihr jedesmaliges Verlangen die Steuerquittungen und Begleitscheine zu produciren, verletzt den §. 15 der Zollordnung.

K. Prov. Steuerdirection wider Gerhard, 1. Juni 1825.
Friccius. Eichhorn. Sandt.

Jeder Schiffer ist in Hinsicht aller, sei es für eigene oder fremde Rechnung geladenen Waaren, als Waarenführer zu betrachten, und bei unrichtiger Declaration nach §. 121, 111, 120, 122 der Zollordnung zu behandeln.

Dem Schiffer ist nicht erlaubt, an und für sich steuerpflichtige Waaren, unter dem Vorwande, er bedürfe dieselben zum eigenen oder Schiffsgebrauch, steuerfrei und ohne Declaration vom Auslande einzuführen.

K. Generalproc. am Cass.-Hof wider Bergholz, 5. Mai 1832.
Graun. Oswald. Arch. XVI. 2. 39.

1) Tabak, welcher bereits zu Rollen verarbeitet gewesen, dann aber wieder abgerollt worden ist, kann in diesem Zustande nicht zu den ungearbeiteten Tabaksblättern gerechnet werden, und unterliegt bei der Einführung dem in der Erhebungsrolle vom 25. October 1821 Abth. 2, Nr. 23 Lit. s festgesetzten höheren Steuersatz für fabricirten Tabak.

Der §. 121 ist nicht auf solche Gewerbtreibende zu beschränken, zu deren eigenem Gebrauche die Waaren bestimmt sind. Hierdurch würde der §. ganz unwirksam werden.

2) Der Spediteur, welcher die Eigenschaft eines Empfängers und Versenders der Waaren in sich vereinigt, oder die Personen beider vertritt, muss daher um so mehr für die Richtigkeit der Declaration haften, als das Gesetz sogar die Frachtführer, zu deren eigenem Gebrauche die Waaren doch auch nicht bestimmt sind, wegen unrichtiger Declaration des Vergehens der Steuerdefraudation für schuldig erklärt.

Art. 121 Zollordnung vom 26. Mai 1818.

Die Revisionsbefugniss der Behörde kann die Verantwortlichkeit des Declaranten, und die Strafbarkeit einer unrichtigen Declaration nicht aufheben. §. 121 Zollordnung.

Ob die falsche Declaration nach dem Frachtbrief, oder aus eigener Wissenschaft gemacht wird, ist gleichgültig. §. 82 l. c. Der §. 124 l. c. bezieht sich unmittelbar auf den §. 123, und ist auf unrichtige Declaration nicht anzuwenden.

K. Königl. Regierung wider Theisen, 4. August 1824.
Friccius. Eichhorn. Sandt. Reinhardt. Arch. VII. 2. 74.

Die Angeschuldigten haben mit der Post Waaren vom Auslande erhalten, dieselben der Zollbehörde nicht angezeigt, und ohne Entrichtung der Zollgebühren, darüber verfügt. Ihre Verurtheilung ist auf Grund der §§. 96 und 121 der Zollordnung vom 26. Mai 1818 erfolgt. Dies ist nicht richtig.

Nach §. 6 des Zollgesetzes und 61 der Zollordnung sind zwar alle ausländischen Waaren beim Einbringen der Revision und der Declaration unterworfen, was auch nach §. 96 der Zollordnung unbedenklich bei den mit der Post aus dem Auslande ankommenden Waaren gelten muss. Allein der Empfänger, welcher die Revision geschehen lassen, und die gesetzlichen Zoll- und Steuergefälle berichtigen muss, ist nicht verpflichtet, wenn die Revision von Seiten der Steuerbehörde unterblieben ist, die Nachholung derselben zu veranlassen. Es ist vielmehr Sache der Postbehörden, dahin zu sehen, dass die Revision erfolge, und der Empfänger, dem keine Aufsicht über die vom Staate angestellten Beamten zusteht, muss mit Recht voraussetzen, dass das Steuerinteresse wahrgenommen worden, und von den Waaren weiter keine Gefälle zu entrichten seien. Derselbe kann daher keiner Defraudationsstrafe unterworfen werden, sobald er nicht absichtlich dazu mitgewirkt hat, dass die Revision der Waaren unterblieben ist.

K. Warendorf u. Gen. wider Zollverwaltung, 28. April 1824.
Friccius. Ruppenthal. Reinhardt. Sandt. Arch. VII. 2. 17.

Jede unrichtige Declaration ist als Defraudation zu strafen, ohne dass es auf die Absicht zu defraudiren ankommt. §. 121 der Zollordnung.

K. Zollverwaltung wider Rinkens, 20. Nov. 1822.
Friccius. Eichhorn.

Für die Unterschrift der Zolldeclaration schreibt das Gesetz keine Form vor. Es genügt daher die Unterschrift auf der kussenseite. Die von der Mitwissenschaft und Theilnahme an der Contravention freigesprochenen Eigenthümer der Waare sind civilrechtlich für die gegen den Waarenführer erkannte

Strafe nicht verantwortlich. §. 134, 135 Zollordnung vom 26. Mai 1818.

K. Kux, 9. November 1825.
Friccius. Eichhorn. Reinhardt.

Aus den §§. 9 und 12 der Zollordnung vom 26. Mai 1818 ergiebt sich, dass derjenige, welcher steuerbare Gegenstände aus dem Auslande einführt, nicht erst nach der Ankunft bei einem Ansageposten oder Declarationsamt, wie das zweite Urtel annimmt, sondern mit dem Augenblick, wo er die preussische Grenze überschreitet, der Zollordnung und dem §. 122 unterworfen ist.

K. Königl. Reg. Coblenz wider Pitthahn, 30. März 1821.
Friccius. Ruppenthal. Reinhardt.

Der X wird am Abend mit einem mit Waaren beladenen Nachen, aus dem Auslande kommend, auf der linken Seite des Thalweges des Rheins, welcher die Grenze gegen das Ausland bildet, also auf preussischem Gebiet, und nach §. 2 innerhalb des Grenzbezirks betroffen, und kann sich wegen der Waaren nicht legitimiren. Hierdurch ist nach §. 123 die Contravention vollbracht. Die Instanzrichter irren, wenn sie darauf Gewicht legen:

„ob X bereits am preussischen Rheinufer gelandet, und ob die Beschlagnahme der Waaren erst auf der rechten Seite des Thalweges, auf nassauischem Gebiet bewirkt ist. §. 8, 122, 123 Zollordnung.

K. Kgl. Reg. Coblenz wider Decker, 2. Juni 1824.
Friccius. Eichhorn. Arch. VI. 2. 64.

Da in Hinsicht des im Freihafen vorgefundenen Waarenballens die Verübung einer Contravention nicht als erwiesen angenommen worden, so ist nach §. 111 der Zollordnung mit Unrecht auf Confiscation erkannt worden.

Ein im Freihafen zu Cöln gemachter Versuch zur Einschwärzung der darin gelagerten Waaren, muss, wie jeder andere im Inland gemachte Versuch bestraft werden.

Der Freihafen ist nicht als Ausland anzusehen.

K. Schwarz, 28. November 1827.
Friccius. Eichhorn. Sandt.

Die dem X zur Last fallende Fortschaffung von Café aus dem Cölner Freihafen auf dem Rhein, ohne vorherige steueramtliche Abfertigung, stellt eine gesetzwidrige Einfuhr von steuerbaren Waaren in das Inland dar.

§. 111, 123 Zoll- und Verbrauchssteuerordnung vom 26. Mai 1818; kaiserl. Decret vom 29. Fructidor XII. Regierungsverordnung vom 19. September 1818.

Wird dagegen eingewendet, der Rhein sei durch das öffentliche Recht so völlig dem Auslande gleich, dass bei einer noch auf dem Rhein befindlichen Waare eine strafbare Einschwärzung in das Inland, und eine Uebertretung der Steuerordnung nicht behauptet werden könne, so ist dies irrig. Nur die Schifffahrt bis in die See ist frei, der Strom jedoch selbst ist nicht von der Souverainetät der angrenzenden Staaten eximirt. Art. 1 Rheinschifffahrtsordnung vom 31. März 1831.

Dass die Schifffahrt frei, bedeutet eben nur, sie sei Niemand in Bezug auf den Handel untersagt, die Durchfuhr aller Waaren erlaubt, und bloss den durch die Acte selbst festgesetzten Abgaben unterworfen. Art. 1 und 37. — Dagegen hat der Transport von Personen und Gepäck oder anderer Gegenstände von einem Ufer zum andern, und was sonst zum gemeinen Verkehr gehört, nichts mit der Rheinschifffahrtsordnung gemein. Art. 46.

Gegen die Anwendung der §§. 118 und 119 der Steuerordnung kann auch nicht das Bedenken erhoben werden, als hätten die Angeschuldigten nur einen Diebstahl verübt, indem bei dessen Begehung allerdings auch noch gleichzeitig eine Steuerdefraudation begangen werden konnte, ohne dass die Strafe des einen Vergehens durch das andere aufgehoben wird. §. 142.

K. Oeff. Min. Cöln wider Kayser, 27. Juni 1835.
Heffter. Eichhorn.

X disponirt über 17 Fässer französischen Wein, nachdem er solche als Transit erklärt, und nachdem sie unter steueramtlichen Verschluss genommen worden, ohne Anzeige bei der Steuerbehörde, und ohne vorherige Entrichtung der Steuer, eigenmächtig im Inland. Eine Absicht, dem declarirten Wein andere Waaren zu substituiren, ist jedoch nicht anzunehmen; er hat die Declaration als Transit nur gemacht, um einstweilen von der baaren Entrichtung der Steuer befreit zu sein. Das zureichende Strafgesetz ist der §. 145 der Zollordnung.

K. Oeffentl. Minist. Trier wider Werdel, 13. Sept. 1834.
Graun. Eichhorn. Reinhardt. Arch. XXII. 2. 43.

Die blosse Unterlassung der vorgeschriebenen Anzeige der Weincrescenz, bedingt die Strafe der Defraudation, ohne dass es auf den animus defraudandi ankommt.

§. 5, 10 Gesetz vom 25. Sept. 1820.
§. 60 Steuerordnung vom 8. Februar 1819.

K. Prov. Steuerdirection wider Fischer, 26. Februar 1835.
Oswald. Eichhorn.

X hatte, indem er den regulativmässigen Weinrabatt gar nicht in Anspruch genommen, keine Verpflichtung, die von ihm gemachte Declaration nach Maassgabe des Regulativs vom

24. December 1824 einzurichten, welches überdies gar nicht einmal publicirt worden ist.

R. Oeffentl. Minist. Cöln wider Kohlhas, 1. August 1835.
Jaehnigen. Eichhorn. Sandt.

Hat der §. 15 Gesetz vom 30. Mai 1820 zwar die Anmeldung von Roggenschrot bei seinem Eingang in eine mahlsteuerpflichtige Stadt angeordnet, so ist doch nicht ausdrücklich bestimmt, dass auch die Quantität vor dem Verwiegen angegeben werden müsse, und wird hiervon namentlich in Cöln Umgang genommen.

R. Oeffentl. Minist. Cöln wider Scheben, 6. April 1831.
Blanchard. Eichhorn.

Dadurch, dass X Mehl auf Nebenwegen des äusseren Stadtbezirks transportirt, hat er nicht dem §. 15 Gesetz vom 30. März 1820, sondern dem §. 4 Regulativ vom 9. März 1844 zuwidergehandelt, und nicht die volle Defraudations-, sondern nur eine Ordnungsstrafe verwirkt.

K. Sasserath, 3. November 1845.
v. Oppen. Eichhorn.

Das von X declarirte Steingut soll Porzellan sein. Der Instanzrichter spricht ihn mit Unrecht um deswillen von aller Strafe frei, weil er erklärt hat, die Waaren der Revision zu unterwerfen, und sie nicht einzuführen, wenn sie für Porzellan erachtet würden.

§. 80 und 121 der Zollordnung.

K. Prov. Steuerdirection wider Hutmacher, 14. Dec. 1825.
Friccius. Eichhorn. Reinhardt.

Der Ausdruck „Salz" bedeutet in der Sprache des Verkehrs immer nur Küchensalz. Wenn solches in der s. g. kalten Pottasche oder dem salzsauren Natrum vorherrscht, so folgt daraus nichts weiter, als dass Letzteres zu den Stoffen gehört, aus welchen Ersteres ausgeschieden werden kann. Das Gesetz dagegen verbietet nur die Einführung solcher Stoffe, aus welchen Salz ausgeschieden zu werden pflegt, weil diese Ausscheidung Vortheil bringt, und dieserhalb den ausschliesslichen Salzdebit des Staates gefährdet.

R. Prov. Steuerdirection wider v. Batenburg, 2. October 1843.
v. Oppen. Jaehnigen.

Der §. 3 des Zollgesetzes vom 23. Januar 1838 bezieht sich auch auf die Einführung von schwarzem Salz. Dadurch, dass dieses zum Düngen bestimmt ist, wird hierin Nichts geändert.

K. Oeffentl. Minist. Coblenz wider Behringer, 18. Nov. 1844.
v. Oppen. Eichhorn.

Waaren werden eingeführt, der Frachtbrief beim Zollamte vorgezeigt, und die von demselben ausgestellte Declaration von dem Waarenführer unterschrieben. Beim Nachwiegen der Waaren ergiebt sich ein grösseres, als das im Frachtbriefe angegebene Gewicht.

Es trifft den Waarenführer die im §. 121 der Zollordnung vom 26. Mai 1818 festgesetzte Strafe der unrichtigen Declaration. Denn dadurch, dass der Führer die Verwiegung der Waaren nicht gefordert, den Frachtbrief vielmehr überreicht und die Declaration unterschrieben hat, erklärt derselbe: nur die Waaren geladen zu haben, welche in dem Frachtbriefe nach Natur und Gewicht angegeben sind.

K. Oeff. Min. Cöln wider Rinkens, 17. Dec. 1823.
Friccius. Ruppenthal.

Wenn auch in den §§. 125, 127 und 111 der Zollordnung nur von dem Adressaten die Rede ist, so schliesst dies nicht aus, dass auch der Absender und Eigenthümer eine Contravention begehen könne.

R. Herrmann, 8. Februar 1826.
Friccius. Goerdeler. Reinhardt.

Importirte silberne Löffel und Gabeln gehören in die Kategorie der Waaren, aber nicht zu den im Tarif vom 20. October 1827 Abschn. I. für Abgaben frei erklärten Gegenständen, vielmehr zu den sub Nr. 20b der zweiten Abtheilung dieses Tarifs aufgezählten zollpflichtigen Waaren. Der Umstand, dass sie schon gebraucht, und zum eigenen Gebrauch im Auslande angekauft sind, befreit nicht von ihrer Declaration.

K. Oeffentl. Minist. Trier wider Frieburg, 15. Sept. 1830.
Busse. Eichhorn.

Aus §. 12 der Zollordnung vom 26. Mai 1818 geht klar hervor, dass der §. 122 l. c. auch auf Wassertransporte sich bezieht.

R. Vielhaber wider Kgl. Zollverw., 15. October 1823.
Friccius. Ruppenthal. Arch. VI. 2. 7.

Das Zollgesetz vom 26. Mai 1818 ist auch auf Ausländer, und namentlich auf ausländische Versender verbotener Waaren (hessische Unterthanen hatten ungestempelte Karten versendet) anzuwenden; und kommt es nicht darauf an, ob sie im Inlande betroffen worden, oder sich dort aufhalten. Da die Competenz der hiesigen Gerichte speciell verordnet ist, so kommt es nicht auf die allgemeinen Vorschriften des Art. 3 B. G. B., und der Art. 23, 29, 408, 413 Cr. O. an.

R. Schmitz, 27. September 1826.
Friccius. Eichhorn.

X hat am 2. December 1840 zwei Pferde nach Frankreich ausgeführt. Da damals ein durch die Amtsblätter publicirtes Verbot der Regierungen hierüber erlassen war, so findet auf diese Thathandlung der §. 1 des Zollstrafgesetzes vom 23. Januar 1838 Anwendung. Dass die Regierungen zu dem Erlass dieses Verbotes competent gewesen, ist nach §. 3 jenes Gesetzes unbedenklich.

K. Oeff. Min. Saarbrücken wider Gerber, 20. Juni 1842.
Tellemann. Jaehnigen.

Das öffentliche Ministerium ist befugt, Zoll- und Steuersachen von Amtswegen, im Interesse des Fiscus zu verfolgen.

K. Oeffentl. Minist. Coblenz wider Seligmann, 21. Juli 1820.
Blanchard. Ruppenthal.

Gedruckt bei Julius Sittenfeld in Berlin.

FSC
www.fsc.org
MIX
Papier | Fördert gute Waldnutzung
FSC® C083411

Kolibri 360 GmbH
Ferdinand-Jühlke-Straße 7
99095 Erfurt, Deutschland
produktsicherheit@kolibri360.de